CYFRES HANES CYMDEITHASOL YR IAITH GYMRAEG

Golygydd Cyffredinol: Geraint H. Jenkins

HANES CYMDEITHASOL YR IAITH GYMRAEG

Cyfrolau a gyhoeddwyd eisoes yn y gyfres:

Y Gymraeg yn ei Disgleirdeb: Yr Iaith Gymraeg cyn y Chwyldro Diwydiannol, golygydd Geraint H. Jenkins (Gwasg Prifysgol Cymru, 1997)

Statistical Evidence relating to the Welsh Language 1801–1911 / Tystiolaeth Ystadegol yn ymwneud â'r Iaith Gymraeg 1801–1911, gan Dot Jones (Gwasg Prifysgol Cymru, 1998)

Iaith Carreg fy Aelwyd: Iaith a Chymuned yn y Bedwaredd Ganrif ar Bymtheg, golygydd Geraint H. Jenkins (Gwasg Prifysgol Cymru, 1998)

Miliwn o Gymry Cymraeg!

Yr Iaith Gymraeg a Chyfrifiad 1891

GWENFAIR PARRY a MARI A. WILLIAMS

CAERDYDD
GWASG PRIFYSGOL CYMRU
1999

Y mae cofnod catalogio'r gyfrol hon ar gael gan y Llyfrgell Brydeinig.

ISBN 0–7083–1537–2

Diolchir i Fwrdd Gwybodau Celtaidd Prifysgol Cymru am gymorth ariannol tuag at gostau cyhoeddi'r gyfrol hon.

Dyluniwyd y clawr gan Elgan Davies, Cyngor Llyfrau Cymru.
Cysodwyd yng Nghaerdydd gan Wasg Prifysgol Cymru.
Argraffwyd yn Lloegr gan Bookcraft, Midsomer Norton, Avon.

Pan ddaw y papurau i'w llenwi peidiwch a rhoi ynddynt eich bod yn gallu siarad Seisneg a Chymraeg, os na fyddwch yn barod i roi eich tystiolaeth mewn llys barn yn Seisneg pe bai gofyn am hyny. Gwell gan bob Cymro pur siarad yn ei iaith ei hun pan ar ei lw. Felly dywedwch mai un iaith a ddeallwch.

Y Celt, 3 Ebrill 1891

Cynnwys

Mapiau a Ffigurau

Cyfranwyr

Yr Athro Geraint H. Jenkins, Cyfarwyddwr, Canolfan Uwchefrydiau Cymreig a Cheltaidd Prifysgol Cymru

Dr David Llewelyn Jones, Cymrawd Ymchwil, Canolfan Uwchefrydiau Cymreig a Cheltaidd Prifysgol Cymru

Dr Gwenfair Parry, Cymrawd Ymchwil, Canolfan Uwchefrydiau Cymreig a Cheltaidd Prifysgol Cymru

Dr Robert Smith, Cymrawd Ymchwil, Canolfan Uwchefrydiau Cymreig a Cheltaidd Prifysgol Cymru

Dr Mari A. Williams, Cymrawd Ymchwil, Canolfan Uwchefrydiau Cymreig a Cheltaidd Prifysgol Cymru

Rhagair

Yn y cyfrifiad a gynhaliwyd yng ngwanwyn 1891, rhifwyd siaradwyr y Gymraeg am y tro cyntaf erioed. Oherwydd y rheol gan mlynedd ni fu modd astudio llyfrau rhifwyr y cyfrifiad tan yn ddiweddar iawn, a hon yw'r astudiaeth gynhwysfawr gyntaf i ymdrin yn benodol â dosbarthiad daearyddol y Gymraeg, ynghyd â strwythur cymdeithasol-economaidd y defnydd ohoni, mewn amrywiol ardaloedd yng Nghymru ym 1891. Ceir profion ddigon yn newyddiaduron a chylchgronau'r cyfnod hwnnw fod Cymry gwlatgar yn dra ymwybodol o bwysigrwydd y cyfrifiad a'i ganlyniadau. Yn ôl Emrys ap Iwan, 'cadw'r Gymraeg yn fyw ydyw y pwnc pwysicaf yng Nghymru ar hyn o bryd', ac yr oedd Thomas Darlington yn gyndyn i broffwydo 'ai parhau i ymwthio ymlaen a wna y llanw Seisnig, ai cilio yn ôl o flaen nerth y symudiad cenedlaethol'. Fel y dengys yr astudiaeth hon, yr oedd digon o dystiolaeth fod y Gymraeg yn llewyrchus. Fe'i siaredid gan yn agos i filiwn o bobl (54.5 y cant o'r boblogaeth) ac yr oedd yn agos i draean o'r boblogaeth yn uniaith Gymraeg. Hawdd credu bod hyn wedi cryfhau hunan-barch a hyder y Cymry Cymraeg a fuasai'n gwingo cyhyd yn sgil collfarn ddiraddiol y Llyfrau Gleision. Ar y llaw arall, yr oedd diwydiannu a threfoli helaeth, ynghyd â mewnlifiad o bobl ddi-Gymraeg, wedi peri bod llawer iawn o gymunedau, yn enwedig ym Maes Glo De Cymru, mewn cyflwr o newid ieithyddol cyflym a chymhleth. Erbyn 1891 yr oedd ymron tri chwarter miliwn o bobl (45.4 y cant) yn ddi-Gymraeg, ac y mae'n ddiau na fyddai llawer yn eu plith yn colli deigryn pe tynnai'r Gymraeg ei thraed i'w gwely i farw yn y dyfodol agos. Ar lawer ystyr, felly, yr oedd dyfodol y Gymraeg yn annatod glwm wrth 'y cwestiwn cenedlaethol' ym 1891.

Y mae'r astudiaeth ganlynol yn seiliedig ar sampl 100 y cant mewn ugain ardal wahanol wedi eu dethol o bob sir yng Nghymru (ac eithrio sir Faesyfed), sef *c.*90,000 o unigolion neu 5 y cant o gyfanswm poblogaeth Cymru (1,685,614) ym 1891. Ariannwyd y prosiect gan Y Cyngor Economaidd a Chymdeithasol (ESRC) ac, ar ei derfyn, dyfarnwyd y gwaith gan aseswyr annibynnol yn 'rhagorol'. Dan fy nghyfarwyddyd i a'r Athro Emeritws Harold Carter, cyflawnwyd yr ymchwil yn y Ganolfan

Uwchefrydiau Cymreig a Cheltaidd gan Dr Gwenfair Parry a Dr Mari A. Williams, gyda chynhorthwy Dr David Llewelyn Jones a Dr Robert Smith. Manteisiwyd yn ddiolchgar ar gyngor arbenigol Mrs Dot Jones, Dr Paul O'Leary a Ms Sylvia Lutkins, ac yr wyf yn ddyledus iawn hefyd i aelodau o Bwyllgor Ymgynghorol y prosiect 'Hanes Cymdeithasol yr Iaith Gymraeg', sef yr Athro Emeritws Ieuan Gwynedd Jones, Dr Brynley F. Roberts, yr Athro Emeritws J. Beverley Smith a'r Athro Emeritws J. E. Caerwyn Williams am eu cyngor doeth. Diolchir hefyd i Mr Andrew Hawke, Mr William H. Howells, Dr W. T. R. Pryce a Dr Huw Walters am eu cymorth parod. Cafwyd pob rhwyddineb gan staff tair brif adran Llyfrgell Genedlaethol Cymru. Paratowyd y mapiau gan Mr Ian Gulley a Mr Antony Smith, Swyddfa Ddylunio, Sefydliad Daearyddiaeth ac Astudiaethau Daear, Prifysgol Cymru, Aberystwyth. Y mae arnaf ddyled arbennig iawn i Mrs Glenys Howells am ei chymorth golygyddol effeithiol a siriol, i Ms Siân L. Evans am lendid ei gwaith prosesu, i'm hysgrifenyddes Mrs Aeres Bowen Davies am lawer iawn o gymwynasau, ac i Mr William H. Howells am baratoi'r mynegai. Haedda staff Gwasg Prifysgol Cymru, yn enwedig ei Chyfarwyddwr newydd Mrs Susan Jenkins, glod am eu gwaith glân a gofalus.

Tachwedd 1998 *Geraint H. Jenkins*

Byrfoddau

BBCS	*Bulletin of the Board of Celtic Studies*
CCHChSF	*Cylchgrawn Cymdeithas Hanes a Chofnodion Sir Feirionnydd*
CHC	*Cylchgrawn Hanes Cymru*
CLlGC	*Cylchgrawn Llyfrgell Genedlaethol Cymru*
FHSJ	*Flintshire Historical Society Journal*
LlC	*Llên Cymru*
LlGC	Llawysgrif yng nghasgliad Llyfrgell Genedlaethol Cymru, Aberystwyth
MC	*Montgomeryshire Collections*
PH	*Pembrokeshire Historian*
PP	Papurau Seneddol
TCHBC	*Trafodion Cymdeithas Hanes Bedyddwyr Cymru*
TCHSDd	*Trafodion Cymdeithas Hanes Sir Ddinbych*
TCHSG	*Trafodion Cymdeithas Hanes Sir Gaernarfon*
THSC	*Transactions of the Honourable Society of Cymmrodorion*

1

'Na wadwch eich iaith': Y Cefndir Hanesyddol i Gyfrifiad 1891

GERAINT H. JENKINS

Yng ngwanwyn 1891 cynhaliwyd cyfrifiad poblogaeth unigryw yng Nghymru: hwn oedd yr unig un o'i fath yn y bedwaredd ganrif ar bymtheg i geisio casglu gwybodaeth ynglŷn â'r niferoedd a oedd yn siarad Cymraeg. Rhoddwyd sêl bendith brenhinol ar y Mesur Cyfrifiad (Lloegr a Chymru) ar 18 Awst 1890 a chynhaliwyd y cyfrifiad ei hun ar 5 Ebrill 1891 ym mhob un o'r tair sir ar ddeg yng Nghymru. Paratowyd dwy ffurflen – yn Gymraeg a Saesneg – ar gyfer Cymru, yn cynnwys colofn yn dwyn y pennawd 'Yr iaith a leferir', a disgwylid i drigolion ysgrifennu 'English' os oeddynt yn ddi-Gymraeg, 'Cymraeg' os oeddynt yn ddi-Saesneg, ac 'Y Ddwy' neu 'Both' os oeddynt yn medru Saesneg a Chymraeg.

Y mae'n anodd gwybod paham y tybiai'r llywodraeth fod angen gwybodaeth ddibynadwy ynglŷn â'r iaith Gymraeg yr adeg honno. Awgrymwyd bod cyhoeddi astudiaeth ystadegol a daearyddol arloesol ar y pedair iaith Geltaidd ym Mhrydain gan E. G. Ravenstein ym 1879 a phapur treiddgar A. J. Ellis 'On the Delimitation of the English and Welsh Languages' ym 1882 wedi hybu diddordeb y cyhoedd mewn materion ieithyddol.[1] Dichon fod y gweithiau hyn yn ddylanwadol mewn cylchoedd Cymreig a Cheltaidd, ond ni cheir unrhyw dystiolaeth fod y llywodraeth yn gyfarwydd â'u casgliadau. Buwyd yn rhifo siaradwyr yr Wyddeleg yn Iwerddon bob deng mlynedd er 1851, a'r un modd yn achos siaradwyr Gaeleg yn yr Alban er 1881,[2] ond nid ymddengys fod unrhyw un o arweinwyr gwleidyddol na diwylliannol Cymru wedi mynegi awydd yn ystod y 1880au i weld gwybodaeth am y Gymraeg yn cael ei chynnwys yn y cyfrifiad a oedd ar ddod. Ar hap a damwain, felly, y cynhwyswyd cwestiwn ynglŷn â'r Gymraeg. Yn ystod ail ddarlleniad Mesur y Cyfrifiad yn Nhŷ'r Cyffredin ar 21 Gorffennaf 1890,

[1] E. G. Ravenstein, 'On the Celtic Languages in the British Isles, a Statistical Survey', *Journal of the Royal Statistical Society*, XLII (1879), 579–636; Alexander J. Ellis, 'On the Delimitation of the English and Welsh Languages', *Y Cymmrodor*, V (1882), 173–208; W. T. R. Pryce, 'The British Census and the Welsh Language', *Cambria*, 13, rhif 1 (1986), 81.

[2] Reg Hindley, *The Death of the Irish Language* (London, 1990), t. 14; Charles W. J. Withers, *Gaelic in Scotland 1698–1981* (Edinburgh, 1984), t. 209.

dywedodd W. A. MacDonald, AS Gwyddelig dros Queen's County, y byddai'n rhyfedd i eithrio darpariaeth ar gyfer rhifo niferoedd y Cymry Cymraeg mewn mesur a oedd yn ymwneud â Lloegr *a* Chymru, yn enwedig gan fod yr arfer o rifo siaradwyr yr Wyddeleg a'r Aeleg wedi hen ennill ei blwyf. Nid oedd MacDonald am wasgu ymhellach oni châi gefnogaeth o du'r aelodau o Gymru, a chododd dau aelod seneddol a oedd yn frwd o blaid achosion cenedlaethol Cymreig, sef Samuel Thomas Evans, AS Rhyddfrydol Canolbarth Morgannwg, a David Alfred Thomas, AS Rhyddfrydol Merthyr Tudful, i ddadlau'n rymus o blaid rhoi sylw haeddiannol i heniaith Cymru yn y cyfrifiad nesaf.[3] Gan na chafwyd unrhyw wrthwynebiad i hynny, ychwanegwyd un newid yn unig at y Trydydd Darlleniad, sef y ddarpariaeth 'that a Return shall be made in Wales of the persons who can speak Welsh and English or English only'.[4] Ceisiwyd wedi hynny sicrhau bod y golofn ar iaith yn cael ei chynnwys ym mhob ffurflen gyfrifiad a ddosberthid yn Lloegr er mwyn rhoi cyfle i'r miloedd o Gymry Cymraeg a oedd yn byw yno (efallai cynifer â 126,172 ym 1881)[5] i nodi eu bod yn siarad heniaith 'gwlad y bryniau'. Ond ar gais Iarll Jersey, pasiwyd gwelliant a oedd yn cyfyngu'r cwestiwn iaith i Gymru yn unig. Achosodd hyn gryn anesmwythyd yng Nghymru, a cheryddwyd 'yr arglwyddi trahausfalch' yn hallt gan Thomas Gee, golygydd *Baner ac Amserau Cymru*, am ddifreintio'r Cymry Cymraeg a drigai y tu hwnt i Glawdd Offa.[6]

Fel y dynesai diwrnod y cyfrifiad, dechreuodd selogion y Gymraeg ystyried o ddifrif oblygiadau diwylliannol a gwleidyddol canlyniadau'r cyfrifiad. Yr oedd cynnydd demograffig a diwydiannol, ynghyd â thwf Ymneilltuaeth Ryddfrydol, wedi cryfhau'r ymwybod cenedlaethol yn ddirfawr, ac yr oedd pwnc yr iaith, o leiaf yn anuniongyrchol, yn annatod glwm wrth dair o ddadleuon gwleidyddol pwysicaf yr oes, sef datgysylltu, addysg, a phwnc y tir. Cafodd dymuniadau a gofynion yr etholwyr lawer gwell ymateb gan aelodau seneddol Rhyddfrydol nag a gawsent gan dirfeddianwyr Ceidwadol a phan sefydlwyd mudiad Cymru Fydd ym 1886 buan y lledodd y gri dros 'Ymreolaeth i Gymru'.[7] Ymhlith prif bleidwyr cenedlaetholdeb diwylliannol yr oedd Beriah Gwynfe Evans, newyddiadurwr, dramodydd ac ysgrifennydd Cymdeithas yr Iaith Gymraeg, cymdeithas dra dylanwadol a sefydlwyd ym 1885, ac Owen M. Edwards, a sefydlodd *Cymru*, cylchgrawn hynod o boblogaidd, ym 1891. Eto i gyd, ni allai hyd yn oed caredigion pennaf yr iaith Gymraeg wadu'r ffaith fod cyfartaledd y di-Gymraeg yng Nghymru yn cynyddu'n gynt nag erioed o'r blaen, a gwyddai'r rhai a oedd yn gyfarwydd ag ymchwil E. G. Ravenstein ac A. J. Ellis mewn cylchgronau

[3] *Hansard's Parliamentary Debates*, 3edd gyfres, cyf. 347, 402–3, 413–14.
[4] Ibid., cyf. 347, 101, 399, 743, 966, 1201.
[5] Gw. Emrys Jones, 'Yr Iaith Gymraeg yn Lloegr *c.*1800–1914' yn Geraint H. Jenkins (gol.), *Iaith Carreg fy Aelwyd: Iaith a Chymuned yn y Bedwaredd Ganrif ar Bymtheg* (Caerdydd, 1998), tt. 225–53.
[6] *Baner ac Amserau Cymru*, 21 Mawrth 1891, t. 4.
[7] Kenneth O. Morgan, *Rebirth of a Nation: Wales 1880–1980* (Oxford, 1981), tt. 113–15.

dysgedig fod ffiniau ieithyddol yn newid a bod yr argoelion hirdymor o safbwynt yr iaith Gymraeg yn bur ddu. Yn nhyb blaenwyr yr *élite* masnachol newydd, Saesneg yn unig oedd iaith masnach a gweinyddiaeth, ac ni wnaed cymwynas â'r Gymraeg gan addysgwyr a hyrwyddai'r Saesneg mewn ysgolion na chan weinidogion Ymneilltuol a gredai y dylid cyfyngu'r Gymraeg i'r capel a'r aelwyd yn unig. I genedlaetholwyr pybyr fel Thomas Gee, Michael D. Jones a Beriah Gwynfe Evans, felly, byddai'r cyfrifiad yn brawf tyngedfennol o gyflwr a ffyniant y famiaith a hefyd o'r graddau yr oedd mudiad Cymru Fydd, a oedd mor bleidiol i hunanlywodraeth ag yr oedd i ddiwylliant Cymraeg, yn ennill tir.

Ychydig cyn diwrnod y cyfrifiad, felly, dechreuodd y newyddiaduron Cymraeg annog eu darllenwyr i ddiogelu eu hawliau drwy fynnu cael ffurflenni Cymraeg ac i lenwi pob colofn yn Gymraeg er mwyn cryfhau'r mudiad cenedlaethol. Galwodd Thomas Gee ar ddarllenwyr *Y Faner* i ymwrthod â'r 'ysbryd Dic-Siôn-Dafyddol' ac i ymfalchïo yn eu mamiaith: 'Ni raid iddynt gywilyddio arddel na'u cenedl, na'u iaith. Testyn ymffrost ydyw hyn yn hytrach.'[8] Er na ddywedodd hynny yn benodol, neges Gee i bob pwrpas oedd y dylai'r Cymry nodi'n bendant mai Cymraeg yn unig oedd eu hiaith. Eiliwyd ei gri gan olygydd *Yr Herald Cymraeg*, a dybiai fod hwn yn gyfle 'i helpu yn mlaen ein cerbyd cenedlaethol ar y ffyrdd geirwon sydd ganddo i'w theithio' ac i nychu cynlluniau 'Philistiaid gwrth-Gymreig'.[9]

Serch hynny, daeth yr ysgogiad mwyaf dylanwadol ar ffurf llythyr agored, dyddiedig 24 Mawrth 1891, yn dwyn y teitl 'Gair at bob Cymro a Chymraes yn y Dywysogaeth', a anfonwyd gan Beriah Gwynfe Evans at bob prif bapur newydd Cymraeg a Saesneg yng Nghymru.[10] Taer erfyniodd ar ei gyd-wladwyr i lenwi eu ffurflenni yn Gymraeg ac i ddatgan eu gallu i lefaru eu mamiaith. Fel sawl Cymro pybyr arall, ofnai Evans y byddai'r sawl a fedrai ddweud fawr mwy na 'Hyw di do?' yn ei gofrestru ei hun yn ddwyieithog. Pryderai'n ddirfawr ynghylch y modd y byddid yn dehongli'r cwestiwn 'Yr iaith a leferir' a gwyddai y byddai datganiadau amwys neu anghywir yn debygol o leihau rhengoedd y Cymry Cymraeg uniaith. Pan ofynnwyd i'r Cofrestrydd Cyffredinol beth oedd maen prawf dwyieithrwydd, atebwyd fel hyn: 'Any person who is able to give evidence in English in a court of law should (if he also knows Welsh) be returned as speaking "both" languages.'[11] Go brin, fodd bynnag, fod yr wybodaeth hon yn hysbys ledled Cymru, a thaer anogwyd y Cymry Cymraeg i chwyddo rhengoedd y Cymry uniaith ar ddydd y cyfrifiad. 'Byddwch onest, byddwch wladgar', meddai golygydd *Y Genedl Gymreig* ar 1 Ebrill, 'Na wadwch eich iaith, na honnwch wybodaeth o'r iaith Saesneg nad ydych yn ei mheddu.' 'Na foed

[8] *Baner ac Amserau Cymru*, 21 Mawrth 1891, t. 4.

[9] *Yr Herald Cymraeg*, 31 Mawrth 1891, golygyddol.

[10] *Baner ac Amserau Cymru*, 1 Ebrill 1891, t. 1; *Tarian y Gweithiwr*, 2 Ebrill 1891, t. 3; *South Wales Daily News*, 2 Ebrill 1891, t. 6.

[11] *South Wales Daily News*, 1 Ebrill 1891, t. 4.

Cymro o Fôn i Fynwy', meddai golygydd *Y Cymro* ar 2 Ebrill, 'a chanddo gywilydd arddel iaith ei fam ar Bapurlen y Cyfrif fore ddydd Llun nesaf.' Dyfnhawyd ofnau y byddai'r Cymry Cymraeg yn cael cam gan y newyddion fod ffurflenni'r cyfrifiad a fwriadwyd ar gyfer Lloegr wedi eu dosbarthu yng Nghymru a bod prinder affwysol o ffurflenni Cymraeg. Nid heb achos y cyfeiriodd y *South Wales Daily News* at 'unjustifiable negligence' ac 'unpardonable bungling'.[12] Er mwyn unioni'r fantol, bu criwr tref Machynlleth yn sir Drefaldwyn yn tramwyo'r strydoedd yn gwasgu ar y trigolion i ddefnyddio ffurflenni Cymraeg a'u llenwi yn Gymraeg. 'Ni ddaw cyfle tebyg eto am ddeng mlynedd', bloeddiai, 'Cofiwch ein gwlad, ein hiaith, ein cenedl.'[13]

Yng nghyd-destun y dryswch a'r dadlau hyn, felly, yr aeth y cyfrifwyr ati i ddosbarthu copïau o'r ffurflen gyfrifiad ymhlith holl gartrefi neu ddeiliaid tai Cymru rhwng dydd Llun, 30 Mawrth a dydd Iau, 2 Ebrill. At ei gilydd yr oedd y cyfrifwyr yn bobl ddeallus, lythrennog a dibynadwy, ac yn uchel eu parch yn eu cymuned. Yn y sampl a gynhwyswyd yn yr astudiaeth hon yr oedd y cyfrifwyr yn cynnwys cyfrifyddion, tirfesurwyr, gwerthwyr tai ac eiddo, athrawon, argraffwyr a swyddogion cymorth. Dim ond un ferch – Miss Elizabeth Freeman o Ddowlais, athrawes yn ôl pob tebyg – a geid yn eu plith. Disgwylid iddynt fod yn gymedrol a threfnus a pharchus ac i ymddwyn '[with] strict propriety, civility, and tact in the discharge of their duties'.[14] Rhoddwyd i'r cyfrifwyr set o ffurflenni i'w dosbarthu, yn ogystal â llyfr cyfrifiad a llyfr cyfarwyddiadau a chofnodion. Ar ddydd Llun, 6 Ebrill, disgwylid iddynt ddechrau casglu'r ffurflenni, nodi'r bylchau a llenwi'r manylion perthnasol, gan ofalu bod pob ffurflen wedi ei llofnodi gan y penteulu. Wedi iddynt drefnu'r ffurflenni yn ôl eu rhif, disgwylid iddynt drosglwyddo'r holl fanylion, yn llawn ac yn ddarllenadwy, i'r llyfr cyfrifiad, ac yna, ar 13 Ebrill neu cyn hynny, fynd â'r ffurflenni, y llyfrau cyfrifiad, y llyfrau cyfarwyddiadau a chofnodion, a'r ffurflenni hawlio costau i swyddfeydd lleol y Cofrestrydd Dosbarth. Ei gyfrifoldeb ef oedd anfon y llyfrau cyfrifiad ymlaen i'w harchwilio gan y Cofrestrydd Arolygol a'r ffurflenni i Swyddfa Cyfrifiad y Cofrestrydd Cyffredinol yn Llundain.[15]

[12] *Y Genedl Gymreig*, 1 Ebrill 1891, golygyddol; *Y Cymro*, 2 Ebrill 1891, golygyddol; *South Wales Daily News*, 2 Ebrill 1891, t. 4.

[13] *Hansard's Parliamentary Debates*, 3edd gyfres, cyf. 352, 1743–6.

[14] *Western Mail*, 30 Mawrth 1891, t. 6; Edward Higgs, *A Clearer Sense of the Census: Victorian Censuses and Historical Research* (London, 1996), t. 13. Yr oedd yr Arolygwr Ystadegau yn y Swyddfa Gofrestru Gyffredinol yn ddeifiol ei feirniadaeth o safon gyffredinol cyfrifwyr Lloegr ym 1881: 'on the whole rather a poor lot . . . very unsatisfactory . . . their mere handwriting and the general aspect of their work showed that a great many of them were very illiterate men'. Dennis Mills a Michael Drake, 'The Census, 1801–1991' yn Michael Drake a Ruth Finnegan, *Studying Family and Community History, 19th and 20th Centuries. Volume 4* (ail arg. diwygiedig, Cambridge, 1997), t. 36.

[15] K. Schürer, 'The 1891 Census and Local Population Studies', *Local Population Studies*, rhif 47 (1991), 16.

Y mae'n amhosibl dweud pa mor gydwybodol y bu'r cyfrifwyr wrth ddosbarthu, casglu, cywiro a chopïo'r ffurflenni. Dibynnai llawer, mae'n siŵr, ar ymroddiad a brwdfrydedd yr unigolyn, ond hawdd credu bod o leiaf dri ffactor ychwanegol wedi effeithio ar eu perfformiad, sef maint y dasg, y tâl annigonol, a'r ffaith iddynt orfod dygymod â ffurflenni yn y ddwy iaith. Llethwyd tri o gyfrifwyr Caerdydd gan bwysau'r gwaith. Fel hyn y cofnododd 'A Deluded Enumerator' ei syfrdandod yn y *Western Mail*:

> 'There are your papers and books', said the District Registrar. I looked in amazement. Was I expected to carry away that huge bundle of books and papers? Two of the books alone were about 2ft. long. 'Haven't you a bag?' blandly inquired the D.R. 'A bag!' I answered, 'You mean a trunk!'[16]

Treuliodd y cyfrifwr y rhan helaethaf o bedwar diwrnod yn dosbarthu'r ffurflenni ac erbyn iddo orffen yr oedd wedi diflasu'n llwyr. Gan fod amser mor brin, bu'n rhaid iddo gyflogi cynorthwyydd i'w helpu i gasglu'r ffurflenni. Yn ôl cyfrifwr dadrithiedig arall o Gaerdydd, bu'r dasg yn affwysol o drwm, yn enwedig o gofio mai £4 yn unig oedd y tâl am gofnodi oddeutu 40,000 o eiriau yn y llyfr cyfrifiad. 'If this is not slavery', cwynodd, 'I don't know what is.'[17] Canwyd yr un diwn gron hefyd mewn llythyr dan y pennawd 'Sold by the Census' yn y *Western Mail*:

> When it is completed I shall be able to say with pride, not unmixed with disgust, 'Alone I did it.' It will remain in the archives of my country a monument to my industry and perseverance under most trying circumstances . . . But next time the census is taken the Registrar-General may do all the bally work himself as far as I am concerned, and that is the best wish of a DOUBLY-DELUDED ENUMERATOR.[18]

Pa ryfedd, felly, fod rhai cyfrifwyr, o'u pwyso a'u cael yn brin, wedi eu diswyddo o ganlyniad i aflerwch, gorweithio, salwch neu 'ddylanwad hudol Siôn Heidden'.[19]

Er gwaethaf hyn, dengys yr astudiaeth hon fod cyfrifwyr wedi cyflawni eu tasgau beichus yn bur gydwybodol, a bod unrhyw gamgymeriadau neu anghysondebau yn ganlyniad i frys a dryswch. Weithiau byddai penteuluoedd yn cyflwyno gwybodaeth wallus neu anghyflawn, ac yn camsillafu enwau personol ac enwau lleoedd, a chan fod y cyfrifwyr dan bwysau mor drwm hawdd deall paham y byddent yn llithro o bryd i'w gilydd. At ei gilydd, fodd bynnag, yr oedd y ffurflenni cyfrifiad yn ddealladwy ac yn gyflawn. Yr oedd y prif anawsterau yn gysylltiedig â'r golofn ychwanegol 'Yr iaith a leferir'. Mewn ail lythyr agored i'r

16 *Western Mail*, 16 Ebrill 1891, t. 6.
17 Ibid., 21 Ebrill 1891, t. 6.
18 Ibid., 17 Ebrill 1891, t. 6.
19 *The Cambrian*, 10 Ebrill 1891, t. 5.

wasg Gymraeg, a gyhoeddwyd ar 15 Ebrill, honnodd Beriah Gwynfe Evans fod y cyfrifiad yn ddiffygiol ar bedwar cyfrif: methwyd, yn fwriadol yn ôl pob tebyg, â darparu digon o ffurflenni Cymraeg; bu cyfrifwyr naill ai yn gyndyn i gyfaddef bod ffurflenni Cymraeg ar gael neu'n amharod i'w dosbarthu; anwybyddwyd ceisiadau am ffurflenni Cymraeg a gwrthodwyd caniatâd i benteuluoedd wirio manylion a gofnodwyd ar eu rhan gan gyfrifwyr; bygythiwyd penteuluoedd a oedd, yn unol â'u hawliau, wedi llenwi ffurflenni Saesneg yn Gymraeg y byddid yn dwyn achos cyfreithiol yn eu herbyn.[20] Anogwyd y sawl a chanddo gŵyn benodol i ysgrifennu i'r papurau newydd, at ei aelod seneddol, ac at Gymdeithas yr Iaith Gymraeg.

Gŵr brathog ei dafod a phur ddichellgar ar brydiau oedd Beriah Gwynfe Evans ac yr oedd yn fwy na pharod i geryddu'r cyfrifwyr er mwyn hybu buddiannau Cymdeithas yr Iaith Gymraeg. Ac yntau'n newyddiadurwr beiddgar, yr oedd wrth ei fodd yn tynnu blewyn o drwyn gelynion ei famiaith. Eto i gyd, yr oedd digon o dystiolaeth i gadarnhau ei honiadau. Brithir newyddiaduron y dydd â chwynion penteuluoedd dig a oedd wedi methu cael ffurflenni Cymraeg. Ymddengys fod ffurflenni a fwriadwyd ar gyfer Lloegr wedi eu dosbarthu ym mhlwyf Pen-bre, a bod Gwyddelod Bootle wedi derbyn ffurflenni Cymraeg![21] Mewn llythyr chwerw at olygydd y *South Wales Daily News*, honnodd Herbert Evans o Gwmafan mai ffurflenni Saesneg oedd 95 y cant o'r rhai a ddosbarthwyd yn y cwm er bod trwch y boblogaeth yn Gymry Cymraeg.[22] Dywedwyd am Lansamlet: 'the want of Welsh schedules had been very generally complained of' ac, yn ôl *The Cambrian*, parodd prinder ffurflenni Cymraeg yn ardal Abertawe i weinidogion Ymneilltuol, ar Sul y Cyfrifiad, annog eu cynulleidfaoedd i lenwi eu ffurflenni Saesneg yn Gymraeg 'so as to show the strength of Welsh nationalism'.[23] 'I have not one!', meddai cyfrifwr siarp ei dafod pan ofynnodd Gruffudd Isaac o'r Sgiwen am ffurflen Gymraeg.[24] Gwrthododd Cymry 'pybyr' mewn rhannau o'r Rhondda dderbyn ffurflenni Saesneg, ac am resymau gwleidyddol, mynnodd rhai aelodau o'r drefedigaeth gref o Wyddelod ym Merthyr eu cofnodi eu hunain yn siaradwyr Gwyddeleg yn hytrach na Saesneg.[25] Yn ystod cyfarfod o Gymdeithas Rhyddfrydwyr Dwyrain Sir Gaerfyrddin, cwynodd y Parchedig Towyn Jones fod cyfrifwyr wedi esgeuluso eu dyletswydd i ddosbarthu ffurflenni Cymraeg yn nyffryn Aman a'u bod wedi gorfodi penteuluoedd a'u llanwodd yn Gymraeg i'w hailysgrifennu yn Saesneg.[26]

[20] *Baner ac Amserau Cymru*, 15 Ebrill 1891, t. 9. Am y cefndir i gysylltiad Beriah Gwynfe Evans â Chymdeithas yr Iaith Gymraeg, gw. J. Elwyn Hughes, *Arloeswr Dwyieithedd: Dan Isaac Davies 1839–1887* (Caerdydd, 1984).

[21] *The Cambrian*, 1 Mai 1891, t. 7.

[22] *South Wales Daily News*, 8 Ebrill 1891, t. 6.

[23] Ibid.; *The Cambrian*, 10 Ebrill 1891, t. 5.

[24] *South Wales Daily News*, 9 Ebrill 1891, t. 3.

[25] Ibid., 7 Ebrill 1891, t. 5.

[26] *The Welshman*, 30 Mai 1891, t. 3.

Gan fod y mater yn gymaint testun pryder, mynegwyd llawer o'r cwynion hyn yn ddiflewyn-ar-dafod yn Nhŷ'r Cyffredin gan bedwar aelod seneddol – David Lloyd George, Samuel T. Evans, J. Bryn Roberts a David A. Thomas. Tynnwyd sylw at y camgymeriad gweinyddol a arweiniodd at ddosbarthu ffurflenni Saesneg a fwriadwyd ar gyfer pobl Lloegr ymhlith trigolion uniaith Gymraeg Llithfaen a Nefyn yn sir Gaernarfon, a chythruddwyd Lloyd George yn arbennig gan benderfyniad cyfrifwyr Machynlleth i gofnodi 'Both' yn lle 'Cymraeg yn unig' yn achos 284 o bobl.[27] Yn *Baner ac Amserau Cymru*, cymeradwyodd Thomas Gee safiad aelodau seneddol Cymru a'u parodrwydd i ddwyn i sylw'r cyhoedd y dull 'anghyfiawn' a 'gwarthus' o weinyddu'r cyfrifiad yng Nghymru:

> Dioddef pob triniaeth yn ddistaw y buom yn y dyddiau gynt, am mai 'mudion' oedd ein haelodau. Nid oedd genym neb a ddywedai air drosom. Ond bellach, y mae pethau wedi newid er gwell . . . y gwir nas gellir ei wadu ydyw, na chafodd yr iaith Gymraeg, na'r genedl drwyddi, gysgod o chwareu teg yn y cyfrifiad.[28]

Ym 1891, yn rhifyn cyntaf *Cymru*, cylchgrawn misol a fyddai'n dra dylanwadol, cyhoeddodd O. M. Edwards lith ddeifiol ynghylch y dull o rifo yng ngogledd Cymru, yn enwedig y maen prawf ar gyfer y cwestiwn 'Yr iaith a leferir' a phrinder ffurflenni Cymraeg.[29] Y mae'n amlwg fod llawer o Gymry Cymraeg uniaith sir Feirionnydd wedi drysu cymaint fel y bu raid iddynt alw am gymorth cyfeillion dwyieithog neu ddibynnu ar gynhorthwy'r cyfrifwyr. Tybiai rhai mai ystyr 'iaith a leferir' oedd 'mamiaith', a chredai eraill mai'r hyn a olygid oedd 'iaith a ddefnyddir gan amlaf'. Dichon hefyd fod rhai o'r farn fod gair o gyfarchiad yn Saesneg neu ambell reg yn brawf digonol o ddwyieithrwydd. Yn ôl O. M. Edwards, yr oedd hyn yn fater difrifol iawn:

> Beth a feddylir wrth fedru Saesneg? Y mae holl Saesneg un yn cynnwys dau air, Yes, sir, – a rheg Seisnig neu ddwy; prin ddigon i ddangos y ffordd i grwydryn fedr un arall; gwyr y trydydd ddigon i wneyd sylw neu ddau am y tywydd, gwybodaeth a gafodd trwy ddyfal ymarfer siarad a'r porthmyn fydd yn dod i'r ardal ar eu tro; medr gwr yr Hafod ddeall llyfr Saesneg, ond nis gall siarad yr iaith honno oherwydd diffyg ymarfer, ac y mae ei ddull yn cynhanu ambell i air mawr Saesneg yn ddigrifwch beunydd i grach glarcod y dref lle y gwerth ei wlan a chrwyn ei ddefaid . . .[30]

Gan fod ffurflenni Cymraeg mor brin ag aur, meddai, 'pa les cael J[ohn] Morris Jones i roddi'r taflenni mewn Cymraeg glan gloyw, os gadewir i bob eiddilyn penwag o swyddog orfodi Cymry uniaith i dderbyn papur Saesneg wedi'r cwbl?'

[27] *Hansard's Parliamentary Debates*, 3edd gyfres, cyf. 352, 131–4, 908–9.
[28] *Baner ac Amserau Cymru*, 15 Ebrill 1891, t. 9.
[29] *Cymru*, I, rhif 1 (1891), 26–7.
[30] Ibid., 26.

Ymddengys fod bugail o Feirionnydd wedi chwilio mewn geiriadur Saesneg am y gair Saesneg cyfatebol i 'bugail' cyn nodi ei alwedigaeth ar y ffurflen fel *pastor*, a honnodd brawd byrbwyll arall ei fod yn medru'r ddwy iaith er bod ei eirfa Saesneg yn gyfyngedig i 'Yes, sir', 'No, sir' a 'Go dam'. Dengys astudiaeth ddiweddar o ardal Y Bala a Phenllyn yn oes Victoria fod y cwestiwn 'Yr iaith a leferir' wedi achosi dryswch, amwysedd a chamgymeriadau.[31] Honnodd Thomas Jones, crwynwr o Lanuwchllyn, fod ganddo 'Welsh and a little English', datganiad a ddiwygiwyd i 'Both' gan y cyfrifwr Morris E. Morris, er ei fod ef ei hun wedi dilyn esiampl y cenedlaetholwr tanbaid Michael D. Jones trwy honni, am resymau gwleidyddol, ei fod yn Gymro Cymraeg uniaith (er bod disgwyl i bob cyfrifwr a benodid fod yn ddwyieithog). Wedi'r cyfrifiad, cyfaddefodd L. J. Davies, postfeistr Llanuwchllyn, wrth Tom Ellis, fod pobl yn y cylch wedi cynllwynio – dan ddylanwad Michael D. Jones, y mae'n debyg – i'w cofnodi eu hunain yn Gymry uniaith. 'Nid oeddwn wedi gwneud hynny', meddai Davies, 'ond yr oeddwn wedi amddiffyn yr athrawiaeth wrth berson neilltuol a chael fy hunan ar y "carpet" oedd y canlyniad.'[32]

Yn yr astudiaeth hon daethpwyd o hyd i rai cyfrifwyr gelyniaethus i'r Gymraeg a fu'n ymyrryd yn fympwyol ac annheg â chynnwys ffurflenni Cymraeg. Y pechadur pennaf oedd William Francis Harris o Gaerdydd, cyfrifydd wrth ei alwedigaeth a Sais di-Gymraeg a oedd yn gyfrifol am rifo ardal 26, sef y Waun Ddyfal, Caerdydd. Yr oedd Harris yn argyhoeddedig fod sawl penteulu Cymraeg ei iaith wedi dweud celwydd, ac mewn colofn a neilltuid i '1) Mud a Byddar 2) Dall 3) Gwallgof, Ynfyd neu Wirion', ysgrifennodd hyn am Joseph Richards, saer o Forgannwg a oedd yn byw yn 105 Crwys Road, Y Waun Ddyfal: 'Idiot since he rescriped (*sic*) census paper. The Welsh can't speak the truth about themselves.' Yn achos Evan Evans, saer o sir Aberteifi a oedd yn byw yn 5 Flora Street, dilewyd y gair 'Welsh', gan roi 'Both' yn ei le, a rhoddwyd gofynnod gyferbyn â'r gair 'Welsh' ar gyfer ei wraig, ei wyth plentyn a dau letywr. Yn yr un modd, ychwanegwyd gofynnod at gofnod dau blentyn uniaith Gymraeg a oedd yn byw yn 39 Letty Street, Y Waun Ddyfal. Er ei bod yn bur annhebyg fod oedolion cwbl uniaith Gymraeg yn byw yng Nghaerdydd, y mae ymddygiad trahaus ac anghyfreithlon Harris yn cadarnhau'r argraff fod y Cymry Cymraeg yn nhref fwyaf Cymru wedi cael cam.[33]

Cythruddwyd Beriah Gwynfe Evans i'r byw gan ddiogi ac anwiredd y cyfrifwyr ac yn syth ar ôl y cyfrifiad ysgrifennodd at C. T. Ritchie, Llywydd y Bwrdd Masnach, i gwyno am gamymddwyn affwysol.[34] Aeth tair wythnos heibio

[31] Ernest Sandberg, 'Bala and Penllyn: The Demographic and Socio-Economic Structures of an Embryonic Welsh Town in the Second Half of the Nineteenth Century' (traethawd MPhil anghyhoeddedig y Brifysgol Agored, 1994), tt. 336–7.

[32] LlGC, Papurau T. E. Ellis 285, llythyr dyddiedig 22 Awst 1894.

[33] 1891 Census Enumerators' Returns, PRO, RG 12/4393.

[34] *Baner ac Amserau Cymru*, 15 Ebrill 1891, t. 9; *Western Mail*, 21 Ebrill 1891, t. 6.

cyn i Brydges P. Henniker, y Cofrestrydd Cyffredinol, ateb trwy ddweud na ddaeth dim tystiolaeth o gamweinyddu i'r golwg a'i fod ef yn bersonol o'r farn y byddai cyfanswm y Cymry Cymraeg uniaith yn fwy nag y dylai fod oherwydd dylanwad dieflig y wasg Gymraeg.[35] Gwylltiwyd Beriah Gwynfe Evans gan hyn ac ar 4 Mai ysgrifennodd at Henniker i ddweud bod ei gyhuddiad celwyddog yn brawf fod angen ymchwiliad cyhoeddus llawn. Eisoes, clywid sŵn hogi arfau. Ar 8 Ebrill yr oedd Cyngor Cymdeithas yr Iaith Gymraeg wedi penderfynu annog aelodau seneddol Cymru i roi pob cyhoeddusrwydd i'r camwri,[36] a deuddeng niwrnod yn ddiweddarach apeliodd Undeb Ysgolion Sul Cymraeg Caerdydd ar aelodau seneddol Cymru i sicrhau bod adroddiad terfynol y cyfrifiad yn cynnwys paragraff ar wahân yn cofnodi'r ffaith fod pobl Cymru wedi protestio'n ffurfiol yn erbyn y canlyniadau iaith camarweiniol ac anghywir.[37] Ond pan glywodd y *Western Mail* si fod deiseb Gymraeg wedi ei threfnu yng Nghaerdydd ac wedi ei llofnodi ar ran 15,000 o bobl, ofnai y byddai'r fath weithred chwerthinllyd yn gwneud y Cymry yn gyff gwawd.[38]

Fel y gellid disgwyl, di-hid a chyndyn oedd ymateb y llywodraeth. Gan wfftio at hawliau Cymry Cymraeg uniaith, meddai C. T. Ritchie yn biwis wrth Arthur Williams, AS De Morgannwg: 'I may mention that the extraordinary desire this time amongst the Welsh people to fill up their schedules in Welsh has given an enormous amount of trouble to this Department, as every schedule filled up in Welsh has to be translated into English.'[39] Cefnogwyd y safbwynt hwn yn gryf gan olygydd y *Western Mail* a oedd o'r farn mai cynllwyn gan 'ultra-Welsh patriots' oedd y ffwdan 'afresymol' ynghylch ffurflenni Cymraeg ac ymddygiad cyfrifwyr i guddio'u hymdrech 'benboeth' i chwyddo rhengoedd y Cymry Cymraeg uniaith.[40] Yn ôl 'Y Gwyliedydd', un o ohebwyr y *Western Mail*, byddai ymgais ysgrifennydd Cymdeithas yr Iaith Gymraeg a golygyddion y prif newyddiaduron Cymraeg i annog pobl i'w cofnodi eu hunain yn unieithog Gymraeg yn gwyrdroi'r ffeithiau. 'Nothing can be devised to prevent the spread of the English language', meddai, 'its march is as irresistible as the tide.'[41] Cefnogid y propaganda grymus a dylanwadol hwn gan John Gibson, golygydd y *Cambrian News*, gŵr y dywedid bod pob person amlwg yn ofni cael ei drochi yn ei bot inc.[42] Ceryddwyd Ymneilltuwyr Aberystwyth gan Gibson am wadu gwybodaeth o'r Saesneg wrth lenwi ffurflenni'r cyfrifiad: 'We do not care what language people speak, but we devoutly wish they would not lie about it and still claim to be pious. Pious liars are an abomination, even in the eyes of the wicked

35 *Baner ac Amserau Cymru*, 13 Mai 1891, t. 6.
36 Ibid.
37 *South Wales Daily News*, 20 Ebrill 1891, t. 4.
38 *Western Mail*, 18 Ebrill 1891, golygyddol.
39 *Hansard's Parliamentary Debates*, 3edd gyfres, cyf. 352, 1745.
40 *Western Mail*, 10 Ebrill 1891, t. 4; ibid., 13 Ebrill 1891, t. 3.
41 Ibid., 7 Ebrill 1891, t. 7.
42 Aled Jones, 'Sir John Gibson and the *Cambrian News*', *Ceredigion*, XII, rhif 2 (1994), 67.

and ungodly.'[43] Serch hynny, gwyddom fod Gibson yn elyniaethus i'r Gymraeg ac ni ddaethpwyd o hyd i unrhyw dystiolaeth yn yr astudiaeth hon i gadarnhau ei gyhuddiad. Ni lwyddodd neb i godi uwchlaw'r cyhuddo a'r gwrthgyhuddo chwerw a chloriannu'r sefyllfa'n wrthrychol, ac er bod yr helynt yn fwy na 'storm mewn cwpan', chwedl 'Cosmos' yn y *South Wales Daily News*, y ffaith amdani yw fod yr anghydfod wedi darfod erbyn canol haf.[44]

Eto i gyd, pan gyhoeddwyd adroddiad terfynol cyfrifiad 1891 ym 1893, ailgyneuwyd fflamau'r ddadl o ddifrif. Dadlennai'r ystadegau canlynol sefyllfa ieithyddol y Gymru Ryddfrydol yn ei hanterth:

Poblogaeth 2 oed +	Nifer Cymraeg	Y Ddwy	Saesneg	*Canran Cymraeg*	*Y Ddwy*	*Saesneg*	*Gallu siarad Cymraeg*
1,669,705[1]	508,036	402,253	759,416	*30.4*	*24.1*	*45.5*	*54.5*

[1] Hepgorwyd 12,833 unigolyn nad oeddynt wedi nodi eu gallu ieithyddol a 3,076 a siaradai ieithoedd eraill.

Beirniadwyd Brydges P. Henniker, y Cofrestrydd Cyffredinol, yn hallt am neilltuo dau dudalen yn unig i'r deunydd ieithyddol ond yn bennaf oherwydd iddo honni'n fyrbwyll na ellid ymddiried yn y canlyniadau yn ymwneud â'r Gymraeg:

> . . . abundant evidence was received by us that it was either misunderstood or set at naught by a large number of those Welshmen who could speak both languages, and that the word 'Welsh' was often returned, where the proper entry would have been 'Both'; on the grounds, it may be presumed, that Welsh was the language spoken habitually or preferentially.[45]

Yr ensyniad oedd fod twf yr ymwybod cenedlaethol ac awydd i gryfhau statws a phoblogrwydd yr iaith Gymraeg wedi cael dylanwad andwyol ar gywirdeb y canlyniadau. I bob pwrpas, honnai Henniker mai celwyddgwn oedd y Cymry. Ni chyflwynodd unrhyw dystiolaeth uniongyrchol yn garn i'r cyhuddiad hwn ac mewn araith danllyd yn Nhŷ'r Cyffredin fe'i condemniwyd gan David Lloyd George am geisio drygu enw da pobl Cymru â'i gyhuddiadau di-sail. Honnodd hefyd fod esgobion Cymru, yn enwedig A. G. Edwards, esgob Llanelwy, wedi gorchymyn eu hoffeiriaid i ymchwilio i ganlyniadau'r cyfrifiad ac mai ar sail eu tystiolaeth ragfarnllyd hwy, a gyflwynwyd am resymau gwleidyddol i'r

[43] *Cambrian News*, 17 Ebrill 1891, t. 5.
[44] *Tarian y Gweithiwr*, 7 Mai 1891, t. 5.
[45] Census of England and Wales, 1891, *Vol. IV. General Report, with Summary Tables and Appendices* (London, 1893), t. 81.

Cofrestrydd Cyffredinol, y cyhuddwyd y Cymry o balu celwyddau. Mewn llythyr miniog a gyhoeddwyd yn y *Times*, galwodd A. G. Edwards am ymddiheuriad gan Lloyd George am ei eiriau 'enllibus' ac aeth yn ei flaen i ailadrodd ei gyhuddiad fod Ymneilltuwyr Cymru wedi dweud anwiredd er mwyn chwyddo niferoedd y Cymry Cymraeg uniaith.[46] Ymhen wythnos yr oedd Beriah Gwynfe Evans wedi dychwelyd i faes y gad i hysbysu darllenwyr y *Times* fod y modd y gweinyddwyd y cyfrifiad yn warthus:

> The demand was conveniently ignored; officialdom and redtapeism triumphed at the cost of vitiating the returns from the whole Principality; and now, to justify that official bungling, a whole nation is, by inference, charged by the head of a public department with falsifying its returns; and that libel is now repeated, accompanied by the episcopal benediction of one whose privilege it should have been to defend the fair fame of his fellow-countrymen.[47]

Beirniadwyd y Cofrestrydd Cyffredinol hefyd gan J. E. Southall, sylwebydd tra hyddysg ar faterion ieithyddol, a hynny am iddo fethu sicrhau cyflenwad digonol o ffurflenni Cymraeg mewn ardaloedd lle'r oedd y Gymraeg yn brif iaith ('such a course did much if not entirely vitiate in some bilingual districts the trustworthiness of the returns').[48] Tynnodd sylw yn ogystal at ddiffygion ystadegol dulliau gweithredu'r cyfrifiad, yn enwedig y penderfyniad i gyhoeddi'r canlyniadau ar gyfer dosbarthau a siroedd cofrestru yn hytrach na'r siroedd gweinyddol a'r plwyfi sifil a fodolai ar y pryd, oherwydd bod hynny wedi arwain at eithrio ardaloedd Cymraeg eu hiaith a ystyrid gan swyddfa'r cyfrifiad yn rhannau o ddosbarthau cofrestru Lloegr.[49] Cafodd hyn effaith arbennig o niweidiol o safbwynt cymunedau Cymraeg eu hiaith ar y ffin ddwyreiniol. Yn wir, bwriad cyfrol nodedig Southall, *The Welsh Language Census of 1891* (1895), a gynhwysai fap lliw enwog yn dangos dosbarthiad yr iaith Gymraeg yn y 52 dosbarth cofrestru ym 1891, oedd gwneud iawn am fethiant amlwg y Cofrestrydd Cyffredinol i ddadansoddi'r canlyniadau ieithyddol ar gyfer Cymru.[50]

Mewn ysgrif dreiddgar a gyhoeddwyd yn *Wales* ym 1894, gwelodd Thomas Darlington, Arolygydd ei Mawrhydi, yn dda i geryddu'r Cofrestrydd Cyffredinol am ei sylwadau di-alw-amdanynt ar eirwiredd y Cymry Cymraeg ac i honni mai rhith oedd y syniad o 'organised mendacity'.[51] Brodor o swydd Gaer oedd

[46] *The Times*, 24 Awst 1894, t. 9.

[47] Ibid., 31 Awst 1894, t. 11.

[48] J. E. Southall, *Wales and her Language* (Newport, 1892), t. 356.

[49] W. T. R. Pryce a Colin H. Williams, 'Sources and Methods in the Study of Language Areas: A Case Study of Wales' yn Colin H. Williams (gol.), *Language in Geographic Context* (Clevedon, 1988), t. 173.

[50] J. E. Southall, *The Welsh Language Census of 1891* (Newport, 1895).

[51] Thomas Darlington, 'The English-Speaking Population of Wales', *Wales*, I (1894), 11–16. Gw. hefyd idem, 'Iaith Cymru Fydd', *Y Geninen*, XI, rhif 4 (1893), 224–31.

Darlington, ac yr oedd yn enwog am ei ddoniau ieithyddol disglair – siaradai Gymraeg yn rhugl – ac am ei degwch. Credai fod y canlyniadau ieithyddol yn newyddion da i'r iaith Gymraeg a bod yr ystadegau, at ei gilydd, yn gywir. Pan luniodd aelodau'r Comisiwn Brenhinol ar Dir Cymru a sir Fynwy eu hadroddiad terfynol ym 1896 cadarnhawyd yn unfrydol y dadansoddiad cytbwys a phwyllog a wnaed gan Darlington ddwy flynedd ynghynt.[52] Fel y gellid disgwyl, yr oedd Beriah Gwynfe Evans yn parhau'n anniddig,[53] ond erbyn adeg cyfrifiad 1901 prin y byddai neb yn cofio bod amheuon wedi eu mynegi ynglŷn â chywirdeb canlyniadau'r cyfrifiad blaenorol.

Wedi i ganlyniadau'r cyfrifiad gael eu cyhoeddi ym 1893 dechreuwyd trafod yr oblygiadau ar gyfer dyfodol y Gymraeg ac ar gyfer 'y cwestiwn cenedlaethol'. Ac yntau'n gweld arwyddion o gynnydd ac o ddirywiad, tybiai J. E. Southall fod y Gymraeg wedi cyrraedd croesffordd dyngedfennol yn ei hanes. Ei nod wrth lunio *Wales and her Language* (1892), cyfrol a ysgrifennwyd yn fuan ar ôl y cyfrifiad, oedd 'to rouse the Welsh nation and prevent the premature and artificial extinction of their language',[54] ond fel y treiglai'r degawd yn ei blaen daeth i gredu mai'r cwestiwn hanfodol bellach oedd: 'a gaiff y genedl fod yn un ddwy-ieithog, ynte yn un-ieithog Seisnig?'[55] Gan ddilyn yr un trywydd, tybiai Thomas Darlington yntau fod dwyieithrwydd yn anochel ac felly mai'r prif fater i'w drafod oedd y statws a roddid i'r heniaith. Yr oedd yn argyhoeddedig fod digon o dystiolaeth o gryfder y Gymraeg yng nghanlyniadau'r cyfrifiad i gyfiawnhau ymgyrch genedlaethol i sicrhau bod pob barnwr, ynad heddwch, swyddog swyddfa bost, gorsaf-feistr a phob swyddog cyhoeddus arall yn ddwyieithog.[56] Er ei fod yn awyddus i ymladd yn erbyn y llif Seisnig, ymgysurai Emrys ap Iwan yn y ffaith mai'r Gymraeg oedd 'yr unig blentyn iach o holl blant y famiaith Geltaidd',[57] a rhyfeddai'r Parchedig D. Lloyd Jones, Llandinam, fod cynifer â 55 y cant o drigolion Cymru yn parhau i siarad iaith a leferid gan y rhai ymhlith eu cyndadau a ymladdodd mor ddewr yn erbyn goresgynwyr Rhufeinig![58] Eto i gyd, dadleuai eraill yn rymus na cheid yng nghanlyniadau'r cyfrifiad sail ddigonol o blaid rhoi cydnabyddiaeth lawnach i'r iaith Gymraeg mewn bywyd cyhoeddus. Pe ceisid llyffetheirio'r bobl â'r iaith Gymraeg, meddai'r *Western Mail*, byddent yn fwy 'narrow-minded and clannish and ignorant' nag erioed.[59] Rhygnai John Gibson, y

[52] *Report of the Royal Commission on Land in Wales and Monmouthshire* (London, 1896), tt. 94–7.
[53] Gw. ei ymateb mewn llythyrau at Thomas Darlington yn Awst a Medi 1893 (LlGC Llsgr. 1058C).
[54] Southall, *Wales and her Language*, tt. iii, 312.
[55] J. E. Southall, 'A Ydyw y Gymraeg yn Marw?', *Y Geninen*, XVI, rhif 4 (1898), 245.
[56] Darlington, 'Iaith Cymru Fydd', 229. Lleisiwyd barn debyg gan ohebydd anhysbys yn *Yr Ymofynydd*, 46 (1891), 233–4.
[57] Emrys ap Iwan, 'Seisnigo Enwau Cymreig', *Y Geninen*, XV, rhif 1 (1897), 1.
[58] D. Lloyd Jones, 'Gwydnwch yr Iaith Gymraeg', *Y Drysorfa*, XLVII (1893), 381.
[59] *Western Mail*, 10 Ebrill 1891, golygyddol.

Lancastriad a olygai'r *Cambrian News*, ar yr un tant: 'What matter does it make nationally, whether the people speak Welsh or English?'[60]

Yn anochel, ceir ym mhob cyfrifiad gryn lwfans gwallau, ac nid oedd cyfrifiad 1891 yn eithriad. Yn yr un modd, gellir dehongli eu canlyniadau mewn gwahanol ffyrdd. Er enghraifft, pan gyhoeddwyd canlyniadau bras y cyfrifiad ym 1893, calonogwyd gwladgarwyr diwylliannol Cymru gan y ffaith fod dros 900,000 (54.5 y cant) o'r boblogaeth yn siarad Cymraeg a bod dros hanner miliwn o bobl (30.4 y cant) yn ddi-Saesneg. Ar y llaw arall, rhoddwyd hwb i'r sawl a oedd yn awyddus i weld Cymru'n ymdoddi fwyfwy i Loegr gan yr ystadegau a ddangosai fod dros 750,000 (45.5 y cant) o bobl yn ddi-Gymraeg a bod ychydig dros 400,000 o bobl (24.1 y cant) yn ddwyieithog. Fel y nodwyd gan sawl sylwebydd ar y pryd, ar lawer ystyr yr oedd dyfodol ieithyddol Cymru yn y fantol. Yng ngeiriau J. E. Southall: 'Welsh has reached a crisis, it is tottering in a state of uncertainty whether to go backward or forward.'[61]

Nod a Methodoleg yr Astudiaeth hon

O 2 Ionawr 1992 ymlaen bu modd astudio am y tro cyntaf gynnwys manwl cofnodion cyfrifiad 1891, sef y cyfrifiad cyntaf o'i fath i ddarparu gwybodaeth gywir a chynhwysfawr ynglŷn â'r iaith Gymraeg. Tua'r un adeg lansiwyd prosiect ymchwil arloesol ar 'Hanes Cymdeithasol yr Iaith Gymraeg' yng Nghanolfan Uwchefrydiau Cymreig a Cheltaidd Prifysgol Cymru, gyda'r bwriad o ddadansoddi cyflwr, swyddogaeth a statws yr iaith Gymraeg yn ystod y cyfnod rhwng y Deddfau Uno (1536–43) a chyfrifiad 1991, gan neilltuo sylw arbennig i hynt a helynt yr iaith yn y bedwaredd ganrif ar bymtheg a'r ugeinfed ganrif. Gan fod cofnodion cyfrifwyr 1891 yn ffynhonnell unigryw nas defnyddiwyd hyd hynny ar gyfer astudiaeth o newid cymdeithasol-ieithyddol yng Nghymru yn niwedd oes Victoria, penderfynwyd, gyda nawdd ariannol y Cyngor Ymchwil Economaidd a Chymdeithasol (ESRC), fynd i'r afael â'r deunydd cyfoethog hwn o fis Hydref 1995 ymlaen.

Prif nod ac amcanion y prosiect oedd:

i. casglu a phrosesu gwybodaeth o'r data unigryw yn ymwneud â'r iaith Gymraeg yng nghofnodion cyfrifiad 1891 mewn ugain cymuned ddetholedig yng Nghymru;

ii. creu ffeiliau data ar gyfrifiadur yn cynnwys gwybodaeth yn deillio o gofnodion cyfrifiad 1891 am enw, cyfeiriad, oed, perthynas i'r penteulu, galwedigaeth, man geni, ac iaith *c.*90,000 o unigolion (sampl 100 y cant o fewn ugain cymuned ddetholedig yng Nghymru);

[60] Jones, 'Sir John Gibson', 75.

[61] Southall, *Wales and her Language*, t. 362.

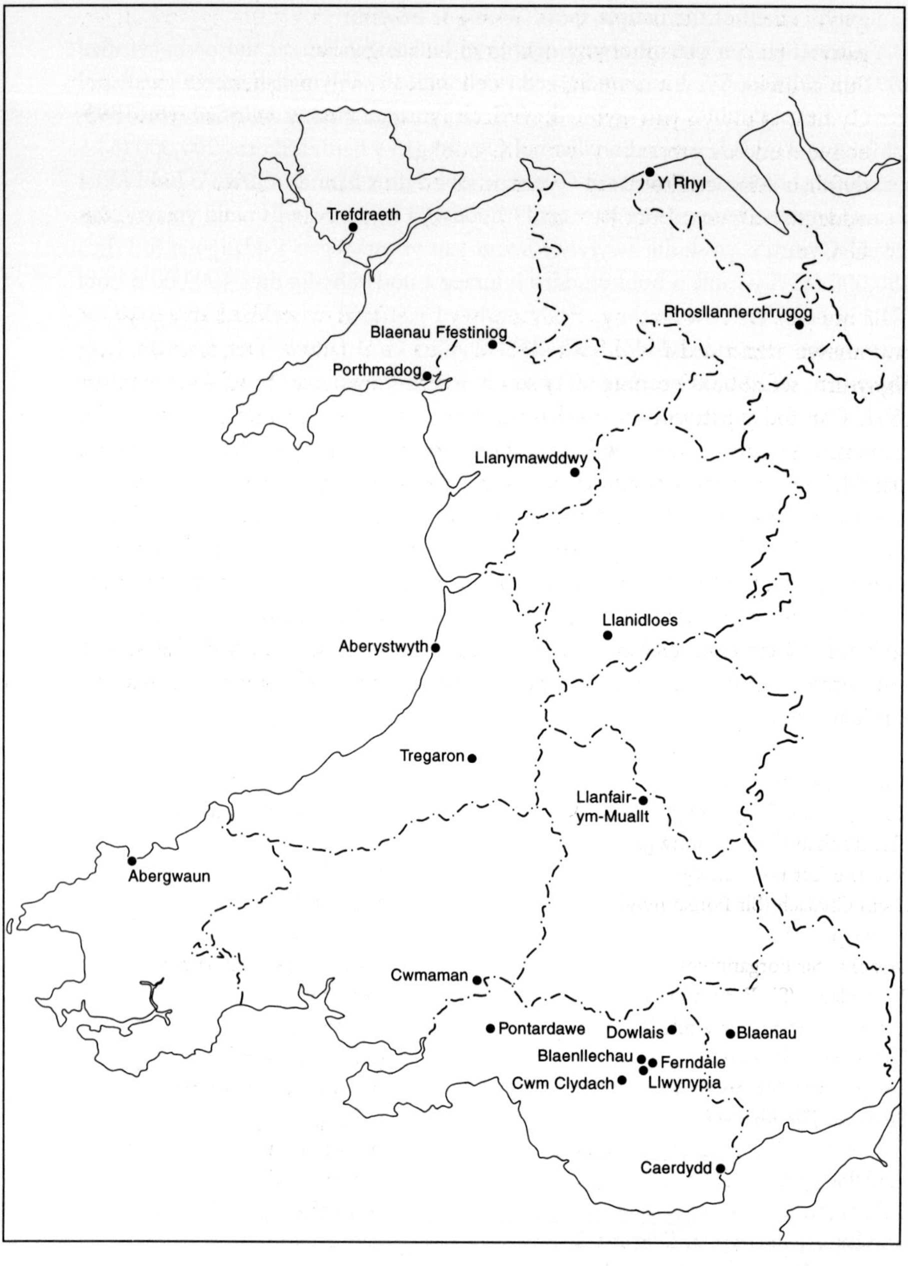

Ffigur 1. Lleoliad yr ugain ardal a astudiwyd

iii. ymgymryd â dadansoddiad meintiol o adeiledd economaidd-gymdeithasol gwybodaeth o'r iaith Gymraeg/Saesneg ar sail data yn ymdrin ag oed, rhyw, galwedigaeth a man geni yng nghofnodion y cyfrifwyr;
iv. llunio dosbarthiad o alwedigaeth, wedi ei addasu at amgylchiadau neilltuol Cymru, er mwyn ymchwilio ymhellach i'r cysylltiadau rhwng gweithgarwch economaidd a'r proses o newid ieithyddol;
v. dyfnhau ein dealltwriaeth gymdeithasol-ieithyddol o gyfnod pan oedd oddeutu miliwn o bobl yn siarad Cymraeg a thros hanner miliwn yn uniaith Gymraeg.

Er mwyn casglu'r data mwyaf dibynadwy ac effeithlon, gwnaed sampl 100 y cant mewn ugain ardal a ddewiswyd allan o'r 178 isddosbarth cofrestru yng Nghymru, sef *c.*90,000 o unigolion neu 5 y cant o boblogaeth gyfan Cymru ym 1891. Gan fod y patrwm yng Nghymru mor amrywiol, penderfynwyd y byddai manteision samplau o ardaloedd cynrychioliadol yn drech nag unrhyw fanteision a allai ddeillio o glwstwr-samplu ar hap. Wrth ddewis yr ugain ardal defnyddiwyd y meini prawf canlynol: lleoliad daearyddol (gogledd/de; arfordir/perfeddwlad; y ffin); proffiliau demograffig gwrthgyferbyniol; graddau diwydiannu a threfoli; a gallu ieithyddol cyflawn (yn unol â'r wybodaeth a geid yn y dosbarth cofrestru priodol yn y tablau cyfrifiad cyhoeddedig). O ganlyniad, dewiswyd yr ardaloedd canlynol.[62] Ceir enghreifftiau o bob sir yng Nghymru, ac eithrio sir Faesyfed a oedd bron yn gyfan gwbl ddi-Gymraeg erbyn blynyddoedd cynnar y bedwaredd ganrif ar bymtheg:

Blaenau (Sir Fynwy)	:	tref haearn a dur
Caerdydd (Sir Forgannwg)	:	tref fasnachol ac allforio
Blaenllechau (Sir Forgannwg)	:	tref lofaol
Ferndale (Sir Forgannwg)	:	tref lofaol
Cwm Clydach (Sir Forgannwg)	:	tref lofaol
Llwynypia (Sir Forgannwg)	:	tref lofaol
Dowlais (Sir Forgannwg)	:	canolfan gwneud haearn
Pontardawe (Sir Forgannwg)	:	tref dunplat
Cwmaman (Sir Gaerfyrddin)	:	tref dunplat
Abergwaun (Sir Benfro)	:	porthladd arforol
Aberystwyth (Sir Aberteifi)	:	tref fasnach a gwyliau
Tregaron (Sir Aberteifi)	:	plwyf gwledig
Llanfair-ym-Muallt (Sir Frycheiniog)	:	tref farchnad
Llanidloes (Sir Drefaldwyn)	:	tref farchnad
Y Rhyl (Sir Y Fflint)	:	tref wyliau
Rhosllannerchrugog (Sir Ddinbych)	:	tref lofaol
Llanymawddwy (Sir Feirionnydd)	:	plwyf gwledig

[62] Ymdrinnir â'r ugain ardal yn yr un drefn ag y maent yn ymddangos yn Adroddiad Cyffredinol Cyfrifiad Lloegr a Chymru, 1891.

Blaenau Ffestiniog (Sir Feirionnydd)	:	tref chwarelyddol
Porthmadog (Sir Gaernarfon)	:	porthladd arforol
Trefdraeth (Sir Fôn)	:	plwyf gwledig

Hawdd cyfiawnhau cynnwys cynifer o gymunedau yn ne Cymru. Cynnydd aruthrol a digynsail yn y boblogaeth oedd nodwedd fwyaf rhyfeddol hanes cymdeithasol ac economaidd Cymru yn y bedwaredd ganrif ar bymtheg. Dros gyfnod o 90 o flynyddoedd treblodd y boblogaeth, gan gynyddu o 601,767 ym 1801 i 1,776,405 ym 1891.[63] Ysgogwyd diwydiannu a threfoli ar raddfa fawr gan y chwyldro demograffig hwn, yn enwedig ym Maes Glo De Cymru. Cynyddodd poblogaeth sir Fynwy fwy na phum gwaith, gan godi o 54,750 ym 1801 i 275,242 ym 1891, a phoblogaeth sir Forgannwg fwy na naw gwaith, sef o 74,189 ym 1801 i 693,072 ym 1891. O ganlyniad i'r newidiadau aruthrol hyn ni ellid mwyach ddisgrifio Cymru yn wlad amaethyddol yn bennaf. Sugnwyd miloedd o fudwyr gwledig i mewn i'r meysydd glo fel petai gan sugnlanhäwr ('as if by a vacuum cleaner').[64] Yn sgil datblygu'r diwydiant glo ager daeth Maes Glo De Cymru yn brif atyniad economaidd i fudwyr o rannau eraill o Gymru ac o orllewin Lloegr oherwydd bod y cyfleoedd gwaith, y cyflogau uchel a'r ffordd o fyw mor eithriadol o ddeniadol. Gan fod y meysydd glo mor apelgar ac yn gymharol rwydd i'w cyrraedd, llwyddwyd i osgoi gwaedlif demograffig sylweddol. Erbyn 1891 yr oedd dros hanner poblogaeth Cymru yn byw yn siroedd Morgannwg a Mynwy. Pa ryfedd fod Maes Glo De Cymru yn cael ei gydnabod fel 'maes yr ymladdfa ieithyddol' mwyaf tyngedfennol yng Nghymru.[65]

Erbyn adeg cyfrifiad 1891, felly, yn enwedig yn y de, yr oedd trefi Cymru yn cynyddu'n sylweddol o ran eu maint. O'r 23 o ddosbarthau trefol a chanddynt boblogaeth o fwy na 10,000, pump yn unig a oedd y tu allan i ffiniau siroedd Morgannwg a Mynwy. Dyfnhawyd yr anghyfartaledd rhwng cymunedau gwledig a diwydiannol wrth i'r naill ddioddef yn sgil diboblogi a'r llall brofi twf cyflym a sylweddol. Bwriwyd canolfannau rhanbarthol traddodiadol megis Caernarfon a Chaerfyrddin i'r cysgod gan dwf aneddiadau trefol a diwydiannol y Rhondda lle y rhoddid y brif flaenoriaeth i dyrchu glo o'r ddaear a'i allforio i bedwar ban byd. Afraid dweud bod i'r newidiadau hyn sgil-effeithiau diwylliannol yn ogystal â chanlyniadau cymdeithasol, economaidd a gwleidyddol.

O safbwynt dyfodol y Gymraeg, bu sawl newid trawiadol. Yn gyntaf, er bod cyfanswm y siaradwyr Cymraeg wedi cynyddu o tua 600,000 ym 1801 i 910,289 ym 1891, yr oedd cyfran y Cymry Cymraeg o'r boblogaeth wedi gostwng o tua 95 y cant i 54.5 y cant. Yn ail, ceid y dwysedd uchaf o siaradwyr Cymraeg yn yr

[63] Dot Jones, *Statistical Evidence relating to the Welsh Language 1801–1911 / Tystiolaeth Ystadegol yn ymwneud â'r Iaith Gymraeg 1801–1911* (Cardiff, 1998), t. 17.

[64] Hywel Francis a David Smith, *The Fed: A History of the South Wales Miners in the Twentieth Century* (London, 1980), t. 32.

[65] D. Lloyd Jones, 'Gwydnwch yr Iaith Gymraeg', 412.

ardaloedd lle'r oedd dwysedd poblogaeth yn isel. Yng nghymunedau amaethyddol gogledd a gorllewin Cymru, sef siroedd Môn, Caernarfon, Meirionnydd, Aberteifi a Chaerfyrddin, y ceid y mynegrif dwysedd uchaf o fwy na 90 y cant.[66] Yn drydydd, yr oedd cyfran lawer uwch o bobl Cymru bellach yn gyfarwydd â'r iaith Saesneg. Yn gynyddol wedi 1871 llifai mudwyr a mewnfudwyr di-Gymraeg i mewn i'r ardaloedd glo ager.[67] At hynny, yn y parthau dwyieithog ar y ffin ymwthiai'r Saesneg tua'r gorllewin trwy gyfrwng ffyrdd a rheilffyrdd. Yn nhrefi'r arfordir, y porthladdoedd a'r maestrefi yn ogystal, yr oedd yn gynyddol anos i siaradwyr Cymraeg wrthsefyll grym y Saesneg.[68] Cyfyngid 'y fyddin uniaith',[69] chwedl J. E. Southall, fwyfwy i blwyfi anghysbell. Yn bedwerydd, o'i chymharu â'r Gymraeg, a gysylltid â thlodi, israddoldeb cymdeithasol ac obsgwrantiaeth, yr oedd y Saesneg yn iaith uchel ei statws. Yr oedd y graith a achoswyd gan adroddiad comisiynwyr addysg 1847, lle yr honnwyd bod y 'peculiar language' a elwid y Gymraeg yn elyn i gynnydd a chyfoeth materol, wedi treiddio mor ddwfn i seicoleg deallusion Cymru fel yr ofnent beunydd ragor o feirniadaeth ddeifiol o du'r sefydliad Saesneg.[70] Daeth hyd yn oed y werin-bobl i gredu mai'r unig wir ffordd o ddianc rhag tlodi ac anllythrennedd oedd trwy ddysgu Saesneg. 'Irish doesn't sell the cow', meddid yn Iwerddon, ac yn yr un modd honnai'r comisiynwyr fod y Gymraeg yn cadw'r gwerinwr uniaith 'dan yr hatsys'.[71] 'Erbyn diwedd y bedwaredd ganrif ar bymtheg', medd Robert Owen Jones, ''roedd olion amlwg fod cenedlaethau o ddifrïo a diraddio'r Gymraeg yn dechrau medi cynhaeaf chwerw.'[72] I gryn raddau, effeithiai'r holl elfennau hyn ar broffil ieithyddol y cymunedau a ddewiswyd ar gyfer yr astudiaeth hon.

Aethpwyd ati yn y lle cyntaf i drawsgrifio sampl ddethol o lyfrau'r cyfrifwyr i ffeiliau data ar gyfrifiadur. Yn y ffeil gyntaf dynodwyd newidynnau yn y drefn ganlynol: enw'r unigolyn, ardal rifo (*enumeration district*), rhif y ffurflen, enw cyntaf, cyfenw, perthynas â'r penteulu, statws priodasol, rhyw, oed, galwedigaeth, statws cyflogi, cod galwedigaeth, sir enedigol, man geni, a'r iaith a leferid. Dynodwyd y newidynnau canlynol yn yr ail ffeil: ardal rifo, rhif y ffurflen, a

[66] Glyn Lewis, 'Migration and the Decline of the Welsh Language' yn Joshua A. Fishman (gol.), *Advances in the Study of Societal Multilingualism* (The Hague, 1978), tt. 263–51.

[67] Philip N. Jones, 'Population Migration into Glamorgan 1861–1911: A Reassessment' yn Prys Morgan (gol.), *Glamorgan County History. Volume VI. Glamorgan Society 1780–1980* (Cardiff, 1988), tt. 173–202.

[68] W. T. R. Pryce, 'Welsh and English in Wales, 1750–1971', *BBCS*, XXVII, rhan 1 (1978), 1–36.

[69] Southall, *The Welsh Language Census of 1891*, t. 31.

[70] Gw. yr ysgrifau yn Prys Morgan (gol.), *Brad y Llyfrau Gleision: Ysgrifau ar Hanes Cymru* (Llandysul, 1991) a Hywel Teifi Edwards, *The Eisteddfod* (Cardiff, 1990), t. 27.

[71] J. J. Lee, *Ireland 1912–1985: Politics and Society* (Cambridge, 1989), t. 662; Ieuan Gwynedd Jones, '1848–1868: "Brad y Llyfrau Gleision" and Welsh Politics' yn idem, *Mid-Victorian Wales: The Observers and the Observed* (Cardiff, 1992), tt. 103–65.

[72] Robert Owen Jones, *'Hir Oes i'r Iaith': Agweddau ar Hanes y Gymraeg a'r Gymdeithas* (Llandysul, 1997), t. 324.

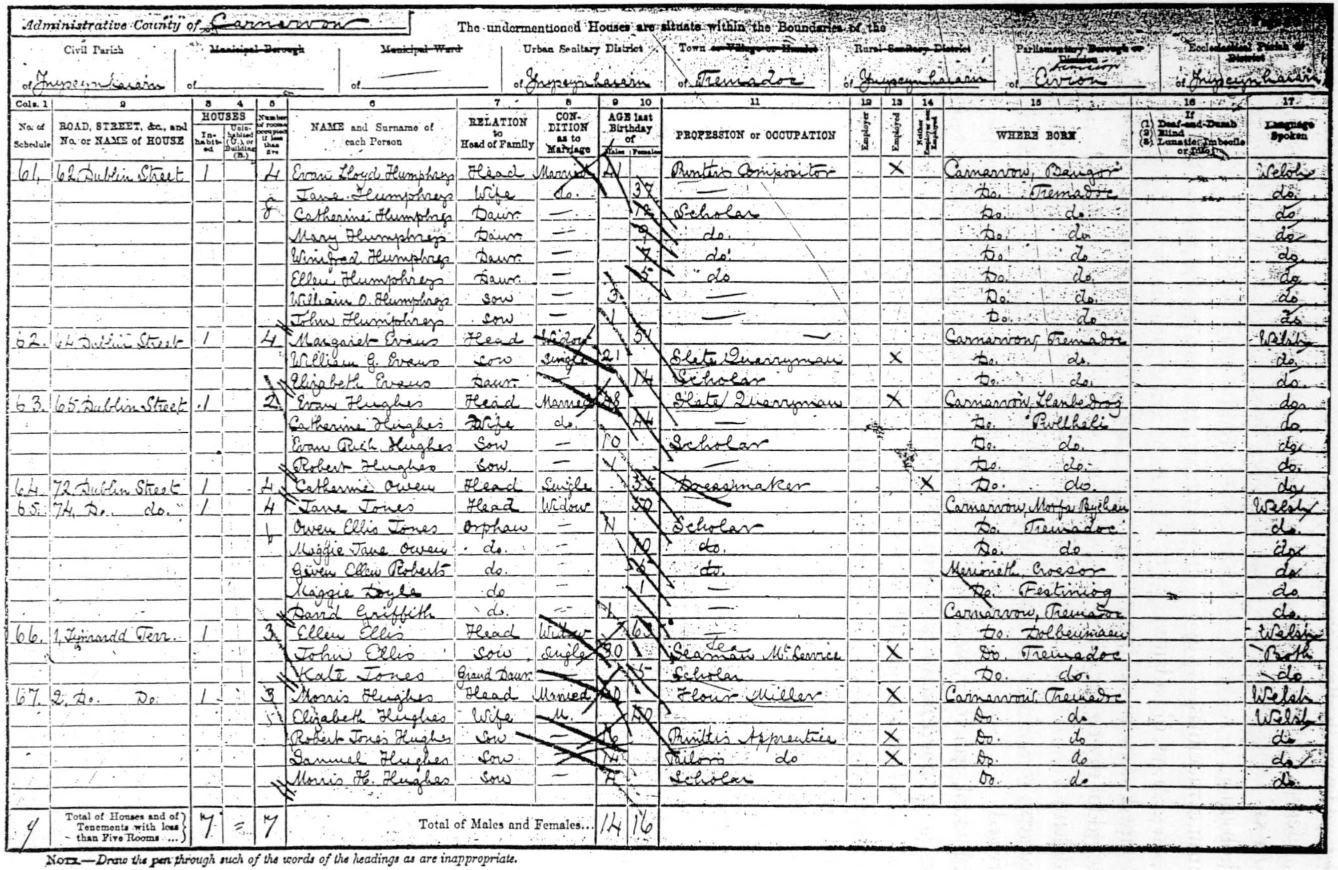

Administrative County of Carnarvon — The undermentioned Houses are situate within the Boundaries of the

Civil Parish	Municipal Borough	Municipal Ward	Urban Sanitary District	Town or Village or Hamlet	Rural Sanitary District	Parliamentary Borough or Division	Ecclesiastical Parish or District
of Ynyscynhaiarn	of	of	of Ynyscynhaiarn	of Tremadoc	of Ynyscynhaiarn	of Eifion	of Ynyscynhaiarn

1 No. of Schedule	2 ROAD, STREET, &c., and No. or NAME of HOUSE	3 HOUSES Inhabited	4 HOUSES Uninhabited (U.) or Building (B.)	5 Number of rooms occupied if less than five	6 NAME and Surname of each Person	7 RELATION to Head of Family	8 CONDITION as to Marriage	9 AGE last Birthday of Males	10 AGE last Birthday of Females	11 PROFESSION or OCCUPATION	12 Employer	13 Employed	14 Neither Employer nor Employed	15 WHERE BORN	16 If (1) Deaf-and-Dumb (2) Blind (3) Lunatic, Imbecile or Idiot	17 Language Spoken
61.	62 Dublin Street	1		4	Evan Lloyd Humphreys	Head	Married	41		Printer's Compositor		X		Carnarvon, Bangor		Welsh
					Jane Humphreys	Wife	do.		37	—				Do. Tremadoc		do
					Catherine Humphreys	Daur	—		12	Scholar				Do. do		do
					Mary Humphreys	Daur	—		9	do.				Do. do		do
					Winifred Humphreys	Daur	—		7	do.				Do. do		do
					Ellen Humphreys	Daur	—		5	do				Do. do.		do
					William O. Humphreys	Son	—	3		—				Do. do.		do
					John Humphreys	Son	—	1		—				Do. do		do
62.	64 Dublin Street	1		4	Margaret Evans	Head	Widow		51	—				Carnarvon, Tremadoc		Welsh
					William G. Evans	Son	Single	21		Slate Quarryman		X		Do. do.		do.
					Elizabeth Evans	Daur			14	Scholar				Do. do.		do.
63.	65 Dublin Street	1		2	Evan Hughes	Head	Married	48		Slate Quarryman		X		Carnarvon, Llanbedrog		do.
					Catherine Hughes	Wife	do.		44					Do. Pwllheli		do
					Evan Rich Hughes	Son	—	10		Scholar				Do. do.		do.
					Robert Hughes	Son	—	1		—				Do. do.		do.
64.	72 Dublin Street	1		4	Catherine Owen	Head	Single		35	Dressmaker			X	Do. do.		do
65.	74 Do. do.	1		4	Jane Jones	Head	Widow		50					Carnarvon, Morfa Bychan		Welsh
					Owen Ellis Jones	Orphan	—	11		Scholar				Do. Tremadoc		do.
					Maggie Jane Owen	do.	—		10	do.				Do. do		do
					Gwen Ellen Roberts	do.	—		5	do.				Merioneth, Croesor		do
					Maggie Doyle	do	—		1	—				Do. Festiniog		do
					David Griffith	do.	—	1		—				Carnarvon, Tremadoc		do.
66.	1 Tymawdd Terr.	1		3	Ellen Ellis	Head	Widow		63					Do. Dolbenmaen		Welsh
					John Ellis	Son	Single	30		Seaman Tea Mc Service		X		Do. Tremadoc		Both
					Kate Jones	Grand Daur	—		5	Scholar				Do. do.		do
67.	2 Do. Do	1		3	Morris Hughes	Head	Married	50		Flour Miller		X		Carnarvon, Tremadoc		Welsh
					Elizabeth Hughes	Wife	M.		50					Do. do		Welsh
					Robert Jones Hughes	Son	—	16		Printer's Apprentice		X		Do. do		do
					Samuel Hughes	Son	—	14		Tailor's do		X		Do. do		do
					Morris H. Hughes	Son	—	7		Scholar				Do. do		do
4	Total of Houses and of Tenements with less than Five Rooms	7	=	7	Total of Males and Females			14	16							

NOTE.—Draw the pen through such of the words of the headings as are inappropriate.

Ffigur 2. Tudalen o lyfr rhifo cyfrifiad 1891 ar gyfer Tremadog

ddefnyddiwyd ffurflen Gymraeg ei hiaith ai peidio, faint o bobl a breswyliai yn y tŷ, nifer yr ystafelloedd (os ceid llai na phump), a'r cyfeiriad.

Ar sail yr wybodaeth hon, astudiwyd gallu ieithyddol mewn sawl ffordd ym mhob un ardal a ddewiswyd. Yn gyntaf, lluniwyd cyfres o groesdablau o newidynnau cymdeithasol ar gyfer pob unigolyn, sef oed, rhyw, perthynas â'r penteulu, a man geni, yn ôl pa iaith a siaredid. Yn ail, trwy ddefnyddio'r tylwyth (*household*) fel uned, astudiwyd (pryd bynnag yr oedd hynny'n briodol) wahaniaethau ieithyddol rhwng cenedlaethau, iaith plant mewn priodasau 'cymysg' a'r un iaith, a dylanwad ieithyddol aelodau nad oeddynt yn rhan o'r teulu, h.y. byrddwyr (*boarders*), lletywyr (*lodgers*), gwasanaethyddion, ymwelwyr. Yn drydydd, trwy ystyried cymdogaeth a chymuned, astudiwyd didoli gofodol ar sail gallu ieithyddol, gan roi sylw arbennig i lwybrau mudo a phresenoldeb mewnfudwyr dieithr a pherthnasau a oedd wedi dychwelyd. Yn bedwerydd, lluniwyd dosbarthiad galwedigaethol arbennig at bwrpas astudio gallu ieithyddol ym mheuoedd y gweithle diwydiannol, y gwasanaethau cyhoeddus a'r proffesiynau.

Gan mai un o brif amcanion yr astudiaeth hon oedd archwilio gwybodaeth o'r Gymraeg/Saesneg ynghyd â symudiadau ieithyddol o fewn fframwaith economaidd, buan y daeth yn amlwg nad oedd y dosbarthiadau galwedigaethol, yn seiliedig ar grwpiau diwydiannol, a ddefnyddid ar gyfer Lloegr o reidrwydd yn addas at ddibenion Cymru. Felly, yn sgil canlyniadau sawl astudiaeth beilot, penderfynwyd seilio'r dosbarthiad galwedigaethol ar eiddo Charles Booth. Ym 1886 cyhoeddodd Booth erthygl arloesol ar alwedigaethau pobl rhwng 1801 a 1881, ynghyd ag atodiad ystadegol yn ymwneud ag ystadegau o 1841 tan 1881 a oedd yn dosbarthu pobl yn un ar ddeg 'grŵp diwydiannol' gwahanol, pob un wedi ei isrannu'n hanner cant ac un o alwedigaethau (Atodiad 1).[73] Er mwyn sicrhau bod y dosbarthiad hwn yn addas at bwrpas data ieithyddol-gymdeithasol yn ogystal ag economaidd, fe'i cyfaddaswyd fel a ganlyn:

i. helaethwyd y Sector Mwyngloddio er mwyn hwyluso ac adlewyrchu amrywiaethau strwythur economaidd Cymru;
ii. lleihawyd y Sector Cynhyrchu o 31 i 14 prif grŵp;
iii. cynhwyswyd perchenogion yn y prif ddiwydiant y buddsoddent eu cyfalaf ynddo;
iv. hyd y gellid, cynhwyswyd rheolwyr, clercod, labrwyr, cynorthwywyr a gweithwyr gwasanaeth yn y diwydiant a'u cyflogai;
v. cymerwyd yn ganiataol fod plant 10–12 oed heb alwedigaeth yn ddisgyblion ysgol (*scholars*);

[73] Charles Booth, 'Occupations of the People of the United Kingdom, 1801–81', *Journal of the Royal Statistical Society*, XLIX (1886), 314–435. Am agweddau gwahanol, gw. Michael Anderson, *Family Structure in Nineteenth Century Lancashire* (London, 1971); E. A. Wrigley (gol.), *Nineteenth-Century Society* (Cambridge, 1972); A. Armstrong, *Stability and Change in an English County Town: A Social Study of York 1801–51* (London, 1974); Richard Lawton (gol.), *The Census and Social Structure: An Interpretative Guide to 19th Century Censuses for England and Wales* (London, 1978).

vi. cynhwyswyd gwraig neu benteulu benywaidd mewn tylwyth a oedd yn cynnwys mwy na dau letywr neu fyrddwr gyda'r ceidwaid llety.

Yn olaf, ym mhob ardal a astudiwyd ceisiwyd ychwanegu at y data meintiol a'i gyfoethogi trwy gynnwys deunydd a gribiniwyd o amryw byd o ffynonellau hanesyddol cynradd ac eilaidd yn y Gymraeg a'r Saesneg. Bu hyn yn gymorth nid yn unig i ddyfnhau ein dealltwriaeth o'r prosesau hanesyddol cymhleth a effeithiai ar ddwysedd siaradwyr y Gymraeg ond hefyd i ddarganfod i ba raddau y llwyddai pobl mewn ardaloedd gwledig, trefol a diwydiannol i gymathu newydd-ddyfodiaid ac i ymagweddu at bopeth Saesneg a Seisnig. Beth bynnag am ei ddiffygion, ni ellir gwadu nad yw cyfrifiad 1891 yn cynnwys mwynglawdd o wybodaeth werthfawr, a'n gobaith yw y bydd yr astudiaeth uchelgeisiol hon yn esbonio'r cyfnewidiadau cymdeithasol ac economaidd a effeithiai ar barhad a ffyniant yr iaith Gymraeg yn negawd olaf y bedwaredd ganrif ar bymtheg.

Atodiad 1. Dosbarthiad diwydiannol o alwedigaethau (yn seiliedig ar ddosbarthiad Charles Booth)

AMAETHYDDIAETH

01 Ffermio
- 01 Hwsmyn, stiwardiaid
- 02 Ffermwyr, porfelwyr
- 03 Perthnasau'n cynorthwyo
- 04 Gweithwyr amaethyddol
- 05 Gweision fferm
- 06 Bugeiliaid
- 07 Coedwyr
- 08 Meithrinwyr, gwerthwyr hadau

02 Gwasanaeth tir
- 01 Perchenogion peiriannau amaethyddol
- 02 Gweithwyr peiriannau amaethyddol

03 Magu
- 01 Perchenogion ceffylau, bridwyr
- 02 Milfeddygon, ffariars
- 03 Torri/cadw ceffylau, gwastrodion

04 Masnachu
- 01 Gwerthwyr gwartheg/porthmyn
- 02 Gwerthwyr defaid
- 03 Gwerthwyr cynnyrch llaeth, wyau, dofednod
- 04 Gwerthwyr anifeiliaid eraill
- 05 Gwerthwyr gwair, gwellt, manus
- 06 Gwerthwyr grawn, blawd, hadau

07 Gwerthwyr gwlân, brethynwyr
08 Cynorthwywyr
05 Pysgota
01 Pysgotwyr/wragedd

MWYNGLODDIO

01 Glo
01 Perchenogion
02 Rheolwyr
03 Peirianwyr/syrfewyr
04 Asiantwyr
05 Clercod
06 Ffeiarmyn/goruchwylwyr
07 Atalbwyswyr
08 Glowyr/halwyr/coedwyr/atgyweirwyr, ayb
09 Gweithwyr peiriannau
10 Crefftwyr
11 Labrwyr
12 Gweithwyr pen pwll/ar yr wyneb
13 Bechgyn wrth y drysau
20 Eraill
02 Plwm
01 Perchenogion
02 Asiantwyr/rheolwyr
03 Clercod
04 Mwynwyr
05 Trinwyr mwyn
06 Labrwyr
20 Eraill
03 Mwyngloddio arall
01 Perchenogion
02 Asiantwyr/rheolwyr
03 Clercod
04 Mwynwyr
05 Labrwyr
20 Eraill
04 Llechi a chwareli
01 Perchenogion
02 Asiantwyr/rheolwyr
03 Clercod
04 Chwarelwyr/mwynwyr
05 Torwyr llechi/naddwyr
06 Labrwyr
20 Eraill
05 Chwareli cerrig eraill
01 Perchenogion

02 Asiantwyr/rheolwyr
03 Clercod
04 Chwarelwyr cerrig/torwyr/naddwyr
05 Llosgwyr calch
06 Labrwyr
07 Eraill

06 Brics
01 Perchenogion
02 Asiantwyr/rheolwyr
03 Clercod
04 Gwneuthurwyr/llosgwyr brics, teils
05 Labrwyr
20 Eraill

07 Gweithfeydd dŵr a halen
01 Gweithwyr

ADEILADU

01 Rheoli
01 Penseiri
02 Peirianwyr sifil/syrfewyr
03 Contractwyr/adeiladwyr
04 Fformyn
05 Cynorthwywyr

02 Gweithwyr
01 Seiri meini
02 Bricwyr
03 Plastrwyr
04 Towyr
05 Seiri coed
06 Plymeriaid/peintwyr/gwydrwyr/papurwyr
07 Gosodwyr nwy
08 Prentisiaid
09 Labrwyr

03 Ffyrdd, rheilffyrdd, adeiladwaith arall
01 Gweithwyr ffordd
02 Gweithwyr rheilffordd/ceibwyr/gosodwyr cledrau
03 Gweithwyr/ceibwyr eraill

CYNHYRCHU

01 Peiriannau, offer, watsys, ayb
01 Perchenogion
02 Rheolwyr/fformyn
03 Clercod
04 Crefftwyr
05 Prentisiaid/cynorthwywyr

06 Gweithwyr di-grefft/labrwyr
20 Eraill
02 Adeiladu llongau
01 Perchenogion
02 Rheolwyr/fformyn
03 Clercod
04 Crefftwyr
05 Prentisiaid/cynorthwywyr
06 Gweithwyr di-grefft/labrwyr
20 Eraill
03 Haearn a dur
01 Perchenogion
02 Rheolwyr/fformyn
03 Clercod
04 Crefftwyr
05 Prentisiaid/cynorthwywyr
06 Gweithwyr di-grefft/labrwyr
20 Eraill
04 Tunplat, sinc, copr, plwm, ayb
01 Perchenogion
02 Rheolwyr/fformyn
03 Clercod
04 Crefftwyr
05 Prentisiaid/cynorthwywyr
06 Gweithwyr di-grefft/labrwyr
20 Eraill
05 Llestri pridd, glo a nwy, cemegolion, ayb
01 Perchenogion
02 Rheolwyr/fformyn
03 Clercod
04 Crefftwyr
05 Prentisiaid/cynorthwywyr
06 Gweithwyr di-grefft/labrwyr
20 Eraill
06 Lledr, blew, glud, ayb
01 Perchenogion
02 Rheolwyr/fformyn
03 Clercod
04 Crefftwyr
05 Prentisiaid/cynorthwywyr
06 Gweithwyr di-grefft/labrwyr
20 Eraill
07 Pren, dodrefn, papur, ayb
01 Perchenogion
02 Rheolwyr/fformyn

03 Clercod
04 Crefftwyr
05 Prentisiaid/cynorthwywyr
06 Gweithwyr di-grefft/labrwyr
20 Eraill

08 Cerbydau a harneisiau
01 Perchenogion
02 Rheolwyr/fformyn
03 Clercod
04 Crefftwyr
05 Prentisiaid/cynorthwywyr
06 Gweithwyr di-grefft/labrwyr
20 Eraill

09 Gwlân, panwyr gwlân a lliwyddion
01 Perchenogion
02 Rheolwyr/fformyn
03 Clercod
04 Crefftwyr
05 Prentisiaid/cynorthwywyr
06 Gweithwyr di-grefft/labrwyr
20 Eraill

10 Cotwm, llin, les, ayb
01 Perchenogion
02 Rheolwyr/fformyn
03 Clercod
04 Crefftwyr
05 Prentisiaid/cynorthwywyr
06 Gweithwyr di-grefft/labrwyr
20 Eraill

11 Dillad
01 Perchenogion
02 Rheolwyr/fformyn
03 Clercod
04 Crefftwyr
05 Prentisiaid/cynorthwywyr
06 Gweithwyr di-grefft/labrwyr
20 Eraill

12 Bwyd, diod, tybaco
01 Perchenogion
02 Rheolwyr/fformyn
03 Clercod
04 Crefftwyr
05 Prentisiaid/cynorthwywyr
06 Gweithwyr di-grefft/labrwyr
20 Eraill

13 Argraffu
- 01 Perchenogion
- 02 Rheolwyr/fformyn
- 03 Clercod
- 04 Crefftwyr
- 05 Prentisiaid/cynorthwywyr
- 06 Gweithwyr di-grefft/labrwyr
- 20 Eraill

14 Amhenodol
- 01 Perchenogion
- 02 Rheolwyr/goruchwylwyr/fformyn
- 03 Clercod
- 04 Gyrwyr injan/tanwyr/dynion tân/ffitwyr
- 05 Gweithwyr peiriannau/crefftwyr/mecanics
- 06 Prentisiaid/cynorthwywyr
- 07 Labrwyr (yn y sector cynhyrchu)
- 20 Eraill ac amhenodol

CLUDIANT

01 Ystordai a dociau
- 01 Perchenogion
- 02 Rheolwyr/goruchwylwyr
- 03 Clercod
- 04 Gweithwyr porthladd, dociau a goleudai
- 05 Negeswyr, porthorion, labrwyr ystordai a dociau

02 Morwriaeth
- 01 Perchenogion llongau
- 02 Capteiniaid, peilotiaid
- 03 Morwyr, stiwardiaid a chogyddion

03 Dyfrffyrdd mewndirol
- 01 Badwyr, dadlwythwyr, cychwyr
- 02 Gwasanaeth camlesi a dyfrffyrdd mewndirol

04 Rheilffyrdd
- 01 Gorsaf-feistri/swyddogion
- 02 Clercod/swyddogion tocynnau
- 03 Gyrwyr trenau/tanwyr/dynion signal
- 04 Porthorion

05 Ffyrdd
- 01 Perchenogion stablau, cerbydau a bysys
- 02 Gyrwyr cerbydau, coetsmyn
- 03 Carwyr, certmyn, trolwyr, halwyr
- 04 Eraill (casglwyr tollau, gwasanaeth tramiau, ayb)

MASNACH

01 Glo
- 01 Masnachwyr a gwerthwyr glo

02 Carwyr glo a labrwyr, cynorthwywyr

02 Nwyddau crai
- 01 Masnachwyr coed
- 02 Gwerthwyr brethyn
- 03 Cynorthwywyr

03 Dillad
- 01 Dilledyddion, sidanwyr, hosanwyr, brethynwyr
- 02 Cynorthwywyr

04 Bwyd
- 01 Cigyddion, gwerthwyr dofednod, gwerthwyr pysgod
- 02 Gwerthwyr llaeth
- 03 Gwerthwyr caws, ymenyn, wyau
- 04 Gwerthwyr nwyddau, groseriaid, gwerthwyr te
- 05 Gwerthwyr llysiau a ffrwythau
- 06 Cynorthwywyr

05 Tybaco, diod a llety
- 01 Gwerthwyr tybaco
- 02 Gwerthwyr gwin a gwirodydd
- 03 Gwestywyr, tafarnwyr
- 04 Gwerthwyr cwrw
- 05 Ceidwaid llety
- 06 Ceidwaid tafarnau coffi, tai bwyta
- 07 Gweithwyr seler, gweision tafarn, cynorthwywyr

06 Dodrefn a nwyddau i'r cartref
- 01 Gwerthwyr dodrefn a lluniau
- 02 Gwerthwyr llestri a gwydr
- 03 Haearnwerthwyr
- 04 Gofaint aur ac arian, gemwerthwyr
- 05 Gwystlwyr
- 06 Cynorthwywyr

07 Fferyllwyr
- 01 Fferyllwyr
- 02 Cynorthwywyr

08 Deunydd ysgrifennu a chyhoeddiadau
- 01 Gwerthwyr deunydd ysgrifennu, llyfrau a phapurau newydd
- 02 Cyhoeddwyr, llyfrgellwyr
- 03 Ysgrifenwyr tocynnau, glynwyr posteri
- 04 Cynorthwywyr

09 Masnachwyr cyffredinol
- 01 Siopwyr cyffredinol, gwerthwyr
- 02 Pedleriaid, stondinwyr
- 03 Gwerthwyr carpiau
- 04 Cynorthwywyr

10 Arall ac amhenodol
- 01 Masnachwyr, broceriaid, asiantwyr, marsiandwyr
- 02 Arwerthwyr, priswyr, gwerthwyr tai

03 Gwerthwyr a phrynwyr, trafaelwyr
04 Cynorthwywyr

GWASANAETHAU DIWYDIANNOL

01 Bancio, yswiriant, cyfrifon
- 01 Gwasanaeth banc
- 02 Gwasanaeth yswiriant
- 03 Cyfrifyddion
- 04 Clercod masnachol
- 05 Prentisiaid/cynorthwywyr

GWASANAETHAU CYHOEDDUS A PHROFFESIYNOL

01 Gweinyddiaeth ganolog
- 01 Aelodau seneddol
- 02 Swyddogion y gwasanaeth sifil
- 03 Clercod y gwasanaeth sifil
- 04 Swyddogion Swyddfa'r Post, telegraff, teleffon
- 05 Clercod Swyddfa'r Post, gwasanaeth teleffon

02 Gweinyddiaeth leol
- 01 Swyddogion sirol, bwrdeistrefol
- 02 Cofrestrwyr genedigaethau, priodasau a marwolaethau
- 03 Swyddogion Deddf y Tlodion (casglwyr trethi, swyddogion cymorth)
- 04 Gweithwyr tlotai
- 05 Swyddogion presenoldeb plant ysgol
- 06 Swyddogion brechu/arolygwyr glanweithdra
- 07 Swyddogion lleol eraill
- 08 Clercod

03 Amddiffyn
- 01 Swyddogion y fyddin
- 02 Milwyr
- 03 Pensiynwyr y fyddin
- 04 Swyddogion y llynges
- 05 Gwylwyr y glannau
- 06 Morwyr
- 07 Pensiynwyr y llynges

04 Heddlu a charchardai
- 01 Arolygwyr
- 02 Rhingylliaid
- 03 Heddweision
- 04 Llywodraethwyr carchar
- 05 Swyddogion carchar

05 Y gyfraith
- 01 Barnwyr, ynadon
- 02 Bargyfreithwyr, cyfreithwyr
- 03 Myfyrwyr y gyfraith

04 Clercod y gyfraith
06 Meddygaeth
01 Llawfeddygon, meddygon
02 Myfyrwyr meddygol, cynorthwywyr
03 Deintyddion
04 Nyrsys
05 Bydwragedd
07 Addysg
01 Darlithwyr
02 Prifathrawon, athrawon ysgol
03 Athrawon cynorthwyol, disgybl-athrawon
04 Athrawon cerdd
05 Myfyrwyr
08 Crefydd
01 Clerigwyr (yr Eglwys sefydledig)
02 Offeiriaid Pabyddol
03 Gweinidogion y Methodistiaid Calfinaidd
04 Gweinidogion Methodist eraill
05 Gweinidogion yr Annibynwyr
06 Gweinidogion y Bedyddwyr
07 Gweinidogion a phregethwyr Ymneilltuol eraill
08 Myfyrwyr diwinyddol
09 Cenhadon, efengylwyr
10 Lleianod/mynachod
11 Swyddogion eglwysi, capeli, mynwentydd/clercod
12 Gweision eglwysi, capeli, mynwentydd
09 Adloniant
01 Cerddorion
02 Actorion
03 Gwasanaeth celfyddyd, cerdd, theatr
04 Perfformwyr, gwasanaethau arddangosfeydd
05 Biliards, criced a gwasanaethau chwaraeon eraill
10 Celf, llên, gwyddoniaeth
01 Arlunwyr, cerflunwyr, engrafwyr
02 Ffotograffwyr
03 Myfyrwyr celf/cynorthwywyr
04 Awduron, golygyddion, newyddiadurwyr
05 Gohebwyr, ysgrifenwyr llaw-fer
06 Yn gwneud ymchwiliadau gwyddonol

GWASANAETHAU CARTREF

01 Yn y tŷ
01 Gweision/morynion
02 Nyrsys yn y cartref
03 Gweision sefydliadol

02 Y tu allan
- 01 Coetsmyn a gwastrodion
- 02 Garddwyr
- 03 Ciperiaid

03 Gwasanaeth ychwanegol
- 01 Cogyddion
- 02 Glanhawyr, golchwyr
- 03 Gofalwyr
- 04 Pobl trin gwallt
- 05 Glanhawyr simneiau
- 20 Eraill

ERAILL
- 01 Rheolwyr/fformyn/goruchwylwyr
- 02 Contractwyr, asiantwyr
- 03 Labrwyr cyffredinol
- 04 Swyddi amhenodol

GWEDDILL Y BOBLOGAETH
- 01 Yn berchen eiddo/yn byw ar incwm preifat
- 02 Tlodion
- 03 Pobl anabl
- 04 Wedi ymddeol
- 05 Disgyblion ysgol (10 oed a throsodd)

2

Blaenau (Sir Fynwy)

MARI A. WILLIAMS

Datblygodd tref y Blaenau ym mhen uchaf cwm Ebwy Fach yng ngogledd-orllewin sir Fynwy o ganlyniad i'r ehangu a fu ym masnach haearn de Cymru yn ystod degawdau cynnar y bedwaredd ganrif ar bymtheg. Sefydlwyd gwaith haearn yno ym 1822 – y Blaina Ironworks – gan George Jones, diwydiannwr o swydd Stafford, ac yr oedd yn un o bedwar gwaith a godwyd yng nghymoedd sir Fynwy yn ystod y 1820au.[1] Yn ystod y blynyddoedd cynnar canolbwyntiodd gwaith y Blaenau ar gynhyrchu bariau haearn a haearn crai, a châi'r rhan fwyaf ohono ei gludo ar dramffordd a chamlas i borthladd Casnewydd. Erbyn y 1840au, fodd bynnag, yr oedd y cynnydd mewn adeiladu rheilffyrdd ym Mhrydain a thramor wedi creu galw anniwall am gynnyrch haearn newydd, sef rheiliau o haearn gyr. Yn y degawdau a ddilynodd, bu Gwaith Haearn y Blaenau – a gyfunwyd â'r gwaith cyfagos yng Nghwm Celyn ym 1839 – yn arbenigo ar gyflenwi haearn crai ar gyfer cynhyrchu haearn rheilffordd yng Nghwm Celyn.[2] Ysgogodd y datblygiad diwydiannol chwim gryn fewnfudo i blwyf Aberystruth wrth i aneddiadau clwstwr dyfu o gwmpas ffwrneisi a gefeiliau'r gwaith haearn. Yn ôl amcangyfrif Edmund Jones, gweinidog gyda'r Annibynwyr, yn ei gyfrol ar hanes y plwyf a gyhoeddwyd ym 1779, nid oedd y boblogaeth gyfan yn fwy na 500, ond erbyn canol y bedwaredd ganrif ar bymtheg yr oedd dros 14,000 o bobl yn byw o fewn ei ffiniau.[3]

Yn sgil y datblygiadau technolegol cysylltiedig â dechrau cynhyrchu dur gwelwyd newid ysgytwol yn hanes diwydiant haearn de Cymru, a chanwyd cnul yr hen gwmnïau cynhyrchu haearn yn nhrefi brig gogleddol y maes glo. Cyrhaeddodd yr argyfwng ei anterth yn y Blaenau yn gynnar yn y 1860au, pan arweiniodd y dirywiad cyson yn y galw am reiliau haearn at gau'r gwaith. Rhwng

[1] Y lleill oedd Gweithfeydd Bute, Pentwyn ac Abersychan. Michael Atkinson a Colin Baber, *The Growth and Decline of the South Wales Iron Industry, 1760–1880* (Cardiff, 1987), t. 8.

[2] Ibid., tt. 67, 92; J. Gwyn Davies, 'Industrial Society in North-West Monmouthshire, 1750–1851' (traethawd PhD anghyhoeddedig Prifysgol Cymru, 1980), tt. 26, 29.

[3] Edmund Jones, *A Geographical, Historical and Religious Account of the Parish of Aberystruth in the County of Monmouth* (Trevecka, 1779), t. 60; Davies, 'Industrial Society in North-West Monmouthshire', t. 5.

1867 a 1869, pan ddaeth cynhyrchu yng Ngwaith Haearn y Blaenau i ben yn llwyr, gadawodd cannoedd o deuluoedd lleol yr ardal i chwilio am waith. Symudodd rhai tua'r gorllewin i byllau glo-ager cymoedd Cynon a Rhondda, a mentrodd eraill cyn belled ag America, Awstralia a Rwsia.[4] Cafodd yr ecsodus mawr hwn effaith ddinistriol ar fywyd cymdeithasol a diwylliannol y gymuned. Gorfodwyd Ysgol Frutanaidd y Blaenau i gau am gyfnod rhwng 1867 a 1873, ac effeithiwyd yn ddifrifol hefyd ar gapeli'r dref gan y lleihad enbyd ym maint eu cynulleidfaoedd.[5] Yr oedd sefyllfa capeli Cymraeg y Blaenau eisoes wedi ei wanhau yn sgil sefydlu tair chwaer-eglwys Saesneg yn ystod y 1850au a'r 1860au, a bu colli cymaint o'u haelodau yn ergyd dost. Collodd Gobaith, achos y Methodistiaid Calfinaidd Cymraeg a sefydlwyd ym 1838, y rhan fwyaf o'i aelodau o ganlyniad i gau'r gwaith, ac er i rai teuluoedd ddychwelyd i'r Blaenau yn y 1870au, buan y daeth yn amlwg fod rhengoedd y gynulleidfa Gymraeg yn deneuach o lawer nag y buont. Erbyn y 1880au yr oedd gwasanaethau Saesneg yn cael eu cynnal yng nghapel Gobaith er mwyn diwallu anghenion ieithyddol yr aelodau newydd, ac erbyn 1891 ymddengys mai pur anaml y câi'r iaith Gymraeg ei defnyddio o fewn y muriau. Yr un oedd yr hanes mewn dau gapel Cymraeg arall: Salem, capel y Bedyddwyr, a Berea, capel yr Annibynwyr, lle'r oedd anallu'r aelodau iau i ddeall gwasanaethau Cymraeg wedi arwain at ddarparu peth hyfforddiant yn Saesneg.[6]

Yr oedd cysylltiad agos rhwng dirywiad y Gymraeg yn y Blaenau a datblygiadau ym mywyd economaidd a diwydiannol y dref, oherwydd yn ystod dirwasgiad economaidd y 1860au y collodd y Blaenau gyfran sylweddol o'i phoblogaeth frodorol – poblogaeth Gymraeg ei hiaith at ei gilydd. Prin oedd y teuluoedd Cymraeg a ddychwelodd i'r Blaenau yn y 1870au pan ailagorodd y gwaith a phan suddwyd pyllau glo newydd, ac o siroedd cyfagos Lloegr y daeth mwyafrif y mewnfudwyr a gymerodd eu lle.[7] Erbyn canol y 1870au, nid oedd y Nantyglo and Blaina Ironworks Company, na'r rhan fwyaf o'r cwmnïau haearn eraill yn yr ardal, yn fawr mwy na chwmnïau cynhyrchu glo, a rhoddwyd y gorau i gynhyrchu haearn yn y gwaith yn gyfan gwbl ym 1877.[8] Eto i gyd, ni ddaeth hanes cynhyrchu metel yn y Blaenau i ben oherwydd yn sgil datblygiadau mewn cynhyrchu dur a thunplat daeth bywyd newydd i safle'r hen waith. Ym 1879

4 LlGC Llsgr. 16155B, E. I. Williams, 'Notes on the History of Nantyglo and Blaina'.

5 Sian Rhiannon Williams, *Oes y Byd i'r Iaith Gymraeg: Y Gymraeg yn ardal ddiwydiannol Sir Fynwy yn y bedwaredd ganrif ar bymtheg* (Caerdydd, 1992), tt. 25–6; eadem, 'Rhai Agweddau ar Hanes yr Iaith Gymraeg yn Ardal Ddiwydiannol Sir Fynwy yn y Bedwaredd Ganrif ar Bymtheg' (traethawd PhD anghyhoeddedig Prifysgol Cymru, 1985), tt. 68–9.

6 LlGC, Archif y Methodistiaid Calfinaidd 141703, Abraham Morris, 'Calvinistic Methodism in Monmouthshire'; anhysbys, *A Short History of Salem Baptist Church, Blaina, Monmouthshire* (Abergavenny, d.d.), t. 10; T. Rees a J. Thomas, *Hanes Eglwysi Annibynol Cymru* (4 cyf., Liverpool, 1871–5), I, t. 200; Williams, 'Rhai Agweddau ar Hanes yr Iaith Gymraeg', tt. 68, 505.

7 Sylw a wnaed gan Dan Isaac Davies ym 1885, *Baner ac Amserau Cymru*, 1 Gorffennaf 1885.

8 J. H. Morris ac L. J. Williams, *The South Wales Coal Industry, 1841–1875* (Cardiff, 1958), tt. 85, 90.

sefydlwyd melin tunplat yn y Blaenau gan y Capten P. S. Phillips a Thomas Shaw Phillips – gŵyr a brynodd y gwaith tunplat yn Nant-y-glo ac Abertyleri yn ddiweddarach, gan sicrhau safle'r cwmni fel un o brif gynhyrchwyr tunplat sir Fynwy.[9] Yn ystod yr un flwyddyn, cafodd gwahanol unedau o'r Nantyglo and Blaina Ironworks Company eu gosod ar brydles i wahanol gwmnïoedd, ac wedi cyfnod o fod yn eiddo i Spence and Company o Lerpwl cymerwyd yr hen ffwrneisi haearn drosodd ym 1888 gan y Pyle and Blaina Works Ltd. er mwyn cynhyrchu fferro-manganîs a speigeleisen, cyfansoddyn a ddefnyddid yn y proses Bessemer o wneud dur.[10]

Erbyn 1891 yr oedd plwyf Aberystruth yn gartref i 25,913 o bobl a thref y Blaenau wedi datblygu'n anheddiad trefol mawr o dros 6,500 o drigolion a chanddo'r gwasanaethau canlynol: brigâd dân, gorsaf heddlu, swyddfa bost, llyfrgell gyhoeddus a neuadd.[11] Er bod y gwaith tunplat a speigeleisen a safai ar safle'r hen waith haearn yn dal i dra-arglwyddiaethu ar y tirlun diwydiannol, ym mhyllau glo'r Blaina, Nantyglo, a'r North and South Griffin, dan berchenogaeth John Lancaster and Co., y câi'r rhan fwyaf o'r dynion eu cyflogi.[12] Ond yn wahanol i'r aneddiadau glofaol llai a ddatblygai mewn rhannau eraill o Faes Glo De Cymru yn y cyfnod hwn, yr oedd hen dref y Blaenau yn cynnig mwy o amrywiaeth o gyfleoedd gwaith. Yn ogystal â'r gwaith a oedd ar gael yn y diwydiannau trymion, yr oedd pob math o fasnachwyr a siopwyr wedi sefydlu busnesau yng nghanol y dref. Erbyn 1891, fel y dengys Tabl 1, yr oedd yr iaith Saesneg yn ben ym mhob agwedd ar fywyd economaidd, cymdeithasol a diwylliannol y Blaenau. Ni allai bron tri-chwarter y 6,096 o drigolion (2 flwydd oed a throsodd) siarad Cymraeg, ac o'r rhai a allai, cyfran fechan iawn a oedd yn methu siarad Saesneg hefyd.

Yr oedd tref y Blaenau, y mae'n amlwg, yn un o'r aneddiadau mwy Seisnigedig o fewn Dosbarth Cofrestru Bedwellte, lle'r oedd dros draean y boblogaeth yn siarad Cymraeg. Yn y gornel ogledd-orllewinol hon o sir Fynwy y trigai dros hanner poblogaeth Gymraeg y sir, gan gynnwys dros 70 y cant o'i siaradwyr uniaith Gymraeg. Yng ngweddill sir Fynwy, yr oedd siaradwyr y Gymraeg yn lleiafrif pendant: yr oedd dros 88 y cant o'r dynion a'r merched a drigai yn y pum dosbarth cofrestru arall yn siaradwyr uniaith Saesneg.

9 E. H. Brooke, *Monograph on the Tinplate Works in Great Britain* (Swansea, 1932), tt. 113, 119–20; Charles Wilkins, *The South Wales Coal Trade and its Allied Industries from the Earliest Days to the Present Time* (Cardiff, 1888), t. 168.

10 J. P. Addis, 'The Heavy Iron and Steel Industry in South Wales' (traethawd PhD anghyhoeddedig Prifysgol Cymru, 1957), tt. 14, 113. Cyfansoddyn a wnaed o haearn, carbon a manganîs oedd 'speigeleisen'. Atkinson a Baber, *The Growth and Decline of the South Wales Iron Industry*, t. 80.

11 *Kelly's Directory of Monmouthshire, and the Principal Towns of South Wales* (London, 1891), t. 22.

12 LlGC, Archif y Methodistiaid Calfinaidd 141703. Yr oedd o leiaf saith pwll yn cloddio glo ym mhen uchaf cwm Ebwy Fach erbyn diwedd y bedwaredd ganrif ar bymtheg; denent eu gweithlu o'r Blaenau a phentrefi cyfagos. Gw. John C. Bainton, 'Reminiscences of Bryn-mawr', *Brycheiniog*, XVI (1972), 125–38.

Tabl 1: Iaith a leferid gan boblogaethau Blaenau, Dosbarth Cofrestru Bedwellte, Sir Fynwy a Chymru

(2 flwydd oed a throsodd)

	Nifer				*Canran*			
	Cymraeg	Y Ddwy	Saesneg	Cyfanswm	*Cymraeg*	*Y Ddwy*	*Saesneg*	*Cyfanswm*
Blaenau[1]	306	1242	4548	6096	*5.0*	*20.4*	*74.6*	*100.0*
D.C. Bedwellte[2]	6805	15105	38833	60743	*11.2*	*24.9*	*63.9*	*100.0*
Sir Fynwy[3]	9816	29743	217664	257223	*3.8*	*11.6*	*84.6*	*100.0*
Cymru[4]	508036	402253	759416	1669705	*30.4*	*24.1*	*45.5*	*100.0*

[1] Hepgorwyd 30 unigolyn nad oeddynt wedi nodi eu gallu ieithyddol, 5 a siaradai Saesneg a Hebraeg, 3 a siaradai'r Wyddeleg yn unig, 2 a siaradai Saesneg ac Eidaleg, 2 a siaradai Saesneg, Eidaleg a Ffrangeg ac un a siaradai Saesneg a Rwsieg.

[2] Hepgorwyd 266 nad oeddynt wedi nodi eu gallu ieithyddol a 69 a siaradai ieithoedd eraill.

[3] Hepgorwyd 2,475 nad oeddynt wedi nodi eu gallu ieithyddol a 335 a siaradai ieithoedd eraill.

[4] Hepgorwyd 12,833 nad oeddynt wedi nodi eu gallu ieithyddol a 3,076 a siaradai ieithoedd eraill.

Tabl 2: Iaith a leferid yn ôl oedran

(2 flwydd oed a throsodd)[1]

	Nifer				*Canran*			
Oed	Cymraeg	Y Ddwy	Saesneg	Cyfanswm	*Cymraeg*	*Y Ddwy*	*Saesneg*	*Cyfanswm*
2–5	24	56	575	655	*3.7*	*8.5*	*87.8*	*100.0*
6–14	29	158	1028	1215	*2.4*	*13.0*	*84.6*	*100.0*
15–24	56	247	1284	1587	*3.5*	*15.7*	*80.9*	*100.0*
25–44	84	462	1178	1724	*4.9*	*26.8*	*68.3*	*100.0*
45–64	82	262	400	744	*11.0*	*35.2*	*53.8*	*100.0*
65+	31	57	82	170	*18.2*	*33.5*	*48.2*	*100.0*
Cyfanswm	**306**	**1242**	**4547**	**6095**	***5.0***	***20.4***	***74.6***	***100.0***

[1] Hepgorwyd un person nad oedd wedi nodi ei oedran.

Yr oedd y dirywiad yn safle'r Gymraeg yn y Blaenau wedi digwydd dros gyfnod cymharol fyr. Fel y dengys Tabl 2, er bod bron hanner y 914 o drigolion a oedd dros 45 oed yn siaradwyr Cymraeg, dim ond 16.5 y cant o'r 3,457 o unigolion dan 24 oed a fedrai'r iaith frodorol. Yr oedd mwyafrif helaeth yr unigolion ym mhob grŵp oedran yn hyddysg yn y Saesneg, a hyd yn oed ymhlith y genhedlaeth hŷn yr oedd llai nag 20 y cant o'r boblogaeth yn siaradwyr uniaith Gymraeg. Yr oedd trigolion oedrannus y dref, fel Mary Rees, gwraig uniaith Gymraeg 79 oed a hanai o Lanidloes yn sir Drefaldwyn, yn cynrychioli'r to cyntaf o fewnfudwyr a ddaethai i'r Blaenau o ardaloedd a oedd yn Gymraeg i bob pwrpas. Yr oedd dirywiad y Gymraeg yn ei theulu hi yn ddrych o brofiad llawer

Tabl 3: Iaith a leferid yn ôl oedran a rhyw

(2 flwydd oed a throsodd)

Oed	Rhyw	Nifer Cymraeg	Y Ddwy	Saesneg	Cyfanswm	*Canran* *Cymraeg*	*Y Ddwy*	*Saesneg*	*Cyfanswm*
2–5	G	14	24	286	324	*4.3*	*7.4*	*88.3*	*100.0*
	B	10	32	289	331	*3.0*	*9.7*	*87.3*	*100.0*
6–14	G	18	77	526	621	*2.9*	*12.4*	*84.7*	*100.0*
	B	11	81	502	594	*1.9*	*13.6*	*84.5*	*100.0*
15–24	G	29	128	852	1009	*2.9*	*12.7*	*84.4*	*100.0*
	B	27	119	432	578	*4.7*	*20.6*	*74.7*	*100.0*
25–44	G	48	264	718	1030	*4.7*	*25.6*	*69.7*	*100.0*
	B	36	198	460	694	*5.2*	*28.5*	*66.3*	*100.0*
45–64	G	47	125	222	394	*11.9*	*31.7*	*56.3*	*100.0*
	B	35	137	178	350	*10.0*	*39.1*	*50.9*	*100.0*
65+	G	13	28	41	82	*15.9*	*34.1*	*50.0*	*100.0*
	B	18	29	41	88	*20.5*	*32.9*	*46.6*	*100.0*
	G	**169**	**646**	**2645**	**3460**	***4.9***	***18.7***	***76.4***	***100.0***
Cyfanswm	**B**	**137**	**596**	**1902**	**2635**	***5.2***	***22.6***	***72.2***	***100.0***

teulu arall yn y Blaenau, oherwydd er mai yn ei hiaith frodorol yn unig yr oedd Mary Rees yn rhugl, cofnodwyd mai Saesneg yn unig a siaradai ei merch a'i hwyth o wyrion, pob un ohonynt yn enedigol o'r Blaenau. Ymhlith plant 2–14 oed y cofnodwyd y gyfran uchaf o siaradwyr uniaith Saesneg, ac y mae'n amlwg mai nifer bychan iawn o rieni Cymraeg eu hiaith a oedd yn trosglwyddo eu gwybodaeth o'r iaith frodorol i'w plant. Diau fod y polisi Saesneg a ddilynid yn ysgolion y Blaenau wedi cadarnhau cred rhieni Cymraeg eu hiaith na fyddai'r Gymraeg o unrhyw fudd i'w plant. Er i'r cwmni haearn fynnu bod yr ysgolfeistr a benodwyd i ysgol y Gwaith yn y Blaenau ym 1846 yn siaradwr Cymraeg, newidiodd yr agwedd at ddefnyddio'r Gymraeg o fewn ysgolion yr ardal yn gyflym iawn yn ystod y blynyddoedd ar ôl hynny.[13] Yn ystod y 1850au, dan gyfarwyddyd eu cynrychiolydd lleol, y Parchedig William Roberts (Nefydd) (1813–72), gweinidog Salem, y Blaenau, bu'r Gymdeithas Frutanaidd a Thramor (Ymneilltuol) yn gryf ei dylanwad yn hyrwyddo'r defnydd o'r Saesneg yn ysgolion y cylch.[14] Erbyn y 1860au, meddid, yr oedd y Gymraeg yn cael cyn lleied o sylw yn ysgolion y Blaenau fel y byddai clywed y plant yn canu 'Hen Wlad fy Nhadau' wedi peri syndod.[15] Cyfran fechan o'r plant a fynychai Ysgol

[13] LlGC, Archif y Methodistiaid Calfinaidd 141703.

[14] Yn ogystal â hyrwyddo addysg Saesneg ei chyfrwng yn yr ardal, chwaraeodd Nefydd ran flaenllaw yn yr ymgyrch i sefydlu capel Bedyddwyr Saesneg yn Nant-y-glo yn ystod yr un cyfnod. Williams, *Oes y Byd i'r Iaith Gymraeg*, tt. 87–8; eadem, 'Rhai Agweddau ar Hanes yr Iaith Gymraeg', t. 144.

[15] LlGC Llsgr. 16156B.

Fwrdd y Blaenau ym 1891 a gofnodwyd yn siaradwyr Cymraeg. O'r 721 o blant a gofnodwyd yn ddisgyblion ysgol, yr oedd 603 (83.6 y cant) yn siaradwyr uniaith Saesneg, 100 (13.9 y cant) yn ddwyieithog, a 18 yn siarad Cymraeg yn unig.

Er mai Saesneg oedd iaith mwyafrif helaeth trigolion y dref ddiwydiannol hon, amrywiai gallu ieithyddol y boblogaeth nid yn unig rhwng gwahanol grwpiau oedran ond hefyd rhwng y gwrywod a'r benywod. Fel y dengys Tabl 3, yr oedd cyfran fymryn yn uwch o fenywod nag o wrywod yn medru'r Gymraeg. Cofnodwyd yr amrywiaeth mwyaf yng ngallu ieithyddol y ddwy ryw ymhlith oedolion ifainc. Yr oedd chwarter y 578 o fenywod rhwng 15 a 24 oed yn medru'r Gymraeg, o'u cymharu â 15.6 y cant o'r 1,009 o wrywod o'r un oedran. Yr oedd gwrywod yn cyfrif am bron deuparth y boblogaeth o 1,587 yn y grŵp oedran hwn, a daethai'r mwyafrif ohonynt i'r ardal i chwilio am waith yn y diwydiannau metel a glo. Yr oedd llai na hanner y 1,009 o wrywod rhwng 15 a 24 oed yn enedigol o sir Fynwy, a hanai 155 (15.4 y cant) o siroedd eraill yng Nghymru a 350 (34.7 y cant) o Loegr. Yr oedd y 578 o fenywod yn y grŵp oedran hwn yn fwy lleol o lawer o ran tarddiad: yr oedd dros 70 y cant ohonynt yn enedigol o sir Fynwy, 95 (16.4 y cant) o siroedd eraill yng Nghymru, a 68 yn unig (11.8 y cant) yn hanu o Loegr.

Ffurfiwyd cymeriad ieithyddol tref y Blaenau, felly, yn bennaf gan allfudiad y boblogaeth Gymraeg frodorol a'i disodliad gan bobl ddi-Gymraeg. Ym 1891, fel y dengys Tabl 4, yr oedd bron 60 y cant o drigolion y Blaenau yn hanu o sir Fynwy, a thros ddeuparth y rheini wedi eu geni naill ai yn y Blaenau neu yn aneddiadau cyfagos Garn Fach a Nant-y-glo. Yr oedd mwyafrif helaeth y trigolion a aned yn sir Fynwy yn siarad Saesneg, a llai na chwarter y trigolion brodorol hyn yn siarad Cymraeg. Yr oedd y 1,009 o unigolion a hanai o siroedd eraill Cymru yn cyfrif am 16.7 y cant yn unig o'r boblogaeth, ac er bod cyfran fwy o'r rhain yn siarad Cymraeg, dim ond lleiafrif bychan iawn a oedd yn methu siarad Saesneg. Yn wahanol iawn i nifer o aneddiadau glofaol cymoedd Morgannwg, nid o gadarnleoedd yr iaith Gymraeg yn siroedd gorllewin a chanolbarth Cymru yr hanai mwyafrif y llif o fewnfudwyr a symudodd i'r Blaenau, ond yn hytrach o siroedd cyfagos Lloegr. Yr oedd y Saeson hyn, y mwyafrif ohonynt yn hanu o swyddi Gwlad yr Haf, Henffordd a Chaerloyw, yn cyfrif am bron chwarter y boblogaeth gyfan, ac yn amlwg yn bresenoldeb uniaith Saesneg gref yn y dref. Yr oedd llawer o drigolion y Blaenau a aned yn Lloegr wedi dod i'r dref sawl degawd yn gynharach, ac yr oedd eu plant yn garfan gref yn y boblogaeth iau a aned yn sir Fynwy. Diau fod hanes y teulu Chivers, a hanai o ardal Radstock yng Ngwlad yr Haf, yn nodweddiadol o brofiad llawer teulu arall o Loegr a ymgartrefodd yn y Blaenau. Symudodd aelodau hŷn y teulu, Daniel a Mathew Chivers, y naill yn 60 oed a'r llall yn 54, i'r Blaenau o Wlad yr Haf yn ystod y 1870au, a dim ond yr hynaf o'r pedwar mab a gynrychiolai'r ail genhedlaeth a oedd hefyd wedi ei eni yn y sir honno. Yr oedd Eli, James a Francis Chivers ill tri wedi eu geni yn y Blaenau ac wedi codi eu teuluoedd eu hunain erbyn 1891. Yr unig un ohonynt y

Tabl 4: Iaith a leferid yn ôl man geni
(2 flwydd oed a throsodd)[1]

	Nifer				*Canran*			
	Cymraeg	Y Ddwy	Saesneg	Cyfanswm	*Cymraeg*	*Y Ddwy*	*Saesneg*	*Cyfanswm*
Sir Fynwy	161	701	2694	3556	*4.5*	*19.7*	*75.8*	*100.0*
Sir Frycheiniog	45	173	202	420	*10.7*	*41.2*	*48.1*	*100.0*
Sir Forgannwg	40	183	126	349	*11.5*	*52.4*	*36.1*	*100.0*
Sir Gaerfyrddin	26	52	3	81	*32.1*	*64.2*	*3.7*	*100.0*
Sir Aberteifi	13	31	3	47	*27.7*	*66.0*	*6.4*	*100.0*
Sir Faesyfed	1	9	22	32	*3.1*	*28.1*	*68.8*	*100.0*
Sir Benfro	2	7	14	23	*8.7*	*30.4*	*60.9*	*100.0*
Sir Drefaldwyn	4	7	3	14	*28.6*	*50.0*	*21.4*	*100.0*
Sir Y Fflint	1	6	5	12	*8.3*	*50.0*	*41.7*	*100.0*
Sir Ddinbych	2	7	1	10	*20.0*	*70.0*	*10.0*	*100.0*
Sir Feirionnydd	–	3	–	3	–	*100.0*	–	*100.0*
Sir Gaernarfon	–	2	–	2	–	*100.0*	–	*100.0*
Sir Fôn	–	–	1	1	–	–	*100.0*	*100.0*
Cymru[2]	2	2	11	15	*13.3*	*13.3*	*73.3*	*100.0*
Lloegr	7	40	1381	1428	*0.5*	*2.8*	*96.7*	*100.0*
Eraill[3]	2	8	57	67	*3.0*	*11.9*	*85.1*	*100.0*
Cyfanswm	**306**	**1231**	**4523**	**6060**	***5.0***	***20.3***	***74.6***	***100.0***

[1] Hepgorwyd 35 nad oeddynt wedi nodi eu man geni.
[2] Heb nodi sir.
[3] Man geni: Iwerddon 36, Yr Alban 12, Rwsia 7, America 6, Ffrainc 3, Canada 1, Alderney 1, Gwlad Pwyl 1.

cofnodwyd ei fod yn siarad yr iaith frodorol oedd Francis, a oedd wedi priodi merch leol uniaith Gymraeg. Y mae'n arwyddocaol, fodd bynnag, mai fel siaradwyr uniaith Saesneg y cofnodwyd ei dri phlentyn ifanc.

Yr oedd brodorion o wledydd eraill yn cynnwys deuddeg Albanwr, wyth ymfudwr Iddewig o Rwsia a Gwlad Pwyl, saith a ddychwelodd o America a Chanada a 39 o Wyddelod, tri ohonynt yn siaradwyr Gwyddeleg uniaith. Er nad oedd y Gwyddelod yn grŵp niferus yn y Blaenau ym 1891,[16] yr oedd eu tuedd i ymgasglu yn golygu bod cryn nifer ohonynt wedi ymsefydlu yn un stryd yn y dref. O'r ugain teulu a ymgartrefodd yn yr 16 anheddle yn Globe Pit Road y tu ôl i'r Stryd Fawr, yr oedd Gwyddel yn benteulu ar saith ohonynt, a rhai o'r teuluoedd hynny yn rhoi llety i unigolion a aned yn Iwerddon. Nid oedd amodau

[16] Cafodd y Gwyddelod eu herlid o Nant-y-glo a'r Blaenau yn ystod y dirwasgiad yn y diwydiant haearn ym 1843 pan drodd y gweithwyr haearn brodorol yn erbyn y Gwyddelod a gyflogid yn y gweithfeydd. Paul O'Leary, 'Anti-Irish Riots in Wales, 1826–1882', *Llafur*, 5, rhif 2 (1991), 27–36.

Tabl 5: Iaith a leferid yn ôl perthynas â'r penteulu

(2 flwydd oed a throsodd)

Perthynas â'r penteulu	Nifer Cymraeg	Y Ddwy	Saesneg	Cyfanswm	Canran *Cymraeg*	*Y Ddwy*	*Saesneg*	*Cyfanswm*
Penteuluoedd	84	358	721	1163	7.2	*30.8*	*62.0*	*100.0*
Gwragedd	59	262	616	937	*6.3*	*28.0*	*65.7*	*100.0*
Plant[1]	74	387	2096	2557	*2.9*	*15.1*	*82.0*	*100.0*
Perthnasau	24	74	271	369	*6.5*	*20.1*	*73.4*	*100.0*
Gweision/morynion	5	30	93	128	*3.9*	*23.4*	*72.7*	*100.0*
Byrddwyr/lletywyr	55	112	703	870	*6.3*	*12.9*	*80.8*	*100.0*
Ymwelwyr	5	18	46	69	*7.2*	*26.1*	*66.7*	*100.0*
Eraill[2]	–	1	1	2	–	*50.0*	*50.0*	*100.0*
Cyfanswm	**306**	**1242**	**4547**	**6095**	***5.0***	***20.4***	***74.6***	***100.0***

[1] Gan gynnwys plant maeth a llysblant.

[2] Un rheolwr siop groser ac un partner mewn busnes groser.

byw trigolion Globe Pit Road yn foddhaol o bell ffordd, ac yr oedd sawl un o'r tai bychain, pedair-ystafell yn ddifrifol o lawn. Trigai James McCloy, brodor o Bandon, swydd Cork, yn un tŷ gyda'i wraig a'i naw plentyn, ac mewn dwy ystafell mewn tŷ cyfagos preswyliai chwe aelod o'r teulu Sweeney, hwythau hefyd yn hanu o swydd Cork.

Yn wir, yr oedd mwyafrif helaeth trigolion y Blaenau yn byw mewn tai teras bychain a chafwyd bod bron tri-chwarter y 1,172 o dylwythau yn byw mewn pedair ystafell neu lai. O gofio cymeriad tra Seisnigedig y dref, nid yw'n syndod mai Saesneg oedd yr unig iaith a siaredid ar fwyafrif helaeth yr aelwydydd. Dim ond yn 163 (13.9 y cant) o'r 1,172 o gartrefi y cofnodwyd bod yr holl drigolion yn gallu siarad Cymraeg, ac yn 31 yn unig o'r cartrefi hynny yr oedd pawb yn uniaith Gymraeg. Yr oedd yr holl breswylwyr yn 582 (49.7 y cant) o gartrefi yn uniaith Saesneg, a gellir casglu o allu ieithyddol yr unigolion a drigai yn y 427 o gartrefi eraill mai Saesneg oedd yr iaith a siaredid gan amlaf yn y mwyafrif ohonynt.

Y mae Tabl 5, sy'n dadansoddi gallu ieithyddol gwahanol aelodau o'r uned deuluol, yn dangos mai Saesneg oedd yr unig iaith a siaredid gan y mwyafrif o bob grŵp. Y mae'r dirywiad fesul cenhedlaeth yn y gyfran o siaradwyr Cymraeg yn arbennig o drawiadol. Er bod dros draean y penteuluoedd a'r gwragedd yn gallu siarad Cymraeg, yr oedd y ganran o'r ail genhedlaeth a oedd yn hyddysg ynddi yn llai nag 20 y cant. I raddau helaeth iawn, Saesneg oedd iaith unigolion fel byrddwyr, lletywyr, perthnasau, gweision, morynion ac ymwelwyr nad oeddynt yn aelodau o'r teulu cnewyllol hefyd, a bu i'w presenoldeb yng nghartrefi a chylch cymdeithasol ehangach y Blaenau gyfrannu at gymeriad y dref a oedd eisoes yn Saesneg i bob pwrpas.

Tabl 6: Iaith plant (2 flwydd oed a throsodd) ar aelwydydd Cymraeg a di-Gymraeg

Gallu ieithyddol y rhieni		Gallu ieithyddol y plant Nifer yr aelwydydd				*Gallu ieithyddol y plant Canran*			
Tad	Mam	Cymraeg	Saesneg	Cymysg	Cyfanswm	*Cymraeg*	*Saesneg*	*Cymysg*	*Cyfanswm*
Cymraeg	Cymraeg	97	64	18	179	*55.2*	*33.1*	*11.7*	*100.0*
Cymraeg	Saesneg	3	59	3	65	*4.3*	*93.6*	*2.1*	*100.0*
Saesneg	Cymraeg	3	60	1	64	*3.7*	*96.3*	–	*100.0*
Saesneg	Saesneg	1	379	–	380	*0.3*	*99.7*	–	*100.0*
Cyfanswm		**104**	**562**	**22**	**688**	***15.1***	***81.7***	***3.2***	***100.0***

Cymraeg: siaradwyr uniaith Gymraeg a dwyieithog; Saesneg: siaradwyr uniaith Saesneg; Cymysg: cymysgedd o siaradwyr Cymraeg a di-Gymraeg ar yr un aelwyd.

Datgelir y dirywiad yn y defnydd o'r Gymraeg yng nghartrefi'r Blaenau yn Nhabl 6 sy'n dangos yr iaith a siaredid gan blant (2 flwydd oed a throsodd) mewn teuluoedd dau riant. Cofnodwyd bod dau riant uniaith Saesneg yn ben ar 55.2 y cant o'r teuluoedd hyn. Dim ond ar chwarter o'r 688 aelwyd yr oedd y ddau riant yn Gymry Cymraeg, a phriodasau ieithyddol gymysg rhwng siaradwyr Cymraeg a di-Gymraeg a geid yn yr 18.8 y cant o gartrefi a oedd yn weddill. Y mae'n amlwg na throsglwyddodd cyfran helaeth o rieni Cymraeg y Blaenau eu gwybodaeth o'r iaith Gymraeg i'w plant. Ar bron 45 y cant o'r holl aelwydydd lle'r oedd y ddau riant yn Gymry Cymraeg yr oedd pob un neu rai o'r plant yn ddi-Gymraeg, ac yr oedd hynny'n wir hefyd am y mwyafrif mawr o'r plant ar y 129 aelwyd lle'r oedd un o'r rhieni yn siarad Cymraeg. Perthynai'r rhieni Cymraeg a oedd wedi magu eu plant yn uniaith Saesneg i'r dosbarth gweithiol a'r dosbarthiadau proffesiynol a masnachol fel ei gilydd. Yn eu plith yr oedd William Tongue, rheolwr y gwaith tunplat, John Williams a John Trilla, rheolwyr pyllau glo, Caleb Lewis, clerc mewn glofa, Benjamin Lewis, ariannwr yn y ffwrneisi, a Thomas Thomas, dilledydd o sir Gaerfyrddin. Y mae'n amlwg nad oedd rheidrwydd ar blant o deuluoedd di-Gymraeg i ddysgu'r iaith frodorol. Yn achos y 380 o gartrefi lle'r oedd y ddau riant yn uniaith Saesneg, ni chofnodwyd unrhyw blant yn siaradwyr Cymraeg, ac eithrio ar un aelwyd yn unig, ond gan i Thomas Dees (11 oed), llysfab George ac Ann Lyne, gael ei gofnodi yn siaradwr uniaith Gymraeg, anodd credu nad oedd gan ei ddau riant ryw grap ar yr iaith.

Yr oedd y llif parhaus o fewnfudwyr o ardaloedd a oedd yn bennaf Saesneg eu hiaith yn dal i wanhau safle'r Gymraeg yn y Blaenau. Fel y dengys Tabl 7, yr oedd dros 80 y cant o'r 858 o fyrddwyr a lletywyr a breswyliai yn y dref yn uniaith Saesneg, a thros eu hanner yn dod o Loegr. Ceid byrddwyr neu letywyr ar dros draean o aelwydydd y Blaenau, ac er mai gwrywod sengl oedd y mwyafrif helaeth ohonynt, yr oedd 35 yn barau priod, ac yr oedd gan 13 o'r rheini blant. Deuai

Tabl 7: Iaith a man geni byrddwyr a lletywyr
(2 flwydd oed a throsodd)[1]

Man geni	Nifer Cymraeg	Y Ddwy	Saesneg	Cyfanswm	*Canran Cymraeg*	*Y Ddwy*	*Saesneg*	*Cyfanswm*
Sir Fynwy	22	36	181	239	*9.2*	*15.1*	*75.6*	*100.0*
Sir Frycheiniog	7	23	26	56	*12.5*	*41.1*	*46.4*	*100.0*
Sir Forgannwg	12	20	13	45	*26.7*	*44.4*	*28.9*	*100.0*
Sir Aberteifi	6	4	–	10	*60.0*	*40.0*	–	*100.0*
Sir Gaerfyrddin	4	4	–	8	*50.0*	*50.0*	–	*100.0*
Sir Faesyfed	–	2	4	6	–	*33.3*	*66.7*	*100.0*
Sir Drefaldwyn	1	1	3	5	*20.0*	*20.0*	*60.0*	*100.0*
Sir Benfro	–	1	3	4	–	*25.0*	*75.0*	*100.0*
Sir Y Fflint	–	2	1	3	–	*66.7*	*33.3*	*100.0*
Sir Ddinbych	–	2	–	2	–	*100.0*	–	*100.0*
Sir Fôn	–	–	1	1	–	–	*100.0*	*100.0*
Sir Feirionnydd	–	1	–	1	–	*100.0*	–	*100.0*
Cymru[2]	1	1	3	5	*20.0*	*20.0*	*60.0*	*100.0*
Lloegr	2	10	443	455	*0.4*	*2.8*	*97.2*	*100.0*
Eraill[3]	–	1	17	18	–	*5.6*	*94.4*	*100.0*
Cyfanswm	**55**	**108**	**695**	**858**	***6.4***	***12.6***	***81.0***	***100.0***

[1] Hepgorwyd 12 nad oeddynt wedi nodi eu man geni.
[2] Heb nodi sir.
[3] Man geni: Iwerddon 13, Yr Alban 3, Ffrainc 2.

dros 60 y cant o'r lletywyr a aned yn Lloegr o swyddi Gwlad yr Haf a Henffordd ac y mae'n amlwg fod llawer o'r rhai hynny a rannai lety naill ai'n perthyn i'w gilydd neu i'r teulu a roddai lety iddynt, neu'n hanu o'r un ardal. Er enghraifft, cydletyai Edward a Joseph Mapp o swydd Henffordd yn Caddick's Row; lletyai George, Richard ac Arthur Roach o Vowchurch, swydd Henffordd yn Brook Cottages, a chafodd dau lanc o Cork, John a James Singleton, lety yn Globe Pit Road yng nghartref John a Mary Barry, brodorion o Waterford yn Iwerddon. Llafurio yn y diwydiannau trymion yr oedd mwyafrif y boblogaeth ymfudol ac ansefydlog hon: yr oedd 60 y cant o'r 125 o labrwyr yn y pyllau glo a thros hanner y 191 o labrwyr cyffredinol a gyfrifwyd yn y Blaenau ym 1891 yn lletywyr.

Gweithiai'r mwyafrif helaeth o ddynion y Blaenau yn y pyllau glo a'r gweithfeydd metel a'u diwydiannau cynorthwyol. Cyflogid 50 gan gangen Cymoedd Gorllewinol Rheilffordd y Great Western, a redai ar hyd ochr y gwaith tunplat a speigeleisen, ac yr oedd 21 o'r rheini yn osodwyr-cledrau a wnâi waith adeiladu a chynnal a chadw ar y lein. Fel y mwyafrif o ddynion a weithiai dan ei oruchwyliaeth, yr oedd Charles Bowen, y gorsaf-feistr, yn frodor o sir Fynwy ac yn ddi-Gymraeg. Saith yn unig o weithwyr y rheilffordd a fedrai'r Gymraeg ac yr oedd chwech o'r rheini'n rhugl eu Saesneg hefyd. Joseph George, gosodwr-cledrau 39 oed o Fynyddislwyn yn sir Fynwy, oedd yr unig un a honnai na allai siarad Saesneg, ond anodd credu nad oedd ganddo ryw grap ar yr iaith gan mai Saesneg yn unig a siaredid gan y mwyafrif o'i gyd-weithwyr a chan Sarah, ei ferch 7 oed.

I feistri glo'r Blaenau, yr oedd y rheilffordd yn ddolen-gyswllt anhepgor â'r farchnad allforio yn nociau Casnewydd, lle'r oedd gan John Lancaster & Co., perchenogion pyllau glo Nantyglo, y Blaina a'r Griffin, eu swyddfeydd llongau eu hunain yn Dock Street.[17] Ym 1891, yr oedd 1,404 o drigolion y Blaenau yn gweithio'n uniongyrchol o fewn y diwydiant glo, ac er bod deuparth y gweithlu wedi eu geni yng Nghymru, ni allai cymaint â'u chwarter siarad yr iaith frodorol. Hanai dros dri-chwarter y Cymry a weithiai yn y glofeydd o sir Fynwy, ac yr oedd mwyafrif y Saeson – a gyfrifai am ychydig dros draean o gyfanswm gweithlu'r glofeydd – yn enedigol o swyddi Gwlad yr Haf, Henffordd a Chaerloyw. Ac eithrio John Dakers, rheolwr cyffredinol John Lancaster & Co., a'r ddau asiant glofa a aned yn swydd Gaerhirfryn, sef William Gregson a'i frawd-yng-nghyfraith, Alfred Athron, yr oedd y dynion a reolai'r glofeydd yn Gymry Cymraeg. Yr oedd Silvanus Jones, perchennog pwll glo, a'r ddau reolwr pwll, William Thomas a James Trilla, yn ddwyieithog ac yn frodorion o siroedd cyfagos Brycheiniog a Morgannwg, ac Evan Evans, isreolwr a brodor o Nant-y-glo, yn siaradwr uniaith Gymraeg. Yr oedd 11 o'r 16 o archwilwyr a syrfewyr glofeydd hefyd yn rhugl eu Cymraeg, ac felly hefyd bedwar o'r saith clerc a weithiai yn swyddfeydd y glofeydd.

Yr oedd chwech o'r deg gŵr a oruchwyliai lowyr y Blaenau dan ddaear ac ar ben y pwll yn Gymry Cymraeg. Cofnodwyd John James, ffeiarman a hanai o Abergwaun yn sir Benfro, yn siaradwr uniaith Gymraeg, ond gan mai Saesneg oedd unig iaith ei wraig, a aned yn sir Faesyfed, a'i ddwy ferch, ynghyd â mwyafrif helaeth ei gyd-weithwyr, ymddengys fod James yn rhy ddiymhongar ynglŷn â'i allu ei hun i siarad Saesneg. Er bod dros ddeuparth y glowyr â chrefft yn Gymry – y mwyafrif ohonynt yn enedigol o sir Fynwy – ni allai dros dri-chwarter y 1,170 o weithwyr siarad Cymraeg. Yr oedd cyfran helaethach o'r gweithlu di-grefft a'r labrwyr yn siarad Saesneg ac yn hanu o Loegr. Cofnodwyd bod bron dwy ran o dair o'r 147 a lafuriai yn y pyllau glo ac ar ben y pwll a'r wyneb wedi eu geni yn Lloegr a 21 (14.3 y cant) yn unig ohonynt a gofnodwyd yn siaradwyr Cymraeg. Saesneg oedd iaith mwyafrif helaeth y gweithwyr a gyflogid yn y gwaith golosg a brics gerllaw hefyd. Yr oedd 13 o'r 16 gweithiwr golosg yn siaradwyr uniaith Saesneg, ac o'r tri siaradwr Cymraeg, dim ond David Davies, gŵr 49 oed o Nant-y-glo, a gofnodwyd yn Gymro uniaith. Saesneg oedd unig iaith y ddau ŵr a'r pedair menyw a weithiai yn y gwaith brics ac, ar wahân i John Evans, gwneuthurwr brics 23 oed o swydd Gaerloyw, yr oeddynt i gyd yn enedigol o sir Fynwy.

[17] *Kelly's Trade Directory*, t. 23.

Yr oedd y rheini a gyflogid yn y diwydiant metel yn ffwrneisi chwyth a gweithiau tunplat y Blaenau hefyd at ei gilydd yn frodorion o'r ardal ac yn ddi-Gymraeg. Hanai bron 60 y cant o'r 267 o wrywod a'r 44 o fenywod a weithiai yn y gwaith tunplat o sir Fynwy, ac yr oedd deuparth ohonynt yn uniaith Saesneg. Er bod William Tongue, rheolwr y gwaith, yn enedigol o'r plwyf ac yn medru'r Gymraeg, un yn unig o'r tri brodor o sir Fynwy a weithiai fel goruchwylwyr neu fformyn yn y gwaith tunplat a oedd hefyd yn rhugl ei Gymraeg. Brodorion o sir Fynwy hefyd oedd mwyafrif helaeth y crefftwyr a'r gweithwyr di-grefft, ac yr oedd llai na thraean ohonynt yn Gymry Cymraeg. Yr oedd deuparth y 103 o ddynion a gyflogid yn ffwrneisi chwyth a gefeiliau y gweithfeydd fferro-manganîs a speigeleisen hefyd yn ddi-Gymraeg. Yr oedd llai na 40 y cant o'r gweithlu cyfan wedi eu geni yn sir Fynwy, a hanai'r gweddill o siroedd cyfagos Cymru neu Loegr. Brodorion o Ffrainc a'r Eidal, gwledydd a fu ar flaen y gad yn natblygiadau technolegol gweithgynhyrchu dur, oedd dau reolwr y ffwrneisi chwyth. Yn ôl rhestrau'r cyfrifiad, Saesneg oedd unig iaith Eugene Poulaine, y gŵr o Baris, tra siaradai'r Eidalwr, Eugene Montefamiglio, Eidaleg, Ffrangeg a Saesneg. Cyflogid pum Eidalwr arall, tri ohonynt yn fyrddwyr yng nghartref Montefamiglio, fel bwrwyr haearn yn y ffwrneisi chwyth, ac y mae'n bosibl fod y Ffrancwr Henri Maubert, cemegydd dadansoddol 26 oed, yn gysylltiedig â'r gwaith yn ogystal.

Cyfrifoldeb Isobel Hawker Soper, siaradwr uniaith Saesneg o Plymouth, oedd gofalu am les meddygol y gwŷr a'r gwragedd a lafuriai ym mhyllau glo a gweithfeydd y Blaenau. Bu'n gweithio fel llawfeddyg i gwmnïau haearn, tunplat a glo'r ardal ers sawl blwyddyn, a gwasanaethai hefyd fel swyddog meddygol Dosbarth Nant-y-glo yn Undeb Bedwellte. Yn ei feddygfa câi Soper ei gynorthwyo gan dri gŵr di-Gymraeg, sef James Bulger a Paul Jennings, dau feddyg o dras Wyddelig, a Benjamin Death, llawfeddyg cynorthwyol o Hitcham yn Suffolk. Elizabeth Hawkes, nyrs fisol 19 oed a brodor o'r Blaenau, oedd yr unig ferch a weithiai o fewn y maes meddygol, a thrwy'r Saesneg yn unig y byddai hithau'n gweini ar ei chleifion.

Mewn cyferbyniad â'r sefyllfa hon, yr oedd mwyafrif y dynion a ofalai am anghenion ysbrydol y gymuned yn Gymry o ran iaith a genedigaeth. Eto i gyd, ychydig o alw a oedd am arweiniad crefyddol trwy gyfrwng y Gymraeg ymhlith cynulleidfaoedd y Blaenau. Er bod Howell Howell YH, y rheithor, a John Francis Rees, y curad, ill dau'n siarad Cymraeg, ni chynhelid unrhyw wasanaethau Cymraeg yn eglwys blwyf Sant Pedr. Yn Saesneg y cynhelid bron y cyfan o'r gwasanaethau yng nghapeli Ymneilltuol y Blaenau hefyd, er bod chwech o'r saith gweinidog yn Gymry Cymraeg. Yr oedd dau o'r chwech yn weinidogion ar achosion Saesneg a sefydlwyd yn ystod y 1860au a'r 1870au i ateb y galw am wasanaethau Saesneg. Yr oedd y Parchedig David Williams, brodor o'r Blaenau, yn weinidog yn Siloam, capel Saesneg yr Annibynwyr, achos yr oedd ei dad, y Parchedig David Williams, gweinidog capel Annibynwyr Cymraeg Berea rhwng 1852 a 1866, wedi cynorthwyo i'w sefydlu. Er nad oedd yr iaith Gymraeg yn chwarae rhan bwysig ym mywyd crefyddol y Blaenau erbyn 1891, dylid pwysleisio mai Cymraeg a siaredid o hyd ar aelwydydd y pum gweinidog Ymneilltuol dwyieithog a drigai yn y dref.

Fel yn achos ysgolion Sul y Blaenau, Saesneg oedd unig gyfrwng yr addysg a dderbyniai plant lleol yn yr ysgol fwrdd erbyn 1891. Er bod Joseph Parry, prifathro'r ysgol, yn siarad y ddwy iaith, ychydig o'r athrawon a'i cynorthwyai a oedd ag unrhyw wybodaeth o'r iaith frodorol. Alexa Adams, Albanes na fedrai air o Gymraeg, oedd prifathrawes ysgol y merched, ac er bod deuddeg o'r tri athro ar ddeg arall yn hanu o sir Fynwy, pump yn unig a siaradai Gymraeg. Yr oedd cyfran uwch o'r deunaw athro-disgybl ac athrawon cynorthwyol yn medru'r Gymraeg: o'r rhain yr oedd saith yn uniaith Saesneg, deg yn ddwyieithog, a Joseph Griffiths, athro cynorthwyol 21 oed o'r Bargoed ym Morgannwg, yn ôl y cofnod, yn uniaith Gymraeg. Fodd bynnag, gan mai Saesneg oedd unig iaith ystafelloedd dosbarth Ysgol Fwrdd y Blaenau, ac o gofio mai Saesneg yn unig a siaradai dros 80 y cant o'r 721 o ddisgyblion a'i mynychai, y mae'n annhebygol y byddai Griffiths wedi ei benodi i'r swydd hon oni bai fod ganddo ryw grap ar y Saesneg.

Yr oedd gweinyddiaeth Ysgol Fwrdd y Blaenau yng ngofal y naw aelod o fwrdd ysgol Aberystruth a sefydlwyd ym 1875. Ym 1891 y clerc a'r arolygwr oedd y Parchedig Isaac Aled Jones, brodor 50 oed o Lanefydd yn sir Ddinbych, a siaradai Gymraeg a Saesneg. Yn achos gweddill swyddogion cyhoeddus yr ardal, dim ond y dynion hynaf a gofnodwyd yn siaradwyr Cymraeg. Brodor o Lanidloes yn sir Drefaldwyn oedd Richard Williams, casglwr trethi 61 oed, ac o blwyf cyfagos Llanelli yn sir Frycheiniog yr hanai Benjamin Rosser, swyddog cymorth a chofrestrydd dros isddosbarth Aberystruth, a Walter Rosser, ei fab 45 oed a gyflogid fel dirprwy gofrestrydd. Gweithredodd Walter Rosser a'i fab 19 oed, Taliesin, siaradwr Cymraeg a weithiai fel syrfëwr pwll, hefyd fel cyfrifwyr yn y Blaenau yng nghyfrifiad 1891. Yr oedd yr is-bostfeistr, Edmund Evans, brodor o Dredegar, hefyd yn medru'r ddwy iaith, ond Saesneg yn unig a siaradai'r pedair a'i cynorthwyai, yn eu plith un ferch a hanai o Lambeth yn Llundain. Ni allai'r ddau bostmon na'r criwr tref, y tri yn enedigol o Loegr, siarad Cymraeg ychwaith, a Saeson di-Gymraeg at ei gilydd oedd y gwŷr a weinyddai'r gyfraith ac a drigai yng ngorsaf sirol yr heddlu yn y dref. Ac eithrio Thomas Lewis, heddwas dwyieithog o Dredegar, Saesneg a siaradai pob un o'r saith aelod arall o'r heddlu, gan gynnwys James Milkins, yr arolygwr, a aned ym Mryste.

Er bod mwyafrif y swyddogion cyhoeddus a wasanaethai bobl y Blaenau yn ddi-Gymraeg, daliai'r iaith Gymraeg i chwarae rhan ddefnyddiol ym mywyd llawer o'r masnachwyr y dibynnai eu bywoliaeth ar eu gallu i gyfathrebu â phob aelod o'r cyhoedd yn ddiwahân. Yr oedd mwyafrif tai masnachol y Blaenau ar y Stryd Fawr, lle y ceid amrywiaeth o siopau a masnachdai yn gwerthu eu nwyddau a'u bwydydd. Gan osod o'r neilltu y 238 o fenywod a gofnodwyd fel ceidwaid llety, yr oedd bron traean y 152 o ddynion a merched a enillai eu bywoliaeth fel siopwyr neu fasnachwyr yn arddel y Gymraeg. Un felly oedd Thomas Thomas, brodor o Lanybydder yn sir Gaerfyrddin, a gyflogai bump o ferched a dau o ddynion yn gynorthwywyr, hetwyr, brethynwyr a gwniadwragedd yn ei siop ddillad yn y Stryd Fawr. Cymraeg yn unig a siaradai dau ohonynt, sef Gwilym Jones o Lanfabon ym Morgannwg, a Margaret Williams, prentis hetwraig 14 oed o Landysul yn sir Aberteifi, tra cofnodwyd eu cyd-weithwyr yn siaradwyr uniaith Saesneg. Un arall a siaradai Gymraeg oedd y wraig weddw, Anna Morris, hithau hefyd yn enedigol o Landysul ac yn cadw siop ddillad yn y dref, lle y cyflogai bump o ferched rhugl eu Cymraeg.

Yr oedd mwy fyth o siaradwyr Cymraeg ymhlith perchenogion y siopau groser. Siaredid Cymraeg gan ddeuddeg o'r pymtheg, ac o'r rheini hanai saith o dair sir de-orllewin Cymru, sef Caerfyrddin, Aberteifi a Phenfro. Yr oedd gan y ddau frawd Herbert a John Williams, brodorion o'r Blaenau a gadwai siop yn y Stryd Fawr, hefyd gysylltiadau teuluol yng ngorllewin Cymru, gan fod eu tad, y diweddar Barchedig David Williams, a sefydlodd y busnes gyda'i wraig yn y 1850au, yn dod yn wreiddiol o Lanelli yn sir Gaerfyrddin.[18] William Williams, brodor o Landeilo yn yr un sir, oedd yr unig groser uniaith Gymraeg a chanddo siop yn y Blaenau, a rhannai yntau hefyd ei amser rhwng ei fusnes a'i ymrwymiadau i'r eglwys Wesleaidd lle y pregethai yn achlysurol. Siaredid Cymraeg hefyd gan berchenogion 8 o'r 13 tafarn yn y Blaenau, a chofnodwyd un ohonynt, sef William Lewis o'r Griffin Inn, yn siaradwr uniaith Gymraeg. Di-Gymraeg, fodd bynnag, oedd mwyafrif helaeth y barforynion a'r gweision a gyflogid yn nhafarndai'r dref, ac felly hefyd berchenogion a staff y ddwy dafarn goffi yn y Stryd Fawr. Yn wir, Saesneg oedd unig gyfrwng cyfathrebu y mwyafrif o berchenogion a gweithwyr cyflog mentrau masnachol y Blaenau, yn ogystal â'r rhan fwyaf o'u cwsmeriaid.

Yr oedd rhai o fasnachwyr y Blaenau yn gyfarwydd ag ieithoedd ac eithrio'r Gymraeg neu'r Saesneg. O ganol y 1870au ymlaen, denwyd nifer o ymfudwyr Iddewig o ddwyrain Ewrop i hen drefi haearn sir Fynwy, ac erbyn 1891 yr oedd amryw wedi sefydlu busnesau yn y Blaenau. Cofnodwyd bod William Hudaly, gwneuthurwr watsys 34 oed a aned yn Rwsia, yn rhugl yn yr iaith Rwsieg a Saesneg, tra siaradai ei gyd-wladwyr, Moses Solomon, a gadwai siop wystlo yn y Stryd Fawr, a Charles Abraham a Hermann Harries, a gyflogid fel cynorthwywyr mewn siop wystlo arall gerllaw, Saesneg a Hebraeg. Saesneg yn unig a siaradai aelodau'r teuluoedd Iddewig eraill a fasnachai yn y Blaenau, gan gynnwys Abraham Caplan, brodor o Rwsia, a gadwai siop ddillad yn y Stryd Fawr, a Kay Broder, Pwyliad 25 oed a gyflogid fel rheolwr siop wystlo yn Queen Street – siop a oedd, yn ôl y cyfarwyddiadur masnach lleol, yn eiddo i J. Hyman Caselberg.[19]

Ar noson y cyfrifiad yr oedd criw o ddynion sioe a pherfformwyr, yn cynnwys tafleiswyr, actorion a digrifwyr, hefyd yn bresennol yn y Blaenau. Ac eithrio un

[18] J. Thomas, *Hanes Eglwysi Annibynol Cymru. Cyfrol V* (Dolgellau, 1891), tt. 37–8.
[19] *Kelly's Trade Directory*, t. 22.

teulu o ddigrifwyr a oedd yn byw mewn carafán, lletyai'r perfformwyr yn y dref. O'r 19 o unigolion a enillai eu bywoliaeth yn y byd adloniant pedwar a oedd wedi eu geni yng Nghymru ac o'r rheini un yn unig a siaradai Gymraeg, sef Sarah Jenkins, cerddor 18 oed a brodor o'r Blaenau.

Yr oedd mwyafrif helaeth menywod cyflogedig y Blaenau, fodd bynnag, yn gweithio mewn cylchoedd domestig, naill ai fel ceidwaid llety neu fel morynion. Yn wahanol i'r gweithlu gwrywaidd, felly, nid oedd gwaith mwyafrif y menywod cyflogedig yn caniatáu llawer o gyfathrach â gweithwyr eraill ac, o gofio bod y benywod hefyd at ei gilydd yn fwy lleol eu gwreiddiau na'r gwrywod, nid yw'n syndod fod y gyfran o siaradwyr Cymraeg yn uwch ymhlith y benywod. O gymharu â llawer o aneddiadau glofaol eraill, yr oedd mwy o gyfleoedd gwaith i ferched y Blaenau ym masnachdai'r dref a hefyd o fewn y diwydiannau trymion. Yr oedd benywod ifainc a gyflogid i agor a thynnu llwch oddi ar y platiau tun yn cyfrif am bron hanner y gweithlu di-grefft a weithiai yn y felin dunplat.[20] Gweithiai chwe merch hefyd ar ben y pwll mewn glofeydd lleol, a phedair yn y gwaith brics. Siaradwyr uniaith Saesneg oedd mwyafrif helaeth y merched ifainc a weithiai yn y diwydiannau trymion.

Erbyn 1891, felly, yr oedd y Blaenau at ei gilydd yn dref Saesneg ei hiaith a'r Gymraeg i bob pwrpas wedi colli ei defnyddioldeb ym mywyd beunyddiol mwyafrif helaeth ei thrigolion. Dim ond chwarter y boblogaeth a'i siaradai, ac wrth i'r nifer leihau'n gyflym o fewn y gymuned, prin iawn oedd y cyfleoedd i ddefnyddio'r Gymraeg yn y gweithle, ar y stryd, yn y capel, a hyd yn oed ar yr aelwyd.

Tabl 8: Iaith a leferid yn ôl galwedigaeth

(10 oed a throsodd)

	Iaith a leferid				**Iaith a leferid**			
	Dynion				Merched			
Dosbarth diwydiannol	Cymraeg	Y Ddwy	Saesneg	Cyfan.	Cymraeg	Y Ddwy	Saesneg	Cyfan.
AMAETHYDDIAETH								
Ffermio								
Hwsmyn	1	1	2	4				
Ffermwyr	–	3	2	5	1	–	–	1
Gweithwyr amaethyddol	2	–	5	7				
Gweision fferm	–	–	1	1	–	–	2	2
Magu								
Ffariar	1	–	–	1				
Cadw ceffylau	–	–	1	1				
Cyfanswm	**4**	**4**	**11**	**19**	**1**	–	**2**	**3**
%	***21.1***	***21.1***	***57.9***	***100.0***	***33.3***	–	***66.7***	***100.0***

20 Gw. D. E. Dunbar, *The Tin-plate Industry: A Comparative Study of its Growth in the United States and in Wales* (Boston a New York, 1915), tt. 48–9.

Dosbarth diwydiannol	Iaith a leferid Dynion Cymraeg	Y Ddwy	Saesneg	Cyfan.	Iaith a leferid Merched Cymraeg	Y Ddwy	Saesneg	Cyfan.
MWYNGLODDIO								
Glo								
Perchennog	–	1	–	1				
Rheolwyr	1	3	1	5				
Peirianwyr/syrfewyr	–	11	5	16				
Asiantwyr	–	–	2	2				
Clercod	–	4	3	7				
Ffeiarmyn/goruchwylwyr	1	4	5	10				
Atalbwyswyr	–	1	2	3				
Glowyr/halwyr	47	221	902	1170				
Gweithwyr peiriannau	2	4	9	15				
Crefftwyr	1	2	2	5				
Labrwyr	2	11	112	125				
Gweithwyr pen pwll/ ar yr wyneb	3	5	11	19	–	–	3	3
Bechgyn wrth y drysau	1	1	12	14				
Eraill	–	3	3	6	–	1	2	3
Tywodfaen								
Chwarelwr	–	–	1	1				
Labrwr	–	–	1	1				
Brics								
Gwneuthurwyr brics	–	–	2	2	–	–	4	4
Gwaith dŵr								
Gweithwyr	1	1	1	3				
Cyfanswm	**59**	**272**	**1074**	**1405**	–	**1**	**9**	**10**
%	***4.2***	***19.4***	***76.4***	***100.0***	–	***10.0***	***90.0***	***100.0***
ADEILADU								
Rheoli								
Contractwyr/adeiladwyr	1	2	3	6				
Fforman	–	–	1	1				
Gweithwyr								
Seiri meini	–	1	15	16				
Bricwyr	–	–	2	2				
Plastrwyr	1	–	2	3				
Seiri coed	2	9	7	18				
Plymeriaid/peintwyr	–	2	5	7				
Labrwyr	–	–	6	6				
Rheilffyrdd								
Gosodwyr cledrau	1	2	18	21				
Cyfanswm	**5**	**16**	**59**	**80**				
%	***6.3***	***20.0***	***73.8***	***100.0***				
CYNHYRCHU								
Peiriannau, offer, watsys, ayb								
Fforman	–	1	–	1				
Crefftwyr	1	5	10	16				

Dosbarth diwydiannol	Iaith a leferid Dynion Cymraeg	Y Ddwy	Saesneg	Cyfan.	Iaith a leferid Merched Cymraeg	Y Ddwy	Saesneg	Cyfan.
Prentis	–	–	1	1				
Gweithwraig ddi-grefft	–	–	–	–	–	–	1	1
Haearn a dur								
Rheolwyr/fformyn	–	1	3	4				
Clercod	–	2	1	3				
Crefftwyr	9	19	39	67				
Prentisiaid/cynorthwywyr	–	1	6	7				
Gweithwyr di-grefft/labrwyr	1	3	18	22				
Tunplat								
Rheolwyr/fformyn	–	2	2	4				
Clerc	–	–	1	1				
Crefftwyr	14	71	147	232	2	3	10	15
Gweithwyr di-grefft/labrwyr	–	2	27	30	5	5	19	29
Golosg, nwy a chemegolion								
Rheolwyr/fformyn	1	–	2	3				
Crefftwyr	1	3	15	19				
Gweithwraig ddi-grefft	–	–	–	–	–	–	1	1
Pren, dodrefn								
Crefftwyr	–	3	2	5				
Cerbydau a harneisiau								
Crefftwyr	–	1	4	5				
Cotwm, llin, ayb								
Crefftwr	–	–	1	1				
Dillad								
Perchenogion	–	–	3	3				
Crefftwyr	1	8	24	33	1	22	33	56
Prentisiaid/cynorthwywyr	–	–	–	–	1	6	13	20
Bwyd, diod, tybaco								
Perchennog	–	–	1	1				
Rheolwr	–	–	1	1				
Crefftwyr	–	2	11	13				
Cynorthwywr	–	–	1	1				
Argraffu								
Crefftwr	–	–	1	1				
Amhenodol								
Fforman	–	1	–	1				
Clercod	–	2	–	2				
Gyrwyr injan/tanwyr/dynion tân/ffitwyr	3	27	62	92				
Prentisiaid/cynorthwywyr	–	2	1	3				
Labrwyr	–	–	1	1	–	–	1	1
Cyfanswm	**32**	**156**	**385**	**573**	**9**	**36**	**78**	**123**
%	***5.6***	***27.2***	***67.2***	***100.0***	***7.3***	***29.3***	***63.4***	***100.0***
CLUDIANT								
Ystordai								
Negeswyr	1	1	4	6				

	Iaith a leferid Dynion				**Iaith a leferid** Merched			
Dosbarth diwydiannol	Cymraeg	Y Ddwy	Saesneg	Cyfan.	Cymraeg	Y Ddwy	Saesneg	Cyfan.
Rheilffyrdd								
Gorsaf-feistr/swyddogion	–	1	3	4				
Clerc	–	1	–	1				
Gyrwyr trenau/tanwyr/ dynion signal	–	–	15	15				
Porthorion	–	2	7	9				
Ffyrdd								
Carwyr, halwyr, ayb	6	4	45	55				
Cyfanswm	**7**	**9**	**74**	**90**				
%	***7.8***	***10.0***	***82.2***	***100.0***				
MASNACH								
Dillad								
Dilledyddion ayb	–	2	3	5	–	1	–	1
Cynorthwywyr	1	–	4	5	–	5	2	7
Bwyd								
Cigyddion/gwerthwyr pysgod	–	–	12	12	–	–	1	1
Gwerthwyr llaeth	1	1	2	4	–	1	2	3
Groseriaid	1	11	3	15				
Gwerthwyr llysiau a ffrwythau	–	–	3	3	–	3	1	4
Cynorthwywyr	–	9	25	34				
Tybaco, diod a llety								
Gwestywyr, tafarnwyr	1	7	5	13	–	3	1	4
Gwerthwraig cwrw	–	–	–	–	–	–	1	1
Ceidwaid llety	–	–	–	–	17	68	153	238
Ceidwaid tafarnau coffi	–	–	1	1	–	–	1	1
Gweithwyr seler, cynorthwywyr	–	–	1	1	–	1	7	8
Dodrefn a nwyddau i'r cartref								
Gwystlwr	–	–	1	1				
Cynorthwywyr	–	–	2	2				
Fferyllwyr								
Cynorthwywr	–	–	1	1				
Deunydd ysgrifennu a chyhoeddiadau								
Llyfrwerthwyr	–	–	–	–	–	–	2	2
Glynwr posteri	–	–	1	1				
Cynorthwywr	–	–	1	1				
Masnachwyr cyffredinol								
Siopwyr	–	1	1	2	–	4	–	4
Tincer	–	–	1	1				
Cynorthwywyr	–	2	1	3	–	1	1	2
Arall ac amhenodol								
Masnachwyr, asiantwyr	–	3	1	4				
Gwerthwyr, trafaelwyr	–	–	4	4				
Cynorthwywr	–	–	1	1				
Cyfanswm	**4**	**36**	**74**	**114**	**17**	**87**	**172**	**276**
%	***3.5***	***31.6***	***64.9***	***100.0***	***6.2***	***31.5***	***62.3***	***100.0***

Dosbarth diwydiannol	Iaith a leferid Dynion Cymraeg	Y Ddwy	Saesneg	Cyfan.	Iaith a leferid Merched Cymraeg	Y Ddwy	Saesneg	Cyfan.
GWASANAETHAU DIWYDIANNOL								
Bancio, yswiriant, cyfrifon								
Gwasanaeth banc	–	–	1	1				
Cyfrifyddion	–	1	6	7				
Clercod masnachol	–	3	8	11				
Cyfanswm	–	**4**	**15**	**19**				
%	–	***21.1***	***78.9***	***100.0***				
GWASANAETHAU CYHOEDDUS A PHROFFESIYNOL								
Gweinyddiaeth ganolog								
Swyddogion Swyddfa'r Post	–	1	–	1	–	–	1	1
Clercod Swyddfa'r Post	–	–	2	2	–	1	2	3
Gweinyddiaeth leol								
Cofrestrwyr	–	2	–	2				
Casglwr trethi	–	1	–	1				
Swyddogion lleol eraill	–	1	1	2				
Heddlu								
Arolygwr	–	–	1	1				
Rhingyll	–	–	1	1				
Heddweision	–	1	5	6				
Meddygaeth								
Llawfeddygon, meddygon	–	–	3	3				
Cynorthwywr	–	–	1	1				
Nyrs	–	–	–	–	–	–	1	1
Addysg								
Darlithydd	–	1	–	1				
Prifathro/athrawon ysgol	–	3	2	5	–	3	7	10
Athrawon cynorthwyol, disgybl-athrawon	1	1	1	3	–	9	6	15
Athrawon cerdd	–	–	1	1	–	–	1	1
Myfyriwr	–	–	1	1				
Crefydd								
Clerigwyr	–	2	–	2				
Gweinidogion y MC	1	1	–	2				
Gweinidogion yr Annibynwyr	–	2	–	2				
Gweinidog y Bedyddwyr	–	1	–	1				
Gweinidogion Ymneilltuol eraill	–	1	1	2				
Myfyrwyr diwinyddol	–	1	1	2				
Swyddog Byddin yr Iachawdwriaeth	–	–	1	1				
Swyddog mynwentydd	–	–	1	1				
Adloniant								
Cerddorion	–	–	5	5	–	1	–	1
Actorion	–	–	3	3	–	–	3	3
Gwasanaeth cerdd a theatr	–	–	2	2				
Perfformwyr	–	–	5	5				

	Iaith a leferid Dynion				Iaith a leferid Merched			
Dosbarth diwydiannol	Cymraeg	Y Ddwy	Saesneg	Cyfan.	Cymraeg	Y Ddwy	Saesneg	Cyfan.
Celf, llên, gwyddoniaeth								
Cerflunydd	–	1	–	1				
Cyfanswm	**2**	**20**	**38**	**60**	–	**14**	**21**	**35**
%	***3.3***	***33.3***	***63.3***	***100.0***	–	***40.0***	***60.0***	***100.0***
GWASANAETHAU CARTREF								
Yn y tŷ								
Morynion	–	–	–	–	7	41	124	172
Nyrsys	–	–	–	–	–	2	6	8
Morwyn sefydliadol	–	–	–	–	–	–	1	1
Eraill	–	–	–	–	–	–	1	1
Y tu allan								
Coetsmyn a gwastrodion	1	1	8	10				
Garddwyr	–	1	3	4				
Gwasanaeth ychwanegol								
Glanhawyr, golchwragedd	–	–	–	–	2	6	20	28
Gofalwr	1	–	–	1				
Dynion trin gwallt	1	1	2	4				
Cyfanswm	**3**	**3**	**13**	**19**	**9**	**49**	**152**	**210**
%	***15.8***	***15.8***	***68.4***	***100.0***	***4.3***	***23.3***	***72.4***	***100.0***
ERAILL								
Goruchwylwyr	–	3	1	4				
Labrwyr cyffredinol	13	23	153	189	–	–	2	2
Swyddi amhenodol	–	3	–	3	–	–	1	1
Cyfanswm	**13**	**29**	**154**	**196**	–	–	**3**	**3**
%	***6.6***	***14.8***	***78.6***	***100.0***	–	–	***100.0***	***100.0***
CYFANSWM Y CYFLOGEDIG								
	129	**549**	**1896**	**2574**	**36**	**187**	**437**	**660**
%	***5.0***	***21.3***	***73.7***	***100.0***	***5.5***	***28.3***	***66.2***	***100.0***
Gweddill y boblogaeth	12	15	61	88	71	309	763	1143
%	*13.6*	*17.0*	*69.3*	*100.0*	*6.2*	*27.0*	*66.8*	*100.0*
Disgyblion ysgol	5	26	153	184	2	35	184	221
%	*2.7*	*14.1*	*83.2*	*100.0*	*0.9*	*15.8*	*83.3*	*100.0*
CYFANSWM Y BOBLOGAETH								
10 OED+	**146**	**590**	**2110**	**2846**	**109**	**531**	**1384**	**2024**
%	***5.1***	***20.7***	***74.1***	***100.0***	***5.4***	***26.2***	***68.4***	***100.0***

3

Caerdydd (Sir Forgannwg)

MARI A. WILLIAMS

Tref farchnad fechan gymharol ddisylw a chanddi lai na 2,000 o boblogaeth oedd Caerdydd ym 1801, ond erbyn diwedd y bedwaredd ganrif ar bymtheg tyfasai'n gymuned drefol fwyaf Cymru ac yn un o'r porthladdoedd allforio glo mwyaf yn y byd.[1] Yr oedd graddfa a chyflymdra'r datblygiadau cymdeithasol ac economaidd a drawsnewidiodd yr anheddiad a ddisgrifiwyd gan Gwyn A. Williams unwaith fel 'overgrown village' yn 'American boom town' yn syfrdanol.[2] Rhwng 1801 a 1861 cynyddodd y boblogaeth o 1,870 i 32,954, gan fwy na dyblu eto yn ystod y degawd rhwng 1871 a 1881. Erbyn 1881 yr oedd poblogaeth Caerdydd yn 82,761 a hi oedd tref fwyaf Cymru.[3] Yr oedd twf y dref yn uniongyrchol gysylltiedig â datblygiadau diwydiannol ym Maes Glo De Cymru, ac yn ystod degawdau cynnar y bedwaredd ganrif ar bymtheg, yn sgil agor Camlas Morgannwg (1784) – a greodd gyswllt bywiol rhwng tref haearn Merthyr Tudful a Chaerdydd – y sicrhawyd ffyniant economaidd y dref ar gyfer y dyfodol fel canolfan gludiant a gwasanaeth.

Wedi iddo sylweddoli posibiliadau datblygu porthladd Caerdydd, cyflwynodd John Crichton Stuart, Ail Ardalydd Bute (1793–1848), gynigion i adeiladu porthladd newydd yn gynnar yn y 1820au. Talodd menter yr Ardalydd, y cyfeirir ato'n fynych fel 'crëwr y Gaerdydd Fodern', ar ei chanfed ac yn sgil agor Doc Gorllewin Bute ym 1839, a chwblhau Rheilffordd Dyffryn Taf ym 1841, yr oedd Caerdydd mewn sefyllfa i fanteisio'n llawn ar y fasnach allforio glo gynyddol.[4]

1 Martin J. Daunton, *Coal Metropolis: Cardiff 1870–1914* (Leicester, 1977), t. 10. Gw. hefyd idem, 'Coal to Capital: Cardiff since 1839' yn Prys Morgan (gol.), *Glamorgan County History, Volume VI. Glamorgan Society 1780–1980* (Cardiff, 1988), tt. 203–24; Edgar L. Chappell, *History of the Port of Cardiff* (Cardiff, 1939); William Rees, *Cardiff: A History of the City* (Cardiff, 1962); John B. Hilling, *Cardiff and the Valleys: Architecture and Townscape* (London, 1973); Neil Evans, 'The Urbanization of Welsh Society' yn Trevor Herbert a Gareth Elwyn Jones (goln.), *People and Protest: Wales 1815–1880* (Cardiff, 1988), tt. 9–10.

2 Gwyn A. Williams, 'Odd Man In' yn Gwyn Jones a Michael Quinn (goln.), *Fountains of Praise: University College, Cardiff 1883–1983* (Cardiff, 1983), t. 6.

3 John V. Hickey, 'The Origin and Development of the Irish Community in Cardiff' (traethawd MA anghyhoeddedig Prifysgol Cymru, 1959), t. 3.

4 Gw. John Davies, *Cardiff and the Marquesses of Bute* (Cardiff, 1981), tt. 246–53.

Cyfnerthodd cwblhau Doc Dwyrain Bute (1859) a Doc y Rhath (1887) safle Caerdydd fel un o borthladdoedd glo mwyaf y byd. Yn ystod 1890 yn unig gadawodd 7,420,080 o dunelli o lo a golosg, 231,869 o dunelli o danwydd patent, a 74,100 o dunelli o reiliau haearn a dur a gwaith haearn, ddociau Caerdydd am gyrchfannau ledled y byd.[5] Erbyn y 1880au yr oedd llwyddiant masnachol diwydiant cludo glo Caerdydd wedi dod â bri rhyngwladol i'r dref ac ennill iddi enwau megis 'y metropolis' a 'Chicago Cymru'.[6] Yr oedd Cyfnewidfa Lo Caerdydd, a agorodd ei drysau yn Mount Stuart Square ym 1886, yn gartref i swyddfeydd dros 80 o gynhyrchwyr glo, gweithgynhyrchwyr haearn, a chwmnïau llongau ac allforio, ac ym 1891 croesawodd Caerdydd 29 o gonsyliaid ac is-gonsyliaid a gynrychiolai wledydd mor bell ag America, Feneswela, Norwy, Rwsia, Hawäi a Thwrci.[7]

Fel y gweddai i dref o'r fath faint, statws ac enwogrwydd rhyngwladol, yr oedd Caerdydd hefyd yn gartref i nifer o sefydliadau cymdeithasol, diwylliannol, addysgol a dinesig, y symbylwyd ac y cefnogwyd eu sefydlu i raddau gan boblogaeth ddosbarth-canol a dosbarth-uwch sylweddol Caerdydd. Yn ogystal â'r 27 o ysgolion cenedlaethol a bwrdd, yr 28 o eglwysi a'r 52 o gapeli Ymneilltuol a oedd wedi eu sefydlu erbyn 1891, yr oedd Caerdydd yn gartref i Lyfrgell ac Amgueddfa Rydd drawiadol, a agorwyd mewn adeilad newydd yn yr Hayes ym 1882, gyda John Ballinger yn Brif Lyfrgellydd.[8] Yr oedd sefydlu Coleg Prifysgol De Cymru a Mynwy yng Nghaerdydd ym 1883, a phenodi'r gwyddonydd J. Viriamu Jones yn Brifathro, o arwyddocâd arbennig o ran swyddogaeth Caerdydd yn nyfodol hanes Cymru, ac yn arwydd clir o'r statws a'r pwysigrwydd cynyddol a gysylltid â'r dref o fewn cylchoedd cenedlaethol Cymreig.[9]

Fodd bynnag, nid enillodd cymeriad trefol a thra Seisnigaidd Caerdydd ar ddiwedd oes Victoria galonnau a meddyliau canran fawr o'r Cymry. Fe'i hystyrid gan rai yn dref estron, a chanddi 'boblogaeth fwngrelaidd ac Anghymreig'.[10] Erbyn ail hanner y bedwaredd ganrif ar bymtheg, yr oedd poblogaeth fechan ond pur Gymraeg ei hiaith yr hen fwrdeistref a'r plwyfi amgylchynol wedi ei boddi

[5] *Kelly's Directory of Monmouthshire, and the Principal Towns and Places of South Wales* (London, 1891), t. 113.

[6] John Austin Jenkins, *Cardiff and its History: The Town's Claim to the title of Metropolis* (Cardiff, 1905); John Davies, *Hanes Cymru* (London, 1990), tt. 370, 423; John R. Wilson, 'The Chicago of Wales: Cardiff in the Nineteenth Century', *Planet*, 115 (1996), 14–25.

[7] *Kelly's Directory*, t. 117.

[8] Ibid., tt. 110, 119–20.

[9] Gwynedd Pierce, 'The Welsh Connection' yn Jones a Quinn (goln.), *Fountains of Praise*, tt. 25–40; idem, 'University College Cardiff, Coleg y Brifysgol Caerdydd, 1883–1983: A View of the Past', *THSC* (1984), 173–80.

[10] Idem, 'The Welsh Connection', t. 38.

gan y nifer aruthrol o fewnfudwyr di-Gymraeg a Seisnig a oedd wedi heidio i'r dref.[11] Erbyn 1877 gallai Wirt Sikes, y Conswl Americanaidd a drigai yno, nodi nad oedd Cymraeg i'w chlywed ar strydoedd Caerdydd: 'It is preached in some pulpits and spoken in some homes, and the most cultivated burgesses take pride in their knowledge . . . but for the common uses of life the English language is as much the language of Cardiff as it is of New York.'[12] Hyd yn oed o fewn llochesau cymharol ddiogel cartrefi a chapeli Cymraeg Caerdydd, yr oedd y Gymraeg mewn sefyllfa fregus iawn ac y mae'n amlwg fod y boblogaeth o Gymry Cymraeg yn ei chael yn fwyfwy anodd cefnogi a chynnal sefydliadau diwylliannol Cymraeg y dref. Yn wir, honnwyd bod yr Eisteddfod Genedlaethol a gynhaliwyd yng Nghaerdydd ym 1883 yn un o'r digwyddiadau mwyaf Seisnigaidd yn ei hanes.[13]

Erbyn y 1880au yr oedd yn amlwg fod llawer o'r capeli Cymraeg Ymneilltuol yng Nghaerdydd, y sefydlwyd y mwyafrif helaeth ohonynt yn ystod dechrau a chanol y bedwaredd ganrif ar bymtheg, yn wynebu llawer o anawsterau o ganlyniad i'r dirywiad yn y defnydd o'r Gymraeg yn y dref. Yr oedd sawl un o'r eglwysi Cymraeg gwannaf eisoes wedi troi'n 'achosion Saesneg'. Yn ystod y 1860au arweiniodd gweinidogion Eglwysi Annibynnol Cymraeg Mount Stuart Square, Tre-biwt a Severn Road, Treganna ymgyrchoedd i sefydlu chwaer gapeli Saesneg gerllaw.[14] Yr oedd sefyllfa'r enwadau Cymraeg eraill yr un mor wan. Erbyn 1891 un yn unig o bedair cylchdaith y Methodistiaid Wesleaidd a gynhelid yn y Gymraeg, a thri yn unig o'r tri chapel ar ddeg a berthynai i'r Bedyddwyr, yr enwad Ymneilltuol mwyaf yng Nghaerdydd, a oedd yn achosion Cymraeg, pob un ohonynt wedi ei sefydlu cyn 1860.[15]

Yn wyneb y llif cynyddol o Seisnigrwydd y penderfynodd aelodau'r gymuned fechan o Gymry Cymraeg yng Nghaerdydd weithredu i geisio adfer y sefyllfa. Dan arweiniad Dan Isaac Davies (1839–87), arolygydd ysgolion a phleidiwr arloesol addysg ddwyieithog, a ddaethai i Gaerdydd ym 1885, ffurfiwyd 'Y Gymdeithas er Defnyddio'r Iaith Gymraeg at Ddibenion Addysgol yng Nghymru' (a oedd yn fwy adnabyddus fel 'Cymdeithas yr Iaith Gymraeg') yn Eisteddfod Genedlaethol Aberdâr ym 1885.[16] Yr oedd ysgrifennydd cyntaf y Gymdeithas, sef Beriah Gwynfe Evans (1848–1927), hefyd yn byw yng Nghaerdydd. Symbylodd

[11] Am arolwg fanwl o hanes yr iaith Gymraeg yng Nghaerdydd yn ystod y bedwaredd ganrif ar bymtheg, gw. Owen John Thomas, 'Caerdydd a'r Iaith Gymraeg: astudiaeth er mwyn darganfod Cymreictod Caerdydd a'r plwyfi cylchynol yn y cyfnod o 1550 hyd 1850' (traethawd MA anghyhoeddedig Prifysgol Cymru, 1991); idem, 'Yr Iaith Gymraeg yng Nghaerdydd *c.*1800–1914' yn Geraint H. Jenkins (gol.), *Iaith Carreg fy Aelwyd: Iaith a Chymuned yn y Bedwaredd Ganrif ar Bymtheg* (Caerdydd, 1998), tt. 177–95.

[12] Wirt Sikes, 'On the Taff', *Harper's New Monthly Magazine*, LIV, rhif 321 (1877), 330.

[13] J. Elwyn Hughes, *Arloeswr Dwyieithedd: Dan Isaac Davies 1839–1887* (Caerdydd, 1984), t. 25.

[14] H. M. Hughes, *Hanes Ebenezer Caerdydd, 1826–1926* (Caerdydd, 1926), t. 49; J. Austin Jenkins ac R. Edwards James, *The History of Nonconformity in Cardiff* (Cardiff and London, 1901), t. 90.

[15] *Kelly's Directory*, tt. 119–20; Hickey, 'The Irish Community', t. 8.

[16] Hughes, *Arloeswr Dwyieithedd*, tt. 60–77.

amcanion a gweithgareddau Cymdeithas yr Iaith Gymraeg drigolion eraill y dref a siaradai Gymraeg i ffurfio eu cymdeithas ddiwylliannol Gymraeg eu hunain. Ym mis Hydref 1885, mewn cyfarfod a gynhaliwyd yn nhafarn goffi Edward Thomas (Cochfarf) (1853–1910) yn Custom House Street, ffurfiwyd Cymdeithas Cymrodorion Caerdydd.[17] Yr oedd prif weithgareddau aelodau Cymdeithas yr Iaith Gymraeg a Chymdeithas y Cymrodorion yng Nghaerdydd yn ymwneud â hyrwyddo'r defnydd o'r Gymraeg o fewn ysgolion ac ysgolion Sul y dref. Ymddiddorai'r ddwy gymdeithas hefyd yng ngweinyddiaeth cyfrifiad 1891, a chyhoeddwyd llythyrau gan Beriah Gwynfe Evans yn y wasg yng Nghymru yn yr wythnosau cyn y cyfrifiad yn annog siaradwyr Cymraeg i ateb 'cwestiwn yr iaith' yn gyfrifol ac yn onest, ac i fynnu cael ffurflenni Cymraeg.[18]

Y gwir amdani, fodd bynnag, yw fod yr ymdrechion hyn i adfywio'r defnydd o'r Gymraeg yn y dref wedi digwydd yn rhy hwyr o lawer. Yn ei astudiaeth o dystiolaeth ieithyddol cyfrifiad Caerdydd 1891, cyfrifodd Owen John Thomas mai 10.7 y cant (12,492) yn unig o'r 116,207 o unigolion (2 flwydd oed a throsodd) a gyfrifwyd ym mwrdeistref Caerdydd a oedd yn siarad Cymraeg, ac nad oedd y 103,715 o drigolion eraill y dref yn medru'r iaith frodorol o gwbl.[19] At ddibenion yr astudiaeth hon, archwiliwyd ffurflenni'r cyfrifwyr ar gyfer saith o'r ardaloedd rhifo yn unig. Er mai dim ond 13.5 y cant o'r 128,915 o bobl a gyfrifwyd yn y fwrdeistref ym 1891 a gynhwysir yn y sampl hwn o 17,372 o drigolion (2 flwydd oed a throsodd), dewiswyd pob ardal ar sail nodweddion galwedigaethol, cymdeithasol, economaidd ac ethnig penodol mewn ymgais i adlewyrchu natur amrywiol proffil diwylliannol ac ieithyddol y dref. Fel y dengys Tabl 1, yr oedd gallu ieithyddol trigolion ardal y sampl yn cynrychioli'n bur agos allu ieithyddol trigolion y fwrdeistref. O'r 17,177 o unigolion a gyhoeddodd eu bod yn medru siarad Saesneg a/neu Gymraeg, cofnodwyd 15,250 (88.8 y cant) yn siaradwyr uniaith Saesneg. Dim ond 1,927 (11.2 y cant) a atebodd eu bod yn medru siarad Cymraeg ac yr oedd y mwyafrif helaeth o'r rheini hefyd yn rhugl yn y Saesneg. Ym 1891 yr oedd Caerdydd yn gartref i un o'r cymunedau Saesneg eu hiaith mwyaf yng Nghymru, ac yr oedd trigolion di-Gymraeg Dosbarth Cofrestru Caerdydd yn cyfrif am dros 40 y cant o boblogaeth uniaith Saesneg Morgannwg a bron 20 y cant o boblogaeth uniaith Saesneg Cymru.

Yr oedd yng Nghaerdydd hefyd gymuned fechan, ond arwyddocaol serch hynny, o siaradwyr ieithoedd eraill. Yn y sampl hwn, cofnodwyd 71 o unigolion yn siaradwyr ieithoedd Ewropeaidd heblaw'r Gymraeg a'r Saesneg, y mwyafrif

[17] J. Gwynfor Jones, *Y Ganrif Gyntaf: Hanes Cymrodorion Caerdydd 1885–1985* (Caerdydd, 1987), t. 15. Sefydlodd 'Cochfarf', saer a ddaeth i Gaerdydd ym 1878 i weithio i'r 'Cardiff Coffee Tavern Company', ei fusnes ei hun yn y Gordon Coffee Tavern, Custom House Street, ac yn ddiweddarach yn y Metropole a'r Red Dragon. Etholwyd ef yn gynghorydd yng Nghaerdydd ym 1890, ac yn faer y dref ym 1902.

[18] Gw., e.e., *South Wales Daily News*, 2 Ebrill 1891.

[19] Thomas, 'Yr Iaith Gymraeg yng Nghaerdydd *c.*1800–1914', tt. 191–2.

Tabl 1: Iaith a leferid gan boblogaethau Caerdydd, Dosbarth Cofrestru Caerdydd, Sir Forgannwg a Chymru
(2 flwydd oed a throsodd)

	Nifer				*Canran*			
	Cymraeg	Y Ddwy	Saesneg	Cyfanswm	*Cymraeg*	*Y Ddwy*	*Saesneg*	*Cyfanswm*
Caerdydd[1]	292	1635	15250	17177	*1.7*	*9.5*	*88.8*	*100.0*
D.C. Caerdydd[2]	3120	19395	138276	160791	*1.9*	*12.1*	*86.0*	*100.0*
Sir Forgannwg[3]	142346	177726	326481	646553	*22.0*	*27.5*	*50.5*	*100.0*
Cymru[4]	508036	402253	759416	1669705	*30.4*	*24.1*	*45.5*	*100.0*

1 Hepgorwyd 124 unigolyn nad oeddynt wedi nodi eu gallu ieithyddol a 71 a siaradai ieithoedd eraill: 27 siaradwr uniaith Eidaleg; 8 siaradwr uniaith Almaeneg; 6 siaradwr uniaith Norwyeg; 6 siaradwr uniaith Swedeg; 5 siaradwr uniaith Ffrangeg; 4 siaradwr uniaith Wyddeleg; 4 siaradwr uniaith Gaeleg; 2 siaradwr uniaith Daneg; 1 siaradwr uniaith Sbaeneg; 4 a siaradai Saesneg a Norwyeg; 1 a siaradai Saesneg ac Almaeneg; 1 a siaradai Saesneg a Thyrceg; 1 a siaradai Saesneg a Daneg; 1 a siaradai Saesneg, Eidaleg a Sbaeneg.

2 Hepgorwyd 1,742 nad oeddynt wedi nodi eu gallu ieithyddol a 1,601 a siaradai ieithoedd eraill.

3 Hepgorwyd 4,981 nad oeddynt wedi nodi eu gallu ieithyddol a 2,355 a siaradai ieithoedd eraill.

4 Hepgorwyd 12,833 nad oeddynt wedi nodi eu gallu ieithyddol a 3,076 a siaradai ieithoedd eraill.

ohonynt yn dramorwyr a berthynai i gymuned forwrol Tre-biwt. Yr oedd yr ardal honno, a'i phuteindai a'i thai llety a fynychid gan forwyr, yn adnabyddus fel ardal fwyaf amheus a garw Caerdydd. Yr oedd hefyd yn ardal fasnachol bwysig, lle y ceid busnesau bach cysylltiedig â'r diwydiant morwrol, yn ogystal â swyddfeydd sawl cwmni cludo ac allforio glo pwysig. Cynhwysai'r sampl hefyd un o brif ranbarthau masnachol yr hen dref, a rhan o St Mary Street a'r Hayes, lle'r oedd sawl gwesty mawr, siopau ac orielau siopa wedi eu sefydlu yn ystod y 1860au a'r 1870au.[20] I'r de-ddwyrain o St Mary Street, archwiliwyd ffurflenni cyfrifiad rhan o ardal ddosbarth-gweithiol Y Drenewydd, a adwaenid fel 'Iwerddon Fechan'. Ym 1891 yr oedd yr ardal hon yn gartref i'r gymuned Wyddelig fwyaf yng Nghymru. Yr oedd yn un o'r ardaloedd tlotaf yng Nghaerdydd a cheid yno dai ac amodau byw gwael a gorboblogi difrifol.[21] Mewn cyferbyniad llwyr ag 'Iwerddon Fechan', cynhwyswyd yn y sampl un o ardaloedd cyfoethocaf Caerdydd, lle'r oedd y trigolion yn byw dan amodau cymharol foethus. Yn wir, gallai mwyafrif y cyfreithwyr, cyfrifyddion, asiantwyr llongau ac allforwyr glo a drigai yn y tai trillawr urddasol i'r gogledd o Queen Street yn Llanbleddian a Ruthin Gardens, St Andrew's Crescent, Park Grove a Park Place, fforddio cyflogi gweision, cogyddion ac athrawesau cartref i weini ar eu teuluoedd.

20 Daunton, *Coal Metropolis*, t. 54.

21 Gw. Thomas W. Rammell (gol.), *Report to the General Board of Health on . . . the Sanitary Condition of the Inhabitants of the Town of Cardiff* (London, 1850), tt. 32–48; C. Roy Lewis, 'The Irish in Cardiff in the Mid-Nineteenth Century', *Cambria*, 7, rhif 1 (1980), 13–41.

Tabl 2: Iaith a leferid yn ôl oedran

(2 flwydd oed a throsodd)[1]

Oed	Nifer Cymraeg	Y Ddwy	Saesneg	Cyfanswm	*Canran Cymraeg*	*Y Ddwy*	*Saesneg*	*Cyfanswm*
2–5	24	49	1623	1696	*1.4*	*2.9*	*95.7*	*100.0*
6–14	42	150	3222	3414	*1.2*	*4.4*	*94.4*	*100.0*
15–24	50	421	3473	3944	*1.3*	*10.7*	*88.1*	*100.0*
25–44	108	624	4734	5466	*2.0*	*11.4*	*86.6*	*100.0*
45–64	56	320	1855	2231	*2.5*	*14.3*	*83.1*	*100.0*
65+	12	71	342	425	*2.8*	*16.7*	*80.5*	*100.0*
Cyfanswm	**292**	**1635**	**15249**	**17176**	***1.7***	***9.5***	***88.8***	***100.0***

[1] Hepgorwyd un person nad oedd wedi nodi ei oedran.

Yn y tair ardal rifo arall a gynhwyswyd yn y sampl – dwy ohonynt ym maestrefi poblog Treganna a'r Rhath – yr oedd gweithwyr cyffredin a chrefftwyr yn byw.[22] Yn wahanol i'r ardaloedd a ddetholwyd yn Nhreganna a'r Rhath, a gynhwysai ardaloedd preswyl mawr a rhannau o strydoedd siopa prysur Cowbridge Road a Castle Road, yr oedd ardal rifo 17 yn cynnwys tai teras newydd a godwyd yn ystod y 1880au yn East Moors gerllaw Gweithfeydd Haearn a Dur Dowlais, a agorwyd yn swyddogol ym mis Chwefror 1891. Enwyd un stryd ar ôl William Menelaus, rheolwr cyffredinol Cwmni Haearn Dowlais rhwng 1856 a 1882, ac yr oedd y rhan fwyaf o'r bobl a drigai yn y tai hyn naill ai'n gyflogedig yn y gwaith newydd neu yn adeiladwyr a fu'n gweithio ar y safle. Ymddengys mai ychydig iawn o weithwyr o Ddowlais a Merthyr Tudful a oedd wedi symud i Gaerdydd erbyn Ebrill 1891, ond gwyddys i lawer o deuluoedd Cymraeg eu hiaith symud i ardal Sblot o drefi haearn Morgannwg yn y misoedd a oedd i ddilyn, oherwydd erbyn 1895 yr oedd y Methodistiaid Calfinaidd wedi sefydlu achos Cymraeg yn Marion Street (1892), yr Annibynwyr yn Eyre Street (1895) a'r Bedyddwyr yn Walker Road (1895).[23]

Ychydig iawn o obaith a gynigiai tystiolaeth ieithyddol cyfrifiad 1891 fod unrhyw adfywiad yn ffawd sefydliadau Cymraeg y dref yn bosibl. Fel y dengys Tabl 2, Saesneg yn unig a siaradai dros 80 y cant o'r boblogaeth ym mhob grŵp oedran ac yr oedd y ganran a oedd yn methu siarad Saesneg yn llai na 3 y cant.

[22] Yn sgil newidiadau i ffiniau'r dref ym 1875 ymgorfforwyd aneddiadau Y Rhath a Threganna ym mwrdeistref Caerdydd. Am astudiaeth fanwl o hanes a datblygiad Treganna, gw. Lynette A. Sanders, 'Growth of Canton from a Village to a Suburb, 1840–1900' (traethawd MA anghyhoeddedig Prifysgol Cymru, 1992).

[23] Thomas Bowen, *Dinas Caerdydd a'i Methodistiaeth Galfinaidd* (Caerdydd, 1927), t. 33; D. R. Jones, 'The Story of Welsh Congregationalism in Cardiff and District' yn John Williamson (gol.), *History of Congregationalism in Cardiff and District* (Cardiff, 1920), tt. 115–35; Hughes, *Hanes Ebenezer*, t. 86; Jenkins a James, *The History of Nonconformity in Cardiff*, tt. 167–8.

Tabl 3: Iaith a leferid yn ôl oedran a rhyw
(2 flwydd oed a throsodd)

Oed	Rhyw	Nifer Cymraeg	Nifer Y Ddwy	Nifer Saesneg	Nifer Cyfanswm	*Canran Cymraeg*	*Canran Y Ddwy*	*Canran Saesneg*	*Canran Cyfanswm*
2–5	G	13	32	829	874	*1.5*	*3.7*	*94.9*	*100.0*
	B	11	17	794	822	*1.3*	*2.1*	*96.6*	*100.0*
6–14	G	18	78	1589	1685	*1.1*	*4.6*	*94.3*	*100.0*
	B	24	72	1633	1729	*1.4*	*4.2*	*94.4*	*100.0*
15–24	G	25	204	1642	1871	*1.3*	*10.9*	*87.8*	*100.0*
	B	25	217	1831	2073	*1.2*	*10.5*	*88.3*	*100.0*
25–44	G	56	341	2472	2869	*2.0*	*11.9*	*86.2*	*100.0*
	B	52	283	2262	2597	*2.0*	*10.9*	*87.1*	*100.0*
45–64	G	27	160	936	1123	*2.4*	*14.2*	*83.3*	*100.0*
	B	29	160	919	1108	*2.6*	*14.4*	*82.9*	*100.0*
65+	G	3	32	141	176	*1.7*	*18.2*	*80.1*	*100.0*
	B	9	39	201	249	*3.6*	*15.7*	*80.7*	*100.0*
	G	**142**	**847**	**7609**	**8598**	***1.7***	***9.9***	***88.5***	***100.0***
Cyfanswm	**B**	**150**	**788**	**7640**	**8578**	***1.7***	***9.2***	***89.1***	***100.0***

Hyd yn oed ymhlith y grwpiau oedran hŷn, lle y cofnodwyd canran uwch o'r boblogaeth yn siaradwyr Cymraeg, Saesneg oedd yr unig iaith a siaredid gan y mwyafrif llethol. Yr oedd gwybodaeth o'r Gymraeg wedi dirywio'n gyson rhwng y cenedlaethau. Er bod ymron 20 y cant o'r 425 o unigolion 65 oed a throsodd yn siarad Cymraeg, yr oedd y ganran wedi disgyn i 12 y cant ymhlith y grŵp 15–24 oed. Fodd bynnag, ymhlith plant o oedran ysgol y cofnodwyd y ganran isaf o siaradwyr Cymraeg. Yr oedd llai nag un ym mhob deg o'r 5,110 o blant rhwng 2 a 14 oed yn rhugl yn y Gymraeg, ffaith sy'n dangos mai Saesneg oedd iaith y mwyafrif llethol o gartrefi ac ysgolion Caerdydd.

Erbyn 1891 Saesneg oedd prif iaith pobl Caerdydd, waeth beth fo'u hoedran na'u rhyw. Dengys Tabl 3, sy'n cynnig dadansoddiad o allu ieithyddol y rhywiau yn ôl oed, fod ymron 90 y cant o wrywod a benywod wedi eu cofnodi yn siaradwyr uniaith Saesneg, a llai na 2 y cant yn siarad Cymraeg yn unig. Ni chofnodwyd fawr ddim gwahaniaeth yng ngallu ieithyddol gwrywod a benywod yn unrhyw grŵp oedran, er i ganran ychydig yn uwch o ferched gael eu cofnodi yn siaradwyr uniaith Saesneg ym mhob grŵp ac eithrio rhwng 45 a 64 oed. Yn wahanol i gymunedau glofaol y gefnwlad ddiwydiannol, lle'r oedd tra-arglwyddiaeth y diwydiannau trwm a phrinder cyfleoedd gwaith i ferched wedi arwain at anghydbwysedd yng nghymhareb rhywiau'r oedolion, cynigiai tref fasnachol fawr Caerdydd fwy o gyfleoedd gwaith i'r boblogaeth fenywaidd ac, o ganlyniad, cyfrifwyd nifer mwy cytbwys o ddynion a merched ymhlith yr oedolion. Yn arwyddocaol, yr oedd ychydig mwy o ferched nag o ddynion yn y grŵp oedran 15–24, ac y mae tystiolaeth fod llawer o ferched ifainc o'r ardaloedd

Tabl 4: Iaith a leferid yn ôl man geni

(2 flwydd oed a throsodd)[1]

Man geni	Nifer Cymraeg	Y Ddwy	Saesneg	Cyfanswm	*Canran Cymraeg*	*Y Ddwy*	*Saesneg*	*Cyfanswm*
Sir Forgannwg	144	799	7110	8053	*1.8*	*9.9*	*88.3*	*100.0*
Sir Fynwy	20	95	783	898	*2.2*	*10.6*	*87.2*	*100.0*
Sir Benfro	19	190	221	430	*4.4*	*44.2*	*51.4*	*100.0*
Sir Gaerfyrddin	21	153	79	253	*8.3*	*60.5*	*31.2*	*100.0*
Sir Aberteifi	59	131	21	211	*28.0*	*62.1*	*9.9*	*100.0*
Sir Frycheiniog	9	67	77	153	*5.9*	*43.8*	*50.3*	*100.0*
Sir Gaernarfon	8	46	10	64	*12.5*	*71.9*	*15.6*	*100.0*
Sir Faesyfed	1	2	30	33	*3.0*	*6.1*	*90.9*	*100.0*
Sir Drefaldwyn	–	12	12	24	–	*50.0*	*50.0*	*100.0*
Sir Ddinbych	–	13	6	19	–	*68.4*	*31.6*	*100.0*
Sir Fôn	2	8	3	13	*15.4*	*61.5*	*23.1*	*100.0*
Sir Y Fflint	–	6	4	10	–	*60.0*	*40.0*	*100.0*
Sir Feirionnydd	3	3	1	7	*42.9*	*42.9*	*14.3*	*100.0*
Cymru[2]	1	5	16	22	*4.5*	*22.7*	*72.7*	*100.0*
Lloegr	4	82	5234	5320	*0.1*	*1.5*	*98.4*	*100.0*
Iwerddon	–	10	919	929	–	*1.1*	*98.9*	*100.0*
Eraill[3]	1	8	662	671	*0.1*	*1.2*	*98.7*	*100.0*
Cyfanswm	**292**	**1625**	**15188**	**17110**	***1.7***	***9.5***	***88.8***	***100.0***

1 Hepgorwyd 66 nad oeddynt wedi nodi eu man geni.

2 Heb nodi sir.

3 Man geni: Yr Alban 250, Norwy 57, Ynysoedd y Sianel 40, Yr Almaen 40, Sweden 37, Rwsia 32, America 30, Ffrainc 24, Yr Eidal 23, India 15, Canada 12, Awstria 10, Denmarc 10, Nova Scotia 9, Ynys Manaw 8, Gwlad Pwyl 8, Y Ffindir 6, Gwlad Belg 5, Portiwgal 5, Malta 4, De America 4, Awstralia 3, India'r Dwyrain 3, Holand 3, Sbaen 3, Y Swistir 3, Groeg 2, Seland Newydd 2, Prwsia 2, Tasmania 2, Twrci 2, India'r Gorllewin 2, Bafaria 1, Bermiwda 1, Gibraltar 1, Lwcsembwrg 1, Mauritius 1, Yr Iseldiroedd 1, Y Tir Newydd 1, ar y môr 8.

diwydiannol cyfagos wedi symud i'r dref i weithio fel morynion a gweinyddesau yn y tai crand, y gwestai a'r siopau.[24]

At ei gilydd, fodd bynnag, hanai'r rhan fwyaf o'r dynion a'r merched a oedd wedi mentro i Gaerdydd i chwilio am waith o'r tu hwnt i Glawdd Offa. Dim ond 3,406 (41.9 y cant) o'r 8,122 o unigolion dros 25 oed a oedd wedi eu geni yng Nghymru, tra oedd dros 70 y cant o'r 4,716 a oedd yn weddill yn hanu o Loegr.

24 Aeth rhai capeli ati i sefydlu 'Adrannau' arbennig er mwyn cynorthwyo'r merched ifainc a ddeuai i Gaerdydd i chwilio am waith fel morynion a chynorthwywyr yn y siopau i ymgartrefu yn y dref. Gw. 'Adran y Morwynion', *Cymdeithas yr Ymdrech Crefyddol cysylltiedig â Salem, Splotlands, Caerdydd* (Caerdydd, 1891), t. 8.

Hyd yn oed ar ôl rhoi cyfrif am aelodau o'r genhedlaeth iau – yr oedd y mwyafrif helaeth ohonynt yn frodorion o Gaerdydd – yr oedd llai na 60 y cant o gyfanswm poblogaeth y sampl wedi eu geni yng Nghymru, canran a oedd yn debyg iawn i'r un a gofnodwyd ymhlith y 128,915 o unigolion a rifwyd yn holl Ddosbarth Iechydol Trefol Caerdydd ym 1891.[25] Yr oedd man geni trigolion y dref yn amlwg wedi effeithio'n uniongyrchol ar ei chymeriad ieithyddol. Fel y dengys Tabl 4, cyfran fechan iawn o'r 10,190 o'r boblogaeth a aned yng Nghymru a hanai o unrhyw un o'r siroedd mwyaf Cymraeg eu hiaith, a 17.8 y cant (1,817) yn unig a gofnodwyd yn siaradwyr Cymraeg. Brodorion o sir Forgannwg oedd bron 80 y cant o gyfanswm y boblogaeth a aned yng Nghymru, ac yr oedd eu presenoldeb at ei gilydd yn un uniaith Saesneg; nid oedd gan bron 90 y cant o'r 8,053, y ganed y mwyafrif ohonynt yng Nghaerdydd, unrhyw wybodaeth o'r iaith frodorol.

Hanai mwyafrif y garfan gref o Saeson a gyfrifwyd yng Nghaerdydd ym 1891 o Wlad yr Haf, Caerloyw a Dyfnaint ar draws Môr Hafren. Yr oedd cysylltiadau masnachol rhwng gwerthwyr a masnachwyr o orllewin Lloegr a phobl Caerdydd yn rhychwantu sawl cenhedlaeth, a chawsai'r cysylltiadau agos rhwng y ddwy ardal eu cryfhau o ganol y bedwaredd ganrif ar bymtheg ymlaen, pan groesodd miloedd o ddynion a merched o Loegr ar draws Môr Hafren i rannu yn ffyniant y dref. Yr oedd y Saeson yn amlwg yn teimlo'n gartrefol yng Nghaerdydd gan fod mwyafrif llethol y trigolion yn siarad yr un iaith â hwy. Lleiafrif bychan iawn o'r boblogaeth a aned yn Lloegr a oedd wedi dysgu'r iaith frodorol ac, o'r 86 a gofnodwyd yn siaradwyr Cymraeg, yr oedd y mwyafrif naill ai wedi eu geni mewn ardaloedd ar y ffin rhwng Cymru a Lloegr neu mewn trefi fel Llundain neu Lerpwl, lle y ceid cymunedau Cymraeg ffyniannus ar ddiwedd y bedwaredd ganrif ar bymtheg.

Yr oedd porthladd prysur Caerdydd wedi denu nifer sylweddol o fewnfudwyr o wledydd y tu hwnt i Gymru a Lloegr yn ogystal. Yn wir, yr oedd Caerdydd yn gartref i'r gymuned fwyaf o dramorwyr yng Nghymru, a chyfrifwyd 6,737 o unigolion o Iwerddon, yr Alban a rhannau eraill o'r Ymerodraeth Brydeinig, yn ogystal â 2,906 o frodorion o wledydd tramor eraill yn Nosbarth Iechydol Trefol Caerdydd ym 1891.[26] Ac eithrio'r boblogaeth a aned yn Iwerddon a'r Alban, morwyr, ceidwaid llety a masnachwyr a drigai yn ardal Tre-biwt o'r dref oedd mwyafrif y 'tramorwyr' Cymraeg a Saesneg eu hiaith a gynhwyswyd yn y sampl hwn. Yr oedd canran sylweddol yn forwyr o Sgandinafia a fewnforiai lwythi o goed i'w defnyddio ym mhyllau glo de Cymru, ac a weithiai hefyd ar y llongau cargo a gludai lo Cymru o ddociau Caerdydd i bedwar ban y byd.[27] Yn wahanol i fwyafrif poblogaeth fordeithiol Tre-biwt, a drigai yng Nghaerdydd am gyfnodau

[25] Census of England and Wales, 1891, *Volume III. Ages, Condition as to Marriage, Occupations, and Birth-places of the Population*, Division XI: Monmouthshire and Wales (London, 1893), t. 549.

[26] Ibid. Gw. hefyd Neil Evans, 'Immigrants and Minorities in Wales', *Llafur*, 5, rhif 4 (1991), 5–26.

[27] Herbert E. Roese, 'Cardiff's Norwegian Heritage. A Neglected Theme', *CHC*, 18, rhif 2 (1996), 255–71.

byr yn unig, yr oedd yr Iddewon o Rwsia, yr Almaen a Gwlad Pwyl a gyfrifwyd yng Nghaerdydd ym 1891 wedi hen ymgartrefu yn y gymuned a llawer wedi sefydlu eu busnesau bychain eu hunain fel gwystlwyr, dilladwyr a gemyddion.[28]

Eto i gyd, er bod rhai ohonynt wedi treulio cyfnod hir ymhlith pobl Caerdydd, y mae'n amlwg mai ychydig iawn o'r boblogaeth dramorol a oedd ag unrhyw wybodaeth o'r Gymraeg. Ar wahân i ddeg o Wyddelod a gofnodwyd yn siaradwyr Cymraeg (pump ohonynt yn aelodau o'r un teulu), yr oedd gweddill y siaradwyr Cymraeg a oedd wedi 'eu geni dramor' naill ai wedi eu geni ar y môr neu, fel Herbert Williams a aned yn Ne America, yn unigolion yr ymddengys fod ganddynt gysylltiadau teuluol cryf â Chymru. Y mae'r ffaith fod Kate Cameron, morwyn a hanai o Alderney yn Ynysoedd y Sianel, a James Sutherland, Albanwr a gadwai siop ddillad yn Cranbrook Street, Y Waun Ddyfal, ymhlith y llond dwrn o unigolion heb unrhyw gysylltiadau Cymraeg amlwg a aeth ati i ddysgu'r iaith yn awgrymu eu bod yn ei chael yn ddefnyddiol yn eu gwaith pob dydd.

Cyfran fechan yn unig o'r 4,114 o Wyddelod a gyfrifwyd yn holl Ddosbarth Iechydol Trefol Caerdydd ym 1891 oedd y 929 o unigolion a gynhwyswyd yn y sampl.[29] Brodorion siroedd de-ddwyreiniol Cork a Waterford oedd y rhan fwyaf ohonynt. Cyraeddasai'r don gyntaf o fewnfudwyr o Iwerddon Gaerdydd rhwng 1820 a 1840 pan oedd gwaith labro ar gael yn ystod y cyfnod y gosodwyd Rheilffordd Dyffryn Taf a rheilffyrdd eraill ac yr adeiladwyd Dociau Bute. Gyrrodd y cyni a achoswyd gan fethiant y naill gynhaeaf tatws ar ôl y llall yn Iwerddon yn ystod 1845–8 filoedd yn rhagor o'u mamwlad i chwilio am well byd, a chyrhaeddodd cannoedd o ddynion, merched a phlant amddifad borthladd Caerdydd, yn aml yn teithio fel balast ar longau glo a ddychwelai yno.[30] Erbyn 1861 yr oedd y 5,990 o Wyddelod a drigai yng Nghaerdydd yn 15.5 y cant o gyfanswm y boblogaeth a gyfrifwyd yn Nosbarth Cofrestru Caerdydd, ac yn 40.1 y cant o boblogaeth Wyddelig sir Forgannwg.[31] Er bod y ganran o Wyddelod yn y boblogaeth gyfan wedi disgyn yn sylweddol erbyn 1891, Gwyddelod oedd bron 10 y cant o'r oedolion (25 oed a throsodd) a gyfrifwyd yn y sampl hwn.

Erbyn 1891 yr oedd cymunedau Gwyddelig bychain, digon i gyfiawnhau bodolaeth eglwysi Pabyddol, wedi eu sefydlu yn ardaloedd dosbarth-gweithiol y Rhath a Threganna, ond daliai mwyafrif llethol y boblogaeth Wyddelig i fyw yn y rhan o'r Drenewydd a gynhwyswyd yn y sampl hwn. Yr oedd dros 60 y cant o'r

[28] Ursula R. Q. Henriques, 'The Jewish Community of Cardiff, 1813–1914' yn idem (gol.), *The Jews of South Wales: Historical Studies* (Cardiff, 1993), tt. 9–44.

[29] *Ages, Condition as to Marriage, Occupations, and Birth-places of the Population* (1893), t. 549. Gw. hefyd John Denvir, *The Irish in Britain from the Earliest Times to the Fall and Death of Parnell* (ail arg., London, 1894), t. 297.

[30] Hickey, 'The Irish Community', tt. 15–16; Lewis, 'The Irish in Cardiff in the Mid-Nineteenth Century', 13–41; Paul O'Leary, 'Immigration and Integration: A Study of the Irish in Wales, 1798–1922' (traethawd PhD anghyhoeddedig Prifysgol Cymru, 1989), tt. 29–33.

[31] Census of England and Wales, 1861, *Volume II. Ages, Civil Condition, Occupations, and Birth-places of the People*, Division XI: Monmouthshire and Wales (London, 1863), t. 889.

685 o benteuluoedd a gyfrifwyd yn yr ardal wedi eu geni yn Iwerddon neu o dras Wyddelig, ac yn rhai o'r rhesi bychain o dai teras, yn enwedig Tyndall Street, Pendoylan Street, Roland Street, Duffryn Street ac Ellen Street, yr oedd teulu o Wyddelod yn byw ym mron pob cartref. Yr oedd amodau byw yn ardal Y Drenewydd yn nodedig o dlawd a chawsai trigolion y tai bach gorboblog eu plagio gan salwch a heintiau difrifol dros y blynyddoedd. Yr oedd dros 60 y cant o'r 711 o dylwythau yn yr ardal yn rhannu eu cartref â dau neu fwy o deuluoedd. Yn Tyndall Street, lle y safai eglwys Gatholig Sant Paul, yr oedd dau neu ragor o deuluoedd yn byw yn 30 o'r 48 o dai, ac yn un o'r enghreifftiau gwaethaf o orboblogi yn y stryd yr oedd pum tylwyth, yn cynnwys 19 aelod, yn rhannu un cartref saith-ystafell. Trigai deg person mewn dwy ystafell: cwpl o Iwerddon, eu pedwar plentyn (rhwng 7 a 16 oed), a theulu o fyrddwyr, yn cynnwys Cornelius Hourahan, gŵr gweddw o swydd Cork, a'i dri phlentyn yn eu harddegau. Meithrinodd yr amodau byw caled a ddioddefasai'r Gwyddelod ysbryd ymladdgar ynddynt, ac nid rhyfedd, felly, i un o'u meibion, 'Peerless' Jim Driscoll (1880–1925), godi o'i gefndir tlawd yn Ellen Street a dod yn baffiwr bydenwog.[32]

Gan eu bod wedi eu gwahanu oddi wrth y gymuned leol gan ffiniau dosbarth, hil a chrefydd, ychydig iawn o gysylltiadau a wnaeth y mewnfudwyr o Iwerddon a'u disgynyddion â'r boblogaeth ddosbarth-gweithiol frodorol yng Nghaerdydd. Yn wir, o'r saith ardal rifo a gynhwyswyd yn y sampl hwn, yn yr ardal Wyddelig y cofnodwyd y gyfran isaf o benteuluoedd nas ganed yng Nghymru a'r gyfran uchaf o siaradwyr uniaith Saesneg. Cant a phedwar (3.4 y cant) yn unig o'r 3,026 o drigolion a gofnodwyd yn siaradwyr Cymraeg, ac yr oedd pawb yn siaradwyr uniaith Saesneg yn 649 (91.3 y cant) o'r 711 o dylwythau yn yr ardal. Yn y sampl cyfan, yr oedd 77.1 y cant o'r 3,586 o dylwythau yn uniaith Saesneg, a cheid un neu ragor o siaradwyr Cymraeg ar yr 822 aelwyd arall. Ychydig o'r 822 o dylwythau y gellid eu galw'n rhai Cymraeg, fodd bynnag, oherwydd dim ond yn 190 ohonynt y cofnodwyd pob aelod yn siaradwr Cymraeg. At hynny, mewn 29 yn unig (15.3 y cant) o'r 190 o dylwythau 'Cymraeg' y cofnodwyd yr holl aelodau yn siaradwyr uniaith Gymraeg, ac yn y mwyafrif llethol o'r gweddill yr oedd y siaradwyr Cymraeg hefyd yn rhugl yn Saesneg. Yr oedd 5 o'r 29 o dylwythau uniaith Gymraeg yn byw mewn ystafelloedd mewn aneddleoedd cyfagos yn Loudoun Place a Loudoun Square, Tre-biwt, ac yn cynnwys morwyr a seiri llongau o gymunedau mordeithiol bychain Ceinewydd, Llannarth a Morfa Bychan yn siroedd tra Chymraeg Aberteifi a Chaernarfon. Er ei bod yn bosibl mai am gyfnod byr yn unig y bu unigolion o'r fath yn byw yng Nghaerdydd, annhebyg y gallai teuluoedd uniaith Gymraeg fyw a gweithio mewn cymuned a'r Saesneg yn brif iaith iddi heb ddysgu rhyw gymaint o'r iaith honno. Y mae'r sefyllfa mewn rhai tylwythau, er enghraifft, lle y cyflogai teuluoedd uniaith

[32] Fred Deakin, *Peerless Jim Driscoll: The Original Welsh Wizard. A Biography* (Stones, Staffs., 1987).

Gymraeg weision neu forynion uniaith Saesneg ac i'r gwrthwyneb, yn awgrymu na fu'r naill ochr na'r llall yn gwbl onest yn eu datganiadau ieithyddol. Er enghraifft, cofnodwyd Josiah Williams, teithiwr masnachol o Langamarch yn sir Frycheiniog, ynghyd â'i wraig a aned yn sir Benfro a'u chwe phlentyn a aned ym Morgannwg, yn siaradwyr uniaith Gymraeg, ond Saesneg yn unig a siaradai'r forwyn 18 oed o Drehopcyn a drigai yn eu cartref.

Yn ystod cyfrifiad 1891, ychydig iawn o ddefnydd a wnaeth teuluoedd Cymraeg Caerdydd o'r ffurflenni cyfrifiad Cymraeg a oedd ar gael gan y cyfrifwyr i'w dosbarthu yn ôl y galw. Saith yn unig o'r 3,586 o dylwythau yn y sampl a lanwodd ffurflenni Cymraeg ac, yn arwyddocaol, nid oeddynt yn cynnwys yr un o'r 29 o dylwythau lle y cofnodwyd siaradwyr uniaith Gymraeg yn unig. Yn wir, yr oedd penteuluoedd pump o'r saith teulu a dderbyniodd ffurflenni Cymraeg yn siarad y ddwy iaith ac er i'r penteuluoedd yn y ddau achos arall gael eu cofnodi'n siaradwyr uniaith Gymraeg yr oedd pobl eraill ar eu haelwydydd yn gallu siarad Saesneg. Dau o'r penteuluoedd dwyieithog a lanwodd ffurflen Gymraeg oedd Charles Davies, gweinidog Capel Bedyddwyr Cymraeg y Tabernacl, a John Austin Jenkins, gweinidog Capel Annibynwyr Saesneg Richmond Road. Yn arwyddocaol, yr oedd y ddau yn aelodau blaenllaw o'r gymuned Ymneilltuol Gymraeg a fu'n annog siaradwyr Cymraeg i ddefnyddio ffurflenni Cymraeg, ac a fyddai'n ddiweddarach yn beirniadu cyfrifwyr y cyfrifiad a'r cofrestrydd dosbarth lleol yn gyhoeddus am fethu darparu digon o ffurflenni Cymraeg ar gyfer siaradwyr Cymraeg Caerdydd.

Tabl 5: Iaith a leferid yn ôl perthynas â'r penteulu
(2 flwydd oed a throsodd)[1]

Perthynas â'r penteulu	Nifer Cymraeg	Y Ddwy	Saesneg	Cyfanswm	*Canran Cymraeg*	*Y Ddwy*	*Saesneg*	*Cyfanswm*
Penteuluoedd	68	424	2978	3470	*2.0*	*12.2*	*85.8*	*100.0*
Gwragedd	60	310	2294	2664	*2.3*	*11.6*	*86.1*	*100.0*
Plant[2]	97	310	6455	6862	*1.4*	*4.5*	*94.1*	*100.0*
Perthnasau	17	92	868	977	*1.7*	*9.4*	*88.8*	*100.0*
Gweision/morynion	10	204	842	1056	*0.9*	*19.3*	*79.7*	*100.0*
Byrddwyr/lletywyr	37	253	1497	1787	*2.1*	*14.2*	*83.8*	*100.0*
Ymwelwyr	3	31	274	308	*0.9*	*10.1*	*89.0*	*100.0*
Eraill[3]	–	10	41	51	–	*21.2*	*78.8*	*100.0*
Cyfanswm	**292**	**1634**	**15249**	**17175**	***1.7***	***9.5***	***88.8***	***100.0***

[1] Hepgorwyd un siaradwr dwyieithog nad oedd wedi nodi ei berthynas â'r penteulu.

[2] Gan gynnwys plant maeth a llysblant.

[3] 27 disgybl mewn ysgol breswyl, 13 perthynas i weision, 8 carcharor yn swyddfa'r heddlu, 2 athro mewn ysgol breswyl, un cyfaill.

Y mae'r graddau yr oedd y Saesneg wedi treiddio i bron pob cartref yn y sampl yn amlwg yn Nhabl 5, sy'n dangos pa iaith a siaredid gan wahanol aelodau'r tylwyth. Cyfran fechan o siaradwyr Cymraeg a gyfrifwyd ym mhob grŵp, a Saeson uniaith, i raddau helaeth iawn, oedd aelodau'r teulu cnewyllol ac unigolion nad oeddynt yn perthyn iddo, fel byrddwyr, lletywyr, ymwelwyr a gweision a morynion. Un o nodweddion trawiadol proffil ieithyddol aelodau'r tylwyth oedd y graddau yr oedd gwybodaeth o'r Gymraeg wedi dirywio rhwng dwy genhedlaeth. Yr oedd oddeutu 15 y cant o'r 3,470 o benteuluoedd a'r 2,664 o wragedd yn siarad Cymraeg, ond o'r 6,862 o 'blant', a gynrychiolai feibion a merched Caerdydd (rhwng 2 a 58 oed), nid oedd gan y mwyafrif llethol unrhyw wybodaeth o'r iaith frodorol a 407 yn unig (5.9 y cant) a gyfrifwyd yn siaradwyr Cymraeg.

Tabl 6: Iaith plant (2 flwydd oed a throsodd) ar aelwydydd Cymraeg a di-Gymraeg

Gallu ieithyddol y rhieni		Gallu ieithyddol y plant Nifer yr aelwydydd				*Gallu ieithyddol y plant Canran*			
Tad	Mam	Cymraeg	Saesneg	Cymysg	Cyfanswm	*Cymraeg*	*Saesneg*	*Cymysg*	*Cyfanswm*
Cymraeg	Cymraeg	112	55	14	181	*61.9*	*30.4*	7.7	*100.0*
Cymraeg	Saesneg	2	79	–	81	*2.5*	*97.5*	–	*100.0*
Saesneg	Cymraeg	3	61	2	66	*4.5*	*92.4*	*3.0*	*100.0*
Saesneg	Saesneg	4	1488	1	1493	*0.3*	*99.7*	*0.1*	*100.0*
Cyfanswm		**121**	**1683**	**17**	**1821**	***6.6***	***92.4***	***0.9***	***100.0***

Cymraeg: siaradwyr uniaith Gymraeg a dwyieithog; Saesneg: siaradwyr uniaith Saesneg; Cymysg: cymysgedd o siaradwyr Cymraeg a di-Gymraeg ar yr un aelwyd.

Y mae astudiaeth fanwl o'r iaith a siaredid gan blant ar aelwydydd dau-riant yn datgelu mai lleiafrif yn unig o genhedlaeth ieuengaf Caerdydd a ddefnyddiai neu a glywai'r Gymraeg ar yr aelwyd. Dengys Tabl 6 nad oedd gan y rhieni eu hunain, yn y mwyafrif llethol o deuluoedd cnewyllol, wybodaeth o'r Gymraeg. Yr oedd gan lai nag 20 y cant o'r 1,821 o dylwythau rieni Cymraeg yn ben arnynt, ac ym mwy na 40 y cant o'r cyfryw gartrefi un rhiant yn unig a oedd yn siarad Cymraeg. Y mae'n amlwg mai yn anaml iawn y defnyddiai'r rhiant Cymraeg unigol y Gymraeg o fewn y cartref ac yn saith yn unig o'r 147 o dylwythau a oedd ag un rhiant Cymraeg yn ben arnynt yr oedd rhai o'r plant neu'r holl blant yn medru'r Gymraeg. Hyd yn oed pan oedd y ddau riant yn siarad Cymraeg, yr oedd cyfran sylweddol o blant yn cael eu magu heb wybodaeth o iaith frodorol eu rhieni, oherwydd dim ond yn 112 (61.9 y cant) o'r 181 o dylwythau y cofnodwyd bod pob plentyn yn siarad Cymraeg. Gweithwyr a chrefftwyr cyffredin oedd y mwyafrif o deuluoedd Cymraeg Caerdydd a ddefnyddiai'r Gymraeg ar yr aelwyd ac a gefnogai sefydliadau crefyddol a diwylliannol Cymraeg y dref. Hanai dros 40 y cant o'r tadau mewn teuluoedd o'r fath o dair sir de-orllewin Cymru, sef Aberteifi, Caerfyrddin a Phenfro, tra oedd y gweddill at ei gilydd yn frodorion o Gaerdydd a'r ardaloedd gwledig o amgylch.

Ar y llaw arall, yr oedd rhieni proffesiynol a dosbarth-canol yn amlwg iawn ymhlith y teuluoedd lle y cofnodwyd llithriad ieithyddol rhwng y cenedlaethau o'r Gymraeg i'r Saesneg. Mewn 69 tylwyth lle'r oedd y ddau riant yn siarad Cymraeg yr oedd rhai o'r plant, neu'r plant i gyd, yn ddi-Gymraeg. Ymhlith y rhain yr oedd plant y siaradwyr dwyieithog canlynol: John Jenkins, cyfreithiwr o Gastell-nedd; John Evans, asiant glo o Fynyddislwyn; John Jenkins, peiriannydd glo o Dredegar, a Thomas Matthews, swyddog brechu a aned yng Nghaerdydd. Ymddengys nad oedd y cyfryw rieni wedi dilyn yr esiampl a osodwyd gan un o dirfeddianwyr blaenllaw Caerdydd. Ar ddiwedd y 1880au yr oedd John Patrick Crichton Stuart, Trydydd Ardalydd Bute (1847–1900), wedi cyflogi athrawes Gymraeg ei hiaith er mwyn sicrhau bod ei blant yn cael eu magu â pheth gwybodaeth o'r iaith Gymraeg.[33] Ymddengys i Catherine Mary Roberts, y ferch 29 oed o Gaernarfon a oedd yn parhau yng ngwasanaeth y teulu Bute yng Nghastell Caerdydd ym 1891, ymgymryd â'i thasg yn llwyddiannus, oherwydd er nad oedd Margaret, yr hynaf o'r pedwar plentyn yn medru siarad Cymraeg, cofnodwyd bod John a Ninian, y ddau hynaf o'r tri mab bach, yn medru'r iaith.

Fodd bynnag, yr oedd teulu Bute yn amlwg yn eithriad i'r rheol, oherwydd nid oedd gan y mwyafrif llethol o blant rhieni uniaith Saesneg eraill unrhyw wybodaeth o'r Gymraeg. Dim ond ar 5 o'r 1,493 o aelwydydd lle'r oedd y ddau riant yn uniaith Saesneg y cofnodwyd rhai o'r plant neu'r plant i gyd yn siaradwyr Cymraeg. Ar bedair o'r pum aelwyd hynny, yr oedd y plant Cymraeg eu hiaith wedi eu geni yng Nghymru i rieni o Saeson, ac y mae'n debygol fod rhai rhieni a aned yn Lloegr wedi gorddatgan gwir allu ieithyddol eu plant. Er enghraifft, ganed dau blentyn hynaf Edwin ac Elizabeth Cullerston o Fryste yn Lloegr ac yr oeddynt yn uniaith Saesneg, ond ganed y tri phlentyn ieuengaf, a oedd rhwng 10 ac 17 oed yng Nghaerdydd, ac fe'u cofnodwyd yn siaradwyr uniaith Gymraeg. Gallai presenoldeb lletywyr Cymraeg yn nau o'r pum tylwyth hefyd fod wedi bod yn gyfrwng i blant i rieni uniaith Saesneg ymgyfarwyddo â'r Gymraeg. Er enghraifft, yr oedd Harvey Stacey, mab 4 oed i rieni uniaith Saesneg, wedi ei gofnodi yn siaradwr dwyieithog a hynny, y mae'n debyg, am iddo ddysgu peth Cymraeg yng nghwmni'r tri byrddwr Cymraeg, un ohonynt yn Gymro uniaith, a drigai ar yr aelwyd.

At ei gilydd, fodd bynnag, yr oedd y boblogaeth dra gwrywaidd o letywyr a drigai yng Nghaerdydd yn ddylanwad uniaith Saesneg cryf yn y dref. Fel y dengys Tabl 7, o'r 1,769 o fyrddwyr neu letywyr a nododd fan eu geni, dim ond 40.5 y cant a oedd wedi eu geni yng Nghymru, tra oedd 700 (39.6 y cant) yn hanu o Loegr, 166 (9.4 y cant) o Iwerddon, a'r gweddill o wledydd eraill. Er bod

[33] Hughes, *Arloeswr Dwyieithedd*, t. 206.

Tabl 7: Iaith a man geni byrddwyr a lletywyr
(2 flwydd oed a throsodd)[1]

Man geni	Nifer Cymraeg	Y Ddwy	Saesneg	Cyfanswm	*Canran Cymraeg*	*Y Ddwy*	*Saesneg*	*Cyfanswm*
Sir Forgannwg	14	66	307	387	*3.6*	*17.1*	*79.3*	*100.0*
Sir Fynwy	3	15	76	94	*3.2*	*16.0*	*80.9*	*100.0*
Sir Benfro	1	48	28	77	*1.3*	*62.3*	*36.4*	*100.0*
Sir Gaerfyrddin	4	44	8	56	*7.1*	*78.6*	*14.3*	*100.0*
Sir Aberteifi	8	42	2	52	*15.4*	*80.8*	*3.8*	*100.0*
Sir Frycheiniog	–	11	11	22	–	*50.0*	*50.0*	*100.0*
Sir Gaernarfon	2	7	1	10	*20.0*	*70.0*	*10.0*	*100.0*
Sir Faesyfed	–	–	5	5	–	–	*100.0*	*100.0*
Sir Fôn	2	1	–	3	*66.7*	*33.3*	–	*100.0*
Sir Ddinbych	–	2	1	3	–	*66.7*	*33.3*	*100.0*
Sir Drefaldwyn	–	1	2	3	–	*33.3*	*66.7*	*100.0*
Sir Y Fflint	–	1	–	1	–	*100.0*	–	*100.0*
Sir Feirionnydd	1	–	–	1	*100.0*	–	–	*100.0*
Cymru[2]	–	–	3	3	–	–	*100.0*	*100.0*
Lloegr	1	12	687	700	*0.1*	*1.7*	*98.1*	*100.0*
Iwerddon	–	–	166	166	–	–	*100.0*	*100.0*
Eraill[3]	1	3	182	186	*0.5*	*1.6*	*97.8*	*100.0*
Cyfanswm	**37**	**253**	**1479**	**1769**	***2.1***	***14.3***	***83.6***	***100.0***

[1] Hepgorwyd 18 nad oeddynt wedi nodi eu man geni.
[2] Heb nodi sir.
[3] Man geni: Yr Alban 54, Norwy 26, Sweden 22, Yr Almaen 9, Rwsia 9, America 8, Denmarc 8, Yr Eidal 7, Ynysoedd y Sianel 6, Ffrainc 5, Nova Scotia 4, Awstria 3, Canada 3, Y Ffindir 3, India 3, Awstralia 2, Holand 2, Ynys Manaw 2, De America 2, Malta 1, Mauritius 1, Prwsia 1, Sbaen 1, Twrci 1, ar y môr 3.

mwyafrif y byrddwyr a'r lletywyr yn byw gyda theuluoedd dosbarth-gweithiol cyffredin, yr oedd cyfran arwyddocaol o'r rhai a gyfrifwyd yn Nhre-biwt ac ardal fasnachu canol y dref yn byw mewn tai llety mawr neu, fel yn achos gweithwyr dau o'r sefydliadau dilladu mwyaf yn y dref, ar safle'r siopau eu hunain.

Câi mwyafrif y lletywyr gwrywaidd eu cyflogi o fewn y sector cludiant, naill ai fel morwyr a llongwyr neu fel gweithwyr yn y dociau a'r harbwr. Yn wir, byw yng Nghaerdydd am gyfnod byr yn unig yr oedd dros hanner y 477 o ddynion a weithiai fel morwyr, peilotiaid neu berchenogion llongau, ac arhosai'r mwyafrif yn y tai llety a'r 'cartrefi morwyr' niferus yn Nhre-biwt. Dim ond 141 (29.6 y cant) o'r 477 a oedd wedi eu geni yng Nghymru, tra hanai 176 (36.9 y cant) o Loegr, a 158 (33.1 y cant) o wledydd eraill, yn bennaf Iwerddon, Norwy a Sweden. Ni chawsai llawer o'r rhai hynny a oedd wedi treulio eu bywyd gwaith yn hwylio'r cefnforoedd lawer o gyfle i ddysgu Saesneg, heb sôn am Gymraeg, ac yr oedd saith o'r deg siaradwr uniaith Gymraeg a mwyafrif y 62 o forwyr dwyieithog a gyfrifwyd yn y sampl yn Gymry a hanai o borthladdoedd a phentrefi bychain arfordir sir Aberteifi a sir Benfro.

Yn yr un modd, ychydig iawn o siaradwyr Cymraeg a gofnodwyd ymhlith rhengoedd y 450 o weithwyr dociau a harbwr. Dim ond 61 o ddynion, y mwyafrif ohonynt yn frodorion o Gaerdydd a'r cylch, a gofnodwyd yn siaradwyr Cymraeg. Cyflogid saith o'r naw siaradwr uniaith Gymraeg fel trimwyr glo, arllwyswyr neu bwyswyr, a oedd yn gyfrifol am ddadlwytho a llwytho glo o'r tramiau trên ac i howldiau'r llongau. Fodd bynnag, cyflogid y mwyafrif llethol o weithwyr y dociau fel labrwyr achlysurol i ddosbarthu, llwytho a dadlwytho amrywiol lwythau yng nglanfeydd Dociau Bute. Yr oedd cyfran fawr o'r llafurlu di-grefft yn aelodau o'r gymuned Wyddelig; yn wir, câi ymron hanner y 1,377 o wrywod cyflogedig (10 oed a throsodd) a gyfrifwyd yn yr ardal Wyddelig eu cyflogi naill ai fel gweithwyr dociau neu labrwyr cyffredinol. Yr oedd mwyafrif yr oddeutu 400–500 o ferched a gyflogid fel dadlwythwyr a dosbarthwyr tatws yn nociau Caerdydd yn y 1890au hefyd o dras Wyddelig.[34] Yr oedd 33 ohonynt yn gynwysedig yn y sampl hwn, ac nid oedd yr un ohonynt yn siarad Cymraeg; ac eithrio un ferch 17 oed o'r Rhath, trigent oll yn ardal Y Drenewydd ac yr oeddynt naill ai wedi eu geni yn Iwerddon neu o dras Wyddelig. Yn yr un modd, nid oedd yr un o'r 23 o ferched a gyflogid fel labrwyr cyffredinol yn siarad Cymraeg, ac yr oedd 18 naill ai wedi eu geni yn Iwerddon neu o dras Wyddelig.

Dim ond 164 o ddynion yn y sampl a gyflogid gan gwmnïoedd Rheilffyrdd Dyffryn Taf, Cwm Rhymni a'r Great Western – rheilffyrdd a oedd yn gyswllt hanfodol rhwng cynhyrchwyr glo ac allforwyr de Cymru. Yr oedd bron 80 y cant o'r gweithlu yn uniaith Saesneg, a 37 o ddynion, gan gynnwys John Rees, gorsaf-feistr 49 oed o Gelli-gaer, yn siarad Cymraeg. Cofnodwyd tri gweithiwr rheilffordd, sef Edward Richards, fforman rheilffordd o sir Frycheiniog, a dau glerc rheilffordd a hanai o sir Gaerfyrddin a Chaerdydd, yn siaradwyr uniaith Gymraeg. Ychydig iawn o'r gweithwyr a gyflogid fel gosodwyr cledrau neu labrwyr a oedd yn rhugl yn y Gymraeg. Pump yn unig o'r 24 gŵr a siaradai Gymraeg, a hanai 14 o'r 19 o siaradwyr uniaith Saesneg o Loegr.

Ar ôl y diwydiant cludiant, yr oedd y gyfran fwyaf o'r gwrywod cyflogedig yn ennill eu bywoliaeth o fewn y diwydiant cynhyrchu. Yn ogystal â'r iardiau adeiladu llongau, y ffowndrïau a'r gweithiau injan yn ardal y dociau, yr oedd diwydianwyr mawr, fel Cwmni Copr Tharsis a Chwmni Haearn Dowlais, wedi sefydlu gweithiau yn East Moors, y tu draw i Ddoc Dwyrain Bute, ac yr oedd y gweithiau hyn, yn ogystal â dwsinau o gwmnïau cynhyrchu llai, yn cynnig amrywiaeth helaeth o gyfleoedd gwaith. Lleiafrif bychan, fodd bynnag, o'r 1,243 o ddynion a weithiai o fewn y sector cynhyrchu a fedrai siarad Cymraeg, a llond

[34] Royal Commisssion on Labour, 'The Employment of Women. Report by Miss Orme (Assistant Commissioner) on the Conditions of Work in Wales (1893)', tt. 241–2.

dwrn yn unig a oedd yn methu siarad Saesneg. Gweithiai 5 o'r 24 siaradwr uniaith Gymraeg yn y diwydiant adeiladu llongau yn Nhre-biwt a hanent o siroedd Caernarfon, Aberteifi a Meirionnydd. Gweithiai cyfran sylweddol o fenywod cyflogedig Caerdydd hefyd o fewn y diwydiannau cynhyrchu, yn enwedig fel gwniadwragedd, teilwresau a gwneuthurwyr hetiau. Prin oedd y siaradwyr Cymraeg a rifwyd yn eu plith, a dim ond wyth o fenywod, pump ohonynt yn enedigol o dair sir de-orllewin Cymru, a oedd yn methu siarad Saesneg.

A hithau'n ganolfan fasnachol brysur, yr oedd Caerdydd yn gartref i nifer o fân-werthwyr a thai masnach mawr, ac enillai dros chwarter y 2,308 o fenywod cyflogedig a gyfrifwyd yn y sampl eu bywoliaeth mewn sefydliadau o'r fath. Yn St Mary Street a'r Hayes, cyflogai'r siopau dillad a brethyn mawr a oedd yn eiddo i James Howell a David Morgan 214 o ddynion a merched rhyngddynt, ac yr oedd 31 o ferched a gyflogid fel cynorthwywyr yn lletya mewn adeiladau a oedd yn eiddo i James Howell yn Charles Street gerllaw. Fel David Morgan ei hun, a aned yn sir Frycheiniog, yr oedd bron deuparth yr 81 o weithwyr a rifwyd yn ei siop yn ddwyieithog, ac felly hefyd bron hanner y 133 o ddynion a merched a gyflogid gan James Howell. At ei gilydd, fodd bynnag, nid oedd gan berchenogion a gweithwyr cyflog y mwyafrif o'r siopau, gwestai, tafarndai a thafarnau coffi yn y dref unrhyw wybodaeth o'r iaith frodorol. Fel mwyafrif helaeth y 37 o westeion a oedd yn aros yng ngwestai adnabyddus y Park a'r Royal ar noson y cyfrifiad, Saesneg yn unig a siaradai rheolwyr y gwestai a 75 o'r 77 o weision a morynion a weithiai ynddynt. Yn wir, dim ond 10 o'r 70 o reolwyr gwestai neu dafarnwyr, 3 o'r 16 o berchenogion tai coffi a bwytai, a 12 o'r 159 o weision tafarnau, barforynion a gwŷr seler a fedrai'r Gymraeg. Saesneg hefyd oedd cyfrwng yr adloniant a gynigid i ymwelwyr a thrigolion y dref yn theatrau'r Grand a'r Royal, ac yn neuaddau cerdd y Philharmonic a'r Empire.

Y Saesneg oedd prif iaith y byd masnach a busnes yn ogystal. Yn siambrau masnach Cyfnewidfa Lo Caerdydd ac yn swyddfeydd allforwyr glo, perchenogion llongau, cyfrifyddion a broceriaid, Saesneg oedd iaith yr holl fusnes a'r trafodion swyddogol. Dim ond 39 o'r 301 o wŷr a gwragedd a gyflogid o fewn y sector gwasanaethau diwydiannol a gofnodwyd yn siaradwyr Cymraeg, ac ni ellid dweud bod yr un ohonynt yn dal swydd uchel yng nghymuned ariannol Caerdydd. Clercod masnachol oedd 27 o'r 39 a siaradai Gymraeg, ac er i dri ohonynt – Thomas Jones o sir Frycheiniog, David Timothy o Aberteifi a David Griffiths, brodor o Gaerdydd – gael eu rhifo fel siaradwyr uniaith Gymraeg, rhaid amau dilysrwydd honiadau o'r fath.

Yr oedd nifer o fasnachwyr a aned dramor hefyd yn amlwg o fewn y frawdoliaeth fusnes. Yr oedd dros 30 o'r busnesau yn y sampl, siopau gwystlo a dilladu yn bennaf, yn eiddo i aelodau o'r gymuned Iddewig a oedd wedi ymgartrefu yng Nghaerdydd o ganol y bedwaredd ganrif ar bymtheg ymlaen. Ar hyd Bute Street neu yn ardal fân-werthu ganolog y dref yr oedd y mwyafrif o'r siopau hyn, ond yr oedd nifer o'r Iddewon, gan gynnwys Joseph Cohen a Louis

Figelstone a aned yn Rwsia, wedi sefydlu busnesau yn Cowbridge Road ym maestref Treganna. Er mai mewnfudwyr cenhedlaeth gyntaf oedd mwyafrif poblogaeth Iddewig Caerdydd, yr oedd rhai, fel Solomon Barnett, brodor 32 oed o Gaerdydd a'i disgrifiai ei hun yn wystlwr, dilladwr a gemydd ac a weithiai hefyd fel cofrestrydd priodasau dros Iddewon Caerdydd, yn cynrychioli'r ail neu'r drydedd genhedlaeth o deuluoedd mewnfudwyr a aned yng Nghymru. Gwystlwr ac ariannwr oedd tad Solomon, Louis Barnett, brodor 56 oed o Abertawe, ac yn ogystal â rhedeg busnesau'r teulu yn Bute Street a Caroline Street, yr oedd hefyd yn rheoli'r Cardiff & County Advance Bank.

Ni siaredid unrhyw Gymraeg yng nghartrefi na siopau aelodau'r gymuned Iddewig yng Nghaerdydd, a'r un oedd y sefyllfa yn achos masnachwyr eraill a aned dramor megis Andrew Rebori, Eidalwr a oedd yn berchen siop felysion yn Cowbridge Road, Treganna, ac A. DelGuerra, perchennog siop dillad oel yn Bute Street. Yr oedd eraill, fel Augusto Fuerlini, gwneuthurwr ffigurau 25 oed, ac Alfonso Corsi, gwerthwr hufen iâ 29 oed, heb ddysgu Saesneg eto ac fe'u cofnodwyd yn siaradwyr uniaith Eidaleg. Ceid y dwysedd mwyaf o fasnachwyr a aned dramor yn ardal Tre-biwt, lle'r oedd Eidalwyr, Norwyaid, Sbaenwyr a Groegiaid wedi sefydlu busnesau fel cyflenwyr llongau, dilladwyr, groseriaid a cheidwaid llety. Darparai'r tai llety a gedwid gan dramorwyr yn bennaf ar gyfer llongwyr a hanai o'r un wlad enedigol â hwy. Er enghraifft, yr oedd pob un o'r naw byrddwr yn y tŷ llety yn Bute Street a oedd yn eiddo i'r Eidalwr, Augusto Borrine, yn hanu o'r Eidal ac Awstria ac, fel eu gwesteiwr, fe'u cyfrifwyd oll yn siaradwyr uniaith Eidaleg. Yn yr un modd, yn Sgandinafia y ganed yr un morwr ar ddeg a arhosai gerllaw yn y tŷ llety a oedd yn eiddo i Lars Olsen o Norwy.

Yr oedd llongwyr a morwyr o borthladdoedd a phentrefi arfordir gorllewin Cymru hefyd wedi dod o hyd i lety gyda gwesteiwyr o gefndir diwylliannol neu ieithyddol tebyg. Yn wahanol i aelodau o'r gymuned forwrol a aned dramor ac a dueddai i aros mewn tai llety mawrion, lletyai'r Cymry fel rheol yng nghartrefi teuluoedd cyffredin. Yn ardal Tre-biwt y trigai wyth o'r deuddeg o wragedd uniaith Gymraeg a oedd yn cadw tai llety, a hanai pob un ohonynt o siroedd Aberteifi, Penfro a Chaernarfon. Yn eu cartref yn Loudoun Place, rhoddai Watkin ac Ann Evans, pâr Cymraeg eu hiaith o sir Aberteifi, lety i bump o fyrddwyr ac ymwelwyr Cymraeg eu hiaith a hanai o Geinewydd ac Aberaeron yn eu sir enedigol. Yn yr un modd, yn Patrick Street gerllaw, yr oedd Thomas ac Elizabeth Thomas o Aberteifi wedi derbyn dau letywr Cymraeg eu hiaith a oedd yn frodorion o'r un dref.

I aelodau o'r gymuned Gymraeg fechan yng Nghaerdydd nad oeddynt yn ddigon ffodus i fyw yn agos at deuluoedd eraill Cymraeg eu hiaith, yr oedd cyfarfodydd wythnosol y capeli Cymraeg Ymneilltuol yn cynnig cyfle prin iddynt gymdeithasu trwy gyfrwng eu hiaith eu hunain. Yr oedd deuddeg o gapeli Ymneilltuol Cymraeg yn y dref ym 1891, ond pump yn unig o'r deuddeg gweinidog Ymneilltuol a gynhwyswyd yn y sampl a oedd yn Gymry Cymraeg, sef

J. Miles o sir Benfro a Charles Davies o Lanelli, gweinidogion y Bedyddwyr; William Williams, gweinidog gyda'r Methodistiaid Calfinaidd o'r Groes-faen; Ebenezer Morgan, gweinidog Wesleaidd o Aberystwyth, a John Austin Jenkins, brodor arall o Aberystwyth a oedd yn weinidog ar gapel Annibynwyr Saesneg Richmond Road. Ac eithrio J. Miles, a rifwyd fel byrddwr, yr oedd y pedwar gweinidog arall yn ddeiliaid tai yng Nghaerdydd. Yr oedd pob aelod o deuluoedd y Parchedigion Charles Davies, William Williams a John Austin Jenkins yn siarad Cymraeg, ond yn Lloegr y ganed gwraig a thri phlentyn ifanc y Parchedig Ebenezer Morgan a Saesneg oedd eu hiaith.

Os oedd y capeli Ymneilltuol Cymraeg yn anelu at warchod a meithrin bywyd crefyddol a diwylliannol Cymraeg Caerdydd, gwahanol iawn oedd y sefyllfa yn eglwysi Anglicanaidd y dref, lle na châi'r Gymraeg nemor ddim sylw yn eu gweithgareddau a'u gwasanaethau. Pump yn unig o'r un ar ddeg o glerigwyr a gynhwyswyd yn y sampl a oedd yn Gymry, a dim ond pedwar a siaradai Gymraeg. Cynhwysent y Parchedig Griffith A. Jones o Riwabon, ficer Eglwys y Santes Fair, Loudoun Square, a John Lewis, un o'r pedwar curad a'i cynorthwyai. Y ddau siaradwr Cymraeg arall oedd y Parchedig David Davies o Lanfair-ar-y-bryn, sir Gaerfyrddin, curad Eglwys Sant Ioan, a'r Parchedig John Harris, brodor o Lanrhidian yng Ngŵyr. Yn y mwyafrif o eglwysi eraill y dref a'r cylch, clerigwyr di-Gymraeg a aned y tu allan i Gymru a oedd yn gweinidogaethu ar y plwyfolion. Er enghraifft, ficer Eglwys Sant Andreas ym mhlwyf Sant Ioan oedd y Parchedig George William Hanford, gŵr uniaith Saesneg a aned yn India'r Gorllewin, a châi ei gynorthwyo gan Alexander Henderson, curad uniaith Saesneg o Iwerddon.

Yr oedd aelodau'r gwahanol grwpiau ethnig yng Nghaerdydd hefyd wedi ffurfio eu sefydliadau crefyddol a chymdeithasol eu hunain erbyn 1891. Sefydlwyd synagog Iddewig yn East Terrace ym 1854 gyda lle i 300 o bobl, a gwasanaethid y boblogaeth Wyddelig gan Eglwys Babyddol Sant Paul yn Tyndall Street, a sefydlwyd ym 1873, a'r pedair eglwys yn Nhre-biwt, Grangetown, Treganna a'r Rhath. Yn Eglwys Sant Paul y gweinidogaethai'r ddau offeiriad Pabyddol a gynhwyswyd yn y sampl, ac fel mwyafrif helaeth eu cymunwyr, siaradwyr uniaith Saesneg oedd Richard Butler o Iwerddon a William Brady, ei gynorthwywr o Blackburn. Yn Nhre-biwt y sefydlodd y gymuned Sgandinafaidd o longwyr a morwyr eu heglwys neu eu tŷ cenhadol Lwtheraidd eu hunain, a chodasant eglwys haearn nodedig, a gludwyd ar long i Gaerdydd o Norwy yn llenni parod, i'r de-orllewin o Ddoc Gorllewinol Bute ym 1869.[35] Ym 1891 yr oedd gweinidog yr eglwys, Bernt Støylen, a aned yn Norwy ac a gofnodwyd yn siaradwr uniaith Saesneg, yn byw ychydig bellter oddi wrth ei gynulleidfa. Rhannai ei gartref yn Ruthin Gardens, Y Waun Ddyfal, â'i wraig a'i forwyn, y ddwy wedi eu geni yn Norwy a'r forwyn yn siarad Norwyeg yn unig.

[35] Susan Edwards, 'The Norwegian Church, Cardiff', *Annual Report of the Glamorgan Archivist* (1992), tt. 35–6.

Yr oedd y tai urddasol yn Y Waun Ddyfal yn gartref hefyd i gyfran helaeth o weision cyhoeddus a gwŷr proffesiynol Caerdydd. Er mai Saesneg oedd yr unig iaith a siaredid gan fwyafrif yr unigolion a oedd mewn sefyllfa o awdurdod neu mewn swyddi cyhoeddus yr oedd nifer o unigolion dylanwadol hefyd yn medru'r Gymraeg. Chwaraeodd Peter Price, pensaer dwyieithog 67 oed ac ynad bwrdeisiol o Lanfair-ym-Muallt, ran bwysig yn y cynllun i ddatblygu canolfan ddinesig Parc Cathays, gan gyflwyno ei 'gynnig gwyllt' o weledigaeth fodern o Gaerdydd i Syr William T. Lewis, asiant teulu'r Bute, mor gynnar â 1892.[36] Yr oedd William Rees YH, porfelwr (*grazier*) 55 oed o Lanfabon, a William Jones, brodor o Gaerdydd, perchennog siop bapurau ac argraffydd y bu ei gwmni yn gyfrifol am argraffu a chyhoeddi *Y Bedyddiwr*, papur misol y Bedyddwyr Cymraeg, o 1854 hyd Ragfyr 1859,[37] hefyd yn Gymry Cymraeg amlwg ac yn trigo yn y tai hardd yn Park Place a Dumfries Place. Y mae'n arwyddocaol, fodd bynnag, nad oedd y Gymraeg yn cael ei siarad ar eu haelwydydd ac nad oedd gan eu plant unrhyw wybodaeth o iaith frodorol eu tadau. Yn yr un modd siaradwyr uniaith Saesneg oedd plant y tri chyfreithiwr a'r ddau feddyg Cymraeg eu hiaith a oedd â theuluoedd. Yr oedd mwyafrif helaeth y gweision a'r morynion a gyflogid yn nhai mawreddog y boblogaeth ddosbarth-canol hefyd yn uniaith Saesneg: Saesneg yn unig a siaradai 708 (83.6 y cant) o'r 847 o forynion, ac o'r 139 a siaradai Gymraeg, 11 yn unig a oedd yn methu siarad Saesneg.

Yr oedd cymeriad Seisnigedig cryf y gyfundrefn addysg yn hyrwyddo'r statws cymdeithasol uchel a gysylltid â'r iaith Saesneg. Yng Ngholeg Prifysgol De Cymru a Mynwy, Saesneg oedd cyfrwng yr holl addysgu a gweinyddu. Saesneg oedd unig iaith y pum darlithydd prifysgol yn y sampl ac, ar wahân i Adolphe Gerlain, yr Athro Ffrangeg a Chelf a hanai o Baris, yn Lloegr y ganed pob un ohonynt. Addysg Saesneg ei chyfrwng yn unig y gallai mwyafrif helaeth yr athrawon yn ysgolion Caerdydd ei chynnig i blant y dref hefyd – dim ond 10 o'r 52 o ysgolfeistri ac athrawon a fedrai siarad Cymraeg. Edward Edwards, brodor 27 oed o Ferthyr a oedd yn ysgolfeistr yn yr ysgol genedlaethol yn Mount Stuart Square, Tre-biwt, ac Evan Evans, brodor 44 oed o Lanbadarn, sir Aberteifi, a gyflogid fel ysgolfeistr yn yr ysgol fwrdd yn Stacey Road, y Rhath, oedd yr unig ddau brifathro Cymraeg eu hiaith. Er cofnodi Evans, ei wraig, a dau o'u tri phlentyn a oedd yn eu harddegau, y naill yn athro cynorthwyol a'r llall yn ddisgybl-athro, yn siaradwyr uniaith Gymraeg, Saesneg oedd unig iaith Margaret, eu merch 14 oed, sef yr unig aelod o'r teulu nad oedd wedi ei geni yn sir Aberteifi. Honnai Annie Jones, disgybl-athrawes 18 oed o Aberdâr ynghyd â phob aelod o'i theulu, na fedrent hwythau siarad Saesneg. Eto i gyd, o gofio bod 2,865 (95.1 y cant) o'r 3,013 o ddisgyblion ysgol rhwng 2 a 12 oed wedi eu cofnodi yn

36 Wilson, 'The Chicago of Wales', 23.

37 Ifano Jones, *A History of Printing and Printers in Wales and Monmouthshire* (Cardiff, 1925), t. 270.

siaradwyr uniaith Saesneg, y mae'n amlwg fod gan bob athro a gyflogid o fewn ysgolion Caerdydd beth gwybodaeth o'r iaith honno.

Nid ystyrid bod gwybodaeth o'r Gymraeg yn gymhwyster angenrheidiol ar gyfer mwyafrif helaeth gweision na swyddogion cyhoeddus Caerdydd ychwaith. Siaradwyr uniaith Saesneg oedd William Henry Thomas, dirprwy gofrestrydd a aned ym Mryste, Richard Nash, swyddog presenoldeb plant ysgol, a Benjamin Norton, is-bostfeistr. Llond dwrn yn unig o swyddogion lleol a oedd yn ddwyieithog, yn eu plith y ddau frodor o Gaerdydd, Henry Jones a Thomas Matthews, y naill yn gweithio fel asiant i'r cofrestrydd cyhoeddus a'r llall fel swyddog brechu. Yr oedd 85 o'r 95 o weithwyr Swyddfa Bost a thelegraff hefyd yn uniaith Saesneg, ac o'r deg a gofnodwyd yn siaradwyr Cymraeg, yr oedd tri unigolyn yn eu harddegau yn Gymry uniaith.

Nid oedd siaradwyr Cymraeg yn amlwg yn rhengoedd yr heddlu yng Nghaerdydd ychwaith. Siaradwyr uniaith Saesneg oedd Thomas Wake, dirprwy brif gwnstabl heddlu Morgannwg, a weithiai o orsaf heddlu Cowbridge Road, a thri heddwas a rannai dŷ yn Park Street. Yng ngorsaf yr heddlu yn Westgate Street ni fedrai William McKenzie, y prif gwnstabl a chyfarwyddwr y frigâd dân, na George Durston, yr arolygwr heddlu gweithredol, siarad Cymraeg, ac yr oedd yr un peth yn wir am bawb ond un o'r 11 heddwas ar ddyletswydd yno. Dim ond 11 o'r 49 o heddweision a gofnodwyd yn ddwyieithog. John James, arolygwr heddlu 50 oed o sir Gaerfyrddin, a weithiai yn Neuadd y Dref, a William Jones, rhingyll o Lanwynno a drigai mewn tŷ ger gorsaf Cowbridge Road, oedd yr unig Gymry Cymraeg a chanddynt swyddi o awdurdod yn yr heddlu.

Y mae'n amlwg mai iaith lleiafrif bychan iawn o drigolion Caerdydd oedd y Gymraeg ym 1891. Bu'r grymoedd economaidd a chymdeithasol pwerus a drawsnewidiodd fywyd diwydiannol a masnachol y dref mewn ffordd mor drawiadol yn ystod y bedwaredd ganrif ar bymtheg yn hynod niweidiol i'r iaith a'r diwylliant brodorol. Er i rai teuluoedd ac unigolion barhau i ddefnyddio'r Gymraeg ar yr aelwyd ac yn y capeli Ymneilltuol Cymraeg, yr iaith Saesneg a oedd yn ben ym myd busnes, masnach ac addysg, a lleiafrif bychan iawn o'r boblogaeth a oedd heb fod yn rhugl ynddi. Mewn erthygl yn dwyn y pennawd, 'The Vanishing Welsh Cardiff', a ymddangosodd yn y *South Wales Daily News* ym 1893, cydnabu'r awdur John Hobson Matthews fod gwybodaeth o'r 'hen-iaith' yn mynd yn brinnach ymhlith trigolion y dref o flwyddyn i flwyddyn yn sgil tra-arglwyddiaeth y Saesneg fel cyfrwng cyfathrebu. Yn wir, honnai mai dim ond ar ddydd Sadwrn, pan ddeuai pobl y wlad i'r farchnad, neu ar ddydd Llun pan ddeuai'r glowyr a'u teuluoedd i'r dref â'u bryd ar ddifyrru'r amser, yr oedd seiniau'r iaith frodorol i'w clywed ar strydoedd Caerdydd.[38]

[38] *South Wales Daily News*, 23 Awst 1893.

Tabl 8: Iaith a leferid yn ôl galwedigaeth

(10 oed a throsodd)

Dosbarth diwydiannol	**Iaith a leferid** Dynion Cymraeg	Y Ddwy	Saesneg	Cyfan.	**Iaith a leferid** Merched Cymraeg	Y Ddwy	Saesneg	Cyfan.
AMAETHYDDIAETH								
Ffermio								
Ffermwyr, porfelwyr	3	3	–	6				
Gweithwyr amaethyddol	–	1	6	7				
Gwas fferm	1	–	–	1				
Bugail	–	1	–	1				
Garddwyr masnachol	–	–	7	7				
Magu								
Ffariars	–	1	4	5				
Cadw ceffylau	–	–	1	1				
Masnachu								
Gwerthwr gwartheg	1	–	–	1				
Gwerthwr ceffylau	–	–	1	1				
Gwerthwyr gwair, gwellt, manus	–	–	2	2				
Gwerthwyr grawn, blawd	–	2	3	5				
Cynorthwywyr	–	–	2	2				
Pysgota								
Pysgotwyr	–	–	2	2				
Cyfanswm	**5**	**8**	**28**	**41**				
%	***12.2***	***19.5***	***68.3***	***100.0***				
MWYNGLODDIO								
Glo								
Perchenogion	–	3	–	3				
Peirianwyr/syrfewyr	–	2	1	3				
Asiantwyr	–	–	4	4				
Clercod	–	–	10	10				
Glowyr/halwyr	–	1	3	4				
Gweithiwr peiriannau	–	1	–	1				
Crefftwr	–	1	–	1				
Aur								
Mwynwr	–	1	–	1				
Tywodfaen								
Rheolwr	–	–	1	1				
Calchwr	–	–	1	1				
Brics								
Perchennog	1	–	–	1				
Gwneuthurwyr brics	–	–	3	3				
Cyfanswm	**1**	**9**	**23**	**33**				
%	***3.0***	***27.3***	***69.7***	***100.0***				
ADEILADU								
Rheoli								
Penseiri	–	1	5	6				

Dosbarth diwydiannol	Iaith a leferid Dynion Cymraeg	Y Ddwy	Saesneg	Cyfan.	Iaith a leferid Merched Cymraeg	Y Ddwy	Saesneg	Cyfan.
Peirianwyr sifil/syrfewyr	–	2	9	11				
Contractwyr/adeiladwyr	–	4	32	36				
Fformyn	1	1	1	3				
Prentisiaid/cynorthwywyr	–	–	9	9				
Gweithwyr								
Seiri meini	2	9	78	89				
Bricwyr	–	–	12	12				
Plastrwyr	–	4	30	34				
Towyr	–	–	3	3				
Seiri coed	12	29	119	160				
Plymeriaid/peintwyr	2	5	94	101				
Gosodwyr nwy	–	–	6	6				
Prentisiaid	–	1	26	27				
Labrwyr	–	–	45	45				
Rheilffyrdd								
Gweithwyr rheilffordd/ ceibwyr/gosodwyr cledrau	–	5	19	24				
Cyfanswm	**17**	**61**	**488**	**566**				
%	***3.0***	***10.8***	***86.2***	***100.0***				
CYNHYRCHU								
Peiriannau, offer, watsys, ayb								
Rheolwyr/fformyn	–	–	4	4				
Crefftwyr	3	9	146	158				
Prentisiaid/cynorthwywyr	–	1	28	29				
Gweithwyr di-grefft/labrwyr	–	1	11	12				
Adeiladu llongau								
Perchenogion	–	–	3	3				
Rheolwyr/fformyn	–	–	6	6				
Clercod	–	–	5	5				
Crefftwyr	5	16	90	111				
Prentisiaid/cynorthwywyr	–	1	6	7				
Gweithwyr di-grefft/labrwyr	–	1	6	7				
Haearn a dur								
Fforman	–	–	1	1				
Crefftwyr	4	12	106	122				
Prentisiaid/cynorthwywyr	1	1	11	13				
Gweithwyr di-grefft/labrwyr	1	–	12	13				
Tunplat, copr								
Rheolwyr/fformyn	–	–	2	2				
Crefftwyr	–	2	21	23				
Gweithwyr di-grefft/labrwyr	–	–	1	1	1	–	2	3
Llestri pridd, glo a nwy, cemegolion, ayb								
Perchennog	–	–	1	1				
Rheolwyr/fformyn	–	–	4	4				
Clerc	–	–	1	1				
Crefftwyr	–	2	12	14				

Dosbarth diwydiannol	Iaith a leferid Dynion Cymraeg	Y Ddwy	Saesneg	Cyfan.	Iaith a leferid Merched Cymraeg	Y Ddwy	Saesneg	Cyfan.
Lledr, blew, glud, ayb								
Rheolwr	–	–	1	1				
Crefftwyr	–	–	2	2	–	–	1	1
Labrwr	–	–	1	1				
Pren, dodrefn, papur, ayb								
Perchenogion	–	–	2	2				
Rheolwyr/fformyn	–	–	2	2				
Clercod	–	–	2	2				
Crefftwyr	4	2	81	87	–	–	7	7
Prentisiaid/cynorthwywyr	–	2	4	6				
Gweithwyr di-grefft/labrwyr	–	–	10	10				
Cerbydau a harneisiau								
Perchennog	–	–	1	1				
Fforman	–	–	1	1				
Clercod	–	1	1	2				
Crefftwyr	–	3	46	49				
Prentisiaid/cynorthwywyr	–	–	4	4				
Gweithwyr di-grefft/labrwyr	1	–	2	3				
Gwlân, panwyr gwlân a lliwyddion								
Crefftwyr	–	–	6	6	–	–	4	4
Prentisiaid/cynorthwywyr	–	–	–	–	–	–	2	2
Cotwm, llin, les, ayb								
Crefftwyr	–	–	3	3	–	–	1	1
Cynorthwywr	–	–	1	1				
Gweithwyr di-grefft/labrwyr	–	–	–	–	–	–	3	3
Dillad								
Perchenogion	–	2	5	7				
Rheolwyr/fformyn	–	–	2	2				
Crefftwyr	1	22	125	148	7	28	237	272
Cynorthwywyr	–	–	13	13	–	4	27	31
Bwyd, diod, tybaco								
Perchenogion	–	–	4	4				
Rheolwyr/fformyn	–	–	4	4				
Clercod	–	–	2	2				
Crefftwyr	–	1	82	83	–	2	14	16
Prentisiaid/cynorthwywyr	–	2	9	11	–	1	11	12
Gweithwyr di-grefft/labrwyr	–	–	12	12	–	–	7	7
Argraffu								
Perchennog	–	1	–	1				
Rheolwyr/fformyn	–	–	2	2				
Crefftwyr	–	7	35	42	–	–	8	8
Prentisiaid/cynorthwywyr	–	–	7	7				
Gweithwyr di-grefft/labrwyr	–	–	–	–	–	–	2	2
Amhenodol								
Rheolwyr/fformyn	–	1	9	10	–	–	1	1
Clerc	–	–	1	1				
Gyrwyr injan/tanwyr/ dynion tân/ffitwyr	2	27	93	122				

Dosbarth diwydiannol	Iaith a leferid Dynion Cymraeg	Y Ddwy	Saesneg	Cyfan.	Iaith a leferid Merched Cymraeg	Y Ddwy	Saesneg	Cyfan.
Gweithwyr peiriannau	1	1	12	14	–	–	11	11
Prentisiaid/cynorthwywyr	1	1	25	27	–	1	–	1
Labrwyr	–	–	11	11	–	–	1	1
Cyfanswm	**24**	**119**	**1100**	**1243**	**8**	**36**	**339**	**383**
%	***1.9***	***9.6***	***88.5***	***100.0***	***2.1***	***9.4***	***88.5***	***100.0***
CLUDIANT								
Ystordai a dociau								
Perchenogion	–	–	4	4				
Rheolwyr/goruchwylwyr	–	5	40	45				
Clercod	–	1	9	10				
Gweithwyr porthladd, dociau	3	10	30	43				
Negeswyr, porthorion, labrwyr	9	33	306	348	–	–	33	33
Morwriaeth								
Perchenogion llongau	–	–	4	4				
Capteiniaid, peilotiaid, swyddogion	1	3	29	33				
Morwyr, stiwardiaid, cogyddion	9	59	372	440	–	–	1	1
Dyfrffyrdd mewndirol								
Badwyr, cychwyr	–	1	5	6				
Camlesi a dyfrffyrdd mewndirol	–	–	16	16				
Rheilffyrdd								
Gorsaf-feistr/swyddogion	1	7	30	38				
Clercod/swyddfa docynnau	2	6	24	32				
Gyrwyr trenau/tanwyr/ dynion signal	–	13	36	49				
Porthorion	–	8	37	45				
Ffyrdd								
Perchenogion stablau, cerbydau a bysys	–	2	8	10				
Gyrwyr cerbydau, coetsmyn	1	3	49	53				
Certmyn, halwyr, ayb	2	7	114	123				
Eraill (gwasanaeth tramiau ayb)	1	2	43	46	–	–	2	2
Cyfanswm	**29**	**160**	**1156**	**1345**	–	–	**36**	**36**
%	***2.2***	***11.9***	***85.9***	***100.0***	–	–	***100.0***	***100.0***
MASNACH								
Glo								
Masnachwyr a gwerthwyr glo	–	4	17	21				
Nwyddau crai								
Coed ayb	–	4	10	14				
Dillad								
Dilledyddion ayb	1	3	37	41	–	–	13	13
Prentisiaid/cynorthwywyr	1	97	77	175	–	21	37	58

Dosbarth diwydiannol	Iaith a leferid Dynion Cymraeg	Y Ddwy	Saesneg	Cyfan.	Iaith a leferid Merched Cymraeg	Y Ddwy	Saesneg	Cyfan.
Bwyd								
Cigyddion, gwerthwyr dofednod, gwerthwyr pysgod	2	6	54	62	–	1	2	3
Gwerthwyr llaeth	–	1	11	12	–	–	2	2
Gwerthwyr hufen iâ	–	–	2	2				
Groseriaid	1	10	37	48	–	1	17	18
Gwerthwyr llysiau a ffrwythau	–	1	16	17	–	–	5	5
Cynorthwywyr	–	8	41	49	–	1	11	12
Tybaco, diod a llety								
Gwerthwyr tybaco	–	1	2	3	–	1	9	10
Gwerthwyr gwin a gwirodydd	–	–	3	3				
Gwestywyr, tafarnwyr	–	7	50	57	–	3	10	13
Gwerthwyr cwrw	–	1	5	6	–	–	1	1
Ceidwaid llety	–	–	9	9	12	32	230	274
Ceidwaid tafarnau coffi, tai bwyta	–	1	8	9	–	2	5	7
Gweithwyr seler, gweision tafarn, cynorthwywyr	–	2	47	49	–	10	100	110
Dodrefn a nwyddau i'r cartref								
Gwerthwyr dodrefn a lluniau	–	–	5	5	–	–	3	3
Gwerthwyr llestri a gwydr	–	–	2	2	–	–	1	1
Haearnwerthwyr	–	2	20	22				
Gwystlwyr	–	–	10	10				
Cynorthwywyr	–	2	32	34				
Fferyllwyr								
Fferyllwyr	–	2	8	10	–	1	–	1
Cynorthwywyr	–	2	2	4	–	–	1	1
Deunydd ysgrifennu a chyhoeddiadau								
Gwerthwyr deunydd ysgrifennu, llyfrau, ayb	–	1	13	14	–	–	4	4
Cyhoeddwyr, llyfrgellwyr	–	1	1	2	–	–	1	1
Ysgrifenwyr tocynnau, glynwyr posteri	–	–	9	9				
Cynorthwywyr	–	–	5	5	–	–	5	5
Masnachwyr cyffredinol								
Siopwyr	–	3	25	28	–	1	17	18
Pedleriaid, stondinwyr	–	–	14	14	–	–	27	27
Gwerthwyr carpiau	–	–	2	2	–	–	1	1
Cynorthwywyr	–	1	16	17	–	3	32	35
Arall ac amhenodol								
Masnachwyr, broceriaid, asiantwyr	2	13	75	90	–	–	1	1
Arwerthwyr, gwerthwyr tai	1	2	6	9	–	–	1	1
Gwerthwyr, trafaelwyr	1	21	65	87	–	–	2	2
Cynorthwywyr	–	1	11	12	–	–	1	1
Cyfanswm	**9**	**197**	**747**	**953**	**12**	**77**	**539**	**628**
%	***0.9***	***20.7***	***78.4***	***100.0***	***1.9***	***12.3***	***85.8***	***100.0***

Dosbarth diwydiannol	Iaith a leferid Dynion Cymraeg	Y Ddwy	Saesneg	Cyfan.	Iaith a leferid Merched Cymraeg	Y Ddwy	Saesneg	Cyfan.
GWASANAETHAU DIWYDIANNOL								
Bancio, yswiriant, cyfrifon								
Gwasanaeth banc	–	2	13	15				
Gwasanaeth yswiriant	–	5	13	18				
Cyfrifyddion	–	5	36	41				
Clercod masnachol	3	24	187	214	–	–	5	5
Cynorthwywyr	–	–	8	8				
Cyfanswm	**3**	**36**	**257**	**296**	–	–	**5**	**5**
%	***1.0***	***12.2***	***86.8***	***100.0***	–	–	***100.0***	***100.0***
GWASANAETHAU CYHOEDDUS A PHROFFESIYNOL								
Gweinyddiaeth ganolog								
Swyddogion y gwasanaeth sifil	–	1	10	11				
Clercod y gwasanaeth sifil	–	–	2	2				
Swyddogion Swyddfa'r Post, telegraff	1	2	62	65	1	–	3	4
Clercod Swyddfa'r Post	1	5	20	26				
Gweinyddiaeth leol								
Swyddogion sirol, bwrdeistrefol	–	–	2	2				
Cofrestrwyr	–	1	1	2				
Swyddogion Deddf y Tlodion	–	1	2	3				
Swyddog presenoldeb plant ysgol	–	–	1	1				
Arolygwr glanweithdra	–	1	–	1				
Swyddogion lleol eraill	–	3	4	7	–	–	1	1
Clercod	–	–	2	2				
Amddiffyn								
Swyddogion y fyddin	–	–	5	5				
Milwr	–	–	1	1				
Heddlu a charchardai								
Arolygwyr yr heddlu	–	1	2	3				
Rhingylliaid	–	1	1	2				
Heddweision	–	11	38	49				
Swyddog carchar	–	–	1	1				
Y gyfraith								
Bargyfreithwyr, cyfreithwyr	–	3	14	17				
Myfyrwyr y gyfraith	–	1	1	2				
Clercod y gyfraith	–	1	15	16				
Meddygaeth								
Llawfeddygon, meddygon	–	4	10	14				
Myfyrwyr meddygol, cynorthwywyr	–	1	2	3				
Deintyddion	–	–	9	9				
Nyrsys	–	–	–	–	–	3	5	8
Bydwragedd	–	–	–	–	–	1	5	6

Dosbarth diwydiannol	Iaith a leferid Dynion Cymraeg	Y Ddwy	Saesneg	Cyfan.	Iaith a leferid Merched Cymraeg	Y Ddwy	Saesneg	Cyfan.
Addysg								
Darlithwyr	–	–	5	5				
Prifathrawon, athrawon ysgol	1	6	5	12	–	3	37	40
Athrawon cynorthwyol, disgybl-athrawon	1	4	6	11	2	1	23	26
Athrawon cerdd, dawns, crefft	–	–	1	1	–	3	15	18
Myfyrwyr	–	1	6	7	–	–	4	4
Crefydd								
Clerigwyr	–	4	7	11				
Offeiriaid Pabyddol	–	–	2	2				
Gweinidog y MC	–	1	–	1				
Gweinidog Methodist eraill	–	–	1	1				
Gweinidogion yr Annibynwyr	–	1	2	3				
Gweinidogion y Bedyddwyr	–	2	–	2				
Ymneilltuwyr eraill	–	1	4	5				
Cenhadon	–	–	1	1	–	–	2	2
Swyddogion eglwysi, capeli, mynwentydd	–	–	2	2				
Gweision eglwysi, capeli, mynwentydd	–	–	2	2	–	–	1	1
Adloniant								
Cerddorion	–	–	10	10				
Actorion	–	–	2	2	–	–	2	2
Gwasanaeth celfyddyd, cerdd, theatr	–	–	11	11	–	1	–	1
Perfformwyr, arddangosfeydd	–	–	3	3	–	–	1	1
Biliards, gwasanaeth chwaraeon	–	–	13	13				
Celf, llên, gwyddoniaeth								
Arlunwyr, cerflunwyr	–	–	7	7				
Ffotograffwyr	–	–	9	9	–	–	1	1
Myfyrwyr celf/cynorthwywyr	–	–	1	1	–	–	1	1
Awduron, golygyddion, newyddiadurwyr	–	3	4	7				
Gohebwyr	–	–	3	3				
Cyfanswm	**4**	**60**	**312**	**376**	**3**	**12**	**101**	**116**
%	***1.1***	***15.9***	***83.0***	***100.0***	***2.6***	***10.3***	***87.1***	***100.0***
GWASANAETHAU CARTREF								
Yn y tŷ								
Gweision/morynion	–	3	61	64	11	128	708	847
Nyrsys yn y cartref	–	–	–	–	1	8	60	69
Gweision sefydliadol	–	–	3	3	–	–	1	1
Y tu allan								
Coetsmyn a gwastrodion	1	2	39	42				

Dosbarth diwydiannol	Iaith a leferid Dynion Cymraeg	Y Ddwy	Saesneg	Cyfan.	Iaith a leferid Merched Cymraeg	Y Ddwy	Saesneg	Cyfan.
Garddwyr	–	1	31	32	–	–	4	4
Gwasanaeth ychwanegol								
Cogyddion	–	–	8	8	–	10	12	22
Glanhawyr, golchwyr	–	1	4	5	3	10	126	139
Gofalwyr	–	2	10	12	–	3	11	14
Pobl trin gwallt	–	3	18	21	–	–	1	1
Glanhawyr simneiau	–	–	5	5				
Eraill	–	–	6	6	–	1	19	20
Cyfanswm	**1**	**12**	**185**	**198**	**15**	**160**	**942**	**1117**
%	***0.5***	***6.1***	***93.4***	***100.0***	***1.3***	***14.3***	***84.3***	***100.0***
ERAILL								
Rheolwyr/fformyn	1	2	6	9				
Labrwyr cyffredinol	14	42	838	894	–	–	23	23
Cyfanswm	**15**	**44**	**844**	**903**	–	–	**23**	**23**
%	***1.7***	***4.9***	***93.5***	***100.0***	–	–	***100.0***	***100.0***
CYFANSWM Y CYFLOGEDIG	**108**	**706**	**5140**	**5954**	**38**	**285**	**1985**	**2308**
%	***1.8***	***11.9***	***86.3***	***100.0***	***1.6***	***12.3***	***86.0***	***100.0***
Gweddill y boblogaeth	6	27	260	293	82	418	3385	3885
%	*2.0*	*9.2*	*88.7*	*100.0*	*2.1*	*10.8*	*87.1*	*100.0*
Disgyblion ysgol	7	33	641	681	8	33	688	729
%	*1.0*	*4.8*	*94.1*	*100.0*	*1.1*	*4.5*	*94.4*	*100.0*
CYFANSWM Y BOBLOGAETH 10 OED+	**121**	**766**	**6041**	**6928**	**128**	**736**	**6058**	**6922**
%	***1.7***	***11.1***	***87.2***	***100.0***	***1.9***	***10.6***	***87.5***	***100.0***

4

Blaenllechau (Sir Forgannwg)

MARI A. WILLIAMS

Blaenllechau, ym mhlwyf Llanwynno, oedd yr anheddiad glofaol cyntaf i'w sefydlu yn Rhondda Fach, y lleiaf o'r ddau gwm Rhondda. Cyn dechrau cloddio am lo, cwm coediog, ynysig oedd Rhondda Fach, a dim ond pum teulu o ffermwyr a oedd yn byw yno.[1] Wrth ysgrifennu ym 1874, nododd Dafydd Morganwg (1832–1905) mai'r unig seiniau a glywid yn yr ardal hyd ddechrau'r 1860au oedd 'sïad yr afon, brefiad y defaid, a llais ambell fugail a'i gŵn'.[2] Ond yr oedd bywyd yng nghwm Rhondda Fach ar fin profi newid enbyd, yn sgil dechrau chwilio am lo-ager yn yr ardal. Ym 1857 prynodd David Davis, Blaen-gwawr (1797–1866), un o arloeswyr y diwydiant glo yng nghwm Cynon, yr hawliau mwyn i 500 erw o dir ar fferm Blaenllechau.[3] Ym 1862, wedi sawl ymgais aflwyddiannus, trawyd ar haen bedair troedfedd o lo, ar ddyfnder o 278 llath. Yn fuan, heidiodd cannoedd o ddynion i'r ardal i chwilio am waith, a daeth llawer â'u teuluoedd gyda hwy. Yn ôl Jonathan Rees (Nathan Wyn) (1841–1905), cyraeddasant fel haid o locustiaid yn disgyn yn ddisymwth: 'heigiodd y preswylwyr i'r lle gyda sydynrwydd disgyniad haid o locustiaid. Gwlawiwyd cymdogaeth o anedd-dai a'r hyd lethrau y dyffryn gyda chyflymder a buanrwydd adeiladu "ty un-nos"!'[4]

Yn ystod y blynyddoedd cynnar hyn o ddatblygu, buan iawn y daeth aelodau'r gymuned newydd hon yn ymwybodol o sut y byddai'r diwydiant glo yn meddiannu a llywodraethu eu bywyd. Ar 9 Tachwedd 1867 a 10 Mehefin 1869, lladdwyd 178 a 53 o weithwyr gan ddau ffrwydriad tanddaearol ym mhwll Ferndale.[5] Er i enw da glofa Ferndale gael ei andwyo am beth amser wedi hynny, ni fu'n hir cyn i'r cwmni glofaol, a oedd bellach dan reolaeth dau fab David Davis, adennill ei safle fel menter fwyngloddio lwyddiannus, ac yn sgil suddo dau bwll

[1] E. D. Lewis, 'The Industrial Development of the Rhondda Valleys to 1910' (traethawd MA anghyhoeddedig Prifysgol Cymru, 1940), t. 133.
[2] Dafydd Morganwg, *Hanes Morganwg* (Aberdare, 1874), tt. 224–5.
[3] Elizabeth Phillips, *A History of the Pioneers of the Welsh Coalfield* (Cardiff, 1925), t. 136.
[4] LlGC, Llawysgrifau Nathan Wyn (Jonathan Rees, 1841–1905), Papurau Ap Nathan, N183.
[5] E. D. Lewis, *The Rhondda Valleys* (London, 1959), t. 279.

ychwanegol ym 1870 a 1874, parhaodd y llif cyflym o fewnfudo. Erbyn 1891 yr oedd tri phwll glo Ferndale ar lawr y dyffryn yn cyflogi 2,725 o ddynion ac yn cynhyrchu oddeutu 3,000 o dunelli o lo yn ddyddiol.[6] Yr oedd y pyllau glo hyn yn ddyledus am lawer o'u llwyddiant i ddatblygiad Rheilffordd Dyffryn Taf, a gyrhaeddodd Ferndale ym 1862 gan weithredu fel dolen gyswllt uniongyrchol rhwng y cynhyrchwyr glo a'r fasnach allforio yn nociau Bute, Caerdydd.[7]

Erbyn 1891 yr oedd 2,737 o bobl yn byw ym Mlaenllechau, mewn tai teras bychain a godwyd ar hyd llethrau serth y cwm. Cytiau bychain ac adeiladau dros-dro oedd y tai cynnar a ddarparwyd gan y cwmni glo, ac ni chodwyd y tai teras cerrig yn George Street (Pithead Row yn wreiddiol), Long Row, David Street, ac Aberdare Road tan y 1870au.[8] Ym 1891 yr oedd llawer yn gyffredin rhwng Blaenllechau ag anheddiad arloesol yn y Gorllewin Gwyllt, a sawl rhes o'r cytiau pren a godwyd yn ystod blynyddoedd cyntaf y datblygu yn dal yno. Yr oedd amgylchiadau byw ymhell o fod yn ddelfrydol yn y tai bychain ac yr oedd gorboblogi yn nodwedd gyffredin. Trigai bron 60 y cant o'r 503 o dylwythau mewn cartrefi o bedair ystafell neu lai, a rhannai 133 (26.4 y cant) o dylwythau eu tai ag eraill. Dwysawyd y sefyllfa gan ddiffyg carthffosiaeth, ac ym 1890 adroddodd Swyddog Iechyd Meddygol y Rhondda fod cant o dai a oedd yn eiddo i David Davis a'i Feibion yn Ferndale a Blaenllechau heb ddraeniau na chyflenwad dŵr.[9]

Er bod anheddiad Blaenllechau wedi tyfu'n gyflym, llesteiriwyd ei ddatblygiad gan ei leoliad ar lethrau serth y cwm ac wrth i'r llif o fewnfudwyr i'r ardal barhau codwyd tai newydd ar ochr arall cwm Rhondda Fach, gan arwain at greu anheddiad mwy sylweddol Ferndale. Ym Mlaenllechau, fodd bynnag, y ffurfiodd y mewnfudwyr cyntaf i'r Rhondda Fach eu sefydliadau crefyddol a chymdeithasol eu hunain. Dechreuodd y gwaith o godi capel Bedyddwyr Cymraeg Nasareth, yr achos Ymneilltuol cyntaf yn y cwm, ym 1866, ac erbyn 1874 yr oedd tri chapel Ymneilltuol Cymraeg arall, a berthynai i'r Annibynwyr, y Methodistiaid Calfinaidd a'r Wesleaid, wedi eu sefydlu, ac yn darparu rhyngddynt ar gyfer 2,200 o addolwyr.[10] Chwaraeodd yr Ymneilltuwyr ran flaenllaw hefyd yn y gwaith o sefydlu'r ysgolion dyddiol cyntaf ym Mlaenllechau, a gynhelid gan y Methodistiaid mewn tai yn Albert Street a Lower Huts. Yr ochr draw i'r afon yn Ferndale, fodd bynnag, y codwyd yr ysgol Frutanaidd a sefydlwyd gan yr Annibynwyr ym 1869, ac erbyn 1891 yr oedd yr ysgol hon, yn ogystal â'r Ysgol

[6] Ibid.; Reports from Commissioners, Inspectors and Others, Vol. 5, Mines, South Wales District (No. 13) (PP 1892 (c6625) XII), t. 72.

[7] LlGC Llsgr. 4378E, M. O. Jones, 'The History of the Development of the Coal Industry of the Rhondda Valleys for the last 50 years' (ffrwyth cystadleuaeth yn Eisteddfod Treorci, 1895).

[8] Malcolm J. Fisk, *Housing in the Rhondda, 1800–1940* (Cardiff, 1996), t. 24.

[9] Ibid., t. 42.

[10] Y tri oedd: Tre Rhondda, Annibynwyr (1867); Carmel, Methodistiaid Calfinaidd (1870); Bethel, Wesleaid (1871). Dafydd Morganwg, *Hanes Morganwg*, t. 225.

Tabl 1: Iaith a leferid gan boblogaethau Blaenllechau, Dosbarth Cofrestru Pontypridd, Sir Forgannwg a Chymru
(2 flwydd oed a throsodd)

	Nifer				*Canran*			
	Cymraeg	Y Ddwy	Saesneg	Cyfanswm	*Cymraeg*	*Y Ddwy*	*Saesneg*	*Cyfanswm*
Blaenllechau[1]	1165	737	640	2542	*45.8*	*29.0*	*25.2*	*100.0*
D.C. Pontypridd[2]	40507	46487	50005	136999	*29.6*	*33.9*	*36.5*	*100.0*
Sir Forgannwg[3]	142346	177726	326481	646553	*22.0*	*27.5*	*50.5*	*100.0*
Cymru[4]	508036	402253	759416	1669705	*30.4*	*24.1*	*45.5*	*100.0*

1 Hepgorwyd 7 unigolyn nad oeddynt wedi nodi eu gallu ieithyddol neu eu hoedran.
2 Hepgorwyd 765 nad oeddynt wedi nodi eu gallu ieithyddol a 50 a siaradai ieithoedd eraill.
3 Hepgorwyd 4,981 nad oeddynt wedi nodi eu gallu ieithyddol a 2,355 a siaradai ieithoedd eraill.
4 Hepgorwyd 12,833 nad oeddynt wedi nodi eu gallu ieithyddol a 3,076 a siaradai ieithoedd eraill.

Isaf a sefydlwyd yn Ferndale ym 1874, wedi dod dan awdurdod y Bwrdd Addysg.[11]

At ei gilydd, yr oedd aelodau'r gymuned lofaol ifanc hon yn Gymry o ran iaith a genedigaeth ac, fel y dengys Tabl 1, yr oedd y gyfran o siaradwyr Cymraeg a gyfrifwyd ym Mlaenllechau ym 1891 yn fwy o lawer na'r gyfran a gafwyd yn Nosbarth Cofrestru Pontypridd ac yn sir Forgannwg. Yr oedd bron tri chwarter poblogaeth Blaenllechau yn siarad Cymraeg, a 60 y cant o'r rheini yn Gymry uniaith.

Y mae Tabl 2, sy'n dadansoddi'r iaith a leferid gan drigolion Blaenllechau yn ôl oedran, yn datgelu bod Cymry Cymraeg yn fwyafrif pendant o fewn pob grŵp oedran. Ymhlith y genhedlaeth hŷn, 45 oed a throsodd, yr oedd presenoldeb Cymry uniaith Gymraeg yn arbennig o gryf, ond dengys y gyfran fawr o siaradwyr uniaith Gymraeg a gofnodwyd ymhlith plant dan 5 oed fod teuluoedd Cymraeg ifainc hefyd yn parhau i atgynhyrchu cyfran sylweddol o siaradwyr Cymraeg. Eto i gyd, er gwaethaf Cymreictod ymddangosiadol Blaenllechau, yr oedd arwyddion fod newid ieithyddol ar droed. Yr oedd dros hanner y boblogaeth yn medru siarad Saesneg, a chynyddai'r gyfran hon i oddeutu 60 y cant o fewn y grwpiau oedran iau. Cofnodwyd y gyfran uchaf o siaradwyr dwyieithog ymhlith plant 6–14 oed, ac y mae'n debygol mai trwy'r gyfundrefn addysg y dysgodd y Cymry ifainc hyn eu Saesneg, oherwydd ni chafodd Cymraeg ei ddysgu fel pwnc dosbarth yn ysgolion bwrdd y Rhondda hyd 1893.[12] Ond, o gofio bod 136 (49.8 y cant) o'r 273 o ddisgyblion (*scholars*) a gofnodwyd ym Mlaenllechau yn siarad Cymraeg yn unig a 71 (26.0 y cant) yn siarad y ddwy iaith, ac mai dim ond 66 (24.2 y cant) a

11 Jenkin Thomas, 'Hanes Ferndale', *Y Darian*, 25 Ionawr, 22 Chwefror 1923; W. J. Rhys, 'Cynnyrch yr Anghydffurfwyr yng Nghymoedd Rhondda', *TCHBC* (1961), 30–4.
12 Ceri W. Lewis, 'The Welsh Language: Its Origin and Later History in the Rhondda' yn K. S. Hopkins (gol.), *Rhondda Past and Future* (Ferndale, 1975), t. 213.

Tabl 2: Iaith a leferid yn ôl oedran
(2 flwydd oed a throsodd)

Oed	Nifer Cymraeg	Y Ddwy	Saesneg	Cyfanswm	*Canran* *Cymraeg*	*Y Ddwy*	*Saesneg*	*Cyfanswm*
2–5	149	52	74	275	*54.2*	*18.9*	*26.9*	***100.0***
6–14	200	154	106	460	*43.5*	*33.5*	*23.0*	***100.0***
15–24	286	231	197	714	*40.1*	*32.4*	*27.6*	***100.0***
25–44	334	204	207	745	*44.8*	*27.4*	*27.8*	***100.0***
45–64	167	82	48	297	*56.2*	*27.6*	*16.2*	***100.0***
65+	29	14	8	51	*56.9*	*27.5*	*15.7*	*100.0*
Cyfanswm	**1165**	**737**	**640**	**2542**	***45.8***	***29.0***	***25.2***	***100.0***

Tabl 3: Iaith a leferid yn ôl oedran a rhyw
(2 flwydd oed a throsodd)

Oed	Rhyw	Nifer Cymraeg	Y Ddwy	Saesneg	Cyfanswm	*Canran* *Cymraeg*	*Y Ddwy*	*Saesneg*	*Cyfanswm*
2–5	G	81	28	41	150	*54.0*	*18.7*	*27.3*	*100.0*
	B	68	24	33	125	*54.4*	*19.2*	*26.4*	*100.0*
6–14	G	103	80	52	235	*43.8*	*34.0*	*22.1*	*100.0*
	B	97	74	54	225	*43.1*	*32.9*	*24.0*	*100.0*
15–24	G	175	132	156	463	*37.8*	*28.5*	*33.7*	*100.0*
	B	111	99	41	251	*44.2*	*39.4*	*16.3*	*100.0*
25–44	G	217	124	146	487	*44.6*	*25.5*	*29.9*	*100.0*
	B	117	80	61	258	*45.3*	*31.0*	*23.6*	*100.0*
45–64	G	93	41	31	165	*56.4*	*24.8*	*18.8*	*100.0*
	B	74	41	17	132	*56.1*	*31.1*	*12.9*	*100.0*
65+	G	9	7	5	21	*42.9*	*33.3*	*23.8*	*100.0*
	B	20	7	3	30	*66.7*	*23.3*	*10.0*	*100.0*
	G	**677**	**412**	**430**	**1519**	***44.6***	***27.1***	***28.3***	***100.0***
Cyfanswm	**B**	**488**	**325**	**210**	**1023**	***47.7***	***31.8***	***20.5***	***100.0***

siaradai Saesneg yn unig, ni ddylid gorbwysleisio dylanwad addysg ar iaith y plant hyn. Yr oedd y gyfran o siaradwyr uniaith Saesneg yn parhau yn gymharol fychan ym mhob grŵp oedran, ond yr oedd ar ei uchaf ymhlith y rhai rhwng 15 a 44 oed, ac ymhlith plant 2–5 oed. Mewnfudiad oedolion di-Gymraeg o ardaloedd Seisnig Cymru a siroedd gwledig cyfagos gorllewin Lloegr a oedd yn bennaf cyfrifol am y presenoldeb uniaith Saesneg hwn.

Dengys dadansoddiad pellach o'r grwpiau oedran hyn yn ôl rhyw sut y bu i strwythur demograffig arbennig Blaenllechau arwain at amrywiadau yng ngallu ieithyddol y poblogaethau gwrywaidd a benywaidd. Gwrywod oedd y mwyafrif o fewnfudwyr a ddaeth i Flaenllechau, ac yr oedd y gymhareb isel o fenywod i wrywod yn un o bennaf nodweddion anheddiad arloesol lofaol o'r fath. Ym 1891 yr oedd oddeutu deuparth y boblogaeth rhwng 15 a 44 oed yn wrywod. Yr oedd dros 90 y cant o'r gwrywod dros 10 oed yn gyflogedig, o'u cymharu ag 17.9 y cant yn unig o fenywod, ac effeithiai profiadau gwaith a phrofiadau cymdeithasol tra gwahanol y ddwy ryw yn fawr ar eu gallu ieithyddol. Fel y dengys Tabl 3, yr oedd gwahaniaethau trawiadol yng ngallu ieithyddol dynion a merched Blaenllechau. Gwrywod oedd 67.2 y cant o'r boblogaeth uniaith Saesneg, ac yr oedd bron 30 y cant o'r holl wrywod yn siarad Saesneg yn unig o'u cymharu â dim ond 20.5 y cant o'r benywod. Ymhlith y boblogaeth Gymraeg ei hiaith, fodd bynnag, yr oedd y merched yn fwy tebygol o fod yn ddwyieithog na'r dynion a chofnodwyd cyfran ychydig yn llai o siaradwyr uniaith Gymraeg yn eu plith.

Yn yr holl grwpiau oedran dros 15 oed, yr oedd cyfran fwy o wrywod nag o fenywod yn methu siarad Cymraeg, ffactor y gellid ei briodoli i'r ffaith fod nifer mawr o fewnfudwyr gwrywaidd di-Gymraeg wedi dod i Flaenllechau o ardaloedd Seisnigedig Cymru, o Loegr a'r tu hwnt. Dengys astudiaeth o fan geni'r dynion rhwng 15 a 44 oed fod 206 (21.7 y cant) wedi eu geni y tu allan i Gymru, o'u cymharu â dim ond 43 (8.4 y cant) o'r 509 o fenywod o'r un oed. Yr oedd canlyniadau ieithyddol y proses mudol hwn yn fwyaf amlwg ymhlith y grŵp oedran 15–24: dim ond 41 (16.3 y cant) o'r 251 o fenywod a oedd yn ddi-Gymraeg o'u cymharu â 156 (33.7 y cant) o'r 463 o wrywod. Y mae'n arwyddocaol mai dim ond 12 (4.8 y cant) o fenywod yn y grŵp oedran hwn a oedd wedi eu geni y tu allan i Gymru, o'u cymharu â 104 (22.5 y cant) o wrywod. Ac eto, er cofnodi llai o fenywod uniaith Saesneg yn y grŵp oedran hwn, yr oedd cyfran uwch o'r menywod yn ddwyieithog nag o'r dynion. Y mae'r ffaith fod y merched a siaradai Gymraeg yn fwy cyfarwydd â'r Saesneg i'w briodoli i'w gwreiddiau mwy lleol. Yr oedd 172 (68.5 y cant) o'r 251 o fenywod rhwng 15 a 24 oed wedi eu geni yn sir Forgannwg o'u cymharu â dim ond 211 (45.6 y cant) o'r 463 o wrywod yn yr un grŵp oedran. Yn sir Forgannwg y ganed bron 70 y cant o'r holl ferched dwyieithog yn y grŵp oedran hwn.

Dengys Tabl 4, sy'n dangos man geni trigolion Blaenllechau, sut y ffurfiwyd cymeriad ieithyddol yr anheddiad i raddau helaeth gan batrymau mudo'r ymsefydlwyr cynnar. Cymry o ran genedigaeth oedd mwyafrif helaeth y boblogaeth (87.5 y cant), ac yr oedd 1,422 (63.9 y cant) o'r rheini wedi eu geni yn sir Forgannwg; 11.2 y cant yn unig o'r cyfanswm a oedd yn enedigol o Loegr. Daethai llawer o'r mewnfudwyr cynnar i Flaenllechau o ardaloedd glofaol cyfagos Cwm Cynon ac aneddiadau gwaith haearn Rhymni, y Blaenau a Thredegar yn sir Fynwy, lle y profwyd cryn galedi yn y 1860au a'r 1870au o ganlyniad i ddirwasgiad yn y fasnach haearn. Dengys archwiliad o fan geni y 1,093 o

Tabl 4: Iaith a leferid yn ôl man geni
(2 flwydd oed a throsodd)

Man geni	Nifer Cymraeg	Y Ddwy	Saesneg	Cyfanswm	*Canran Cymraeg*	*Y Ddwy*	*Saesneg*	*Cyfanswm*
Sir Forgannwg	716	449	257	1422	*50.4*	*31.6*	*18.1*	*100.0*
Sir Gaerfyrddin	145	83	1	229	*63.3*	*36.2*	*0.4*	*100.0*
Sir Aberteifi	129	44	–	173	*74.6*	*25.4*	–	*100.0*
Sir Benfro	35	43	36	114	*30.7*	*37.7*	*31.6*	*100.0*
Sir Fynwy	50	32	28	110	*45.5*	*29.1*	*25.5*	*100.0*
Sir Frycheiniog	24	26	6	56	*42.9*	*46.4*	*10.7*	*100.0*
Sir Drefaldwyn	14	21	19	54	*25.9*	*38.9*	*35.2*	*100.0*
Sir Faesyfed	11	3	10	24	*45.8*	*12.5*	*41.7*	*100.0*
Sir Gaernarfon	18	2	1	21	*85.7*	*9.5*	*4.8*	*100.0*
Sir Feirionnydd	10	–	1	11	*90.9*	–	*9.1*	*100.0*
Sir Y Fflint	1	4	–	5	*20.0*	*80.0*	–	*100.0*
Sir Ddinbych	–	2	1	3	–	*66.7*	*33.3*	*100.0*
Sir Fôn	1	–	–	1	*100.0*	–	–	*100.0*
Cymru[1]	2	–	–	2	*100.0*	–	–	*100.0*
Lloegr	8	21	255	284	*2.8*	*7.4*	*89.8*	*100.0*
Eraill[2]	1	7	25	33	*3.0*	*21.2*	*75.7*	*100.0*
Cyfanswm	**1165**	**737**	**640**	**2542**	***45.8***	***29.0***	***25.2***	***100.0***

1 Heb nodi sir.
2 Man geni: Iwerddon 17, America 11, India 3, Yr Alban 1, Ynys Manaw 1.

unigolion a oedd dros 25 oed fod 471 (43.1 y cant) yn hanu o siroedd Morgannwg a Mynwy. Ffurfiai'r mewnfudwyr a hanai o'r ardaloedd diwydiannol hyn bresenoldeb Cymraeg cryf ym Mlaenllechau ac, fel y nododd E. D. Lewis, yr oeddynt yn allweddol yn y gwaith o roi cychwyn i'r sefydliadau Cymraeg cyntaf yno.[13] Er enghraifft, aelodau o gapel Bedyddwyr Seion, Cwmaman, Aberdâr, oedd sefydlwyr yr achos Ymneilltuol cyntaf yn Rhondda Fach ym 1864.

Ceir darlun manylach o'r modd y trefnai mewnfudwyr Cymraeg a Saesneg eu hunain yn eu cymuned newydd drwy fwrw golwg ar yr iaith a siaredid ar aelwydydd unigol. Yr oedd strwythur teuluol Blaenllechau yn nodweddiadol o gymuned lofaol ifanc lle y ffurfiai'r teulu cnewyllol yr uned gymdeithasol sylfaenol. Pâr priod oedd yn ben ar bron 90 y cant o'r 503 o dylwythau ym Mlaenllechau, gyda gwŷr a gwragedd gweddw yn ben ar fwyafrif y gweddill. O ganlyniad i'r ffaith fod gormodedd o wrywod ifainc, yr oedd cyfradd priodi'r boblogaeth fenywaidd yn arbennig o uchel ac yr oedd 83 y cant o fenywod rhwng 20 a 29 oed yn briod, o'u cymharu â dim ond 35.8 y cant o wrywod o'r un oedran. At hynny, yr oedd

13 Lewis, *The Rhondda Valleys*, tt. 218–19.

Tabl 5: Iaith a leferid yn ôl perthynas â'r penteulu
(2 flwydd oed a throsodd)[1]

Perthynas â'r penteulu	Nifer Cymraeg	Y Ddwy	Saesneg	Cyfanswm	*Canran Cymraeg*	*Y Ddwy*	*Saesneg*	*Cyfanswm*
Penteuluoedd[2]	232	142	128	502	*46.2*	*28.3*	*25.5*	*100.0*
Gwragedd	206	131	97	434	*47.5*	*30.2*	*22.4*	*100.0*
Plant[3]	480	298	208	986	*48.7*	*30.2*	*21.1*	*100.0*
Perthnasau	55	49	19	123	*44.7*	*39.8*	*15.4*	*100.0*
Gweision/morynion	14	17	2	33	*42.4*	*51.5*	*6.1*	*100.0*
Byrddwyr/lletywyr	170	84	175	429	*39.6*	*19.6*	*40.8*	*100.0*
Ymwelwyr	8	15	8	31	*25.8*	*48.4*	*25.8*	*100.0*
Eraill[4]	–	–	3	3	–	–	*100.0*	*100.0*
Cyfanswm	**1165**	**736**	**640**	**2541**	***45.8***	***29.0***	***25.2***	***100.0***

1 Hepgorwyd un nad oedd wedi nodi ei berthynas â'r penteulu.
2 Ni chofnodwyd iaith un o'r penteuluoedd.
3 Gan gynnwys plant maeth a llysblant.
4 Tri thrafaeliwr (dau a gyflogid fel gwerthwyr mewn basarau ac un a weithiai ar ben y banc yn y lofa).

plant yn cyfrif am dros 40 y cant o'r boblogaeth gyfan, ac yr oedd plant yn bresennol ar oddeutu 80 y cant o'r holl aelwydydd. Fel y dengys Tabl 5, yr oedd y penteuluoedd a'r gwragedd at ei gilydd yn Gymry Cymraeg. Nid yw'n rhyfedd, felly, mai lleiafrif o'r genhedlaeth iau a oedd yn methu siarad Cymraeg.

O ganlyniad i'r ffaith mai Cymry at ei gilydd oedd y mewnfudwyr a ddaeth i Flaenllechau, yr oedd dros 80 y cant o'r 503 penteulu wedi eu geni yng Nghymru. Hanai dros 40 y cant o'r holl benteuluoedd o siroedd diwydiannol Morgannwg a Mynwy, a chyfran debyg o siroedd eraill Cymru, yn enwedig Caerfyrddin, Aberteifi a Phenfro. Yr oedd dylanwad tra Chymraeg y mewnfudwyr pellter-byr o'r ardaloedd diwydiannol yn amlwg, oherwydd yr oedd 172 (84.3 y cant) o'r 204 o benteuluoedd a hanai o siroedd Morgannwg a Mynwy yn Gymry Cymraeg, a'r mwyafrif o'r rheini yn methu siarad Saesneg. Dim ond 79 (15.7 y cant) penteulu a aned yn Lloegr: deuai mwyafrif y rhain o Wlad yr Haf a swydd Gaerloyw, ac yr oedd pob un ond naw yn siaradwyr uniaith Saesneg. Ac eithrio chwe unigolyn a aned yn Iwerddon ac India, deuai gweddill y penteuluoedd di-Gymraeg o Gymru, o siroedd Morgannwg a Phenfro yn bennaf.

Ar wahân i aelodau'r teulu cnewyllol, yr oedd byrddwyr a lletywyr yn cyfrif am gyfran sylweddol o'r boblogaeth gyfan ac yr oeddynt yn bresennol ar 209 (41.6 y cant) o aelwydydd. Pedair ystafell yn unig a geid yn 126 (60.3 y cant) o'r cartrefi hyn, a diau fod y dywediad poblogaidd na fyddai'r gwelyau byth yn oeri yn llawer o'r ardaloedd glofaol yn wir am nifer o gartrefi ym Mlaenllechau.[14] Yn Albert

14 Gwaunfa, 'Pan Oedd Digon o Waith a Llety'n Brin: Dyddiau Penllanw Diwydiant yng Nghwm Rhondda', *Western Mail*, 7 Rhagfyr 1938.

Tabl 6: Iaith plant (2 flwydd oed a throsodd) ar aelwydydd Cymraeg a di-Gymraeg

Gallu ieithyddol y rhieni		Gallu ieithyddol y plant Nifer yr aelwydydd				*Gallu ieithyddol y plant Canran*			
Tad	Mam	Cymraeg	Saesneg	Cymysg	Cyfanswm	*Cymraeg*	*Saesneg*	*Cymysg*	*Cyfanswm*
Cymraeg	Cymraeg	211	2	1	214	*98.6*	*0.9*	*0.5*	*100.0*
Cymraeg	Saesneg	2	5	–	7	*28.6*	*71.4*	–	*100.0*
Saesneg	Cymraeg	15	9	2	26	*57.7*	*34.6*	*7.7*	*100.0*
Saesneg	Saesneg	4	52	–	56	*7.1*	*92.9*	–	*100.0*
Cyfanswm		**232**	**68**	**3**	**303**	***76.6***	***22.4***	***1.0***	***100.0***

Cymraeg: siaradwyr uniaith Gymraeg a dwyieithog; Saesneg: siaradwyr uniaith Saesneg; Cymysg: cymysgedd o siaradwyr Cymraeg a di-Gymraeg ar yr un aelwyd.

Tabl 7: Iaith plant (2 flwydd oed a throsodd) o deuluoedd lle'r oedd rhieni uniaith a dwyieithog

Gallu ieithyddol y rhieni		Gallu ieithyddol y plant Nifer yr aelwydydd					*Gallu ieithyddol y plant Canran*				
Tad	Mam	Cymraeg	Y Ddwy	Saesneg	Cymysg	Cyfanswm	*Cymraeg*	*Y Ddwy*	*Saesneg*	*Cymysg*	*Cyfanswm*
C	C	133	2	–	1	136	*97.8*	*1.5*	–	*0.7*	*100.0*
C	D	–	2	–	1	3	–	*66.7*	–	*33.3*	*100.0*
D	C	2	3	–	–	5	*40.0*	*60.0*	–	–	*100.0*
D	D	12	44	2	12	70	*17.1*	*62.9*	–	–	*100.0*
D	S	–	1	1	3	5	–	*20.0*	*20.0*	*60.0*	*100.0*
S	D	3	9	5	2	19	*15.8*	*47.4*	*26.3*	*10.5*	*100.0*
S	S	–	4	52	–	56	–	*7.1*	*92.9*	–	*100.0*
C	S	–	1	1	–	2	–	*50.0*	*50.0*	–	*100.0*
S	C	1	2	4	–	7	*14.3*	*28.6*	*57.1*	–	*100.0*
Cyfanswm		**151**	**68**	**65**	**19**	**303**	***49.8***	***22.4***	***21.5***	***6.3***	***100.0***

C/Cymraeg: uniaith Gymraeg; D/Y Ddwy: dwyieithog; S/Saesneg: uniaith Saesneg; Cymysg: unrhyw gyfuniad o siaradwyr uniaith Gymraeg, siaradwyr dwyieithog a siaradwyr uniaith Saesneg ar yr un aelwyd.

Street, er enghraifft, rhannai Charles ac Ann Court a'u tri phlentyn eu cartref pedair-ystafell â chwe lletywr. Gyda phobl yn byw mor agos â hynny at ei gilydd, rhaid bod y lefel o gyfathrebu rhyngddynt yn arbennig o uchel, a phetai gallu ieithyddol y lletywyr a'r teuluoedd a roddai gartref iddynt yn wahanol gallai'r goblygiadau ieithyddol hirdymor fod yn arwyddocaol. Er gwaethaf y ffaith mai Cymraeg oedd y brif iaith ym Mlaenllechau, dim ond 166 (33.0 y cant) o'r 503 o dylwythau a gofnodwyd yn rhai uniaith Gymraeg. Yn y 337 (67.0 y cant) cartref arall, yr oedd un neu ragor o'r preswylwyr yn medru'r Saesneg: ar 84 (24.9 y cant) o'r aelwydydd hynny cofnodwyd pawb yn uniaith Saesneg, a phawb yn ddwyieithog ar 59 (17.5 y cant) ohonynt. Gwahaniaethai gallu ieithyddol yr aelodau unigol yn y 194 o gartrefi a oedd yn weddill, a chafwyd bod cymysgedd o siaradwyr dwyieithog, siaradwyr uniaith Saesneg a siaradwyr uniaith Gymraeg yn rhannu'r un cartref. Byddai edrych yn fanylach ar yr iaith a leferid gan aelodau unigol ar aelwydydd cymysg eu hiaith yn taflu goleuni ar y proses o newid ieithyddol o fewn amgylchedd y cartref, gan ddatgelu ai aelodau o'r teulu cnewyllol ynteu pobl eraill a oedd yn symbylu'r newid.

Er mwyn deall y proses o drosglwyddiad iaith o fewn yr uned deuluol, ymchwiliwyd yn fanwl i'r sefyllfa ieithyddol yn y 303 o gartrefi lle y ceid pâr priod â phlant. Yr oedd yr 881 o blant a gynhwyswyd yn y sampl hwn rhwng 2 a 40 oed, a chynrychiolent bron 90 y cant o gyfanswm y 'plant' ym Mlaenllechau. Fel y dengys Tabl 6, cadarnhâi patrymau priodi trigolion Blaenllechau eu hymrwymiadau ieithyddol, oherwydd prin yw'r enghreifftiau o briodasau rhwng unigolion o wahanol allu ieithyddol. O ganlyniad, yr oedd y potensial i rieni drosglwyddo peth gwybodaeth o'r Gymraeg i'w plant ar yr aelwyd yn fawr: yn 247 (81.5 y cant) o'r 303 o unedau teuluol, yr oedd naill ai un rhiant neu'r ddau yn medru'r Gymraeg.

Fel y dengys Tabl 6, yr oedd mwyafrif helaeth y plant a aned i rieni Cymraeg eu hiaith hefyd yn medru'r iaith frodorol ac ar dair aelwyd yn unig y cofnodwyd unrhyw blant i rieni Cymraeg eu hiaith yn siaradwyr uniaith Saesneg. Yng nghartref y glöwr Thomas Davies a'i wraig Sarah, cofnodwyd yr ieuengaf o'u dau blentyn, sef Catherine (10 oed), yn siaradwraig uniaith Saesneg a'u mab 18 oed, Robert, yn ddwyieithog. Yn y ddau gartref arall cofnodwyd bod y plant i gyd yn ddi-Gymraeg. Yn y ddau achos, y mae'n ddigon posibl nad Cymraeg oedd iaith gyntaf y rhieni. Saesneg a siaradai'r cyffeithiwr, Morgan Thomas a'i wraig, Elizabeth, y ddau yn enedigol o Fryste, â'u dau fab ifanc. Saesneg hefyd a siaradai P. Barry, labrwr a aned yn sir Gaerfyrddin, a'i wraig ddwyieithog, a hanai o Bontypridd, â'u dau fachgen bach. Er bod Barry yn enedigol o sir Gaerfyrddin, awgryma ei gyfenw mai Gwyddel ydoedd o ran tras.

Er mai ychydig iawn o blant i rieni Cymraeg eu hiaith a oedd yn ddi-Gymraeg yr oedd cyfran sylweddol yn medru'r Saesneg yn ogystal â'r Gymraeg. Y mae Tabl 7 yn cofnodi'n fanwl y proses o drosglwyddo iaith yn y 303 o unedau teuluol yn y sampl, gan nodi a oedd y rhieni Cymraeg a'u plant yn siaradwyr uniaith neu yn ddwyieithog. Yng nghartrefi'r rhieni uniaith Gymraeg, ychydig iawn o blant dwyieithog a gofnodwyd, a dim ond ar 3 o'r 136 aelwyd y gallai rhai o'r plant neu'r plant i gyd siarad y ddwy iaith. Os oedd un neu'r ddau o'r rhieni Cymraeg eu hiaith yn siarad Saesneg hefyd, yr oedd hynny'n llawer mwy tebygol o fod yn wir am eu plant. Yn achos dros 80 y cant o'r cartrefi lle'r oedd un rhiant neu'r ddau yn ddwyieithog, cofnodwyd rhai o'r plant neu'r plant i gyd yn ddwyieithog yn ogystal. Yn aml iawn ceid cymysgedd o blant dwyieithog ac uniaith Gymraeg o fewn un teulu: y patrwm arferol oedd bod y plant iau yn uniaith Gymraeg a'r plant hŷn yn ddwyieithog. Er enghraifft, yr oedd Sarah (6 oed), yr hynaf o dri phlentyn Charles ac Ann Williams, yn ddisgybl yn yr ysgol leol a gallai siarad Cymraeg a Saesneg, ond Cymraeg yn unig a siaradai ei chwaer a'i brawd iau. Yn amlwg, felly, ymgynefinodd nifer o blant i deuluoedd Cymraeg eu hiaith â'r iaith Saesneg y tu allan i'r cartref, naill ai drwy gyfrwng y gyfundrefn addysg neu drwy gymdeithasu â chyfeillion Saesneg eu hiaith. Datgelodd ymchwiliad i addysg elfennol yng Nghymru ym 1885 fod plant yn y Rhondda yn siarad Saesneg yn gyson ar yr iard chwarae ac mai mewnfudiad pobl o Loegr a oedd yn gyfrifol am hynny.[15] Yn achos 62 (29.0 y cant) o'r 214 teulu lle'r oedd y rhieni yn siarad Cymraeg, ceir bod y plant i gyd neu o leiaf rai ohonynt yn ddwyieithog.

Pan nad oedd ond un rhiant yn siarad Cymraeg, yr oedd y plant yn llawer mwy tebygol o fod yn ddi-Gymraeg. Ond prin oedd y priodasau rhwng siaradwyr Cymraeg a siaradwyr di-Gymraeg – dim ond 33 achos, sef 10.9 y cant o'r sampl cyfan. Gan mai gwrywod oedd mwyafrif y mewnfudwyr o Loegr a oedd wedi ymgartrefu ym Mlaenllechau, nid rhyfedd mai'r fam oedd y rhiant a siaradai Gymraeg yn 26 o'r 33 achos. Siaradai'r plant Gymraeg ar 15 o'r aelwydydd hyn, ond nid oedd hynny'n wir ar 5 o'r 7 aelwyd lle y siaredid Cymraeg gan y tad yn unig. Er yr ymddengys na fu ymdrechion y tadau i drosglwyddo'r iaith frodorol i'w plant mor llwyddiannus ag ymdrechion y mamau, y mae'r nifer o blant a theuluoedd a gynhwysir yn y sampl hwn yn rhy fychan i'n galluogi i ddod i unrhyw gasgliadau pendant ynglŷn â dylanwad ieithyddol cymharol y naill riant neu'r llall.

Y mae'n arwyddocaol, fodd bynnag, mai ychydig iawn o blant a chanddynt rieni uniaith Saesneg a fedrai siarad Cymraeg. Er nad oedd teuluoedd o'r fath ond 18.5 y cant o gyfanswm y sampl – arwydd o ba mor fychan oedd y mewnfudiad Seisnig i Flaenllechau – byddai gan fethiant y mewnfudwyr di-Gymraeg a'u plant i ddysgu'r iaith frodorol oblygiadau hirdymor o safbwynt cymeriad ieithyddol Blaenllechau yn y dyfodol. Dim ond ar 4 (7.1 y cant) o'r 56 o aelwydydd lle y ceid dau riant uniaith Saesneg y cofnodwyd bod unrhyw blant yn siarad Cymraeg. Cyplau a aned yn Lloegr a oedd yn ben ar ddwy o'r aelwydydd hyn, a hanai rhieni'r ddau deulu arall o sir Faesyfed. Er mai yn sir Forgannwg, os nad ym Mlaenllechau ei hun, y ganed ac y magwyd mwyafrif helaeth y plant a oedd â rhieni Saesneg eu hiaith, y mae'n amlwg nad oedd y genhedlaeth ifanc yn teimlo unrhyw reidrwydd i ddysgu Cymraeg er mwyn ymdoddi i'r gymdeithas.

Mewn rhai cartrefi, y mae'n bosibl fod presenoldeb unigolion nad oeddynt yn aelodau o'r teulu wedi effeithio ar y proses o drosglwyddo iaith o'r naill genhedlaeth i'r llall – unigolion megis lletywyr, y gallai eu gwahanol gefndiroedd diwylliannol neu ieithyddol fod wedi arwain at ffurfio ymrwymiadau diwylliannol ac ieithyddol eraill. Yn ei astudiaeth o strwythur teuluol yn swydd Gaerhirfryn yn y bedwaredd ganrif ar bymtheg, deil Michael Anderson fod lletywyr yn elfen

[15] J. E. Southall, *Wales and her Language* (Newport, 1892), t. 127.

gymdeithasegol arwyddocaol yn y boblogaeth oherwydd bod eu perthynas â'u landlord yn un annheuluol at ei gilydd ac felly'n wahanol (ac efallai'n fygythiad) i gryfder rhwymau teuluol.[16] Ym Mlaenllechau, lle'r oedd y 429 o fyrddwyr a lletywyr yn cyfrif am 16.9 y cant o'r boblogaeth, ac yn bresennol ar 209 (41.6 y cant) o aelwydydd, y mae eu swyddogaeth fel symbylwyr newid ieithyddol ar yr aelwyd ac yn y gymuned ehangach yn galw am archwiliad manwl. Gwrywod sengl, rhwng 17 a 29 oed, oedd mwyafrif helaeth y lletywyr a drigai ym Mlaenllechau. Gwahaniaethodd George Gimblett, un o'r ddau gyfrifwr ym Mlaenllechau, yn glir rhwng y byrddwyr (*boarders*) a'r lletywyr (*lodgers*) a drigai yn ei ardal rifo ef trwy gofnodi nifer o enghreifftiau o gartrefi lle y ceid y ddau, ond ymddengys fod Evan Thomas, ei gyd-gyfrifwr, wedi cyfeirio at bawb a dalai am ei le fel byrddwr. Y prif wahaniaeth rhwng y ddau grŵp oedd mai gwely yn unig a gâi'r lletywyr fel rheol, tra darperid prydau bwyd ar gyfer y byrddwyr yn ogystal â rhai gwasanaethau ychwanegol, megis golchi eu dillad. Y mae'n annhebygol, fodd bynnag, fod unrhyw wahaniaeth yn y modd y câi'r byrddwyr a'r lletywyr eu trin gan y teuluoedd a'u croesawai, ac felly cyfeirir at y ddau grŵp o wahoddedigion yma fel lletywyr.

Tarddai lletywyr Blaenllechau o'r un tair prif ardal â'r boblogaeth a roddai gartref iddynt, sef y trefi haearn a'r ardaloedd glofaol hŷn yn siroedd Morgannwg a Mynwy, siroedd gwledig Cymru, a de-orllewin Lloegr. Fel y dengys Tabl 8, yng Nghymru y ganed 297 (69.2 y cant) o'r holl letywyr a oedd ym Mlaenllechau ar noson y cyfrifiad, ac yr oedd mwy na'u hanner yn frodorion o siroedd diwydiannol Morgannwg a Mynwy. O'r rhain yr oedd 243 (81.8 y cant) yn siarad Cymraeg, a 169 (69.5 y cant) o'r rheini yn Gymry uniaith. Hanai mwyafrif y lletywyr uniaith Gymraeg o siroedd gwledig Aberteifi, Caerfyrddin, gogledd Penfro a Chaernarfon. Saesneg yn unig a siaradai 54 o letywyr a hanai o siroedd mwy Seisnigedig Morgannwg, Mynwy, Trefaldwyn, de Penfro a Maesyfed. Yr oedd y 132 o letywyr a hanai o Loegr a'r tu hwnt yn cyfrif am 30.8 y cant o fyrddwyr a lletywyr Blaenllechau. Hanai bron 70 y cant o'r lletywyr a aned yn Lloegr o swyddi Caerloyw a Gwlad yr Haf, a Saesneg oedd yr unig iaith a leferid gan y mwyafrif helaeth ohonynt.

Gan fod y 175 o letywyr uniaith Saesneg yn cyfrif am 27.3 y cant o gyfanswm y boblogaeth uniaith Saesneg, yr oedd eu dylanwad Seisnigol posibl ar iaith cartrefi unigol a'r gymuned ehangach yn fawr. Eto i gyd, gan fod patrymau mudo y lletywyr hyn yn debyg i batrymau mudo'r teuluoedd a'u croesawai, dylid pwysleisio bod lefel y trefniant cymdeithasol a oedd ar waith wrth dderbyn y mewnfudwyr hyn yn sicrhau y byddai'r rhan fwyaf ohonynt yn lletya gyda phobl o'r un cefndir diwylliannol a/neu ddaearyddol â hwy. Gwelir o edrych ar batrymau preswyl y 42 o letywyr a aned yn sir Gaerfyrddin mai un yn unig a drigai ar aelwyd lle nad oedd unrhyw un arall yn siarad Cymraeg. At hynny, yr

[16] Michael Anderson, *Family Structure in Nineteenth Century Lancashire* (Cambridge, 1971), t. 47.

Tabl 8: Iaith a man geni byrddwyr a lletywyr
(2 flwydd oed a throsodd)

Man geni	Nifer Cymraeg	Y Ddwy	Saesneg	Cyfanswm	*Canran Cymraeg*	*Y Ddwy*	*Saesneg*	*Cyfanswm*
Sir Forgannwg	62	35	33	130	*47.7*	*26.9*	*25.4*	*100.0*
Sir Gaerfyrddin	26	16	–	42	*61.9*	*38.1*	–	*100.0*
Sir Aberteifi	29	9	–	38	*76.3*	*23.7*	–	*100.0*
Sir Fynwy	15	1	8	24	*62.5*	*4.2*	*33.3*	*100.0*
Sir Benfro	11	5	4	20	*55.0*	*25.0*	*20.0*	*100.0*
Sir Drefaldwyn	4	3	7	14	*28.6*	*21.4*	*50.0*	*100.0*
Sir Gaernarfon	11	1	–	12	*91.7*	*8.3*	–	*100.0*
Sir Frycheiniog	7	1	–	8	*87.5*	*12.5*	–	*100.0*
Sir Feirionnydd	3	1	–	4	*75.0*	*25.0*	–	*100.0*
Sir Ddinbych	–	2	–	2	–	*100.0*	–	*100.0*
Sir Faesyfed	–	–	2	2	–	–	*100.0*	*100.0*
Cymru[1]	1	–	–	1	*100.0*	–	–	*100.0*
Lloegr	1	8	110	119	*0.8*	*6.7*	*92.4*	*100.0*
Eraill[2]	–	1	11	13	–	*15.4*	*84.6*	*100.0*
Cyfanswm	**170**	**84**	**175**	**429**	***39.6***	***19.6***	***40.8***	***100.0***

[1] Heb nodi sir.

[2] Man geni: Iwerddon 8, America 2, Yr Alban 2, India 1, Ynys Manaw 1.

oedd 25 (59.5 y cant) yn byw gyda theuluoedd lle'r hanai naill ai'r penteulu neu ei briod o'u sir enedigol, ac mewn 13 achos hanai'r lletywr o'r un plwyf yn union â hwy. Ar aelwydydd o'r fath yr oedd presenoldeb lletywr yn fodd i gryfhau cysylltiadau cymdogol, teuluol a diwylliannol. Yr oedd Eliza Thomas, a roddai lety i dri gŵr o'i hardal enedigol, sef Sanclêr yn sir Gaerfyrddin, bron yn sicr o fod yn adnabod ei gwesteion, os nad yn perthyn iddynt, ac yr oedd eu presenoldeb yn ei chartref yn Aberdare Road yn sicrhau bod ei chysylltiadau hi ei hun â'i hardal enedigol a'i phobl yn cael eu cynnal.

Nid oedd pob lletywr, fodd bynnag, yn ei gael ei hun mewn amgylchiadau mor gyfarwydd, yn enwedig y rhai a ddeuai o Loegr. Gan mai dim ond 79 (15.7 y cant) o'r 503 o benteuluoedd a oedd yn enedigol o Loegr, yr oedd y cyfleoedd i letywyr o Loegr fyw gyda theuluoedd o'r un cefndir diwylliannol a daearyddol â hwy yn llawer prinnach. Dim ond 10 (27.8 y cant) o'r 36 lletywr o swydd Gaerloyw a oedd yn byw mewn cartrefi lle'r oedd naill ai'r penteulu neu ei briod hefyd wedi eu geni yn Lloegr, a dim ond un lletywr a drigai gyda theulu lle'r oedd y penteulu hefyd yn frodor o swydd Gaerloyw. Cymerai llawer o letywyr o Saeson, felly, ystafelloedd gyda theuluoedd nad oedd ganddynt unrhyw gysylltiadau cymdogol, ieithyddol na diwylliannol â hwy. Mewn rhai achosion, gallai'r lletywr di-Gymraeg ei gael ei hun gyda theulu o siaradwyr uniaith Gymraeg ac wedi ei ynysu yn ieithyddol. Yn wir, cofnodwyd 27 achos o letywyr uniaith Saesneg yn byw ar aelwydydd lle'r oedd pawb arall yn uniaith Gymraeg. Er enghraifft, lletyai Gilbert Couch, brodor o Kingston yn Nyfnaint a Sais uniaith, yn Albert Street gyda John ac Eleanor Jones, pâr ifanc uniaith Gymraeg o sir Gaerfyrddin. Gerllaw, yng nghartref uniaith Gymraeg y teulu Williams, lletyai pum gŵr uniaith Saesneg o Wlad yr Haf, swydd Gaerhirfryn a sir Forgannwg. Er bod y naill ochr yn gwadu unrhyw wybodaeth o iaith y llall, y mae'n amlwg y byddai naill ai'r lletywyr wedi gorfod dysgu rhywfaint o Gymraeg neu aelodau'r teulu rywfaint o Saesneg cyn y gallent gyfathrebu a chynnal rhyw lefel o sgwrs.

Datgelodd archwiliad o batrymau anheddu Blaenllechau fod y duedd hon i siaradwyr Cymraeg a di-Gymraeg fyw ymhlith eu pobl eu hunain yn cael ei hadlewyrchu ar lefel stryd. Tueddai gwŷr a gwragedd o'r un cefndir diwylliannol a daearyddol i ymgartrefu yn agos at ei gilydd, gan sefydlu eu cysylltiadau clòs eu hunain â chymdogion mewn tai a strydoedd cyfagos. Ar sawl cyfrif, bu tuedd siaradwyr Cymraeg a di-Gymraeg i ymsefydlu ar wahân yn fodd i gryfhau cymunedau diwylliannol ac ieithyddol y naill garfan a'r llall. Gan fod mwyafrif trigolion Blaenllechau yn siarad Cymraeg ac o dras Gymreig nid yw'n syndod fod dros 70 y cant o'r trigolion (2 flwydd oed a throsodd) yn 15 o'r 17 brif res o dai yn y pentref yn siarad Cymraeg (Ffigur 1).[17] Yn 8 o'r 15 stryd hyn, yr oedd dros 60 y cant o'r trigolion yn siaradwyr uniaith Gymraeg. Yn un stryd yn unig yr oedd y gyfran o siaradwyr uniaith Saesneg yn fwy na 40 y cant, sef yn Taff Street, rhes o 74 o dai a redai'n gyfochrog â phrif lein Rheilffordd Dyffryn Taf ger gorsaf Ferndale.

O edrych yn fanylach ar allu ieithyddol, tarddiad daearyddol a statws galwedigaethol trigolion Taff Street, ceir darlun diddorol o'r ymwahanu trigiannol hwn ar sail diwylliant: yr oedd 265 (57.9 y cant) o'r 457 o drigolion (2 flwydd oed a throsodd) yn siaradwyr uniaith Saesneg, a dim ond 81 (17.7 y cant) a oedd yn methu siarad Saesneg. Yr oedd y siaradwyr uniaith Saesneg a drigai yn Taff Street yn cyfrif am 41.4 y cant o gyfanswm poblogaeth uniaith Saesneg Blaenllechau. At hynny, yn y stryd hon y ceid 43 (51.2 y cant) o'r 84 o gartrefi uniaith Saesneg a gofnodwyd yn y pentref. Datgelodd arolwg o fannau geni y penteuluoedd a drigai yn Taff Street i ba raddau yr oedd patrymau mudo ac anheddu yn gyfrifol am gymeriad Seisnigedig cryf y stryd. Cafwyd bod 32 (35.2 y cant) o'r 91 penteulu wedi eu geni yn Lloegr, yn bennaf yn swyddi Caerloyw a Gwlad yr Haf, 27 (29.7 y cant) yn sir Forgannwg, 29 (31.9 y cant) yn siroedd eraill Cymru, a'r tri arall mewn gwledydd eraill. O'u cymharu â nodweddion trigolion strydoedd eraill Blaenllechau, daw dwysedd uchel unigolion Saesneg eu hiaith a'u tras yn amlwg ar unwaith. Yn Long Row, rhes o 58 o dai uwchlaw Taff Street ar lethrau'r cwm, yr oedd siaradwyr Saesneg yn lleiafrif pendant ymhlith y 384 o

[17] Ni fu'n bosibl lleoli dwy stryd, sef Luton Street a Middle Row, ac nid ydynt yn ymddangos yn Ffigur 1.

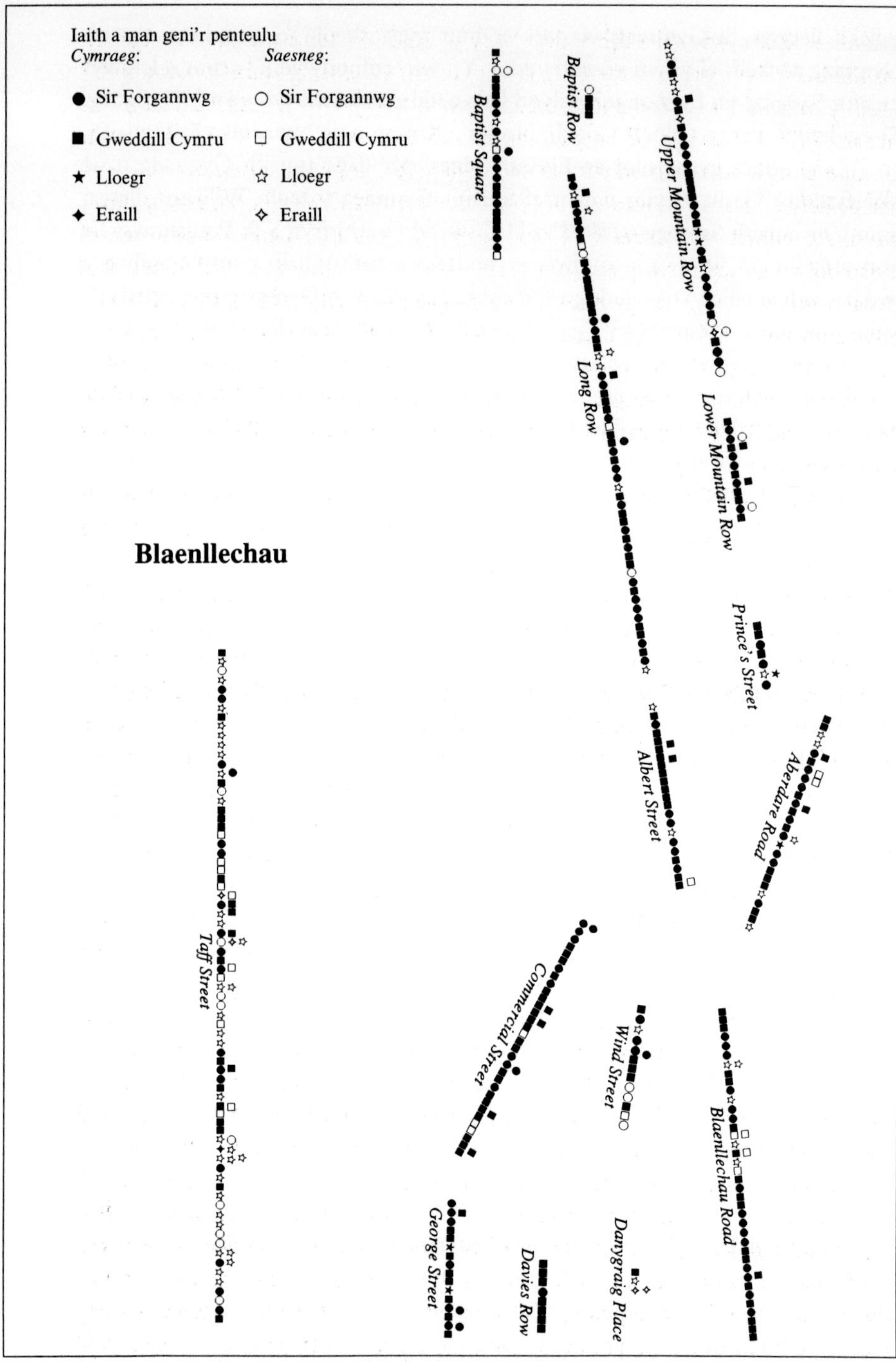

Ffigur 1. Iaith a leferid a man geni penteuluoedd ym Mlaeṇllechau

drigolion (2 flwydd oed a throsodd). Yma yr oedd 314 (81.8 y cant) o'r trigolion yn medru'r Gymraeg, a thros 60 y cant ohonynt yn Gymry uniaith. Dim ond 7 (10.9 y cant) o'r 64 o benteuluoedd a drigai yn Long Row a aned yn Lloegr, tra hanai 25 (39.1 y cant) o sir Forgannwg a 32 (50.0 y cant) o siroedd eraill Cymru. Y mae amrywiadau ym mhatrwm galwedigaethol trigolion Long Row a Taff Street hefyd yn arwyddocaol wrth egluro cymeriad ieithyddol gwahanol y ddwy stryd. Ac eithrio un cartref yn Long Row, yr oedd pob penteulu neu berson cyfatebol yn gweithio yn y diwydiant glo. Nid felly'r oedd hi yn Taff Street, rhes o dai a godwyd ar gyfer gweithwyr a gyflogid gan Reilffordd Dyffryn Taf ac a adwaenid yn wreiddiol fel Station Terrace. Yr oedd y stryd hon wedi cadw ei chysylltiadau cryf â'r diwydiant ac ym 1891 yr oedd pob un ond 8 o'r 54 o weithwyr rheilffordd a drigai ym Mlaenllechau yn byw yn Taff Street. O'r 46 hyn, yr oedd 31 (67.4 y cant) yn siaradwyr uniaith Saesneg, a 12 (38.7 y cant) o'r rheini yn hanu o Loegr.

Rhaid bod y lefel hon o ymwahanu rhwng y boblogaeth uniaith Saesneg a'r boblogaeth Gymraeg ei hiaith wedi bod yn arwyddocaol o safbwynt rhwystro cymathiad diwylliannol ac ieithyddol y boblogaeth Saesneg ei hiaith a'i thras. Tynnwyd sylw eisoes at y ffaith mai nifer bychan o blant i rieni Saesneg eu hiaith a ddysgodd Gymraeg ac y mae archwiliad o allu ieithyddol y 284 unigolyn a aned yn Lloegr ac a drigai ym Mlaenllechau ym 1891 yn cadarnhau'r patrwm hwn: o'r 283, dim ond 29 (10.2 y cant) a oedd yn medru'r Gymraeg. Gan mai lletywyr, ymwelwyr neu deithwyr oedd 128 (45.1 y cant) o'r 284 unigolyn hyn, y mae'n eithriadol anodd barnu ers pryd y buont yn byw ym Mlaenllechau. Y mae'n bosibl, fodd bynnag, olrhain camau rhai o'r penteuluoedd a oedd wedi bwrw gwreiddiau yn y pentref. Cafwyd bod pedwar penteulu gwrywaidd a aned yn Lloegr ac a drigai yn Taff Street ym 1891 yn byw yn yr un stryd adeg y cyfrifiad blaenorol. Ym 1881 yr oedd pob un ohonynt yn gweithio ar y rheilffordd ac, ar wahân i George Coles, byrddwr 21 oed o swydd Gaerloyw, yr oeddynt i gyd wedi eu cofrestru yn benteuluoedd. Erbyn 1891, er eu bod yn byw ym Mlaenllechau ers deng mlynedd o leiaf, nid oedd yr un ohonynt wedi dysgu Cymraeg. At hynny, yr oedd pob un o'r pymtheg plentyn a aned i'r pedwar gŵr yn ddi-Gymraeg, er eu bod i gyd yn enedigol o sir Forgannwg, a phob un ond pedwar wedi eu geni ym Mlaenllechau neu yn Ferndale. Nid oedd angen i deuluoedd Saesneg Taff Street ddysgu Cymraeg er mwyn cyfathrebu'n effeithiol â'u cyd-weithwyr a'u cymdogion a hwythau'n byw ac yn gweithio ochr yn ochr â siaradwyr Saesneg eraill o fewn y diwydiant rheilffyrdd. Ac er bod gwybodaeth o'r iaith Gymraeg yn gymhwyster defnyddiol i'r rhai hynny a oedd mewn safle o awdurdod o fewn y diwydiant rheilffyrdd, ni theimlid bob amser fod i'r Gymraeg ddefnydd cymdeithasol ehangach. Yn amlwg ni theimlai Jabez Richards, brodor dwyieithog o sir Fynwy a gyflogid fel arolygwr ar y rheilffyrdd ac a drigai yn y tŷ cornel yn Taff Street, fod yr iaith Gymraeg o unrhyw werth i'w blant oherwydd fe'u magodd i gyd yn siaradwyr uniaith Saesneg.

Yn y diwydiant glo, fodd bynnag, y gweithiai mwyafrif helaeth gwrywod Blaenllechau. Ym 1891 cyflogid dros ddeuparth holl wrywod cyflogedig y pentref (10 oed a throsodd) yn y tri phwll a oedd yn eiddo i D. Davis a'i Feibion Cyf., ac y mae'n debygol fod crefftwyr megis gofaint a seiri, a dynion a gyflogid fel gyrwyr peiriannau sefydlog neu danwyr, hefyd yn gweithio o fewn y diwydiant glo yng ngweithdai a pheiriandai'r glofeydd. Cymry Cymraeg oedd mwyafrif helaeth y gweithlu glofaol a drigai ym Mlaenllechau. Yr oedd tri chwarter y 783 o ddynion a gyflogid yn y diwydiant yn siarad Cymraeg, a thros 80 y cant wedi eu geni yng Nghymru. Nifer bychan iawn o'r gweithlu glofaol a ddaliai swyddi o awdurdod yng nglofeydd Ferndale, a dim ond saith o swyddogion – tri goruchwyliwr, tri ffeiarman ac un atalbwyswr – a drigai ym Mlaenllechau. Yr oedd chwech o'r saith swyddog yn Gymry Cymraeg, a thri ohonynt, sef Edward Morgan, yr atalbwyswr a hanai o sir Gaerfyrddin, a dau ffeiarman, y naill yn enedigol o sir Aberteifi a'r llall o sir Fynwy, yn Gymry uniaith. Yr oedd bron hanner y 729 o lowyr â chrefft yn methu siarad Saesneg, a dim ond 170 (23.3 y cant) o ddynion a oedd yn methu siarad Cymraeg. Yr oedd brodorion siroedd Morgannwg a Mynwy, sef tua hanner y gweithlu medrus hwn, yn ffurfio grŵp uniaith Gymraeg sylweddol y câi ei rengoedd ei chwyddo gan fewnfudwyr o siroedd Caerfyrddin, Aberteifi a Phenfro.

Ymhlith gweithlu di-grefft y glofeydd yr oedd brodorion dwy sir ddiwydiannol de Cymru yn amlwg absennol ac, o'r 23 o ddynion a gyflogid fel labrwyr yn y glofeydd neu fel gweithwyr pen pwll neu ar yr wyneb, un yn unig a hanai o sir Forgannwg, tra deuai'r gweddill o siroedd gwledig Cymru a Lloegr. Dim ond pump o'r gweithwyr di-grefft a oedd yn methu siarad Saesneg; yr oedd naw yn siarad y ddwy iaith, a naw arall yn siarad Saesneg yn unig. Yr oedd y duedd hon i fewnfudwyr o'r ardaloedd amaethyddol gymryd gwaith di-grefft yn yr ardaloedd glofaol yn amlwg hefyd ymhlith y dosbarth llafuriol cyffredinol. Dim ond 28 (27.2 y cant) o'r 103 o ddynion a weithiai fel labrwyr cyffredinol a hanai o sir Forgannwg a sir Fynwy, tra oedd 34 (33.0 y cant) yn frodorion o Loegr, 33 (32.0 y cant) wedi eu geni yn siroedd eraill Cymru, a'r 8 arall (7.8 y cant) yn hanu o Iwerddon a'r Alban. Ffurfiai'r gwŷr o Loegr a'r tu hwnt bresenoldeb uniaith Saesneg cryf, a Saesneg oedd unig iaith 59 (57.3 y cant) o'r 103 o labrwyr cyffredinol.

Ar wahân i waith cloddio a chludo glo, ychydig iawn o waith cyflog arall a oedd ar gael i wŷr Blaenllechau. Yr oedd dau deulu lleol a drigai ar ffermydd Pendyrus a Blaenllechau yn dal i ennill eu bywoliaeth o'r tir, ac yr oedd chwech o'r saith dyn a gyflogid ganddynt yn siarad Cymraeg. Yr oedd eraill wedi sefydlu eu busnesau bychain eu hunain fel masnachwyr a chynhyrchwyr ac yn darparu bwyd, dillad a nwyddau eraill ar gyfer y boblogaeth leol. Gallai mwyafrif helaeth y bobl hyn yr oedd eu bywoliaeth yn dibynnu ar eu gallu i gyfathrebu â'r cyhoedd siarad Cymraeg. Yn nhafarn y Glynrhedynog, yr unig dafarn ym Mlaenllechau, yr oedd y dafarnwraig a phob aelod o'i staff yn ddwyieithog, ac felly hefyd y rhai a gyflogid yn y busnesau pobi yn Bristol a Montpelier House. Yr unig siaradwyr di-

Gymraeg a gyfrifwyd yn y sector masnach oedd pum menyw a gadwai dai llety, dau bedler teithiol, a thri gweithiwr siop a aned yn Lloegr.

Llond dwrn o fusnesau bach a geid ym Mlaenllechau ym 1891, fodd bynnag, gan fod Ferndale, yr anheddiad mwy o faint a ddatblygodd ar draws yr afon, wedi hen sefydlu ei hun fel prif ganolfan fasnachol cwm Rhondda Fach. Ategir y darlun cyfyng hwn o strwythur cymdeithasol Blaenllechau yn y ffaith mai dim ond deg o'r trigolion a ddaliai swyddi proffesiynol. Yr oedd y ddau a ofalai am anghenion meddygol ac ysbrydol y gymuned, sef Ann Powell, y nyrs, a'r Parchedig Arthur Jenkins, gweinidog Capel Annibynwyr Cymraeg Tre Rhondda, yn rhugl yn y ddwy iaith. Yr oedd y tri gŵr ifanc a gyflogid fel cludwyr llythyrau i gyd yn siarad Saesneg ac un ohonynt yn ddi-Gymraeg. Diddorol yw nodi bod y pum merch ifanc a gyflogid fel disgybl-athrawon wedi eu cofnodi yn siaradwyr uniaith Gymraeg, er ei bod bron yn sicr y byddai angen peth gwybodaeth o'r Saesneg arnynt i gyflawni gwaith o'r fath mewn ysgolion lleol. Prin iawn oedd y cyfleoedd i ferched Blaenllechau gael gwaith cyflogedig. Dim ond 142 (17.9 y cant) o'r 794 o fenywod (10 oed a throsodd) a weithiai am gyflog, a llafuriai bron hanner y rhain yng nghartrefi glowyr cyffredin naill ai fel morynion neu fel ceidwaid tai llety. Yr oedd mwyafrif helaeth y boblogaeth fenywaidd gyflogedig yn siarad Cymraeg; 12 (8.5 y cant) yn unig a oedd yn ddi-Gymraeg.

Ym 1891 yr oedd anheddiad arloesol bychan Blaenllechau i raddau helaeth iawn yn parhau i fod yn gartref i lowyr cyffredin a'u teuluoedd. Ar wahân i grŵp bychan o siaradwyr Saesneg yr oedd eu presenoldeb yn amlwg yn y diwydiant rheilffyrdd, yr oedd mwyafrif helaeth y rhai a weithiai o fewn y diwydiant glo yn Gymry o ran genedigaeth ac iaith. Yr oedd cymeriad Cymraeg cryf yr arloeswyr cynnar a fewnfudodd i Flaenllechau o ardaloedd glo a haearn sir Forgannwg a sir Fynwy ac o ardaloedd gwledig Cymru wedi sicrhau mai fel anheddiad Cymraeg y datblygodd Blaenllechau i bob pwrpas. Buan y ffurfiodd y trigolion eu sefydliadau a'u rhwydweithiau cymdeithasol Cymraeg eu hunain. I raddau, caniatâi patrymau preswylio ac anheddu y nifer llai o fewnfudwyr o Loegr i'r poblogaethau Cymraeg a di-Gymraeg ddiogelu eu hunaniaeth ddiwylliannol eu hunain. Ac eto, er bod yr iaith Gymraeg yn dal yn brif gyfrwng cyfathrebu ym Mlaenllechau ym 1891, yr oedd y dystiolaeth o'r newid graddol o unieithrwydd Cymraeg i ddwyieithrwydd yn arwydd fod aelodau o'r boblogaeth Gymraeg ei hiaith eisoes yn gwneud consesiynau ieithyddol a fyddai, yn anorfod, yn arwain at gymathu cymdeithasol a diwylliannol.

Tabl 9: Iaith a leferid yn ôl galwedigaeth
(10 oed a throsodd)[1]

	Iaith a leferid				Iaith a leferid			
	Dynion				Merched			
Dosbarth diwydiannol	Cymraeg	Y Ddwy	Saesneg	Cyfan.	Cymraeg	Y Ddwy	Saesneg	Cyfan.
AMAETHYDDIAETH								
Ffermio								
Ffermwyr	–	4	–	4				
Gweision fferm	1	1	1	3				
Masnachu								
Gwerthwr moch	1	–	–	1				
Cyfanswm	**2**	**5**	**1**	**8**				
%	***25.0***	***62.5***	***12.5***	***100.0***				
MWYNGLODDIO								
Glo								
Ffeiarmyn/goruchwylwyr	2	3	1	6				
Atalbwyswr	1	–	–	1				
Glowyr/halwyr	360	199	170	729				
Gweithwyr peiriannau	–	1	1	2				
Labrwyr	2	6	6	14				
Gweithwyr pen pwll/ ar yr wyneb	3	3	3	9				
Bechgyn wrth y drysau	5	4	6	15				
Eraill	1	4	2	7				
Tywodfaen								
Chwarelwyr	1	2	1	4				
Cyfanswm	**375**	**222**	**190**	**787**				
%	***47.6***	***28.2***	***24.1***	***100.0***				
ADEILADU								
Rheoli								
Pensaer-ddisgybl	–	1	–	1				
Gweithwyr								
Seiri meini	5	–	4	9				
Seiri coed	3	6	–	9				
Gosodwr nwy	–	–	1	1				
Rheilffyrdd								
Gweithwyr rheilffordd/ gosodwyr cledrau	4	3	6	13				
Cyfanswm	**12**	**10**	**11**	**33**				
%	***36.4***	***30.3***	***33.8***	***100.0***				
CYNHYRCHU								
Peiriannau, offer, watsys, ayb								
Cynorthwywr	–	–	1	1				
Haearn a dur								
Crefftwyr	5	3	1	9				
Nwy								
Rheolwr gwaith nwy	–	–	1	1				

Dosbarth diwydiannol	**Iaith a leferid** Dynion Cymraeg	Y Ddwy	Saesneg	Cyfan.	**Iaith a leferid** Merched Cymraeg	Y Ddwy	Saesneg	Cyfan.
Cerbydau a harneisiau								
Rheolwr	–	–	1	1				
Crefftwr	–	–	1	1				
Dillad								
Perchenogion	1	1	–	2				
Crefftwyr	5	2	1	8	15	18	3	36
Prentisiaid/cynorthwywyr	–	–	–	–	3	2	–	5
Bwyd, diod, tybaco								
Perchennog	–	1	–	1				
Crefftwr	–	–	1	1				
Cynorthwywr	–	1	–	1				
Amhenodol								
Gyrwyr injan/tanwyr/ dynion tân/ffitwyr	14	11	17	42				
Cyfanswm	**25**	**19**	**24**	**68**	**18**	**20**	**3**	**41**
%	*36.8*	*27.9*	*35.3*	*100.0*	*43.9*	*48.8*	*7.3*	*100.0*
CLUDIANT								
Ystordai								
Negeswyr	3	–	1	4				
Rheilffyrdd								
Swyddogion/giard	1	2	11	14				
Clercod	–	1	2	3				
Gyrwyr trenau/tanwyr	1	9	16	26				
Porthorion	3	5	3	11				
Ffyrdd								
Carwyr, halwyr, ayb	31	16	20	67				
Cyfanswm	**39**	**33**	**53**	**125**				
%	*31.2*	*26.4*	*42.4*	*100.0*				
MASNACH								
Glo								
Gwerthwr glo	–	1	–	1				
Dillad								
Dilledydd	1	–	–	1				
Cynorthwywyr	1	1	1	3	–	2	–	2
Bwyd								
Gwerthwyr llaeth	2	1	–	3				
Gwerthwr ymenyn	1	–	–	1				
Groseriaid	–	3	–	3	–	2	–	2
Gwerthwyr llysiau	–	–	–	–	3	1	–	4
Cynorthwywyr	3	4	1	8	–	1	–	1
Tybaco, diod a llety								
Tafarnwraig	–	–	–	–	–	1	–	1
Gwerthwr cwrw	–	1	–	1				
Ceidwaid llety	–	–	–	–	17	8	5	30
Gweision tafarn	–	1	–	1	–	2	–	2

Dosbarth diwydiannol	Iaith a leferid Dynion Cymraeg	Y Ddwy	Saesneg	Cyfan.	Iaith a leferid Merched Cymraeg	Y Ddwy	Saesneg	Cyfan.
Dodrefn a nwyddau i'r cartref								
Haearnwerthwr	–	–	1	1				
Cynorthwywr	–	1	–	1				
Masnachwyr cyffredinol								
Siopwyr	–	–	–	–	1	1	–	2
Pedleriaid	–	–	2	2				
Cyfanswm	**8**	**13**	**5**	**26**	**21**	**18**	**5**	**44**
%	***30.8***	***50.0***	***19.2***	***100.0***	***47.7***	***40.9***	***11.4***	***100.0***
GWASANAETHAU DIWYDIANNOL								
Bancio, yswiriant, cyfrifon								
Clerc masnachol	–	1	–	1				
Cyfanswm	–	**1**	–	**1**				
%	–	***100.0***	–	***100.0***				
GWASANAETHAU CYHOEDDUS A PHROFFESIYNOL								
Gweinyddiaeth ganolog								
Cludwyr llythyrau	–	2	1	3				
Meddygaeth								
Nyrs	–	–	–	–	–	1	–	1
Addysg								
Disgybl-athrawon	–	–	–	–	5	–	–	5
Crefydd								
Gweinidog yr Annibynwyr	–	1	–	1				
Cyfanswm	–	**3**	**1**	**4**	**5**	**1**	–	**6**
%	–	***75.0***	***25.0***	***100.0***	***83.3***	***16.7***	–	***100.0***
GWASANAETHAU CARTREF								
Yn y tŷ								
Morynion	–	–	–	–	17	19	3	39
Nyrs yn y cartref	–	–	–	–	–	–	1	1
Y tu allan								
Coetsmyn a gwastrodion	1	2	1	4				
Garddwr	–	–	1	1				
Gwasanaeth ychwanegol								
Glanhawyr, golchwragedd	–	–	–	–	4	7	–	11
Cyfanswm	**1**	**2**	**2**	**5**	**21**	**26**	**4**	**51**
%	***20.0***	***40.0***	***40.0***	***100.0***	***41.2***	***51.0***	***7.8***	***100.0***
ERAILL								
Goruchwyliwr	–	–	1	1				
Labrwyr cyffredinol	35	9	59	103				
Cyfanswm	**35**	**9**	**60**	**104**				
%	***33.7***	***8.7***	***57.7***	***100.0***				
CYFANSWM Y CYFLOGEDIG								
	496	**317**	**347**	**1160**	**65**	**65**	**12**	**142**
%	***42.8***	***27.3***	***29.9***	***100.0***	***45.8***	***45.8***	***8.4***	***100.0***

Dosbarth diwydiannol	**Iaith a leferid** Dynion Cymraeg	Y Ddwy	Sacsneg	Cyfan.	**Iaith a leferid** Merched Cymraeg	Y Ddwy	Saesneg	Cyfan.
Gweddill y boblogaeth	12	8	7	27	267	177	115	559
%	*25.0*	*29.6*	*44.4*	*100.0*	*47.8*	*31.7*	*20.6*	*100.0*
Disgyblion ysgol	41	23	13	77	42	29	22	93
%	*53.2*	*29.8*	*16.9*	*100.0*	*45.2*	*31.2*	*23.7*	*100.0*
CYFANSWM Y BOBLOGAETH 10 OED+	**549**	**348**	**367**	**1264**	**374**	**271**	**149**	**794**
%	***43.4***	***27.5***	***29.0***	***100.0***	***47.1***	***34.1***	***18.8***	***100.0***

[1] Hepgorwyd 4 nad oeddynt wedi nodi eu gallu ieithyddol.

5

Ferndale (Sir Forgannwg)

MARI A. WILLIAMS

Datblygodd anheddiad glofaol Ferndale yng nghwm Rhondda Fach o'r 1860au cynnar ymlaen o ganlyniad i'r llwyddiant ysgubol a brofodd David Davis, Blaengwawr (1797–1866) yn sgil agor haenau glo-ager cyfoethog yr ardal. Suddwyd tri phwll yn Ferndale rhwng 1862 a 1874, a gweddnewidiwyd cymeriad ffisegol ac economaidd yr ardal wledig, denau ei phoblogaeth hon yn ddisymwth wrth i gannoedd o weithwyr a'u teuluoedd heidio i'r fro. Ymgartrefodd y mewnfudwyr cyntaf ym Mlaenllechau, ar ochr ddwyreiniol afon Rhondda Fach ond, wrth i'r boblogaeth ddal i dyfu, datblygodd yr anheddiad yn ddiweddarach ar ochr draw'r afon yn Ferndale. Honnir i'r enw Ferndale, cyfieithiad o Glynrhedynog (un o'r ffermydd y suddwyd y pyllau ar ei thir), gael ei fathu naill ai gan Delta Davies, ariannwr yn swyddfeydd y lofa, neu gan David Davis ei hun, mewn ymateb i gais am enw y byddai allforwyr-glo o Saeson a thramorwyr yn ei gael yn haws i'w ynganu na Blaenllechau.[1] Yn ei gyfrol ar hanes plwyf Llanwynno, a gyhoeddwyd ym 1888, gresynai William Thomas (Glanffrwd) (1843–90) ynglŷn â'r penderfyniad hwn, gan ofni y byddai enwau Cymraeg cyfarwydd eraill ar hyd dyffryn Rhondda Fach yn cael eu newid i foddio chwaeth y Saeson:

> A gaiff ffynhonnau a gloyw-nentydd y Cwm o'r Ynys-hir hyd y Glynrhedynog, eu gorfodi i barablu Saesneg, a throi fel y pentrefi sydd wedi gwadu iaith eu gwlad, ac ymddiosg o fod yn Flaenllechau i fod yn Ferndale, ac o fod yn Bont-y-gwaith i fod yn Tylorstown?[2]

Erbyn 1891 Ferndale oedd yr anheddiad glofaol mwyaf yng nghwm Rhondda Fach ac yr oedd yn gartref i bron 6,500 o bobl. I letya'r mewnfudwyr cyntaf i'r ardal cododd y cwmni glo gytiau pren neu 'farics' dros-dro, ond erbyn diwedd y

[1] David Young, 'Cofiant Mr Delta Davies', *Yr Eurgrawn Wesleaidd*, CIV, rhif 9 (1912), 325–30; Llewelyn Morgan, *Hanes Capel Wesley, Ferndale* (Ferndale, 1922), t. 5; LlGC Llsgr. 4378E; LlGC Llawysgrifau Nathan Wyn (Jonathan Rees, 1841–1905), Papurau Ap Nathan, N183.

[2] William Thomas (Glanffrwd), *A History of the Parish of Llanwynno* (ail arg., Cardiff, 1949), tt. 222–4.

1870au yr oedd rhesi o dai teras unffurf wedi disodli'r rhain.[3] Un teulu'n unig a barhâi i ennill bywoliaeth o'r tir ar fferm Rhondda Fechan; rheolid bywydau gweddill y boblogaeth gan ffawd y diwydiant glo. Erbyn 1891 daethai'r cwmni a sefydlwyd yn y 1860au gan David Davis a'i feibion, David a Lewis Davis (1829–88), yn gwmni cyfyngedig dan y cyfarwyddwr Frederick Lewis Davis YH, ŵyr y sylfaenydd. Cynhyrchai'r tair glofa a weithiai yn Ferndale gyfanswm o ryw 3,000 o dunelli o lo y dydd a chyflogent 2,725 o ddynion: 2,419 dan ddaear a 306 ar yr wyneb ac yng ngweithdai a swyddfeydd y lofa.[4] Fel pencadlys y prif gwmni glo yn yr ardal, yr oedd Ferndale hefyd yn ganolfan fasnachol brysur, a châi poblogaeth Blaenllechau a Ferndale, ynghyd â'r aneddiadau cyfagos a oedd yn datblygu'n gyflym yn y Maerdy a Tylorstown, eu gwasanaethu gan ei llu o siopau a thai-masnach.[5] Addysgid plant Ferndale a Blaenllechau yn yr ysgol fwrdd a adeiladwyd ym 1874 a'r ysgol fabanod a sefydlwyd ym 1882, a gallai trigolion hŷn y ddau anheddiad fanteisio ar adnoddau'r llyfrgell a'r ystafell ddarllen yn y Stryd Fawr a'r ystafell ymgynnull a godwyd ar gyfer 700 o bobl.[6] Yr oedd arweiniad crefyddol ar gael yn yr wyth capel Ymneilltuol a'r ddwy eglwys a oedd wedi eu sefydlu yn Ferndale erbyn 1891. Yr oedd dau o'r capeli Ymneilltuol Cymraeg, sef Salem Newydd, capel y Bedyddwyr (a sefydlwyd ym 1877), a Phenuel, capel y Methodistiaid Calfinaidd (a sefydlwyd ym 1878), yn ganghennau i fam eglwysi ym Mlaenllechau. Yr oedd y Wesleaid a'r Annibynwyr Cymraeg hefyd wedi ehangu i ddiwallu anghenion y boblogaeth gynyddol yn Ferndale, ac er mwyn darparu lle i'w holl aelodau gorfodwyd y naill enwad i sicrhau adeilad newydd ym 1878 a'r llall ym 1888.[7]

Rhannwyd Ferndale yn bedair ardal rifo ar gyfer cyfrifiad 1891. Seilir y deunydd canlynol ar sampl o dair ardal a gwmpasai'r prif anheddiad ac a oedd yn gartref i 4,498 o unigolion (2 flwydd oed a throsodd). O'r 4,466 a roes ddatganiad ynglŷn â'u hiaith a'u hoedran, yr oedd 1,687 (37.8 y cant) yn siarad Cymraeg yn unig, 1,741 (39 y cant) yn siarad y ddwy iaith, a 1,038 (23.2 y cant) yn siarad Saesneg yn unig. Fel y dengys Tabl 1, Cymraeg oedd prif iaith Ferndale ac yr

[3] Jenkin Thomas, 'Hanes Ferndale', *Y Darian*, 17 Mai 1922.

[4] Reports from Commissioners, Inspectors and Others, Vol. 5, Mines, South Wales District (No. 13) (PP 1892 (c6625) XII), t. 72.

[5] Gw. y disgrifiadau canlynol o fywyd yn Ferndale ar ddiwedd y bedwaredd ganrif ar bymtheg: David Davies, 'The Rhonddas in the 'Eighties', *Quarterly Review*, rhif 588 (1951), 217–30; J. E. Morgan, 'Atgofion Gwerinwr', *Seren Gomer*, XLVIII, rhif 3 (1956), 91–6.

[6] *Kelly's Directory of Monmouthshire, and the Principal Towns and Places of South Wales* (London, 1891), t. 441.

[7] J. Thomas, *Hanes Eglwysi Annibynol Cymru. Cyfrol V* (Dolgellau, 1891), tt. 200–1; Jenkin Thomas, 'Hanes Ferndale', *Y Darian*, 26 Hydref, 9, 23 Tachwedd 1922; W. J. Rhys, 'Cychwyn a Chynnydd yr Ymneilltuwyr yng Nghymoedd Rhondda', *TCHBC* (1960), 5–13; John Lodwick Evans, *Hanes Eglwys Penuel, MC, Ferndale, 1878–1928 yn fwyaf arbennig* (Ystradgynlais, 1928); T. Johns, *Salem Newydd, Ferndale: Dathlu Tri-Ugain Mlwydd yr Eglwys, 5–9 Rhagfyr 1937: Braslun o Hanes yr Eglwys, 1877–1937* (Ferndale, 1937), tt. 6–7; Morgan, *Hanes Capel Wesley, Ferndale*, tt. 5–7.

Tabl 1: Iaith a leferid gan boblogaethau Ferndale, Dosbarth Cofrestru Pontypridd, Sir Forgannwg a Chymru
(2 flwydd oed a throsodd)

	Nifer Cymraeg	Y Ddwy	Saesneg	Cyfanswm	*Canran Cymraeg*	*Y Ddwy*	*Saesneg*	*Cyfanswm*
Ferndale[1]	1687	1741	1038	4466	*37.8*	*39.0*	*23.2*	*100.0*
D.C. Pontypridd[2]	40507	46487	50005	136999	*29.6*	*33.9*	*36.5*	*100.0*
Sir Forgannwg[3]	142346	177726	326481	646553	*22.0*	*27.5*	*50.5*	*100.0*
Cymru[4]	508036	402253	759416	1669705	*30.4*	*24.1*	*45.5*	*100.0*

1 Hepgorwyd 32 unigolyn nad oeddynt wedi nodi eu gallu ieithyddol neu eu hoedran.
2 Hepgorwyd 765 nad oeddynt wedi nodi eu gallu ieithyddol a 50 a siaradai ieithoedd eraill.
3 Hepgorwyd 4,981 nad oeddynt wedi nodi eu gallu ieithyddol a 2,355 a siaradai ieithoedd eraill.
4 Hepgorwyd 12,833 nad oeddynt wedi nodi eu gallu ieithyddol a 3,076 a siaradai ieithoedd eraill.

oedd y gyfran o siaradwyr Cymraeg a gyfrifwyd yno yn llawer uwch na'r gyfran a gofnodwyd yng ngweddill Dosbarth Cofrestru Pontypridd ac yn sir Forgannwg. Yr oedd dros dri chwarter y boblogaeth yn medru'r Gymraeg a thros hanner y rheini yn methu siarad Saesneg. Yr oedd siaradwyr uniaith Saesneg, ar y llaw arall, yn llai na chwarter y boblogaeth, cyfran a oedd gryn dipyn yn llai na'r un ar gyfer y dosbarth cofrestru yn gyfan. Ac eto, er mai'r Gymraeg oedd iaith y mwyafrif o hyd, dylid tynnu sylw at y ffaith fod ychydig dros hanner siaradwyr Cymraeg Ferndale hefyd yn medru'r Saesneg.

Fel y dengys Tabl 2, yr oedd gallu ieithyddol trigolion Ferndale yn amrywio'n fawr yn ôl eu hoedran. Er bod mwyafrif helaeth y boblogaeth ym mhob grŵp oedran yn siarad Cymraeg, yr oedd y gyfran o siaradwyr uniaith a dwyieithog yn gwahaniaethu'n fawr. Cofnodwyd y gyfran uchaf o siaradwyr uniaith Gymraeg ymhlith babanod a phobl hŷn, a'r gyfran uchaf o siaradwyr dwyieithog ymhlith oedolion ifainc a phlant oedran ysgol. Y mae'n amlwg fod addysg yn chwarae rhan bwysig yn y proses o gyfarwyddo plant Cymraeg eu hiaith â'r iaith Saesneg. Yr oedd bron hanner yr 809 o ddisgyblion ysgol a rifwyd yn Ferndale ym 1891 yn siaradwyr dwyieithog, tra oedd 269 (33.3 y cant) yn siaradwyr uniaith Gymraeg a 149 (18.4 y cant) yn siarad Saesneg yn unig. Siaradwyr Cymraeg oedd dros 70 y cant o'r boblogaeth ym mhob grŵp oedran ar wahân i un, sef y grŵp o oedolion ifainc rhwng 15 a 24 oed. Yr oedd dros 70 y cant o'r 1,287 o unigolion yn y grŵp oedran hwn yn medru'r Saesneg, a bron traean ohonynt yn siaradwyr uniaith Saesneg. Mewnfudwyr o Loegr a gwledydd eraill oedd bron chwarter yr oedolion ifainc hyn, a chyfrifent am ddeuparth y siaradwyr uniaith Saesneg yn eu grŵp oedran.

Ffenomen wrywaidd at ei gilydd oedd mewnfudiad oedolion ifainc i Ferndale. Fel y dengys Tabl 3, gwrywod oedd dros 60 y cant o boblogaeth Ferndale ac yr oedd gwahaniaeth mawr rhyngddynt hwy a'r merched o ran gallu ieithyddol.

Tabl 2: Iaith a leferid yn ôl oedran
(2 flwydd oed a throsodd)

	Nifer				*Canran*			
Oed	Cymraeg	Y Ddwy	Saesneg	Cyfanswm	*Cymraeg*	*Y Ddwy*	*Saesneg*	*Cyfanswm*
2–5	209	125	90	424	*49.3*	*29.5*	*21.2*	*100.0*
6–14	265	408	163	836	*31.7*	*48.8*	*19.5*	*100.0*
15–24	375	500	412	1287	*29.1*	*38.9*	*32.0*	*100.0*
25–44	545	501	280	1326	*41.1*	*37.8*	*21.1*	*100.0*
45–64	239	178	79	496	*48.2*	*35.9*	*15.9*	*100.0*
65+	54	29	14	97	*55.7*	*29.9*	*14.4*	*100.0*
Cyfanswm	**1687**	**1741**	**1038**	**4466**	***37.8***	***39.0***	***23.2***	***100.0***

Tabl 3: Iaith a leferid yn ôl oedran a rhyw
(2 flwydd oed a throsodd)

		Nifer				*Canran*			
Oed	Rhyw	Cymraeg	Y Ddwy	Saesneg	Cyfanswm	*Cymraeg*	*Y Ddwy*	*Saesneg*	*Cyfanswm*
2–5	G	106	58	49	213	*49.8*	*27.2*	*23.0*	*100.0*
	B	103	67	41	211	*48.8*	*31.8*	*19.4*	*100.0*
6–14	G	133	194	82	409	*32.5*	*47.4*	*20.0*	*100.0*
	B	132	214	81	427	*30.9*	*50.1*	*19.0*	*100.0*
15–24	G	255	291	334	880	*29.0*	*33.1*	*38.0*	*100.0*
	B	120	209	78	407	*29.5*	*51.4*	*19.2*	*100.0*
25–44	G	329	310	196	835	*39.4*	*37.1*	*23.5*	*100.0*
	B	216	191	84	491	*44.0*	*38.9*	*17.1*	*100.0*
45–64	G	130	107	53	290	*44.8*	*36.9*	*18.3*	*100.0*
	B	109	71	26	206	*52.9*	*34.5*	*12.6*	*100.0*
65+	G	34	17	11	62	*54.8*	*27.4*	*17.7*	*100.0*
	B	20	12	3	35	*57.1*	*34.3*	*8.6*	*100.0*
	G	**987**	**977**	**725**	**2689**	***36.7***	***36.3***	***27.0***	***100.0***
Cyfanswm	**B**	**700**	**764**	**313**	**1777**	***39.4***	***43.0***	***17.6***	***100.0***

Dim ond 17.6 y cant o'r 1,777 o fenywod a oedd yn ddi-Gymraeg, o'u cymharu â 27 y cant o'r 2,689 o wrywod. Yn achos y merched, yr oedd y mwyafrif helaeth yn Gymry o ran genedigaeth, a dim ond 129 (7.3 y cant) a hanai o Loegr a'r tu hwnt. Ar y llaw arall, yr oedd bron 20 y cant o'r gwrywod wedi eu geni y tu allan i Gymru.

Yr oedd y gwahaniaeth yng ngallu ieithyddol y ddwy ryw yn fwyaf amlwg ymhlith oedolion, lle'r oedd gwrywod yn ddeuparth y boblogaeth gyfan. Yr oedd bron 40 y cant o wrywod rhwng 15 a 24 oed yn siaradwyr uniaith Saesneg, o'u

Tabl 4: Iaith a leferid yn ôl man geni

(2 flwydd oed a throsodd)[1]

Man geni	Nifer Cymraeg	Y Ddwy	Saesneg	Cyfanswm	*Canran Cymraeg*	*Y Ddwy*	*Saesneg*	*Cyfanswm*
Sir Forgannwg	851	1110	297	2258	*37.7*	*49.2*	*13.1*	*100.0*
Sir Gaerfyrddin	346	192	3	541	*64.0*	*35.5*	*0.6*	*100.0*
Sir Aberteifi	189	115	4	308	*61.4*	*37.3*	*1.3*	*100.0*
Sir Benfro	115	74	13	202	*56.9*	*36.6*	*6.4*	*100.0*
Sir Frycheiniog	78	70	15	163	*47.9*	*42.9*	*9.2*	*100.0*
Sir Fynwy	24	59	37	120	*20.0*	*49.2*	*30.8*	*100.0*
Sir Drefaldwyn	15	39	30	84	*17.9*	*46.4*	*35.7*	*100.0*
Sir Faesyfed	4	6	33	43	*9.3*	*14.0*	*76.7*	*100.0*
Sir Feirionnydd	16	10	1	27	*59.3*	*37.0*	*3.7*	*100.0*
Sir Gaernarfon	20	5	–	25	*80.0*	*20.0*	–	*100.0*
Sir Ddinbych	10	5	–	15	*66.7*	*33.3*	–	*100.0*
Sir Y Fflint	2	4	3	9	*22.2*	*44.4*	*33.3*	*100.0*
Sir Fôn	3	4	–	7	*42.9*	*57.1*	–	*100.0*
Cymru[2]	2	1	–	3	*66.7*	*33.3*	–	*100.0*
Lloegr	7	43	557	607	*1.2*	*7.1*	*91.8*	*100.0*
Eraill[3]	4	3	37	44	*9.1*	*6.8*	*84.1*	*100.0*
Cyfanswm	**1686**	**1740**	**1030**	**4456**	***37.8***	***39.0***	***23.1***	***100.0***

1 Hepgorwyd 10 nad oeddynt wedi nodi eu man geni.
2 Heb nodi sir.
3 Man geni: Iwerddon 16, Yr Alban 8, America 6, Awstralia 4, Rwsia 4, India 3, Ffrainc 2, Yr Almaen 1.

cymharu â 19.2 y cant o fenywod. O edrych ar fan geni gwrywod a benywod o fewn y grŵp oedran hwn, gwelir i ba raddau yr oedd yr amrywiaeth ieithyddol hwn yn ganlyniad i wahanol batrymau mudo y ddwy ryw. O ran y dynion, hanai ychydig dros draean o'r 880 o sir Forgannwg, cyfran debyg o rannau eraill o Gymru, a 259 (29.4 y cant) o Loegr. Yr oedd y merched, ar y llaw arall, yn fwy lleol eu tarddiad o lawer: ganed bron dwy ran o dair o'r 407 ohonynt yn sir Forgannwg, a dim ond 28 (6.9 y cant) a hanai o Loegr. Yr oedd cyfran uwch o fenywod Cymraeg eu hiaith hefyd yn medru'r Saesneg, a hynny, yn ôl pob tebyg, oherwydd iddynt gael eu magu yn sir ddiwydiannol Morgannwg. At hynny, gan fod dros hanner y menywod yn y grŵp oedran hwn yn gweithio naill ai fel morynion, gwniadwragedd neu weithwyr siop, yr oedd eu gwybodaeth o'r ddwy iaith yn bwysig iddynt yn eu bywyd beunyddiol.

Yr hyn a ffurfiai gymeriad ieithyddol Ferndale, felly, oedd tarddiad daearyddol y mewnfudwyr a ddaliai i heidio i'r ardal. Cymry oedd mwyafrif helaeth y trigolion ym 1891: hanai bron 60 y cant ohonynt o Forgannwg, a 1,051 (27.6 y cant) o dair sir de-orllewin Cymru, yn enwedig sir Gaerfyrddin. Yr oedd ymron 40 y cant o'r rhai a aned ym Morgannwg yn siaradwyr uniaith Gymraeg, a châi eu rhengoedd hwy eu chwyddo gan frodorion siroedd eraill Cymru, yn enwedig Caerfyrddin, Aberteifi a Phenfro. Eto i gyd, fel y dengys Tabl 4, yr oedd cyfran sylweddol o'r Cymry Cymraeg a aned ym Morgannwg hefyd yn medru'r Saesneg. Cyfran fechan o'r boblogaeth gyfan oedd y 607 o unigolion a aned yn Lloegr, y mwyafrif ohonynt yn swydd Gaerloyw, ac eto yr oeddynt yn cyfrif am dros hanner siaradwyr uniaith Saesneg Ferndale. Ymhlith y 44 o unigolion a hanai o wledydd eraill, cofnodwyd mewnfudwyr o Iwerddon a'r Alban, yn ogystal â Chymry alltud a aned yn America ac Awstralia. Yr oedd cyfran sylweddol o'r rheini a aned yn sir Forgannwg ac a gyfrifwyd ym 1891 yn blant i'r mewnfudwyr cyntaf a ymgartrefodd yn yr ardal. O edrych ar fannau geni'r boblogaeth dros 25 oed gwelir bod cyfran uwch o lawer o'r oedolion a aned yng Nghymru yn hanu o siroedd ar wahân i Forgannwg. Yr oedd brodorion o sir Gaerfyrddin yn amlwg iawn ymhlith y grŵp hwn, ac yr oedd sawl teulu, yn enwedig o ardal Llanelli a thref Caerfyrddin, wedi ymgartrefu wrth ymyl ei gilydd yn Ferndale.

Gan fod dros 80 y cant o'r boblogaeth dros 25 oed yn Gymry o ran genedigaeth ac iaith, yr oedd y Gymraeg yn parhau i fod mewn sefyllfa gref ar aelwydydd mwyafrif helaeth y boblogaeth. Yn 84 (10.7 y cant) yn unig o'r 784 o dylwythau y cofnodwyd yr holl breswylwyr yn siaradwyr di-Gymraeg, o'u cymharu â 215 (27.4 y cant) o gartrefi lle'r oedd neb yn siarad Saesneg. Yn 159 (20.3 y cant) o'r cartrefi, gallai pawb siarad y ddwy iaith, a cheid cymysgedd o siaradwyr dwy-ieithog neu uniaith Gymraeg a/neu Saesneg yn y 326 (41.6 y cant) o gartrefi a oedd yn weddill. A hithau'n gymuned lofaol ifanc lle'r oedd llawer mwy o ddynion nag o ferched, yr oedd cyfradd briodi'r menywod yn arbennig o uchel. Yn y grŵp oedran rhwng 20 a 29 oed yr oedd bron 70 y cant o'r 356 o fenywod yn briod, a thros 70 y cant o'r 788 o wŷr ifainc, ar y llaw arall, yn ddibriod. Y teulu cnewyllol, felly, oedd yr uned deuluol sylfaenol yn Ferndale ac yr oedd bron 90 y cant o'r cartrefi yn cynnwys pâr priod a phlant. Fel y dengys Tabl 5, yr oedd yr uned deuluol hon i raddau helaeth iawn yn Gymraeg ei hiaith, a siaredid Cymraeg gan dros 80 y cant o'r holl benteuluoedd, gwragedd a phlant. Y mae'n amlwg, serch hynny, fod pobl nad oeddynt yn aelodau o'r teulu cnewyllol, megis perthnasau, ymwelwyr, gweision, ac yn enwedig byrddwyr a lletywyr, wedi bod yn ddylanwad Seisnigol cryf yn anheddiad Ferndale. Ymhlith y 904 o fyrddwyr a lletywyr, a oedd yn 20.2 y cant o'r boblogaeth gyfan, y cofnodwyd y gyfradd uchaf o siaradwyr uniaith Saesneg (44.7 y cant), a gallai eu presenoldeb mewn cartrefi Cymraeg eu hiaith gael cryn effaith ar allu ieithyddol aelodau eraill o'r teulu a hyd yn oed ysgogi newid yn yr iaith a ddefnyddid ar yr aelwydydd hynny. Y mae'n amlwg fod newidiadau ieithyddol eisoes wedi digwydd o fewn rhai teuluoedd Cymraeg eu hiaith oherwydd, er mai prin yw'r dystiolaeth o ostyngiad yn y gyfran o siaradwyr Cymraeg rhwng cenedlaethau, yr oedd plant Cymraeg eu hiaith yn fwy tebygol o fedru'r Saesneg na'u rhieni.

Tabl 5: Iaith a leferid yn ôl perthynas â'r penteulu

(2 flwydd oed a throsodd)

Perthynas â'r penteulu	Nifer Cymraeg	Y Ddwy	Saesneg	Cyfanswm	*Canran Cymraeg*	*Y Ddwy*	*Saesneg*	*Cyfanswm*
Penteuluoedd	343	305	135	783	*43.8*	*39.0*	*17.2*	*100.0*
Gwragedd	312	247	113	672	*46.4*	*36.8*	*16.8*	*100.0*
Plant [1]	642	791	300	1733	*37.0*	*45.6*	*17.3*	*100.0*
Perthnasau	71	76	46	193	*36.8*	*39.4*	*23.8*	*100.0*
Gweision/morynion	20	90	26	136	*14.7*	*66.2*	*19.1*	*100.0*
Byrddwyr/lletywyr	282	218	404	904	*31.2*	*24.1*	*44.7*	*100.0*
Ymwelwyr	17	14	14	45	*37.8*	*31.1*	*31.1*	*100.0*
Cyfanswm	**1687**	**1741**	**1038**	**4466**	***37.8***	***39.0***	***23.2***	***100.0***

[1] Gan gynnwys plant maeth a llysblant.

O graffu'n fanylach ar yr iaith a siaredid yng nghartrefi 476 o deuluoedd cnewyllol Ferndale, ceir goleuni pellach ar y ffactorau a effeithiodd ar y proses cymhleth o newid ieithyddol rhwng y naill genhedlaeth a'r llall. Cafwyd bod y ddau riant yn medru'r Gymraeg yn 383 (80.5 y cant) o'r 476 o gartrefi, a bod y ddau yn Gymry uniaith yn 208 (54.3 y cant) o'r cartrefi hynny. Ceid un rhiant Cymraeg ac un di-Gymraeg yn 35 o gartrefi, a dim ond yn 58 o gartrefi (12.2 y cant o'r cyfanswm) yr oedd y ddau riant yn ddi-Gymraeg. Ym mwyafrif helaeth y cartrefi, felly, yr oedd naill ai un rhiant neu'r ddau yn siarad Cymraeg ac, fel y dengys Tabl 6, yr oedd eu plant (a amrywiai mewn oedran o 2 i 32 oed) hefyd yn siarad Cymraeg i raddau helaeth iawn.

Er gwaethaf y ffaith mai Cymraeg i bob pwrpas oedd iaith bywyd teuluol a chymunedol Ferndale, y mae'n amlwg mai nifer bychan iawn o blant y cartrefi di-Gymraeg a deimlodd yr angen i ddysgu'r iaith frodorol. Dim ond ar 4 (6.9 y cant) o'r 58 o aelwydydd lle'r oedd y rhieni yn uniaith Saesneg y medrai rhai o'r plant neu'r plant i gyd siarad Cymraeg. Yr oedd gan David a Martha Wiltshire, a aned yn swydd Gaerloyw, bedwar mab rhwng 8 a 19 oed, a gallent i gyd siarad Cymraeg a Saesneg. George Bowdidge, glöwr 26 oed, oedd yr unig aelod o'i deulu a fedrai siarad Cymraeg, ac yn yr un modd yng nghartref uniaith Saesneg y teulu Wilmot, dim ond Frederick, y mab 20 oed – haliwr glo a hanai o Netherbury yn swydd Dorset – a gofnodwyd yn siaradwr Cymraeg. Y tebyg yw i'r ddau ei dysgu yn y gweithle. Yr oedd y sefyllfa yn fwy hynod fyth yn y pedwerydd cartref, lle y cofnodwyd pedwar plentyn James a Rebecca Gough yn siaradwyr uniaith Gymraeg. Gan fod aelod arall o'r teulu – mam 72 oed Rebecca Gough – hefyd yn methu siarad Saesneg, y mae'n ymddangos bod Rebecca Gough, a hanai o Rymni yn sir Fynwy, wedi camfarnu ei gallu ei hun i siarad Cymraeg a gallu ei phlant i siarad Saesneg.

Tabl 6: Iaith plant (2 flwydd oed a throsodd) ar aelwydydd Cymraeg a di-Gymraeg

Gallu ieithyddol y rhieni		Gallu ieithyddol y plant Nifer yr aelwydydd				*Gallu ieithyddol y plant Canran*			
Tad	Mam	Cymraeg	Saesneg	Cymysg	Cyfanswm	*Cymraeg*	*Saesneg*	*Cymysg*	*Cyfanswm*
Cymraeg	Cymraeg	368	8	7	383	*96.1*	*2.1*	*1.8*	*100.0*
Cymraeg	Saesneg	5	11	3	19	*26.3*	*57.9*	*15.8*	*100.0*
Saesneg	Cymraeg	6	10	–	16	*37.5*	*62.5*	–	*100.0*
Saesneg	Saesneg	2	54	2	58	*3.4*	*93.1*	*3.4*	*100.0*
Cyfanswm		**381**	**83**	**12**	**476**	***80.0***	***17.4***	***2.5***	***100.0***

Cymraeg: siaradwyr uniaith Gymraeg a dwyieithog; Saesneg: siaradwyr uniaith Saesneg; Cymysg: cymysgedd o siaradwyr Cymraeg a di-Gymraeg ar yr un aelwyd.

Tabl 7: Iaith plant (2 flwydd oed a throsodd) o deuluoedd lle'r oedd rhieni uniaith a dwyieithog

Gallu ieithyddol y rhieni		Gallu ieithyddol y plant Nifer yr aelwydydd					*Gallu ieithyddol y plant Canran*				
Tad	Mam	Cymraeg	Y Ddwy	Saesneg	Cymysg	Cyfanswm	*Cymraeg*	*Y Ddwy*	*Saesneg*	*Cymysg*	*Cyfanswm*
C	C	164	24	2	18	208	*78.8*	*11.5*	*1.0*	*8.7*	*100.0*
C	D	2	12	–	1	15	*13.3*	*80.0*	–	*6.7*	*100.0*
D	C	7	7	–	6	20	*35.0*	*35.0*	–	*30.0*	*100.0*
D	D	7	109	6	18	140	*5.0*	*77.9*	*4.3*	*12.9*	*100.0*
D	S	–	3	10	3	16	–	*18.8*	*62.5*	*18.8*	*100.0*
S	D	1	3	9	1	14	*7.1*	*21.4*	*64.3*	*7.1*	*100.0*
S	S	1	1	54	2	58	*1.7*	*1.7*	*93.1*	*3.4*	*100.0*
C	S	1	1	1	–	3	*33.3*	*33.3*	*33.3*	–	*100.0*
S	C	–	1	1	–	2	–	*50.0*	*50.0*	–	*100.0*
Cyfanswm		**183**	**161**	**83**	**49**	**476**	***38.4***	***33.8***	***17.4***	***10.3***	***100.0***

C/Cymraeg: uniaith Gymraeg; D/Y Ddwy: dwyieithog; S/Saesneg: uniaith Saesneg; Cymysg: unrhyw gyfuniad o siaradwyr uniaith Gymraeg, siaradwyr dwyieithog a siaradwyr uniaith Saesneg ar yr un aelwyd.

Diau fod llai o angen i'r di-Gymraeg ddysgu Cymraeg gan fod nifer cynyddol o'r genhedlaeth iau o siaradwyr Cymraeg hefyd yn medru'r Saesneg. Fel y dengys Tabl 7, yn 203 (53.0 y cant) o'r 383 o gartrefi lle'r oedd y rhieni yn siarad Cymraeg, yr oedd y plant i gyd neu rai o'r plant yn siarad Saesneg. Yr oedd y gallu i siarad Saesneg yn fwyaf amlwg ymhlith plant a chanddynt rieni dwyieithog ond hyd yn oed ar 44 (21.2 y cant) o'r 208 o aelwydydd lle y ceid dau riant uniaith Gymraeg yr oedd 133 o blant yn rhugl yn y Saesneg, ac ar bedair aelwyd honnwyd na allai'r plant siarad Cymraeg. Y mae'n debyg mai'r hyn a oedd yn gyfrifol am anwybodaeth honedig y tri hynaf o bedwar plentyn Henry a Sarah Moses o iaith frodorol eu rhieni oedd y ffaith iddynt gael eu geni yn America. Yr oedd y llithriad ieithyddol hwn o'r Gymraeg i'r Saesneg rhwng y cenedlaethau yn amlwg yng nghartrefi un ar ddeg o gyplau eraill a siaradai Gymraeg, lle y cofnodwyd mai Saesneg oedd unig iaith y plant, neu o leiaf rai ohonynt. Yn eu plith, yr oedd saith plentyn y peiriannydd glofaol, William Thomas, a phedwar plentyn Walter Jones, asiant tai o Ferthyr Tudful. Dim ond Ethel (15 oed), yr ieuengaf o bedwar plentyn Walter Jones a'i wraig Margaret, a oedd wedi ei geni yn Ferndale; ganed y tri hynaf, a oedd rhwng 20 a 23 oed, yn Ballaratt yn Awstralia. Mewn cartrefi lle y ceid un rhiant Cymraeg ei iaith yn unig, câi'r plant at ei gilydd eu magu mewn amgylchedd di-Gymraeg. Ym mron 70 y cant o'r 35 o gartrefi lle y siaredid y Gymraeg gan un rhiant yn unig, cofnodwyd y plant yn siaradwyr uniaith Saesneg. Yn eu plith yr oedd pedwar plentyn yr ysgolfeistr Richard Thompson a'i wraig ddwyieithog Jane, a phum plentyn y meddyg Thomas Parry, a'i wraig uniaith Saesneg, Martha.

Prin, serch hynny, oedd y priodasau rhwng gwŷr a gwragedd o wahanol allu ieithyddol, ac ar fwyafrif helaeth yr aelwydydd magwyd y plant i siarad yr un iaith â'u rhieni. Y mae'n amlwg, fodd bynnag, nad iaith rhieni oedd yr unig ffactor a benderfynai allu ieithyddol unigolion, ond yn hytrach gyfuniad o ddylanwadau ieithyddol oddi fewn ac oddi allan i'r cartref. Yr oedd plant dwyieithog y rhieni uniaith Gymraeg yn amlwg wedi dysgu'r Saesneg naill ai yn yr ysgol neu'r gweithle, neu drwy eu cyfathrach â siaradwyr Saesneg a oedd yn byw yn y gymuned. Heb os, yr oedd y mewnlifiad diweddar o niferoedd mawr o letywyr uniaith Saesneg wedi effeithio ar gymeriad ieithyddol y cartrefi a'r gymuned ehangach yn Ferndale. Denai'r cyflogau uchel a gynigid yn y pyllau glo wŷr ifainc yn lluoedd i Ferndale i chwilio am waith ac erbyn 1891 yr oedd 41.4 y cant o weithlu glofaol y dref yn lletywyr. Ceid byrddwyr a lletywyr ar 360 (45.9 y cant) o aelwydydd Ferndale, a chan amlaf byddent yn byw naill ai ar eu pennau eu hunain neu'n barau yng nghartrefi teras y teuluoedd a'u croesawai. Mewn rhai achosion, fodd bynnag, rhoddid llety i nifer sylweddol uwch o unigolion, a rhaid bod yr amodau byw yn y tai bychain yn hynod o anodd. Rhoddai Robert a Mary Death a'u pum plentyn lety i bedwar lletywr ac un ymwelydd yn y tair ystafell a rannent mewn tŷ yn Oak Street. Yn 38 North Street rhannai George a Charlotte Barwell a'u pedwar plentyn eu cartref ag wyth lletywr o Wlad yr Haf a swydd Gaerloyw, ac yr oedd James a Mary Clement a'u chwe phlentyn yn gosod ystafelloedd i un forwyn a saith o ddynion yn eu cartref yn Frederick Street.

Fel y dengys Tabl 8, hanai mwyafrif byrddwyr a lletywyr Ferndale o ardaloedd amaethyddol Cymru a Lloegr. O'r holl letywyr a hanai o Gymru, chwarter yn unig ohonynt a oedd yn enedigol o sir Forgannwg, a deuai mwy na'u hanner o dair sir y de-orllewin, sef Caerfyrddin, Aberteifi a Phenfro. Cymry Cymraeg oedd mwyafrif helaeth y lletywyr a hanai o'r tair sir hyn, a'r rhan fwyaf ohonynt yn

Tabl 8: Iaith a man geni byrddwyr a lletywyr
(2 flwydd oed a throsodd)[1]

Man geni	Nifer Cymraeg	Y Ddwy	Saesneg	Cyfanswm	*Canran Cymraeg*	*Y Ddwy*	*Saesneg*	*Cyfanswm*
Sir Forgannwg	51	63	24	138	*37.0*	*45.7*	*17.4*	*100.0*
Sir Gaerfyrddin	79	43	–	122	*64.8*	*35.2*	–	*100.0*
Sir Aberteifi	60	38	2	100	*60.0*	*38.0*	*2.0*	*100.0*
Sir Benfro	36	26	5	67	*53.7*	*38.8*	*7.5*	*100.0*
Sir Frycheiniog	13	12	4	29	*44.8*	*41.4*	*13.8*	*100.0*
Sir Drefaldwyn	7	6	16	29	*24.1*	*20.7*	*55.2*	*100.0*
Sir Fynwy	8	5	6	19	*42.1*	*26.3*	*31.6*	*100.0*
Sir Gaernarfon	13	3	–	16	*81.3*	*18.8*	–	*100.0*
Sir Faesyfed	1	1	11	13	*7.7*	*7.7*	*84.6*	*100.0*
Sir Feirionnydd	6	1	–	7	*85.7*	*14.3*	–	*100.0*
Sir Ddinbych	1	3	–	4	*25.0*	*75.0*	–	*100.0*
Sir Y Fflint	2	1	–	3	*66.7*	*33.3*	–	*100.0*
Sir Fôn	2	–	–	2	*100.0*	–	–	*100.0*
Lloegr	2	15	311	328	*0.6*	*4.6*	*94.8*	*100.0*
Eraill[2]	1	1	17	19	*5.3*	*5.3*	*89.5*	*100.0*
Cyfanswm	**282**	**218**	**396**	**896**	***31.5***	***24.3***	***44.2***	***100.0***

[1] Hepgorwyd 8 nad oeddynt wedi nodi eu man geni.
[2] Man geni: Iwerddon 9, Yr Alban 4, Ffrainc 2, India 2, Yr Almaen 1, Rwsia 1.

Gymry uniaith. Yr oedd gweddill y lletywyr – y rhai nas ganed yng Nghymru – yn cyfrif am ymron 40 y cant o'r holl letywyr, ac o Loegr yr hanai'r mwyafrif helaeth ohonynt. Lletywyr, y rhan fwyaf ohonynt yn enedigol o swyddi Caerloyw a Gwlad yr Haf, oedd dros hanner y Saeson a drigai yn Ferndale, a chan mai dim ond 17 (5.2 y cant) ohonynt a fedrai'r Gymraeg, yr oeddynt yn amlwg yn garfan uniaith Saesneg gref yn y gymuned. Yr oeddynt yn llai o fygythiad i ymlyniadau ieithyddol y teuluoedd unigol a'u croesawai, fodd bynnag, gan fod y mwyafrif helaeth ohonynt, yn siaradwyr Saesneg neu Gymraeg, yn byw mewn cartrefi a chanddynt yr un cefndir ieithyddol, cymdeithasol a daearyddol â hwy eu hunain. Trigai 70 o'r 122 o letywyr a hanai o sir Gaerfyrddin mewn cartrefi lle'r oedd naill ai'r penteulu a/neu ei wraig yn frodorion o'r un sir, ac mewn 45 achos hanai'r lletywyr o'r un plwyf yn union â'u gwesteiwyr. Yn Fountain Street cafodd John a Thomas Morgans o Ben-bre lety yng nghartref David Morgans, yntau'n frodor o'r un dref ac o bosibl yn berthynas iddynt; ac yn eu cartref yn Rhondda Road rhoddai John a Rachel Roberts lety i ddau o'u hardal enedigol hwythau, sef Llangyndeyrn. Ni thrigai yr un o'r lletywyr a aned yn sir Gaerfyrddin mewn cartref di-Gymraeg ac ar sawl cyfrif, felly, yr oedd eu presenoldeb yn fodd i gynnal ac atgyfnerthu cysylltiad cymdeithasol a diwylliannol rhwng y cymunedau gwledig tra Chymraeg a'r cymunedau glofaol.

Amlygai'r lletywyr o Loegr yr un duedd i aros yng nghartrefi cyfeillion a chydnabod o'u hardaloedd genedigol neu gyda theuluoedd eraill Saesneg eu hiaith. Yr oedd 67 (43.2 y cant) o'r 155 o letywyr a hanai o swydd Gaerloyw yn byw gyda theuluoedd lle'r oedd naill ai'r penteulu a/neu ei wraig hefyd yn Saeson, ac mewn 35 achos yr oedd y gwesteiwyr hefyd yn dod o swydd Gaerloyw. Er nad oes modd sefydlu union natur y berthynas rhwng lletywyr a'r teuluoedd a'u croesawai, ymddengys fod nifer o'r lletywyr o swydd Gaerloyw yn perthyn yn agos i'w gilydd. Yr oedd y parau canlynol – Frederick a Sidney Pearce o Charlton Kings, Amos ac Alexander Cook a George a Thomas Fisher o Cheltenham – yn ôl pob tebyg yn frodyr neu'n gefndryd, ac yn rhannu'r un tŷ llety yn Brynhyfryd Terrace, Union Street, a Wood Street. Cafwyd bod tri aelod o'r teulu Ballinger o Winchcombe hefyd yn byw yn agos at ei gilydd yn Ferndale. Rhannai William ac Alfred Ballinger lety mewn tŷ yn Union Street, a thrigai Denis Ballinger ychydig strydoedd i ffwrdd yn North Street.

Serch hynny, gan mai dim ond 101 (12.9 y cant) o benteuluoedd Ferndale a 71 (10.6 y cant) o'r gwragedd priod a oedd yn Saeson, yr oedd mwyafrif y lletywyr a aned yn Lloegr yn aros yng nghartrefi teuluoedd a hanai o Gymru ac a siaradai Gymraeg. Mewn cartrefi Cymraeg, gallai lletywr uniaith Saesneg ysgogi newid yn iaith yr aelwyd gan y byddai tuedd i'r siaradwyr Cymraeg siarad Saesneg â'u gwesteion. Ym mwyafrif y cartrefi lle y ceid lletywyr Saesneg eu hiaith, gallai un aelod neu ragor o'r teulu a'u croesawai, y plant fel rheol, siarad Saesneg hefyd. Serch hynny, trigai 41 o letywyr uniaith Saesneg mewn cartrefi lle'r oedd pawb yn uniaith Gymraeg, ac er bod lletywyr di-Gymraeg eraill yn cydletya â 24 o'r rhain, yr oedd y 17 arall wedi eu hynysu'n ieithyddol yn eu llety. Yn Brynhyfryd Terrace, trigai Alf Uzell, brodor o Iron Acton yn swydd Gaerloyw, ar ei ben ei hun gyda theulu uniaith Gymraeg o Forgannwg, ac ychydig ddrysau i ffwrdd, lletyai George Tandy o Ledbury, swydd Henffordd, gyda theulu uniaith Gymraeg o sir Gaerfyrddin. Ar y llaw arall, ychydig o drafferth a gâi lletywyr uniaith Gymraeg i ddod o hyd i lety gyda theuluoedd Cymraeg eu hiaith, a phump yn unig a arhosai mewn cartrefi lle nad oedd unrhyw un arall yn siarad Cymraeg.

Ffenomen gymharol ddiweddar oedd y mewnfudiad o niferoedd mawr o Saeson i Ferndale, oherwydd ychydig o deuluoedd o Loegr a oedd wedi ymgartrefu yn y gymuned. Dengys astudiaeth o fan geni a gallu ieithyddol y 761 penteulu a drigai yn y pymtheg o brif derasau mai mewn tair stryd yn unig, sef Union Street, Oak Street a Fountain Street, yr oedd unrhyw nifer sylweddol o benteuluoedd o Loegr wedi ymsefydlu (Ffigur 1). Tueddai'r teuluoedd o Saeson a drigai yn y rhesi hyn o dai teras i glystyru ynghyd ac yn aml rhannent yr un tŷ. Er enghraifft, yr oedd deg o'r deuddeg teulu o Saeson a drigai yn Fountain Street yn byw yn rhifau 19–20, 25–26 a 40–41. Yn yr un modd, tueddai'r 16 o Wyddelod a oedd yn byw yn Ferndale, gan gynnwys yr unig un a siaradai Gymraeg, i

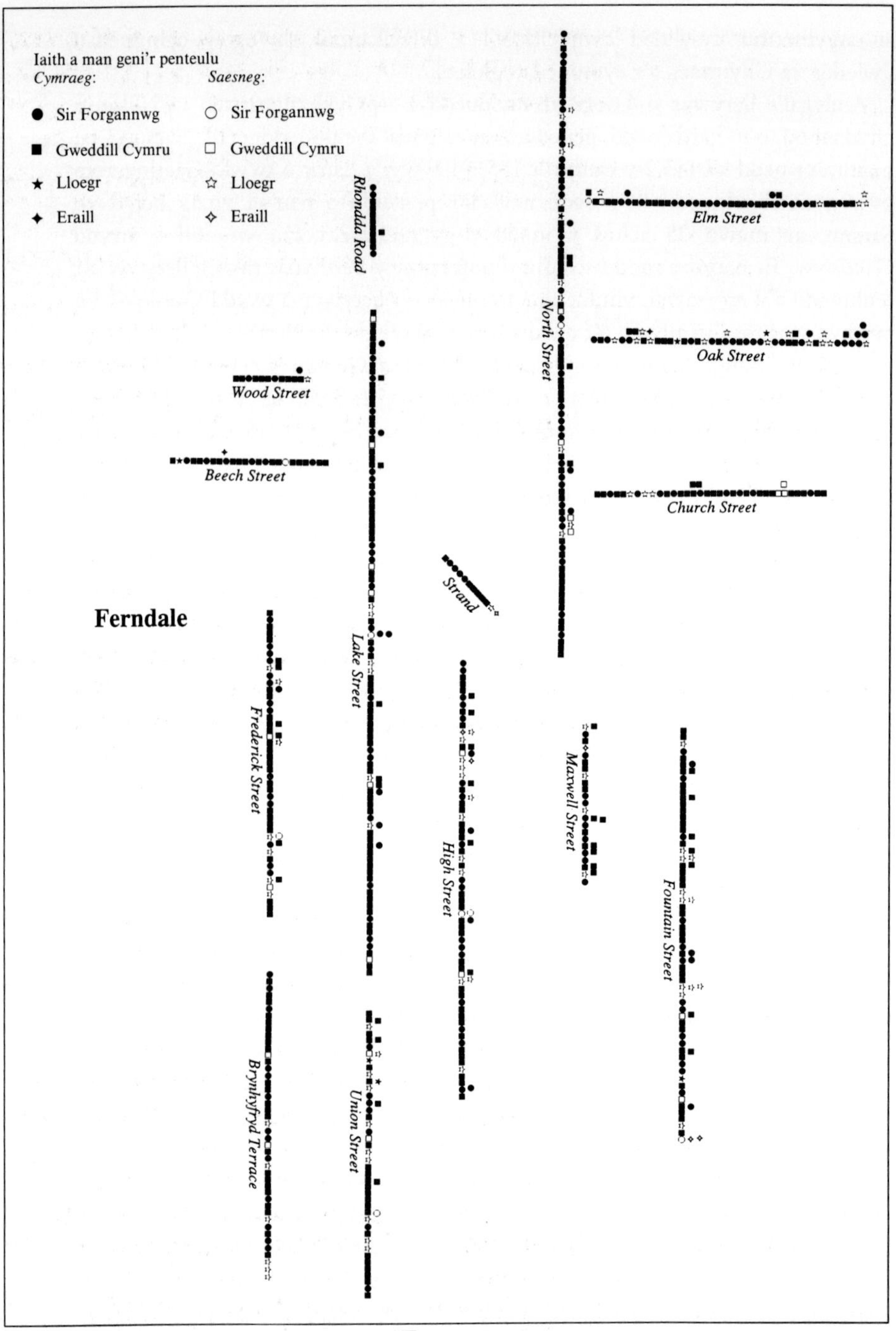

Ffigur 1. Iaith a leferid a man geni penteuluoedd yn Ferndale

ymgynnull yn grwpiau bychain. Yn Fountain Street, rhennid tŷ gan ddau deulu o Wyddelod, y naill yn hanu o Cork a'r llall o Kilkenny, a rhoddai'r ddau deulu lety i bobl eraill a hanai o Iwerddon.

Cymraeg oedd prif iaith y stryd yn Ferndale. Mewn dwy res o dai yn unig, sef Union Street a Brynhyfryd Terrace, yr oedd llai na 70 y cant o'r trigolion (2 flwydd oed a throsodd) yn methu siarad Cymraeg, ond hyd yn oed yn y ddwy res hyn yr oedd y ganran o siaradwyr Cymraeg yn dal i fod dros 60 y cant. Yn Union Street, lle'r oedd 118 (36.3 y cant) o'r 325 o drigolion yn methu siarad Cymraeg, byrddwyr a lletywyr oedd dros hanner y boblogaeth ddi-Gymraeg, a dim ond 12 o'r 49 penteulu a oedd yn Saeson. Yr oedd trigolion Beech Street a Rhondda Road, ar y llaw arall, yn Gymry Cymraeg bron i gyd. Yr oedd y 12 penteulu a drigai yn Rhondda Road yn Gymry, ac felly hefyd bob un ond dau o'r 25 penteulu a oedd yn byw yn Beech Street. Yn Rhondda Road 8 yn unig o'r 79 o drigolion a oedd yn ddi-Gymraeg, a thrigent i gyd yn yr un tŷ. Yn Beech Street yr oedd 127 (96.9 y cant) o'r 131 o drigolion yn siarad Cymraeg, a 59 ohonynt (46.5 y cant) yn siaradwyr uniaith Gymraeg. Yr unig bedwar a gofnodwyd yn ddi-Gymraeg oedd dau letywr a dau frawd, George a James Williams o Abertawe, a honnai na allent siarad Cymraeg er gwaethaf y ffaith fod dau aelod arall o'u teulu, sef gwraig George a'i frawd-yng-nghyfraith, wedi eu cofnodi yn siaradwyr uniaith Gymraeg.

A hithau'n brif ganolfan fasnachol Rhondda Fach, yr oedd Ferndale yn gartref i lawer o siopwyr, masnachwyr a mân gynhyrchwyr, ac yn y Strand a'r Stryd Fawr, y ddwy brif stryd fasnachol a gynhwysir yn y sampl hwn, gweithiai groseriaid, cigyddion, masnachwyr gwlanen, teilwriaid, brethynwyr, cryddion, haearnwerthwyr a thafarnwyr i ddiwallu anghenion eu cymunedau. Yr oedd dros 70 y cant o'r 494 o drigolion yn y ddwy stryd hon yn siarad Cymraeg, a gallai dros ddwy ran o dair ohonynt siarad Saesneg yn ogystal. Fel y dengys Tabl 9, ac eithrio'r menywod hynny a restrwyd fel gwragedd llety, câi 102 o bobl eu cyflogi o fewn y sector masnach yn Ferndale. Yr oedd deuparth y 102 o unigolion yn ddwyieithog, 19 (18.6 y cant) yn siarad Saesneg yn unig a 13 (12.7 y cant) yn uniaith Gymraeg. Yn yr Emporium, siop ddillad fawr a oedd yn eiddo i John Jenkins o'r Berth-lwyd, sir Aberteifi, yr oedd chwech o'r wyth person a gyflogid fel cynorthwywyr, gwniadwragedd a hetwragedd yn siarad Cymraeg a Saesneg. Yr oedd pedwar o'r pum dyn a gyflogid fel cynorthwywyr yn y siop groser a reolid gan David Evans, brodor o Lanrhystud yn sir Aberteifi, hefyd yn rhugl yn y ddwy iaith. Gwasanaethid y rhai a fynychai westai'r Maxwell a'r Commercial gan ddau dafarnwr dwyieithog ac yr oedd mwyafrif staff y bar yn y ddau westy hefyd yn siarad Cymraeg a Saesneg.

Ymhlith y llond llaw o fasnachwyr a oedd yn methu siarad Cymraeg yr oedd Samuel Shibko, perchennog siop wystlo a warws esgidiau ar y Strand. Fe'i ganed yn Rwsia ac yr oedd yn ŵr gweddw. Y mae'n amlwg mai yn gymharol ddiweddar y daethai i dir mawr Prydain, gan fod ei fab hynaf, a oedd yn 9 oed, wedi ei eni yn Rwsia, a'i blentyn ieuengaf, 3 oed, yn Hull. Brodor arall o Rwsia a enillai ei damaid yn Ferndale oedd Samuel Elias, gwerthwr lluniau 19 oed, yntau hefyd yn ddi-Gymraeg. Yr oedd Shibko ac Elias yn ddau o blith nifer cynyddol o ymfudwyr Iddewig a ddaethai i dde Cymru o ddechrau'r 1880au ar ôl ffoi o'u gwlad enedigol i osgoi erledigaeth. Yng nghyfarwyddiadur masnachol 1891, rhestrir enwau oddeutu ugain o fusnesau yng nghymoedd y Rhondda a oedd, yn ôl pob tebyg, yn eiddo i Iddewon neu'n cael eu rheoli ganddynt. Yr oedd y rhain i gyd yn dilyn yr un galwedigaethau â theuluoedd Iddewig mewn trefi diwydiannol eraill yn ne Cymru yn y cyfnod hwn, sef gwystlwyr, gwerthwyr celfi neu luniau, dilladwyr, gemwyr, gwneuthurwyr watsys a gwydrwyr.[8] Yr oedd Eli Joseph ac Eli Cohen, y ddau'n frodorion o wlad Pwyl, wedi sefydlu busnesau y naill fel gwystlwr a'r llall fel gwerthwr celfi yn Dyffryn Street, Ferndale, ardal nad yw o fewn ffiniau'r sampl hwn. Fel y masnachwyr Iddewig eraill a weithiai yng nghwm Rhondda, yr oeddynt ill dau yn ddi-Gymraeg, ond ymddengys na fu hynny'n rhwystr i'w mentrau masnachol.

Yr oedd nifer o unigolion eraill a ddeuai i gysylltiad ag aelodau'r cyhoedd yn eu gwaith pob dydd yn methu siarad Cymraeg. Er bod Henry Davies, rhingyll yn yr heddlu, a dau o'r pum heddwas a wasanaethai dano, yn ddwyieithog, Saesneg yn unig a siaradai'r tri heddwas arall, gan gynnwys y Gwyddel a geid yn eu plith. Yn y swyddfa bost yn y Stryd Fawr, tri chlerc uniaith Saesneg a gynorthwyai'r postfeistr dwyieithog, David Thomas. Saesneg hefyd oedd yr unig iaith a siaradai Richard Thompson, ysgolfeistr yr ysgol fwrdd. Brodor o'r Blaenau yn sir Fynwy oedd Thompson, ac yr oedd yn un o'r pedwar yn Ferndale yr ymddiriedwyd iddo'r gwaith cyfrifol o fod yn rhifwr yn ystod cyfrifiad 1891. Un o'r lleill oedd ei fab, Horace, yntau hefyd yn ddi-Gymraeg. Yr oedd dau o'r chwe athro arall hefyd yn ddi-Gymraeg, sef John Earnshaw o Leeds, a Helen Littlejohn, brodor o Gernyw a oedd yn ferch i berchennog siop ffrwythau a llysiau yn y Stryd Fawr. Cymraeg oedd unig iaith dwy athrawes arall, sef Rachel Morgan a Susanna Arthur, ac yr oedd John Jones, athro elfennol 21 oed o Lanelli, a Jane Thompson, yr ysgolfeistres a gwraig Richard Thompson, yn siarad y ddwy iaith. O'r 25 athro cynorthwyol neu ddisgybl-athrawon, yr oedd 19 yn ddwyieithog, 2 yn uniaith Gymraeg a 4 yn siarad Saesneg yn unig. Cynigid hyfforddiant cerddorol ac ysbrydol trwy gyfrwng y Saesneg y tu allan i ofalaeth ffurfiol y capel a'r ysgol gan bedwar person, dau ohonynt, sef Robert a Vincent Thomas, yn athrawon cerdd a aned yn Lloegr, a'r ddwy arall, sef Ann Hogg a Jane Dyvars, a oedd yn cydletya mewn tŷ yn Frederick Street, yn swyddogion gyda Byddin yr Iachawdwriaeth. Yr oedd gan J. E. Morgan gof am aelodau o Fyddin yr Iachawdwriaeth yn ymweld yn gyson â Ferndale yn ystod y 1880au pryd y byddent yn cynnal cyfarfodydd canu emynau ar y Strand ar nos Sul, gan ddenu tyrfaoedd mawr o addolwyr, gwylwyr a heclwyr.[9]

[8] *Kelly's Directory*, tt. 438–51. Gw. Anthony Glaser ac Ursula R. Q. Henriques, 'The Valleys Communities' yn Ursula R. Q. Henriques (gol.), *The Jews of South Wales: Historical Studies* (Cardiff, 1993), tt. 45–67.

[9] Morgan, 'Atgofion Gwerinwr', 92.

Fodd bynnag, Cymry o ran iaith a genedigaeth oedd y gwŷr a weinidogaethai yng nghapeli Ymneilltuol Ferndale. Yr oedd pob un o'r chwe gweinidog Ymneilltuol a oedd yn Ferndale ar noson y cyfrifiad, gan gynnwys un a oedd yn weinidog ar achos Saesneg, yn Gymry Cymraeg. Yr oedd dau ohonynt, sef David Davies, pregethwr cynorthwyol yng Nghapel y Wesleaid Cymraeg, a Henry James, gweinidog gyda'r Bedyddwyr a brodor o Landeilo a oedd ar ymweliad â Ferndale, yn Gymry uniaith. Masnachwyr a swyddogion glofeydd lleol oedd y rhan fwyaf o ddiaconiaid, blaenoriaid a swyddogion y capeli Ymneilltuol Cymraeg ac atgyfnerthid eu statws a'u dylanwad o fewn eu cymuned gan eu cysylltiadau diwylliannol a chrefyddol.[10] Ymhlith aelodau'r sêt fawr ym Mhenuel, capel Cymraeg y Methodistiaid Calfinaidd ym 1891, yr oedd David Walters, rheolwr cynorthwyol yn y lofa, ac Evan Rees, clerc yn swyddfeydd y lofa.[11] Un o'r diaconiaid yng nghapel y Wesleaid Cymraeg oedd Thomas Bevan, ariannwr yn swyddfeydd y lofa ac aelod o Fwrdd Ysgol Ystradyfodwg; bu'n flaenllaw yn yr ymgyrch i sefydlu'r achos Wesleaidd yn Ferndale ac ef oedd organydd cyntaf y capel.[12] Trysorydd Salem Newydd, capel y Bedyddwyr, oedd E. J. Thomas, rheolwr uniaith Gymraeg y Cooperative Stores, ac Edward Parry, prif saer o Laneurgain, sir Y Fflint, a gyflawnai'r gwaith pwysig hwnnw yn y capel Wesleaidd.[13] Yr oedd nifer o'r bobl hyn wedi ymgartrefu yn y tai newydd a godwyd o'r 1880au ymlaen yn North Street ac Elm Street,[14] nid nepell o Frynderwen, cartref F. L. Davis YH, cadeirydd a rheolwr gyfarwyddwr glofeydd Ferndale. Ac yntau'n fab i Lewis Davis, gŵr a ystyrid yn brif noddwr y sefydliadau crefyddol a diwylliannol Cymraeg cynnar yn Ferndale, yr oedd F. L. Davis yntau bron yn sicr yn Gymro Cymraeg, ond gan nad oedd gartref ym Mrynderwen ar noson y cyfrifiad nid oes modd cadarnhau hynny.[15] Eto i gyd, er i deulu F. L. Davis ddewis byw ac addoli ymhlith eu gweithwyr yn Ferndale, y mae'n amlwg na allai'r perchenogion glo ddibynnu mwyach ar deyrngarwch pob aelod o'r gymuned lofaol. Yn ystod ymgyrch etholiadol 1885 llwyddodd William Abraham (Mabon), arweinydd y glowyr, i drechu ei gyd-Ryddfrydwr F. L. Davis, ac i gael ei ethol yn AS Rhyddfrydol ac ymgeisydd cyntaf y glowyr dros y Rhondda.[16]

Yn ystod brwydr wleidyddol 1885 diau mai yn Gymraeg y byddai Mabon ac F. L. Davis wedi traddodi eu hanerchiadau cyhoeddus i lowyr Ferndale. Yr oedd bron tri chwarter y 1,642 a gyflogid yn y diwydiant glo yn siarad Cymraeg, a'r mwyafrif o'r rhain yn Gymry uniaith, a dim ond 329 (20.0 y cant) o'r gweithlu a aned yn Lloegr. Yr oedd y Cymry a'r siaradwyr Cymraeg yn amlwg iawn ymhlith rhengoedd

[10] Gw. E. T. Davies, *Religion in the Industrial Revolution in South Wales* (Cardiff, 1965), tt. 149–50.
[11] Evans, *Hanes Eglwys Penuel*, tt. 11–12.
[12] Young, 'Cofiant Mr Delta Davies', 326; Morgan, *Hanes Capel Wesley, Ferndale*, tt. 15–16.
[13] Johns, *Salem Newydd, Ferndale*, t. 24; Morgan, *Hanes Capel Wesley, Ferndale*, t. 15.
[14] Malcolm J. Fisk, *Housing in the Rhondda, 1800–1940* (Cardiff, 1996), t. 120.
[15] Morgan, *Hanes Capel Wesley, Ferndale*, tt. 14–15. Gw. David Young, *Bywyd Lewis Davis, Ferndale* (Ferndale, 1888).
[16] Chris Williams, *Democratic Rhondda: Politics and Society, 1885–1951* (Cardiff, 1996), tt. 31–7.

swyddogion y glofeydd a'r gweithlu â chrefft. Yr oedd pob un o'r saith swyddog glofa, sef pedwar rheolwr, dau isreolwr ac un rheolwr cynorthwyol, yn siarad Cymraeg, ac yr oedd hynny'n wir hefyd am y 13 o glercod a gyflogid yn swyddfeydd y glofeydd. At hynny, yr oedd y pum atalbwyswr a 20 o'r 23 o ffeiarmyn a goruchwylwyr yn medru'r Gymraeg. Gan mai Cymry oedd dros 80 y cant o'r 1,394 o halwyr a glowyr, nid yw'n syndod fod dros dri chwarter ohonynt yn siarad Cymraeg. Brodorion o siroedd diwydiannol Morgannwg a Mynwy oedd dros hanner y gweithlu hwn, a dim ond 257 (18.4 y cant) a hanai o Loegr.

Ymhlith rhengoedd y gweithwyr di-grefft, fodd bynnag, yr oedd llawer mwy o bobl ddi-Gymraeg a aned y tu allan i Gymru. Yr oedd 68 (59.6 y cant) o'r 114 o labrwyr a weithiai yn y pyllau glo yn uniaith Saesneg; hanai 59 o'r rhain o Loegr a gwledydd eraill. Saesneg hefyd oedd prif iaith y dosbarth llafurio cyffredinol a deuai'r mwyafrif ohonynt o'r tu hwnt i Gymru. O'r 111 o labrwyr cyffredinol hanai 71 (63.9 y cant) o Loegr, yr Alban ac Iwerddon, a Saesneg yn unig a siaradai 75 (67.6 y cant) ohonynt. Lletywyr oedd bron tri chwarter y dynion a gyflawnai waith di-grefft ac israddol o'r math hwn, a hynny, mae'n debyg, oherwydd eu statws fel aelodau dros-dro a chymharol newydd o'r gymuned.

O gymharu â sefyllfa'r merched mewn aneddiadau glofaol cyfagos, a llai eu maint, câi merched Ferndale fwy o gyfle i ennill bywoliaeth a chofnodwyd bod traean y rhai dros 10 oed yn gyflogedig. Yn y siopau dillad mawr, y tafarndai a'r tafarnau coffi, lle'r oedd gwybodaeth o'r ddwy iaith yn amlwg yn fanteisiol, gallai merched ifainc ddod o hyd i waith fel gwniadwragedd, hetwragedd, cynorthwywyr siop, barforynion a gweinyddesau. Fodd bynnag, yn eu cartrefi eu hunain y gweithiai mwyafrif y boblogaeth fenywaidd, gan gynnig gwasanaeth domestig i'r dynion ar yr aelwyd. Lle'r oedd dau letywr neu ragor mewn cartref, cofnodwyd bod y penteulu benywaidd neu'r wraig yn cadw tŷ llety. Mewn llawer o gartrefi ysgwyddai gwraig y llety gyfrifoldebau domestig arbennig o drwm, ac yn aml byddai arni angen cymorth morwyn ifanc. Yn ei chartref yn Union Street, câi Sarah Davies, mam 30 oed i dri o blant ifainc, gymorth perthynas ifanc i ofalu am y naw glöwr a oedd yn byw ar ei haelwyd. Yn wir, yr oedd dros hanner y 178 o fenywod a weithiai fel morynion yn perthyn i'r teulu glofaol a'u cyflogai.

Yr oedd mwyafrif helaeth y gwragedd llety a'r morynion yn siaradwyr Cymraeg a dim ond 14 (11.2 y cant) o'r 125 o wragedd llety a 12 (6.7 y cant) o'r 178 o forynion a oedd yn Saeson. Dangoswyd eisoes fod mwyafrif y gwragedd llety yn rhugl yn yr iaith a siaredid gan eu lletywyr, a byddai morynion hefyd at ei gilydd yn gweini mewn tai lle'r oedd gweddill y preswylwyr o gefndir ieithyddol a daearyddol tebyg. Yr oedd naw o'r deuddeg morwyn uniaith Saesneg a hanai o Loegr yn gweini mewn cartrefi lle'r oedd y penteulu neu'r wraig hefyd yn Saeson, a'r tair arall yn gweini gyda theuluoedd Saesneg eu hiaith o siroedd Morgannwg a Mynwy. Mewn dau gartref, serch hynny, yr oedd morwyn uniaith yn gweithio i deulu lle'r oedd neb arall yn siarad yr un iaith â hwy. Er na allai Mary Francombe, gwraig 31 oed o Ystradyfodwg, siarad Cymraeg, fe'i cyflogid ar aelwyd uniaith

Gymraeg, tra gwasanaethai Elizabeth Rees, Cymraes uniaith o Ferndale, yng nghartref y teulu Littlejohn, a siaradai Saesneg yn unig.

Ond nid oedd teuluoedd di-Gymraeg yn elfen gref yng nghymuned lofaol Ferndale. Siaradai dros dri chwarter y boblogaeth Gymraeg, a Chymraeg oedd unig iaith bron hanner y Cymry Cymraeg hynny. Defnyddiai mwyafrif helaeth y trigolion y Gymraeg yn feunyddiol i sgwrsio ag aelodau o'r teulu, cymdogion a chyd-weithwyr, yn ogystal ag yn ystod cyfarfodydd crefyddol, diwylliannol a gwleidyddol. Er bod Ferndale bellach yn ganolfan fasnachol bwysig yng nghwm Rhondda Fach, Cymraeg oedd iaith perchenogion y pyllau glo a'r rhan fwyaf o fasnachwyr a enillai fywoliaeth yn y dref. Yr oedd eu cysylltiad â sefydliadau crefyddol a diwylliannol Cymraeg lleol hefyd yn atgyfnerthu amlygrwydd a statws yr iaith. Cryfhawyd sefyllfa'r iaith Gymraeg yn y gymuned gan gymeriad tra Chymreig y mewnfudo i Ferndale, ac er bod nifer cynyddol o'r genhedlaeth iau o siaradwyr Cymraeg yn gallu siarad Saesneg hefyd, ychydig iawn a roesai'r gorau i ddefnyddio'u hiaith frodorol yn llwyr. Serch hynny, yr oedd yn fwyfwy amlwg fod y mewnlifiad mwy diweddar o Loegr yn arwydd o ddyfodiad dylanwad ieithyddol a diwylliannol arall ar fywyd y gymuned ddiwydiannol hon. Er mai bychan oedd nifer y teuluoedd o Saeson a oedd wedi ymgartrefu yn Ferndale erbyn 1891, nid oedd y nifer mawr o letywyr Saesneg eu hiaith a ddaethai o Loegr yn argoeli'n dda i ddyfodol y Gymraeg. Ychydig iawn o'r mewnfudwyr di-Gymraeg a oedd yn dysgu'r iaith frodorol ac, wrth i nifer cynyddol o Gymry Cymraeg ymgyfarwyddo â'r Saesneg, lleihau yr oedd yr angen iddynt wneud hynny.

Tabl 9: Iaith a leferid yn ôl galwedigaeth

(10 oed a throsodd)

Dosbarth diwydiannol	Iaith a leferid Dynion Cymraeg	Y Ddwy	Saesneg	Cyfan.	Iaith a leferid Merched Cymraeg	Y Ddwy	Saesneg	Cyfan.
AMAETHYDDIAETH								
Ffermio								
Ffermwr	–	1	–	1				
Gweithiwr amaethyddol	–	1	–	1				
Gweision fferm	–	2	–	2				
Bugail	1	–	–	1				
Magu								
Milfeddyg, ffariar	–	1	1	2				
Cyfanswm	**1**	**5**	**1**	**7**				
%	***14.3***	***71.4***	***14.3***	***100.0***				

Dosbarth diwydiannol	Iaith a leferid Dynion Cymraeg	Y Ddwy	Saesneg	Cyfan.	Iaith a leferid Merched Cymraeg	Y Ddwy	Saesneg	Cyfan.
MWYNGLODDIO								
Glo								
Rheolwyr	2	5	–	7				
Peirianwyr	1	1	1	3				
Clercod	1	12	–	13				
Ffeiarmyn/goruchwylwyr	8	12	3	23				
Atalbwyswyr	2	3	–	5				
Glowyr/halwyr	599	467	328	1394				
Gweithwyr peiriannau	7	5	3	15				
Crefftwr	–	1	–	1				
Labrwyr	32	14	68	114				
Gweithwyr pen pwll/ ar yr wyneb	9	14	10	33				
Bechgyn wrth y drysau	3	8	6	17				
Eraill	7	4	6	17				
Tywodfaen								
Chwarelwyr	–	1	6	7				
Gwaith dŵr								
Gosodwyr	–	–	2	2				
Cyfanswm	**671**	**547**	**433**	**1651**				
%	***40.6***	***33.1***	***26.2***	***100.0***				
ADEILADU								
Rheoli								
Syrfëwr	–	–	1	1				
Contractwyr/adeiladwyr	–	2	1	3				
Gweithwyr								
Seiri meini	3	4	4	11				
Plastrwyr	2	–	3	5				
Seiri coed	13	3	4	20				
Peintwyr	1	3	6	10				
Labrwyr	–	–	2	2				
Rheilffyrdd								
Gosodwyr cledrau	1	–	4	5				
Cyfanswm	**20**	**12**	**25**	**57**				
%	***35.1***	***21.1***	***43.9***	***100.0***				
CYNHYRCHU								
Peiriannau, offer, watsys, ayb								
Perchenogion	1	–	1	2				
Crefftwyr	1	2	2	5				
Gweithiwr di-grefft	–	–	1	1				
Haearn a dur								
Fformyn	2	–	–	2				
Crefftwyr	7	12	3	22				
Cynorthwywr	–	1	–	1				
Tunplat								
Crefftwyr	–	–	2	2				

Dosbarth diwydiannol	Iaith a leferid Dynion Cymraeg	Y Ddwy	Saesneg	Cyfan.	Iaith a leferid Merched Cymraeg	Y Ddwy	Saesneg	Cyfan.
Nwy								
Crefftwyr	–	–	2	2				
Pren, dodrefn, ayb								
Crefftwyr	1	–	1	2				
Cynorthwywyr	1	–	–	1				
Cerbydau a harneisiau								
Crefftwyr	–	6	–	6				
Prentisiaid	–	2	–	2				
Cotwm, llin, ayb								
Gwehyddwraig	–	–	–	–	1	–	–	1
Dillad								
Perchenogion	2	2	–	4				
Crefftwyr	12	6	11	29	25	46	19	90
Prentisiaid/cynorthwywyr	1	1	2	4	1	2	–	3
Bwyd, diod, tybaco								
Perchennog	–	–	–	–	1	–	–	1
Crefftwyr	–	–	3	3	1	–	–	1
Argraffu								
Crefftwyr	–	3	–	3				
Amhenodol								
Rheolwr	–	1	–	1				
Gyrwyr injan/tanwyr/ dynion tân/ffitwyr	18	26	10	54				
Cyfanswm	**46**	**62**	**38**	**146**	**29**	**48**	**19**	**96**
%	***31.5***	***42.5***	***26.0***	***100.0***	***30.2***	***50.0***	***19.8***	***100.0***
CLUDIANT								
Ystordai								
Negeswyr	1	3	3	7				
Rheilffyrdd								
Gyrwyr trenau/tanwyr/ dynion signal	1	6	1	8				
Porthorion	2	2	2	6				
Ffyrdd								
Gyrrwr cerbydau	1	–	–	1				
Certmyn, halwyr, ayb	3	2	5	10				
Cyfanswm	**39**	**33**	**53**	**125**				
%	***25.0***	***40.6***	***34.4***	***100.0***				
MASNACH								
Dillad								
Dilledyddion ayb	–	9	1	10	–	–	2	2
Cynorthwywyr	1	13	1	15	1	5	–	6
Bwyd								
Cigyddion, gwerthwyr pysgod	2	4	2	8	–	2	–	2
Gwerthwyr llaeth	1	2	–	3				

Dosbarth diwydiannol	Iaith a leferid Dynion Cymraeg	Y Ddwy	Saesneg	Cyfan.	Iaith a leferid Merched Cymraeg	Y Ddwy	Saesneg	Cyfan.
Groseriaid	2	5	–	7	1	2	–	3
Gwerthwyr llysiau a ffrwythau	1	–	2	3				
Cynorthwywyr	1	11	7	19	–	1	–	1
Tybaco, diod a llety								
Tafarnwyr	–	2	–	2				
Ceidwaid llety	–	–	–	–	54	44	27	125
Ceidwad tafarn goffi	–	–	–	–	1	–	–	1
Gweithwyr seler/bar	–	1	–	1	–	3	2	5
Dodrefn a nwyddau i'r cartref								
Gwerthwr lluniau	–	–	1	1				
Haearnwerthwyr	–	2	–	2				
Gwystlwyr	–	1	1	2				
Cynorthwywyr	2	2	–	4				
Fferyllwyr								
Fferyllydd	–	1	–	1				
Deunydd ysgrifennu a chyhoeddiadau								
Gwerthwyr deunydd ysgrifennu, llyfrau a phapurau newydd	–	2	–	2				
Llyfrgellydd	–	1	–	1				
Arall ac amhenodol								
Gwerthwr tai	–	1	–	1				
Cyfanswm	**10**	**57**	**15**	**82**	**57**	**57**	**31**	**145**
%	***12.2***	***69.5***	***18.3***	***100.0***	***39.3***	***39.3***	***21.4***	***100.0***
GWASANAETHAU DIWYDIANNOL								
Bancio, yswiriant, cyfrifon								
Gwasanaeth yswiriant	3	2	1	6				
Cyfrifydd	–	–	1	1				
Clercod masnachol	4	–	–	4				
Cyfanswm	**7**	**2**	**2**	**11**				
%	***63.6***	***18.2***	***18.2***	***100.0***				
GWASANAETHAU CYHOEDDUS A PHROFFESIYNOL								
Gweinyddiaeth ganolog								
Swyddogion Swyddfa'r Post/ telegraff	–	2	–	2				
Clercod Swyddfa'r Post ayb	–	1	1	2	–	–	1	1
Gweinyddiaeth leol								
Swyddog presenoldeb plant ysgol	1	–	–	1				
Arolygwr glanweithdra	–	1	–	1				
Heddlu								
Rhingyll	–	1	–	1				
Heddweision	–	2	3	5				
Meddygaeth								
Llawfeddygon, meddygon	–	2	–	2				
Cynorthwywr meddygol	–	1	–	1				

Dosbarth diwydiannol	Iaith a leferid Dynion Cymraeg	Y Ddwy	Saesneg	Cyfan.	Iaith a leferid Merched Cymraeg	Y Ddwy	Saesneg	Cyfan.
Nyrs	–	–	–	–	–	1	–	1
Bydwraig	–	–	–	–	–	1	–	1
Addysg								
Prifathro, athrawon ysgol	–	1	2	3	2	1	1	4
Athrawon cynorthwyol, disgybl-athrawon	–	4	–	4	2	15	4	21
Athrawon cerdd	–	–	2	2				
Myfyrwyr	–	1	–	1	–	–	1	1
Crefydd								
Gweinidog yr Annibynwyr	–	1	–	1				
Gweinidog y Bedyddwyr	1	–	–	1				
Ymneilltuwyr eraill	1	3	–	4				
Myfyriwr diwinyddol	–	1	–	1				
Swyddogion Byddin yr Iachawdwriaeth	–	–	–	–	–	–	2	2
Gwas mynwent	–	1	–	1				
Celf, llên, gwyddoniaeth								
Cerflunydd	1	–	–	1				
Awdur	–	–	1	1				
Cyfanswm	**4**	**22**	**9**	**35**	**4**	**18**	**9**	**31**
%	***11.4***	***62.9***	***25.7***	***100.0***	***12.9***	***58.1***	***29.0***	***100.0***
GWASANAETHAU CARTREF								
Yn y tŷ								
Morynion	–	–	–	–	59	91	28	178
Nyrs yn y cartref	–	–	–	–	1	–	–	1
Y tu allan								
Gwastrodion	–	3	5	8				
Garddwyr	–	2	–	2				
Gwasanaeth ychwanegol								
Cogyddes	–	–	–	–	–	–	1	1
Glanhawyr, golchwragedd	–	–	–	–	5	3	1	9
Gofalwraig	–	–	–	–	–	1	–	1
Dynion trin gwallt	–	3	5	8				
Athrawes yn y cartref	–	–	–	–	–	–	1	1
Cyfanswm	–	**8**	**10**	**18**	**65**	**95**	**31**	**191**
%	–	***44.4***	***55.6***	***100.0***	***34.0***	***49.7***	***16.2***	***100.0***
ERAILL								
Goruchwylwyr	–	1	1	2				
Labrwyr cyffredinol	19	17	75	111				
Cyfanswm	**19**	**18**	**76**	**113**				
%	***16.8***	***15.9***	***67.3***	***100.0***				
CYFANSWM Y CYFLOGEDIG	**786**	**746**	**620**	**2152**	**155**	**218**	**90**	**463**
%	***36.5***	***34.7***	***28.8***	***100.0***	***33.5***	***47.1***	***19.4***	***100.0***

Dosbarth diwydiannol	**Iaith a leferid** Dynion Cymraeg	Y Ddwy	Saesneg	Cyfan.	**Iaith a leferid** Merched Cymraeg	Y Ddwy	Saesneg	Cyfan.
Gweddill y boblogaeth	4	4	5	13	336	290	115	741
%	*30.8*	*30.8*	*38.4*	*100.0*	*45.3*	*39.1*	*15.5*	*100.0*
Disgyblion ysgol	41	72	21	134	45	107	22	174
%	*30.6*	*53.7*	*15.7*	*100.0*	*25.9*	*61.5*	*12.6*	*100.0*
CYFANSWM Y BOBLOGAETH 10 OED +	**831**	**822**	**646**	**2299**	**536**	**615**	**227**	**1378**
%	***36.1***	***35.8***	***28.1***	***100.0***	***38.9***	***44.6***	***16.5***	***100.0***

6

Cwm Clydach (Sir Forgannwg)

MARI A. WILLIAMS

Cwm cul i'r gorllewin o Donypandy yn y Rhondda Fawr yw Cwm Clydach. Hyd at ganol y bedwaredd ganrif ar bymtheg tri theulu o ffermwyr a drigai yn y cwm anghysbell a choediog hwn, a phrif ffynhonnell eu hincwm oedd y gwlân a werthent i'r pandy yn Nhonypandy. Ond erbyn diwedd y bedwaredd ganrif ar bymtheg yr oedd cymeriad ffisegol a diwydiannol y cwm wedi newid yn syfrdanol. Daethai Cwm Clydach yn gartref i dri chwmni cloddio glo, y byddai'r mwyaf ohonynt – Glofa'r Cambrian – yn dod yn fwy adnabyddus fel sefydlydd y 'Cambrian Combine' enfawr, un o'r mentrau cynhyrchu glo mwyaf ym Maes Glo De Cymru. Yr oedd graddfa a chyflymdra datblygiad diwydiannol y cwm yn hynod, oherwydd er i beth glo gael ei gloddio o rai o'i fân lefelau glo ers diwedd y 1840au, nid tan y 1860au y cyrhaeddodd yr hapfuddsoddwyr i fanteisio'n llawn ar y gwythiennau glo cyfoethog. Ym 1863 agorwyd Glofa Blaenclydach gan Messrs. Bush and Company o Gaerdydd i weithio glo bitwmen neu lo rhwym o wythïen y Rhondda Rhif 2, ac ym mis Ionawr 1864 cymerodd Daniel Thomas a'i fab Edmund Thomas brydles ar hawliau mwynau ystad Blaenclydach a fferm Ffynnon-dwym, gan sefydlu Glofa Cwmclydach yr ochr draw i'r afon. Cyn hir trodd yr hapfuddsoddwyr eu sylw tua'r haenau glo ager dyfnach, ac yn gynnar yn y 1870au ffurfiodd Samuel Thomas gwmni ar y cyd ag Osborne Riches i weithio'r gwythiennau cyfoethog ym mhen pellaf y cwm. Erbyn 1874 yr oedd dwy lofa yng Nghwm Clydach ym meddiant y Cambrian Colliery Company ac ym 1879, pan fu farw Samuel Thomas, cynhyrchai'r ddwy dros fil o dunelli o lo y dydd. Gydag agor trydydd pwll ym 1891 cadarnhawyd safle Cwmni'r Cambrian fel y fenter fwyngloddio fwyaf yn y cwm, ac erbyn diwedd y ganrif cyflogai oddeutu 2,300 o ddynion, a godai dros 3,000 o dunelli o lo y dydd.[1]

[1] E. D. Lewis, 'The Industrial Development of the Rhondda Valleys to 1910' (traethawd MA anghyhoeddedig Prifysgol Cymru, 1940), t. 115; idem, *The Rhondda Valleys* (London, 1959), tt. 53, 73, 78, 81; LlGC Llsgr. 4378E, M. O. Jones, 'The History of the Development of the Coal Industry of the Rhondda Valleys for the last 50 years' (ffrwyth cystadleuaeth yn Eisteddfod Treorci, 1895).

Tabl 1: Iaith a leferid gan boblogaethau Cwm Clydach, Dosbarth Cofrestru Pontypridd, Sir Forgannwg a Chymru
(2 flwydd oed a throsodd)

	Nifer				*Canran*			
	Cymraeg	Y Ddwy	Saesneg	Cyfanswm	*Cymraeg*	*Y Ddwy*	*Saesneg*	*Cyfanswm*
Cwm Clydach[1]	1905	1336	1193	4434	*43.0*	*30.1*	*26.9*	*100.0*
D.C. Pontypridd[2]	40507	46487	50005	136999	*29.6*	*33.9*	*36.5*	*100.0*
Sir Forgannwg[3]	142346	177726	326481	646553	*22.0*	*27.5*	*50.5*	*100.0*
Cymru[4]	508036	402253	759416	1669705	*30.4*	*24.1*	*45.5*	*100.0*

[1] Hepgorwyd 19 unigolyn nad oeddynt wedi nodi eu gallu ieithyddol neu eu hoedran.
[2] Hepgorwyd 765 nad oeddynt wedi nodi eu gallu ieithyddol a 50 a siaradai ieithoedd eraill.
[3] Hepgorwyd 4,981 nad oeddynt wedi nodi eu gallu ieithyddol a 2,355 a siaradai ieithoedd eraill.
[4] Hepgorwyd 12,833 nad oeddynt wedi nodi eu gallu ieithyddol a 3,076 a siaradai ieithoedd eraill.

Wedi suddo'r pyllau hyn, cynyddodd poblogaeth Cwm Clydach yn dra chyflym wrth i weithwyr gyrraedd yn eu cannoedd i chwilio am waith. Yn ôl cyfrifiad 1881, ychydig dros 1,700 o bobl a drigai yn y cwm, ond erbyn 1891 yr oedd cyfanswm y boblogaeth yn 4,746.[2] Codwyd rhesi o dai teras ar hyd y cwm i gartrefu'r mewnfudwyr, gan greu'r ddau anheddiad, Blaenclydach a Clydach Vale. Yn ogystal â'r tai newydd codwyd sefydliadau crefyddol ac addysgol a ddarparai fannau cyfarfod ysbrydol a chymdeithasol i'r gymuned newydd hon. Cafodd ysgol lofaol ei sefydlu yn Clydach Vale ym 1872, ac ym 1881 agorwyd ysgol fwrdd a ehangwyd yn ddiweddarach i wasanaethu'r boblogaeth gynyddol.[3] Rhwng 1877 a 1892 sefydlwyd pump o gapeli Ymneilltuol Cymraeg yn y cwm, a nifer yr eisteddleoedd ynddynt yn amrywio o 550 i 950.[4] Câi'r rhai a oedd â'u bryd ar gynhaliaeth o fath arall gysur yn y tri thŷ tafarn a geid yng Nghwm Clydach erbyn 1891, a darperid ar gyfer amryfal anghenion eraill y gymuned newydd gan fasnachwyr a siopwyr a werthai bob math o wahanol nwyddau.

Dibynnai cymeriad ieithyddol Cwm Clydach ar gefndir daearyddol a diwylliannol y mewnfudwyr a ddaethai i'r ardal i chwilio am waith yn y diwydiant glo. Erbyn 1891, fel y dengys Tabl 1, o'r 4,434 o drigolion (2 flwydd oed a throsodd) yr oedd 1,905 (43.0 y cant) yn siarad Cymraeg yn unig, 1,336 (30.1 y cant) yn siarad y ddwy iaith, a 1,193 (26.9 y cant) yn siarad Saesneg yn unig.

[2] 1881 Census Enumerators' Returns, PRO, RG 11/5306.
[3] Leslie Wynne Evans, 'Colliery Schools in South Wales in the Nineteenth Century', *CLlGC*, X, rhif 2 (1957), 137–66.
[4] David Jenkins, 'Cyfaredd Cof a Chofnod' yn Hywel Teifi Edwards (gol.), *Cwm Rhondda* (Llandysul, 1995), tt. 227–53.

Tabl 2: Iaith a leferid yn ôl oedran

(2 flwydd oed a throsodd)

Oed	Nifer Cymraeg	Y Ddwy	Saesneg	Cyfanswm	*Canran Cymraeg*	*Y Ddwy*	*Saesneg*	*Cyfanswm*
2–5	177	87	153	417	*42.4*	*20.9*	*36.7*	*100.0*
6–14	294	281	224	799	*36.8*	*35.2*	*28.0*	*100.0*
15–24	483	413	315	1211	*40.0*	*34.1*	*26.0*	*100.0*
25–44	634	409	353	1396	*45.4*	*29.3*	*25.3*	*100.0*
45–64	279	131	135	545	*51.2*	*24.0*	*24.8*	*100.0*
65+	38	15	13	66	*57.6*	*22.7*	*19.7*	*100.0*
Cyfanswm	**1905**	**1336**	**1193**	**4434**	***43.0***	***30.1***	***26.9***	***100.0***

O fewn Dosbarth Cofrestru Pontypridd, lle'r oedd bron 40 y cant o'r boblogaeth yn ddi-Gymraeg, yr oedd Cwm Clydach yn nodedig fel ardal a chanddi gyfran arbennig o uchel o siaradwyr Cymraeg. Yr oedd bron 60 y cant o'r siaradwyr Cymraeg a drigai yn y cwm yn Gymry uniaith, a chwarter y boblogaeth yn unig a oedd yn siaradwyr uniaith Saesneg. Ac eto, er i'r cyfrifiad gofnodi bod mwyafrif y boblogaeth yn siarad Cymraeg, yr oedd arwyddion clir fod nifer cynyddol o'r genhedlaeth iau yn fwy cyfarwydd â'r Saesneg na'u rhieni.

Yn Nhabl 2, sy'n dangos yr iaith a leferid gan boblogaeth Cwm Clydach yn ôl eu hoedran, datgelir bod bron hanner y plant Cymraeg eu hiaith rhwng 6 a 14 oed hefyd yn medru siarad Saesneg. Yn wir, yn y grŵp oedran hwn y cofnodwyd y ganran uchaf o siaradwyr dwyieithog. Gan fod llawer o'r plant hyn yn ddisgyblion yn Ysgol Fwrdd Clydach Vale, y mae'n amlwg fod addysg yn chwarae rhan bwysig yn y proses o gyflwyno'r iaith Saesneg. Yr oedd gallu ieithyddol y 503 disgybl a rifwyd yng Nghwm Clydach ym 1891 yn cyfateb yn agos i allu ieithyddol plant 6–14 oed: cofnodwyd 181 (36.0 y cant) yn siaradwyr uniaith Gymraeg, 178 (35.4 y cant) yn ddwyieithog, a 144 (28.6 y cant) yn uniaith Saesneg. Ym mhob grŵp ac eithrio'r ieuengaf, yr oedd dros 70 y cant o'r boblogaeth yn medru'r iaith Gymraeg, ac yn achos pobl 65 oed a hŷn yr oedd y ganran dros 80 y cant. Ymhlith plant bach rhwng 2 a 5 oed y cofnodwyd y gyfran fwyaf o siaradwyr uniaith Saesneg – a'r rheini at ei gilydd yn blant i fewnfudwyr Saesneg eu hiaith a oedd wedi ymgartrefu yn y cwm. Yr oedd o leiaf un o rieni 91 (59.5 y cant) o'r 153 o blant uniaith Saesneg wedi eu geni yn Lloegr, tra hanai'r gweddill o siroedd Mynwy neu Forgannwg neu o ardaloedd Seisnigedig siroedd Maesyfed a Phenfro.

Dengys adeiledd oedran y boblogaeth fod trigolion aneddiadau glofaol Cwm Clydach yn gymharol ifanc, oherwydd yr oedd 3,823 (86.2 y cant) o'r trigolion yn iau na 44 oed. Yr oedd hyn yn nodweddiadol o gymuned lofaol ar ei phrifiant, ac un a brofasai fewnlifiad sydyn o boblogaeth. Un o nodweddion amlwg eraill

Tabl 3: Iaith a leferid yn ôl oedran a rhyw
(2 flwydd oed a throsodd)

		Nifer				*Canran*			
Oed	Rhyw	Cymraeg	Y Ddwy	Saesneg	Cyfanswm	*Cymraeg*	*Y Ddwy*	*Saesneg*	*Cyfanswm*
2–5	G	82	42	73	197	*41.6*	*21.3*	*37.1*	*100.0*
	B	95	45	80	220	*43.2*	*20.1*	*36.4*	*100.0*
6–14	G	144	140	120	404	*35.6*	*34.7*	*29.7*	*100.0*
	B	150	141	104	395	*38.0*	*35.7*	*26.3*	*100.0*
15–24	G	353	257	219	829	*42.6*	*31.0*	*26.4*	*100.0*
	B	130	156	96	382	*34.0*	*40.8*	*25.1*	*100.0*
25–44	G	421	254	227	902	*46.7*	*28.2*	*25.1*	*100.0*
	B	213	155	126	494	*43.1*	*31.4*	*25.5*	*100.0*
45–64	G	171	77	86	334	*51.2*	*23.1*	*25.7*	*100.0*
	B	108	54	49	211	*51.2*	*25.6*	*23.2*	*100.0*
65+	G	21	8	8	37	*56.8*	*21.6*	*21.6*	*100.0*
	B	17	7	5	29	*58.6*	*24.1*	*17.2*	*100.0*
	G	**169**	**779**	**733**	**2740**	***44.0***	***28.8***	***27.1***	***100.0***
Cyfanswm	**B**	**137**	**557**	**460**	**1730**	***41.2***	***32.2***	***26.6***	***100.0***

cymuned o'r fath oedd yr anghydbwysedd rhwng y rhywiau yn sgil mewnfudiad cynifer o ddynion ifainc i'r gweithfeydd. Yr oedd dros 60 y cant o gyfanswm poblogaeth y cwm yn ddynion, a'r gyfran yn uwch eto, sef deuparth y boblogaeth yn ei chrynswth, yn y grŵp oedran 15–44. Rhydd Tabl 3 ddadansoddiad o allu ieithyddol y gwrywod a'r menywod yn ôl oedran.

Fel y dengys Tabl 3, ychydig iawn o wahaniaeth a gofnodwyd yn y gyfran o wrywod ac o fenywod a siaradai Saesneg yn unig, ond ymhlith y boblogaeth Gymraeg ei hiaith, amlygir amrywiadau yng ngallu ieithyddol y ddwy ryw, sef bod cyfran uwch o fenywod yn ddwyieithog a chyfran uwch o ddynion yn siarad Cymraeg yn unig. Yr oedd y duedd hon ar ei mwyaf amlwg ymhlith gwrywod a benywod rhwng 15 a 24 oed: yr oedd 40.8 y cant o'r 382 o fenywod yn ddwyieithog, o'u cymharu â dim ond 31 y cant o'r 829 o wrywod, tra oedd 42.6 y cant o'r gwrywod yn uniaith Gymraeg, o'u cymharu â 34 y cant o'r benywod. Gan fod llai na hanner y benywod yn y grŵp oedran hwn yn gyflogedig, o'u cymharu â 98.7 y cant o'r gwrywod, y mae'n annhebygol mai yn y gweithle y dysgasant Saesneg. Mewn gwirionedd, diau fod y ffaith fod y merched yn fwy cyfarwydd â'r Saesneg yn deillio o wahaniaethau ym mhatrymau mudo'r ddwy ryw. O edrych ar fan geni gwrywod a menywod rhwng 15 a 24 oed, gwelir bod llawer mwy o'r merched â'u gwreiddiau yn lleol na'r dynion. Ganed dros hanner y 382 o fenywod (215 neu 56.3 y cant) yn sir Forgannwg, a siaradai 104 (48.4 y cant) ohonynt Gymraeg a Saesneg. Ar y llaw arall, yn siroedd eraill Cymru (Aberteifi a Phenfro yn bennaf) y ganed bron hanner yr 829 o wrywod o fewn y grŵp oedran 15–24, a Chymraeg yn unig a siaradai 59.8 y cant ohonynt. Dylid

Tabl 4: Iaith a leferid yn ôl man geni
(2 flwydd oed a throsodd)[1]

	Nifer				*Canran*			
Man geni	Cymraeg	Y Ddwy	Saesneg	Cyfanswm	*Cymraeg*	*Y Ddwy*	*Saesneg*	*Cyfanswm*
Sir Forgannwg	859	777	384	2020	*42.5*	*38.5*	*19.0*	*100.0*
Sir Aberteifi	326	94	11	431	*75.6*	*21.8*	*2.6*	*100.0*
Sir Benfro	130	100	87	317	*41.0*	*31.5*	*27.4*	*100.0*
Sir Gaerfyrddin	174	86	5	265	*65.7*	*32.5*	*1.9*	*100.0*
Sir Fynwy	50	83	125	258	*19.4*	*32.2*	*48.4*	*100.0*
Sir Frycheiniog	75	55	12	142	*52.8*	*38.7*	*8.5*	*100.0*
Sir Drefaldwyn	76	19	11	106	*71.7*	*17.9*	*10.4*	*100.0*
Sir Feirionnydd	73	21	2	96	*76.0*	*21.9*	*2.1*	*100.0*
Sir Gaernarfon	57	20	1	78	*73.1*	*25.6*	*1.3*	*100.0*
Sir Ddinbych	25	15	–	40	*62.5*	*37.5*	–	*100.0*
Sir Fôn	18	10	–	28	*64.3*	*35.7*	–	*100.0*
Sir Faesyfed	4	4	16	24	*16.7*	*16.7*	*66.7*	*100.0*
Sir Y Fflint	2	13	–	15	*13.3*	*86.7*	–	*100.0*
Cymru[2]	26	4	2	32	*81.3*	*12.5*	*6.3*	*100.0*
Lloegr	5	28	498	531	*0.9*	*5.3*	*93.8*	*100.0*
Eraill[3]	3	6	37	46	*6.5*	*13.0*	*80.4*	*100.0*
Cyfanswm	**1903**	**1335**	**1191**	**4429**	***43.0***	***30.1***	***26.9***	***100.0***

[1] Hepgorwyd 5 nad oeddynt wedi nodi eu man geni.
[2] Heb nodi sir.
[3] Man geni: Iwerddon 27, America 12, Yr Alban 5, Awstralia 1, ar y môr 1.

nodi mai 14.5 y cant yn unig o'r gwrywod yn y grŵp oedran hwn a aned yn Lloegr, a dim ond 7.3 y cant o'r benywod.

Yn Nhabl 4, sy'n dangos man geni trigolion Cwm Clydach, gwelir tystiolaeth bellach o'r dylanwad a gafodd patrymau mudo ar gymeriad ieithyddol y cwm. Yr oedd bron 90 y cant o'r trigolion yn Gymry o ran genedigaeth, a hanai 1,832 (47.6 y cant) o'r rheini o'r tu hwnt i sir Forgannwg. Er bod y mwyafrif o'r boblogaeth a aned yng Nghymru yn hanu o Forgannwg, cynhwysai'r cyfanswm hwn gyfran fawr o blant a aned i'r genhedlaeth gyntaf o fewnfudwyr. Rhydd dadansoddiad o fan geni y 2,007 o unigolion 25 oed neu hŷn a aned yng Nghymru ddarlun cliriach o darddleoedd yr ymsefydlwyr cyntaf. O'r rheini, dim ond 594 (29.6 y cant) a aned yn sir Forgannwg, tra deuai 1,067 (53.2 y cant) o siroedd eraill Cymru, gan gynnwys 605 (56.7 y cant) o dair sir y de-orllewin, sef Aberteifi, Penfro a Chaerfyrddin. Dylid nodi hefyd mai mudwyr o'r tair sir dra Chymraeg hyn oedd dros 40 y cant o'r 952 o siaradwyr uniaith Gymraeg 25 oed a hŷn. Fel y nododd un sylwebydd, bu'r mewnfudiad i Gwm Clydach yn un arbennig o Gymraeg: 'Daeth y lle ar unwaith yn gyrchfan pobloedd lawer, dylifiad

Cymreig hollol o wahanol barthau o Gymru.'[5] Ym 1891 dim ond 531 o drigolion y cwm (11.9 y cant o'r boblogaeth gyfan) a aned yn Lloegr, a deuai 222 (41.8 y cant) o'r rheini o Wlad yr Haf. Yr oedd y llond dwrn o drigolion a gawsai eu geni mewn gwledydd eraill yn cynnwys 27 o Wyddelod a 13 o allfudwyr a ddychwelasai o America ac Awstralia.

Amlygai'r mewnfudiad i Gwm Clydach o siroedd gwledig Cymru lawer o dystiolaeth o brosesau mudo-cadwyn (*chain migration*). Wedi i'r mewnfudwyr cyntaf gyrraedd ac ymgartrefu yn eu cymuned newydd, ffurfient ddolen gyswllt bwysig â'r don nesaf o newydd-ddyfodiaid o'u plwyfi genedigol. Yn aml ymgartrefai'r perthnasau a'r cymdogion hyn yng nghartrefi'r mewnfudwyr cyntaf. Er enghraifft, daethai 72 (67.9 y cant) o'r 106 o drigolion a aned yn sir Drefaldwyn o ddau blwyf cyfagos Darowen a Machynlleth yn nyffryn Dyfi, ac yr oedd nifer ohonynt wedi ymgartrefu yn agos at ei gilydd yn Morton Terrace, Clydach Vale. Yr oedd Elizabeth Roberts, gwraig weddw 52 oed o Ddarowen, a drigai yn Morton Terrace gyda'i chwe phlentyn, hwythau hefyd wedi eu geni yn Narowen, yn rhannu ei chartref â'i chwaer-yng-nghyfraith a'i phedwar plentyn hi, y rheini i gyd yn enedigol o Ddarowen yn ogystal. Y drws nesaf iddynt trigai teulu arall o Ddarowen, a chyda hwy lletyai brodor arall o'r un plwyf. O sir Aberteifi y deuai'r nifer mwyaf o fewnfudwyr o unrhyw un o siroedd Cymru ar wahân i Forgannwg, a gellir olrhain y mwyafrif ohonynt i dair ardal o fewn y sir, sef Aberystwyth a Llanbadarn Fawr, ardal Llannarth/Aberaeron, a Dyffryn Teifi. Erbyn y 1870au yr oedd modd cyrraedd Aberystwyth a Dyffryn Teifi ar y trên, ac nid oes amheuaeth i ddatblygiad y rheilffyrdd hwyluso symudiad y boblogaeth o'r ardaloedd hyn i Faes Glo De Cymru.[6] I lawer o fewnfudwyr, daeth y capeli Ymneilltuol yn fannau cyfarfod pwysig iddynt ddod i gysylltiad â phobl o'r un sir â hwy, yn ogystal ag yn lle iddynt ddod i adnabod rhai o siaradwyr Cymraeg eraill y gymdogaeth. O sir Aberteifi a gogledd sir Gaerfyrddin yr hanai sefydlwyr capel Soar, achos yr Annibynwyr Cymraeg (a sefydlwyd ym 1880), a dywedir mai mewnfudwyr o sir Benfro a fu'n gyfrifol am sefydlu Capel Bedyddwyr Noddfa ym Mlaenclydach ym 1891.[7]

Ar ôl cyrraedd eu cymuned newydd, buan y sefydlai'r mewnfudwyr eu cartrefi a'u teuluoedd eu hunain. Yr oedd adeiledd teuluoedd Cwm Clydach yn nodweddiadol o anheddiad glofaol ifanc a brofasai fewnlifiad sydyn. Gan i'r cwm ddenu canran uchel o wŷr ifainc sengl, cafwyd anghydbwysedd rhwng y rhywiau a arweiniodd at gyfradd briodi arbennig o uchel ymhlith y menywod. Yr oedd bron 70 y cant o'r holl ferched rhwng 20 a 29 oed yn briod, o'u cymharu â 33.8

[5] *Dathliad Hanner-Can' Mlynedd Eglwys Soar, Clydach Vale, Mawrth 16eg 1931: 1881–1931* (Y Bala, 1931), t. 7.

[6] Roger Padfield a Barrie Burgess, *The Teifi Valley Railway* (Haverfordwest, 1974), tt. 6–8; E. D. Lewis, 'Population Changes and Social Life, 1860 to 1914' yn K. S. Hopkins (gol.), *Rhondda Past and Future* (Ferndale, 1975), tt. 110–28.

[7] Jenkins, 'Cyfaredd Cof a Chofnod', t. 233.

Tabl 5: Iaith a leferid yn ôl perthynas â'r penteulu
(2 flwydd oed a throsodd)[1]

Perthynas â'r penteulu	Nifer Cymraeg	Y Ddwy	Saesneg	Cyfanswm	*Canran Cymraeg*	*Y Ddwy*	*Saesneg*	*Cyfanswm*
Penteuluoedd	335	228	205	768	*43.6*	*29.7*	*26.7*	*100.0*
Gwragedd	299	196	178	673	*44.4*	*29.1*	*26.4*	*100.0*
Plant[2]	659	561	443	1663	*39.6*	*33.7*	*26.6*	*100.0*
Perthnasau	88	59	45	192	*45.8*	*30.7*	*23.4*	*100.0*
Gweision/morynion	22	45	20	87	*25.3*	*51.7*	*23.0*	*100.0*
Byrddwyr/lletywyr	479	233	280	992	*48.3*	*23.5*	*28.2*	*100.0*
Ymwelwyr	18	13	22	53	*34.0*	*24.5*	*41.5*	*100.0*
Cyfanswm	**1900**	**1335**	**1193**	**4428**	***42.9***	***30.1***	***26.9***	***100.0***

1 Hepgorwyd 6 nad oeddynt wedi nodi eu perthynas â'r penteulu.
2 Gan gynnwys plant maeth a llysblant.

y cant yn unig o'r gwrywod. Ceid pâr priod yn ben ar bron 90 y cant o gartrefi a'r teulu cnewyllol oedd yr uned gymdeithasol sylfaenol o fewn y cwm glofaol hwn. Trigai'r rhan fwyaf o'r teuluoedd mewn tai teras, dwy ystafell i fyny a dwy i lawr, ac yn aml yr oedd y lle byw yn hynod o gyfyng. Preswyliai pum person neu fwy yn rhagor na 70 y cant (551) o'r 768 o gartrefi, a rhannai 206 (26.8 y cant) o deuluoedd eu cartrefi â theuluoedd eraill. Yr oedd plant yn bresennol yn 624 (81.3 y cant) o'r 768 cartref, ac felly yn gyfran sylweddol (37.6 y cant) o'r boblogaeth gyfan. Oherwydd natur dra Chymraeg y mewnfudo i'r ardal, yr oedd mwyafrif y penteuluoedd, y gwragedd a'r plant yn medru'r Gymraeg a chwarter yn unig o benteuluoedd, gwragedd a phlant a gofnodwyd yn siaradwyr uniaith Saesneg.

Ac eto, er bod yr uned deuluol sylfaenol yn atgynhyrchu canran sylweddol o siaradwyr Cymraeg, yr oedd yr ail genhedlaeth o siaradwyr Cymraeg yn fwy cyfarwydd â'r Saesneg na'u rhieni. Fel y dengys Tabl 5, medrai 46 y cant o'r 'plant' Cymraeg eu hiaith siarad Saesneg yn ogystal. Ar wahân i aelodau'r teulu cnewyllol, yr oedd lletywyr yn bresenoldeb amlwg iawn yn llawer o gartrefi'r cwm. Yr oedd y 992 o letywyr a drigai yng Nghwm Clydach yn 22.4 y cant o'r boblogaeth gyfan, a thrigai un neu ragor o letywyr yn 416 (54.2 y cant) o'r holl gartrefi. Er mai Cymraeg yn unig a siaradai bron hanner y lletywyr, gallai 233 (23.5 y cant) siarad y ddwy iaith, ac yr oedd 280 (28.2 y cant) yn uniaith Saesneg. Y mae'n bosibl fod llawer o deuluoedd Cymraeg yn rhoi llety i letywyr di-Gymraeg a bod y lletywyr hynny, ynghyd ag unigolion eraill nad oeddynt yn aelodau o'r teulu cnewyllol, yn gyfrifol am gyflwyno dylanwad ieithyddol arall i amgylchedd y cartref.

O graffu'n fanwl ar allu ieithyddol preswylwyr aelwydydd unigol, gwelir patrwm cymhleth o ddefnydd o iaith o fewn y cartref. Yn 228 (29.7 y cant) o'r

Tabl 6: Iaith plant (2 flwydd oed a throsodd) ar aelwydydd Cymraeg a di-Gymraeg

Gallu ieithyddol y rhieni		Gallu ieithyddol y plant Nifer yr aelwydydd				*Gallu ieithyddol y plant Canran*			
Tad	Mam	Cymraeg	Saesneg	Cymysg	Cyfanswm	*Cymraeg*	*Saesneg*	*Cymysg*	*Cyfanswm*
Cymraeg	Cymraeg	317	10	8	335	*94.6*	*3.0*	*2.4*	*100.0*
Cymraeg	Saesneg	4	12	–	16	*25.0*	*75.0*	–	*100.0*
Saesneg	Cymraeg	10	14	2	26	*38.5*	*53.8*	*7.7*	*100.0*
Saesneg	Saesneg	–	114	3	117	–	*97.4*	*2.6*	*100.0*
Cyfanswm		**331**	**150**	**13**	**494**	***67.0***	***30.4***	***2.6***	***100.0***

Cymraeg: siaradwyr uniaith Gymraeg a dwyieithog; Saesneg: siaradwyr uniaith Saesneg; Cymysg: cymysgedd o siaradwyr Cymraeg a di-Gymraeg ar yr un aelwyd.

768 o dylwythau yr oedd pawb yn uniaith Gymraeg, ac yn 143 (18.6 y cant) yr oedd pawb yn uniaith Saesneg. Amrywiai gallu ieithyddol y preswylwyr yng ngweddill y 397 cartref. Yn 129 (32.5 y cant) ohonynt, cofnodwyd pawb yn ddwyieithog, tra ceid cymysgedd o siaradwyr uniaith a dwyieithog yn y 268 cartref arall. I raddau helaeth, gallu ieithyddol y penteulu a'i wraig a benderfynai pa iaith a siaredid ar eu haelwyd, gan y byddent hwy fel rheol yn cyfathrachu â'u plant yn yr un iaith ag y defnyddient i siarad â'i gilydd.

Dengys Tabl 6 iaith plant (2 flwydd oed a throsodd) ar aelwydydd dau-riant. Y mae'n amlwg fod patrymau priodi at ei gilydd yn cadarnhau ymlyniad ieithyddol, gan mai prin yw'r enghreifftiau o briodasau rhwng siaradwyr Cymraeg a di-Gymraeg. Felly, yr oedd y posibiliadau i rieni drosglwyddo gwybodaeth o'r Gymraeg i'w plant yn bur uchel. Yn wir, yr oedd un rhiant neu'r ddau yn medru'r Gymraeg yn rhagor na thri chwarter y 494 o gartrefi a gynhwyswyd yn y sampl hwn.

Fel y dengys Tabl 6, ym mwyafrif helaeth y cartrefi lle'r oedd y rhieni yn siarad Cymraeg, cofnodwyd y plant hefyd yn siaradwyr Cymraeg a dim ond ar 18 (5.4 y cant) o aelwydydd yr oedd pob un o'r plant neu o leiaf rai ohonynt heb fedru'r Gymraeg. Yn y 42 o gartrefi lle y siaredid Cymraeg gan un rhiant yn unig, yr oedd y tebygolrwydd y câi'r plant eu magu mewn amgylchedd Cymraeg yn amlwg yn llai o lawer, ac yn 28 (66.7 y cant) o'r teuluoedd hyn nodwyd na allai'r plant siarad Cymraeg. Ar bymtheg o aelwydydd honnodd y naill bartner na allai siarad iaith y llall, ac mewn rhai achosion na fedrent siarad iaith eu plant ychwaith. Er enghraifft, cofnodwyd Edward Thomas, glöwr o Rydfelen, sir Forgannwg, yn siaradwr uniaith Gymraeg, a'i wraig Mary o Gernyw a'u saith plentyn a aned ym Morgannwg yn siaradwyr uniaith Saesneg. Fel y dengys Tabl 6, yr oedd dylanwad ieithyddol y fam at ei gilydd yn gryfach na dylanwad y tad. Cofnodwyd y plant yn

Tabl 7: Iaith plant (2 flwydd oed a throsodd) ar aelwydydd lle'r oedd rhieni uniaith a dwyieithog

Gallu ieithyddol y rhieni		Gallu ieithyddol y plant Nifer yr aelwydydd					*Gallu ieithyddol y plant Canran*				
Tad	Mam	Cymraeg	Y Ddwy	Saesneg	Cymysg	Cyfanswm	*Cymraeg*	*Y Ddwy*	*Saesneg*	*Cymysg*	*Cyfanswm*
C	C	172	15	–	9	196	*87.8*	*7.7*	–	*4.5*	*100.0*
C	D	3	6	–	2	11	*27.3*	*54.5*	–	*18.2*	*100.0*
D	C	3	10	–	1	14	*21.4*	*71.4*	–	*7.1*	*100.0*
D	D	4	88	10	12	114	*3.5*	*77.2*	*8.8*	*10.5*	*100.0*
D	S	–	2	8	–	10	–	*20.0*	*80.0*	–	*100.0*
S	D	–	5	11	1	17	–	*29.4*	*64.7*	*5.9*	*100.0*
S	S	–	–	114	3	117	–	–	*97.4*	*2.6*	*100.0*
C	S	1	1	4	–	6	*16.7*	*16.7*	*66.7*	–	*100.0*
S	C	2	3	3	1	9	*22.2*	*33.3*	*33.3*	*11.1*	*100.0*
Cyfanswm		**185**	**130**	**150**	**29**	**494**	***37.4***	***26.3***	***30.4***	***5.9***	***100.0***

C/Cymraeg: uniaith Gymraeg; D/Y Ddwy: dwyieithog; S/Saesneg: uniaith Saesneg; Cymysg: unrhyw gyfuniad o siaradwyr uniaith Gymraeg, siaradwyr dwyieithog a siaradwyr uniaith Saesneg ar yr un aelwyd.

siaradwyr Cymraeg ar 4 o'r 16 aelwyd lle y siaredid Cymraeg gan y tad, o gymharu ag ar 10 o'r 26 aelwyd lle y'i siaredid gan y fam. Y mae'n amlwg, fodd bynnag, mai canlyniad tebygol priodasau rhwng siaradwyr Cymraeg a di-Gymraeg oedd i'r plant fabwysiadu'r iaith Saesneg. Wedi'r cyfan, Saesneg a siaradai eu rhieni â'i gilydd, a byddai angen mwy o ymdrech ar ran y rhiant Cymraeg ei iaith i siarad Cymraeg â'r plant yn y cartref.

Yn y 117 cartref lle y ceid dau riant uniaith Saesneg, yr oedd y sefyllfa'n wahanol iawn, a nifer bychan iawn o'r plant a fedrai'r Gymraeg. Ar dair aelwyd (2.6 y cant) yn unig y cafwyd unrhyw blant a allai siarad Cymraeg, ac yn y tri achos ymddengys fod gallu'r 'plentyn' i siarad Cymraeg yn uniongyrchol gysylltiedig â'i alwedigaeth. Cofnodwyd bod Thomas Walters, negesydd glofa 15 oed a brodor o Nelson yn sir Forgannwg, yn medru'r Gymraeg a'r Saesneg, er mai uniaith Saesneg, yn ôl y cofnod, oedd ei rieni a aned yn Lloegr a'i saith brawd a chwaer, a aned yng Nghymru. Glowyr oedd James a Samuel Radford, dau frawd a aned yng Ngwlad yr Haf, a hwy oedd yr unig aelodau o'u teulu a fedrai'r iaith Gymraeg. Ceid sefyllfa debyg yng nghartref Thomas a Betsie Sheratt, brodorion o swydd Stafford; yr unig un o'u pum plentyn a siaradai Gymraeg oedd eu mab 14 oed a weithiai fel negesydd.

Er mai ychydig iawn o blant i Gymry Cymraeg a oedd yn methu siarad Cymraeg, dylid tynnu sylw at y ffaith fod plant Cymraeg eu hiaith yn 135 (40.3 y cant) o'r cyfryw deuluoedd hefyd yn rhugl eu Saesneg. Rhydd Tabl 7 ddadansoddiad manwl o'r proses o drosglwyddo iaith o fewn y 494 o deuluoedd yn y sampl, gan ddangos a gofnodwyd y rhieni a'u plant yn siaradwyr uniaith Gymraeg neu yn siaradwyr dwyieithog. Y mae'n amlwg mai ychydig o'r plant â rhieni uniaith Gymraeg a oedd wedi dysgu rhywfaint o Saesneg. Mewn 24 achos (12.2 y cant) yn unig y cofnodwyd bod rhai o'r plant neu'r plant i gyd yn medru'r Gymraeg a'r Saesneg. Yr union nifer o blant a gofnodwyd yn siaradwyr dwyieithog oedd 68, h.y. 11.2 y cant yn unig o'r 609 o blant a aned i'r 196 o gyplau uniaith Gymraeg. Yr oedd nifer mawr o'r ail genhedlaeth hon (rhwng 2 a 36 oed) yn blant i fewnfudwyr o siroedd gwledig Cymraeg eu hiaith i bob pwrpas. Yng Nghymru, mewn siroedd y tu hwnt i Forgannwg, y ganed y tadau yn 128 (65.3 y cant) o'r 196 o deuluoedd, y mwyafrif yn siroedd Aberteifi a Chaerfyrddin. Ac eto, er mai canran fechan yn unig o blant rhieni uniaith Gymraeg a siaradai Saesneg, y mae'r symud i gyfeiriad dwyieithrwydd yn arwydd fod dylanwadau Seisnigol yn bodoli y tu allan i'r cartref. Yn y 139 o gartrefi lle'r oedd naill ai un rhiant neu'r ddau yn medru'r Gymraeg a'r Saesneg, gallai cyfran helaethach o lawer o'r plant siarad y ddwy iaith hefyd. Mewn 111 (78.4 y cant) o achosion, cofnodwyd bod rhai o'r plant neu'r plant i gyd yn siaradwyr dwyieithog, ac ar 10 (7.2 y cant) aelwyd yn unig y cafwyd na fedrai'r un o'r plant siarad Saesneg. Mewn 18 (12.9 y cant) cartref, fodd bynnag, yr oedd rhai o'r plant neu'r plant i gyd yn ddi-Gymraeg. Hanai rhieni'r plant ym mhob un o'r deunaw cartref o siroedd diwydiannol Morgannwg a Mynwy a chynhwysent Edwin Hammond, rheolwr glofa Cwm Clydach, a Thomas Hammond, goruchwyliwr yn y lofa, y ddau wedi eu geni ym Merthyr Tudful, ac yn frodyr o bosibl. Yn wyth o'r teuluoedd hyn, y plant ieuengaf yn unig a gofnodwyd yn siaradwyr uniaith Saesneg, tra cofnodwyd eu brodyr a'u chwiorydd hŷn yn siaradwyr dwyieithog. O'r saith plentyn a aned i'r glöwr o Ferthyr, John Michael, a'i wraig Elizabeth, dim ond y pedwar plentyn hynaf, 11–19 oed, a siaradai Gymraeg; Saesneg oedd unig iaith y tri phlentyn ieuengaf, 4–9 oed. Yn y deg teulu a oedd yn weddill, cofnodwyd na fedrai'r un o'r plant siarad Cymraeg. Y mae'n bosibl y gallai presenoldeb siaradwyr Saesneg nad oeddynt yn aelodau o'r teulu cnewyllol, megis lletywyr neu forynion, fod wedi dylanwadu peth ar yr iaith a arferid ar yr aelwyd. Trwy eu cyswllt dyddiol â siaradwyr Saesneg, y mae'n debygol y byddai plant ifanc ac aelodau eraill o'r teulu wedi dod yn fwy rhugl yn y Saesneg. Er enghraifft, gellid priodoli'r ffaith i fab 2 flwydd oed Thomas ac Emma Evans gael ei gofnodi yn siaradwr uniaith Saesneg, er bod ei rieni a'i frodyr a'i chwiorydd hŷn i gyd yn siarad Cymraeg, i bresenoldeb George Lannington, siaradwr uniaith Saesneg o Dorset a letyai gyda'r teulu.

Gwrywod sengl oedd mwyafrif helaeth y 992 o unigolion a letyai yng Nghwm Clydach. Yn wir, yr oedd lletywyr yn gyfran sylweddol o'r boblogaeth wrywaidd ifanc: lletywyr oedd 322 (66.0 y cant) o'r 488 o wrywod sengl rhwng 20 a 29 oed. Yr oedd y galw mawr am weithwyr yn y diwydiant glo yn amlwg wedi denu niferoedd mawr o ddynion ifainc i'r ardal ac, fel y dengys Tabl 8, Cymry o ran iaith a genedigaeth oedd mwyafrif helaeth lletywyr y cwm. Yr oedd bron hanner

Tabl 8: Iaith a man geni byrddwyr a lletywyr
(2 flwydd oed a throsodd)[1]

Man geni	Nifer Cymraeg	Y Ddwy	Saesneg	Cyfanswm	*Canran Cymraeg*	*Y Ddwy*	*Saesneg*	*Cyfanswm*
Sir Forgannwg	89	68	36	193	*46.1*	*35.2*	*18.7*	*100.0*
Sir Aberteifi	122	31	4	157	*77.7*	*19.7*	*2.5*	*100.0*
Sir Benfro	67	43	27	137	*48.9*	*31.4*	*19.7*	*100.0*
Sir Gaerfyrddin	47	23	2	72	*65.3*	*31.9*	*2.8*	*100.0*
Sir Gaernarfon	46	7	–	53	*86.8*	*13.2*	–	*100.0*
Sir Fynwy	8	16	20	44	*18.2*	*36.4*	*45.5*	*100.0*
Sir Feirionnydd	34	9	–	43	*79.1*	*20.9*	–	*100.0*
Sir Fôn	15	5	–	20	*58.1*	*22.6*	*19.4*	*100.0*
Sir Frycheiniog	7	6	4	17	*75.0*	*25.0*	–	*100.0*
Sir Ddinbych	8	3	–	11	*72.7*	*27.3*	–	*100.0*
Sir Faesyfed	1	2	6	9	*11.1*	*22.2*	*66.7*	*100.0*
Sir Y Fflint	1	2	–	3	*33.3*	*66.7*	–	*100.0*
Cymru[2]	8	–	–	8	*100.0*	–	–	*100.0*
Lloegr	4	11	161	176	*2.3*	*6.3*	*91.5*	*100.0*
Eraill[3]	2	–	14	16	*12.5*	–	*87.5*	*100.0*
Cyfanswm	**477**	**233**	**280**	**990**	***48.2***	***23.5***	***28.3***	***100.0***

[1] Hepgorwyd 2 nad oeddynt wedi nodi eu man geni.
[2] Heb nodi sir.
[3] Man geni: Iwerddon 12, Yr Alban 2, America 1, ar y môr 1.

y 990 o letywyr a roes gofnod o'u hiaith a'u man geni yn siaradwyr uniaith Gymraeg, 233 (23.5 y cant) yn ddwyieithog, a'r 280 (28.3 y cant) a oedd yn weddill yn siaradwyr uniaith Saesneg. Yr oedd dros 80 y cant o'r holl letywyr wedi eu geni yng Nghymru a deuai 561 (70.3 y cant) ohonynt o siroedd ar wahân i Forgannwg a Mynwy. Dim ond 176 (17.8 y cant) o letywyr a oedd wedi eu geni yn Lloegr, a deuai 80 (45.5 y cant) o'r rheini o Wlad yr Haf. Gan fod mwyafrif y lletywyr yn Gymry Cymraeg, ni ddylid gorbwysleisio eu dylanwad Seisnigol ar aelwydydd Cymraeg Cwm Clydach. O'r 280 o letywyr a siaradai Saesneg yn unig, dim ond 31 (11.1 y cant) a oedd yn aros mewn cartrefi lle'r oedd aelodau'r teulu yn Gymry uniaith. Yr oedd presenoldeb lletywyr Cymraeg eu hiaith mewn cartrefi Saesneg hyd yn oed yn llai amlwg; dim ond 14 (2.9 y cant) o'r 479 o letywyr uniaith Gymraeg a oedd yn aros ar aelwydydd lle'r oedd gweddill y preswylwyr yn uniaith Saesneg. Yr oedd y drefn gymdeithasol a diwylliannol gymhleth a oedd ynghlwm yn y proses o dderbyn mewnfudwyr newydd i'r gymuned yn sicrhau y byddai'r rhan fwyaf o letywyr yn ymgartrefu gyda phobl o'r un cefndir cymdeithasol ac ieithyddol â hwy eu hunain. O graffu ar batrymau trigiannol lletywyr o sir Aberteifi, gwelir bod y mwyafrif yn byw gyda theuluoedd Cymraeg eu hiaith a chanddynt gysylltiad â'r sir honno. Ac eithrio'r rhai a aned ym Morgannwg, brodorion o sir Aberteifi oedd mwyafrif lletywyr Cwm Clydach. Yr oeddynt yn amlwg yn bresenoldeb Cymraeg cryf, gan fod 122 (77.7 y cant) o'r 157 ohonynt yn siaradwyr uniaith Gymraeg. Nid oedd yr un o'r siaradwyr uniaith Gymraeg hyn yn lletya gyda theuluoedd Saesneg eu hiaith ac yr oedd 77 (63.1 y cant) ohonynt yn aros ar aelwydydd lle'r oedd pawb arall hefyd yn Gymry uniaith. Ar ben hynny, yr oedd dros hanner y 157 o letywyr a aned yn sir Aberteifi yn aros gyda theuluoedd lle'r oedd naill ai'r penteulu neu ei wraig hefyd yn hanu o'r sir honno, a deuai dros eu hanner o'r un plwyf. Er enghraifft, trigai saith lletywr uniaith Gymraeg o blwyfi cyfagos Llannarth, Llanina a Dihewyd yn ne-orllewin sir Aberteifi yn un o'r 'Old Bush Houses' gyda Jane Davies, gweddw 58 oed a oedd ei hun yn frodor o Lannarth ac yn uniaith Gymraeg. Yn aml, cafwyd bod lletywyr o'r un ardal yn byw dan yr unto, a rhannai 85 (54.1 y cant) o'r lletywyr o sir Aberteifi eu llety â brodorion o'u sir enedigol.

Tebyg iawn oedd patrymau mudo ac ymgartrefu y lletywyr a aned yn Lloegr; tueddent hwythau i fyw gyda phobl o'r un cefndir daearyddol a diwylliannol. Y mae'n bur debygol fod llawer o'r lletywyr o Gymru a Lloegr yn perthyn naill ai i'w gilydd neu i aelodau o'r teulu a'u croesawai. Y mae cyfenwau neilltuol y lletywyr o Loegr yn ei gwneud yn gymharol hawdd canfod perthynas deuluol ymhlith lletywyr a'u gwesteiwyr. Y mae'n debygol fod James a Walter Parsons, o West Stour, Dorset, dau ŵr a oedd yn lletya gyda'r teulu Morris yn Marian Street, yn frodyr. Yr oedd William ac Edward Curl, o Banwell, Gwlad yr Haf, a letyai gyda'i gilydd yn un o'r 'Forest Houses', yn ôl pob tebyg yn perthyn i Charles Curl, *hitcher* glo 31 oed a drigai ychydig strydoedd i ffwrdd ac a rannai ei gartref â'i frawd Albert Curl a Frances Badina, lletywr 16 oed; yn Banwell y ganed hwythau ill tri.

Er mai dynion ifainc dibriod oedd mwyafrif helaeth y lletywyr, yr oedd 196 (19.8 y cant) o'r lletywyr gwrywaidd yn briod. Cymry oedd mwyafrif helaeth y gwŷr priod hyn, a deuai dros eu hanner o siroedd Aberteifi, Penfro a Chaerfyrddin. Dim ond 22 ohonynt a oedd wedi dod â'u gwragedd gyda hwy, a lletyai sawl un o'r parau priod hyn hefyd gyda pherthnasau neu gyfeillion o'u hardaloedd genedigol. Yr oedd David ac Esther Rees o Lanllwchaearn, sir Aberteifi, a'u merch fach a aned yn y Rhondda, yn lletya yng nghartref Jenkin ac Elizabeth Davies, hwythau hefyd yn hanu o'r un ardal. Nid nepell i ffwrdd, yn Clydach Road, mewn ystafelloedd yng nghartref Edward a Jane Evans, y ddau'n enedigol o sir Aberteifi, trigai pâr ifanc arall o'r sir honno, sef John a Catherine Davies. Buan y byddai teuluoedd ifainc fel y rhain yn sefydlu eu cartrefi eu hunain, ac yn y dyfodol diau y byddent yn cynnig llety i deuluoedd eraill o'r un ardal â hwy. Yr oedd y 174 dyn priod arall yn lletya heb eu gwragedd, a gellir tybio eu bod naill ai'n bwriadu anfon am eu gwragedd a'u teuluoedd pan fyddent wedi dod o hyd i gartrefi addas yn y maes glo, neu eu bod yn cynnal hen draddodiad o fudo dros dro o ardaloedd gwledig Cymru, gan gadw cysylltiad â'u perthnasau Cymraeg eu hiaith ac â'u rhwydweithiau cymdeithasol gartref.[8]

Yn amlwg, byddai gan y modd y croesewid ac y derbynnid lletywyr sengl a phriod i'r gymuned arwyddocâd arbennig i batrwm diwylliannol ac ieithyddol Cwm Clydach yn y dyfodol, oherwydd golygai fod mwyafrif helaeth y mewnfudwyr Cymraeg a di-Gymraeg yn ffurfio cysylltiadau â theuluoedd o gefndir ieithyddol a diwylliannol tebyg a chanddynt yr un math o rwydweithiau cymdeithasol. I raddau helaeth, felly, yr oedd patrymau trigiannol ac anheddu y poblogaethau Cymraeg a Saesneg eu hiaith yn cyfrannu at gynnal arwahanrwydd rhai agweddau ar eu bywyd cymdeithasol a diwylliannol. Rhoddwyd hwb arall i'r proses hwn gan y ffaith fod mewnfudwyr o'r un cefndir diwylliannol a daearyddol yn tueddu i ymgartrefu yn agos at ei gilydd yn y rhesi o dai teras. Rhannwyd Cwm Clydach yn dair ardal rifo ar gyfer cyfrifiad 1891, ac, yn fras, yr oedd traean o'r boblogaeth gyfan yn byw ym mhob un o'r tair (Ffigur 1). Trigai'r gyfran fwyaf o siaradwyr Cymraeg yn ardal rifo 28 a gynhwysai'r tai ym mhen pellaf y cwm, sef anheddiad Clydach Vale. Yma, yr oedd 735 (52.6 y cant) o'r 1,398 o drigolion (2 flwydd oed a throsodd) yn siaradwyr uniaith Gymraeg, 476 (34.0 y cant) yn ddwyieithog, ac 187 (13.4 y cant) yn uniaith Saesneg. Hanai dros hanner y penteuluoedd yn yr ardal hon o siroedd Cymreig y tu hwnt i Forgannwg, yn enwedig siroedd Caerfyrddin, Aberteifi a Phenfro. Yn ogystal, yr oedd 232 (66.9 y cant) o'r 347 o letywyr a drigai yn yr ardal hefyd wedi eu geni mewn siroedd Cymreig y tu hwnt i Forgannwg, a deuai dros 70 y cant o dair sir de-orllewin Cymru. O'r 231 o benteuluoedd a drigai yn yr ardal, 18 (7.8 y cant) yn unig a oedd wedi eu geni yn Lloegr, cyfran fechan o'i chymharu â'r 134 (17.4 y cant) o benteuluoedd o Loegr a rifwyd yn y cwm yn gyfan. Ychydig iawn o siaradwyr Saesneg a brodorion o Loegr a oedd wedi ymgartrefu yn Marian Street, un o brif derasau'r ardal. Er bod un tudalen yn cynnwys gwybodaeth am breswylwyr chwe thŷ yn Marian Street ar goll o lyfr y cyfrifwr, darparwyd gwybodaeth am drigolion y 99 tŷ arall, lle y trigai 111 o deuluoedd. Chwech (5.4 y cant) yn unig o benteuluoedd y 111 o dylwythau hyn a aned yn Lloegr, tra hanai 66 (59.5 y cant) o siroedd Cymreig y tu hwnt i Forgannwg (yn bennaf o Gaerfyrddin, Penfro ac Aberteifi). Yn y stryd gyfan, dim ond 52 (7.6 y cant) o'r 684 o drigolion (2 flwydd oed a throsodd) a oedd yn ddi-Gymraeg, o'u cymharu â 392 (57.3 y cant) a oedd yn methu siarad Saesneg.

Ymhellach i lawr y cwm, yn y rhesi o dai gerllaw Glofa Cwm Clydach a ffwrneisi golosg Blaenclydach, amlygwyd patrwm tra gwahanol. O'r 1,413 o drigolion (2 flwydd oed a throsodd) a rifwyd yn yr ardal hon (ardal rifo 27), Saesneg yn unig a siaradai 458 (32.4 y cant), ac yr oedd 64 (26.0 y cant) o'r 246 o benteuluoedd wedi eu geni yn Lloegr. Yn y rhan hon o'r cwm hefyd y lleolid

[8] David Jenkins, *The Agricultural Community in South-West Wales at the Turn of the Twentieth Century* (Cardiff, 1971), t. 251. Yn ei astudiaeth o batrymau mudo i Gymoedd Ogwr a Garw ym 1881 sylwodd Philip Jones mai brodorion o siroedd gwledig Cymru oedd mwyafrif y gwŷr priod a symudodd i'r ardal dros dro. Philip N. Jones, *Mines, Migrants and Residence in the South Wales Steamcoal Valleys: The Ogmore and Garw Valleys in 1881* (Hull, 1987), t. 46.

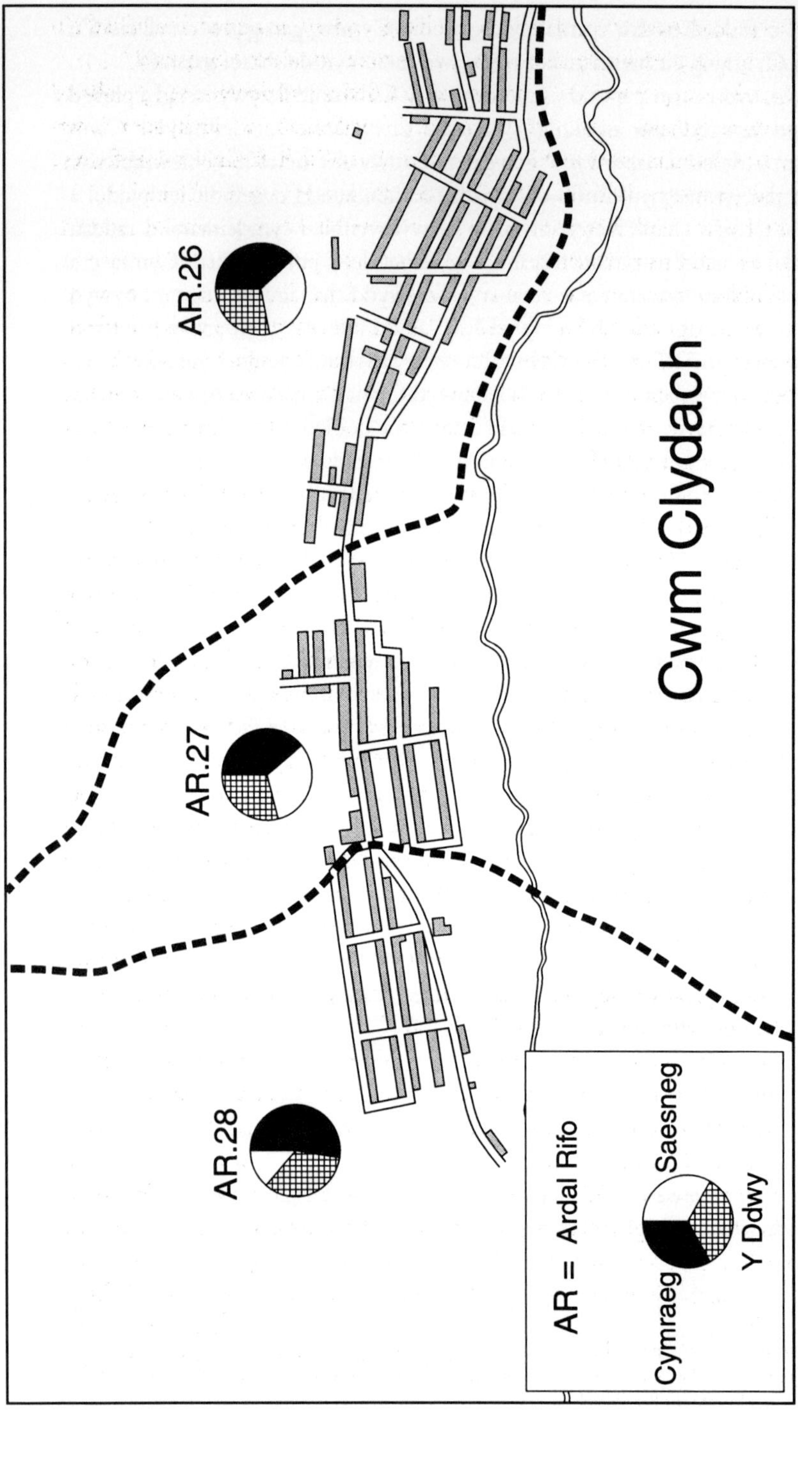

Ffigur 1. Iaith a leferid gan drigolion ardaloedd rhifo Cwm Clydach

pedwar o'r terasau lle y cafwyd y gyfran fwyaf o siaradwyr Saesneg. Yn 14 o'r 20 o brif derasau yng Nghwm Clydach, yr oedd dros 70 y cant o'r trigolion yn siarad Cymraeg, tra amrywiai'r gyfran o siaradwyr di-Gymraeg yn y chwe rhes arall o 34.3 y cant yn Clydach Road i 65.8 y cant yn y Bush Houses. O edrych yn fanylach ar darddiad daearyddol a diwylliannol y 78 o benteuluoedd a drigai yn y Bush Houses, gwelwyd bod 42 (53.8 y cant) wedi eu geni yn Lloegr, ac i'r mwyafrif o'r rhain ddod o Wlad yr Haf, tra hanai 25 (32.1 y cant) o siroedd diwydiannol Morgannwg a Mynwy. Cafwyd hefyd mai yn y stryd dra Seisnig hon yr oedd gorboblogi ar ei fwyaf difrifol yng Nghwm Clydach. Trigai dau deulu yn 28 o'r 50 o dai, ac yr oedd dros 70 y cant o holl deuluoedd y stryd yn byw mewn cartrefi o bedair ystafell neu lai. Yr oedd un tŷ pum-ystafell yn gartref i ddau deulu neu bymtheg o unigolion: trigai Robert ac Anne Chappell a'u pedwar plentyn mewn dwy ystafell, a rhannai Tom a Sarah Williams, eu tri phlentyn ifanc, a phedwar lletywr, y tair ystafell arall.

Amlygwyd ymhellach statws cymdeithasol is trigolion y Bush Houses gan y math o waith a wnâi'r dynion: cyflogid nifer helaeth ohonynt fel gweithwyr di-grefft neu labrwyr. Yn wir, at ei gilydd, gwaith isel ei statws a gyflawnid gan boblogaeth Saesneg ei hiaith a Seisnig ei tharddiad Cwm Clydach. Yr oedd pob un o'r tri ar ddeg a gyflogid yn y gweithfeydd golosg, a sefydlwyd gan y Forest Iron and Steel Company Limited yng Nglofa Blaenclydach ym 1891,[9] o'r fforman i'r labrwyr, yn siaradwyr uniaith Saesneg, a phob un, ar wahân i un brodor o sir Benfro, wedi eu geni yn Lloegr. Yr oedd chwech o'r wyth labrwr a gyflogid yn y sector adeiladu hefyd wedi eu geni yn Lloegr ac yn Saesneg eu hiaith, a chwech o'r deg chwarelwr a weithiai yn chwareli tywodfaen Pennant hefyd yn ddi-Gymraeg. Saesneg yn unig a siaradai tri o'r pedwar a gyflogid fel gosodwyr cledrau ar y rheilffordd: hanai dau o Wlad yr Haf a swydd Gaerloyw, a'r trydydd o'r Alban. Ar ben hynny, ni allai 72 (60 y cant) o'r 120 o labrwyr cyffredinol siarad gair o Gymraeg. Yn y Comisiwn Brenhinol ar Lafur ym 1893 ceir tystiolaeth fod nifer cynyddol o'r gweithwyr amaethyddol a oedd yn symud i Fro Morgannwg o siroedd gwledig cyfagos Lloegr yn gadael y meysydd i ymgymryd â gwaith prin ei grefft a bychan ei gyflog yn yr ardaloedd glofaol.[10]

Y diwydiant glo, serch hynny, a roddai fywoliaeth i 77.5 y cant o wrywod cyflogedig (dros 10 oed) Cwm Clydach. Cymry o ran tras ac iaith oedd mwyafrif y gweithlu glofaol, ac o'r holl wrywod a gyflogid yn y diwydiant dim ond 379 (22.6 y cant) a oedd yn methu siarad Cymraeg, ac yr oedd 833 (49.7 y cant) yn uniaith Gymraeg. Ganed 1,276 (86.2 y cant) o'r 1,481 o ddynion a gyflogid fel glowyr â chrefft yng Nghymru, a deuai 556 (43.6 y cant) o'r rheini o siroedd diwydiannol Morgannwg a Mynwy. Yr oedd dros hanner y glowyr medrus hyn yn siaradwyr uniaith Gymraeg, 406 (27.4 y cant) yn ddwyieithog, a 332 (22.4 y

[9] Lewis, *The Rhondda Valleys*, t. 141.

[10] Brinley Thomas, 'The Migration of Labour into the Glamorganshire Coalfield (1861–1911)', *Economica*, X, rhif 30 (1930), 275–94.

cant) yn uniaith Saesneg. Mewnfudwyr o ardaloedd gwledig Cymru oedd mwyafrif y Cymry uniaith, oherwydd gallai 308 (55.4 y cant) o'r 556 a hanai o siroedd Morgannwg a Mynwy siarad Saesneg, ac yr oedd 98 (17.6 y cant) ohonynt yn ddi-Gymraeg. Er mai Cymry o ran genedigaeth oedd mwyafrif helaeth y gweithlu di-grefft hefyd, dylid nodi bod cyfran uwch o'r rhain yn hanu o siroedd amaethyddol de-orllewin Cymru nag o'r ardaloedd diwydiannol. O'r 120 o ddynion a gyflogid fel labrwyr a gweithwyr ar wyneb y pwll, dim ond 22 (18.3 y cant) a aned yn siroedd Morgannwg a Mynwy, tra deuai 49 (40.8 y cant) o dair sir de-orllewin Cymru, sef Penfro, Caerfyrddin ac Aberteifi. Cymraeg oedd unig gyfrwng mynegiant dros hanner y gweithlu llai medrus hwn, a chofnodwyd 31 (25.8 y cant) yn siaradwyr uniaith Saesneg.

Y mae'n amlwg y byddai angen i'r sawl a ddaliai swyddi o awdurdod o fewn y diwydiant fod yn hyddysg yn y ddwy iaith fel y gallent gyfathrebu'n effeithiol â'r gweithwyr dan eu gofal. Yr oedd y ddau atalbwyswr, a benodid gan y glowyr i wirio pwysau'r dramiau glo wrth i bwyswr y cwmni eu pwyso, yn cynrychioli buddiannau'r ddau grŵp ieithyddol o weithwyr, gan fod y naill yn siarad Saesneg yn unig, a'r llall yn uniaith Gymraeg. O'r ddau ar bymtheg o oruchwylwyr a ffeiarmyn a gyflogid yn y glofeydd, yr oedd un ar ddeg yn ddwyieithog, pedwar yn uniaith Gymraeg a dau yn uniaith Saesneg. At ei gilydd, yr oedd y gwŷr a gyflogid ymhlith rhengoedd uwch rheolwyr a gweinyddwyr y pyllau hefyd yn medru'r Gymraeg. O'r tri rheolwr pwll glo, yr un peiriannydd mwyngloddio, yr un syrfëwr pyllau a'r ddau glerc glofa a rifwyd yng Nghwm Clydach, dim ond y syrfëwr pyllau – a oedd yn fyrddwr ac nid o angenrheidrwydd yn byw yno'n barhaol – a oedd yn methu siarad Cymraeg: yr oedd pob un o'r lleill yn ddwyieithog. Yr oedd dynion fel Howell John, rheolwr yn y lofa a oedd yn byw yn Clydach Villa, a William Pritchard, y peiriannydd pwll a oedd yn byw yn Blaenclydach House ym mhen pellaf y cwm, yn amlwg yn gymeriadau pwysig yn eu cymunedau, ffaith a adlewyrchid gan enw a lleoliad eu tai.[11]

Oherwydd sail ddiwydiannol gyfyng yr economi leol, prin oedd y cyfleoedd i ymgodi i swyddi o statws galwedigaethol a chymdeithasol, ac ar wahân i'r unigolion a oedd ynghlwm yng ngwaith rheoli'r glofeydd, dim ond 33 o unigolion a gyflogid o fewn y sector 'proffesiynol'. Yn eu plith yr oedd ffigurau lleol amlwg fel Charles Jones YH, llawfeddyg a ffisigwr a wasanaethai fel Brechwr Cyhoeddus i Ddosbarth Ystradyfodwg a Swyddog Meddygol i Undeb Pontypridd, a Rhys Samuel Griffiths, pensaer a thirfesurydd – y ddau yn siaradwyr dwyieithog. Yr oedd Griffiths, a weithredodd fel un o'r tri chyfrifwr yng Nghwm Clydach yn ystod cyfrifiad 1891, yn amlwg yn un o bileri'r gymdeithas, a rhwng 1894 a 1912 bu'n gwasanaethu fel aelod o Gyngor Dosbarth Trefol y Rhondda,

[11] Malcolm J. Fisk, *Housing in the Rhondda 1800–1940* (Cardiff, 1996), t. 117.

ac fel cadeirydd y cyngor hwnnw am y flwyddyn 1898–9.[12] Yr oedd 22 (66.7 y cant) o'r 33 o unigolion a ddaliai swyddi 'proffesiynol' yn hyddysg yn y Gymraeg a'r Saesneg, tra oedd chwe unigolyn – dwy nyrs, bydwraig, dau athro cynorthwyol/athro-disgybl, ynghyd â'r Parchedig Thomas Williams, gweinidog capel Bedyddwyr Cymraeg Soar – wedi eu cofnodi yn siaradwyr uniaith Gymraeg. Ymhlith y pum unigolyn uniaith Saesneg yr oedd y ddau heddwas lleol: John Bodger, brodor o Gaerdydd, a Richard Walters o swydd Gaerwrangon. Nodwyd yn y gorffennol fod nifer sylweddol o'r gwŷr a benodwyd i wasanaethu fel ceidwaid y gyfraith yng nghymoedd diwydiannol de Cymru yn ystod y cyfnod hwn yn hanu o'r tu allan i Gymru, ac yn annhebygol felly o fod yn gyfarwydd â'r Gymraeg.[13] Yng nghymoedd y Rhondda, yr oedd canran uchel o'r heddlu lleol yn Saeson o ran iaith a genedigaeth ac, fel yn achos Cwm Clydach, ni allai yr un o'r heddweision ar ddyletswydd yn Nhynewydd, Cwm-parc, Ton, Gelli na Llwynypia siarad Cymraeg. Gellid dadlau bod penodi 'estroniaid' a oedd yn Saeson o waed ac iaith i safleoedd o'r fath awdurdod a dylanwad yn sicrhau gweinyddu cyfraith a threfn yn fwy diduedd mewn ardaloedd lle'r oedd rhwymau gwaed a chymdogaeth yn gryf, ond y mae'n fwy tebygol y byddai'r anallu i gyfathrebu â phob aelod o'i gymuned yn gryn rwystr i heddwas gadw trefn yn effeithiol. Awgrymodd David J. V. Jones mai prin oedd y gefnogaeth a'r wybodaeth a dderbyniai heddweision proffesiynol cynnar Cymru gan bobl gyffredin.[14] Y mae bron yn sicr y byddai heddwas di-Gymraeg a weithiai mewn ardal dra Chymraeg ei hiaith yn wynebu tasg anos fyth wrth geisio ennill cefnogaeth a chydweithrediad y boblogaeth leol.

Un arall o rifwyr y cyfrifiad yng Nghwm Clydach oedd William Glynfab Williams, ysgolfeistr 35 oed a oedd, ym 1891, yn lletywr yng nghartref Rhys Samuel Griffiths yn rhif 4 Glyn Terrace. Yn ddiweddarach, daeth yn gurad Dinas Cross, sir Benfro, ac yn llenor Cymraeg adnabyddus. Ysgrifennodd ei drioleg difyr a adroddai brofiadau dau golier o'r Rhondda yn y fyddin yn ystod y Rhyfel Byd Cyntaf yn nhafodiaith leol Morgannwg ac ym 1921 cyhoeddwyd fersiwn Saesneg o'r rhan gyntaf, *'Ni'n Doi.' Dicyn o Anas Dai a Finna a'r Ryfal* (1918), fel *'Us Two.' A Simple History of Dai and Shoni and the War.*[15] Yr oedd William Glynfab Williams a'i gyd-weithwraig, Sarah Price, ysgolfeistres gynorthwyol, ill dau yn rhugl yn y Gymraeg a'r Saesneg, ac felly hefyd bob un ond pedwar o'r deuddeg o

[12] Chris Williams, *Democratic Rhondda: Politics and Society 1885–1951* (Cardiff, 1996), t. 52. Fel aelod blaenllaw o Libanus, capel Cymraeg y Methodistiaid Calfinaidd, Blaenclydach, bu Griffiths hefyd yn rhoi tystiolaeth gerbron y Comisiwn Brenhinol ar Eglwys Loegr a Chyrff Crefyddol Eraill yng Nghymru a sir Fynwy ym mis Mawrth 1907. Royal Commission on the Church of England and Other Religious Bodies in Wales and Monmouthshire, *Minutes of Evidence. Volume II. Book I* (London, 1910), cwestiynau 10412–714 (PP 1910 (Cd. 5433) XV).

[13] David J. V. Jones, *Crime in Nineteenth Century Wales* (Cardiff, 1992), t. 213.

[14] Ibid.

[15] Gw. Hywel Teifi Edwards, *Arwr Glew Erwau'r Glo: Delwedd y Glöwr yn Llenyddiaeth y Gymraeg, 1850–1950* (Llandysul, 1994), tt. 181–3.

athrawon cynorthwyol a'r disgybl-athrawon a gyflogid yn Ysgol Fwrdd Clydach Vale. Nodwyd mai Saesneg oedd unig iaith y ddau ddisgybl-athro Alfred Evans a James Harterre, a chofnodwyd Rachel Williams, athrawes gynorthwyol 23 oed o Ystrad, a Hannah Williams, disgybl-athrawes o Fryn-mawr, yn siaradwyr uniaith Gymraeg.

Yr oedd y rhan fwyaf o'r masnachwyr a'r siopwyr a enillai fywoliaeth yng Nghwm Clydach hefyd yn siarad Cymraeg. A gadael y merched y nodwyd eu bod yn wragedd llety o'r neilltu, medrai 52 (89.7 y cant) o'r 58 o unigolion a weithiai o fewn y sector masnach siarad Cymraeg, ac yr oedd 37 o'r rheini (71.2 y cant) yn ddwyieithog. Cynhwysai'r rhain gigyddion, groseriaid, dilladwyr a haearnwerthwyr, a rhyngddynt darparent yr holl nwyddau a'r gwasanaethau yr oedd eu hangen ar y boblogaeth lofaol. Deuai wyth o'r deg groser o siroedd Cymreig y tu hwnt i Forgannwg, a diau y gallai'r masnachwyr hyn ddiwallu'r galw ymhlith y boblogaeth lofaol am gynnyrch cartref o froydd amaethyddol Cymru.[16] Yn niwedd y 1890au byddai tad y llenor Rhys Davies (1901–78), yr hanai ei deulu o ogledd-orllewin sir Gaerfyrddin, yn sefydlu ei fusnes groser ei hun yn y 'Royal Stores', Clydach Road, Blaenclydach.[17] Yn y tri thŷ tafarn yng Nghwm Clydach – y Court, y Clydach Vale a'r Bush – yr oedd y tafarnwyr a'u staff i gyd yn siarad y ddwy iaith ac yn hanu o Forgannwg. Yr unig fasnachwyr di-Gymraeg a rifwyd yng Nghwm Clydach oedd pum gwerthwr ffrwythau a llysiau – y daethai pedwar ohonynt o Loegr – ac un haearnwerthwr 26 oed o Wlad yr Haf.

Prin iawn oedd y cyfleoedd i ferched Cwm Clydach gael gwaith cyflogedig llawnamser. O'r merched a oedd dros 10 oed, 360 yn unig (27.6 y cant) a gofnodwyd fel gweithwyr cyflogedig, a gweithiai'r mwyafrif o'r rheini fel gwragedd llety, morynion neu wniadwragedd. Cyflogid tair menyw hefyd mewn glofeydd lleol – pedair fel gweithwyr ar yr wyneb a thair fel cynorthwywyr yn y lamprwm. Ac eto, er i fwyafrif helaeth y menywod gael eu cofnodi fel rhai nad oeddynt yn ennill cyflog, yr oedd y rhan fwyaf o ferched Cwm Clydach yn gweithio'n llawnamser yn eu cartrefi eu hunain. Mewn cartrefi lle'r oedd dau neu ragor o fyrddwyr neu letywyr, byddai cyfrifoldebau domestig y wraig neu'r penteulu benywaidd yn arbennig o drwm.[18] Trwy ddosbarthu pob menyw o'r fath fel gwraig llety yn Nhabl 9, gwnaed ymdrech i sicrhau bod eu cyfraniad gwerthfawr i incwm y cartref a'r economi leol yn cael ei gydnabod. Yr oedd yr holl ferched a gofnodwyd fel gwragedd llety felly yn ferched a roddai wasanaeth hanfodol i lowyr cyffredin yn eu cartrefi, yn aml mewn amgylchiadau gorboblog ac afiach. Yn 52 Court Road, er enghraifft, gofalai Janet Griffiths, a oedd yn 45 oed ac yn wraig i löwr, am anghenion ei gŵr, ei mab a phum lletywr, yn ogystal ag anghenion ei

[16] Jenkins, *The Agricultural Community*, t. 251.

[17] Gw. Rhys Davies, *Print of a Hare's Foot* (London, 1969); David Rees, *Rhys Davies* (Cardiff, 1975).

[18] Dot Jones, 'Counting the Cost of Coal: Women's Lives in the Rhondda, 1881–1911' yn Angela V. John (gol.), *Our Mothers' Land: Chapters in Welsh Women's History, 1830–1939* (Cardiff, 1991), tt. 109–33.

chwe phlentyn arall, nad oedd yr ieuengaf ohonynt ond 5 oed. Yng nghartrefi'r glowyr y gweithiai mwyafrif helaeth y morynion a gyflogid yng Nghwm Clydach hefyd, yn cynorthwyo gwragedd y glowyr â thrymwaith gofalu am lond tŷ o ddynion. Hawdd dychmygu bod Margaret Rees, yr oedd ei gŵr a'i chwe mab i gyd yn goliers, yn ddibynnol iawn ar gymorth Ceridwen Davies, morwyn 15 oed a drigai gyda'r teulu yn Jenkins Terrace. Gan fod 51 (45.5 y cant) o'r 112 o forynion yn medru'r ddwy iaith, yr oedd y mwyafrif yn gymwys i weini mewn cartrefi Cymraeg neu Saesneg eu hiaith. Ond mewn gwirionedd, yr oedd yn well gan deuluoedd Saesneg eu hiaith gyflogi morynion uniaith Saesneg, ac un forwyn Gymraeg ei hiaith yn unig a gafwyd yn gweithio i deulu Saesneg. Yn yr un modd, prin oedd y morynion di-Gymraeg a weithiai i deuluoedd Cymraeg eu hiaith. Pedair enghraifft yn unig a gafwyd o forwyn uniaith Saesneg yn gweithio i deulu di-Saesneg. Un o'r pedair hynny oedd Laura Pitcher, siaradwraig Saesneg 21 oed o Wlad yr Haf, a oedd yn gweini yng nghartref yr haliwr glo Evan Griffiths, yntau fel holl aelodau ei deulu ynghyd â'u dau fyrddwr, yn Gymry uniaith Gymraeg.

I fwyafrif helaeth poblogaeth Cwm Clydach ym 1891, parhâi'r Gymraeg yn iaith y cartref, y gweithle, y capel, y dafarn a'r stryd. Yr oedd cymeriad tra Chymraeg y mewnfudiad i'r cwm, ac yn enwedig i anheddiad Clydach Vale, wedi sicrhau presenoldeb Cymraeg cryf o fewn y diwydiant glofaol a'r gymuned ehangach na allai'r nifer cymharol fychan o fewnfudwyr Saesneg eu hiaith gystadlu ag ef. Ac eto, er i fwyafrif helaeth trigolion Cwm Clydach gael eu cofnodi yn siaradwyr Cymraeg, gallai cyfran arwyddocaol o'r boblogaeth Gymraeg ei hiaith hefyd siarad Saesneg. Wrth i wybodaeth o'r iaith Saesneg gynyddu ymhlith Cymry Cymraeg, lleihau a wnâi'r angen i drigolion di-Gymraeg ddysgu Cymraeg er mwyn cael eu cymathu'n llawn yn y gymuned. Er bod y Gymraeg yn iaith y mwyafrif ym 1891, yr arwyddion oedd y byddai'r cenedlaethau nesaf o siaradwyr Cymraeg yn cofleidio'r iaith Saesneg, tra byddai siaradwyr di-Gymraeg yn parhau i wrthsefyll proses dwyochrog o newid ieithyddol.

Tabl 9: Iaith a yn leferid yn ôl galwedigaeth

(10 oed a throsodd)[1]

Dosbarth diwydiannol	Iaith a leferid Dynion Cymraeg	Y Ddwy	Saesneg	Cyfan.	Iaith a leferid Merched Cymraeg	Y Ddwy	Saesneg	Cyfan.
AMAETHYDDIAETH								
Ffermio								
Ffermwr	–	1	–	1				
Mab fferm	–	1	–	1				
Bugail	–	–	1	1				
Cyfanswm	–	**2**	**1**	**3**				
%	–	*66.7*	*33.3*	*100.0*				

Dosbarth diwydiannol	Iaith a leferid Dynion Cymraeg	Y Ddwy	Saesneg	Cyfan.	Iaith a leferid Merched Cymraeg	Y Ddwy	Saesneg	Cyfan.
MWYNGLODDIO								
Glo								
Rheolwyr	–	3	–	3				
Peirianwyr/syrfewyr	–	1	1	2				
Clercod	–	2	–	2				
Ffeiarmyn/goruchwylwyr	4	11	2	17				
Atalbwyswyr	1	–	1	2				
Glowyr/halwyr	743	406	332	1481				
Gweithwyr peiriannau	2	6	1	9				
Labrwyr	51	19	23	93				
Gweithwyr pen pwll/ ar yr wyneb	11	8	8	27	2	2	–	4
Bechgyn wrth y drysau	5	2	5	12				
Eraill	16	7	6	29	3	–	–	3
Copr								
Mwynwr	1	–	–	1				
Tywodfaen								
Chwarelwyr	3	1	4	8				
Labrwyr	–	–	2	2				
Brics								
Gwneuthurwr brics	–	–	1	1				
Gwaith dŵr								
Labrwr	–	–	1	1				
Cyfanswm	**837**	**466**	**387**	**1690**	**5**	**2**	–	**7**
%	***49.5***	***27.6***	***22.9***	***100.0***	***71.4***	***28.6***	–	***100.0***
ADEILADU								
Rheoli								
Pensaer a thirfesurydd	–	1	–	1				
Contractwyr/adeiladwyr	2	1	1	4				
Gweithwyr								
Seiri meini	24	17	5	46				
Bricwyr	1	–	1	2				
Plastrwyr	–	–	3	3				
Seiri coed	6	9	7	22				
Peintwyr	–	1	1	2				
Gosodwr nwy	–	–	1	1				
Prentisiaid/cynorthwywyr	–	1	2	3				
Labrwyr	1	1	6	8				
Rheilffyrdd								
Gosodwyr cledrau	1	–	3	4				
Cyfanswm	**35**	**31**	**30**	**96**				
%	***36.5***	***32.3***	***31.3***	***100.0***				
CYNHYRCHU								
Peiriannau, offer, watsys, ayb								
Crefftwyr	2	1	1	4				

	Iaith a leferid				Iaith a leferid			
	Dynion				Merched			
Dosbarth diwydiannol	Cymraeg	Y Ddwy	Saesneg	Cyfan.	Cymraeg	Y Ddwy	Saesneg	Cyfan.
Haearn a dur								
Crefftwyr	8	11	3	22				
Prentis	–	1	–	1				
Golosg								
Fforman	–	–	1	1				
Crefftwyr	–	–	10	10				
Labrwyr	–	–	2	2				
Pren								
Crefftwr	–	–	1	1				
Cerbydau a harneisiau								
Crefftwyr	–	1	1	2				
Dillad								
Perchenogion	1	–	–	1	–	1	–	1
Crefftwyr	7	9	3	19	29	36	13	78
Prentisiaid/cynorthwywyr	–	–	–	–	1	3	2	6
Bwyd, diod, tybaco								
Perchennog	1	–	–	1				
Crefftwyr	–	1	2	3				
Argraffu								
Crefftwr	–	1	–	1				
Amhenodol								
Gyrwyr injan/tanwyr/dynion tân/ffitwyr	11	22	9	42				
Prentisiaid/cynorthwywyr	1	–	1	2				
Labrwr	–	1	–	1				
Cyfanswm	**31**	**48**	**34**	**113**	**30**	**40**	**15**	**85**
%	***27.4***	***42.5***	***30.1***	***100.0***	***35.3***	***47.1***	***17.6***	***100.0***
CLUDIANT								
Ystordai								
Negeswyr	2	1	1	4	–	1	–	1
Morwriaeth								
Morwr	1	–	–	1				
Rheilffyrdd								
Gyrrwr trên	–	–	1	1				
Porthorion	1	1	2	4				
Ffyrdd								
Certmyn, halwyr, ayb	3	2	5	10				
Cyfanswm	**29**	**16**	**13**	**58**	–	**1**	–	**1**
%	***50.0***	***27.6***	***22.4***	***100.0***	–	***100.0***	–	***100.0***
MASNACH								
Dillad								
Dilledyddion	–	3	–	3				
Cynorthwywyr	–	2	–	2	–	1	–	1
Bwyd								
Cigyddion	6	3	–	9				
Groseriaid	2	7	–	9	–	1	–	1

Dosbarth diwydiannol	Iaith a leferid Dynion Cymraeg	Y Ddwy	Saesneg	Cyfan.	Iaith a leferid Merched Cymraeg	Y Ddwy	Saesneg	Cyfan.
Gwerthwyr llysiau a ffrwythau	1	–	4	5	–	1	1	2
Prentisiaid/cynorthwywyr	2	8	–	10	–	1	–	1
Tybaco, diod a llety								
Tafarnwyr	–	3	–	3				
Ceidwaid llety	–	–	–	–	68	32	25	125
Barforynion	–	–	–	–	–	4	–	4
Dodrefn a nwyddau i'r cartref								
Haearnwerthwr	–	–	1	1				
Deunydd ysgrifennu a chyhoeddiadau								
Llyfrwerthwr	1	–	–	1				
Masnachwyr cyffredinol								
Siopwyr	1	2	–	3				
Arall ac amhenodol								
Asiant piano	1	–	–	1				
Trafaelwyr	1	1	–	2				
Cyfanswm	**15**	**29**	**5**	**49**	**68**	**40**	**26**	**134**
%	***30.6***	***59.2***	***10.2***	***100.0***	***50.7***	***29.9***	***19.4***	***100.0***
GWASANAETHAU DIWYDIANNOL								
Bancio, yswiriant, cyfrifon								
Gwasanaeth yswiriant	1	–	1	2				
Cyfrifydd	–	1	–	1				
Clerc masnachol	–	1	–	1				
Prentis clerc	–	1	–	1				
Cyfanswm	**1**	**3**	**1**	**5**				
%	***20.0***	***60.0***	***20.0***	***100.0***				
GWASANAETHAU CYHOEDDUS A PHROFFESIYNOL								
Gweinyddiaeth ganolog								
Clerc telegraff	–	1	–	1				
Gweinyddiaeth leol								
Beili llys sirol	–	1	–	1				
Heddlu								
Heddweision	–	–	2	2				
Meddygaeth								
Llawfeddygon, meddygon	–	4	–	4				
Cynorthwywyr meddygol	–	3	–	3				
Nyrsys	–	–	–	–	2	–	–	2
Bydwraig	–	–	–	–	1	–	–	1
Addysg								
Prifathro, athrawes	–	1	–	1	–	1	–	1
Athrawon cynorthwyol, disgybl-athrawon	–	4	2	6	2	4	–	6
Crefydd								
Gweinidog y MC	–	1	–	1				
Gweinidog yr Annibynwyr	1	–	–	1				
Gweinidog y Bedyddwyr	–	1	–	1				
Myfyriwr diwinyddol	–	–	1	1				

Dosbarth diwydiannol	Iaith a leferid Dynion Cymraeg	Y Ddwy	Saesneg	Cyfan.	Iaith a leferid Merched Cymraeg	Y Ddwy	Saesneg	Cyfan.
Celf, llên, gwyddoniaeth								
Myfyriwr celf	–	1	–	1				
Cyfanswm	**1**	**17**	**5**	**23**	**5**	**5**	–	**10**
%	***4.3***	***73.9***	***21.7***	***100.0***	***50.0***	***50.0***	–	***100.0***
GWASANAETHAU CARTREF								
Yn y tŷ								
Gweision/morynion	–	1	–	1	33	51	28	112
Nyrsys yn y cartref	–	–	–	–	–	–	2	2
Y tu allan								
Coetsmyn a gwastrodion	2	2	3	7				
Gwasanaeth ychwanegol								
Glanhawyr, golchwragedd	–	–	–	–	2	6	1	9
Dyn trin gwallt	–	1	–	1				
Cyfanswm	**2**	**4**	**3**	**9**	**35**	**57**	**31**	**123**
%	***22.2***	***44.4***	***33.3***	***100.0***	***28.5***	***46.3***	***25.2***	***100.0***
ERAILL								
Labrwyr cyffredinol	34	14	72	120				
Cyfanswm	**34**	**14**	**72**	**120**				
%	***28.3***	***11.7***	***60.0***	***100.0***				
CYFANSWM Y CYFLOGEDIG	**985**	**630**	**550**	**2165**	**143**	**145**	**72**	**360**
%	**45.5**	**29.1**	**25.4**	**100.0**	**39.7**	**40.3**	**20.0**	**100.0**
Gweddill y boblogaeth	9	7	10	26	346	250	220	816
%	*34.6*	*26.9*	*38.5*	*100.0*	*42.4*	*30.6*	*27.0*	*100.0*
Disgyblion ysgol	47	41	39	127	50	47	31	128
%	*37.0*	*32.2*	*30.7*	*100.0*	*39.1*	*36.7*	*24.2*	*100.0*
CYFANSWM Y BOBLOGAETH 10 OED+	**1041**	**678**	**599**	**2318**	**539**	**442**	**323**	**1304**
%	***44.9***	***29.2***	***25.8***	***100.0***	***41.3***	***33.9***	***24.8***	***100.0***

[1] Hepgorwyd un gwerthwr gwlanen nad oedd wedi nodi ei allu ieithyddol.

7

Llwynypia (Sir Forgannwg)

MARI A. WILLIAMS

Ym 1804 disgrifiwyd ardal Llwynypia gan yr awdur a'r teithiwr B. H. Malkin fel bro o gaeau hardd â llwyn bendigedig o goed yn un pen dan gysgod craig uchel.[1] Ychydig iawn o newid a fu yn yr ardal wledig a choediog hon yng nghanol cwm Rhondda Fawr yn y blynyddoedd a ddilynodd, a hyd at ganol y bedwaredd ganrif ar bymtheg yr unig drigolion oedd teulu fferm Llwynypia.[2] Fodd bynnag, erbyn diwedd y 1850au, wrth i diroedd i'r gogledd a'r de gael eu hagor i ddatblygiadau glofaol, ymestynnwyd Rheilffordd Cwm Taf trwy ardal wyryfol Llwynypia hyd eithaf y Rhondda Fawr. Yn sgil y llwyddiant a brofwyd wrth gloddio glo o haenau glo ager mewn rhannau eraill o'r cwm, trodd y mwyngloddwyr eu sylw at adnoddau mwynol Llwynypia ac, ym 1859, agorodd Isaac Smith, rheolwr gyfarwyddwr Glofa'r Eglwys, Pentre, lefel lo fechan ger fferm Llwynypia. Methiant fu'r fenter ac ni sylweddolwyd llawn bosibiliadau haenau glo cyfoethog Llwynypia hyd 1862, pan ddechreuodd Albanwr o'r enw Archibald Hood (1823–1902) suddo siafftiau newydd yn yr ardal.[3]

Yr oedd Hood yn beiriannydd glofaol adnabyddus yn sgil ei lwyddiant fel perchennog pyllau glo yn ne swydd Ayr, yr Alban.[4] Fe'i denwyd gan ddatblygiadau ym Maes Glo De Cymru, a daeth i'r ardal ym 1860 a phrynu cyfranddaliadau yn yr Ely Valley Colliery Company Ltd yn Nhonyrefail. Sylweddolodd yn fuan bosibiliadau sefydlu pyllau glo yng nghwm Rhondda Fawr ac ar ôl sicrhau prydles ar diroedd yn Llwynypia dechreuodd ei gwmni, dan ei enw newydd, Glamorgan Coal Company Ltd, suddo pyllau yn yr ardal ym 1862. Erbyn y flwyddyn ddilynol yr oedd y ddwy wythïen o lo rhwym y Rhondda wedi eu hagor yn llwyddiannus a llawer o'r glo yn cael ei droi yn olosg mewn gwaith a sefydlwyd gan y cwmni ar ben y pwll. Ym 1863 sefydlwyd gwaith brics ar y safle i gynhyrchu brics ar gyfer waliau a siafftiau pyllau glo. Y flwyddyn ganlynol

[1] B. H. Malkin, *The Scenery, Antiquities, and Biography, of South Wales* (London, 1804), t. 188.
[2] Dafydd Morganwg, *Hanes Morganwg* (Aberdare, 1874), t. 284.
[3] E. D. Lewis, *The Rhondda Valleys* (London, 1959), t. 75.
[4] Ibid.; Elizabeth Phillips, *A History of the Pioneers of the Welsh Coalfield* (Cardiff, 1925), tt. 208–10; J. H. Morris ac L. J. Williams, *The South Wales Coal Industry, 1841–1875* (Cardiff, 1958), t. 127.

dechreuodd Hood ganolbwyntio ar yr haenau glo ager dyfnach ac ym 1865 cloddiwyd y llwyth cyntaf o lo ager ym mhyllau glo Llwynypia.[5] Cludwyd glo yn syth o safle'r lofa ar hyd Rheilffordd Cwm Taf i ddociau Bute yng Nghaerdydd, ac fel y tyfai'r farchnad allforio ar gyfer glo ager suddwyd dau bwll arall ym 1872.

Erbyn 1891 yr oedd gan y Glamorgan Coal Company Ltd un pwll glo tân a thri phwll glo ager yn Llwynypia, a chyflogai 2,387 o ddynion.[6] Tra-arglwyddiaethai'r diwydiant glo ar fywyd cymdeithasol ac economaidd y gymuned a grëwyd ganddo, ac yr oedd bron 70 y cant o'r holl wrywod cyflogedig yn gweithio'n uniongyrchol yn y diwydiant glo. Yn ystod blynyddoedd cynnar y datblygiad diwydiannol, tyfasai poblogaeth Llwynypia yn enbyd o gyflym wrth i'r gweithlu glofaol newydd a'u teuluoedd symud i'r ardal, ac erbyn 1891 yr oedd yr anheddiad yn gartref i 2,450 o bobl. Trigai mwyafrif helaeth y bobl hyn yn y tai teras a godwyd gan y cwmni glo o 1865 ymlaen ar gyfer y gweithwyr. Yr oedd dros 200 o dai yn y pedair rhes ar ddeg o derasau cyfochrog, yn dwyn enwau fel Argyll, Holyrood, Campbell ac Inverleith, ac fe'u gelwid yn 'Scotch Houses'.[7] Gan fod llawer o'r cyfalaf a sawl un o'r partneriaid a sefydlodd y Glamorgan Coal Company yn hanu o'r Alban, yr oedd y cysylltiadau rhwng Llwynypia a gwlad enedigol sefydlwyr y cwmni yn parhau'n gryf. Yn aml cyfeirid at byllau glo'r cwmni yn Llwynypia fel 'The Scotch'.[8] Ar ben hynny, i Sant Andreas, nawddsant yr Alban, y cysegrwyd eglwys blwyf Llwynypia a godwyd ym 1877 ac a agorwyd yn swyddogol y flwyddyn ganlynol.[9]

Buan y sefydlodd y mewnfudwyr a ymgartrefodd yn Llwynypia o ddiwedd y 1860au ymlaen eu canolfannau diwylliant ac addoliad eu hunain. Dechreuodd y Methodistiaid Calfinaidd Cymraeg gwrdd yn Llwynypia ym 1866 ond ni chodwyd capel Bethania ar Sgwâr Tonypandy hyd 1874.[10] Gerllaw iddo yr oedd Jerusalem, capel y Bedyddwyr Cymraeg, a sefydlwyd ym 1872. Yn y blynyddoedd cynnar denai'r capel hwn aelodau o Lwynypia a Thonypandy ac o'r cymunedau a oedd yn prysur dyfu yng nghwm Clydach.[11] O'r holl achosion Ymneilltuol Cymraeg yr unig un yn Llwynypia ei hun oedd Salem, capel yr Annibynwyr Cymraeg, a sefydlwyd ym 1876 ac a godwyd yn union i'r gogledd

[5] Lewis, *The Rhondda Valleys*, tt. 75–6; idem, 'The Industrial Development of the Rhondda Valleys' (traethawd MA anghyhoeddedig Prifysgol Cymru, 1940), t. 108.

[6] Reports from Commissioners, Inspectors and Others, Vol. 5, Mines, South Wales District (No. 13) (PP 1892 (c6625) XII), t. 77.

[7] Jeremy Lowe, *Welsh Industrial Workers' Housing, 1775–1875* (Cardiff, 1989), tt. 50–1; Malcolm J. Fisk, *Housing in the Rhondda, 1800–1940* (Cardiff, 1996), tt. 30–1.

[8] Lewis, *The Rhondda Valleys*, t. 238; W. Haydn Rees, *A Short History of the Church and Parish of St. Andrew, Llwynypia, 1878–1948* (Tonypandy, 1948), t. 20.

[9] Rees, *History of the Church and Parish of St. Andrew, Llwynypia*, t. 20.

[10] S. L. George, *Bethania, Llwynypia: Braslun o Hanes yr Eglwys ar Achlysur Dathlu Jiwbili Clirio'r Ddyled* (dim man cyhoeddi, 1945).

[11] W. J. Rhys, 'Cychwyn a Chynnydd yr Anghydffurfwyr yng Nghymoedd Rhondda', *TCHBC* (1960), 5–13.

Tabl 1: Iaith a leferid gan boblogaethau Llwynypia, Dosbarth Cofrestru Pontypridd, Sir Forgannwg a Chymru

(2 flwydd oed a throsodd)

	Nifer				*Canran*			
	Cymraeg	Y Ddwy	Saesneg	Cyfanswm	*Cymraeg*	*Y Ddwy*	*Saesneg*	*Cyfanswm*
Llwynypia[1]	384	684	1209	2277	*16.9*	*30.0*	*53.1*	*100.0*
D.C. Pontypridd[2]	40507	46487	50005	136999	*29.6*	*33.9*	*36.5*	*100.0*
Sir Forgannwg[3]	142346	177726	326481	646553	*22.0*	*27.5*	*50.5*	*100.0*
Cymru[4]	508036	402253	759416	1669705	*30.4*	*24.1*	*45.5*	*100.0*

[1] Hepgorwyd 4 unigolyn nad oeddynt wedi nodi eu gallu ieithyddol, ac un lletywr 34 oed o'r Almaen a siaradai Saesneg, Almaeneg, Ffrangeg a Phwyleg.

[2] Hepgorwyd 765 nad oeddynt wedi nodi eu gallu ieithyddol a 50 a siaradai ieithoedd eraill.

[3] Hepgorwyd 4,981 nad oeddynt wedi nodi eu gallu ieithyddol a 2,355 a siaradai ieithoedd eraill.

[4] Hepgorwyd 12,833 nad oeddynt wedi nodi eu gallu ieithyddol a 3,076 a siaradai ieithoedd eraill.

o'r pyllau glo.[12] Bu'r Ymneilltuwyr Saesneg hefyd yn weithgar yn ystod y cyfnod hwn. Ym 1873 sefydlodd y Methodistiaid Cyntefig gapel yn ne'r anheddiad, ac erbyn 1875 yr oedd drysau eglwysi y Bedyddwyr a'r Annibynwyr Saesneg ym mhentref cyfagos Tonypandy wedi agor.[13]

Seiliwyd y deunydd canlynol ar astudiaeth o anheddiad Llwynypia, gan gynnwys yr holl dai i'r gogledd o Nant Clydach-fach cyn belled â fferm Pontrhondda. Fel y dengys Tabl 1, yr oedd mwyafrif helaeth y 2,277 o drigolion (2 flwydd oed a throsodd) yn medru'r Saesneg, a dim ond 384 (16.9 y cant) o bobl a honnai eu bod yn methu siarad yr iaith honno. Er nad oedd y gyfran o siaradwyr dwyieithog ond ychydig yn is na'r gyfran a gofnodwyd yn Nosbarth Cofrestru Pontypridd, yr oedd llai na hanner trigolion Llwynypia yn medru siarad Cymraeg, a thraean yn unig o'r siaradwyr Cymraeg a oedd yn methu siarad Saesneg.

Yr oedd canran y siaradwyr Saesneg a rifwyd yn Llwynypia ym 1891 nid yn unig yn fwy na'r ganran a gofnodwyd drwy holl Ddosbarth Cofrestru Pontypridd, ond hefyd drwy sir Forgannwg a Chymru yn gyfan. Saesneg oedd yr unig iaith a siaredid gan dros hanner trigolion Llwynypia ac, fel y dengys Tabl 2, fe'i siaredid gan yr ifanc a'r hen yn ddiwahân. Yr oedd y ganran o'r 1,981 o unigolion 44 oed ac iau a oedd yn methu siarad Saesneg yn llai nag 20 y cant, ac er bod y ganran o siaradwyr Cymraeg yn cynyddu ymhlith y grwpiau oedran hŷn, cofnodwyd dros hanner y 296 o unigolion 45 oed a throsodd yn siaradwyr Saesneg. Ymhlith y genhedlaeth iau, sef rhwng 2 a 5 oed, y cofnodwyd y ganran uchaf o siaradwyr uniaith Saesneg, ac yn ail agos iddynt oedd plant o oedran ysgol ac oedolion ifainc rhwng 15 a 24 oed. Er bod y ganran o siaradwyr dwyieithog yn dal yn weddol

[12] J. Thomas, *Hanes Eglwysi Annibynol Cymru. Cyfrol V* (Dolgellau, 1891), tt. 189–90.

[13] Dafydd Morganwg, *Hanes Morganwg*, t. 284.

Tabl 2: Iaith a leferid yn ôl oedran
(2 flwydd oed a throsodd)

Oed	Nifer Cymraeg	Y Ddwy	Saesneg	Cyfanswm	*Canran Cymraeg*	*Y Ddwy*	*Saesneg*	*Cyfanswm*
2–5	50	48	155	253	*19.8*	*19.0*	*61.3*	*100.0*
6–14	65	139	274	478	*13.6*	*29.1*	*57.3*	*100.0*
15–24	76	185	327	588	*12.9*	*31.5*	*55.6*	*100.0*
25–44	116	221	325	662	*17.5*	*33.4*	*49.1*	*100.0*
45–64	55	80	109	244	*22.5*	*32.8*	*44.7*	*100.0*
65+	22	11	19	52	*42.3*	*21.2*	*36.5*	*100.0*
Cyfanswm	**384**	**684**	**1209**	**2277**	***16.9***	***30.0***	***53.1***	***100.0***

Tabl 3: Iaith a leferid yn ôl oedran a rhyw
(2 flwydd oed a throsodd)

Oed	Rhyw	Nifer Cymraeg	Y Ddwy	Saesneg	Cyfanswm	*Canran Cymraeg*	*Y Ddwy*	*Saesneg*	*Cyfanswm*
2–5	G	23	18	73	114	*20.2*	*15.8*	*64.0*	*100.0*
	B	27	30	82	139	*19.4*	*21.6*	*59.0*	*100.0*
6–14	G	38	66	114	218	*17.4*	*30.3*	*52.3*	*100.0*
	B	27	73	160	260	*10.3*	*28.0*	*61.7*	*100.0*
15–24	G	50	111	243	404	*12.4*	*27.5*	*60.1*	*100.0*
	B	26	74	84	184	*14.1*	*40.2*	*45.7*	*100.0*
25–44	G	67	130	214	411	*16.3*	*31.6*	*52.1*	*100.0*
	B	49	91	111	251	*19.5*	*36.3*	*44.2*	*100.0*
45–64	G	29	52	65	146	*19.9*	*35.6*	*44.5*	*100.0*
	B	26	28	44	98	*26.5*	*28.6*	*44.9*	*100.0*
65+	G	11	2	8	21	*52.4*	*9.5*	*38.1*	*100.0*
	B	11	9	11	31	*35.5*	*29.0*	*35.5*	*100.0*
	G	**218**	**379**	**716**	**1313**	***16.6***	***28.9***	***54.5***	***100.0***
Cyfanswm	**B**	**166**	**305**	**493**	**964**	***17.2***	***31.6***	***51.1***	***100.0***

gyson ymhlith y boblogaeth rhwng 6 a 64 oed, dangosai'r ganran o siaradwyr uniaith Gymraeg leihad cyson o fewn yr un grwpiau oedran. Cymraeg yn unig a siaradai dros 40 y cant o'r 52 o unigolion dros 65 oed, ond syrthiai'r ganran i 13.6 y cant ymhlith plant oedran ysgol.

Câi'r iaith Saesneg ei siarad gan ganran helaeth o bob grŵp oedran a chan aelodau o'r ddwy ryw. Fel y dengys Tabl 3, nid oedd amrywiadau sylweddol yng ngallu ieithyddol y dynion a'r merched, er i ganran ychydig yn uwch o siaradwyr Cymraeg gael ei chofnodi ymhlith y benywod. Yr oedd dros hanner y

Tabl 4: Iaith a leferid yn ôl man geni

(2 flwydd oed a throsodd)[1]

Man geni	Nifer Cymraeg	Y Ddwy	Saesneg	Cyfanswm	*Canran Cymraeg*	*Y Ddwy*	*Saesneg*	*Cyfanswm*
Sir Forgannwg	226	446	401	1073	*21.1*	*41.6*	*37.4*	*100.0*
Sir Fynwy	14	51	94	159	*8.8*	*32.1*	*59.1*	*100.0*
Sir Aberteifi	48	28	1	77	*62.3*	*36.4*	*1.3*	*100.0*
Sir Gaerfyrddin	34	30	2	66	*51.5*	*45.5*	*3.0*	*100.0*
Sir Benfro	9	20	33	62	*14.5*	*32.3*	*53.2*	*100.0*
Sir Drefaldwyn	5	29	24	58	*8.6*	*50.0*	*41.4*	*100.0*
Sir Frycheiniog	16	21	9	46	*34.8*	*45.7*	*19.6*	*100.0*
Sir Ddinbych	8	16	6	30	*26.7*	*53.3*	*20.0*	*100.0*
Sir Faesyfed	3	5	15	23	*13.0*	*21.7*	*65.2*	*100.0*
Sir Feirionnydd	4	9	1	14	*28.6*	*64.3*	*7.1*	*100.0*
Sir Y Fflint	4	4	–	8	*50.0*	*50.0*	–	*100.0*
Sir Gaernarfon	6	1	–	7	*85.7*	*14.3*	–	*100.0*
Sir Fôn	2	–	–	2	*100.0*	–	–	*100.0*
Cymru[2]	4	1	24	29	*13.8*	*3.4*	*82.8*	*100.0*
Lloegr	–	20	579	599	–	*3.3*	*96.7*	*100.0*
Eraill[3]	–	1	16	17	–	*5.9*	*94.1*	*100.0*
Cyfanswm	**383**	**682**	**1205**	**2270**	***16.9***	***30.0***	***53.1***	***100.0***

[1] Hepgorwyd 7 nad oeddynt wedi nodi eu man geni.

[2] Heb nodi sir.

[3] Man geni: Yr Alban 7, America 5, Iwerddon 4, Canada 1.

poblogaethau gwrywaidd a benywaidd yn methu siarad Cymraeg, a dim ond 16.6 y cant o'r gwrywod ac 17.2 y cant o'r benywod a gofnodwyd yn siaradwyr uniaith Gymraeg. Yr oedd gwrywod yn 57.7 y cant o'r boblogaeth gyfan, ond yr oedd eu presenoldeb yn gryfach fyth ymhlith oedolion ifainc, lle y cyfrifent am dros ddeuparth y 588 o unigolion rhwng 15 a 24 oed. Yr oedd dros 40 y cant o'r 404 o wrywod yn y grŵp oedran hwn yn dod o Loegr, a chanran debyg yn frodorion o siroedd Morgannwg a Mynwy. O ystyried man eu geni, nid yw'n syndod mai dim ond 50 (12.4 y cant) o unigolion a oedd yn methu siarad Saesneg, a bod 243 (60.1 y cant) o'r 404 yn siaradwyr uniaith Saesneg a 111 (27.5 y cant) yn siarad y ddwy iaith. Yr oedd yr 184 o fenywod yn y grŵp oedran hwn yn llawer mwy lleol o ran tarddiad ac o'r 149 (81.0 y cant) a aned yng Nghymru, yr oedd dros 70 y cant wedi eu geni ym Morgannwg. O ganlyniad, er bod canran fwy o lawer o'r merched yn siarad Cymraeg yr oedd bron tri chwarter y siaradwyr Cymraeg hefyd yn medru'r Saesneg.

Y mae'n amlwg i batrymau mudo trigolion Llwynypia fod yn ddylanwad pwysig wrth lunio cymeriad tra Saesneg yr anheddiad. Dengys Tabl 4 mai ychydig iawn o'r 1,654 (72.9 y cant) o Gymry a oedd yn byw yn Llwynypia a hanai o siroedd tra Chymraeg y gorllewin a'r gogledd. Brodorion o sir Forgannwg oedd bron deuparth y rhai a oedd wedi eu geni yng Nghymru, a dim ond 205 (12.4 y cant) o unigolion a hanai o dair sir dde-orllewinol Aberteifi, Caerfyrddin a Phenfro. O ganlyniad yr oedd dros draean y Cymry yn ddi-Gymraeg, a bron 40 y cant yn ddwyieithog. Y mae'n arwyddocaol fod mwy na chwarter y boblogaeth wedi eu geni yn Lloegr, canran lawer uwch na'r 12.7 y cant o Saeson a drigai yn Nosbarth Iechydol Ystradyfodwg ym 1891.[14] Hanai bron 60 y cant o'r rhai a oedd wedi eu geni yn Lloegr o siroedd Caerloyw a Gwlad yr Haf, ac y mae eu henwau dieithr yn dra amlwg ymhlith yr enwau Cymreig mwy cyffredin yn llyfrau rhifwyr y cyfrifiad. Dim ond 20 (3.3 y cant) o'r 599 o Saeson a fedrai'r Gymraeg, ac y mae'n amlwg na theimlai'r 579 (96.7 y cant) arall fawr angen i ddysgu'r iaith. Yr oedd brodorion gwledydd eraill yn cynnwys un teulu a lletywr o Iwerddon, chwe unigolyn a ddychwelasai o America a Chanada, a saith Albanwr. Yr oedd dau o'r saith Albanwr yn dal swyddi o awdurdod o fewn y Glamorgan Coal Company, sef Andrew Jackson Anderson, rheolwr yn y lofa, a John Gilmour, peiriannydd glofaol.

Hanai traean o'r boblogaeth a oedd yn enedigol o sir Forgannwg o Lwynypia ei hun ac yr oedd canran sylweddol o'r rhain yn blant i'r mewnfudwyr cyntaf a ddaethai i'r ardal. Ceir darlun cliriach o darddiad y mewnfudwyr cyntaf trwy edrych ar fan geni'r bobl dros 25 oed. Hanai dros chwarter y 958 o unigolion o sir Forgannwg, yn bennaf o hen drefi haearn Merthyr Tudful ac Aberdâr, a deuai dros chwarter y 363 (37.9 y cant) a hanai o siroedd eraill Cymru yn wreiddiol o drefi haearn sir Fynwy. Deuai'r traean o oedolion a oedd yn weddill o Loegr, yn bennaf o siroedd Caerloyw a Gwlad yr Haf.

Trigai mwyafrif helaeth y mewnfudwyr a oedd wedi ymgartrefu yn Llwynypia yn y 'Scotch Houses', a godwyd gan y Glamorgan Coal Company o ddiwedd y 1860au ymlaen. Yr oedd y rhesi tai hyn yn cymharu'n ffafriol â'r tai llai a godwyd ar gyfer glowyr mewn mannau eraill yng nghwm Rhondda yn ystod yr un cyfnod, gan fod pob tŷ â ffrynt dwbl, gyda dwy ystafell ar y llawr a thair i fyny'r grisiau, a gerddi hir o'u blaenau.[15] Fodd bynnag, yr oedd dros 40 y cant o'r 415 o dylwythau yn rhannu eu cartref â theuluoedd eraill ac felly'n byw mewn dwy neu dair ystafell yn unig. Yr oedd un tŷ pum-ystafell yn Holyrood Terrace yn gartref i dri theulu, a chyfanswm o ddeunaw o unigolion. Trigai'r teulu John, a hanai o Forgannwg ac a gynhwysai ddau oedolyn ac wyth o blant, mewn tair ystafell yn y tŷ, a rhennid y ddwy ystafell arall gan aelodau o deuluoedd Brooks a Rees. Yn achlysurol byddai tylwythau o wahanol allu ieithyddol yn rhannu tŷ. Yn un tŷ yn Llwynypia Terrace, yr oedd teulu uniaith Gymraeg o'r enw Lewis yn rhannu tair

[14] Census of England and Wales, 1891, *Volume III. Ages, Condition as to Marriage, Occupations and Birth-places of the Population*, Division IX: Monmouthshire and Wales (London, 1893), t. 549.

[15] Fisk, *Housing in the Rhondda*, t. 30.

Tabl 5: Iaith a leferid yn ôl perthynas â'r penteulu

(2 flwydd oed a throsodd)[1]

Perthynas â'r penteulu	Nifer Cymraeg	Y Ddwy	Saesneg	Cyfanswm	*Canran Cymraeg*	*Y Ddwy*	*Saesneg*	*Cyfanswm*
Penteuluoedd	84	130	199	413	*20.3*	*31.5*	*48.2*	*100.0*
Gwragedd	79	116	175	370	*21.4*	*31.4*	*47.3*	*100.0*
Plant[2]	144	290	516	950	*15.2*	*30.5*	*54.3*	*100.0*
Perthnasau	26	42	68	136	*19.1*	*30.9*	*50.0*	*100.0*
Gweision/morynion	6	10	10	26	*23.1*	*38.5*	*38.5*	*100.0*
Byrddwyr/lletywyr	45	85	230	360	*12.5*	*23.6*	*63.9*	*100.0*
Ymwelwyr	–	9	11	20	–	*45.0*	*55.0*	*100.0*
Cyfanswm	**384**	**682**	**1209**	**2275**	***16.9***	***30.0***	***53.1***	***100.0***

[1] Hepgorwyd 2 nad oeddynt wedi nodi eu perthynas â'r penteulu.

[2] Gan gynnwys plant maeth a llysblant.

ystafell, ac yn y ddwy ystafell arall trigai Enoch a Louise Williams a'u nith 6 oed, pob un ohonynt yn uniaith Saesneg. Prin oedd sefyllfaoedd o'r fath, fodd bynnag, gan fod mwyafrif y tylwythau yn cynnwys o leiaf un person a fedrai siarad Saesneg, a dim ond ar 46 (11.1 y cant) o'r 415 o aelwydydd y cafwyd bod pawb yn uniaith Gymraeg. Mewn 149 (35.9 y cant) o dylwythau, Saesneg yn unig a siaredid gan bawb, ac mewn 55 (13.3 y cant) o dylwythau yr oedd pawb yn ddwyieithog. Amrywiai medr ieithyddol aelodau'r 165 tylwyth a oedd yn weddill, a chofnodwyd un neu ragor o siaradwyr dwyieithog, uniaith Saesneg a/neu uniaith Gymraeg ym mhob un. O ystyried nifer a statws y rhai a siaradai'r naill iaith neu'r llall yn y tylwythau ieithyddol gymysg hyn, gellir casglu mai Saesneg a siaredid yn gyffredin yn y mwyafrif helaeth ohonynt.

Yr oedd adeiledd tylwythau Llwynypia yn nodweddiadol o anheddiad glofaol ifanc a ddenasai nifer anghymesur o fewnfudwyr gwrywaidd o'u cymharu â rhai benywaidd, gan mai pâr priod a phlant oedd bron 90 y cant o'r holl dylwythau. Gan fod canran mor uchel o'r poblogaethau gwrywaidd a benywaidd yn hanu o rai o ardaloedd mwy Seisnigedig Cymru ac o Loegr a'r tu hwnt, cofnodwyd mwyafrif helaeth y parau priod yn siaradwyr Saesneg. Fel y dengys Tabl 5, Saesneg oedd unig iaith bron hanner y penteuluoedd a'u gwragedd. Y mae lleihad yn y ganran o siaradwyr Cymraeg o genhedlaeth i genhedlaeth hefyd yn amlwg, gan fod 84.8 y cant o'r 950 o 'blant' y teuluoedd sefydledig hyn yn siarad Saesneg, a bron deuparth y rheini yn uniaith Saesneg.

Mewn llawer o gartrefi, câi sefyllfa'r Saesneg ei gryfhau gan bresenoldeb unigolion Saesneg eu hiaith nad oeddynt yn aelodau o'r teulu cnewyllol, megis perthnasau, ymwelwyr, byrddwyr a lletywyr. Yr oedd 315 (87.5 y cant) o'r 360 o fyrddwyr a lletywyr yn Llwynypia yn siarad Saesneg, a 230 (73.0 y cant) o'r rheini yn uniaith Saesneg. Eto i gyd, o gofio natur Seisnig y teulu cnewyllol, ni ddylid

Tabl 6: Iaith plant (2 flwydd oed a throsodd) ar aelwydydd Cymraeg a di-Gymraeg

Gallu ieithyddol y rhieni		Gallu ieithyddol y plant Nifer yr aelwydydd				*Gallu ieithyddol y plant Canran*			
Tad	Mam	Cymraeg	Saesneg	Cymysg	Cyfanswm	*Cymraeg*	*Saesneg*	*Cymysg*	*Cyfanswm*
Cymraeg	Cymraeg	108	16	9	133	*81.2*	*12.0*	*6.8*	*100.0*
Cymraeg	Saesneg	1	11	1	13	*7.7*	*84.6*	*7.7*	*100.0*
Saesneg	Cymraeg	5	11	2	18	*27.8*	*61.1*	*11.1*	*100.0*
Saesneg	Saesneg	–	106	4	110	–	*96.4*	*3.6*	*100.0*
Cyfanswm		**114**	**144**	**16**	**274**	***41.6***	***52.6***	***5.8***	***100.0***

Cymraeg: siaradwyr uniaith Gymraeg a dwyieithog; Saesneg: siaradwyr uniaith Saesneg; Cymysg: cymysgedd o siaradwyr Cymraeg a di-Gymraeg ar yr un aelwyd.

ystyried bod lletywyr Llwynypia yn gyfrifol am ysgogi newid ieithyddol. Yn hytrach yr oedd eu presenoldeb yn fodd i gryfhau'r ymlyniadau ieithyddol a oedd yn bodoli eisoes ar yr aelwyd.

Erbyn 1891 yr oedd yr iaith Saesneg eisoes yn brif gyfrwng cyfathrebu yn y mwyafrif o gartrefi Llwynypia. Dengys Tabl 6 pa iaith a siaredid gan y plant yn y 274 o dylwythau dau-riant, a datgelir i ba raddau y siaredid Saesneg o fewn yr uned deuluol. Ym mwy na hanner y 274 o dylwythau cofnodwyd naill ai un rhiant neu'r ddau, a'r plant i gyd, yn siaradwyr uniaith Saesneg. Cyfrifai'r 110 o dylwythau â dau riant di-Gymraeg am 40.1 y cant o'r cyfanswm ac y mae'n amlwg mai nifer bychan o blant y cartrefi Saesneg hyn a ddysgasai unrhyw Gymraeg. Ar bedair aelwyd yn unig y ceid plant a fedrai siarad Cymraeg. Mewn dau achos cofnodwyd plentyn unigol yn siaradwr dwyieithog, ac ymddengys fod cysylltiad rhwng profiadau'r plant hynny yn y gweithlu a'u gallu i siarad Cymraeg. Er enghraifft, gallai Richard Lewis, glöwr 23 oed, siarad Cymraeg a Saesneg er mai siaradwyr uniaith Saesneg oedd ei rieni, a oedd wedi eu geni yn sir Fynwy, a'i dair chwaer iau. Y mae'r sefyllfa ieithyddol yn y ddau dylwyth arall yn anos ei deall a'i hegluro. Cofnodwyd y ddau ieuengaf o bum plentyn James a Rosina Hale, pâr priod uniaith Saesneg o swydd Gaerloyw, yn siaradwyr uniaith Gymraeg, ac felly hefyd y ddau ieuengaf o dri phlentyn William a Jane Cook, cwpl uniaith Saesneg arall o swydd Gaerloyw. Yn y ddau dylwyth hyn yr oedd y plant Cymraeg eu hiaith yn iau na 6 oed ac yn enedigol o sir Forgannwg, yn wahanol i'w brodyr a'u chwiorydd hŷn a oedd wedi eu geni yn swydd Gaerloyw. Er y gallai'r plant hyn fod wedi dysgu Cymraeg y tu allan i furiau'r cartref, anodd credu na fedrent gyfathrebu â'u rhieni trwy gyfrwng y Saesneg. Y mae'n bosibl fod eu rhieni wedi camddehongli'r cwestiwn iaith ar ffurflen y cyfrifiad a'u bod wedi gwahaniaethu rhwng gallu ieithyddol eu plant ar sail man eu geni.

Tabl 7: Iaith plant (2 flwydd oed a throsodd) ar aelwydydd lle'r oedd rhieni uniaith a dwyieithog

Gallu ieithyddol y rhieni		Gallu ieithyddol y plant Nifer yr aelwydydd					*Gallu ieithyddol y plant Canran*				
Tad	Mam	Cymraeg	Y Ddwy	Saesneg	Cymysg	Cyfanswm	*Cymraeg*	*Y Ddwy*	*Saesneg*	*Cymysg*	*Cyfanswm*
C	C	37	8	1	6	52	*71.2*	*15.4*	*1.9*	*11.5*	*100.0*
C	D	–	2	1	–	3	–	*66.7*	*33.3*	–	*100.0*
D	C	1	2	–	–	3	*33.3*	*66.7*	–	–	*100.0*
D	D	2	48	14	11	75	*2.7*	*64.0*	*18.7*	*14.7*	*100.0*
D	S	–	1	8	1	10	–	*10.0*	*80.0*	*10.0*	*100.0*
S	D	1	2	10	2	15	*6.7*	*13.3*	*66.7*	*13.3*	*100.0*
S	S	–	–	106	4	110	–	–	*96.4*	*3.6*	*100.0*
C	S	–	–	3	–	3	–	–	*100.0*	–	*100.0*
S	C	1	1	1	–	3	*33.3*	*33.3*	*33.3*	–	*100.0*
Cyfanswm		**42**	**64**	**144**	**24**	**274**	***15.3***	***23.4***	***52.6***	***8.7***	***100.0***

C/Cymraeg: uniaith Gymraeg; D/Y Ddwy: dwyieithog; S/Saesneg: uniaith Saesneg; Cymysg: unrhyw gyfuniad o siaradwyr uniaith Gymraeg, siaradwyr dwyieithog a siaradwyr uniaith Saesneg ar yr un aelwyd.

Yn wahanol i'r sefyllfa o fewn tylwythau Saesneg eu hiaith lle'r oedd mwyafrif helaeth y plant o'r un gallu ieithyddol â'u rhieni, yr oedd proses o newid ieithyddol rhwng cenedlaethau yn amlwg ar waith yng nghartrefi'r siaradwyr Cymraeg. Ar 25 (18.8 y cant) o'r 133 o aelwydydd lle y ceid dau riant Cymraeg eu hiaith, yr oedd y plant i gyd neu rai ohonynt yn methu siarad Cymraeg, a'r un oedd y sefyllfa ar 25 (80.6 y cant) o'r 31 o aelwydydd lle y siaredid Cymraeg gan un rhiant yn unig. Ar dair aelwyd yr oedd y rhieni yn siaradwyr uniaith Gymraeg, ac ymddengys na fedrent siarad yr iaith a siaredid gan eu plant. Yr oedd y dystiolaeth o newid ieithyddol rhwng dwy genhedlaeth yn arbennig o glir yng nghartref y cwpl uniaith Gymraeg, Evan a Margaret Thomas. Glöwr wedi ymddeol o Rymni, sir Fynwy, oedd Evan Thomas, ac y mae'n amlwg nad oedd y ffaith ei fod yn ddiacon yn Salem, capel yr Annibynwyr Cymraeg yn Llwynypia, yn gwarantu bod y Gymraeg yn cael ei defnyddio ar ei aelwyd ef ei hun.[16] Gallai Thomas, ei fab 35 oed, ac Ann, ei ferch 20 oed, y ddau'n hanu o Ben-tyrch, Morgannwg, siarad Cymraeg, ond Saesneg oedd unig iaith Evan, ei fab 16 oed a John, ei ŵyr 10 oed, ill dau wedi eu geni yn y Rhondda.

Fodd bynnag, fel y dengys Tabl 7, yr oedd mwyafrif y rhieni Cymraeg eu hiaith yn Llwynypia hefyd yn medru'r Saesneg: o'r 133 o aelwydydd lle y ceid dau riant Cymraeg eu hiaith, yr oedd naill ai un neu'r ddau riant yn 81 (60.9 y cant) o'r cyfryw aelwydydd hefyd yn medru'r Saesneg. Yn 93 (69.9 y cant) o'r 133 o dylwythau, yr oedd y plant hefyd yn siarad Saesneg ac mewn 33 achos yr oedd

16 *Adroddiad Blynyddol Eglwys Annibynol Salem, Llwynypia am y flwyddyn 1893* (Tonypandy, 1893), t. 1.

Tabl 8: Iaith a man geni byrddwyr a lletywyr
(2 flwydd oed a throsodd)[1]

Man geni	Nifer Cymraeg	Y Ddwy	Saesneg	Cyfanswm	*Canran Cymraeg*	*Y Ddwy*	*Saesneg*	*Cyfanswm*
Sir Forgannwg	14	33	16	63	*22.2*	*52.4*	*25.4*	*100.0*
Sir Drefaldwyn	2	10	11	23	*8.7*	*43.5*	*47.8*	*100.0*
Sir Benfro	3	6	9	18	*16.7*	*33.3*	*50.0*	*100.0*
Sir Aberteifi	8	7	1	16	*50.0*	*43.8*	*6.3*	*100.0*
Sir Fynwy	1	4	10	15	*6.7*	*26.7*	*66.6*	*100.0*
Sir Feirionnydd	4	6	1	11	*36.4*	*54.5*	*9.1*	*100.0*
Sir Faesyfed	3	1	4	8	*37.5*	*12.5*	*50.0*	*100.0*
Sir Ddinbych	2	4	–	6	*33.3*	*66.7*	–	*100.0*
Sir Gaerfyrddin	2	3	–	5	*40.0*	*60.0*	–	*100.0*
Sir Gaernarfon	3	1	–	4	*75.0*	*25.0*	–	*100.0*
Sir Frycheiniog	1	2	–	3	*33.3*	*66.7*	–	*100.0*
Sir Fôn	1	–	–	1	*100.0*	–	–	*100.0*
Sir Y Fflint	–	1	–	1	–	*100.0*	–	*100.0*
Cymru[2]	1	1	3	5	*20.0*	*20.0*	*60.0*	*100.0*
Lloegr	–	4	172	176	–	*2.3*	*97.7*	*100.0*
Eraill[3]	–	–	1	1	–	–	*100.0*	*100.0*
Cyfanswm	**45**	**85**	**230**	**360**	***12.5***	***23.6***	***63.9***	***100.0***

[1] Hepgorwyd 4 nad oeddynt wedi nodi eu man geni.
[2] Heb nodi sir.
[3] Man geni: Iwerddon 1.

rhai o'r plant neu'r plant i gyd yn ddi-Gymraeg. Teuluoedd glowyr cyffredin o Forgannwg oedd aelodau mwyafrif y tylwythau hyn, gyda thri eithriad nodedig. Dim ond plentyn hynaf yr ysgolfeistr dwyieithog, Thomas John a'i wraig Margaret, a siaradai Gymraeg, a Saesneg oedd unig iaith eu tri phlentyn ieuengaf, a oedd rhwng 3 a 10 oed. Yr oedd dau blentyn John a Margaret Jones, cwpl dwyieithog a gadwai siop groser, yn ddi-Gymraeg, ac felly hefyd yr wyth ieuengaf o naw plentyn George Edmunds, a gyflogid fel ffeiarman yn y lofa, ac Esther, ei wraig a oedd yn enedigol o sir Gaerfyrddin ac yn ddwyieithog.

Diau i'r dirywiad yn nefnydd a statws y Gymraeg yng nghartrefi Llwynypia gael ei gyfnerthu ymhellach gan y ffrwd barhaus o fewnfudwyr a gyrhaeddai'r anheddiad o ardaloedd a oedd, gan mwyaf, yn Saesneg eu hiaith. Deuai dynion ifainc i Lwynypia i chwilio am waith, gan letya yng nghartrefi teuluoedd lleol a chyfrannai eu presenoldeb at gymeriad ieithyddol y gweithlu a'r gymuned ehangach, cymeriad a oedd eisoes yn Saesneg i raddau helaeth iawn. Cyfrifai byrddwyr a lletywyr Llwynypia am 15.8 y cant o'r boblogaeth ac yr oedd byrddwyr neu letywyr yn bresennol yn ymron hanner y 415 o gartrefi. Fel y dengys Tabl 8, Saesneg oedd iaith mwyafrif helaeth y boblogaeth bennaf wrywaidd hon. Er bod bron hanner y lletywyr yn Gymry, dim ond llond dwrn ohonynt a hanai o siroedd lle'r oedd y Gymraeg yn brif iaith, a gwŷr o siroedd mwy Seisnigedig Morgannwg, Trefaldwyn a Phenfro oedd y rhan fwyaf ohonynt o ddigon. O gofio man eu geni, nid yw'n syndod fod bron tri chwarter y Cymry hyn yn medru'r Saesneg ac mai Saesneg oedd unig iaith dros 40 y cant ohonynt.

Hanai bron hanner gweddill y lletywyr o Loegr, ac o siroedd Caerloyw a Gwlad yr Haf yn bennaf. Y mae'n amlwg eu bod yn ddylanwad cryf er Seisnigeiddio, gan mai pedwar yn unig o'r 176 o letywyr a oedd yn enedigol o Loegr a fedrai'r Gymraeg. Y mae'n arwyddocaol fod y pedwar gŵr a ddysgasai Gymraeg yn byw ar aelwydydd lle'r oedd aelodau'r teulu a'u croesawai yn siaradwyr Cymraeg. Lletyai George Addis, glöwr dwyieithog 34 oed o West Dean yn swydd Gaerloyw, gyda theulu uniaith Gymraeg yn Campbell Terrace. Fel yr unig aelod dwyieithog o'r tylwyth, ymddengys fod Addis yn gweithredu fel cyfieithydd i'w westeiwyr uniaith Gymraeg a'r tri lletywr di-Gymraeg o Iron Acton, swydd Gaerloyw, a rannai lety ag ef. At ei gilydd, fodd bynnag, yr oedd mwyafrif helaeth y lletywyr yn byw gyda theuluoedd o allu ieithyddol tebyg iddynt hwy eu hunain. Dim ond 12 o'r 230 o letywyr uniaith Saesneg a oedd yn byw mewn cartrefi lle na fedrai aelodau'r teulu a'u croesawai siarad Saesneg, a 4 yn unig o'r 45 o letywyr uniaith Gymraeg a drigai ar aelwydydd lle'r oedd pawb yn ddi-Gymraeg. Gan fod cyfran sylweddol o ddeiliaid tai Llwynypia yn Saeson, ychydig o anhawster a gâi lletywyr di-Gymraeg i ddod o hyd i lety gyda theuluoedd Saesneg eu hiaith ac, ar lawer ystyr, yr oedd eu presenoldeb yn cryfhau sefyllfa'r Saesneg fel prif iaith y gymuned. Yr oedd lletywyr yn aml yn perthyn i'w gilydd, neu'n hanu o'r un ardaloedd, a byddai llawer ohonynt yn aros gyda'i gilydd wedi cyrraedd Llwynypia. Lletyai Henry, Arthur a Charles Holder o Longdon, swydd Gaerwrangon, gyda'i gilydd mewn tŷ yn Rosedale Terrace, a rhannai William a Harry Colburn o swydd Gaerloyw ac Arthur ac Ernest Riddick o Wlad yr Haf lety mewn dau dŷ yn Holyrood Terrace. Gan fod mwyafrif y mewnfudwyr o Loegr yn aros gyda pherthnasau neu gydnabod o'r un ardal, ni chaent fawr o gyfle i ymgyfarwyddo â'r Gymraeg a'i diwylliant a phrin yr oedd angen iddynt wneud hynny. Y mae cip ar gyfenw a man geni y lletywyr o Loegr a'r teuluoedd a'u croesawai yn dangos i ba raddau yr oedd clymau teuluol a chysylltiadau cymdogaethol yn ysgogi patrymau mudo a chroesawu mewnfudwyr o Loegr. Ymddengys fod John Sparrow, glöwr 39 oed a drigai yn Amelia Terrace gyda'i wraig o sir Fynwy a'u pum plentyn ifanc, wedi ysgogi nifer o unigolion o Tetbury yn swydd Gaerloyw i fudo i Lwynypia. Ddeng mlynedd ynghynt, ef a'i wraig oedd yr unig aelodau o'r teulu Sparrow a oedd yn byw yn Llwynypia, ond erbyn 1891 yr oedd perthnasau a chyfeillion o Tetbury wedi ymuno â hwy, y cwbl ohonynt, yn naturiol, yn ddi-Gymraeg. Nid nepell o gartref y teulu yn Amelia Terrace, yr oedd gŵr o'r enw George Sparrow o Tetbury a'i deulu yn rhannu tair ystafell â dau letywr, Robert a Maurice Ball, hwythau hefyd yn hanu

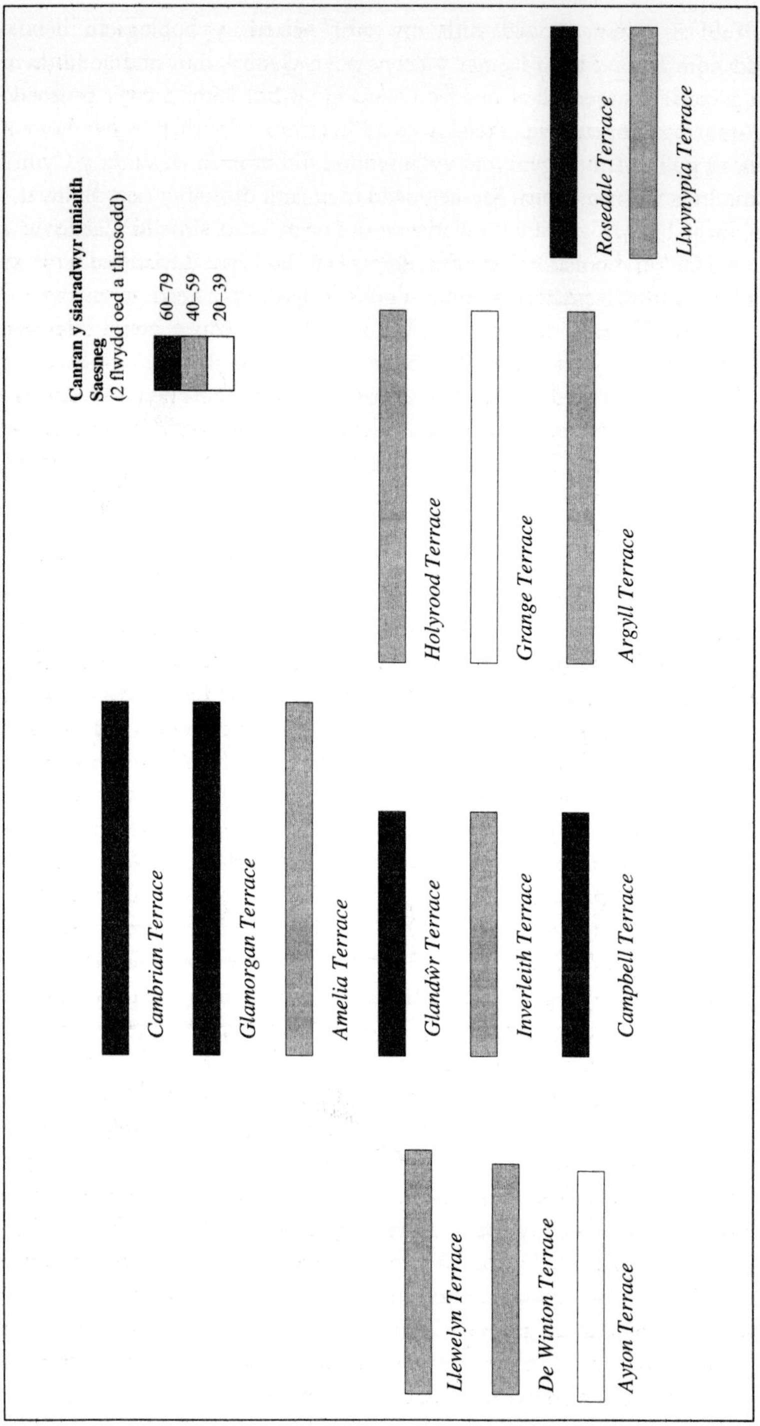

Ffigur 1. Canran y siaradwyr uniaith Saesneg yn y 'Scotch Houses', Llwynypia

o Tetbury. Yn y ddwy ystafell arall yn y tŷ teras hwn trigai pâr priod o Tetbury, sef John a Henrietta Ball. Yn y tŷ drws nesaf, lletyai John a Charles Hayes o Tetbury gyda theulu o Wlad yr Haf, ac yr oedd y tŷ drws nesaf wedyn yn gartref i Arthur Sparrow, ei wraig a'u merch ifanc, a Charles Cleverley, lletywr 17 oed, yntau hefyd yn frodor o Tetbury.

Yr oedd cymeriad ieithyddol y pedair rhes ar ddeg o dai teras a adwaenid fel y 'Scotch Houses' yn cael ei bennu i raddau helaeth gan fodolaeth y rhwydweithiau teuluol a chymdogaethol clòs hyn (Ffigur 1). Gan mai Saesneg oedd iaith cyfran helaeth o fewnfudwyr cyntaf Llwynypia, nid yw'n syndod na fedrai dros hanner y trigolion (2 flwydd oed a throsodd) yn un ar ddeg o'r terasau siarad Cymraeg. Mewn pum teras yr oedd y ganran o siaradwyr di-Gymraeg dros 60 y cant, ac yn Campbell Terrace, lle'r oedd 8 o'r 14 tylwyth yn uniaith Saesneg, yr oedd dros 70 y cant o'r 80 o drigolion yn methu siarad Cymraeg. Mewn dwy stryd yn unig, sef Ayton Terrace a Grange Terrace, y medrai dros 60 y cant o'r trigolion siarad Cymraeg, ond hyd yn oed yno yr oedd mwyafrif helaeth y siaradwyr Cymraeg yn ddwyieithog a'r ganran o siaradwyr Saesneg hefyd dros 60 y cant.

Glowyr cyffredin a'u teuluoedd oedd mwyafrif trigolion y 'Scotch Houses', a thrigai aelodau o'r dosbarth proffesiynol neu'r dosbarth rheoli mewn tai pâr uwchraddol a elwid y 'Villas'. Yn ben ar y ddau dylwyth a drigai yn Hillside Villas yr oedd Mary Williams, gwraig weddw a'i cynhaliai ei hun ac a rannai ei thŷ â'i mab, myfyriwr yn y gyfraith, a William Hughes, asiant yswiriant yr oedd dau o'i feibion yn gweithio yn y lofa, y naill fel clerc a'r llall fel ariannwr, a'r trydydd yn ysgolfeistr. Ar wahân i Margaret – gwraig uniaith Gymraeg William Hughes – a Gwendoline – ei nith uniaith Saesneg – yr oedd holl aelodau'r ddau deulu yn siarad y ddwy iaith. Yn y pedwar tŷ a adwaenid wrth yr enw Glamorgan Villas trigai rheolwyr a goruchwylwyr a weithiai i'r Glamorgan Coal Company a'r diwydiannau cysylltiedig. Dim ond y ddau Gymro, sef Dan Evans, rheolwr yn y lofa, a James Lloyd, fforman yn y lofa, a oedd yn rhugl yn y Gymraeg a'r Saesneg. Saesneg oedd unig iaith y ddau Sais, sef Thomas Lea ac Edward Day, y gweithiai'r naill fel fforman yn y pwll glo a'r llall fel fforman yn y gwaith golosg, ac Andrew Jackson Anderson, rheolwr pwll glo a hanai o Dalkeith yn yr Alban. Yr oedd Anderson yn un o dri Albanwr a ddaliai swydd o awdurdod o fewn y Glamorgan Coal Company. Yr oedd ei gyd-wladwyr, John Gilmour, peiriannydd pwll glo, a William Walker Hood, asiant a rheolwr cyffredinol cwmni'r lofa, yn aelodau blaenllaw o'r gymuned ac yn byw mewn tai mawr ar wahân ar gyrion prif anheddiad Llwynypia. Trigai Gilmour, siaradwr uniaith Saesneg a oedd hefyd yn berchennog Gwesty'r Ivor Hael ac yn ysgrifennydd Sefydliad ac Ystafell Ddarllen Gweithwyr Llwynypia, yn Llwynypia House gyda'i wraig a'i forwyn, y ddwy wedi eu geni'n lleol ac yn siarad Cymraeg. Nid oedd W. Walker Hood, mab Archibald Hood, sylfaenydd glofeydd Llwynypia, gartref yn Glyncornel House ar noson y cyfrifiad ac ni wyddys, felly, a oedd yn gallu siarad rhywfaint o Gymraeg. Siaradwyr uniaith Saesneg oedd ei howsgiper a'r forwyn fach a ofalai am y tŷ yn ei absenoldeb, a hefyd ei goetsmon, yr Albanwr Peter Buchanan, a drigai yn Glyncornel Stables.

Yr oedd mwyafrif helaeth swyddogion eraill pyllau'r Glamorgan Coal Company a drigai yn Llwynypia hefyd yn medru'r Saesneg. Saesneg oedd unig iaith David Walters, syrfëwr tir a phyllau o Gaerdydd a oedd hefyd yn athro llaw-fer, ond siaradai John Jenkins a James Richards, asiantwyr glo o Forgannwg a drigai y drws nesaf i'w gilydd yn Salem Terrace, Gymraeg a Saesneg. Yr oedd pedwar o'r deg gŵr a weithiai fel ffeiarmyn neu oruchwylwyr yn y pyllau glo yn uniaith Saesneg, pedwar yn ddwyieithog, a'r ddau arall yn uniaith Gymraeg. Cofnodwyd Thomas Jones a John Morgan, y ddau atalbwyswr a hanai o siroedd Morgannwg a Brycheiniog, yn siaradwyr uniaith Gymraeg hefyd, er na allai mwyafrif y glowyr cyffredin a'u cyflogai siarad Cymraeg. Siaradwyr uniaith Saesneg oedd dros hanner y 690 o wŷr Llwynypia a weithiai ym mhyllau glo'r 'Glamorgan', ac 17.9 y cant yn unig o'r gweithlu cyfan a oedd yn methu siarad Saesneg. Yr oedd cymeriad tra Saesneg y gweithlu glofaol yn adlewyrchu'r ffaith fod bron 40 y cant ohonynt yn Saeson. At hynny, o'r 420 o ddynion a oedd wedi eu geni yng Nghymru, dim ond traean ohonynt a hanai o siroedd gwledig, Cymraeg eu hiaith, tra hanai 265 (63.1 y cant) o ddwy sir ddiwydiannol Morgannwg a Mynwy. O'r 595 o ddynion a gyflogid fel glowyr a halwyr yr oedd dros eu hanner yn ddi-Gymraeg, 182 (30.6 y cant) yn ddwyieithog, a 115 (19.3 y cant) yn uniaith Gymraeg. Yr oedd bron 40 y cant o'r gweithlu medrus yn frodorion o siroedd Morgannwg a Mynwy, a thros draean wedi eu geni yn Lloegr. Dim ond 66 o'r 136 o lowyr a hanai o rannau eraill o Gymru a oedd yn dod yn wreiddiol o dair sir dra Chymraeg Caerfyrddin, Aberteifi a Phenfro.

O fewn rhengoedd y gweithlu di-grefft, yr oedd presenoldeb gwŷr a oedd wedi eu geni yng Nghymru ac a siaradai'r Gymraeg hyd yn oed yn llai amlwg. O'r 51 o ddynion a weithiai fel labrwyr yn y pyllau glo ac fel gweithwyr ar ben y pwll ac ar yr wyneb, hanai 33 (64.7 y cant) o Loegr a dim ond 9 (17.6 y cant) a fedrai siarad Cymraeg. Saesneg hefyd i raddau helaeth iawn oedd iaith y dynion a weithiai yn yr is-ddiwydiannau bychain a oedd yn gysylltiedig â glofeydd y Glamorgan, ac o Loegr yr hanent. Yr oedd pob un o'r 26 o ddynion a weithiai yng ngwaith golosg Hood yn medru siarad Saesneg, ond dim ond tri ohonynt a fedrai'r Gymraeg hefyd. Saeson oedd 18 o'r 26 o weithwyr golosg, a hanai'r mwyafrif ohonynt o Ddyfnaint a Gwlad yr Haf, tra oedd yr wyth Cymro yn frodorion o siroedd Morgannwg, Mynwy a Phenfro. Yng ngwaith brics y lofa, lle y gweithiai pedwar gŵr a chwe gwraig, Saeson uniaith o Ddyfnaint a Wiltshire oedd y ddau ddyn a gyflogid fel labrwyr. Yr oedd 48 (84.2 y cant) o'r 57 o labrwyr cyffredinol a enillai eu tamaid yn Llwynypia hefyd yn ddi-Gymraeg, a Saeson oedd 35 (61.4 y cant) ohonynt. Er mai dau yn unig o'r deg o ddynion a weithiai i Reilffordd Cwm Taf a oedd yn Saeson, yr oedd pob un ohonynt ac eithrio Thomas Richards, porthor uniaith Gymraeg o Lanbedr Pont Steffan yn sir Aberteifi, yn siarad Saesneg. Yr oedd pedwar o'r naw siaradwr Saesneg yn ddi-Gymraeg, a'r pump arall yn ddwyieithog, yn eu plith, David Howell, y gorsaf-feistr a hanai o Lan-non yn sir Gaerfyrddin, a dau o'r pum gosodwr cledrau a drigai yn Taff Cottages ger y rheilffordd.

Llond dwrn yn unig o drigolion Llwynypia a enillai eu bara menyn o fentrau masnachol nad oedd a wnelont yn uniongyrchol â chynhyrchu neu gludo glo a'r diwydiannau cysylltiedig â hynny. Siop y groser a'r busnes trin gwallt y drws nesaf i dafarn Ivor Hael oedd yr unig fasnachdai sylweddol yn Llwynypia ac er mwyn prynu'r holl nwyddau y byddai eu hangen arnynt y mae'n debyg y byddai'r trigolion yn teithio i'r anheddiad masnachol mwy sylweddol yn Nhonypandy. Ar wahân i'r 22 o fenywod a weithiai fel gwragedd llety, 14 o unigolion yn unig a gyflogid o fewn y sector masnach, ac yr oedd pob un ond dau yn siarad Saesneg. Brodor o Lanfynydd yn sir Gaerfyrddin oedd John Jones, perchennog siop y groser, ac yr oedd yn rhugl yn y ddwy iaith. Câi gymorth yn y siop gan Henry Hughes, siaradwr uniaith Saesneg 19 oed o Fryste. Siaradwr uniaith Gymraeg o Bontrhydfendigaid yn sir Aberteifi oedd John Griffiths, y barbwr, a gadwai fusnes trin gwallt a siop fechan y drws nesaf.[17] Y mae'n debygol ei fod yn cael ei gynorthwyo gan Morgan Phillips, barbwr 16 oed a brodor o Lwynypia a drigai gerllaw, yntau hefyd wedi ei gofnodi yn siaradwr uniaith Gymraeg. Yng ngwesty'r Ivor Hael, y dafarn a oedd yn eiddo i John Gilmour, peiriannydd yng nglofa Llwynypia, merched lleol, dwyieithog a oedd yn gweithio y tu ôl i'r bar ac yn gweini. Ymhlith y bobl eraill a gadwai fusnesau bychain yn Llwynypia yr oedd y masnachwyr glo, William Morgan a David Butler, y ddau yn siaradwyr Saesneg, a dwy wraig oedrannus a fasnachai'n uniongyrchol o'u cartrefi yn Cambrian Terrace a Llwynypia Terrace. Brodor uniaith Saesneg o Gernyw oedd Elizabeth Jenkins a gadwai siop ffrwythau a llysiau yn y ddwy ystafell lle'r oedd yn byw yn Cambrian Terrace, a gwraig uniaith Gymraeg o Abergwaun yn sir Benfro oedd Eleanor Jenkins a gadwai siop fechan yn ei chartref yn Llwynypia Terrace.

Ysgol Frutanaidd Glofa Llwynypia a ofalai am anghenion addysgol y trigolion lleol; ehangwyd yr adeilad ym 1890 i ddiwallu anghenion y 590 o blant a'r 245 o fabanod a'i mynychai. Sefydlwyd ysgol Llwynypia ym 1865 gan y Glamorgan Coal Company, er mwyn darparu addysg ar gyfer plant gweithwyr y cwmni.[18] Y bardd a'r awdur William Thomas (Glanffrwd) (1843–90) oedd ysgolfeistr cyntaf yr ysgol, ond erbyn 1891 siaradwr dwyieithog o'r enw Thomas John oedd yr ysgolfeistr ac ef hefyd oedd rhifwr y cyfrifiad yn Llwynypia; yn ddiweddarach daeth yn llywydd Undeb Cenedlaethol yr Athrawon ac yn olygydd a chyfarwyddwr papur newydd y *Rhondda Leader*.[19] Câi John ei gynorthwyo yn yr

[17] *Kelly's Directory of Monmouthshire, and the Principal Towns and Places of South Wales* (London, 1891), t. 445.

[18] Leslie Wynne Evans, 'Colliery Schools in South Wales in the Nineteenth Century', *CLlGC*, X, rhif 2 (1957), 137–66; W. J. Rhys, 'Cynnyrch yr Anghydffurfwyr yng Nghymoedd Rhondda', *TCHBC* (1961), 30–4.

[19] Chris Williams, *Democratic Rhondda: Politics and Society, 1885–1951* (Cardiff, 1996), tt. 36, 52.

ysgol gan yr ysgolfeistres, Ann Morgan, a thri o athrawon ifainc, Sarah Richards, Anne Raynham a William Hughes, pob un ohonynt yn medru'r Gymraeg a'r Saesneg. Yr oedd chwech o'r un ar ddeg o athrawon cynorthwyol neu ddisgybl-athrawon yn ddwyieithog hefyd, a phedwar yn uniaith Saesneg. Honnai David Rhys, disgybl-athro 14 oed o Drealaw, na fedrai siarad Saesneg, ond gan fod mwyafrif helaeth ei gyfoeswyr yn hyddysg yn yr iaith, y mae bron yn sicr y byddai ganddo ryw grap arni cyn y gallai wneud ei waith yn effeithiol. O'r 265 o ddisgyblion ysgol a rifwyd yn Llwynypia, cofnodwyd 31 (11.7 y cant) yn unig yn siaradwyr uniaith Gymraeg, 82 (30.9 y cant) yn ddwyieithog, a 152 (57.4 y cant) yn uniaith Saesneg.

Dau berson arall a weithiai o fewn y sector gwasanaethau cyhoeddus a phroffesiynol oedd David Jones, y swyddog cymorth, a'r heddwas Henry Pearce. Er bod y ddau yn gymwys yn ieithyddol i wasanaethu poblogaeth Saesneg Llwynypia, dim ond Jones, brodor o sir Frycheiniog, a fedrai'r Gymraeg hefyd. Prin y medrai'r heddwas o Wiltshire ateb galwadau y siaradwyr Cymraeg, ac er mwyn derbyn gwasanaeth yn eu mamiaith yr oedd yn rhaid iddynt hwy deithio i orsaf heddlu Tonypandy, lle'r oedd un o'r chwe aelod o'r heddlu yn ddwyieithog.

Y mae'n bosibl fod galw mawr am wasanaeth yr heddweision hyn adeg y cyfrifiad hwn oherwydd yr oedd criw o berfformwyr theatrig a diddanwyr ffair yn y gymdogaeth ar noson y cyfrifiad. Lletyai chwe actor uniaith Saesneg a hanai o Loegr ac Iwerddon mewn tri thŷ yn Dewinton Terrace ac y mae'n bosibl eu bod yn gysylltiedig â'r grŵp helaethach o weithwyr sioe a cherddorion a oedd yn aros mewn chwe charafán yn Nhonypandy.[20] Yr oedd 21 o'r 26 teithiwr yn siaradwyr uniaith Saesneg a hanai o Loegr, America a siroedd Trefaldwyn, Mynwy, Y Fflint a Maesyfed. Rhannai chwe siaradwr uniaith Gymraeg o siroedd Morgannwg a Threfaldwyn garafán â theulu o weithwyr sioe uniaith Saesneg, sef teulu William Dainter o swydd Gaerwrangon. Yr unig aelod o'r criw hwn a gofnodwyd yn siaradwr dwyieithog oedd Albert Ebley, mab 3 oed yr actor o swydd Essex, Edward Ebley. Y mae'n bur debyg fod y bachgen hwn yn nai i William Ebley, ffotograffydd proffesiynol o Essex a drigai mewn carafán arall gyda'i wraig Miriam. Ymddengys fod y perfformwyr hyn yn aelodau o'r Edward Ebley Theatrical Company, cwmni a deithiai ledled trefi diwydiannol de Cymru yn ystod y bedwaredd ganrif ar bymtheg, gan berfformio mewn ffeiriau poblogaidd mewn lleoedd megis Cae'r Pandy, Tonypandy.[21]

Gan fod y gymuned hon yn llwyr ddibynnol ar y diwydiant glo, prin oedd y cyfleoedd gwaith i ferched yn Llwynypia. Dim ond 118 o fenywod, sef 17 y cant o'r boblogaeth fenywaidd 10 oed a throsodd, a oedd yn gyflogedig, o gymharu â 90.6 y cant o'r boblogaeth wrywaidd o'r un oedran. Gweithiai chwech o

[20] 1891 Census Enumerators' Returns, PRO, RG 12/4426.

[21] Cecil Price, 'Portable Theatres in Wales, 1843–1914', *CLlGC*, IX, rhif 1 (1955), 65–92.

fenywod rhwng 19 a 23 oed yn y gwaith brics a oedd yn eiddo i byllau'r Glamorgan Coal Company.[22] Siaradai Charlotte Davies, mowldiwr brics 23 oed o Ferthyr Tudful, Gymraeg a Saesneg, ond Saesneg oedd unig iaith y pum merch arall. Ni fedrai Elizabeth Mitchell a Marianne Parry, dwy wraig a oedd mewn cysylltiad uniongyrchol â'r cyhoedd yn rhinwedd eu gwaith fel nyrs a chlerc y post, siarad Cymraeg ychwaith. Fel gwniadwragedd, hetwragedd, morynion neu wragedd llety y llafuriai gweddill y merched yn Llwynypia, a gweithient yn eu cartrefi eu hunain. Brodorion o sir Forgannwg oedd mwyafrif y merched hyn ac er bod bron 60 y cant ohonynt yn siarad Cymraeg, deg yn unig a oedd yn methu siarad Saesneg.

Erbyn 1891 yr oedd yr iaith Saesneg wedi hen ennill ei phlwyf fel prif iaith Llwynypia. Lleiafrif bychan yn unig o'r boblogaeth a oedd yn methu siarad Saesneg ac yr oedd gwybodaeth o'r Gymraeg yn dirywio'n gyson o genhedlaeth i genhedlaeth. Ychydig o'r mewnfudwyr a oedd wedi ymgartrefu yn Llwynypia a hanai o siroedd tra Chymraeg Cymru, ac i blith y gwŷr a'r gwragedd a ddaethai i'r ardal o ranbarthau diwydiannol Morgannwg a Mynwy deuai teuluoedd hefyd o orllewin Lloegr a'r tu hwnt. Y mae'n bosibl iawn fod y rhan a chwaraewyd gan frodorion o'r tu allan i Gymru yn natblygiad cynnar y glofeydd ac anheddiad Llwynypia wedi bod yn ddylanwadol o ran denu gweithlu glofaol mwy Seisnig i'r ardal, a bod hynny yn rhannol gyfrifol am y ffaith na welwyd llu o fewnfudwyr Cymraeg eu hiaith yn ymsefydlu yno. Gyda thros hanner y boblogaeth yn siaradwyr uniaith Saesneg yn ôl cyfrifiad 1891, y mae'n amlwg nad ystyrid y gallu i siarad Cymraeg yn gymhwyster hanfodol ar gyfer gweithio yn y diwydiant glo nac ar gyfer llawer o swyddi a oedd yn galw am gyswllt agos ag aelodau o'r cyhoedd. O ganlyniad, nid yw'n syndod fod nifer o rieni Cymraeg eu hiaith wedi dod i'r casgliad na fyddai'r Gymraeg o unrhyw werth i'r cenedlaethau a gâi eu magu yn Llwynypia yn y dyfodol.

[22] Ceir ffotograff o'r gweithwyr a gyflogid yng ngwaith brics Llwynypia yn ystod y 1880au yn David Egan (cyf. Rhiannon Ifans), *Y Gymdeithas Lofaol: Hanes Cymoedd Glofaol De Cymru, 1840–1980* (Llandysul, 1988), t. 77.

Tabl 9: Iaith a leferid yn ôl galwedigaeth

(10 oed a throsodd)

	Iaith a leferid				Iaith a leferid			
	Dynion				Merched			
Dosbarth diwydiannol	Cymraeg	Y Ddwy	Saesneg	Cyfan.	Cymraeg	Y Ddwy	Saesneg	Cyfan.
AMAETHYDDIAETH								
Ffermio								
Perthynas yn cynorthwyo	–	1	–	1				
Gweithwyr amaethyddol	–	–	2	2				
Gwas fferm	–	1	–	1				
Magu								
Milfeddyg, ffariar	1	1	–	2				
Cyfanswm	**1**	**3**	**2**	**6**				
%	***16.7***	***50.0***	***33.3***	***100.0***				
MWYNGLODDIO								
Glo								
Rheolwyr	–	1	1	2				
Peirianwyr/syrfewyr	–	–	2	2				
Asiantwyr	–	2	–	2				
Clercod	–	2	2	4				
Ffeiarmyn/goruchwylwyr	2	4	4	10				
Atalbwyswyr	2	–	–	2				
Glowyr/halwyr	115	182	298	595				
Gweithwyr peiriannau	–	4	1	5				
Crefftwyr	–	2	–	2				
Labrwyr	4	2	32	38				
Gweithwyr pen pwll/ar yr wyneb	–	3	10	13				
Bechgyn wrth y drysau	1	1	2	4				
Eraill	–	3	8	11				
Tywodfaen								
Contractiwr chwarel	–	1	–	1				
Chwarelwr	–	–	1	1				
Brics								
Gwneuthurwyr brics	–	1	–	1	–	1	4	5
Labrwyr	–	–	2	2	–	–	1	1
Arall	1	–	–	1				
Cyfanswm	**125**	**208**	**363**	**696**	–	**1**	**5**	**6**
%	***17.9***	***29.9***	***52.2***	***100.0***	–	***16.7***	***83.3***	***100.0***
ADEILADU								
Gweithwyr								
Seiri meini	–	4	9	13				
Bricwyr	–	–	2	2				
Plastrwr	–	1	–	1				
Towyr	1	1	1	3				
Seiri coed	3	3	14	20				
Peintwyr	–	2	3	5				
Prentisiaid/cynorthwywyr	–	1	1	2				

Dosbarth diwydiannol	Iaith a leferid Dynion Cymraeg	Y Ddwy	Saesneg	Cyfan.	Iaith a leferid Merched Cymraeg	Y Ddwy	Saesneg	Cyfan.
Labrwyr	1	1	1	3				
Rheilffyrdd								
Gosodwyr cledrau	–	2	3	5				
Cyfanswm	**5**	**15**	**34**	**54**				
%	***9.3***	***27.8***	***62.9***	***100.0***				
CYNHYRCHU								
Peiriannau, offer, watsys, ayb								
Crefftwyr	–	3	1	4				
Prentis	–	–	1	1				
Haearn a dur								
Fforman	–	1	–	1				
Crefftwyr	4	8	7	19				
Prentisiaid/cynorthwywyr	3	2	4	9				
Tunplat								
Crefftwr	1	–	–	1				
Golosg								
Fforman	–	–	1	1				
Crefftwyr	–	2	17	19				
Prentisiaid/cynorthwywyr	–	–	2	2				
Labrwyr	–	1	3	4				
Cerbydau a harneisiau								
Crefftwyr	–	5	6	11				
Cotwm, llin, ayb								
Plethwr rhaffau	–	–	1	1				
Dillad								
Crefftwyr	–	1	3	4	3	17	10	30
Prentisiaid/cynorthwywyr	–	1	–	1	–	2	2	4
Bwyd								
Cyffeithiwr	1	–	–	1				
Amhenodol								
Peirianwyr, gyrwyr injan, ayb	4	21	14	39				
Labrwr	–	–	1	1				
Cyfanswm	**13**	**45**	**61**	**119**	**3**	**19**	**12**	**34**
%	***10.9***	***37.8***	***51.3***	***100.0***	***8.8***	***55.9***	***35.3***	***100.0***
CLUDIANT								
Rheilffyrdd								
Gorsaf-feistr	–	1	–	1				
Gyrwyr trenau/tanwyr/dynion signal	–	2	–	2				
Porthorion	1	–	1	2				
Ffyrdd								
Coetsmon	–	–	1	1				
Carwyr, cludwyr, ayb	2	7	8	17				
Cyfanswm	**3**	**10**	**10**	**23**				
%	***13.0***	***43.5***	***43.5***	***100.0***				

Dosbarth diwydiannol	Iaith a leferid Dynion Cymraeg	Y Ddwy	Saesneg	Cyfan.	Iaith a leferid Merched Cymraeg	Y Ddwy	Saesneg	Cyfan.
MASNACH								
Glo								
Gwerthwyr glo	–	1	1	2				
Bwyd								
Groser	–	1	–	1				
Gwerthwraig llysiau a ffrwythau	–	–	–	–	–	–	1	1
Cynorthwywr	–	–	1	1				
Tybaco, diod a llety								
Tafarnwraig	–	–	–	–	–	1	–	1
Ceidwaid llety	–	–	–	–	3	8	11	22
Barforynion	–	–	–	–	–	2	–	2
Masnachwyr cyffredinol								
Siopwraig	–	–	–	–	1	–	–	1
Pedler	–	–	1	1				
Cynorthwywyr	1	–	2	3				
Arall ac amhenodol								
Teiliwr teithiol	–	–	1	1				
Cyfanswm	**1**	**2**	**6**	**9**	**4**	**11**	**12**	**27**
%	***11.1***	***22.2***	***66.7***	***100.0***	***14.8***	***40.7***	***44.4***	***100.0***
GWASANAETHAU DIWYDIANNOL								
Bancio, yswiriant, cyfrifon								
Gwasanaeth yswiriant	–	2	–	2				
Cyfanswm	–	**2**	–	**2**				
%	–	***100.0***	–	***100.0***				
GWASANAETHAU CYHOEDDUS A PHROFFESIYNOL								
Gweinyddiaeth ganolog								
Clerc Swyddfa'r Post	–	–	–	–	–	–	1	1
Gweinyddiaeth leol								
Swyddog cymorth	–	1	–	1				
Heddlu								
Heddwas	–	–	1	1				
Y gyfraith								
Myfyriwr y gyfraith	–	–	1	1				
Meddygaeth								
Nyrs	–	–	–	–	–	–	1	1
Addysg								
Prifathrawon, athrawon ysgol	–	2	–	2	–	3	–	3
Athrawon cynorthwyol/ disgybl-athrawon	1	1	–	2	–	5	4	9
Crefydd								
Myfyrwyr diwinyddol	–	2	–	2				
Celf, llên, gwyddoniaeth								
Actorion	–	–	3	3	–	–	3	3
Cyfanswm	**1**	**7**	**4**	**12**	–	**8**	**9**	**17**
%	***8.3***	***58.3***	***33.3***	***100.0***	–	***47.1***	***52.9***	***100.0***

Dosbarth diwydiannol	Iaith a leferid Dynion Cymraeg	Y Ddwy	Saesneg	Cyfan.	Iaith a leferid Merched Cymraeg	Y Ddwy	Saesneg	Cyfan.
GWASANAETHAU CARTREF								
Yn y tŷ								
Morynion	–	–	–	–	4	14	12	30
Nyrsys yn y cartref	–	–	–	–	–	–	2	2
Y tu allan								
Coetsmyn a gwastrodion	–	4	5	9				
Garddwyr	–	–	2	2				
Gwasanaeth ychwanegol								
Glanhäwraig, golchwraig	–	–	–	–	1	1	–	2
Dynion trin gwallt	2	–	–	2				
Cyfanswm	**2**	**4**	**7**	**13**	**5**	**15**	**14**	**34**
%	***15.4***	***30.8***	***53.8***	***100.0***	***14.7***	***44.1***	***41.2***	***100.0***
ERAILL								
Labrwyr cyffredinol	3	6	48	57				
Cyfanswm	**3**	**6**	**48**	**57**				
%	***5.3***	***10.5***	***84.2***	***100.0***				
CYFANSWM Y CYFLOGEDIG	**154**	**302**	**535**	**991**	**12**	**54**	**52**	**118**
%	***15.5***	***30.5***	***54.0***	***100.0***	***10.2***	***45.8***	***44.1***	***100.0***
Gweddill y boblogaeth	19	12	29	60	109	171	247	527
%	*31.7*	*20.0*	*48.3*	*100.0*	*20.7*	*32.4*	*46.9*	*100.0*
Disgyblion ysgol	8	16	19	43	3	17	29	49
%	*18.6*	*37.2*	*44.2*	*100.0*	*6.1*	*34.7*	*59.2*	*100.0*
CYFANSWM Y BOBLOGAETH 10 OED+	**181**	**330**	**583**	**1094**	**124**	**242**	**328**	**694**
%	***16.5***	***30.2***	***53.3***	***100.0***	***17.9***	***34.9***	***47.2***	***100.0***

8

Dowlais (Sir Forgannwg)

MARI A. WILLIAMS

Ddwy filltir i'r gogledd-ddwyrain o Ferthyr Tudful, ar dir llwm oddeutu mil o droedfeddi uwch lefel y môr, saif Dowlais, tref y mae'r gwaith haearn a sefydlwyd yno yn ystod ail hanner y ddeunawfed ganrif yn llwyr gyfrifol am ei bodolaeth. Agorwyd y ffwrnais gyntaf yn Nowlais ym 1759, ond ym 1767, pan ddaeth John Guest, brodor o Broseley yn swydd Amwythig, yn gyfrifol am reoli'r gwaith, dechreuodd cyfnod newydd yn hanes Gwaith Haearn Dowlais. Yn sgil sefydlu gweithfeydd y Plymouth (1763), Cyfarthfa (1765–6) a Phenydarren (1784) gerllaw, gweddnewidiwyd tirwedd ffisegol a diwydiannol Merthyr Tudful, wrth i gannoedd o weithwyr, a hanai'n bennaf o siroedd cyfagos Cymru, heidio i'r ardal i chwilio am waith.[1] Yn wir, yr oedd graddfa'r mewnfudiad o ardaloedd gwledig Cymru mor anhygoel nes i un sylwebydd cyfoes ddisgrifio Merthyr Tudful fel 'California ac Awstralia'r Cymry'.[2] Rhwng 1801 a 1851 tyfodd poblogaeth Merthyr chwe gwaith trosodd, o 7,705 i 46,378; daeth yn dref fwyaf Cymru ym 1801, a chadwodd y safle hwnnw hyd 1881 pan oddiweddwyd hi gan Gaerdydd.[3] Yn ystod y cyfnod hwn yr oedd mwyafrif helaeth trigolion Merthyr Tudful yn Gymry o ran genedigaeth ac iaith, ac fel y nododd William Thomas (Glanffrwd) (1843–90) ym 1885, yr oedd yr iaith a siaredid gan y rhai a lafuriai yng ngweithfeydd haearn yr ardal yn gymysgedd o dafodieithoedd siroedd Aberteifi, Penfro, Morgannwg a Brycheiniog, sef y siroedd y daethai'r mudwyr Cymreig cynnar ohonynt.[4]

Tyfodd anheddiad diwydiannol Dowlais yn dra chyflym yn ystod degawdau cyntaf y bedwaredd ganrif ar bymtheg o ganlyniad i'r twf eithriadol yng ngwaith Cwmni Haearn Dowlais. Rhwng 1817 a chanol y 1820au dyblodd cynnyrch y

[1] John A. Owen, *The History of the Dowlais Iron Works, 1759–1970* (Risca, 1977), tt. 11–14.

[2] D. Edwards, 'Nodweddion Brodorol Dosbarth Gweithiol Gwent a Morganwg', *Y Traethodydd*, XII (1856), 455–64.

[3] Harold Carter a Sandra Wheatley, *Merthyr Tydfil in 1851: A Study of the Spatial Structure of a Welsh Industrial Town* (Cardiff, 1982), t. 8.

[4] 'Nid iaith Morganwg ydyw iaith gweithiau Merthyr ac Aberdâr, ond cymysgedd a wneir i fyny o dafodiaith Ceredigion, Penfro, Morganwg, a Brycheiniog.' Glanffrwd, 'Gwlad, Pobl, Iaith a Defion Morganwg', *Y Geninen*, III (1885), 14–20.

gweithfeydd, a bu cynnydd yng nghyfanswm yr haearn crai a gynhyrchid mewn blwyddyn o 12,524 o dunelli o saith ffwrnais i 22,287 o dunelli o ddeg ffwrnais.[5] Erbyn y 1830au yr oedd Dowlais wedi goddiweddyd Cyfarthfa fel y gwaith cynhyrchu haearn mwyaf yn ne Cymru. Yn y degawdau canlynol daeth gweithgarwch byrlymus ym maes adeiladu rheilffyrdd â galw newydd am gynnyrch haearn a derbyniodd Gwaith Haearn Dowlais archebion mawr am gledrau haearn gan gwmnïau rheilffordd mor bell i ffwrdd â gogledd America, yr Almaen, Rwsia, Hwngari a'r Eidal.[6] Er mwyn ateb y galw cynyddol am gledrau haearn, ehangodd Gwaith Haearn Dowlais ei fusnes ac ym 1839 codwyd gwaith newydd Ivor – a enwyd ar ôl Ivor Bertie, mab John Josiah Guest, y rheolwr, a oedd ei hun yn ŵyr i'r sylfaenydd – i'r gogledd-orllewin o'r prif anheddiad ac adeiladwyd melin rolio newydd y flwyddyn ganlynol.[7] Daeth penllanw cynhyrchu haearn yn Nowlais yn ystod canol y 1840au, a phryd hynny cyflogid dros 7,300 o ddynion, merched a phlant yn y gweithfeydd, a orchuddiai dros 40 acer o dir.[8] O Dowlais House, y cartref a adeiladodd John Josiah Guest iddo'i hun yn union i'r gogledd o'r gweithfeydd haearn *c.*1817–18,[9] byddai disgynyddion teulu Guest yn gallu edrych dros y dref a grëwyd yn sgil menter eu cyndadau. Yn ogystal ag adeiladu llawer o dai'r gweithwyr, y cwmni haearn a fu'n gyfrifol am sefydlu'r cyfan bron o'r canolfannau trefol, cymdeithasol ac addysgol a wasanaethai bobl Dowlais. Ym 1844, y flwyddyn a welodd godi'r neuadd farchnad gaerog, agorwyd ystafell ddarllen a llyfrgell yn y dref, ac yn ystod y 1850au a'r 1860au, yn sgil marwolaeth Syr J. J. Guest, codwyd Ysgol Ganol Dowlais a llyfrgell ac ystafelloedd darllen newydd er cof amdano, ar draul ei weddw, y Fonesig Charlotte.[10] Chwaraeodd y cwmni haearn ran allweddol hefyd ym mywyd crefyddol y dref gan sefydlu Eglwys Sant Ioan ym 1823 ac eglwys Gymraeg y Santes Fair ym 1872.[11]

Erbyn canol y bedwaredd ganrif ar bymtheg, fodd bynnag, yr oedd oes aur diwydiant haearn de Cymru yn dirwyn i ben, a Gwaith Haearn Dowlais, fel y cwmnïau a oedd yn cystadlu ag ef, yn wynebu llawer her newydd. Yr oedd costau cynyddol mwyngloddio'r haearnfaen lleol – un o'r adnoddau sylfaenol angenrheidiol i gynhyrchu haearn – yn cyd-daro â chyfnod o ddatblygiadau technolegol arwyddocaol ym maes màs-gynhyrchu dur. Ymatebodd Cwmni Haearn Dowlais yn gyflym i'r newidiadau ac ym 1856 daeth yn un o'r

[5] Trevor Boyns, Dennis Thomas a Colin Baber, 'The Iron, Steel and Tinplate Industries, 1750–1914' yn A. H. John a Glanmor Williams (goln.), *Glamorgan County History*, V (Cardiff, 1980), t. 112.

[6] Ibid., t. 115.

[7] Ibid.

[8] Owen, *The History of the Dowlais Iron Works*, t. 35.

[9] Ibid., tt. 11–24.

[10] John B. Hilling, *Cardiff and the Valleys: Architecture and Townscape* (London, 1973), t. 110.

[11] *Kelly's Directory of Monmouthshire, and the Principal Towns and Places of South Wales* (London, 1891), t. 335.

cynhyrchwyr haearn cyntaf yn ne Cymru i fabwysiadu'r dull Bessemer o gynhyrchu dur. Er i haearn gael ei gynhyrchu yn Nowlais am sawl degawd arall, canolbwyntiai'r cwmni bellach ar gynhyrchu dur ac ym 1859, dan arweiniad William Menelaus, rheolwr cyffredinol y gweithfeydd rhwng 1856 a 1882, dechreuodd y gwaith adeiladu ar felin rolio dair-haen enfawr, sef 'Melin yr Afr'.[12] Yr oedd y datblygiadau eraill cysylltiedig â chynhyrchu dur yn cynnwys codi tair melin dunplat ym 1879, dwy ffwrnais dân agored Siemens-Martin ym 1889, ac adeiladu gwaith haearn a dur newydd yn East Moors, Caerdydd, yn niwedd y 1880au.[13] Mewnforiwyd haearnfaen i ddociau Caerdydd o Bilbao yn Sbaen ers y 1870au, a daeth y penderfyniad i leoli'r gwaith newydd mewn safle ger y dociau â chryn arbedion mewn costau cludiant. Yn ogystal â datblygiadau arwyddocaol o ran cynhyrchu haearn a dur, ehangodd Cwmni Haearn Dowlais ei fuddiannau yn y diwydiant glo. Ym 1859 dechreuodd y cwmni fasnachu fel gwerthwyr glo ac agorodd yr haenau glo ym Mochriw a Phenydarren gerllaw. Erbyn 1891 gweithiai dros 4,000 o bobl yn y glofeydd a oedd yn eiddo i'r cwmni, a châi oddeutu 3,700 o dunelli o lo eu cloddio'n ddyddiol.[14] Serch hynny, y diwydiannau cysylltiedig â metel oedd y prif gyflogwyr yn Nowlais o hyd ym 1891, a chynhyrchai'r 5,500 o ddynion a merched a weithiai yng ngweithfeydd haearn a dur y dref 700 tunnell o haearn a 2,400 o dunelli o gledrau dur yr wythnos.[15]

Fel y bu yn achos y cenedlaethau o ddynion a merched a'u rhagflaenodd, yr oedd ymerodraeth ddiwydiannol teulu Guest yn dal i dra-arglwyddiaethu ar fywyd mwyafrif helaeth yr oddeutu 16,500 o bobl a drigai yn y dref erbyn 1891. Preswylient yn y rhesi cul a serth o dai bychain a godwyd ar hap dan gysgod y gweithfeydd haearn a dur enfawr,[16] a byddai sŵn, mwg a nwyon sylffyrig gwenwynig y melinau, y ffwrneisi a'r tipiau yn eu hatgoffa'n barhaus o'r rhan ganolog a chwaraeai'r cwmni haearn yn eu bywyd. Câi'r rhai a geisiai nodded rhag yr amodau byw a gweithio caled gysur ac iechydwriaeth yn y llu o dafarndai a'r tri ar ddeg o gapeli Ymneilltuol – deg ohonynt yn achosion Cymraeg – a ffynnai yn y dref ym 1891.[17] Yr oedd darpariaeth hefyd ar gyfer anghenion

[12] Michael Atkinson a Colin Baber, *The Growth and Decline of the South Wales Iron Industry, 1760–1880* (Cardiff, 1987), t. 63.

[13] Owen, *The History of the Dowlais Iron Works*, tt. 81, 83.

[14] *Kelly's Directory*, t. 335; Reports from Commissioners, Inspectors and Others, Vol. 5, Mines, South Wales District (No. 13) (PP 1892 (c6625) XII), tt. 70–1.

[15] Owen, *The History of the Dowlais Iron Works*, t. 83; *Kelly's Directory*, t. 335.

[16] Hilling, *Cardiff and the Valleys*, t. 100; Jeremy Lowe, *Welsh Industrial Workers' Housing, 1775–1875* (Cardiff, 1989), t. 29; Kate Sullivan, '"The Biggest Room in Merthyr": Working-Class Housing in Dowlais, 1850–1914', *CHC*, 17, rhif 2 (1994), 155–85.

[17] Gw. J. Thomas, *Hanes Eglwysi Annibynol Cymru. Cyfrol V* (Dolgellau, 1891), tt. 222–4; Richard Jones, *Hanes Eglwys y Bedyddwyr ym Moriah, Dowlais o'r agoriad hyd Mehefin 1af 1895* (Dowlais, 1895); D. Cunllo Davies, *Hanes Eglwys y Methodistiaid Calfinaidd yn Hermon, Dowlais* (Y Bala, 1905); *Llawlyfr Canmlwyddiant Eglwys Gynulleidfaol Bethania, Dowlais, 1822–1922* (Merthyr Tydfil, 1922); *Canmlwyddiant Eglwys Gynulleidfaol Gwernllwyn, Dowlais, 1851–1951* (Aberdâr, 1951); J. Ronald Williams a Gwyneth Williams, *History of Caersalem, Dowlais* (Llandysul, 1967).

Tabl 1: Iaith a leferid gan boblogaethau Dowlais, Dosbarth Cofrestru Merthyr Tudful, Sir Forgannwg a Chymru
(2 flwydd oed a throsodd)

	Nifer				*Canran*			
	Cymraeg	Y Ddwy	Saesneg	Cyfanswm	*Cymraeg*	*Y Ddwy*	*Saesneg*	*Cyfanswm*
Dowlais[1]	1177	2270	3007	6454	*18.2*	*35.2*	*46.6*	*100.0*
D.C. Merthyr Tudful[2]	35244	39812	34651	109707	*32.1*	*36.3*	*31.6*	*100.0*
Sir Forgannwg[3]	142346	177726	326481	646553	*22.0*	*27.5*	*50.5*	*100.0*
Cymru[4]	508036	402253	759416	1669705	*30.4*	*24.1*	*45.5*	*100.0*

[1] Hepgorwyd 54 unigolyn nad oeddynt wedi nodi eu gallu ieithyddol.
[2] Hepgorwyd 836 nad oeddynt wedi nodi eu gallu ieithyddol a 26 a siaradai ieithoedd eraill.
[3] Hepgorwyd 4,981 nad oeddynt wedi nodi eu gallu ieithyddol a 2,355 a siaradai ieithoedd eraill.
[4] Hepgorwyd 12,833 nad oeddynt wedi nodi eu gallu ieithyddol a 3,076 a siaradai ieithoedd eraill.

ysbrydol y llu Gwyddelod a gyraeddasai Ddowlais yn sgil y Newyn Mawr (*c.*1845–8) yn yr Eglwys Babyddol a gysegrwyd i Sant Iltutus (Illtud) ym 1846.[18]

Y mae'r astudiaeth hon o 6,454 o unigolion (2 flwydd oed a throsodd) yn saith o'r ddwy ar bymtheg o ardaloedd rhifo yn Nowlais ym 1891 yn cwmpasu'r ardal yn union i'r gogledd o waith mawr Dowlais ac i'r de o Waith Ivor, ac yn cynnwys y prif ardal fân-werthu a rhai o'r ardaloedd dosbarth-gweithiol tlotaf yn y dref lle'r oedd y boblogaeth Wyddelig yn sylweddol.[19] Trigai dros dri chwarter y 1,255 o dylwythau a geid o fewn ffiniau'r ardal-sampl hon mewn pedair ystafell neu lai, ac yn hanner y cyfryw achosion yr oedd dros bump o unigolion yn byw ym mhob cartref. Cafwyd bod tri ar ddeg o unigolion, yn cynnwys pâr priod, eu saith plentyn a phedwar byrddwr gwryw, yn byw mewn un tŷ tair-ystafell yn Ivor Street, a bod pâr priod arall a'u hwyth plentyn, rhwng 2 ac 16 oed, yn rhannu eu tŷ dwy-ystafell yn Lower Thompson Court ag un lletywr gwryw.

Fel y dengys Tabl 1, yr oedd y sampl hwn o Ddowlais yn un o'r ardaloedd mwy Seisnigedig yn Nosbarth Cofrestru Merthyr Tudful. Er bod y gyfran o siaradwyr dwyieithog a gyfrifwyd yn Nowlais yn debyg iawn i'r hyn a gofnodwyd yn yr holl ddosbarth cofrestru amrywiai'r canrannau o siaradwyr uniaith Gymraeg ac uniaith Saesneg cryn dipyn rhwng y ddwy ardal. Yr oedd bron hanner y 6,454 o drigolion Dowlais yn ddi-Gymraeg, o gymharu â dim ond 18.2 y cant a oedd yn methu

[18] Gw. K. T. Weetch, 'The Dowlais Ironworks and its Industrial Community, 1760–1850' (traethawd MSc anghyhoeddedig Prifysgol Llundain, 1963), tt. 56–7; Ursula Masson, 'The Development of the Irish and Roman Catholic Communities of Merthyr Tydfil and Dowlais in the Nineteenth Century' (traethawd MA anghyhoeddedig Prifysgol Keele, 1975); *Kelly's Directory*, t. 335.

[19] Dylid nodi bod cofnodion 419 o unigolion a drigai yn ardal rifo rhif 8 – ardal a oedd yn gartref i'r gymuned Wyddelig – ar goll.

Tabl 2: Iaith a leferid yn ôl oedran
(2 flwydd oed a throsodd)

Oed	Nifer Cymraeg	Y Ddwy	Saesneg	Cyfanswm	*Canran* *Cymraeg*	*Y Ddwy*	*Saesneg*	*Cyfanswm*
2–5	102	166	308	576	*17.7*	*28.8*	*53.5*	*100.0*
6–14	219	487	516	1222	*17.9*	*39.9*	*42.2*	*100.0*
15–24	203	592	770	1565	*13.0*	*37.8*	*49.2*	*100.0*
25–44	323	659	942	1924	*16.8*	*34.3*	*49.0*	*100.0*
45–64	251	304	411	966	*26.0*	*31.5*	*42.5*	*100.0*
65+	79	62	60	201	*39.3*	*30.8*	*29.9*	*100.0*
Cyfanswm	**1177**	**2270**	**3007**	**6454**	***18.2***	***35.2***	***46.6***	***100.0***

siarad Saesneg. Ar y llaw arall, yr oedd y gyfran a oedd yn methu siarad Cymraeg yn Nosbarth Cofrestru Merthyr Tudful yn llai na thraean, tra oedd y rhai na fedrent siarad Saesneg yn cyfrif am bron traean y boblogaeth gyfan o 109,707.

Er bod yr iaith Saesneg wedi ymsefydlu fel prif gyfrwng cyfathrebu yn Nowlais erbyn 1891, parhâi'r Gymraeg yn brif iaith trigolion hŷn y dref. Dengys Tabl 2, sy'n dadansoddi gallu ieithyddol y boblogaeth yn ôl oedran, fod dros 70 y cant o'r 201 o ddynion a gwragedd dros 65 oed yn siarad Cymraeg, a bod 79 (56 y cant) o'r rhain yn uniaith Gymraeg. Ganed mwyafrif helaeth y rhai a gynhwysir o fewn y grŵp oedran hwn yng Nghymru, ac yr oedd dros eu hanner yn hanu o dair sir dde-orllewinol Cymru. Fodd bynnag, yr oedd tarddiad a chymeriad ieithyddol yr oedolion canol-oed yn hollol wahanol. Er bod mwyafrif yr oedolion rhwng 45 a 64 oed yn medru siarad Cymraeg hefyd, bu'r lleihad yn y ganran o siaradwyr uniaith Gymraeg yr un mor drawiadol â'r cynnydd yn y ganran o siaradwyr uniaith Saesneg. Câi'r patrwm ei ailadrodd o fewn y grŵp oedran 24–44 lle y cofnodwyd mai 16.8 y cant o'r boblogaeth yn unig a oedd yn methu siarad Saesneg, ac mai Saesneg oedd unig iaith bron hanner y 1,924 o unigolion. Ymhlith oedolion ifainc rhwng 15 a 24 oed y ceid y ganran isaf o siaradwyr uniaith Gymraeg, ac ymhlith plant bach rhwng 2 a 5 oed y cofnodwyd y gyfran uchaf o siaradwyr di-Gymraeg.

Gwnaed sylwadau mynych am y dirywiad cyflym yn y defnydd o'r Gymraeg ymhlith pobl ifainc ardal Merthyr Tudful yn ystod hanner olaf y bedwaredd ganrif ar bymtheg.[20] Yn ei gyfrol ar hanes Pontypridd a chymoedd y Rhondda, a gyhoeddwyd ym 1903, adroddodd Owen Morgan (Morien) hanes gŵr o sir Aberteifi a dreuliai fisoedd y gaeaf yn gweithio fel labrwr ar glytiau glo Dowlais.

[20] Gw. E. G. Ravenstein, 'On the Celtic Languages in the British Isles, a Statistical Survey', *Journal of the Royal Statistical Society*, XLII (1879), 616; D. Isaac Davies, 'Cymru Ddwyieithog', *Y Geninen*, III (1885), 209.

Tabl 3: Iaith a leferid yn ôl oedran a rhyw

(2 flwydd oed a throsodd)

Oed	Rhyw	Nifer Cymraeg	Y Ddwy	Saesneg	Cyfanswm	*Canran Cymraeg*	*Y Ddwy*	*Saesneg*	*Cyfanswm*
2–5	G	58	85	141	284	*20.4*	*29.9*	*49.6*	*100.0*
	B	44	81	167	292	*15.1*	*27.7*	*57.2*	*100.0*
6–14	G	107	234	263	604	*17.7*	*38.7*	*43.5*	*100.0*
	B	112	253	253	618	*18.1*	*40.9*	*40.9*	*100.0*
15–24	G	92	292	501	885	*10.4*	*33.0*	*56.6*	*100.0*
	B	111	300	269	680	*16.3*	*44.1*	*39.6*	*100.0*
25–44	G	179	355	665	1199	*14.9*	*29.6*	*55.5*	*100.0*
	B	144	304	277	725	*19.9*	*41.9*	*38.2*	*100.0*
45–64	G	135	160	261	556	*24.3*	*28.8*	*46.9*	*100.0*
	B	116	144	150	410	*28.3*	*35.1*	*36.6*	*100.0*
65+	G	33	29	30	92	*35.9*	*31.5*	*32.6*	*100.0*
	B	46	33	30	109	*42.2*	*30.3*	*27.5*	*100.0*
	G	**602**	**1155**	**1860**	**3617**	***16.6***	***31.9***	***51.4***	***100.0***
Cyfanswm	**B**	**575**	**1115**	**1147**	**2837**	***20.3***	***39.3***	***40.4***	***100.0***

Ar ôl dychwelyd i'w sir enedigol, dywedodd wrth ei deulu 'mai'r peth rhyfeddaf a welsai yno oedd plant bach yn siarad Saesneg â'i gilydd. "Y maent yn ei siarad", meddai, "yn union fel petai'n Gymraeg"'.[21] Pryderai arweinwyr crefyddol Dowlais yn fawr ynghylch y cynnydd yn nifer y bobl ifainc a oedd yn methu deall Cymraeg. Yn wir, yn niwedd y 1870au dechreuodd y Parchedig Thomas Morgan, gweinidog Capel Bedyddwyr Cymraeg Caersalem – yr eglwys Ymneilltuol Gymraeg hynaf yn Nowlais – gynnal gwersi Cymraeg ar gyfer aelodau iau ei gynulleidfa mewn ymgais i wella eu gwybodaeth o'r iaith frodorol.[22] Diau fod y dosbarthiadau a gynhelid yn ysgolion elfennol ac ysgolion bwrdd Dowlais, lle y pwysleisiai'r athrawon bwysigrwydd yr iaith Saesneg, yn milwrio yn erbyn ymdrechion o'r fath ac o'r 685 o blant a gofnodwyd yn ddisgyblion ysgol, yr oedd 300 (43.8 y cant) yn uniaith Saesneg, 297 (43.4 y cant) yn ddwyieithog, ac 88 (12.8 y cant) yn uniaith Gymraeg.

A hithau'n dref ddiwydiannol a dyfasai yn sgil datblygiad y gweithfeydd haearn, yr oedd Dowlais wedi denu nifer anghymesur o fewnfudwyr gwrywaidd o gymharu â rhai benywaidd o'r ardaloedd Cymreig cyfagos ac, mewn blynyddoedd diweddarach, o Iwerddon. Cafodd profiadau cymdeithasol a phrofiadau gwaith a mudo gwahanol y dynion a'r merched ddylanwad uniongyrchol ar eu galluoedd ieithyddol ac, fel y dengys Tabl 3, medrai canran uwch o'r benywod siarad Cymraeg. Cofnodwyd bron 60 y cant o'r 2,837 o fenywod yn siaradwyr

[21] Owen Morgan (Morien), *History of Pontypridd and Rhondda Valleys* (Pontypridd, 1903), t. 9.

[22] J. Ronald Williams a Gwyneth Williams, *History of Caersalem, Dowlais*, t. 41.

Tabl 4: Iaith a leferid yn ôl man geni
(2 flwydd oed a throsodd)[1]

Man geni	Nifer Cymraeg	Y Ddwy	Saesneg	Cyfanswm	*Canran Cymraeg*	*Y Ddwy*	*Saesneg*	*Cyfanswm*
Sir Forgannwg	749	1702	1112	3563	*21.0*	*47.8*	*31.2*	*100.0*
Sir Gaerfyrddin	138	130	5	273	*50.5*	*47.6*	*1.8*	*100.0*
Sir Fynwy	41	93	138	272	*15.1*	*34.2*	*50.7*	*100.0*
Sir Frycheiniog	60	102	66	228	*26.3*	*44.7*	*28.9*	*100.0*
Sir Aberteifi	99	75	1	175	*56.6*	*42.9*	*0.6*	*100.0*
Sir Benfro	26	43	33	102	*25.5*	*42.2*	*32.4*	*100.0*
Sir Faesyfed	–	16	81	97	–	*16.5*	*83.5*	*100.0*
Sir Drefaldwyn	9	23	9	41	*22.0*	*56.1*	*22.0*	*100.0*
Sir Gaernarfon	25	13	–	38	*65.8*	*34.2*	–	*100.0*
Sir Fôn	8	1	–	9	*88.9*	*11.1*	–	*100.0*
Sir Y Fflint	6	1	1	8	*75.0*	*12.5*	*12.5*	*100.0*
Sir Feirionnydd	2	4	1	7	*28.6*	*57.1*	*14.3*	*100.0*
Sir Ddinbych	–	4	–	4	–	*100.0*	–	*100.0*
Cymru[2]	2	–	1	3	*66.7*	–	*33.3*	*100.0*
Lloegr	6	32	425	463	*1.3*	*6.9*	*91.8*	*100.0*
Iwerddon	3	10	1093	1106	*0.3*	*0.9*	*98.8*	*100.0*
Eraill[3]	1	16	38	55	*1.8*	*29.1*	*69.1*	*100.0*
Cyfanswm	**1175**	**2265**	**3004**	**6444**	***18.2***	***35.1***	***46.6***	***100.0***

[1] Hepgorwyd 10 nad oeddynt wedi nodi eu man geni.
[2] Heb nodi sir.
[3] Man geni: Yr Alban 12, America 11, Awstralia 5, Gwlad Pwyl 4, Yr Almaen 4, Ffrainc 3, Rwsia 3, India 3, Affrica 2, De America 2, Canada 1, Istanbul 1, Ynys Wyth 1, Jersey 1, Y Swistir 1, ar y môr 1.

Cymraeg, a thros draean y rhain yn siaradwyr uniaith Gymraeg; ar y llaw arall, Saesneg yn unig a siaradai dros hanner y gwrywod. Cofnodwyd yr amrywiad mwyaf yng ngallu ieithyddol y poblogaethau gwrywaidd a benywaidd ymhlith oedolion. Yn y grŵp oedran 15–44, lle'r oedd gwrywod yn cyfrif am bron 60 y cant o'r boblogaeth gyfan o 3,489, yr oedd llai na thraean y 2,084 o ddynion yn siaradwyr Cymraeg, o'u cymharu ag 81.9 y cant o'r 1,405 o fenywod. Yr oedd y boblogaeth fenywaidd hon yn llawer mwy lleol o ran tarddiad na'r un wrywaidd: cawsai 81.6 y cant o'r menywod eu geni yng Nghymru, o'u cymharu â 60.5 y cant o'r 2,084 o wrywod. Hanai dros chwarter y gwrywod o Iwerddon, ac yr oeddynt yn cyfrif am bron hanner y dynion uniaith Saesneg a gyfrifwyd o fewn y grŵp oedran hwn. At ei gilydd, serch hynny, fel y dengys Tabl 4, yr oedd poblogaeth tref Dowlais yn un llawer mwy lleol o ran genedigaeth.

Brodorion o sir Forgannwg, a siaradwyr Cymraeg gan mwyaf, oedd dros 70 y cant o'r boblogaeth o 4,820 o unigolion (2 flwydd oed a throsodd) a aned yng Nghymru, tra hanai'r gweddill o siroedd Caerfyrddin, Mynwy, Brycheiniog, Aberteifi a Phenfro yn bennaf. Gellid olrhain poblogaeth Saesneg ei hiaith Dowlais i ddau darddle: yr oedd y 1,106 o unigolion a aned yn Iwerddon yn 36.8 y cant o'r boblogaeth uniaith Saesneg, tra hanai 37 y cant o sir Forgannwg. Hanai mwyafrif helaeth poblogaeth ddi-Gymraeg sir Forgannwg o Ddowlais ei hun, ac o'r rhain yr oedd cyfran sylweddol yn ddisgynyddion i'r genhedlaeth gyntaf o fewnfudwyr o Iwerddon.

Yr oedd y ffaith na ddysgodd aelodau'r gymuned Wyddelig Gymraeg yn un o nodweddion trawiadol proffil ieithyddol Dowlais ym 1891. Er gwaethaf honiadau D. Isaac Davies ym 1885 fod cyfran fawr o'r gymuned Wyddelig yn Nowlais yn medru'r Gymraeg,[23] dim ond 13 o'r 1,106 o Wyddelod a gynhwysir yn y sampl hwn a gofnodwyd yn siaradwyr Cymraeg, a thri o'r rheini yn uniaith Gymraeg. Yr oedd y deg siaradwr dwyieithog, pob un rhwng 20 a 46 oed, yn cynnwys pum gŵr a phum gwraig, a chyflogid y dynion i gyd yn y diwydiannau haearn a glo. Er i dri Gwyddel gael eu cofnodi ar y ffurflenni cyfrifiad yn siaradwyr uniaith Gymraeg, rhaid amau dilysrwydd yr honiad hwn. Y mae'n bosibl fod Edward Cartwright, y cyfrifwr, wedi gwneud camgymeriad wrth gofnodi datganiadau iaith y gŵr a'r wraig, John a Bridget Kirby, a John Ronan, un o'r ddau letywr o Iwerddon a oedd yn byw ar eu haelwyd. Yn union o flaen cofnodion y tri Gwyddel uniaith Gymraeg yn llyfr y cyfrifwr ceir cofnodion teulu uniaith Gymraeg, ac y mae'n bosibl i'r marciau ailadrodd a ddefnyddiwyd gan y cyfrifwr i lenwi'r cofnodion dilynol yn y golofn iaith gael eu gosod yno ar gam. Yr oedd y cofnod am Michael Sullivan, yr ail letywr o Iwerddon a drigai gyda John a Bridget Kirby, yn ymddangos ar ben tudalen newydd yn llyfr y cyfrifwr, ac fe'i cofnodwyd ef yn siaradwr uniaith Saesneg. Er bod adroddiadau cyfoes yn awgrymu bod canran arwyddocaol o'r Gwyddelod a oedd wedi ymgartrefu yn nhrefi haearn de Cymru yn siarad Gwyddeleg, ni chofnodwyd yr un siaradwr Gwyddeleg gan gyfrifwyr Dowlais.[24] Yn yr un modd, cofnodwyd y rhai hynny o drigolion y dref a aned yn yr Almaen, Gwlad Pwyl a Rwsia yn siaradwyr uniaith Saesneg ac ni chafwyd unrhyw gyfeiriad at yr ieithoedd brodorol yr oeddynt, yn ôl pob tebyg, yn eu medru. Gellid dadlau, felly, na ddylid dehongli hyn fel cofnod cywir o'u galluoedd ieithyddol, ond yn hytrach fel datganiad o ddiffyg ymlyniad y Gwyddelod a'r unigolion eraill nad oeddynt wedi eu geni yng Nghymru wrth yr iaith a'r diwylliant Cymraeg brodorol.

[23] D. Isaac Davies, 'Cymru Ddwyieithog', 208.

[24] Gw. John Denvir, *The Irish in Britain from the Earliest Times to the Fall and Death of Parnell* (ail arg., London, 1894), t. 306. Gw. hefyd yr honiadau a wnaed gan Arthur E. Guest, mab John J. a Charlotte Guest, mewn cyfarfod o'r Catholic Registration Association yng Nghaerdydd ym 1880, *Western Mail*, 20 Mawrth 1880. Yr wyf yn ddiolchgar i Dr Paul O'Leary am y cyfeiriad hwn.

Fel yn achos nifer o aneddiadau trefol mawr mewn mannau eraill yng Nghymru a Lloegr, gwahenid y Gwyddelod a drigai yn Nowlais oddi wrth drigolion eraill y dref nid yn unig gan eu hymlyniadau diwylliannol a chrefyddol ond hefyd gan y ffaith eu bod yn byw ar wahân i weddill y gymuned.[25] Yn Nowlais, brodorion o Iwerddon a'u disgynyddion oedd mwyafrif helaeth trigolion y strydoedd a oedd yn union i'r gogledd o Felin yr Afr ac i'r de a'r de-orllewin o Lower Union Street. Y mae enwau strydoedd fel Catholic Row, Irish Row a Shamrock Cottages, yn ogystal â bodolaeth y Shamrock Inn yn Brecon Street (tafarn a oedd yn eiddo i'r Gwyddel, Daniel O'Leary), yn tystio i bresenoldeb Gwyddelig cryf yn yr ardal. Yr oedd amodau byw yn arbennig o wael yn yr ardal Wyddelig a llawer o'r tai bychain yn y strydoedd a'r cyrtiau cul yn ddifrifol o orboblog. Nododd Charles Wilkins ym 1880 mai'r 'tlotaf o weithwyr a breswyliai yn y strydoedd culion hyn'.[26] Trigai Timothy Murray, gŵr 79 oed o Cork, ei wraig, pedwar o blant mewn oed a phedwar o wyrion o oedran ysgol mewn dwy ystafell mewn tŷ yn Star Inn Court, y tu ôl i Sand Street; ac yn Bute Court, rhes o bum tŷ dwy-ystafell – a phenteulu pob un ohonynt yn Wyddel – rhannai Ellen Hennessey, gweddw 60 oed, ei chartref â'i hŵyr 3 oed a chwe lletywr gwryw, pob un ohonynt wedi ei eni yn Iwerddon.

Saesneg oedd iaith mwyafrif helaeth trigolion y ddwy ardal rifo a oedd yn cynnwys yr ardal Wyddelig. Yr oedd dros 60 y cant o'r 1,717 o drigolion yn siaradwyr uniaith Saesneg, a dim ond 154 (8.9 y cant) a oedd yn methu siarad Saesneg. Yn yr ardal hon hefyd y rhifwyd y gyfran fwyaf o dylwythau uniaith Saesneg a thylwythau yr oedd y Saesneg yn brif iaith iddynt. Yr oedd bron traean y cyfanswm o 1,255 o dylwythau yn Nowlais yn rhai uniaith Saesneg, a 264 (21.0 y cant) o dylwythau yn cynnwys cymysgedd o siaradwyr Cymraeg a di-Gymraeg. Mewn 587 (46.8 y cant) o dylwythau yn unig y cofnodwyd pawb yn siaradwyr Cymraeg, ac yn 184 (31.3 y cant) o'r rhain ni cheid yr un person a allai siarad Saesneg. Yn union fel yr oedd tuedd i'r Gwyddelod ymgasglu yn un rhan o'r dref, yr oedd y mewnfudwyr a ddaethai i Ddowlais o siroedd tra Chymraeg de-orllewin Cymru wedi dangos tuedd debyg i ymgartrefu yn agos at ei gilydd.[27] Trigai bron 90 y cant o'r 184 o dylwythau uniaith Gymraeg yn y tair ardal rifo a gynhwysai'r strydoedd yn union i'r gorllewin ac i'r de o Waith Ivor. Yr oedd mwyafrif y 577 o benteuluoedd a rifwyd yn yr ardaloedd hyn yn Gymry o ran tras

[25] Gw. John Hickey, 'The Origin and Development of the Irish Community in Cardiff' (traethawd MA anghyhoeddedig Prifysgol Cymru, 1959); idem, *Urban Catholics: Urban Catholicism in England and Wales from 1829 to the present day* (London, 1967); C. Roy Lewis, 'The Irish in Cardiff in the Mid-Nineteenth Century', *Cambria*, 7, rhif 1 (1980), 13–41; Frances Finnegan, *Poverty and Prejudice: A Study of Irish Immigrants in York, 1840–1875* (Cork, 1982); Paul O'Leary, 'Immigration and Integration: A Study of the Irish in Wales, 1798–1922' (traethawd PhD anghyhoeddedig Prifysgol Cymru, 1989).

[26] Charles Wilkins, 'A Saturday Night at Dowlais', *Tales and Sketches of Wales* (Cardiff, 1880), t. 238.

[27] Thomas Phillips, *Wales: The Language, Social Condition, Moral Character, and Religious Opinions of the People . . .* (London, 1852), tt. 31–2.

Tabl 5: Iaith a leferid yn ôl perthynas â'r penteulu

(2 flwydd oed a throsodd)[1]

Perthynas â'r penteulu	Nifer Cymraeg	Y Ddwy	Saesneg	Cyfanswm	*Canran Cymraeg*	*Y Ddwy*	*Saesneg*	*Cyfanswm*
Penteuluoedd	298	434	510	1242	*24.0*	*34.9*	*41.1*	*100.0*
Gwragedd	208	337	365	910	*22.9*	*37.0*	*40.1*	*100.0*
Plant[2]	449	993	1084	2526	*17.8*	*39.3*	*42.9*	*100.0*
Perthnasau	104	175	176	455	*22.9*	*38.5*	*38.7*	*100.0*
Gweision/morynion	9	119	61	189	*4.8*	*63.0*	*32.3*	*100.0*
Byrddwyr/lletywyr	99	190	779	1068	*9.3*	*17.8*	*72.9*	*100.0*
Ymwelwyr	10	20	30	60	*16.7*	*33.3*	*50.0*	*100.0*
Eraill[3]	–	1	1	2	–	*50.0*	*50.0*	*100.0*
Cyfanswm	**1177**	**2269**	**3006**	**6452**	***18.2***	***35.2***	***46.6***	***100.0***

[1] Hepgorwyd 2 nad oeddynt wedi nodi eu perthynas â'r penteulu.
[2] Gan gynnwys plant maeth a llysblant.
[3] Un curad yn yr Eglwys Babyddol ac un mab i was.

ac iaith: yr oedd dros ddeuparth ohonynt yn siarad Cymraeg, a bron 40 y cant o'r 431 o benteuluoedd a aned yng Nghymru yn frodorion o siroedd Caerfyrddin, Brycheiniog, Aberteifi neu Benfro.

Yr oedd yr iaith a siaredid yng nghartrefi Dowlais yn amrywio cryn dipyn, felly, o'r naill ran o'r dref i'r llall, yn ôl man geni aelodau'r tylwyth. Fel y dengys Tabl 5, yr oedd bron 60 y cant o'r 1,242 o benteuluoedd yn siarad Cymraeg, ac o'r rheini yr oedd dros 40 y cant yn uniaith Gymraeg. Yr oedd y 510 (41.1 y cant) arall yn uniaith Saesneg. Ganed deuparth y penteuluoedd yng Nghymru, 270 (21.7 y cant) yn Iwerddon, a 129 (10.4 y cant) yn Lloegr. Hanai dros hanner y penteuluoedd a oedd wedi eu geni yng Nghymru o sir Forgannwg – bron deuparth ohonynt o Ddowlais ei hun – a'r rhan fwyaf o'r gweddill o siroedd Caerfyrddin, Brycheiniog, Mynwy ac Aberteifi. Yr oedd mwyafrif helaeth y penteuluoedd a oedd wedi eu geni yng Nghymru, gan gynnwys y rhai a oedd yn enedigol o siroedd Morgannwg a Mynwy, yn siarad Cymraeg. Dim ond 57 o'r 416 o benteuluoedd a oedd wedi eu geni yn sir Forgannwg a oedd yn ddi-Gymraeg, ac yr oedd o leiaf 50 ohonynt o dras Wyddelig. Yr oedd unigolion a aned yn Iwerddon yn cyfrif am dros hanner y 510 o benteuluoedd uniaith Saesneg a rifwyd yn y sampl, tra hanai'r gweddill o Loegr yn bennaf. Er bod y 910 o wragedd yn fwy lleol eu gwreiddiau o lawer, nid oedd fawr o wahaniaeth rhwng eu gallu ieithyddol hwy a gallu ieithyddol y penteuluoedd: yr oedd bron 60 y cant ohonynt yn siarad Cymraeg, a 365 (40.1 y cant) – y mwyafrif ohonynt wedi eu geni yn Iwerddon – yn uniaith Saesneg. Cofnodwyd cyfran debyg o siaradwyr uniaith Saesneg ymhlith aelodau o'r ail genhedlaeth ac y mae'n amlwg mai ychydig o blant i rieni uniaith Saesneg a oedd wedi gwneud ymdrech i ddysgu

Tabl 6: Iaith plant (2 flwydd oed a throsodd) o deuluoedd lle'r oedd rhieni Cymraeg a di-Gymraeg

Gallu ieithyddol y rhieni		Gallu ieithyddol y plant Nifer yr aelwydydd				*Gallu ieithyddol y plant Canran*			
Tad	Mam	Cymraeg	Saesneg	Cymysg	Cyfanswm	*Cymraeg*	*Saesneg*	*Cymysg*	*Cyfanswm*
Cymraeg	Cymraeg	325	11	30	366	*94.2*	*3.0*	*2.7*	*100.0*
Cymraeg	Saesneg	4	8	4	16	*7.7*	*84.6*	*7.7*	*100.0*
Saesneg	Cymraeg	13	26	4	43	*30.2*	*60.5*	*9.3*	*100.0*
Saesneg	Saesneg	2	233	4	239	*0.8*	*97.5*	*1.7*	*100.0*
Cyfanswm		**344**	**278**	**42**	**664**	***51.8***	***41.9***	***6.3***	***100.0***

Cymraeg: siaradwyr uniaith Gymraeg a dwyieithog; Saesneg: siaradwyr uniaith Saesneg; Cymysg: cymysgedd o siaradwyr Cymraeg a di-Gymraeg ar yr un aelwyd.

Cymraeg. Ar y llaw arall, yr oedd y ganran o siaradwyr uniaith Gymraeg wedi gostwng yn sylweddol o'r naill genhedlaeth i'r llall, ac yr oedd bron 70 y cant o'r 1,442 o 'blant' a siaradai Gymraeg hefyd yn medru'r Saesneg. Yr oedd mwyafrif helaeth yr unigolion hynny nad oeddynt yn aelodau o'r teulu cnewyllol, megis perthnasau, morynion a lletywyr, hefyd yn medru'r Saesneg. Yr oedd lletywyr yn bresenoldeb uniaith Saesneg cryf yng nghartrefi Dowlais a chofnodwyd 72.9 y cant o'r 1,068 o fyrddwyr a lletywyr yn siaradwyr uniaith Saesneg.

Dengys Tabl 6, sy'n nodi'r iaith a siaredid gan 'blant' (rhwng 2 a 46 oed) mewn tylwythau dau-riant, natur y newid ieithyddol rhwng y cenedlaethau yng nghartrefi Dowlais. Prin yw'r dystiolaeth fod unrhyw newid ieithyddol wedi digwydd o fewn cartrefi'r siaradwyr uniaith Saesneg, oherwydd yn 6 (2.5 y cant) yn unig o'r 239 o dylwythau lle'r oedd y ddau riant yn ddi-Gymraeg y cofnodwyd bod unrhyw blant yn siarad Cymraeg. Fodd bynnag, ar 41 (11.2 y cant) o'r 366 o aelwydydd lle'r oedd y ddau riant yn siarad Cymraeg, cofnodwyd rhai o'r plant neu'r plant i gyd yn ddi-Gymraeg. Mewn tylwythau lle y siaredid Cymraeg gan un rhiant yn unig, cofnodwyd cyfran fwy eto o'r plant yn ddi-Gymraeg. Dim ond ar 17 (28.8 y cant) o'r cyfanswm o 59 o aelwydydd y cofnodwyd pob plentyn yn siaradwr Cymraeg, o'u cymharu â 42 (71.2 y cant) o aelwydydd lle'r oedd rhai o'r plant neu'r plant i gyd yn uniaith Saesneg. Ar 43 o'r 59 o aelwydydd, y fam a oedd yn siarad Cymraeg, ffaith sy'n adlewyrchu cymeriad tra gwrywaidd y mudo i Ddowlais. Yr oedd dylanwad y fam ar yr iaith a siaredid yn y cartref yn amlwg yn gryfach na dylanwad y tad. Ar aelwydydd lle'r oedd y fam yn siarad Cymraeg, yr oedd y plant yn fwy tebyg o'i siarad yn ogystal.

Ond nid oedd priodasau rhwng partneriaid Cymraeg a di-Gymraeg yn gyffredin, serch hynny, a dim ond 8.9 y cant o briodasau cymysg o'r fath a gafwyd ymhlith y cyfanswm o 664 yn y sampl. Prin iawn yw'r dystiolaeth am unrhyw briodasau rhwng mewnfudwyr o Iwerddon na'u disgynyddion a Chymry brodorol, ac at ei

Tabl 7: Iaith plant (2 flwydd oed a throsodd) o deuluoedd lle'r oedd rhieni uniaith a dwyieithog

Gallu ieithyddol y rhieni		Gallu ieithyddol y plant Nifer yr aelwydydd					*Gallu ieithyddol y plant Canran*				
Tad	Mam	Cymraeg	Y Ddwy	Saesneg	Cymysg	Cyfanswm	*Cymraeg*	*Y Ddwy*	*Saesneg*	*Cymysg*	*Cyfanswm*
C	C	107	22	2	8	139	*76.9*	*15.8*	*1.4*	*5.8*	*100.0*
C	D	–	10	–	1	11	–	*90.9*	–	*9.1*	*100.0*
D	C	3	5	–	2	10	*30.0*	*50.0*	–	*20.0*	*100.0*
D	D	3	175	9	19	206	*1.5*	*84.9*	*4.4*	*9.2*	*100.0*
D	S	–	4	7	4	15	–	*26.7*	*46.7*	*26.7*	*100.0*
S	D	–	11	25	3	39	–	*28.2*	*64.1*	*7.7*	*100.0*
S	S	–	2	233	4	239	–	*0.8*	*97.5*	*1.7*	*100.0*
C	S	–	–	1	–	1	–	–	*100.0*	–	*100.0*
S	C	–	2	1	1	4	–	*50.0*	*25.0*	*25.0*	*100.0*
Cyfanswm		**183**	**161**	**83**	**49**	**476**	***38.4***	***33.8***	***17.4***	***10.3***	***100.0***

C/Cymraeg: uniaith Gymraeg; D/Y Ddwy: dwyieithog; S/Saesneg: uniaith Saesneg; Cymysg: unrhyw gyfuniad o siaradwyr uniaith Gymraeg, siaradwyr dwyieithog a siaradwyr uniaith Saesneg ar yr un aelwyd.

gilydd cadwodd y teuluoedd Gwyddelig, a oedd yn gyfran arwyddocaol o'r tylwythau uniaith Saesneg, eu hunain rhag dylanwadau ieithyddol a diwylliannol y gymuned frodorol. Dim ond mewn tri o gartrefi lle'r oedd y rhieni yn Wyddelod uniaith Saesneg y cofnodwyd unrhyw siaradwyr Cymraeg ymhlith y plant. Yr oedd John Doyle, labrwr 20 oed a oedd wedi ei eni yng Nghwmafan, sir Forgannwg, a'r ddau frawd, Patrick a John Lane (34 a 30 oed), a oedd yn enedigol o Iwerddon, ill tri yn medru'r Gymraeg a'r Saesneg, yn wahanol i'w rhieni di-Gymraeg a hanai o Iwerddon. O'r pedwar plentyn a aned i'r Gwyddelod Henry ac Ellen Morley, dim ond eu hail blentyn, sef Clara, 12 oed, a siaradai Gymraeg. Ceid sefyllfa debyg yn y tri chartref arall lle'r oedd plant i rieni uniaith Saesneg yn siarad Cymraeg. Yng nghartref pâr o sir Faesyfed a drigai yn Horse Street, yr oedd y ddau fab hynaf, a weithiai fel halwyr glo, yn siarad Cymraeg, ond siaradwyr uniaith Saesneg oedd eu tri brawd a'u chwaer iau. Siaradai merch 7 oed Andrew Schonhart, gemydd a aned yn yr Almaen, Gymraeg a Saesneg, ond Saesneg yn unig a siaradai ei chwaer 14 oed, hithau hefyd wedi ei geni yn Nowlais. Yn yr un modd, M. H. Rosewarne, athrawes fabanod 30 oed yn ysgol Penydarren a merch i wneuthurwr bwyleri o Gernyw, oedd yr unig aelod o'i theulu a fedrai'r Gymraeg.

Yr oedd y sefyllfa yn wahanol iawn yng nghartrefi Cymraeg Dowlais, lle'r oedd mwyafrif helaeth y rhieni a chyfran hyd yn oed yn fwy o'u plant yn medru'r ddwy iaith. Fel y dengys Tabl 7, yn 227 (62.0 y cant) o'r 366 o briodasau rhwng dau siaradwr Cymraeg medrai naill ai un rhiant neu'r ddau siarad Saesneg. Siaradai'r plant yn 221 (97.4 y cant) o'r 227 o dylwythau Saesneg hefyd, ac mewn 31 (13.7 y cant) o achosion yr oedd rhai o'r plant neu'r plant i gyd yn uniaith Saesneg. Yr oedd llawer o blant i rieni uniaith Gymraeg hefyd yn medru'r iaith Saesneg ac yn amlwg wedi ei dysgu y tu allan i'r cartref. Yr oedd rhai o'r plant neu'r plant i gyd ar 32 (23.0 y cant) o'r 139 o aelwydydd lle'r oedd y ddau riant yn uniaith Gymraeg yn siarad Saesneg, ac ar 10 aelwyd o'r fath cafodd rhai o'r plant neu'r plant i gyd eu cofnodi yn ddi-Gymraeg. Er enghraifft, honnai Catherine Willis, gwraig weddw 23 oed a merch i bâr uniaith Gymraeg o Dredegar, na feddai unrhyw wybodaeth o iaith ei rhieni.

Wrth i aelodau o boblogaeth Gymraeg Dowlais ymgyfarwyddo fwyfwy â'r iaith Saesneg, yr oedd yr angen i siaradwyr uniaith Saesneg ddysgu'r Gymraeg yn lleihau. Prin oedd y cyfleoedd na'r cymhelliad i aelodau'r gymuned Wyddelig, a oedd yn gyfran mor fawr o boblogaeth uniaith Saesneg Dowlais ac a dueddai i fyw a gweithio ymhlith pobl o'r un cefndir ieithyddol a diwylliannol â hwy eu hunain, i ddysgu Cymraeg. Cyfnerthid cymeriad Saesneg eu cartrefi a'r strydoedd o amgylch gan y llif parhaus o fewnfudwyr o Iwerddon. Fel y dengys Tabl 8, o Iwerddon yr hanai bron hanner y 1,063 o letywyr y nodwyd man eu geni, ac yr oeddynt yn cyfrif am bron deuparth y 777 o letywyr uniaith Saesneg. O'r 408 o letywyr a aned yng Nghymru, yr oedd y mwyafrif yn frodorion o Ddowlais ei hun, ac yr oedd o leiaf 50 o'r 72 o siaradwyr uniaith Saesneg a aned yn sir Forgannwg o dras Wyddelig. Hanai cyfran gymharol fechan o letywyr o siroedd tra Chymraeg y de-orllewin, sef y siroedd yr heidiodd cenedlaethau cynharach o fewnfudwyr ohonynt i chwilio am waith yn y gweithfeydd haearn. Fel y lletywyr o Iwerddon, yr oedd mwyafrif yr unigolion hyn wedi ymgartrefu gyda'u cyd-wladwyr ond, yn wahanol i genedlaethau blaenorol o fewnfudwyr o ardaloedd gwledig Cymru, ychydig ohonynt a oedd yn methu siarad Saesneg.

Yr oedd bron traean yr holl dylwythau yn Nowlais yn rhoi llety i fyrddwyr neu letywyr a dibynnai llawer o'r teuluoedd tlotaf ar yr incwm a enillent trwy dderbyn gwesteion, y mwyafrif ohonynt yn ddynion sengl. Rhoddai llawer o'r tai bychain yn yr ardal Wyddelig gartref i nifer o letywyr a oedd, yn ddiau, yn cysgu yn yr un gwelyau yn eu tro ar ôl cwblhau shifftiau am yn ail yn y gweithfeydd haearn.[28] Yn un tŷ yn Lower High Street, yr oedd naw o Wyddelod, pob un ohonynt yn gweithio fel labrwyr cyffredinol, yn lletya gyda theulu Gwyddelig yn cynnwys pâr priod a phedwar o blant o oedran ysgol. Rhannai William a Honora Mahoney, cwpl arall o Iwerddon, eu cartref yn Sand Street â'u tri phlentyn ifanc a saith o letywyr gwryw – pob un yn hanu o Cork, sef dinas enedigol eu gwesteiwyr. Un yn unig o'r cartrefi yn y sampl a gydnabyddid yn swyddogol fel 'tŷ-llety', ac yr oedd mwyafrif helaeth y lletywyr, felly, yn aros mewn cartrefi cyffredin. Arhosai 28 o oedolion yn y 'tŷ-llety cyffredin' yn George Street, sef un fenyw a 27 o wrywod, ac yr oedd y dynion i gyd yn gweithio fel labrwyr yn y gweithfeydd haearn. Gwyddel o'r enw Timothy O'Sullivan oedd perchennog y tŷ-llety hwn, a thrigai ef ei hun yn y tŷ drws nesaf.

[28] Wilkins, *Tales and Sketches of Wales*, t. 238.

Tabl 8: Iaith a man geni byrddwyr a lletywyr

(2 flwydd oed a throsodd)[1]

Man geni	Nifer Cymraeg	Y Ddwy	Saesneg	Cyfanswm	*Canran Cymraeg*	*Y Ddwy*	*Saesneg*	*Cyfanswm*
Sir Forgannwg	35	111	72	218	*16.1*	*50.9*	*33.0*	*100.0*
Sir Fynwy	9	13	20	42	*21.4*	*30.9*	*47.6*	*100.0*
Sir Gaerfyrddin	17	19	–	36	*47.2*	*52.8*	–	*100.0*
Sir Frycheiniog	9	11	7	27	*33.3*	*40.7*	*25.9*	*100.0*
Sir Faesyfed	–	2	25	27	–	*7.4*	*92.6*	*100.0*
Sir Aberteifi	9	11	–	20	*45.0*	*55.0*	–	*100.0*
Sir Drefaldwyn	2	5	5	12	*16.7*	*41.7*	*41.7*	*100.0*
Sir Benfro	3	3	6	12	*25.0*	*25.0*	*50.0*	*100.0*
Sir Gaernarfon	5	3	–	8	*62.5*	*37.5*	–	*100.0*
Sir Ddinbych	–	2	–	2	–	*100.0*	–	*100.0*
Sir Fôn	1	–	–	1	*100.0*	–	–	*100.0*
Sir Y Fflint	1	–	–	1	*100.0*	–	–	*100.0*
Sir Feirionnydd	1	–	–	1	*100.0*	–	–	*100.0*
Cymru[2]	–	–	1	1	–	–	*100.0*	*100.0*
Lloegr	4	2	126	132	*3.0*	*1.5*	*95.5*	*100.0*
Iwerddon	1	2	505	508	*0.2*	*0.4*	*99.4*	*100.0*
Eraill[3]	–	5	10	15	–	*33.3*	*66.7*	*100.0*
Cyfanswm	**97**	**189**	**777**	**1063**	***9.1***	***17.8***	***73.1***	***100.0***

[1] Hepgorwyd 5 nad oeddynt wedi nodi eu man geni.
[2] Heb nodi sir.
[3] Man geni: Yr Alban 7, America 3, Ffrainc 3, Canada 1, De Affrica 1.

Er gwaethaf y datblygiadau diwydiannol a oedd yn mynd rhagddynt mewn mannau eraill ym Maes Glo De Cymru erbyn y cyfnod hwn, y mae'n amlwg fod nifer sylweddol o fewnfudwyr gwryw yn dal i gyrraedd Dowlais i chwilio am waith gyda Chwmni Haearn Dowlais. Gweithiai dros hanner y dynion cyflogedig a gynhwysir yn y sampl yn y diwydiannau metel a glo, a dibynnai y mwyafrif helaeth o'r gweddill, yn labrwyr cyffredinol a masnachwyr, yn llwyr ar ffyniant y diwydiannau trymion am eu bywoliaeth. Adlewyrchai cymeriad tra Saesneg y boblogaeth wrywaidd gyflogedig y ffaith fod canran gynyddol o'r mewnfudwyr a ddaethai i Ddowlais mewn blynyddoedd diweddar yn dod o'r tu allan i Gymru: o'r 2,839 o ddynion cyflogedig (10 oed a throsodd), yr oedd dros eu hanner yn ddi-Gymraeg, a 459 (16.2 y cant) yn unig a oedd yn methu siarad Saesneg. Yr oedd gwreiddiau a chymeriad ieithyddol y rhai a weithiai yn y diwydiannau trwm yn amrywio cryn dipyn, fodd bynnag, rhwng y diwydiant glo a'r diwydiannau cysylltiedig â metel. Yr oedd gweithlu'r pyllau glo i raddau helaeth iawn yn

Gymry o ran iaith a tharddiad; cawsai bron 90 y cant o'r gweithlu o 588 o wrywod ac 11 o fenywod eu geni yng Nghymru, a siaradai 456 (76.1 y cant) ohonynt Gymraeg. Fel mwyafrif y crefftwyr a gyflogid yn y pyllau glo, hanai David Lloyd, clerc y lofa, a David Edwards, yr atalbwyswr, o sir Forgannwg a siaradai'r ddau Gymraeg a Saesneg. Er bod canran ychydig yn uwch o'r gweithlu di-grefft yn hanu o Loegr ac Iwerddon, yr oedd mwyafrif y 75 o wŷr a gwragedd a gyflogid fel labrwyr yn y pyllau glo a gweithwyr ar yr wyneb hefyd yn medru'r Gymraeg.

Fodd bynnag, yr oedd llai na chwarter y dynion cyflogedig yn gweithio yn y diwydiant glo ac enillai mwyafrif yr oedolion gwrywaidd eu bywoliaeth yng ngweithfeydd haearn a dur Cwmni Haearn Dowlais. O gymharu â'r gweithlu glofaol, deuai cyfran lawer uwch o'r 921 o wrywod ac 20 o fenywod a weithiai yn y diwydiant cynhyrchu haearn a dur o'r tu allan i Gymru; yn wir, yr oedd 398 (42.3 y cant) yn Wyddelod, a dim ond 7 o'u plith a gofnodwyd yn siaradwyr Cymraeg. O gymryd y gweithlu yn ei grynswth, yr oedd dros 60 y cant yn ddi-Gymraeg, a dim ond 140 (14.9 y cant) o bobl, y mwyafrif ohonynt wedi eu geni yn Nowlais, a oedd yn methu siarad Saesneg. Yn ogystal â'r dynion a weithiai'n uniongyrchol yn cynhyrchu haearn a dur, cyflogai Cwmni Haearn Dowlais grefftwyr fel seiri meini, seiri coed a gofaint, a gweithwyr cynorthwyol fel y 13 gwas stabl a ofalai am geffylau'r Cwmni yn Stablau Dowlais. Dau o reolwyr yn unig a gafwyd yn y sampl, sef David Jenkins, rheolwr y gwaith dur, a hanai o Ddowlais ac a siaradai Gymraeg a Saesneg, a John Mitchell, siaradwr uniaith Gymraeg o Sirhywi, a gyflogid fel rheolwr y melinau yng Ngwaith Ivor. Trigai Edward Pritchard Martin YH, rheolwr cyffredinol Cwmni Haearn Dowlais er 1882, yn Gwernllwyn House, Caeharris, tŷ mawr ar wahân a godwyd i'r de-ddwyrain o Waith Ivor. Er bod Martin yn byw y tu allan i ffiniau ardal y sampl hon, y mae'n werth nodi iddo ef a'i wraig, y ddau yn hanu o Ferthyr, gael eu cofnodi yn siaradwyr uniaith Saesneg, ac felly hefyd eu chwe phlentyn, pob un ohonynt wedi eu geni yng Nghymru. Yr oedd mwyafrif y gweithwyr yn swyddfeydd y cwmni, fodd bynnag, yn medru'r Gymraeg. O Ddowlais yr hanai Gomer Matthews, a weithiai fel asiant i'r cwmni, yn ogystal â'r pedwar gŵr a gyflogid fel clercod, ac ar wahân i Frank Clements, siaradwr uniaith Saesneg 17 oed, yr oeddynt i gyd yn ddwyieithog. Yr oedd deg o'r pymtheg gŵr a weithiai fel fformyn yn y gwaith hefyd yn siarad Cymraeg a chwech ohonynt yn uniaith Gymraeg.

Yr oedd mwyafrif y 404 o grefftwyr a weithiai dan oruchwyliaeth y rheolwyr, y fformyn a'r amserwyr yn y gweithfeydd haearn a dur hefyd yn siaradwyr Cymraeg ac wedi eu geni yng Nghymru. Yn sgil mabwysiadu prosesau gweithio newydd a throsglwyddo i gynhyrchu dur, yr oedd y 'pwdleriaid bonheddig', a ystyrid unwaith yn 'aristocratiaid y crefftwyr dosbarth-gweithiol',[29] yn mynd yn

[29] Owen, *The History of the Dowlais Iron Works*, t. 81.

fwyfwy diangen ac yn y sampl hwn 56 o bwdleriaid yn unig a gafwyd. Yr oedd y mwyafrif helaeth ohonynt yn Gymry, ac o'r 41 a siaradai Gymraeg yr oedd 15 yn methu siarad Saesneg. Naw Gwyddel yn unig a gawsai fynediad i'r proffesiwn hynod fedrus hwn ac yr oedd eu habsenoldeb o rengoedd y galwedigaethau eraill a feddai ar grefft, fel rholwyr, moldwyr, brasnaddwyr a sythwyr cledrau, yr un mor drawiadol. Yr oedd llai na chwarter y 391 o wŷr a gwragedd o Iwerddon a weithiai yn y gweithfeydd haearn a dur yn grefftwyr, a labrwyr oedd y mwyafrif helaeth o'r gweddill. O gymryd y gweithwyr di-grefft a'r labrwyr yn eu crynswth, Gwyddelod oedd 61.9 y cant o'r 489 ohonynt, ac yr oedd 59 o'r 107 o wŷr a gwragedd a aned yn sir Forgannwg ac a weithiai fel labrwyr o dras Wyddelig. Cofnodwyd bron 80 y cant o'r 489 o weithwyr di-grefft yn siaradwyr uniaith Saesneg a gellid priodoli hyn i'w gwreiddiau anghymreig.

Yr oedd mwyafrif helaeth y gweithwyr yn rhengoedd y galwedigaethau iselradd a di-grefft eraill yn Nowlais hefyd yn Wyddelod. Hanai bron 60 y cant (260) o'r 438 o labrwyr cyffredinol yn y sampl hwn o Iwerddon ac yr oeddynt i gyd yn uniaith Saesneg ar wahân i John Kirby a John Ronan, y ddau Wyddel a gofnodwyd yn siaradwyr uniaith Gymraeg. Yr oedd canran uchel o'r labrwyr a aned yn sir Forgannwg hefyd o dras Wyddelig, ac i raddau helaeth iawn yn ddi-Gymraeg. Yr oedd y 27 gŵr a weithiai yn y gweithfeydd golosg cysylltiedig â gweithfeydd haearn Dowlais hefyd yn uniaith Saesneg. Yr oedd 17 o ddynion, gan gynnwys Thomas Landers, y fforman, yn dod o Iwerddon. At hynny, yr oedd y naw Cymro a hanai o Ddowlais a Rhymni yn sir Fynwy oll o dras Wyddelig. Yr oedd 18 o'r 19 gŵr a weithiai yng ngwaith nwy Dowlais hefyd yn ddi-Gymraeg. Dim ond 4 o'r 19 a oedd wedi eu geni yng Nghymru, ac yr oedd un ohonynt, John Leary o Ddowlais, yn amlwg o dras Wyddelig. Hanai'r gweddill o Iwerddon a Lloegr.

Bu lleihad trawiadol yn y nifer o ferched a gyflogid gan Gwmni Haearn Dowlais ers y 1860au; y pryd hwnnw gweithiai dros 600 o ferched ym mhyllau, chwareli, gefeiliau a ffwrneisi'r gweithfeydd haearn, a'r diwydiannau cysylltiedig â metel oedd yn y trydydd safle o ran nifer y menywod a gyflogid ganddynt yn yr ardal.[30] Erbyn 1891 y diwydiannau metel oedd y chweched o brif gyflogwyr benywod yr ardal, ac ugain yn unig o'r merched yn y sampl hwn a gyflogid yn y gweithfeydd haearn, y mwyafrif ohonynt yn labrwyr a glanhawyr platiau cysylltu. O'r ugain hyn yr oedd un ar ddeg yn medru siarad Cymraeg, ac o'r rheini yr oedd pump yn uniaith Gymraeg, tra oedd naw o ferched, wyth ohonynt naill ai wedi eu geni yn Iwerddon neu o dras Wyddelig, yn ddi-Gymraeg. Darparai'r gwaith brics a oedd yn gysylltiedig â'r gweithfeydd haearn hefyd beth gwaith ar gyfer y boblogaeth fenywaidd leol, a gweithiai 32 o ferched, y mwyafrif ohonynt yn eu

[30] Susan Edwards, 'A Report on the Employment of Women and Children in the Dowlais Ironworks, 1866', *Annual Report of the Glamorgan Archivist, 1983*, tt. 15–17. Gw. hefyd Angela V. John, *By the Sweat of their Brow: Women Workers at Victorian Coal Mines* (London, 1984).

harddegau, yn cynhyrchu brics *refractory*. O'r 7 gwryw a'r 32 benyw a weithiai yn y gwaith brics, 7 yn unig a gofnodwyd yn ddi-Gymraeg, pob un ohonynt â chysylltiadau Gwyddelig.

Gwaith domestig, fodd bynnag, a gyflawnai mwyafrif y merched cyflogedig, a hynny fel ceidwaid llety, morynion tŷ a gwniadwragedd. Ar wahân i Timothy O'Sullivan, Gwyddel a gadwai'r tŷ-llety mawr yn George Street, merched oedd gweddill y ceidwaid llety a gyfrifwyd yn y sampl hwn, a gweithient yn eu cartrefi eu hunain yn gofalu am ddau neu ragor o letywyr neu fyrddwyr. Yr oedd bron deuparth y ceidwaid llety yn siaradwyr uniaith Saesneg, ac o'r rhain hanai dros 60 y cant o Iwerddon. Yn ogystal â chadw lletywyr, byddai merched o gartrefi tlawd yn aml yn derbyn gwaith golchi neu lanhau er mwyn ennill arian ychwanegol. Yr oedd gwasanaeth domestig hefyd yn gyfrwng gwaith pwysig i'r boblogaeth fenywaidd ac yr oedd 217 o ferched, dros 40 y cant ohonynt yn perthyn i'w cyflogwyr, yn gweini ar aelwydydd gweithwyr cyffredin neu yng nghartrefi mânwerthwyr a masnachwyr lleol. Cofnodwyd dros hanner y 217 o forynion tŷ yn siaradwyr dwyieithog, 58 (26.7 y cant) yn uniaith Saesneg a 34 (15.7 y cant) yn uniaith Gymraeg.

Yr unig garfan sylweddol o weithwyr dosbarth-canol yn y sampl hwn oedd y masnachwyr a'r gwerthwyr yr oedd eu busnesau at ei gilydd wedi eu lleoli ar hyd High Street ac Union Street yn Nowlais. Ac eithrio'r 232 o geidwaid llety, yr oedd bron deuparth y 265 o ddynion a merched a weithiai o fewn y sector masnach yn ddwyieithog, 56 (21.1 y cant) yn uniaith Saesneg a 36 (13.6 y cant) yn uniaith Gymraeg. Yr oedd landlordiaid 39 o'r 48 o dafarndai yn y sampl yn siaradwyr Cymraeg eu hiaith, a saith ohonynt – gan gynnwys Louisa Parry ac Elizabeth Lewis, tafarnwragedd y Britannia a'r Flag and Castle – yn uniaith Gymraeg. Er hynny, nid oedd chwech o'r pymtheg o ddynion a merched ifainc a weithiai fel gweision tafarn a barforynion, na'r pum pianydd a gyflogid yn rhai o dafarndai mwy bywiog y dref, yn medru'r Gymraeg.

O blith siopwyr Dowlais, yr oedd mwyafrif helaeth y rhai a werthai fwyd a dillad yn siarad Cymraeg. O'r 24 groser, J. Hillman, brodor o swydd Gaerloyw a gadwai siop yn High Street, oedd yr unig un na fedrai'r Gymraeg. Cofnodwyd saith groser, pedwar ohonynt yn hanu o siroedd Caerfyrddin a Phenfro, a phob un yn 45 oed neu hŷn, yn siaradwyr uniaith Gymraeg. Yn yr un modd, dau yn unig o'r tri ar ddeg o unigolion a gadwai siopau esgidiau a dillad a oedd yn ddi-Gymraeg. Hanai pump o'r deg dilledydd o dair sir de-orllewin Cymru, sef Caerfyrddin, Aberteifi a Phenfro. Tueddai'r dilledyddion hyn i gyflogi cynorthwywyr o gefndir ieithyddol a daearyddol tebyg iddynt hwy. Dau yn unig o'r 26 o gynorthwywyr siopau dillad a oedd yn ddi-Gymraeg, a hanai 12 o'r 24 siaradwr Cymraeg o dair sir de-orllewin Cymru. Yn y 'Dowlais Drapery Company', siop fawr yn High Street a oedd yn eiddo i William Jones, brodor o Landdeusant yn sir Gaerfyrddin, cyflogid saith o gynorthwywyr, pob un ohonynt yn ddwyieithog, a phedwar yn hanu o orllewin Cymru.

Yr unig ddilledydd di-Gymraeg oedd Joseph Freedman, gŵr 22 oed o swydd Warwick, a reolai fusnes dillad ar yr un safle â'i frawd Alfred, a aned yn Nowlais ac a oedd yn wystlwr a dilladwr. Yr oedd y ddau yn aelodau o'r gymuned fechan o fasnachwyr a siopwyr Iddewig a oedd wedi ymgartrefu yn ardal Merthyr ers canol y bedwaredd ganrif ar bymtheg ar ôl ffoi rhag gwrth-semitiaeth yng ngwladwriaethau canol Ewrop.[31] Y mae'r cyfarwyddiadur masnach sy'n rhestru cyfeiriadau masnachol yn Nowlais ym 1891 yn cynnwys un ar ddeg o enwau Iddewig, ac yr oedd saith ohonynt o fewn ffiniau'r sampl hwn. Cynhwysent dri gwystlwr: Herman Gittlesohn[32] a Harris Isaacs (a ddisgrifiwyd fel dilledydd yn y cyfarwyddiadur masnach), y ddau yn hanu o Rwsia, a Harris Freedman, Pwyliad 40 oed a oedd, yn ôl pob tebyg, yn perthyn i'r ddau frawd ifanc, Joseph ac Alfred Freedman. Yr oedd Hyman Harris, Rwsiad 25 oed, wedi sefydlu ei fusnes ei hun fel gwerthwr dodrefn yn High Street, a'r tri mewnfudwr arall, sef Jacob Hyman o Wlad Pwyl a Franz ac Andrew Schonhart, dau ŵr o'r Almaen a oedd, yn ôl pob tebyg, yn perthyn i'w gilydd, yn masnachu fel gemyddion a gwneuthurwyr watsys. Ar wahân i Dora, merch 7 oed y gŵr busnes Iddewig Andrew Schonhart, a oedd wedi ei geni yn Nowlais, yr oedd eu cynorthwywyr a'u teuluoedd, yn ôl y cofnod, yn uniaith Saesneg. Enillai dau fasnachwr arall a aned dramor eu bywoliaeth fel perlysieuwyr teithiol, sef y pâr priod Juan ac Alicia Clark, y naill wedi ei eni yn Buenos Aires a'r llall yn Philadelphia, a'r ddau yn ddwyieithog.

Yr oedd mwyafrif y rhai a ddaliai swyddi uwch o fewn y sector gwasanaethau cyhoeddus yn siaradwyr dwyieithog, ffaith nid annisgwyl o ystyried eu bod yn dod i gyswllt agos â'r cyhoedd yn eu gwaith pob dydd. Medrai Diana Morris, gweddw 55 oed o Dregaron a ofalai am y llyfrgell a'r ystafell ddarllen yn High Street, y Gymraeg a'r Saesneg, ac felly hefyd yr arolygwr heddlu Edward Rees a'r ddau ringyll a weithiai yng Ngorsaf Heddlu Dowlais yn Market Street gerllaw. Fodd bynnag, cofnodwyd pump o'r wyth heddwas, yr oedd tri ohonynt yn Saeson, yn siaradwyr uniaith Saesneg. Yr oedd Cole Isaac Thomas, brodor 45 oed o Ddowlais a weithiai fel gwerthwr tai ond a oedd hefyd yn ddirprwy gofrestrydd genedigaethau a marwolaethau dros Isddosbarth Merthyr Tudful Uchaf ac yn un o'r 17 cyfrifwr yn Nowlais adeg cyfrifiad 1891, hefyd yn siaradwr dwyieithog.[33] Er bod y Gymraeg yn ddefnyddiol iddo yn ei waith pob dydd, nid oedd lle i'r iaith yn ei gartref ei hun: cofnodwyd Emily, ei wraig a oedd yn enedigol o sir Fynwy, a Mina, eu merch fach 4 oed, hithau'n enedigol o Ddowlais, yn siaradwyr uniaith Saesneg. Yn yr un modd, er bod John Davies, y postfeistr 38 oed yn ddwyieithog, yr oedd ei wraig Mary, brodor o Gwmafan yn sir Forgannwg, a chwech o'u plant yn ddi-Gymraeg. Cynorthwyai William ac Annie, y ddau

[31] Anthony Glaser ac Ursula R. Q. Henriques, 'The Valleys Communities' yn Ursula R. Q. Henriques (gol.), *The Jews of South Wales: Historical Studies* (Cardiff, 1993), tt. 45–67.

[32] Ym 1884 gwysiwyd Julian Gittelsohn, gwystlwr a oedd yn masnachu o'r un cyfeiriad â Herman yn Brecon Street, am godi 3½*d* yn ormod ar un o'i gwsmeriaid. Ibid., t. 53.

[33] *Kelly's Directory*, t. 338.

blentyn hynaf, eu tad yn y swyddfa bost fel postfeistr cynorthwyol a thelegraffydd. Yr oedd y ddau ŵr ifanc a gyflogid fel negeseuwyr post a thelegraff hefyd yn siaradwyr uniaith Saesneg, un ohonynt yn hanu o Southampton, ond cofnodwyd merch 15 oed a weithiai fel cludydd adroddiadau yn uniaith Gymraeg.

Lleiafrif yn unig o'r boblogaeth gyflogedig a rifwyd yn y sampl hwn a ddaliai swyddi proffesiynol a phrin iawn oedd y rhai a oedd yn methu siarad Saesneg. Câi Joseph Griffiths, siaradwr uniaith Saesneg o'r Trallwng a rheolwr banc yn Market Street, ei gynorthwyo gan Arthur Evans, clerc dwyieithog ifanc o Landudoch yn sir Benfro. Yr oedd dau o'r tri chyfrifydd, y ddau yn hanu o Ddowlais, hefyd yn ddwyieithog, ond Saesneg yn unig a siaradai George Roberts, brodor 42 oed o Hwlffordd. Yr unig bobl a berthynai i'r proffesiwn meddygol oedd William Whitcombe ac E. Hughes Jones, dau lawfeddyg cynorthwyol a weithiai yn y feddygfa yn High Street, ac Eliza Evans ac Ellen Protheroe, dwy fydwraig oedrannus. Saesneg oedd unig iaith Whitcombe, brodor 26 oed o swydd Gaint, ond yr oedd ei gyd-weithiwr o sir Y Fflint yn siarad Cymraeg a Saesneg. Hanai'r ddwy fydwraig o sir Gaerfyrddin, a dim ond Ellen Protheroe a fedrai'r Saesneg yn ôl y cofnod. Ni chynhwyswyd Robert Pearson Cresswell FRCS, llawfeddyg Cwmni Haearn Dowlais a wasanaethai hefyd fel Swyddog Meddygol a Brechwr Cyhoeddus ym Merthyr Tudful, yn y sampl hwn, ond o edrych ar ei gofnod yn y cyfrifiad, gwelir nad oedd y brodor 46 oed o Gaerwrangon yn siarad Cymraeg.

Yn yr un modd, ychydig iawn o'r gwŷr a'r gwragedd a ofalai am anghenion ysbrydol ac addysgol pobl Dowlais a drigai o fewn ffiniau'r sampl hwn. Yr unig ddau weinidog Ymneilltuol Cymraeg eu hiaith yn y sampl oedd Hugh Robinson, brodor o Nercwys yn sir Y Fflint a gweinidog cynorthwyol capel Bedyddwyr Cymraeg Moriah, a David Davies, gweinidog Methodist o Lanbadarn Fawr yn sir Aberteifi. Cofnodwyd Robinson, ynghyd â phob aelod o'i deulu, yn siaradwyr uniaith Gymraeg, ond y mae ei gefndir addysgol a'r ffaith iddo symud o Ddowlais ym 1893 i ofalu am achos Saesneg yn Aberdâr yn peri i ni amau'r gosodiad hwn.[34] Fel mwyafrif helaeth eu cymunwyr, yr oedd y ddau offeiriad Pabyddol a drigai ym Mhriordy Eglwys Babyddol Sant Iltutus, yn ddi-Gymraeg. Brodor o Wlad yr Haf oedd John Cuthbert Pippet, a hanai Caspar Bruno Kengelbacher, y curad, o Schevvy yn y Swistir.

Y mae'n amlwg nad ystyrid gwybodaeth o'r iaith Gymraeg yn gymhwyster angenrheidiol ar gyfer y swyddi pennaf yn ysgolion Dowlais. Yr oedd Matthew Hirst, prifathro'r ysgol elfennol a brodor o Kirkbymoorside yn swydd Efrog, ynghyd â'r ddwy ysgolfeistres, Miriam Maskelyne o Cheltenham ac Isabella Williams o Benydarren, i gyd yn Saeson uniaith. Medrai 14 o'r 16 athrawes arall, ynghyd â'r unig athro arall, siarad Cymraeg a Saesneg. Y mae'n debygol, o ystyried eu cyfenwau Gwyddelig, fod Mary Ryan a Hannah Quinn, y ddwy athrawes uniaith Saesneg arall, ac Anna Callaghan, disgybl-athrawes uniaith

[34] Jones, *Hanes Eglwys y Bedyddwyr yn Moriah, Dowlais*, t. 16.

Saesneg 17 oed, yn gweithio yn yr ysgol elfennol Gatholig newydd, a sefydlwyd ym 1887, lle'r oedd mwyafrif y 426 o ddisgyblion rheolaidd hefyd yn ddi-Gymraeg yn ôl pob tebyg.[35] Ar wahân i Mary Powell, merch 16 oed o Aberdâr a gofnodwyd yn siaradwraig uniaith Gymraeg, yr oedd yr wyth athrawes gynorthwyol neu ddisgybl-athrawesau eraill yn ddwyieithog. Cynhwyswyd dwy athrawes gerddoriaeth uniaith Saesneg hefyd yn y sampl. Yr oedd Amy Griffiths, merch 20 oed o Gaerdydd, yn ymwelydd yng nghartref gweithiwr haearn a'i deulu yn Watercourse Street, a rhestrwyd Selina Hooper, brodor 28 oed o Ddowlais, a gofnodwyd fel athrawes gerddoriaeth yn y cyfrifiad, yn y cyfarwyddiadur masnach lleol fel 'fancy dealer'.

Y mae'n amlwg fod cymeriad ieithyddol tref haearn Dowlais wedi newid yn sylweddol ers hanner cyntaf y bedwaredd ganrif ar bymtheg pan oedd mwyafrif helaeth ei phoblogaeth yn Gymry o ran iaith a genedigaeth. Erbyn 1891 yr oedd sefyllfa'r Gymraeg wedi gwanhau yn ddifrifol a mwyafrif helaeth trigolion y dref, yn enwedig ymhlith y grwpiau oedran iau, yn medru'r Saesneg. Yr oedd y llif o fewnfudwyr o Iwerddon o ddiwedd y 1840au ymlaen wedi chwarae rhan bwysig yn y proses o drawsnewid map ieithyddol a diwylliannol y dref, oherwydd ychydig iawn o'r Gwyddelod a'u disgynyddion a ddysgodd Gymraeg. At hynny, tra oedd mewnfudwyr o'r tu allan i Gymru wedi heidio i'r dref mewn niferoedd cynyddol i chwilio am waith, yr oedd cyfran arwyddocaol o'r boblogaeth Gymraeg frodorol wedi symud o Ddowlais ers canol y 1850au i weithio am gyflogau uwch yn y diwydiant glo mewn rhannau eraill o dde Cymru.

Tabl 9: Iaith a leferid yn ôl galwedigaeth

(10 oed a throsodd)

	Iaith a leferid				**Iaith a leferid**			
	Dynion				Merched			
Dosbarth diwydiannol	Cymraeg	Y Ddwy	Saesneg	Cyfan.	Cymraeg	Y Ddwy	Saesneg	Cyfan.
AMAETHYDDIAETH								
Ffermio								
Ffermwr	–	–	1	1				
Gweithiwr amaethyddol	–	–	1	1				
Magu								
Ffariar	–	–	1	1				
Masnachu								
Gwerthwr gwair	1	–	–	1				
Cyfanswm	**1**	–	**3**	**4**				
%	***25.0***	–	***75.0***	***100.0***				

[35] *Kelly's Directory*, t. 340.

Dosbarth diwydiannol	**Iaith a leferid** Dynion Cymraeg	Y Ddwy	Saesneg	Cyfan.	**Iaith a leferid** Merched Cymraeg	Y Ddwy	Saesneg	Cyfan.
MWYNGLODDIO								
Glo								
Clerc	–	1	–	1				
Atalbwyswr	–	1	–	1				
Glowyr/halwyr	163	238	101	502				
Gweithwyr peiriannau	2	1	2	5				
Crefftwr	–	1	–	1				
Labrwyr	11	14	20	45	1	4	–	5
Gweithwyr pen pwll/ ar yr wyneb	1	10	8	19	4	–	2	6
Eraill	1	3	10	14				
Carreg								
Chwarelwyr	1	1	5	7				
Labrwyr	1	1	5	7				
Brics								
Gwneuthurwyr brics	1	2	–	3	13	9	6	28
Labrwyr	1	1	1	3	2	1	1	4
Eraill	1	–	–	1				
Gwaith dŵr								
Gweithwyr	–	–	2	2				
Cyfanswm	**183**	**274**	**154**	**611**	**20**	**14**	**9**	**43**
%	***30.0***	***44.8***	***25.2***	***100.0***	***46.5***	***32.6***	***20.9***	***100.0***
ADEILADU								
Rheoli								
Peirianwyr sifil/syrfewyr	–	–	2	2				
Fforman	–	1	–	1				
Prentisiaid/cynorthwywyr	–	1	1	2				
Gweithwyr								
Seiri meini	15	19	17	51				
Bricwyr	–	3	4	7				
Plastrwr	–	1	–	1				
Seiri coed	13	20	10	43				
Plymeriaid/peintwyr	–	1	4	5				
Gosodwr nwy	–	1	–	1				
Prentisiaid/cynorthwywyr	–	2	1	3				
Labrwyr	7	10	18	35				
Ffyrdd, rheilffyrdd, ayb								
Gweithwyr rheilffordd/ ceibwyr/gosodwyr cledrau	8	10	15	33				
Gweithiwr arall	1	–	–	1				
Cyfanswm	**44**	**69**	**72**	**185**				
%	***23.8***	***37.3***	***38.9***	***100.0***				
CYNHYRCHU								
Peiriannau, offer, watsys, ayb								
Perchenogion	–	–	4	4				
Fforman	–	1	–	1				

Dosbarth diwydiannol	**Iaith a leferid** Dynion Cymraeg	Y Ddwy	Saesneg	Cyfan.	**Iaith a leferid** Merched Cymraeg	Y Ddwy	Saesneg	Cyfan.
Crefftwyr	3	6	31	40				
Prentisiaid/cynorthwywyr	–	3	1	4				
Gweithwyr di-grefft/labrwyr	–	–	3	3				
Adeiladu llongau								
Crefftwr	1	–	–	1				
Haearn a dur								
Rheolwyr/asiantwyr/fformyn	7	6	5	18				
Clercod	–	3	1	4				
Crefftwyr	79	150	175	404				
Prentisiaid/cynorthwywyr	4	6	7	17				
Gweithwyr di-grefft/labrwyr	41	46	382	469	5	6	9	20
Eraill	4	2	3	9				
Tunplat								
Crefftwyr	1	1	–	2				
Llestri pridd, glo, nwy, cemegolion								
Fforman	–	–	1	1				
Crefftwyr	1	1	26	28				
Prentis	–	–	1	1				
Gweithwyr di-grefft/labrwyr	–	–	17	17				
Pren, dodrefn, papur, ayb								
Crefftwyr	1	2	4	7				
Cerbydau a harneisiau								
Fforman	–	1	–	1				
Crefftwyr	–	7	3	10	–	–	1	1
Gweithwyr di-grefft/labrwyr	–	1	–	1	–	1	–	1
Gwlân								
Crefftwyr	–	2	–	2				
Dillad								
Crefftwyr	7	10	8	25	20	50	17	87
Prentisiaid/cynorthwywyr	–	–	–	–	2	10	3	15
Bwyd, diod, tybaco								
Perchennog	–	–	–	–	–	–	1	1
Crefftwyr	–	3	5	8	4	10	–	14
Gweithiwr di-grefft	–	–	1	1				
Argraffu								
Crefftwr	–	1	–	1				
Amhenodol								
Rheolwyr/fformyn	–	2	–	2				
Gyrwyr injan/tanwyr/ dynion tân/ffitwyr	24	65	76	165				
Gweithwyr peiriannau	1	2	2	5				
Prentisiaid/cynorthwywyr	–	2	2	4				
Labrwyr	–	2	2	4				
Cyfanswm	**174**	**325**	**760**	**1259**	**31**	**77**	**31**	**139**
%	***13.8***	***25.8***	***60.4***	***100.0***	***22.3***	***55.4***	***22.3***	***100.0***
CLUDIANT								
Ystordai								
Clerc	–	–	1	1				

Dosbarth diwydiannol	Iaith a leferid Dynion Cymraeg	Y Ddwy	Saesneg	Cyfan.	Iaith a leferid Merched Cymraeg	Y Ddwy	Saesneg	Cyfan.
Negeswyr, porthorion	–	3	1	4				
Rheilffyrdd								
Clerc/swyddfa docynnau	–	1	3	4				
Gyrwyr trenau/tanwyr/ dynion signal	3	14	11	28				
Porthorion	2	1	1	4				
Ffyrdd								
Gyrwyr cerbydau, coetsmyn	–	–	3	3				
Carwyr, halwyr, ayb	9	16	11	36				
Eraill	–	2	4	6				
Cyfanswm	**14**	**37**	**35**	**86**				
%	***16.3***	***43.0***	***40.7***	***100.0***				
MASNACH								
Nwyddau crai								
Gwerthwraig brethyn	–	–	–	–	–	1	–	1
Dillad								
Dilledyddion	1	7	2	10	–	3	–	3
Cynorthwywyr	–	17	1	18	1	6	1	8
Bwyd								
Cigyddion, gwerthwyr pysgod	1	11	5	17	–	4	–	4
Gwerthwyr llaeth	–	1	–	1	3	1	–	4
Groseriaid	5	14	1	20	2	2	–	4
Gwerthwyr llysiau a ffrwythau	–	2	1	3	2	4	–	6
Cynorthwywyr	8	26	5	39	1	8	2	11
Tybaco, diod a llety								
Gwerthwyr tybaco	–	1	2	3				
Gwestywyr/tafarnwyr	5	23	8	36	2	9	1	12
Gwerthwr cwrw	–	1	–	1				
Ceidwaid llety	–	–	1	1	29	50	152	231
Ceidwaid tai coffi	–	–	–	–	–	2	–	2
Gweithwyr seler, gweision tafarn, cynorthwywyr	–	1	3	4	–	5	8	13
Dodrefn a nwyddau i'r cartref								
Gwerthwr dodrefn a lluniau	–	–	1	1				
Haearnwerthwyr	–	4	–	4				
Gemydd	–	–	1	1				
Gwystlwyr	–	–	4	4				
Cynorthwywyr	–	1	5	6				
Fferyllwyr								
Fferyllwyr	–	3	–	3				
Cynorthwywyr	–	1	2	3				
Deunydd ysgrifennu a chyhoeddiadau								
Gwerthwyr deunydd ysgrifennu, llyfrau a phapurau newydd	–	1	–	1	–	1	–	1
Llyfrgellydd	–	–	–	–	–	1	–	1

Dosbarth diwydiannol	Iaith a leferid Dynion Cymraeg	Y Ddwy	Saesneg	Cyfan.	Iaith a leferid Merched Cymraeg	Y Ddwy	Saesneg	Cyfan.
Masnachwyr cyffredinol								
Siopwraig	–	–	–	–	–	1	–	1
Pedleriaid, gwerthwyr	–	–	1	1	2	3	1	6
Cynorthwywyr	–	–	–	–	1	2	1	4
Arall ac amhenodol								
Masnachwyr, broceriaid, asiantwyr	2	2	–	4				
Arwerthwr	–	1	–	1				
Gwerthwyr, trafaelwyr masnachol	–	2	–	2	–	1	–	1
Cyfanswm	**22**	**119**	**43**	**184**	**43**	**104**	**166**	**313**
%	***12.0***	***64.7***	***23.4***	***100.0***	***13.7***	***33.2***	***53.0***	***100.0***
GWASANAETHAU DIWYDIANNOL								
Bancio, yswiriant, cyfrifon								
Gwasanaeth banc	–	1	1	2				
Cyfrifyddion	–	2	1	3				
Clercod masnachol	–	1	1	2	–	1	1	2
Prentisiaid/cynorthwywyr	–	1	–	1	–	1	1	2
Cyfanswm	–	**5**	**3**	**8**	–	**2**	**2**	**4**
%	–	***62.5***	***37.5***	***100.0***	–	***50.0***	***50.0***	***100.0***
GWASANAETHAU CYHOEDDUS A PHROFFESIYNOL								
Gweinyddiaeth ganolog								
Swyddogion Swyddfa'r Post	–	1	1	2	–	–	1	1
Clercod Swyddfa'r Post ayb	–	–	2	2	1	–	–	1
Gweinyddiaeth leol								
Arolygwr glanweithdra	–	–	1	1				
Amddiffyn								
Swyddog y fyddin	–	–	1	1				
Heddlu								
Arolygwr	–	1	–	1				
Rhingylliaid	–	2	–	2				
Heddweision	–	3	5	8				
Meddygaeth								
Cynorthwywyr	–	2	1	3				
Bydwragedd	–	–	–	–	1	1	–	2
Addysg								
Prifathrawon, athrawon ysgol	–	1	1	2	–	14	4	18
Athrawon cynorthwyol/ disgybl-athrawon	–	–	–	–	1	8	1	10
Athrawon cerdd	–	–	–	–	–	–	2	2
Myfyrwyr	–	5	–	5				
Crefydd								
Offeiriaid Pabyddol	–	–	2	2				
Gweinidog Methodist	–	1	–	1				
Gweinidog y Bedyddwyr	1	–	–	1				
Myfyriwr diwinyddol	–	1	–	1				

	Iaith a leferid Dynion				Iaith a leferid Merched			
Dosbarth diwydiannol	Cymraeg	Y Ddwy	Saesneg	Cyfan.	Cymraeg	Y Ddwy	Saesneg	Cyfan.
Gweision eglwysi, capeli	–	–	–	–	1	1	–	2
Adloniant								
Cerddorion	–	–	3	3	–	–	3	3
Celf, llên, gwyddoniaeth								
Engrafwyr/ gwneud arwyddion	–	3	–	3				
Cyfanswm	**1**	**20**	**17**	**38**	**4**	**24**	**11**	**39**
%	***2.6***	***52.6***	***44.7***	***100.0***	***10.3***	***61.5***	***28.2***	***100.0***
GWASANAETHAU CARTREF								
Yn y tŷ								
Morynion	–	–	–	–	34	125	58	217
Nyrsys yn y cartref	–	–	–	–	–	4	1	5
Y tu allan								
Coetsmyn a gwastrodion	–	1	12	13				
Garddwyr	–	–	2	2				
Gwasanaeth ychwanegol								
Glanhawyr/golchwragedd	–	–	–	–	18	30	25	73
Dynion trin gwallt	–	2	1	3				
Cyfanswm	–	**3**	**15**	**18**	**52**	**159**	**84**	**295**
%	–	***16.7***	***83.3***	***100.0***	***17.6***	***53.9***	***28.5***	***100.0***
ERAILL								
Rheolwyr/fformyn	2	2	4	8				
Labrwyr cyffredinol	18	34	386	438				
Cyfanswm	**20**	**36**	**390**	**446**				
%	***4.5***	***8.1***	***87.4***	***100.0***				
CYFANSWM Y CYFLOGEDIG								
	459	**888**	**1492**	**2839**	**150**	**380**	**303**	**833**
%	***16.2***	***31.3***	***52.5***	***100.0***	***18.0***	***45.6***	***36.4***	***100.0***
Gweddill y boblogaeth	7	13	22	42	291	447	457	1195
%	*16.7*	*30.9*	*52.4*	*100.0*	*24.4*	*37.4*	*38.2*	*100.0*
Disgyblion ysgol	31	84	79	194	37	100	103	240
%	*16.0*	*43.3*	*40.7*	*100.0*	*15.4*	*41.7*	*42.9*	*100.0*
CYFANSWM Y BOBLOGAETH 10 OED +	**497**	**985**	**1593**	**3075**	**478**	**927**	**863**	**2268**
%	***16.2***	***32.0***	***51.8***	***100.0***	***21.1***	***40.9***	***38.1***	***100.0***

9

Pontardawe (Sir Forgannwg)

GWENFAIR PARRY

Saif Pontardawe ym mhlwyf Llan-giwg yng nghanol Cwm Tawe. Ar derfyn y bedwaredd ganrif ar bymtheg yr oedd yn bentref poblog ac yn ganolfan dur a thunplat pwysig. Digwyddiad allweddol o safbwynt datblygiad yr ardal oedd agoriad y gamlas o'r Hen Neuadd ger Aber-craf i Abertawe ym 1799, ond ni weddnewidiwyd y fro dawel ac amaethyddol hon nes yr agorwyd glofa'r 'Primrose' ym mhlwyf Cilybebyll ym 1838 er mwyn cyflenwi Gwaith Haearn Ystalyfera â glo ager a glo meddal. Ym 1835 agorodd William Parsons, Pontardawe, waith haearn a thun ac ynddo dair melin a yrrid gan ddŵr. Trosglwyddwyd yr awenau i ddwylo William Gilbertson, brodor o Surrey, ym 1861 a than ei reolaeth ef ehangwyd y gwaith fel bod yno naw melin, gefail olosg ac oddeutu 300 o ddynion yn gyflog-edig erbyn ei farwolaeth ym 1882. Dan oruchwyliaeth ei fab, Albert Gilbertson, datblygwyd y gwaith ymhellach ac ym 1890 ychwanegwyd dwy ffwrnais ddur newydd a moderneiddiwyd y melinau i gael eu gyrru gan ager. Ni ellir gorbwysleisio dylanwad teulu'r Gilbertsons ar gynnydd masnachol yr ardal. O'r adeg y daethant i Bontardawe, gellir dweud i'r gweithfeydd a'r pentref dyfu a llewyrchu law yn llaw. Ym 1883 ychwanegodd y teulu at eu cyfoeth a'u dylanwad drwy brynu Cwmni Tunplat Glantawe a sefydlwyd gan David Williams, Clydach, ymhlith eraill, ym 1877. Ceid yn y gymdogaeth hefyd waith tunplat arall a adeiladwyd ar safle hen waith brics Ynysmeudwy gan y Messrs. Esiah Rees and Company ym 1879. Bu dyfodiad y rheilffordd ym 1860 o fantais ddigamsyniol i'r gweithfeydd hyn oherwydd o hynny ymlaen gellid cludo'r tunplat yn uniongyrchol i'r porthladd yn Abertawe. Elwodd pyllau glo'r gymdogaeth ar y datblygiad yn ogystal ac er eu bod yn parhau i gludo peth o'u cynnyrch ar hyd y gamlas, yr oedd cledrau yn cysylltu glofeydd y 'Primrose' a 'Waunycoed' â'r rheilffordd erbyn 1890.[1]

[1] John Morris Davies, 'The Growth of Settlement in the Swansea Valley' (traethawd MA anghyhoeddedig Prifysgol Cymru, 1942), tt. 72–5; J. E. Morgan (Hirfryn), *Hanes Pontardawe a'r Cylch* (Abertawe, 1911), t. 8; Dafydd Morganwg, *Hanes Morganwg* (Aberdâr, 1874), t. 353; E. H. Brooke, *Monograph on the Tinplate Works in Great Britain* (Swansea, 1932), tt. 54, 68–9; D. Trevor Williams, *The Economic Development of Swansea and of the Swansea District to 1921* (Cardiff, 1940), tt. 52–126; John Henry Davies, *History of Pontardawe and District* (Llandybïe, 1967), tt. 57, 59; J. D. H. Thomas, 'Social and Economic Developments in the Upper Swansea Valley, with particular reference to the Parish of Llangiwg, 1770–1880' (traethawd MA anghyhoeddedig Prifysgol Cymru, 1974), tt. 61–2. Gw. hefyd Colin Baber ac L. J. Williams (goln.), *Modern South Wales: Essays in Economic History* (Cardiff, 1986), tt. 145–51.

Yn sgil y cyfnewidiadau diwydiannol hyn, cynyddodd poblogaeth plwyf Llangiwg yn sylweddol. Cyfanswm poblogaeth y plwyf ym 1801 oedd 829, ond erbyn 1891 yr oedd wedi lluosogi rhagor na dengwaith i roi cyfanswm o 9,707.[2] Tyfodd Pontardawe yn sydyn gan ddod yn un o'r trefi mwyaf poblog yn y Cwm. 'Trigain mlynedd yn ôl', meddai J. E. Morgan (Hirfryn) ym 1911, 'nid oedd y boblogaeth ond ychydig: ambell i fwthyn yma a thraw; nid oedd dŷ i'w ganfod o Bont Ynys y Gelynnen hyd at Graig Llangiwc, oddigerth dau gwpl o dai gwynion ar bob tu i'r heol.'[3] Ond erbyn diwedd y bedwaredd ganrif ar bymtheg yr oedd rhesi o dai teras wedi eu hadeiladu a Phontardawe yn ganolfan fyrlymus ac ynddi nifer o siopau a thafarndai, swyddfa bost, gorsaf heddlu, gefail, ffowndri, bragdy, gwaith cemegol a ffatri wlân.[4] Addysgid y plant yn yr ysgol fwrdd a godwyd ym 1885 ar gyfer 200 o fechgyn, 200 o ferched a 250 o fabanod.[5] Ym 1862 agorwyd Eglwys Sant Pedr, un o adeiladau amlycaf yr ardal. Yr oedd lle ynddi i 650 o bobl, a chynhelid gwasanaethau Saesneg yno yn y bore a gwasanaethau Cymraeg yn yr hwyr. Ceid yn y gymdogaeth hefyd eglwys ac ynddi 370 o eisteddleoedd a godwyd ym 1886 ar gyfer y boblogaeth ddi-Gymraeg gan Albert Gilbertson, Glan-rhyd, er cof am ei dad.[6] Ond Cymraeg oedd hanfod bywyd y capeli Ymneilltuol.[7] Rhyngddynt sefydlodd y Methodistiaid Calfinaidd, yr Annibynwyr, y Bedyddwyr, y Wesleaid a'r Undodiaid chwe eglwys a hynny, yn bennaf, rhwng 1840 a 1870, sef adeg y cynnydd mwyaf sylweddol yn y boblogaeth.[8] Yn arwyddocaol, ni sefydlwyd achos Saesneg yn yr ardal tan 1903, arwydd, bid siŵr, o gynnydd yn y boblogaeth ddi-Gymraeg yn y cyfnod hwnnw.[9]

Yr oedd dwy nodwedd arbennig yn perthyn i fywyd cymdeithasol Pontardawe a'r pentrefi a'i hamgylchynai yng Nghwm Tawe. Y gyntaf oedd cryfder y gymuned ddosbarth-gweithiol, ffaith a nodwyd yn gofiadwy gan Ieuan Gwynedd Jones:

> Nid oedd osgoi cymeriad dosbarth gweithiol y trefi a'r pentrefi diwydiannol hyn yng Nghwm Tawe. Tystiai popeth ynglŷn â hwy i'r ffaith lywodraethol honno: pensaernïaeth y trefgorddau, arddull eu hadeiladau, maint ac amlygrwydd y capeli yn eu

[2] Ieuan Gwynedd Jones, 'The Swansea Valley: Life and Labour in the Nineteenth Century' yn idem, *Communities: Essays on the Social History of Victorian Wales* (Llandysul, 1987), t. 198.

[3] Morgan, *Hanes Pontardawe*, t. 8.

[4] *Kelly's Directory of Monmouthshire, and the Principal Towns and Places of South Wales* (London, 1891), tt. 536–40.

[5] Morgan, *Hanes Pontardawe*, t. 34; *Kelly's Directory*, t. 537.

[6] Morgan, *Hanes Pontardawe*, tt. 91–2; Davies, *History of Pontardawe*, t. 137.

[7] D. Gareth Evans, 'The Growth and Development of Organised Religion in the Swansea Valley, 1820–1890' (traethawd PhD anghyhoeddedig Prifysgol Cymru, 1978).

[8] Ibid., tt. 92–101; *Kelly's Directory*, t. 537. Gw. hefyd *Adroddiad Eglwys Anibynol Tabernacl, Pontardawe am y Flwyddyn 1901, yn nghyd a Braslun o Hanes yr Eglwys am yr Ugain Mlynedd Diweddaf* (Ystalyfera, 1902) a T. R. Lloyd, *Y Methodistiaid Calfinaidd ym Mhontardawe, eu Hanes o'u Cychwyniad hyd 1905* (Merthyr Tydfil, 1906).

[9] Morgan, *Hanes Pontardawe*, t. 127.

Tabl 1: Iaith a leferid gan boblogaethau Pontardawe, Dosbarth Cofrestru Pontardawe, Sir Forgannwg a Chymru
(2 flwydd oed a throsodd)

	Nifer Cymraeg	Y Ddwy	Saesneg	Cyfanswm	*Canran Cymraeg*	*Y Ddwy*	*Saesneg*	*Cyfanswm*
Pontardawe[1]	511	694	169	1374	*37.2*	*50.5*	*12.3*	*100.0*
D.C. Pontardawe[2]	13655	5132	1590	20377	*67.0*	*25.2*	*7.8*	*100.0*
Sir Forgannwg[3]	142346	177726	326481	646553	*22.0*	*27.5*	*50.5*	*100.0*
Cymru[4]	508036	402253	759416	1669705	*30.4*	*24.1*	*45.5*	*100.0*

1 Hepgorwyd 18 unigolyn nad oeddynt wedi nodi eu gallu ieithyddol.
2 Hepgorwyd 1,221 nad oeddynt wedi nodi eu gallu ieithyddol a 2 a siaradai ieithoedd eraill.
3 Hepgorwyd 4,981 nad oeddynt wedi nodi eu gallu ieithyddol a 2,355 a siaradai ieithoedd eraill.
4 Hepgorwyd 12,833 nad oeddynt wedi nodi eu gallu ieithyddol a 3,076 a siaradai ieithoedd eraill.

strydoedd unffurf-isel a'r olwg ddigynllun ar y cyfan; yr heidiau o wŷr a gwragedd, hen ac ifanc, i gyd yn byw nid nepell o'u llefydd gwaith, pawb wedi'u gwisgo'n briodol ar gyfer eu tasgau yn y ffwrneisi a'r melinau, y gefeiliau a'r siediau, y pyllau glo a'r peiriandai, a phawb, heb eithriad, dan ddisgyblaeth rhythmau gwaith.[10]

Yr ail nodwedd oedd awydd y bobl hyn i ymddiwyllio. Er bod 'cyrn ar eu dwylo neu greithiau ar eu hwyneb',[11] chwedl T. J. Morgan, ceisient gyfoethogi eu bywydau trwy fynychu cymdeithasau diwylliannol, ymrysonau barddol ac eisteddfodau.[12] Diolch i ddylanwad y mudiad dirwest a'r tonic sol-ffa, cynyddai poblogrwydd canu corawl. Sefydlodd William Griffiths (Ivander) (1830–1910), a oedd yn byw ym Mhontardawe rhwng 1850 a 1867, Undeb Corawl Cwm Tawe ym 1862,[13] ac ym Mhontardawe y ganed y tenor gwefreiddiol Ben Davies (1858–1943), un o gantorion mwyaf poblogaidd Prydain.[14] A da cofio hefyd fod y cyfoeth geirfa a chystrawen a oedd yn rhan o dafodiaith Cwm Tawe yn ddiogelach o fod mewn cymdeithas lle'r oedd rhwydweithiau gwaith, diddanwch ac addoliad mor glòs.[15]

Er nad oedd tref Pontardawe mor Gymreig â Dosbarth Cofrestru Pontardawe, sef y Cymreiciaf o holl ddosbarthau cofrestru sir Forgannwg, dengys Tabl 1 fod 87.7 y cant o boblogaeth y dref a oedd yn 2 flwydd oed neu yn hŷn yn siarad

10 Ieuan Gwynedd Jones, 'Y Ddinas a'i Phentrefi' yn Hywel Teifi Edwards (gol.), *Cwm Tawe* (Llandysul, 1993), t. 94.
11 T. J. Morgan, *Diwylliant Gwerin ac Ysgrifau Eraill* (Llandysul, 1972), t. 45.
12 Idem, 'Peasant culture in the Swansea Valley' yn Stewart Williams (gol.), *Glamorgan Historian. Volume 9* (Barry, d.d.), tt. 105–22.
13 Rhidian Griffiths, 'Musical life in the nineteenth century' yn Prys Morgan (gol.), *Glamorgan County History. Volume VI. Glamorgan Society 1780–1980* (Cardiff, 1988), t. 373.
14 *Y Bywgraffiadur Cymreig 1941–1950* (Llundain, 1970), s.v. Benjamin Davies (1858–1943).
15 Robert Owen Jones, 'Tafodiaith Cwm Tawe' yn Edwards (gol.), *Cwm Tawe*, tt. 211–39.

Tabl 2: Iaith a leferid yn ôl oedran

(2 flwydd oed a throsodd)

Oed	Nifer				*Canran*			
	Cymraeg	Y Ddwy	Saesneg	Cyfanswm	*Cymraeg*	*Y Ddwy*	*Saesneg*	*Cyfanswm*
2–5	77	38	19	134	*57.5*	*28.4*	*14.2*	*100.0*
6–14	129	168	53	350	*36.9*	*48.0*	*15.1*	*100.0*
15–24	95	209	33	337	*28.2*	*62.0*	*9.8*	*100.0*
25–44	124	176	33	333	*37.2*	*52.8*	*10.0*	*100.0*
45–64	68	92	26	186	*36.5*	*49.5*	*14.0*	*100.0*
65+	18	11	5	34	*52.9*	*32.4*	*14.7*	*100.0*
Cyfanswm	**511**	**694**	**169**	**1374**	***37.2***	***50.5***	***12.3***	***100.0***

Cymraeg ac mai dim ond 12.3 y cant a oedd yn uniaith Saesneg. Golygai hyn fod y dref yn Gymreiciach na chrynswth sir Forgannwg a chrynswth Cymru. Eto i gyd, yr oedd yn ffaith anwadadwy fod hanner y trigolion yn ddwyieithog. Nid oes amheuaeth, felly, nad oeddynt yn agored yn feunyddiol i ddylanwadau a allai eu Seisnigeiddio a'u bod yn byw mewn cymdeithas lle'r oedd y Gymraeg a'r Saesneg yn ymrafael â'i gilydd am oruchafiaeth.

Yn Nhabl 2, sy'n dangos gallu ieithyddol y boblogaeth yn ôl oedran, gwelir bod rhagor nag 80 y cant o'r trigolion yn siarad Cymraeg ym mhob grŵp oedran. Ond er mai lleiafrif digyfnewid a oedd yn uniaith Saesneg, y mae'n arwyddocaol fod unieithrwydd Cymraeg yn nodwedd o'r genhedlaeth hŷn ac o blant rhwng 2 a 5 oed. Gan fod ymron chwech o bob deg o'r plant yn y grŵp oedran hwn yn ddi-Saesneg, nid oes amheuaeth na châi'r famiaith gryn achles mewn nifer o gartrefi a bod ei throsglwyddiad i'r genhedlaeth nesaf yn gwbl naturiol. Eto i gyd, yr oedd y cynnydd (19.6 y cant) yn y ganran o blant a oedd yn ddwyieithog rhwng y grwpiau oedran 2–5 oed a 6–14 oed yn tystio'n ddigamsyniol na allai ymrwymiad rhieni i'r iaith gysefin wrthweithio dylanwad y gyfundrefn addysg. Y mae'n bur debyg hefyd fod rhieni yn awyddus i'w plant gael addysg Saesneg dda gan mai hi oedd iaith cyfle a dyrchafiad. Cafwyd cynnydd pellach o 14 y cant yn y ganran a siaradai'r ddwy iaith rhwng y grwpiau oedran 6–14 a 15–24, a thystia hynny unwaith yn rhagor i'r ffaith fod nifer helaeth o'r rhai a siaradai Gymraeg yn unig yn nyddiau mebyd wedi dysgu Saesneg cyn cyrraedd 15 oed. Y mae'n ddadlennol hefyd fod 75 (56.0 y cant) o'r 134 (10 oed a throsodd) a gofrestrwyd yn ddisgyblion ysgol yn y cyfrifiad wedi eu cofnodi yn ddwyieithog a bod cyfran lai (43 neu 32.1 y cant) yn Gymry uniaith. Parhaodd y gyfran a oedd yn ddwyieithog yn gymharol uchel yn achos y grwpiau oedran gwaith (25–64) o ganlyniad i'r ffaith fod eu rhwydweithiau yn fwy amryfal ac agored, ond gostwng a wnaeth y gyfran wrth i'r boblogaeth heneiddio. Yn wir, yr oedd 17.1 y cant yn rhagor o oedolion rhwng 45 a 64 yn medru'r ddwy iaith o'u cymharu â'r to hŷn dros 65 oed.

Tabl 3: Iaith a leferid yn ôl oedran a rhyw

(2 flwydd oed a throsodd)

		Nifer				*Canran*			
Oed	Rhyw	Cymraeg	Y Ddwy	Saesneg	Cyfanswm	*Cymraeg*	*Y Ddwy*	*Saesneg*	*Cyfanswm*
2–5	G	32	20	6	58	*55.2*	*34.5*	*10.3*	*100.0*
	B	45	18	13	76	*59.2*	*23.7*	*17.1*	*100.0*
6–14	G	63	75	23	161	*39.1*	*46.6*	*14.3*	*100.0*
	B	66	93	30	189	*34.9*	*49.2*	*15.9*	*100.0*
15–24	G	46	97	18	161	*28.6*	*60.2*	*11.2*	*100.0*
	B	49	112	15	176	*27.8*	*63.6*	*8.5*	*100.0*
25–44	G	60	93	18	171	*35.1*	*54.4*	*10.5*	*100.0*
	B	64	83	15	162	*39.5*	*51.2*	*9.3*	*100.0*
45–64	G	34	50	14	98	*34.7*	*51.0*	*14.3*	*100.0*
	B	34	42	12	88	*38.6*	*47.7*	*13.6*	*100.0*
65+	G	6	4	2	12	*50.0*	*33.3*	*16.7*	*100.0*
	B	12	7	3	22	*54.5*	*31.8*	*13.6*	*100.0*
	G	**241**	**339**	**81**	**661**	***36.5***	***51.3***	***12.2***	***100.0***
Cyfanswm	**B**	**270**	**355**	**88**	**713**	***37.9***	***49.8***	***12.3***	***100.0***

Tabl 4: Iaith a leferid yn ôl man geni

(2 flwydd oed a throsodd)[1]

	Nifer				*Canran*			
Man geni	Cymraeg	Y Ddwy	Saesneg	Cyfanswm	*Cymraeg*	*Y Ddwy*	*Saesneg*	*Cyfanswm*
Sir Forgannwg	407	570	83	1060	*38.4*	*53.8*	*7.8*	*100.0*
Sir Gaerfyrddin	78	53	–	131	*59.5*	*40.5*	–	*100.0*
Sir Benfro	2	20	16	38	*52.6*	*52.6*	*42.1*	*100.0*
Sir Frycheiniog	18	18	1	37	*48.6*	*48.6*	*2.7*	*100.0*
Sir Aberteifi	5	4	–	9	*55.6*	*44.4*	–	*100.0*
Sir Fynwy	–	7	–	7	–	*100.0*	–	*100.0*
Sir Faesyfed	–	1	1	2	–	*50.0*	*50.0*	*100.0*
Sir Y Fflint	–	2	–	2	–	*100.0*	–	*100.0*
Sir Drefaldwyn	–	–	1	1	–	–	*100.0*	*100.0*
Sir Feirionnydd	1	–	–	1	*100.0*	–	–	*100.0*
Sir Gaernarfon	–	1	–	1	–	*100.0*	–	*100.0*
Lloegr	–	13	64	77	–	*16.9*	*83.1*	*100.0*
Eraill[2]	–	5	2	7	–	*71.4*	*28.6*	*100.0*
Cyfanswm	**511**	**694**	**168**	**1373**	***37.2***	***50.5***	***12.2***	***100.0***

1 Hepgorwyd un nad oedd wedi nodi ei fan geni.

2 Man geni: Iwerddon 3, Yr Alban 1, Yr Almaen 1, America 1, Y Wladfa 1.

Dengys Tabl 3 nad amrywiai gallu ieithyddol y trigolion nemor ddim yn ôl eu rhyw. Nid oedd hynny yn destun syndod oherwydd yr oedd rhwydweithiau cymdeithasol gwrywod a menywod wedi eu gwreiddio yn gadarn yn y gymuned. Cymdeithas hunangynhaliol a chydryw oedd hon lle'r oedd llawer o'r brodorion yn ymbriodi â'i gilydd a rhwymau carennydd yn ddwys o ganlyniad.[16] Enillai cyfran helaeth (206 neu 46.1 y cant) o'r gwrywod a oedd yn gyflogedig eu bara yn y gweithfeydd tunplat lle y cydweithient â pherthnasau a chymdogion. Yr oedd rhwydweithiau'r menywod, hwythau, yn glòs eu gwead, gan fod eu bywyd yn troi o gwmpas yr aelwyd, y capel a'r gymdogaeth. Y mae'n arwyddocaol hefyd fod cefndir daearyddol y rhywiau yn dra thebyg. Yr oedd 509 (75.5 y cant) o wrywod a 569 (79.2 y cant) o fenywod wedi eu geni yn sir Forgannwg ac, yn yr un modd, yr oedd canrannau cyffelyb o'r ddwy ryw (sef 41 neu 6.1 y cant yn achos y gwrywod a 36 neu 5 y cant yn achos y menywod) yn hanu o Loegr.

Diau mai mewnfudo a oedd yn bennaf cyfrifol am y cynnydd ym mhoblogaeth Pontardawe. Ym 1841 yr oedd traean o drigolion plwyf Llan-giwg yn fewnfudwyr,[17] ond erbyn 1891 yr oedd 639, sef 48 y cant ohonynt, wedi eu geni y tu allan i'r plwyf. Yn ei bortread o Gwm Tawe yn y bedwaredd ganrif ar bymtheg, sylwodd Ieuan Gwynedd Jones fod y mewnfudwyr, yn ddieithriad, yn hanu o blwyfi cyfagos yn siroedd Morgannwg, Brycheiniog a Chaerfyrddin.[18] Prawf Tabl 4 fod natur y mudo i Bontardawe hefyd yn lleol iawn. Hanai cynifer â 1,060 (77.2 y cant) o'r trigolion o sir Forgannwg, ac yr oedd 692 (65.3 y cant) o'r rheini wedi eu geni ym mhlwyf Llan-giwg a 211 arall â'u gwreiddiau ym mhlwyfi cyfagos Llangyfelach a Chilybebyll.[19] Yr oedd oddeutu un o bob deg yn frodorion o sir Gaerfyrddin ac un o bob ugain yn enedigol o siroedd Brycheiniog a Phenfro, ond nifer cymharol fychan a aned yng ngweddill siroedd Cymru. Siaredid Cymraeg gan 92.2 y cant o'r rheini a aned yn sir Forgannwg ac er bod mwy na'u hanner yn medru'r Saesneg yr oedd 38.4 y cant ohonynt yn Gymry uniaith. Yr oedd ymron pob un o frodorion siroedd Caerfyrddin a Brycheiniog hefyd yn siarad Cymraeg a chyfran lew yn uniaith, yn enwedig yn achos sir Gaerfyrddin lle'r oedd oddeutu dau o bob tri yn ddi-Saesneg. Ffaith arall a ddiogelai'r Gymraeg a'i diwylliant yn y gymdogaeth oedd prinder mewnfudwyr o Loegr. Dim ond 77 (5.6 y cant) o'r trigolion a oedd wedi eu geni y tu hwnt i Glawdd Offa, a deuai'r rhan fwyaf ohonynt o swyddi Henffordd (11), Dyfnaint (10), Cumberland (8), Caerhirfryn (8), Gwlad yr Haf (7) a Chaerwrangon (7). Y mae'n amlwg nad oedd mwyafrif llethol y mewnfudwyr hyn wedi dysgu Cymraeg yn ddigon da i fedru cofnodi eu bod yn ddwyieithog. Gan fod rhagor na hanner trigolion Pontardawe yn medru'r ddwy iaith, y mae'n debyg na theimlai teuluoedd Saesneg odid ddim pwysau i ddysgu'r Gymraeg. Saith yn unig a aned y

16 Jones, 'Y Ddinas a'i Phentrefi', t. 92.
17 Jones, 'The Swansea Valley', t. 199.
18 Ibid.
19 W. E. Minchinton, *The British Tinplate Industry* (Oxford, 1957), tt. 109–10.

Tabl 5: Iaith a leferid yn ôl perthynas â'r penteulu

(2 flwydd oed a throsodd)

	Nifer Cymraeg	Y Ddwy	Saesneg	Cyfanswm	*Canran Cymraeg*	*Y Ddwy*	*Saesneg*	*Cyfanswm*
Penteuluoedd	106	144	30	280	*37.9*	*51.4*	*10.7*	*100.0*
Gwragedd	86	109	22	217	*39.6*	*50.2*	*10.1*	*100.0*
Plant[1]	267	345	86	698	*38.3*	*49.4*	*12.3*	*100.0*
Perthnasau	26	54	4	84	*30.9*	*64.3*	*4.8*	*100.0*
Gweision/morynion	9	19	10	38	*23.7*	*50.0*	*26.3*	*100.0*
Byrddwyr/lletywyr	16	19	15	50	*32.0*	*38.0*	*30.0*	*100.0*
Ymwelwyr	1	3	1	5	*20.0*	*60.0*	*20.0*	*100.0*
Eraill[2]	–	1	1	2	–	*50.0*	*50.0*	*100.0*
Cyfanswm	**511**	**694**	**169**	**1374**	***37.2***	***50.5***	***12.3***	***100.0***

[1] Gan gynnwys plant maeth a llysblant.
[2] Un prentis, un carcharor.

tu allan i Gymru a Lloegr, sef tri Gwyddel, Albanwr, Almaenwr ac ymfudwyr Cymraeg a oedd wedi dychwelyd o'r Wladfa ac America.

A hithau'n gymuned a ddenai fewnfudwyr o blwyfi cyfagos, nid oedd yn syndod fod pawb yn siarad Cymraeg yng nghynifer â 220 (78.6 y cant) o gartrefi'r fro. Ond er bod 82 (37.3 y cant) o'r rheini yn gartrefi uniaith, rhaid peidio ag anghofio bod 99 (45.0 y cant) o'r 220 yn aelwydydd dwyieithog lle'r oedd pawb yn medru'r Saesneg yn ogystal â'r Gymraeg. Dim ond deg tylwyth a oedd yn ddi-Gymraeg, ond y mae'n werth nodi bod pawb yn siarad Saesneg ar 146 (30.6 y cant) o aelwydydd, a bod 37 (25.3 y cant) o'r aelwydydd hynny yn cynnwys aelodau a siaradai Saesneg yn unig. Er bod 58 (20.7 y cant) o gartrefi yn cynnwys teuluoedd estynedig ac 11 (3.9 y cant) yn cynnwys pobl a oedd yn byw ar eu pennau eu hunain, teuluoedd cnewyllol a geid yn 211 (75.4 y cant) ohonynt.

Dengys Tabl 5 fod naw o bob deg o benteuluoedd, gwragedd a phlant yn siarad Cymraeg, ac er bod rhagor na'u hanner yn ddwyieithog, yr oedd oddeutu pedwar o bob deg yn Gymry uniaith. Gan fod medr ieithyddol y carfanau hyn yn dra thebyg, nid oes amheuaeth nad oedd yr uned deuluol sylfaenol yn parhau i gynhyrchu cyfran sylweddol o siaradwyr Cymraeg. Y mae'n amlwg fod cyfran uwch o berthnasau eraill yn gyfarwydd â'r iaith Saesneg oherwydd yr oedd ymron deuparth ohonynt wedi eu cofnodi yn ddwyieithog. Yr oedd y rheini nad oeddynt yn perthyn i'r penteulu hefyd yn fwy tebygol o fedru'r iaith Saesneg. Fe'i siaredid gan 29 (76.3 y cant) o forynion, ond gan fod 16 (84.2 y cant) o'r rhai a oedd yn ddwyieithog yn byw gyda theuluoedd Cymraeg, a 9 (90.0 y cant) o'r rhai a oedd yn uniaith Saesneg yn gweini mewn cartrefi lle'r oedd pawb neu ambell aelod yn ddi-Gymraeg, go brin iddynt symbylu unrhyw lithriad ieithyddol. Yr oedd 34 (68.0 y cant) o'r lletywyr, hwythau, yn siarad Saesneg a 15 (30.0 y cant)

Tabl 6: Iaith plant (2 flwydd oed a throsodd) o deuluoedd lle'r oedd rhieni uniaith a dwyieithog

Gallu ieithyddol y rhieni		Gallu ieithyddol y plant Nifer yr aelwydydd					*Gallu ieithyddol y plant Canran*				
Tad	Mam	Cymraeg	Y Ddwy	Saesneg	Cymysg	Cyfanswm	*Cymraeg*	*Y Ddwy*	*Saesneg*	*Cymysg*	*Cyfanswm*
C	C	54	4	–	2	60	*90.0*	*6.7*	–	*3.3*	*100.0*
C	D	2	–	–	–	2	*100.0*	–	–	–	*100.0*
D	C	4	1	–	3	8	*50.0*	*12.5*	–	*37.5*	*100.0*
D	D	8	57	3	3	71	*11.3*	*80.3*	*4.2*	*4.2*	*100.0*
D	S	–	3	3	1	7	–	*42.9*	*14.3*	*14.3*	*100.0*
S	D	–	5	2	1	8	–	*62.5*	*12.5*	*12.5*	*100.0*
S	S	–	1	7	2	10	–	*10.0*	*70.0*	*20.0*	*100.0*
C	S	–	1	–	–	1	–	*100.0*	–	–	*100.0*
Cyfanswm		**68**	**72**	**15**	**12**	**167**	***40.7***	***43.1***	***9.0***	***7.2***	***100.0***

C/Cymraeg: uniaith Gymraeg; D/Y Ddwy: dwyieithog; S/Saesneg: uniaith Saesneg; Cymysg: unrhyw gyfuniad o siaradwyr uniaith Gymraeg, siaradwyr dwyieithog a siaradwyr uniaith Saesneg ar yr un aelwyd.

heb fedru'r iaith frodorol. Gan fod 11 (22.0 y cant) ohonynt wedi eu geni yn siroedd Penfro, Brycheiniog a Maesyfed, ac 11 (22.0 y cant) arall yn hanu o'r tu allan i Gymru, yr oedd hynny i'w ddisgwyl. Dichon i'r lletywyr uniaith Saesneg fod yn gyfryngau i gyflwyno dylanwadau estron i rai cartrefi oherwydd yr oedd 11 o'r 15 (73.3 y cant) yn byw gyda theuluoedd Cymraeg ac, mewn tri achos, gyda theuluoedd a gofnodwyd yn ddi-Saesneg. Eto i gyd, dim ond 95 (6.9 y cant) o'r boblogaeth a oedd heb gysylltiadau teuluol ac yr oedd byrddwyr neu letywyr yn bresennol ar lai na chwarter (64 neu 22.9 y cant) aelwydydd y gymdogaeth.

Y mae'n amlwg fod patrymau priodi wedi cyfnerthu rhwymau ieithyddol a diwylliannol oherwydd yr oedd trwch helaeth y parau priod ym Mhontardawe yn gyfiaith. Yr oedd 74 (94.9 y cant) o wŷr uniaith Gymraeg yn briod â gwragedd uniaith Gymraeg ac, yn yr un modd, 99 (86.8 y cant) o wŷr dwyieithog yn briod â gwragedd dwyieithog. Golygai hyn fod rhieni yn fwy tebygol o drosglwyddo'r famiaith i'w plant ac yr oedd yn arwyddocaol fod y ddau riant yn siarad Cymraeg ar gynifer â 141 (84.4 y cant) o aelwydydd.

Yn Nhabl 6, sy'n dangos gallu ieithyddol plant ar aelwydydd uniaith a chymysg, gwelir bod plant, gan amlaf, yn mabwysiadu iaith eu rhieni. Ceid rhieni uniaith Gymraeg ar 60 aelwyd ac yn achos 54 (90.0 y cant) o'r aelwydydd hynny yr oedd y plant i gyd yn Gymry uniaith. Dim ond ar bedair aelwyd yr oedd y plant, neu o leiaf y rhai hynaf, yn ddwyieithog. Un ar ddeg o blant a gofnodwyd yn ddwyieithog, sef 4.7 y cant o'r 232 a aned i rieni di-Saesneg. Er lleied y nifer, prawf yr achosion hyn nad iaith eu rhieni oedd yr unig ffactor a ddylanwadai ar fedr ieithyddol plant. Yn yr ysgol, y gweithle a'r gymdeithas yn gyffredinol, yr oeddynt yn agored i ddylanwadau a allai eu Seisnigeiddio. A hithau'n gymuned lle'r oedd pwysau ar y trigolion i fod yn ddwyieithog, nid yw'n syndod fod y rhan fwyaf o barau priod a oedd â phlant yn siarad Saesneg yn ogystal â Chymraeg. Dyna'r sefyllfa yn 71 (42.5 y cant) o gartrefi ac yr oedd yn gwbl naturiol fod cyfran uwch o'r plant yn y cartrefi hynny yn medru'r ddwy iaith. Yn wir, yn 58 (81.7 y cant) ohonynt, yr oedd pob un neu rai o'r plant yn ddwyieithog a dim ond mewn wyth cartref yr oedd y to ifanc yn parhau yn uniaith Gymraeg. Y mae'n ddadlennol hefyd mai mewn 5 (7.0 y cant) cartref yn unig y ceid plant uniaith Saesneg. Yn achos dau o'r cartrefi hynny, yr oedd rhai o'r plant yn ddwyieithog. Yn Herbert Street, er enghraifft, trigai Morgan Davies, mwynwr tunplat dwyieithog o blwyf Llan-giwg. Yr oedd ei wraig a'i blant hynaf, a hanai o'r un lle, hefyd yn medru'r ddwy iaith, ond cofrestrwyd ei blant ieuengaf, a aned yn Workington yn swydd Cumberland, yn ddi-Gymraeg. Yn achos tri theulu, collwyd y Gymraeg yn gyfan gwbl. Er na aned yr un aelod o'r teuluoedd hynny yn Lloegr yr oedd gwaith y tri phenteulu, o bosibl, yn arwyddocaol, sef rheolwr gwaith cemegol, clerc mewn pwll glo a syrfëwr ffyrdd. Dim ond ar 10 (6.0 y cant) aelwyd y ceid rhieni di-Gymraeg ac ar dair ohonynt yn unig yr oedd rhai neu bob un o'r plant yn ddwyieithog. Y mae'n amlwg o fan geni'r plant fod teulu Thomas Beale, brodor o Ddyfnaint a oedd yn labrwr yn y gwaith cemegol, wedi byw yn y gymdogaeth am o leiaf un mlynedd ar bymtheg ac o ganlyniad i hynny yr oedd y plant i gyd yn medru'r Gymraeg. Yn achos y ddwy aelwyd arall, dichon mai yn y gweithle y dysgodd y plant siarad yr iaith frodorol. Yr oedd Albert Howells, gweithiwr tunplat 24 oed a aned yn Llan-giwg, yn medru'r Gymraeg a'r Saesneg, ond yr oedd ei rieni a'i chwaer yn frodorion uniaith Saesneg o sir Benfro. Yng nghartref Barnett a Jane Webb, brodorion o Stogursey yng Ngwlad yr Haf, dim ond eu mab hynaf, gof 21 oed, a oedd â gafael ar y Gymraeg.

Y mae'n arwyddocaol hefyd na cheid yn y gymdogaeth hon odid ddim priodasau cymysg. Ar un ar bymtheg o aelwydydd yn unig y siaradai un rhiant y Gymraeg ac er lleied y nifer, awgryma'r dystiolaeth fod gan y fam fwy o ddylanwad na'r tad ar allu ieithyddol y plant. Yn chwech (75.0 y cant) o'r wyth cartref lle y siaredid y Gymraeg gan y fam yn unig yr oedd y plant yn ei siarad hefyd, ond nid oedd hynny'n wir ond ym mhedwar o'r saith cartref (57.1 y cant) lle y siaredid y Gymraeg gan y tad yn unig. Y mae'n amlwg, fodd bynnag, mai'r duedd gyffredinol ar aelwydydd o'r fath fyddai i'r plant fabwysiadu'r iaith Saesneg, a chan mai hi oedd yr iaith a oedd yn gyffredin i'r ddau riant, yr oedd hynny i'w ddisgwyl. Ar un aelwyd yn Herbert Street, cofrestrwyd y tad, glöwr o Gilybebyll yn sir Forgannwg, yn uniaith Gymraeg, y fam, brodor o sir Frycheiniog, yn uniaith Saesneg, a'r plant, a aned yn sir Forgannwg, yn ddwyieithog – prawf na ellir ymddiried bob amser yn nhystiolaeth y cyfrifiad.

Dengys Tabl 7 fod bywoliaeth 206 (41.6 y cant) o wrywod ac 19 (13.8 y cant) o fenywod (10 oed a throsodd) a oedd yn gyflogedig yn annatod glwm wrth y diwydiant tunplat. Diwydiant Cymraeg oedd hwn yn ei hanfod. Yr oedd 212 (94.2 y cant) o'r cyflogedigion yn siarad Cymraeg, ac er bod 126 (56.0 y cant) ohonynt yn ddwyieithog, dim ond 13 (5.8 y cant) a oedd yn uniaith Saesneg. Yr oedd yn nodweddiadol o'r diwydiant tunplat fod y gweithfeydd yn fychain ac felly yn denu gweithwyr o fannau cyfagos. Yn achos Pontardawe, yr oedd llawer o'r gweithwyr wedi bod yn lowyr cyn i wythiennau glo lleol gael eu dihysbyddu.[20] Yng ngoleuni hyn, nid oedd yn syndod fod 125 (79.1 y cant) o'r crefftwyr yn frodorion o sir Forgannwg a bod 82 (51.9 y cant) â'u gwreiddiau ym mhlwyf Llan-giwg. Yr oedd 25 (15.8 y cant) arall yn enedigol o siroedd Caerfyrddin a Brycheiniog, a dim ond 8 (5.1 y cant) a hanai o Loegr a'r tu hwnt. Cymraeg oedd unig gyfrwng cyfathrebu 55 (34.8 y cant) ohonynt, a dim ond 9 (5.7 y cant) a oedd yn uniaith Saesneg. Yr oedd 56 (96.6 y cant) o'r gweithwyr di-grefft hefyd wedi eu geni yn sir Forgannwg a chyfran uwch (40 neu 69.0 y cant) yn frodorion o blwyf Llan-giwg nag yn achos y crefftwyr. Siaradai 55 (94.8 y cant) o'r cyfryw weithwyr y Gymraeg ac yr oedd rhagor na'u hanner (31 neu 53.4 y cant) yn Gymry uniaith. Er mwyn cyfathrebu yn effeithiol â'r gweithlu, yr oedd yn rhaid i'r rheini a ddaliai swyddi pwysig fedru'r Saesneg yn ogystal â'r Gymraeg. Yr oedd y tri goruchwyliwr a'r ddau fforman yn Gymry dwyieithog o sir Forgannwg ac yr oedd eu teuluoedd hefyd yn siarad y ddwy iaith. Ni cheid Cymry uniaith yn y swyddfeydd ychwaith. O'r tri chlerc a gofrestrwyd, yr oedd dau yn ddwyieithog ac un yn ddi-Gymraeg.

Yn y diwydiant glo hefyd,[21] at ei gilydd dim ond y Cymry a fedrai'r Saesneg a gâi'r cyfle i ymddyrchafu. Yr oedd y ddau glerc a'r goruchwyliwr yn frodorion dwyieithog o Lan-giwg a Llangyfelach yn sir Forgannwg. Dichon fod y clerc, Thomas Morgan, yn ystyried y Gymraeg yn iaith israddol ac yn llestair i ddatblygiad a chynnydd oherwydd, er bod ei wraig ac yntau yn ei medru, yr oedd ei blant, a aned yn y cyffiniau, wedi eu cofrestru yn uniaith Saesneg. Eto i gyd, yr oedd William Lewis, y ffeiarman, a aned yng Nghwmafan, yn Gymro uniaith. Ganed y naw glöwr yn siroedd Morgannwg a Chaerfyrddin ac un yn unig a fedrai'r Saesneg, sef Thomas Morgan, brodor dwyieithog o Lansamlet. Dim ond Thomas Beynon, labrwr 22 oed o Bwllcrochan yn sir Benfro, a gofnodwyd yn ddi-Gymraeg. Gan mai lletywr oedd Beynon, y mae'n dra thebyg na fu'n byw yn y gymdogaeth yn ddigon hir i fedru datgan ei fod yn ddwyieithog.

A hithau'n ganolfan fasnachol brysur, nid oedd yn syndod fod 422 (72.1 y cant) o drigolion cyflogedig Pontardawe yn ennill bywoliaeth fel adeiladwyr, cynhyrchwyr a masnachwyr. Yr oedd 355 ohonynt yn wrywod a 67 yn fenywod ac er bod 90.3 y cant yn siarad Cymraeg, yr oedd rhagor na'u hanner (56.4 y cant) yn ddwyieithog. Dim ond 9.7 y cant a oedd yn uniaith Saesneg, ond o fewn y sector adeiladu yr oedd y ganran yn 21.2. Gan fod ymron un o bob pump o'r adeiladwyr wedi eu geni yn Lloegr, yr oedd hynny i'w ddisgwyl. Yn eu plith yr

[20] Trevor Boyns, 'Industrialisation' yn R. A. Griffiths (gol.), *The City of Swansea. Challenges and Change* (Stroud, 1990), tt. 42–3.

[21] Hugh Thomas, 'The Industrialization of a Glamorgan Parish', *CLlGC*, XIX (1975–6), 194–208, 227–42, 345–61.

oedd saer maen o swydd Henffordd a letyai yn y gymdogaeth, tad a dau fab a hanai o swyddi Caint, Cumberland a Chaerhirfryn ac a oedd yn ennill cynhaliaeth fel bricwyr, peintiwr a phapurwr o swydd Gaerwrangon, a gosodwr nwy o Wlad yr Haf. Lleiafrif bychan (34 neu 8.7 y cant) o gynhyrchwyr a masnachwyr y gymdogaeth a siaradai Saesneg yn unig, ond y mae'n arwyddocaol fod 28 (71.8 y cant) o'r masnachwyr yn ddwyieithog o'u cymharu â 195 (55.7 y cant) o'r cynhyrchwyr. Yr oedd 329 (94.0 y cant) o'r cynhyrchwyr wedi eu geni yng Nghymru a 261 ohonynt (74.6 y cant) â'u gwreiddiau yn sir Forgannwg. Hanai 26 (66.7 y cant) o'r masnachwyr hefyd o'r sir honno, ac yr oedd y gweddill yn frodorion o siroedd Caerfyrddin, Brycheiniog, Penfro a Mynwy. Diau, felly, mai cysylltiadau masnach a oedd yn bennaf cyfrifol am y gyfradd uwch o ddwyieithrwydd ymhlith masnachwyr. Ymhlith groseriaid a thafarnwyr y ceid y gyfran uchaf o Gymry uniaith. O'r deunaw a gofrestrwyd, yr oedd chwech yn ddi-Saesneg. Eto i gyd, mewn cymuned lle'r oedd rhagor nag un o bob deg o'r trigolion yn ddi-Gymraeg, nid oes amheuaeth nad oedd bywoliaeth llawer o fân wŷr busnes yn dibynnu ar eu gallu i gyfathrebu yn y ddwy iaith.

Felly hefyd ym myd y proffesiynau a'r gwasanaethau cyhoeddus. Dim ond pump ar hugain a oedd yn gyflogedig yn y sector hwn ond yr oedd eu dylanwad o fewn y gymdeithas yn ddiamheuol. Un o'r amlycaf yn eu plith oedd Griffith Griffiths, Bryn Celyn, meddyg a oedd hefyd yn swyddog meddygol ac yn swyddog iechyd cyhoeddus Undeb Pontardawe. Fe'i ganed yng Nghilybebyll ac er bod ef a'i deulu yn ddwyieithog, yr oedd y nyrs a gyflogai i ofalu am y plant yn uniaith Saesneg. Brodor dwyieithog o Lanfair-ar-y-bryn yn sir Gaerfyrddin oedd Isaac Morgan, gweinidog gyda'r Methodistiaid Calfinaidd. Yr oedd Griffith Evans, myfyriwr diwinyddol o blwyf Llan-giwg, hefyd yn ddwyieithog, ond Cymro uniaith o Ddowlais oedd Evan Evans, gweinidog y Bedyddwyr. Yn ôl y disgwyl, yr oedd yr athro, y tair athrawes a'r chwe disgybl-athro a gofrestrwyd yn medru'r Saesneg yn ogystal â'r Gymraeg. Hanai saith ohonynt o sir Forgannwg ac yr oedd yr unig ddwy a aned yn Lloegr o dras Gymreig, sef Pollie Davies, disgybl-athrawes 17 oed a aned yn Workington yn swydd Cumberland, ac Elizabeth Davies, ysgolfeistres 34 oed a aned yn Aldershot yn Hampshire. Nid oedd y Saesneg yn ddieithr i'r postmyn lleol ychwaith. Yr oedd y ddau a gyfrifwyd yn Gymry dwyieithog o blwyf Llan-giwg, a chan fod teulu un ohonynt yn uniaith Gymraeg y mae'n rhaid mai yn rhinwedd ei swydd y dysgodd siarad Saesneg. Yr oedd penodi Saeson anghyfiaith i gadw cyfraith a threfn yn beth cyffredin yng nghymoedd diwydiannol de Cymru yn y cyfnod hwn, ac yr oedd yr heddweision, George Bolter ac Alexander Allan, yn frodorion uniaith Saesneg o Lundain a'r Alban. Lletyent gyda John Giddings, arolygwr yr heddlu, a hanai o Marsden yn Wiltshire. Yr oedd ei wraig yn Gymraes ddwyieithog o Langyfelach yn sir Forgannwg, ac yr oedd yntau hefyd yn medru'r Gymraeg er mai Saesneg yn unig a siaradai ei blant hynaf. Yr oedd un o'r plant yn ennill bywoliaeth fel clerc masnachol. Dim ond un o'r naw a oedd yn gysylltiedig â byd yswiriant a chyfrifon a oedd yn uniaith Gymraeg, sef Stephen Jones, casglwr yswiriant 41 oed o blwyf Llan-giwg. Ymhlith staff y rheilffordd hefyd, yr iaith Saesneg a deyrnasai. Yr oedd y tri swyddog tocynnau a gofrestrwyd yn ddi-Gymraeg ac yn hanu o sir Faesyfed a swyddi Efrog a Bedford, ac yr oedd y gyrrwr trên a'r gosodwr cledrau yn frodorion dwyieithog o siroedd Brycheiniog a Chaerfyrddin. Nid felly, fodd bynnag, yn y sector amaethyddol lle'r oedd tri ar ddeg o'r pedwar ar ddeg yn Gymry Cymraeg a dim ond un, sef Charles Poole, gwas fferm 15 oed o Lundain, yn uniaith Saesneg.

Y Gymraeg oedd iaith feunyddiol y rhan fwyaf o drigolion Pontardawe ac, i ragor na thraean ohonynt, hi oedd unig gyfrwng y cyfathrebu geiriol. Parodd natur leol a thrwyadl Gymraeg y mewnfudo i'r ardal fod y famiaith yn llewyrchu yn y gweithfeydd tunplat a'i bod, i raddau helaeth, yn parhau yn iaith yr aelwyd, y capel, y stryd a'r dafarn. Ond er bod y Gymraeg yn rhan annatod o wneuthuriad y gymdeithas hon, ni thâl anghofio bod 57.6 y cant o'r siaradwyr Cymraeg yn medru'r Saesneg yn ogystal. O ganlyniad i hyn, nid oedd angen i'r ychydig fewnfudwyr di-Gymraeg gael eu cymathu yn ieithyddol ac yn ddiwylliannol. Ar y llaw arall, yr oedd pwysau cynyddol ar y brodorion i ddysgu Saesneg oherwydd yn yr ysgol, ym myd masnach, y gwasanaethau cyhoeddus a'r proffesiynau, yr iaith honno a deyrnasai.

Tabl 7: Iaith a leferid yn ôl galwedigaeth

(10 oed a throsodd)

	Iaith a leferid Dynion				**Iaith a leferid** Merched			
Dosbarth diwydiannol	Cymraeg	Y Ddwy	Saesneg	Cyfan.	Cymraeg	Y Ddwy	Saesneg	Cyfan.
AMAETHYDDIAETH								
Ffermio								
Ffermwyr	1	5	–	6	1	–	–	1
Perthnasau'n cynorthwyo	–	3	–	3	–	2	–	2
Gwas fferm	–	–	1	1				
Masnachu								
Gwerthwr gwartheg	–	1	–	1				
Cyfanswm	**1**	**9**	**1**	**11**	**1**	**2**	–	**3**
%	***9.1***	***81.8***	***9.1***	***100.0***	***33.3***	***66.7***	–	***100.0***
MWYNGLODDIO								
Glo								
Clercod	–	2	–	2				
Ffeiarman/goruchwyliwr	1	1	–	2				
Glowyr	8	1	–	9				
Labrwr	–	–	1	1				
Cyfanswm	**9**	**4**	**1**	**14**				
%	***64.3***	***28.6***	***7.1***	***100.0***				

Dosbarth diwydiannol	Iaith a leferid Dynion Cymraeg	Y Ddwy	Saesneg	Cyfan.	Iaith a leferid Merched Cymraeg	Y Ddwy	Saesneg	Cyfan.
ADEILADU								
Rheoli								
Syrfëwr	–	1	–	1				
Gweithwyr								
Seiri meini	5	3	1	9				
Bricwyr	–	–	3	3				
Plastrwyr	–	2	–	2				
Seiri coed	4	6	–	10				
Peintwyr/papurwyr	–	2	2	4				
Gosodwr nwy	–	–	1	1				
Labrwyr	2	–	–	2				
Rheilffyrdd								
Gosodwr cledrau	–	1	–	1				
Cyfanswm	**11**	**15**	**7**	**33**				
%	***33.3***	***45.5***	***21.2***	***100.0***				
CYNHYRCHU								
Peiriannau, offer, watsys, ayb								
Crefftwyr	–	1	2	3				
Haearn a dur								
Rheolwyr	–	1	1	2				
Crefftwyr	8	10	4	22				
Cynorthwywyr	–	5	–	5				
Tunplat								
Goruchwylwyr/fformyn	–	5	–	5				
Clercod	–	2	1	3				
Crefftwyr	55	92	9	156	–	2	–	2
Cynorthwywr	–	1	–	1				
Gweithwyr di-grefft/labrwyr	24	16	1	41	7	8	2	17
Nwy, cemegolion, ayb								
Crefftwyr	–	4	1	5				
Labrwyr	1	–	1	2				
Pren								
Crefftwyr	3	–	–	3				
Cerbydau a harneisiau								
Cyfrwywr	–	1	–	1				
Gwlân								
Crefftwyr	4	3	1	8				
Dillad								
Crefftwyr	3	11	3	17	13	22	3	38
Prentisiaid/cynorthwywyr	–	1	–	1	–	2	1	3
Diod								
Crefftwyr	1	1	1	3				
Labrwr	–	–	1	1				
Amhenodol								
Clerc	–	–	1	1				
Gyrwyr injan/tanwyr	3	6	–	9				
Prentis	–	1	–	1				
Cyfanswm	**102**	**161**	**27**	**290**	**20**	**34**	**6**	**60**
%	***35.2***	***55.5***	***9.3***	***100.0***	***33.3***	***56.7***	***10.0***	***100.0***

Dosbarth diwydiannol	Iaith a leferid Dynion Cymraeg	Y Ddwy	Saesneg	Cyfan.	Iaith a leferid Merched Cymraeg	Y Ddwy	Saesneg	Cyfan.
CLUDIANT								
Morwriaeth								
Taniwr ar long ager	–	–	1	1				
Rheilffyrdd								
Swyddfa docynnau	–	–	3	3				
Gyrrwr trên	–	1	–	1				
Ffyrdd								
Gyrrwr cerbyd	1	–	–	1				
Halwyr	3	1	1	5				
Cyfanswm	**4**	**2**	**5**	**11**				
%	***36.4***	***18.2***	***45.4***	***100.0***				
MASNACH								
Glo								
Gwerthwr glo	–	1	–	1				
Dillad								
Dilledyddion	1	2	–	3				
Bwyd								
Cigyddion	1	1	–	2				
Groseriaid	2	8	1	11	2	–	–	2
Cynorthwywyr	1	1	–	2	–	2	–	2
Tybaco, diod a llety								
Tafarnwyr	2	2	–	4	–	1	–	1
Barforynion	–	–	–	–	–	2	–	2
Dodrefn a nwyddau i'r cartref								
Gwerthwr dodrefn	1	–	–	1				
Haearnwerthwyr	–	2	–	2				
Cynorthwywyr	–	2	–	2				
Deunydd ysgrifennu a chyhoeddiadau								
Gwerthwr papur newydd	–	1	–	1				
Arall ac amhenodol								
Gwerthwr tir	–	1	–	1				
Trafaelwyr masnachol	–	2	–	2				
Cyfanswm	**8**	**23**	**1**	**32**	**2**	**5**	–	**7**
%	***25.0***	***71.9***	***3.1***	***100.0***	***28.6***	***71.4***	–	***100.0***
GWASANAETHAU DIWYDIANNOL								
Bancio, yswiriant, cyfrifon								
Gwasanaeth yswiriant	1	1	–	2				
Cyfrifydd	–	1	–	1				
Cynorthwywyr	–	5	1	6				
Cyfanswm	**1**	**7**	**1**	**9**				
%	***11.1***	***77.8***	***11.1***	***100.0***				
GWASANAETHAU CYHOEDDUS A PHROFFESIYNOL								
Gweinyddiaeth ganolog								
Swyddog gwasanaeth sifil	–	1	–	1				
Postmyn	–	2	–	2				

Dosbarth diwydiannol	Iaith a leferid Dynion Cymraeg	Y Ddwy	Saesneg	Cyfan.	Iaith a leferid Merched Cymraeg	Y Ddwy	Saesneg	Cyfan.
Heddlu								
Arolygwr	–	1	–	1				
Heddweision	–	–	2	2				
Meddygaeth								
Meddyg	–	1	–	1				
Addysg								
Athrawon ysgol	–	1	–	1	–	3	–	3
Athrawon cynorthwyol, disgybl-athrawon	–	1	–	1	–	5	–	5
Crefydd								
Gweinidog MC	–	1	–	1				
Gweinidog y Bedyddwyr	1	–	–	1				
Myfyriwr diwinyddol	–	1	–	1				
Adloniant								
Telynor	–	1	–	1				
Celf, llên, gwyddoniaeth								
Seiri meini coffa	–	3	–	3				
Gohebydd llaw-fer	–	1	–	1				
Cyfanswm	**1**	**14**	**2**	**17**	–	**8**	–	**8**
%	***27.8***	***61.1***	***11.1***	***100.0***	–	***100.0***	–	***100.0***
GWASANAETHAU CARTREF								
Yn y tŷ								
Gweision/morynion	–	–	2	2	18	31	9	58
Y tu allan								
Coetsmon a gwastrawd	–	1	1	2				
Garddwyr	–	2	3	5				
Gwasanaeth ychwanegol								
Golchwragedd	–	–	–	–	2	–	–	2
Dyn trin gwallt	–	1	–	1				
Cyfanswm	–	**4**	**6**	**10**	**20**	**31**	**9**	**60**
%	–	***40.0***	***60.0***	***100.0***	***33.3***	***51.7***	***15.0***	***100.0***
ERAILL								
Goruchwylwyr	–	2	–	2				
Labrwyr cyffredinol	9	4	5	18				
Cyfanswm	**9**	**6**	**5**	**20**				
%	***45.0***	***30.0***	***25.0***	***100.0***				
CYFANSWM Y CYFLOGEDIG	**146**	**245**	**56**	**447**	**43**	**80**	**15**	**138**
%	***32.7***	***54.8***	***12.5***	***100.0***	***31.1***	***58.0***	***10.9***	***100.0***
Gweddill y boblogaeth	9	6	–	15	129	173	33	335
%	*60.0*	*40.0*	–	*100.0*	*38.5*	*51.6*	*9.9*	*100.0*

Dosbarth diwydiannol	Iaith a leferid Dynion Cymraeg	Y Ddwy	Saesneg	Cyfan.	Iaith a leferid Merched Cymraeg	Y Ddwy	Saesneg	Cyfan.
Disgyblion ysgol	19	30	6	55	24	45	10	79
%	*34.5*	*54.5*	*10.9*	*100.0*	*30.4*	*57.0*	*12.6*	*100.0*
CYFANSWM Y BOBLOGAETH								
10 OED+	**174**	**281**	**62**	**517**	**196**	**298**	**58**	**552**
%	***33.6***	***54.4***	***12.0***	***100.0***	***35.5***	***54.0***	***10.5***	***100.0***

10

Cwmaman (Sir Gaerfyrddin)

MARI A. WILLIAMS

Yr oedd anheddiad bychan tunplat a glofaol Cwmaman, yng nghanol maes glo carreg sir Gaerfyrddin, yn un o nifer o gymunedau a oedd yn prysur ddatblygu yn nyffryn Aman ym 1891. Er i drigolion lleol fod yn cloddio am lo a mwyn haearn yn y cwm ers canrifoedd lawer, ni ddatblygwyd yr ardal wledig brin ei phoblogaeth hon tan ganol y bedwaredd ganrif ar bymtheg.[1] Yr oedd y cysylltiadau cludiant gwael rhwng y dyffryn ac ardaloedd cyfagos wedi llesteirio ei chynnydd economaidd, ac ni chafwyd y datblygiadau diwydiannol cyntaf tan ddechrau'r 1840au, pan agorodd y Llanelly Dock Railway bum milltir cyntaf ei lein o Bantyffynnon i Frynaman (a adwaenid fel y Gwter Fawr y pryd hwnnw).[2] Ym 1848 agorwyd gwaith haearn ym Mrynaman gan gwmni newydd o'r enw Amman Anthracite Coal and Iron Company ac erbyn 1868 yr oedd chwe ffwrnais bwdlo a thair melin rolio yn cynhyrchu yno. Daeth llwyddiant y fenter hon â galw newydd am lo carreg, a suddwyd nifer o byllau a glofeydd drifft o'r naill ben i'r cwm i'r llall, yn eu plith byllau glo Gelliceidrim, Bryn-lloi, Cae'r bryn, Betws, Pantyffynnon, a Chwmaman.[3] Serch hynny, nid oedd marchnad allforio fawr ar gyfer glo carreg yn ystod y cyfnod hwn, ac is-ddiwydiant oedd glo o hyd, yn ddibynnol ar y fasnach haearn a thunplat, a ffynnai yn yr ardaloedd cylchynol yn ystod y 1870au.[4] Ym 1872 agorwyd gwaith tunplat tair-melin gan Gwmni Haearn Amman ym Mrynaman, ac erbyn y 1880au yr oedd dau waith newydd wedi eu hagor i lawr y cwm yng Nghwmaman. Ar dir gerllaw'r rheilffordd, mewn ardal gyforiog o'r deunyddiau crai hanfodol, sef glo, calch a dŵr, buan y ffynnodd y gweithfeydd tunplat a sefydlwyd yng Nglanaman (1881) a'r Garnant (1882) trwy

[1] D. Trumor Thomas, *Hen Gymeriadau Plwyf y Bettws* (ail arg., Ammanford, 1912), tt. 19–20.

[2] D. S. M. Barrie, *A Regional History of the Railways of Great Britain. Vol. 12, South Wales* (ail arg., Nairn, 1984), t. 218.

[3] Edward Henry Brooke, *Chronology of the Tinplate Works of Great Britain* (Cardiff, 1944), tt. 135–6; Donald Davies, 'The Llwchwr and Amman Valleys to 1939. A Study in Industrial Development' (traethawd MA anghyhoeddedig Prifysgol Cymru, 1959), t. 63; Huw Walters, *Canu'r Pwll a'r Pulpud: Portread o'r Diwylliant Barddol Cymraeg yn Nyffryn Aman* (Cyhoeddiadau Barddas, 1987), tt. 24, 213.

[4] Gw. Brooke, *Chronology of the Tinplate Works of Great Britain*, t. 174.

ganolbwyntio ar archebion bychain, arbenigol na allai'r melinau mwy sylweddol eu derbyn.[5]

Effeithiwyd yn ddiymdroi ar fywyd cymdeithasol, economaidd a diwylliannol dyffryn Aman gan lwyddiant y diwydiant tunplat wrth i lif cyson o fewnfudwyr gyrraedd yr ardal i chwilio am waith yn y gweithfeydd newydd. Ym 1880 rhyfeddai gohebydd lleol a ysgrifennai yn *Y Gwladgarwr* at natur y newidiadau a welwyd yn yr ardal mewn cyfnod mor fyr:

> Hynod y fath ddylanwad nerthol sydd gan fasnach ar amgylchiadau ardaloedd. Y mae hyn i'w weld yn eglur yn ardal Cwmaman. Nid oedd yr un fasnach o bwys yn cael ei chario yn mlaen yma ond y fasnach loawl; ond erbyn heddiw y mae gweithfa alcan newydd wedi cael ei adeiladu yma, ac alcan wedi dechrau cael ei wneyd yma. Mawr y cynhwrf y mae wedi wneyd yma! Gwelir y masnachwyr yn fychain a mawrion ar eu gorau yn estyn cortynau eu preswylfeydd, er mwyn cyfarfod ag angen mawr y dyeithriaid sydd yn parhau i ddylifo i'r lle.[6]

Rhwng 1881 a 1891 cynyddodd poblogaeth plwyf lleol y Betws o 1,738 i 2,417.[7] Codwyd tai newydd gerllaw'r gweithfeydd i gartrefu'r boblogaeth gynyddol, ac yn fuan iawn datblygodd mân bentrefi gwledig ac ynysig dyffryn Aman yn bentrefi diwydiannol bychain. Achosodd twf cyflym yr aneddiadau newydd nad oeddynt eto wedi eu henwi rai anawsterau i'r trigolion lleol, ac i awdurdodau'r rheilffordd a Swyddfa'r Post. Ym 1880 penderfynodd pobl Cross Inn ailenwi eu pentref yn Ammanford er mwyn ceisio cael gwared â'r dryswch a achosid gan y ffaith fod nifer o bentrefi eraill o'r enw Cross Inn yn siroedd Caerfyrddin ac Aberteifi. Cafwyd problemau tebyg yng Nghwmaman, a gâi ei gymysgu yn aml â Chwmaman, Aberdâr ym Morgannwg, ac ym 1884 ailenwyd gorsaf reilffordd Cross Keys, Cwmaman yn Glanaman. O hynny ymlaen, adwaenid y clwstwr o dai a oedd wedi datblygu o gwmpas yr orsaf a'r gweithfeydd tunplat fel Glanaman, a'r anheddiad ym mhen uchaf Cwmaman, ger y ffin sirol â Morgannwg, fel Y Garnant.[8]

Er i'r glofeydd a'r gweithfeydd tunplat ysgogi llawer o newidiadau cymdeithasol ac economaidd ym mywyd pobl Cwmaman, parhâi cyfran sylweddol o'r boblogaeth leol i gael bywoliaeth o'r tir. Hanai mwyafrif glowyr a gweithwyr tunplat Cwmaman o'r ardaloedd amaethyddol cylchynol a daliai llawer ohonynt i ffermio tyddynnod a oedd yn ffynhonnell incwm werthfawr yn ystod y mynych

[5] Ibid., tt. 13, 98–9; Ioan A. Matthews, 'The World of the Anthracite Miner' (traethawd PhD anghyhoeddedig Prifysgol Cymru, 1995), t. 14.

[6] *Y Gwladgarwr*, 19 Tachwedd 1880.

[7] David Glyn Jones, 'An Economic and Historical Survey of the Development of the Anthracite Industry with Special Reference to the Swansea Valley' (traethawd MA anghyhoeddedig Prifysgol Cymru, 1923), t. 8. Gw. hefyd Davies, 'The Llwchwr and Amman Valleys to 1939'.

[8] T. S. Williams, 'Rhydaman a'r Cylch' yn Undeb Bedyddwyr Cymru, *Y Llawlyfr* (Ammanford, 1933), t. 33; Walters, *Canu'r Pwll a'r Pulpud*, t. 26.

gyfnodau segur yn y gweithfeydd. Gorfodid dynion nad oedd ganddynt foddion ychwanegol o'r fath i adael cartref a 'thrampio' o'r naill lofa i'r llall i chwilio am waith.[9] Yr oedd y gwerthoedd cymdeithasol a diwylliannol a fawrygid gan bobl Cwmaman yn adlewyrchu llawer agwedd ar y traddodiad gwledig hwn a rhoddid pwys mawr o hyd ar hen draddodiadau, ofergoelion a llên gwerin yr ardal. Gwreiddiwyd bwrlwm bywyd crefyddol, diwylliannol a llenyddol Cymraeg Cwmaman ar ddiwedd y bedwaredd ganrif ar bymtheg yn gadarn yn y traddodiad gwledig hwn.[10] Yr oedd Cwmaman yn enwog fel un o gadarnleoedd Ymneilltuaeth Cymru yn ystod y bedwaredd ganrif ar bymtheg: agorwyd tŷ cwrdd Ymneilltuol cyntaf dyffryn Aman yng nghapel Bethel, Cwmaman ym 1773.[11] Erbyn dechrau'r 1840au, yr oedd y Methodistiaid Calfinaidd a'r Bedyddwyr wedi sefydlu achosion yn y Tabernacl (1841) a Bethesda (1843), ond ni chodwyd eglwys Anglicanaidd hyd 1843 wedi i blwyf eglwysig Eglwys Crist, Cwmaman gael ei ffurfio.[12] Parhâi capeli Ymneilltuol dyffryn Aman i ffynnu wrth i'r gweithfeydd diwydiannol newydd ddenu llif cyson o weithwyr a'u teuluoedd i'r ardal. I gwrdd â gofynion y boblogaeth gynyddol, codwyd capel newydd gan yr Annibynwyr yn Bethel Newydd, Glanaman ym 1876, ac ym 1885 ordeiniwyd J. Towyn Jones (1858–1925), a fyddai'n ddiweddarach yn cael ei ethol yn Aelod Seneddol Rhyddfrydol dros Lanelli (1918–1922), yn weinidog arno.[13]

Yn cyd-daro â'r cynnydd ym mhoblogaeth dyffryn Aman o ganol y bedwaredd ganrif ar bymtheg ymlaen cafwyd cyfnod o weithgarwch dwys ar ran y Gymdeithas Ysgolion Cenedlaethol a'r Gymdeithas Frutanaidd a Thramor i hyrwyddo addysg ymhlith y dosbarthiadau gweithiol. Yr oedd safon yr addysg yn ysgolion gwirfoddol cynnar y cylch, lle y câi disgyblion uniaith Gymraeg eu dysgu trwy gyfrwng y Saesneg, ymhell o fod yn foddhaol, ac ymddangosodd adroddiad damniol ar safonau llythrennedd a rhifedd ymhlith disgyblion yr ysgol ddyddiol a gynhelid yn Eglwys Crist yn adroddiadau'r 'Llyfrau Gleision' a gyhoeddwyd gan y comisiynwyr addysg ym 1847.[14] Serch hynny, Saesneg oedd iaith addysg ysgolion

[9] Walters, *Canu'r Pwll a'r Pulpud*, t. 26; William Glasnant Jones, *Cyn Cof Gennyf a Wedyn* (Abertawe, 1949), tt. 6–9.

[10] Gw. W. J. Phillips, 'Watcyn Wyn (1844–1905)' ac Islwyn Jones, '"Gwydderig oedd ddihareb"' yn Hywel Teifi Edwards (gol.), *Cwm Aman* (Llandysul, 1996), tt. 26–42, 43–87.

[11] Dyfnallt, 'Bro Amanw', *Y Genhinen*, V, rhif 4 (1955), 207.

[12] James Morris, *Hanes Methodistiaeth Sir Gaerfyrddin* (Dolgellau, 1911), t. 305; Arthur Williams, *Tabernacl, Glanaman. Ei Phenblwydd a'i Hanes* (Rhydaman, 1941); J. T. Jones, 'Hanes Bedyddwyr Rhydaman' yn Undeb Bedyddwyr Cymru, *Y Llawlyfr*, t. 61; *Kelly's Directory of Monmouthshire, and the Principal Towns and Places of South Wales* (London, 1895), t. 81.

[13] John Jenkyn Morgan (Glan Berach), *Hanner Canrif o Hanes Eglwys Annibynnol Bryn Seion, Glanaman, Sir Gaerfyrddin* (Abertawe, 1957), t. 14.

[14] *Reports of the Commissioners of Inquiry into the State of Education in Wales . . . in three parts. Part I. Carmarthen, Glamorgan and Pembroke* (London, 1847) (PP 1847 (870) XXVII), t. 276. Am dystiolaeth o'r defnydd a wneid o'r 'Welsh Note' yn ysgol Woodland Castle – sefydliad a gâi ei redeg gan hen filwr o'r enw Richard William – gw. J. Gwili Jenkins (gol.), *Adgofion Watcyn Wyn* (Cardiff, 1907), tt. 15–16, a John Jenkyn Morgan, 'Richard William. Yr Hen Ysgolfeistr Ungoes, 1790–1875', *Y Tyst*, 23 Chwefror 1956.

Tabl 1: Iaith a leferid gan boblogaethau Cwmaman, Dosbarth Cofrestru Llandeilo Fawr, Sir Gaerfyrddin a Chymru

(2 flwydd oed a throsodd)

	Nifer				*Canran*			
	Cymraeg	Y Ddwy	Saesneg	Cyfanswm	*Cymraeg*	*Y Ddwy*	*Saesneg*	*Cyfanswm*
Cwmaman[1]	1168	169	16	1353	*86.3*	*12.5*	*1.2*	*100.0*
D.C. Llandeilo Fawr[2]	13327	5151	926	19404	*68.7*	*26.5*	*4.8*	*100.0*
Sir Gaerfyrddin[3]	63345	36937	11751	112033	*56.5*	*33.0*	*10.5*	*100.0*
Cymru[4]	508036	402253	759416	1669705	*30.4*	*24.1*	*45.5*	*100.0*

1 Hepgorwyd 2 unigolyn nad oeddynt wedi nodi eu gallu ieithyddol.
2 Hepgorwyd 92 nad oeddynt wedi nodi eu gallu ieithyddol ac 1 a siaradai ieithoedd eraill.
3 Hepgorwyd 583 nad oeddynt wedi nodi eu gallu ieithyddol a 69 a siaradai ieithoedd eraill.
4 Hepgorwyd 12,833 nad oeddynt wedi nodi eu gallu ieithyddol a 3,076 a siaradai ieithoedd eraill.

Cwmaman gydol y bedwaredd ganrif ar bymtheg. Sefydlwyd ysgol genedlaethol yn Y Garnant ym 1842 ac agorodd yr ysgol Frutanaidd ym Mryn-lloi, Glanaman, ei drysau ar 2 Ionawr 1865. Ym 1877, saith mlynedd wedi pasio Deddf Addysg 1870, ymunodd Ysgol Frutanaidd Glanaman â Bwrdd Ysgol Dosbarth Unedig Llandeilo Fawr, Llandyfeisant a'r Betws, ac o 1884 ymlaen câi plant yr ardal eu haddysgu yn yr ysgol newydd, sef Ysgol Fwrdd Glanaman.[15] Ni esgeuluswyd anghenion addysgol y genhedlaeth hŷn ychwaith, ac agorwyd ystafelloedd darllen, lle y ceid amrywiaeth eang o gyhoeddiadau Cymraeg a Saesneg, yn yr hen ysgol Frutanaidd, Bryn-lloi, ym mis Tachwedd 1884, ac yn Y Garnant ym mis Mawrth 1890.[16]

Er gwaethaf natur dra Seisnig ysgolion y cylch, ni fedrai mwyafrif helaeth trigolion Glanaman siarad Saesneg ym 1891. Fel y dadlennir yn Nhabl 1, 16 yn unig o'r 1,353 o drigolion (2 flwydd oed a throsodd) a gofnodwyd yn ddi-Gymraeg, a chofnodwyd 1,168 o unigolion, sef 87.4 y cant o'r rhai a siaradai Gymraeg, yn Gymry Cymraeg uniaith. Nid oedd anheddiad Cwmaman, a leolid yn Nosbarth Cofrestru Llandeilo Fawr – y dosbarth cofrestru lle y cofnodwyd y gyfran uchaf o siaradwyr Cymraeg yn sir Gaerfyrddin ym 1891 – wedi datblygu rhyw lawer yn y cyfnod hwn. Heb y sefydliadau masnachol a gweinyddol a geid yn y trefi marchnad a'r pentrefi diwydiannol cyfagos, y mae'n amlwg mai prin

15 John Jenkyn Morgan, 'Hen Ysgolion ac Ysgolfeistri Dyffryn Aman', *Y Tyst*, 29 Mawrth, 12 Ebrill, 17 Mai, 28 Mehefin 1956; Huw Walters, *Ysgol Glanaman: Y Ganrif Gyntaf, 1884–1984* (Clydach, 1983), tt. 11–19; idem, 'Rhai o Ysgolion Cynnar Cwmaman' yn Olwen Richards, *Hanes Ysgol y Garnant* (Rhydaman, 1990), t. 11.

16 Dafydd Thomas, 'Darllenfa Glanaman', *Cymru*, XX, rhif 119 (1901), 324; Walters, *Canu'r Pwll a'r Pulpud*, tt. 238–9.

Tabl 2: Iaith a leferid yn ôl oedran

(2 flwydd oed a throsodd)

Oed	Nifer Cymraeg	Y Ddwy	Saesneg	Cyfanswm	*Canran Cymraeg*	*Y Ddwy*	*Saesneg*	*Cyfanswm*
2–5	136	13	1	150	*90.7*	*8.7*	*0.7*	*100.0*
6–14	292	37	4	333	*87.7*	*11.1*	*1.2*	*100.0*
15–24	251	42	5	298	*84.2*	*14.1*	*1.7*	*100.0*
25–44	290	53	3	346	*83.8*	*15.3*	*0.9*	*100.0*
45–64	142	16	3	161	*88.2*	*9.9*	*1.9*	*100.0*
65+	57	8	–	65	*87.7*	*12.3*	–	*100.0*
Cyfanswm	**1168**	**169**	**16**	**1353**	***86.3***	***12.5***	***1.2***	***100.0***

fyddai'r dylanwadau Seisnig ar fywyd cymdeithasol a diwylliannol y gymuned glòs, lled wledig hon.

Y Gymraeg oedd y prif gyfrwng cyfathrebu ymhlith yr hen a'r ifanc yng Nghwmaman ym 1891. Fel y dengys Tabl 2, llond llaw yn unig o'r plant bach rhwng 2 a 5 oed a oedd ag unrhyw grap ar yr iaith Saesneg, ac 8 yn unig o'r 65 o siaradwyr Cymraeg dros 65 oed a gofnodwyd yn siaradwyr dwyieithog. Er mai nifer bychan yn unig o'r unigolion ym mhob grŵp oedran a gofnodwyd yn siaradwyr Saesneg, yr oedd y niferoedd yn fwy ymhlith oedolion a oedd yn gweithio a phlant oedran ysgol: yr oedd bron tri chwarter y 185 o unigolion a oedd yn medru siarad Saesneg rhwng 6 a 44 oed. Ond yr oedd y nifer o siaradwyr Saesneg a rifwyd o fewn y grwpiau oedran hyn yn dal yn eithriadol o fychan. O'r 194 o blant (rhwng 6 ac 14 oed) a gofnodwyd yn ddisgyblion ysgol, dim ond 28 (14.4 y cant) a fedrai siarad Saesneg, ac yr oedd mwyafrif llethol y 644 o oedolion rhwng 15 a 44 oed hefyd yn uniaith Gymraeg.

Ychydig iawn o amrywiaeth a gofnodwyd yng ngallu ieithyddol y boblogaeth yn ôl rhyw. Yn wir, fel y dengys Tabl 3, yr oedd y canrannau o wrywod a benywod a gofnodwyd yn siaradwyr Cymraeg a/neu Saesneg yr un fath yn union: o'r 672 o wrywod a'r 681 o fenywod, yr oedd 86.3 y cant yn uniaith Gymraeg, 12.5 y cant yn ddwyieithog ac 1.2 y cant yn uniaith Saesneg. Hyd yn oed ymhlith oedolion, lle y gallai gwahanol fathau o waith a phrofiadau cymdeithasol fod wedi arwain at wahaniaethau yng ngalluoedd ieithyddol gwrywod a menywod, yr oedd y canrannau o siaradwyr Cymraeg a Saesneg bron yn union yr un fath.

Yn wahanol i lawer o'r ardaloedd amaethyddol yn ne-orllewin sir Gaerfyrddin, a oedd wedi colli cyfran sylweddol o'u dynion ifainc i gymoedd glofaol Morgannwg yn ystod ail hanner y bedwaredd ganrif ar bymtheg, yr oedd y cyfleoedd gwaith newydd a grëwyd yng nglofeydd a gweithfeydd tunplat Cwmaman wedi galluogi gwŷr lleol i aros yn eu hardaloedd brodorol.[17] At hynny,

[17] Gw. Russell Davies, *Secret Sins: Sex, Violence and Society in Carmarthenshire 1870–1920* (Cardiff, 1996), tt. 14–16.

Tabl 3: Iaith a leferid yn ôl oedran a rhyw

(2 flwydd oed a throsodd)

Oed	Rhyw	Nifer Cymraeg	Y Ddwy	Saesneg	Cyfanswm	*Canran Cymraeg*	*Y Ddwy*	*Saesneg*	*Cyfanswm*
2–5	G	58	6	–	64	*90.6*	*9.4*	–	*100.0*
	B	78	7	1	86	*90.7*	*8.1*	*1.2*	*100.0*
6–14	G	153	15	3	171	*89.5*	*8.8*	*1.8*	*100.0*
	B	139	22	1	162	*85.8*	*13.6*	*0.6*	*100.0*
15–24	G	121	22	1	144	*84.0*	*15.3*	*0.7*	*100.0*
	B	130	20	4	154	*84.4*	*13.0*	*2.6*	*100.0*
25–44	G	156	28	1	185	*84.3*	*15.1*	*0.5*	*100.0*
	B	134	25	2	161	*83.2*	*15.5*	*1.2*	*100.0*
45–64	G	70	8	3	81	*86.4*	*9.9*	*3.7*	*100.0*
	B	72	8	–	80	*90.0*	*10.0*	–	*100.0*
65+	G	22	5	–	27	*81.5*	*18.5*	–	*100.0*
	B	35	3	–	38	*92.1*	*7.9*	–	*100.0*
	G	**580**	**84**	**8**	**672**	***86.3***	***12.5***	***1.2***	***100.0***
Cyfanswm	**B**	**588**	**85**	**8**	**681**	***86.3***	***12.5***	***1.2***	***100.0***

Tabl 4: Iaith a leferid yn ôl man geni

(2 flwydd oed a throsodd)

Man geni	Nifer Cymraeg	Y Ddwy	Saesneg	Cyfanswm	*Canran Cymraeg*	*Y Ddwy*	*Saesneg*	*Cyfanswm*
Sir Gaerfyrddin	969	97	1	1067	*90.8*	*9.1*	*0.1*	*100.0*
Sir Forgannwg	177	53	10	240	*73.7*	*22.1*	*4.2*	*100.0*
Sir Aberteifi	9	5	–	14	*64.3*	*35.7*	–	*100.0*
Sir Frycheiniog	5	2	–	7	*71.4*	*28.6*	–	*100.0*
Sir Benfro	–	4	1	5	–	*80.0*	*20.0*	*100.0*
Sir Fynwy	1	1	1	3	*33.3*	*33.3*	*33.3*	*100.0*
Sir Faesyfed	3	–	–	3	*100.0*	–	–	*100.0*
Sir Y Fflint	2	–	–	2	*100.0*	–	–	*100.0*
Sir Feirionnydd	2	–	–	2	*100.0*	–	–	*100.0*
Sir Drefaldwyn	–	2	–	2	–	*100.0*	–	*100.0*
Lloegr	–	4	3	7	–	*57.1*	*42.9*	*100.0*
Eraill[1]	–	1	–	1	–	*100.0*	–	*100.0*
Cyfanswm	**1168**	**169**	**16**	**1353**	***86.3***	***12.5***	***1.2***	***100.0***

[1] Man geni: America.

oherwydd graddfa fechan y datblygiadau diwydiannol a brofwyd yn ardal Cwmaman hyd at 1891, ni chafwyd unrhyw fewnfudiad sylweddol o wrywod i'r ardal ac, o ganlyniad, yr oedd y gymhareb rhwng y ddwy ryw ymhlith oedolion yn gytbwys. Yr oedd i'r ffactorau hyn oblygiadau pwysig i sefyllfa'r Gymraeg yn y cylch ac nid rhyfedd, felly, i fwyafrif helaeth y gwrywod a'r benywod, y ganed y rhan fwyaf ohonynt yn lleol, gael eu cofnodi yn siaradwyr uniaith Gymraeg.

Ceir yn Nhabl 4 ddarlun clir o natur leol y mewnfudiad i Gwmaman. Hanai bron 80 y cant o'r 1,353 o drigolion o sir Gaerfyrddin, a'r mwyafrif helaeth o blwyfi lleol y Betws a Llandeilo Fawr. Cymraeg oedd iaith bron y cyfan o'r boblogaeth a aned yn sir Gaerfyrddin: un person yn unig a honnai ei fod yn ddi-Gymraeg, a Chymraeg oedd unig iaith 90.9 y cant o'r 1,066 eraill. Ar wahân i'r 240 o unigolion a aned yn sir Forgannwg, y mwyafrif o'r rheini yn hanu o Gwm Tawe gerllaw, ychydig o wŷr a gwragedd o rannau eraill o Gymru a oedd wedi ymgartrefu yng Nghwmaman. Er bod mwyafrif y trigolion a ddaethai o sir Forgannwg yn siarad Cymraeg, yr oedd canran uwch ohonynt yn gyfarwydd hefyd â'r Saesneg, a chofnodwyd deg o unigolion yn siaradwyr uniaith Saesneg.

Saith yn unig o fewnfudwyr o Loegr a rifwyd, a chofnodwyd pedwar o'r rheini yn siaradwyr dwyieithog. Yr oedd gan ddau o'r pedwar siaradwr Cymraeg gysylltiadau teuluol amlwg â'r ardal ond gwrywod ifainc a aned yn Llundain oedd y ddau arall a gweithient fel gweision i ffermwr a masnachwr lleol. Yn wahanol i'r ddau ŵr ifanc hyn, a oedd wedi dysgu digon o Gymraeg i gael eu cofnodi'n siaradwyr dwyieithog, Saesneg yn unig a siaradai Clement Gash, llanc arall a ddaethai o Lundain ac a weithiai fel cynorthwywr mewn siop nwyddau haearn, er bod ei gyflogwr a mwyafrif llethol y cwsmeriaid a ddeuai i'r siop yn uniaith Gymraeg. Y mae'n debyg mai bechgyn o ysgolion penyd neu ysgolion 'diwydiannol' Llundain oedd y tri gwas ifanc a aned yn Lloegr – llanciau a gâi eu hanfon mewn niferoedd cynyddol i ardaloedd gwledig sir Gaerfyrddin yn niwedd y bedwaredd ganrif ar bymtheg. Ymddengys i'r ddau Sais arall symud i'r ardal o ganlyniad uniongyrchol i'r datblygiadau diwydiannol yn nyffryn Aman. Brodor o Greasbrough yn swydd Efrog oedd Joseph Newbould, asiant glo a pherchennog gwaith brics Glanaman, ac o dref gyfagos Rawmarsh yr hanai Sarah Lewis, gwraig ifanc a oedd yn briod â Chymro lleol. Y mae'n bosibl ei bod hi'n perthyn i Joseph Hargreaves, diwydiannwr a aned yn Wakefield yn swydd Efrog ac a sefydlodd weithfeydd glo yng Ngwauncaegurwen yn y 1860au.[18] Erbyn 1891 yr oedd Hargreaves wedi ymgartrefu yn Brynaman House, Brynaman, gyda'i wraig, hithau hefyd yn enedigol o Wakefield, a phump o blant uniaith Saesneg, pob un wedi ei eni yn Rawmarsh.

Prin iawn, fodd bynnag, oedd teuluoedd Saesneg eu hiaith, a Chymraeg yn unig a siaredid ym mwyafrif helaeth cartrefi Cwmaman. Yn 282 (97.6 y cant) o'r 289 o dylwythau yn yr ardal cofnodwyd pawb yn siaradwyr Cymraeg, ac yn wyth

[18] Matthews, 'The World of the Anthracite Miner', t. 12.

o bob deg o'r cartrefi hynny Cymraeg oedd unig iaith y trigolion. Ond er gwaethaf cymeriad tra Chymraeg yr ardal, ychydig iawn o ffurflenni cyfrifiad Cymraeg a ddosbarthwyd yn nyffryn Aman ym 1891. Wrth annerch cyfarfod o Gymdeithas Rhyddfrydwyr Dwyrain Sir Gaerfyrddin ym mis Mai 1891, cwynodd y Parchedig J. Towyn Jones nid yn unig nad oedd awdurdodau'r cyfrifiad wedi dosbarthu digon o ffurflenni Cymraeg yn y cylch ond bod rhai cyfrifwyr wedi gwrthod derbyn y ffurflenni Cymraeg ac wedi gorfodi deiliaid tai i'w hail-lenwi yn Saesneg.[19] Yn wyneb anawsterau gweinyddol o'r fath, efallai nad yw'n syndod mai dim ond 63 o deuluoedd a lanwodd ffurflenni cyfrifiad Cymraeg yng Nghwmaman.

Dau dylwyth yn unig a gofnodwyd yn gwbl ddi-Gymraeg. Ym Mryn-teg, cofnodwyd Thomas Jenkins, glöwr 47 oed o Fargam yn sir Forgannwg, a phob un o'i blant, a aned yng Nghastell-nedd, yn siaradwyr uniaith Saesneg. Ni siaredid Cymraeg yn swyddfa bost Glanaman ychwaith, lle y trigai Joseph Tracey, is-bostfeistr 54 oed o sir Benfro, gyda'i ferch 26 oed a aned yng Nglanaman. O gofio mai Cymraeg oedd unig iaith mwyafrif helaeth trigolion Cwmaman, y mae'n anodd credu y gallai'r unigolion hyn fyw a gweithio yn y gymuned heb beth gwybodaeth o'r iaith frodorol. Ac eto, y mae'n amlwg na chredai'r siaradwyr Saesneg hyn fod ganddynt ddigon o Gymraeg iddynt allu eu cofnodi eu hunain yn siaradwyr dwyieithog. Y mae'r sefyllfa yn achos dau dylwyth arall, lle'r oedd unigolion di-Gymraeg wedi eu hynysu'n ieithyddol mewn cartrefi uniaith Gymraeg, yn dystiolaeth bellach o natur amwys y datganiadau a dderbyniwyd mewn ymateb i'r cwestiwn iaith yng nghyfrifiad 1891. Gweithiai Johnny Campbell, gŵr uniaith Saesneg 50 oed o Abertawe, fel gwas yng nghartref Thomas a Mary Thomas, pâr priod uniaith Gymraeg o Landeilo. Cyfeiriwyd eisoes at Clement Gash, llanc uniaith Saesneg o Lundain a gyflogid gan yr haearnwerthwr, Lewis Jenkins. Yr oedd Jenkins, ynghyd â'i wraig, ei blant a'r gweithwyr eraill a gyflogid ganddo, i gyd yn siaradwyr uniaith Gymraeg.

At ei gilydd, fodd bynnag, câi'r Gymraeg ei siarad gan bron bob teulu yng Nghwmaman. Yn Nhabl 5, sy'n cynnwys dadansoddiad o allu ieithyddol aelodau tylwythau'r ardal, datgelir mai Cymraeg, i bob pwrpas, oedd iaith yr uned deuluol sylfaenol: cofnodwyd dros 85 y cant o benteuluoedd, gwragedd a phlant yr ardal yn siaradwyr uniaith Gymraeg. Prin oedd y dylanwadau Seisnig ar gartrefi Cwmaman, ac er i ganran ychydig yn uwch o'r rhai nad oeddynt yn aelodau o'r teulu cnewyllol, megis perthnasau, gweision ac ymwelwyr, gael eu cofnodi'n siaradwyr Saesneg, yr oedd mwyafrif helaeth y rheini – nad oeddynt ond canran fechan iawn o'r boblogaeth gyfan – yn medru'r Gymraeg hefyd. Ymddangosai dyfodol y Gymraeg yng Nghwmaman yn ddiogel, oherwydd prin yw'r dystiolaeth fod gwybodaeth o'r iaith frodorol ar drai ymhlith y genhedlaeth iau. Cymraeg yn unig a siaradai mwyafrif helaeth 'plant' yr ardal ac, o'r 81 a siaradai

[19] *The Welshman*, 30 Mai 1891.

Tabl 5: Iaith a leferid yn ôl perthynas â'r penteulu
(2 flwydd oed a throsodd)

Perthynas â'r penteulu	Nifer Cymraeg	Y Ddwy	Saesneg	Cyfanswm	*Canran Cymraeg*	*Y Ddwy*	*Saesneg*	*Cyfanswm*
Penteuluoedd	246	42	3	291	*84.5*	*14.4*	*1.0*	*100.0*
Gwragedd	191	31	1	223	*85.7*	*13.9*	*0.4*	*100.0*
Plant[1]	616	72	9	697	*88.4*	*10.3*	*1.3*	*100.0*
Perthnasau	60	12	–	72	*83.3*	*16.7*	–	*100.0*
Gweision/morynion	30	10	3	43	*69.8*	*23.3*	*6.9*	*100.0*
Byrddwyr/lletywyr	18	–	–	18	*100.0*	–	–	*100.0*
Ymwelwyr	7	2	–	9	*77.8*	*22.2*	–	*100.0*
Cyfanswm	**1168**	**169**	**16**	**1353**	***86.3***	***12.5***	***1.2***	***100.0***

[1] Gan gynnwys plant maeth a llysblant.

Saesneg, naw yn unig a gofnodwyd yn ddi-Gymraeg. Ceir tystiolaeth bellach o'r parhad ieithyddol o'r naill genhedlaeth i'r llall yn Nhabl 6, a rydd ddarlun manwl o iaith plant mewn teuluoedd cnewyllol. Ym mhob un o'r 176 o dylwythau yr oedd pob rhiant yn gallu siarad Cymraeg ac mewn dros 85 y cant o achosion yr oedd y ddau riant yn uniaith Gymraeg. Fel eu rhieni, ni fedrai'r plant yn y mwyafrif o'r cartrefi hyn siarad Saesneg ychwaith, ac ar saith aelwyd yn unig y cofnodwyd rhai o'r plant neu'r cwbl ohonynt yn siaradwyr Saesneg. Y mae'n amlwg fod rhai plant, felly, wedi dysgu Saesneg y tu allan i amgylchedd y cartref, naill ai yn yr ysgol neu yn y gweithle. Yn un yn unig o'r 176 o dylwythau y cofnodwyd rhai plant yn ddi-Gymraeg, ond y mae lle i amau dilysrwydd y datganiadau ieithyddol hynny. Yn achos teulu John a Mary Madge, cofnodwyd eu dau blentyn hynaf, fel eu rhieni, yn siaradwyr uniaith Gymraeg, a'r pedwar arall yn uniaith Saesneg. Mewn cartrefi lle'r oedd un rhiant yn ddwyieithog yr oedd y plant i gyd yn gallu siarad Cymraeg, er ei bod hi'n amlwg fod canran lawer uwch o'r plant hyn yn cael eu magu i siarad peth Saesneg. Dim ond mewn un ar bymtheg o gartrefi yr oedd y ddau riant yn ddwyieithog, ac yn un ar ddeg o'r rheini yr oedd y plant yn ddwyieithog yn ogystal. Yn achos pedwar o'r un cartref ar ddeg hyn yr oedd gan y tad swydd o awdurdod yng ngweithfeydd glo neu dunplat Cwmaman, ac ymddengys fod rhieni o'r fath yn ymwybodol iawn o bwysigrwydd cymdeithasol ac economaidd cynyddol yr iaith Saesneg ac yn awyddus i drosglwyddo gwybodaeth o'r iaith honno i'w plant.

Serch hynny, y Gymraeg oedd yr unig iaith a siaredid gan y rhan fwyaf o bobl Cwmaman ar yr aelwyd ac yn y gwaith. Dengys Tabl 7 mai pedwar yn unig o'r 449 o ddynion cyflogedig (10 oed a throsodd) ac un yn unig o'r 127 o ferched cyflogedig a gofnodwyd yn ddi-Gymraeg, a bod y mwyafrif helaeth yn methu siarad Saesneg. Er bod Saesneg yn ddefnyddiol i unigolion a oedd mewn safle o

Tabl 6: Iaith plant (2 flwydd oed a throsodd) o deuluoedd lle'r oedd rhieni uniaith a dwyieithog

Gallu ieithyddol y rhieni		Gallu ieithyddol y plant Nifer yr aelwydydd					*Gallu ieithyddol y plant* *Canran*				
Tad	Mam	Cymraeg	Y Ddwy	Saesneg	Cymysg	Cyfanswm	*Cymraeg*	*Y Ddwy*	*Saesneg*	*Cymysg*	*Cyfanswm*
C	C	143	2	–	5	150	*95.3*	*1.3*	–	*3.3*	*100.0*
C	D	1	1	–	–	2	*50.0*	*50.0*	–	–	*100.0*
D	C	6	–	–	2	8	*75.0*	–	–	*25.0*	*100.0*
D	D	3	11	–	2	16	*18.8*	*68.8*	–	*12.5*	*100.0*
D	S	–	–	–	–	–	–	–	–	–	–
S	D	–	–	–	–	–	–	–	–	–	–
S	S	–	–	–	–	–	–	–	–	–	–
C	S	–	–	–	–	–	–	–	–	–	–
S	C	–	–	–	–	–	–	–	–	–	–
Cyfanswm		**153**	**14**	–	**9**	**176**	***86.9***	***8.0***	–	***5.1***	***100.0***

C/Cymraeg: uniaith Gymraeg; D/Y Ddwy: dwyieithog; S/Saesneg: uniaith Saesneg; Cymysg: unrhyw gyfuniad o siaradwyr uniaith Gymraeg, siaradwyr dwyieithog a siaradwyr uniaith Saesneg ar yr un aelwyd.

awdurdod, naill ai o fewn y diwydiannau trwm lleol neu fel gweision cyhoeddus, Cymraeg yn unig a siaradai mwyafrif helaeth y gweithwyr cyffredin.

Erbyn 1891 yr oedd y diwydiant tunplat wedi ymsefydlu fel y cyflogwr unigol mwyaf yng Nghwmaman, ac enillai ychydig dros draean y dynion cyflogedig a bron chwarter y merched eu bywoliaeth yn y diwydiant hwnnw. Yr oedd pob un o'r 191 a gyflogid yn y diwydiant tunplat yn siarad Cymraeg, 157 ohonynt yn Gymry uniaith a'r 34 a oedd yn weddill yn ddwyieithog. Ymhlith y gweithwyr dwyieithog yr oedd William Protheroe, rheolwr y gwaith tun, a Thomas Thomas, goruchwyliwr tunplat 46 oed, y ddau yn hanu o Lanelli, tref a gawsai'r enw 'tinopolis' oherwydd y nifer sylweddol o weithfeydd tunplat yn y cylch.[20] Yr oedd David Phillips, brodor o blwyf y Betws a weithiai fel clerc yn y gwaith tunplat, hefyd yn ddwyieithog ond, fel mwyafrif helaeth y rhai a ddeuai dan ei oruchwyliaeth, Cymro uniaith Gymraeg oedd Morgan Rees, goruchwyliwr tunplat 34 oed a hanai o blwyf cyfagos Llan-giwg ym Morgannwg. Merched ifainc rhwng 14 a 28 oed oedd y deg ar hugain o fenywod a gyflogid yn y diwydiant, y rhan fwyaf ohonynt yn ferched lleol ac yn gweithio fel agorwyr neu sychwyr platiau. Ar wahân i ddwy a siaradai Gymraeg a Saesneg, sef Elizabeth Jones, brodor 25 oed o Solfach yn sir Benfro, a Jane Lewis, merch ifanc 14 oed a aned yn Lloegr, Cymraeg oedd unig iaith yr wyth benyw ar hugain arall a gyflogid yn y gwaith tunplat.

Er mai brodorion o blwyfi lleol y Betws a Llandeilo Fawr oedd mwyafrif helaeth y gweithwyr tunplat, dylid nodi bod traean y gweithlu yn hanu o sir

[20] Gw. John Edwards (gol.), *Tinopolis: Aspects of Llanelli's Tinplate Trade* (Llanelli, 1995).

gyfagos Morgannwg, ac yn enwedig o Gwm Tawe, lle y ceid nifer o weithfeydd tunplat. Medrai dros draean y 64 o weithwyr tunplat a aned ym Morgannwg siarad Saesneg, ac y mae'n bosibl i'w presenoldeb fod yn fodd i ymgyfarwyddo'r gweithlu lleol â'r syniad o ddwyieithrwydd, gan fod canran uwch o'r gweithwyr tunplat a aned yn sir Gaerfyrddin yn medru'r Saesneg na'r gweithlu lleol cyfatebol a gyflogid yn y diwydiant glo. Y mae'n drawiadol hefyd fod y gweithwyr tunplat at ei gilydd yn iau na'r glowyr. Yr oedd dros 70 y cant o'r 132 o ddynion a weithiai o fewn y diwydiant glo dros 25 oed, a bron traean ohonynt dros 45 oed. Ar y llaw arall, yr oedd dros 60 y cant o'r dynion a weithiai yn y gweithfeydd tunplat dan 25 oed, a'r mwyafrif rhwng 15 a 19 oed. Yr oedd llawer ohonynt, fel William a John Walters, Pontaman Cottage, ac Evan a Richard Rogers, Caeglas-isaf, yn feibion i lowyr lleol. Fodd bynnag, ymddengys mai ychydig o lowyr hŷn Cwmaman a ddenwyd i weithio yng ngweithfeydd tunplat newydd yr ardal. Yn wir, yn ystod blynyddoedd cynnar y diwydiant tunplat yn nyffryn Aman honnid bod glowyr hŷn Cwmaman yn ddirmygus iawn o'r brid newydd o weithwyr tunplat a oedd yn ymsefydlu yn y cylch, a'u bod yn eu hystyried bron yn 'ddosbarth o estroniaid'.[21]

Ym 1891 yr oedd mwyafrif helaeth glowyr Cwmaman yn parhau i fod yn Gymry Cymraeg lleol. Hanai dros 85 y cant o'r 132 o ddynion a weithiai yn y diwydiant o sir Gaerfyrddin, a dim ond naw ohonynt a allai siarad Saesneg. O'r chwech a ddaliai swydd o awdurdod o fewn y diwydiant, dim ond y tri a weithiai yn swyddfeydd y lofa a oedd yn hyddysg yn y Saesneg, sef Llewelyn Hughes, ariannwr o sir Aberteifi, a'r ddau glerc, Thomas Price a Samuel Jones, y naill yn hanu o sir Gaerfyrddin a'r llall o sir Drefaldwyn. Cymraeg yn unig a siaradai David Jones, perchennog pwll glo 53 oed o Lan-giwg yn sir Forgannwg, a Richard Thomas a John Hicks, y goruchwyliwr a'r atalbwyswr o sir Gaerfyrddin. Yr oedd prinder siaradwyr Saesneg yn amlwg ymhlith rhengoedd y glowyr cyffredin. Dim ond chwech o'r 126 o ddynion a allai siarad Saesneg, a honnai un o'r rhain, sef Thomas Jenkins, colier a aned ym Margam, nad oedd yn medru'r iaith a siaredid gan ei gyd-weithwyr. Un yn unig o'r pum glöwr dwyieithog a hanai o sir Gaerfyrddin, sef John Jenkins, gŵr ifanc 22 oed o blwyf y Betws; hanai'r gweddill o siroedd Morgannwg a Brycheiniog.

Ar wahân i'r glofeydd a'r gweithfeydd tunplat, ychydig o ddiwydiannau eraill a oedd wedi ymsefydlu yng Nghwmaman erbyn 1891. Câi pedwar o'r dynion a rifwyd yn y sampl eu cyflogi yng ngwaith brics Glanaman, a oedd yn eiddo i Joseph Newbould, siaradwr uniaith Saesneg o swydd Efrog. Yr oedd y pedwar yn siaradwyr Cymraeg, ond dim ond John Matthews a'i ewythr, John Hughes, ill dau yn hanu o Gastell-nedd yn sir Forgannwg, a fedrai'r Saesneg hefyd. Cyflogid wyth o ddynion gan Gwmni Rheilffordd y Great Western ar y lein reilffordd a fu mor allweddol i ddatblygiad diwydiannol dyffryn Aman. Ar wahân i ddau siaradwr

[21] Dyfnallt, 'Bro Amanw', 211.

dwyieithog, sef John Jones, taniwr 22 oed o Landybïe, a William Morris, dyn signal 46 oed o'r Betws, Cymraeg oedd unig iaith y gweddill o'r gweithwyr rheilffordd, gan gynnwys David Griffiths, y gorsaf-feistr a aned yn lleol. Ymddengys fod gyrfaoedd pobl o'r fath dan fygythiad erbyn dechrau'r 1890au oherwydd pe bai Cwmni Rheilffordd y Great Western yn penderfynu dilyn yr esiampl a osodwyd gan Gwmni'r London and North Western Railway (LNWR) dim ond siaradwyr Saesneg a gâi eu penodi i swyddi o gyfrifoldeb o fewn y diwydiant rheilffordd yn y dyfodol.[22] Y mae'n amlwg fod y siaradwyr Cymraeg a weithiai ar y rheilffordd yn nyffryn Aman yn pryderu ynghylch y mater hwn gan i aelodau cyngor plwyf y Betws, a gyfarfu am y tro cyntaf ym mis Ionawr 1895, anfon llythyr at reolwyr yr LNWR i brotestio yn erbyn mabwysiadu polisi o'r fath.[23]

Er gwaethaf y datblygiadau diwydiannol yng Nghwmaman yn niwedd y bedwaredd ganrif ar bymtheg, daliai canran sylweddol o'r boblogaeth i ddibynnu ar y tir am eu bywoliaeth. Gweithiai 67 o wŷr a gwragedd yn y diwydiant amaethyddol, y mwyafrif ohonynt ar ffermydd bychain ledled yr ardal. Yr oedd y gymuned amaethyddol bron yn uniaith Gymraeg, a saith yn unig o'r 67 o unigolion a gofnodwyd yn siaradwyr Saesneg. Ymhlith y siaradwyr dwyieithog hyn yr oedd tri o blant yn eu harddegau a gynorthwyai eu rhieni ar y fferm, a Robert Seamon, llanc 15 oed a anfonwyd i'r ardal, yn ôl pob tebyg, o ysgol ddiwydiannol yn Llundain i weithio fel gwas fferm. Y mae'n debygol y câi'r deg gŵr a rifwyd fel labrwyr cyffredinol hefyd eu cyflogi yn achlysurol gan ffermwyr lleol. Ac eithrio Joseph Williams, siaradwr dwyieithog 71 oed a aned yn Birmingham, siaradwyr uniaith Gymraeg o sir Gaerfyrddin oedd y naw labrwr arall.

Yr oedd amgylchiadau byw a gweithio ffermwyr a'u gweision yn hynod o galed ac nid yw'n rhyfedd, felly, i feibion nifer o deuluoedd amaethyddol gymryd gwaith yn y gweithfeydd tunplat newydd, lle y gellid ennill cyflogau uwch. Arhosodd John Jones, Abernant-glas, gartref ar y fferm, ond cafodd ei frawd iau, David, a oedd yn 18 oed, waith fel gweithiwr ffwrnais yn y gweithfeydd tun. Aeth meibion ffermydd Barnant Coch, Powell-ddu a'r Foel hefyd i weithio yn y gweithfeydd tun, gan adael y merched i gynorthwyo eu rhieni ar y fferm. Yn ogystal, cyflogid 13 o ferched Cymraeg eu hiaith fel morynion tŷ ar ffermydd lleol. Dim ond 10 o'r 39 o forynion tŷ – y mwyafrif ohonynt yn gweini yng nghartrefi glowyr, gweithwyr tunplat a masnachwyr – a siaradai Saesneg. Yr unig forwyn uniaith Saesneg a gofnodwyd oedd Margaret Rees, brodor 27 oed o sir Fynwy a weithiai fel howsgiper yng nghartref Joseph Newbould, perchennog uniaith Saesneg y gwaith brics.

[22] Am arolwg manwl o bolisi iaith yr LNWR, ac ymateb y Cymry i'r polisi, gw. Dot Jones, *The Coming of the Railways and Language Change in North Wales 1850–1900* (Aberystwyth, 1995), tt. 8–14.

[23] Thomas, *Hen Gymeriadau Plwyf y Bettws*, t. 69.

Ni cheid yng nghymuned fechan, lled wledig Cwmaman ddosbarth canol diwydiannol na phroffesiynol sylweddol, a llond llaw yn unig o unigolion a ddaliai swyddi o awdurdod fel gweision a swyddogion cyhoeddus. Fel y gellid disgwyl, o gofio eu cefndir addysgol, yr oedd mwyafrif y rhai a gyflogid o fewn y gwasanaethau cyhoeddus a'r sector proffesiynol – y rhan fwyaf ohonynt yn hanu o rannau eraill o Gymru – yn medru'r Saesneg. Brodor o Langynllo yn sir Aberteifi oedd David Griffiths, ficer Cwmaman. Yr oedd ei wybodaeth o'r ddwy iaith yn ddefnyddiol iddo yn Eglwys Crist, lle y cynhelid rhan o'r gwasanaeth yn Saesneg.[24] Er mai'r Gymraeg oedd yr unig iaith a glywid o fewn muriau capeli Ymneilltuol Cwmaman, yr oedd y ddau weinidog Ymneilltuol yn hyddysg yn y Saesneg yn ogystal. Hanai James Thomas, gweinidog capel Bedyddwyr Bethesda, o Lyn-nedd yn sir Forgannwg, a John Oliver, a fu'n weinidog Tabernacl, capel y Methodistiaid Calfinaidd Cymraeg, er 1881, o Lanbadarn Fawr yn sir Aberteifi.[25] Yr oedd nifer o ddynion ifainc yr ardal hefyd â'u bryd ar yrfa yn y weinidogaeth, a rhifwyd pedwar o ddynion lleol rhwng 16 a 26 oed fel myfyrwyr diwinyddol. John Harris, mab 16 oed fferm Glanrafon, oedd yr unig un o'r pedwar a fedrai siarad Saesneg; cofnodwyd y tri arall, sef Joseph Walters, a'r ddau frawd, David Glanaman Jones (1867–1951) a William Glasnant Jones (1869–1951), yn Gymry Cymraeg uniaith. Yr oedd y ddau frawd yn fyfyrwyr yn Athrofa'r Gwynfryn, y coleg diwinyddol mawr ei barch a sefydlwyd yn Rhydaman ym 1880 gan Watcyn Wyn (1844–1905), y pregethwr Ymneilltuol a'r bardd.[26] Yn ei hunangofiant, *Cyn Cof Gennyf a Wedyn*, a gyhoeddwyd ym 1949, cyfeiria W. Glasnant Jones at y ffaith fod dros ddwsin o'i gyfoeswyr ym Methel, capel Annibynwyr Cwmaman, wedi cychwyn ar yrfa yn y weinidogaeth, yn yr un sefydliad yn ôl pob tebyg. Yn wir, bu i frawd iau Glasnant, Ebenezer Aman Jones (1873–1953), a oedd yn ddisgybl-athro yn yr ysgol elfennol ym 1891, ddilyn camre ei ddau frawd hŷn drwy gofrestru yn fyfyriwr diwinyddol yn Athrofa'r Gwynfryn.

Yn wahanol i Athrofa'r Gwynfryn, lle y sicrhaodd Watcyn Wyn fod ei fyfyrwyr yn cael eu trwytho yn llên a hanes eu cenedl, ychydig iawn o sylw a gâi iaith a diwylliant Cymru yn ysgolion dyddiol Cwmaman.[27] Yn wir, gwaherddid y Gymraeg yn Ysgol Fwrdd Glanaman dan brifathrawiaeth Thomas Thomas, brodor 32 oed o Geinewydd, sir Aberteifi, a oedd wedi ei benodi yn ysgolfeistr ym 1880.[28] Y tu allan i'r ysgol, fodd bynnag, chwaraeai Thomas ran amlwg ym mywyd crefyddol a diwylliannol Cymraeg yr ardal, a gwyddys ei fod wedi gofyn am ffurflen Gymraeg yn ystod cyfrifiad 1891 er ei fod ef a'i wraig yn hyddysg yn

[24] Gw. *The Cwmamman Parish Magazine*, cyhoeddiad a ymddangosodd gyntaf ym mis Ionawr 1893. Saesneg oedd iaith mwyafrif yr erthyglau a geid ynddo.

[25] Williams, *Tabernacl, Glanaman*, t. 10.

[26] Gw. Geraint Dyfnallt Owen, *Ysgolion a Cholegau yr Annibynwyr* (Llandysul, 1939), tt. 196–200; Walters, *Canu'r Pwll a'r Pulpud*, t. 148.

[27] Owen, *Ysgolion a Cholegau yr Annibynwyr*, tt. 198–9; Walters, *Ysgol Glanaman*, t. 15; Thomas, *Hen Gymeriadau Plwyf y Bettws*, t. 60.

[28] Walters, *Ysgol Glanaman*, t. 22.

y Saesneg. Fe'i cynorthwyid yn yr ysgol gan Morgan Lewis, athro a goruchwyliwr cynorthwyol dwyieithog 29 oed o'r Betws. Ond er gwaethaf y camau llym a gymerid i sicrhau bod plant yr ardal yn dysgu Saesneg yn yr ysgol, y famiaith yn unig a oedd ar dafodau mwyafrif helaeth y disgyblion lleol. Yr unig un o'r pum disgybl-athro a fedrai'r Saesneg oedd Margaretta Thomas, merch 13 oed o Lanrhidian yng Ngŵyr, a Chymraeg oedd unig iaith wyth o bob deg o'r 194 o blant (rhwng 6 a 14 oed) a gofnodwyd yn ddisgyblion. Y mae'n amlwg nad yr hyfforddiant a dderbynient yn yr ysgolion dyddiol a ddylanwadodd fwyaf ar blant Cwmaman, ac y mae'n debyg i'r ysgolion Sul a'r dosbarthiadau a gynhelid yng nghapeli Cymraeg Ymneilltuol yr ardal chwarae rhan lawer mwy arwyddocaol yn eu haddysg. Y mae'n bosibl fod y gyfradd bresenoldeb yn ysgolion dyddiol y gymuned lled wledig hon yn bur anfoddhaol hefyd. Yr oedd Thomas Jones, brodor 55 oed o'r plwyf, a weithiai fel swyddog presenoldeb plant ysgol, yn gweithredu hefyd fel un o'r ddau gyfrifwr yng Nghwmaman ym 1891.[29] Er bod gwybodaeth o'r ddwy iaith yn hanfodol ar gyfer swyddi o'r fath awdurdod, cofnodwyd Jones yn siaradwr uniaith Gymraeg.

Yr oedd Sarah Jones, gwraig Thomas Jones, yn un o'r llond dwrn o fasnachwyr a gwerthwyr a geid yng Nghwmaman ym 1891. Fel mwyafrif helaeth ei chwsmeriaid yn siop Bryn-lloi, Cymraeg yn unig a siaradai Sarah. Ymhlith y siopwyr uniaith Gymraeg eraill yr oedd y llyfrwerthwyr, Daniel Williams a Job Phillips, yr haearnwerthwr Lewis Jenkins, a Phillip Rees, y teiliwr. Siaradwyr uniaith Gymraeg hefyd a gadwai'r Cross Keys, yr Angel a'r Half Moon Inn – tri o'r pedwar tŷ tafarn yng Nghwmaman. O'r masnachwyr a'r gwerthwyr, dim ond pump o'r un ar bymtheg o ddynion a dwy o'r un ar ddeg o ferched a fedrai'r Saesneg. Ymhlith y siaradwyr dwyieithog hyn yr oedd y groseriaid Jane Gravel, Clifton House a Griffith Rees, Bon Marche; Sarah Morgan, perchennog yr Amman Inn; Noah Phillips, masnachwr coed; a dau gynorthwywr siop ifanc. Câi John Jones, brodor 20 oed o sir Benfro, ei gyflogi gan gigydd lleol, a gweithiai William Ware, gŵr ifanc 21 oed o Lundain, i James Rees, masnachwr uniaith Gymraeg a gadwai siop Manchester House. Clement Gash, cynorthwywr siop a aned yn Llundain ac a weithiai i Lewis Jenkins, yr haearnwerthwr, oedd yr unig siaradwr di-Gymraeg a enillai ei fywoliaeth ym masnachdai Cwmaman. Ymhlith yr unigolion eraill y dibynnai eu bywoliaeth ar eu gallu i gyfathrebu ag aelodau'r cyhoedd yr oedd Joseph Tracey, yr is-bostfeistr, ac Ebenezer Morgan a Jonah Jones, ill dau yn asiantwyr yswiriant. Hanai'r ddau asiant ifanc o ddyffryn Aman, ac yr oeddynt yn rhugl yn y Gymraeg a'r Saesneg. Y mae'n syndod, fodd bynnag, o gofio natur ei gyfrifoldebau fel gwas cyhoeddus mewn cymuned a oedd yn uniaith Gymraeg i bob pwrpas, i Joseph Tracey, gŵr 54 oed o sir Benfro, gael ei gofnodi yn siaradwr uniaith Saesneg.[30]

[29] Thomas Jones oedd tad W. Glasnant Jones.

[30] Ymddengys fod Joseph Tracey hefyd yn adeiladwr medrus oherwydd ym 1887 ymgymerodd ag adnewyddu'r tu mewn i gapel Tabernacl (MC). Williams, *Tabernacl, Glanaman*, t. 9.

At ei gilydd, fodd bynnag, ychydig o afael a gawsai'r Saesneg ar fywydau pobl Cwmaman erbyn 1891. Er i'r datblygiadau diwydiannol newydd beri llawer o newidiadau yn nhirwedd ffisegol a bywyd cymdeithasol ac economaidd yr ardal, yr oedd maint cymharol fychan a natur leol y diwydiannau glo a thunplat a'u gweithluoedd wedi sicrhau mai'r Gymraeg, a'r Gymraeg yn unig, a siaredid gan fwyafrif helaeth y boblogaeth ar draws pob grŵp oedran. Er gwaethaf y sylw a neilltuid i ddysgu'r Saesneg yn yr ysgolion, yn ôl cofnod y cyfrifiad dim ond lleiafrif bychan o blant Cwmaman a feddai unrhyw wybodaeth o'r iaith honno. At hynny, ni fedrai mwyafrif helaeth yr oedolion cyflogedig – gan gynnwys diwydianwyr, masnachwyr a nifer o ddynion a ddaliai swyddi pur bwysig yn y gymuned – siarad Saesneg ychwaith.

Tabl 7: Iaith a leferid yn ôl galwedigaeth
(10 oed a throsodd)

	Iaith a leferid Dynion				**Iaith a leferid** Merched			
Dosbarth diwydiannol	Cymraeg	Y Ddwy	Saesneg	Cyfan.	Cymraeg	Y Ddwy	Saesneg	Cyfan.
AMAETHYDDIAETH								
Ffermio								
Ffermwyr, porfelwyr	28	2	–	30	5	–	–	5
Perthnasau'n cynorthwyo	14	1	–	15	6	2	–	8
Gweithwyr amaethyddol	3	1	–	4				
Gweision fferm	2	1	–	3	2	–	–	2
Cyfanswm	**47**	**5**	–	**52**	**13**	**2**	–	**15**
%	***90.4***	***9.6***	–	***100.0***	***86.7***	***13.3***	–	***100.0***
MWYNGLODDIO								
Glo								
Perchennog	1	–	–	1				
Clercod	–	3	–	3				
Goruchwyliwr	1	–	–	1				
Atalbwyswr	1	–	–	1				
Glowyr/halwyr	103	5	1	109				
Gweithwyr peiriannau	6	–	–	6				
Labrwyr	11	–	–	11				
Carreg								
Chwarelwr	1	–	–	1				
Brics								
Perchennog	–	–	1	1				
Gwneuthurwyr brics	2	1	–	3				
Labrwr	–	1	–	1				
Cyfanswm	**126**	**10**	**2**	**138**				
%	***91.3***	***7.2***	***1.4***	***100.0***				

	Iaith a leferid				Iaith a leferid			
	Dynion				Merched			
Dosbarth diwydiannol	Cymraeg	Y Ddwy	Saesneg	Cyfan.	Cymraeg	Y Ddwy	Saesneg	Cyfan.
ADEILADU								
Gweithwyr								
Seiri meini	8	1	–	9				
Seiri coed	6	–	–	6				
Rheilffyrdd								
Gweithwyr rheilffordd/ gosodwyr cledrau	3	1	–	4				
Cyfanswm	**17**	**2**	–	**19**				
%	***89.5***	***10.5***	–	***100.0***				
CYNHYRCHU								
Haearn a dur								
Crefftwyr	5	–	–	5				
Prentisiaid/cynorthwywyr	2	–	–	2				
Labrwr	1	–	–	1				
Tunplat								
Rheolwyr/fformyn	2	2	–	4				
Clerc	–	1	–	1				
Crefftwyr	86	24	–	110				
Gweithwyr di-grefft/ labrwyr	41	5	–	46	28	2	–	30
Pren dodrefn, papur, ayb								
Crefftwyr	1	1	–	2				
Dillad								
Crefftwyr	11	–	–	11	26	2	–	28
Amhenodol								
Gyrwyr injan/ffitwyr	6	1	–	7				
Cyfanswm	**155**	**34**	–	**189**	**54**	**4**	–	**58**
%	***82.0***	***18.0***	–	***100.0***	***93.1***	***6.9***	–	***100.0***
CLUDIANT								
Morwriaeth								
Morwr	1	–	–	1				
Rheilffyrdd								
Gorsaf-feistr	1	–	–	1				
Taniwr/dyn signal	–	2	–	2				
Porthorion	5	–	–	5				
Cyfanswm	**7**	**2**	–	**9**				
%	***77.8***	***22.2***	–	***100.0***				
MASNACH								
Nwyddau crai								
Masnachwr coed	–	1	–	1				
Gwerthwr gwlân	1	–	–	1				
Dillad								
Cynorthwywr	1	–	–	1				
Bwyd								
Cigydd	1	–	–	1				

Dosbarth diwydiannol	Iaith a leferid Dynion Cymraeg	Y Ddwy	Saesneg	Cyfan.	Iaith a leferid Merched Cymraeg	Y Ddwy	Saesneg	Cyfan.
Groseriaid	3	1	–	4	1	1	–	2
Gwerthwraig llysiau a ffrwythau	–	–	–	–	1	–	–	1
Cynorthwywyr	–	1	–	1	2	–	–	2
Tybaco, diod a llety								
Gwestywyr, tafarnwyr	1	–	–	1	1	1	–	2
Ceidwad llety	–	–	–	–	1	–	–	1
Barforwyn	–	–	–	–	1	–	–	1
Dodrefn a nwyddau i'r cartref								
Haearnwerthwr	1	–	–	1				
Cynorthwywyr	1	–	1	2				
Fferyllwyr								
Fferyllwyr	–	3	–	3				
Cynorthwywyr	–	1	2	3				
Deunydd ysgrifennu a chyhoeddiadau								
Llyfrwerthwr	1	–	–	1				
Cynorthwywraig	–	–	–	–	1	–	–	1
Masnachwyr cyffredinol								
Cynorthwywraig	–	–	–	–	1	–	–	1
Arall ac amhenodol								
Masnachwr	1	–	–	1				
Cynorthwywr	–	1	–	1				
Cyfanswm	**11**	**4**	**1**	**16**	**9**	**2**	–	**11**
%	*68.7*	*25.0*	*6.3*	*100.0*	*81.8*	*18.2*	–	*100.0*
GWASANAETHAU DIWYDIANNOL								
Bancio, yswiriant, cyfrifon								
Gwasanaeth yswiriant	1	1	–	2				
Cyfanswm	**1**	**1**	–	**2**				
%	*50.0*	*50.0*	–	*100.0*				
GWASANAETHAU CYHOEDDUS A PHROFFESIYNOL								
Gweinyddiaeth ganolog								
Swyddog Swyddfa'r Post	–	–	1	1				
Gweinyddiaeth leol								
Swyddog presenoldeb plant ysgol	1	–	–	1				
Addysg								
Prifathrawon, athrawon ysgol	–	2	–	2				
Athrawon cynorthwyol, disgybl-athrawon	1	–	–	1	3	1	–	4
Myfyriwr	1	–	–	1				
Crefydd								
Clerigwyr	–	1	–	1				
Gweinidog y MC	–	1	–	1				
Gweinidog y Bedyddwyr	–	1	–	1				
Myfyrwyr diwinyddol	3	1	–	4				
Celf, llên, gwyddoniaeth								
Cerflunydd	–	1	–	1				
Cyfanswm	**6**	**7**	**1**	**14**	**3**	**1**	–	**4**
%	*42.9*	*50.0*	*7.1*	*100.0*	*75.0*	*25.0*	–	*100.0*

Dosbarth diwydiannol	**Iaith a leferid** Dynion Cymraeg	Y Ddwy	Saesneg	Cyfan.	**Iaith a leferid** Merched Cymraeg	Y Ddwy	Saesneg	Cyfan.
GWASANAETHAU CARTREF								
Yn y tŷ								
Morynion	–	–	–	–	29	9	1	39
Cyfanswm	–	–	–	–	**29**	**9**	**1**	**39**
%	–	–	–	–	***74.4***	***23.1***	***2.6***	***100.0***
ERAILL								
Labrwyr cyffredinol	9	1	–	10				
Cyfanswm	**9**	**1**	–	**10**				
%	***90.0***	***10.0***	–	***100.0***				
CYFANSWM Y CYFLOGEDIG								
	379	**66**	**4**	**449**	**108**	**18**	**1**	**127**
%	***84.4***	***14.7***	***0.9***	***100.0***	***85.0***	***14.2***	***0.8***	***100.0***
Gweddill y boblogaeth	22	1	1	24	291	45	5	341
%	*91.7*	*4.2*	*4.2*	*100.0*	*85.3*	*13.2*	*1.5*	*100.0*
Disgyblion ysgol	53	6	1	60	42	8	1	51
%	*88.3*	*10.0*	*1.7*	*100.0*	*82.4*	*15.7*	*2.0*	*100.0*
CYFANSWM Y BOBLOGAETH								
10 OED +	**454**	**73**	**6**	**533**	**441**	**71**	**7**	**519**
%	***85.2***	***13.7***	***1.1***	***100.0***	***85.0***	***13.7***	***1.3***	***100.0***

11

Abergwaun (Sir Benfro)

GWENFAIR PARRY

Tref farchnad a phorthladd yng nghwr gogleddol sir Benfro, oddeutu pymtheg milltir o Hwlffordd, yw Abergwaun. Ar ddechrau'r bedwaredd ganrif ar bymtheg yr oedd yn bentref di-nod ac anhygyrch lle'r enillai'r trigolion fywoliaeth fain trwy adeiladu cychod, atgyweirio hwyliau, halltu pysgod, llosgi calch a phlethu cewyll.[1] Cadwai llawer ohonynt gorff ac enaid ynghyd drwy bysgota ac nid peth anarferol oedd gweld eu badau bychain yn dychwelyd i'r harbwr yn Abergwaun Isaf yn gyforiog o fecryll a phenwaig. Diau hefyd fod nifer sylweddol o lanciau'r fro yn ennill eu bara trwy fordwyo, a daeth llawer ohonynt yn feistri ar drin a thrafod llongau hwylio.[2] Yr oedd adeiladu llongau yn ddiwydiant pwysig ym mhorthladd-oedd a chilfachau gorllewin Cymru yn ystod y ddeunawfed ganrif a'r bedwaredd ganrif ar bymtheg, ac er mai â Cheinewydd ac Aberaeron yn sir Aberteifi y cysylltir hyn yn bennaf, gwyddys bod 35 o longau wedi eu hadeiladu yn Abergwaun rhwng 1767 a 1846. *Gwaun Maid* (1846) oedd y llong olaf i'w hadeiladu yn Abergwaun.[3] Slwpiau bychain a chanddynt un hwylbren oedd y llongau hyn gan mwyaf, ond lansiwyd hefyd ychydig o frigiau, brigantîns a sgwneriaid. Yr oedd y llongau hyn yn eiddo i bob math o bobl, gan gynnwys capteiniaid, ffermwyr, morwyr, siopwyr, iwmyn, a hyd yn oed weddwon.[4] Prif gyrchfannau'r llongau oedd baeau a mân borthladdoedd de-orllewin Cymru, ond tramwyent yn ogystal i Fryste ac Iwerddon, a hyd yn oed i Quebec a'r Baltig i ymofyn llwythau o goed.[5] Y prif allforion oedd ceirch, barlys, ymenyn a chaws, ond fel y treiglai'r ganrif yn ei blaen rhoddid mwy o bwys ar fewnforio cwlwm, calchfaen, glo, brics a nwyddau siop.[6] Cyrhaeddodd y

[1] *Fishguard and Goodwick Urban District: The Official Guide* (Croydon, 1957), t. 16.

[2] Eirwyn George (gol.), *Abergwaun a'r Fro* (Llandybïe, 1986), t. 129.

[3] R. S. L. Scott, 'The Port of Fishguard', *PH*, rhif 2 (1986–7), 67.

[4] J. Geraint Jenkins, *Maritime Heritage – The Ships and Seamen of Southern Ceredigion* (Llandysul, 1982), tt. 72–123; R. S. L. Scott, 'Historical, Economic and Urban Geography of Fishguard and Goodwick' (traethawd MA anghyhoeddedig Prifysgol Cymru, 1965), tt. 49, 51.

[5] B. J. George, 'Pembrokeshire Sea-Trading before 1900', *Field Studies*, II, rhif 1 (1964), 1–39; Scott, 'Historical, Economic and Urban Geography of Fishguard and Goodwick', t. 23.

[6] David W. Howell (gol.), *Pembrokeshire County History. Vol. IV. Modern Pembrokeshire 1815–1974* (Haverfordwest, 1993), t. 68.

porthladd benllanw ei brysurdeb yn y 1850au ond, yn sgil dyfodiad y rheilffyrdd a'r galw cynyddol am longau mwy o faint, edwinodd y gweithgaredd morwrol ac aeth y porthladd ar y goriwaered. Adlewyrchir hyn yn ffigurau'r boblogaeth. Rhwng 1801 a 1851 cynyddodd nifer y trigolion o 1,503 i 2,316, ond erbyn 1891 yr oedd wedi gostwng i 1,898. Daeth tro er gwell i'r economi leol yn sgil penderfyniad Cwmni Rheilffordd y Great Western i ddargyfeirio trafnidiaeth Iwerddon o Neyland i Abergwaun, ond ar ddiwedd y ganrif y digwyddodd hynny.[7]

Yn ail hanner y bedwaredd ganrif ar bymtheg, felly, daeth yr economi i ddibynnu fwyfwy ar bwysigrwydd cynyddol Abergwaun fel tref farchnad. Fel hyn y disgrifiwyd y dref ym 1880:

> . . . a parish, a market town, sea port, and parliamentary borough . . . situated on a steep cliff, on the seashore, at the influx of the river Gwaine, which forms a spacious bay, where vessels may ride safely in five or six fathoms of water . . . The town is divided into two portions (the upper and the lower), by the river, over which is a stone bridge of five arches. The upper town occupies the eminence, and includes the greater proportion of the inhabitants, with the church, markethouse, and principal shops; the lower part skirts the estuary, and is principally inhabited by mariners and fishermen. With the exception of a little flannel weaving, no manufactures exist here, corn, butter, and herrings comprising its chief trade.[8]

Canolbwynt y bwrlwm masnachol oedd y sgwâr ar fryncyn Abergwaun Uchaf ac er mai canolfan gwasanaeth digon di-nod ydoedd y pryd hwnnw, yr oedd yno dŷ marchnad, neuadd ddirwest, siopau a thafarnau di-rif, ynghyd ag amryfal adeiladau cyhoeddus megis gorsaf heddlu'r sir, swyddfa bost a swyddfa dreth incwm.[9] Ceid yno hefyd eglwys a ddarparai wasanaethau Cymraeg a Saesneg, a thri chapel Cymraeg a sefydlwyd gan y Bedyddwyr, y Methodistiaid Calfinaidd a'r Annibynwyr.[10] Ond os câi'r iaith a'i diwylliant cysefin achles yn yr addoldai, nid felly yn achos yr ysgolion dyddiol. Trwythid plant y gymdogaeth yn yr iaith Saesneg yn yr ysgol genedlaethol a adeiladwyd ar gyfer bechgyn ym 1850 ac a helaethwyd yn ddiweddarach ar gyfer babanod (1852) a merched (1882).[11]

Nid oes amheuaeth na châi'r iaith frodorol gryn swcwr gan drwch helaeth trigolion Abergwaun. Yn wahanol i dde-orllewin sir Benfro lle'r oedd y Saesneg yn teyrnasu, lleolwyd y dref hon mewn ardal a oedd yn gadarnle i'r iaith Gymraeg

[7] David John Owen, *The Origin and Development of the Ports of the United Kingdom* (ail arg., London, 1948), t. 274; J. P. Morris, *The North Pembrokeshire and Fishguard Railway* (Lingfield, 1969), tt. 17–18.

[8] Dyfynnwyd yn Lewis Lloyd, 'The Ports and Shipping of Cardigan Bay', *Cymru a'r Môr*, rhif 4 (1979), 51.

[9] *Kelly's Directory of Monmouthshire, and the Principal Towns and Places of South Wales* (London, 1891), t. 235.

[10] Ibid.

[11] Ibid.

ac yn warchodfa i'w diwylliant.[12] Ymddengys nad oedd fawr ddim newid wedi bod yn rhediad y ffin neu'r *Landsker* rhwng y ddwy iaith ers dyddiau George Owen o'r Henllys.[13] Yn ôl y Parchedig Thomas Davies: 'Y mae'n wir mai'r Saesneg sydd yn ennill, os dim; ond mae symudiad y llinell hon bron mor araf a graddol ag eiddo llinell glannau y rhan Saesneg o flaen ystormydd môr Iwerddon.'[14] Nodwyd cryfder y Gymraeg a'i diwylliant yn y *Pembrokeshire Herald* ar 6 Tachwedd 1896: 'The inhabitants of north Pembrokeshire are Welsh in language and customs. Welsh only is heard in Nonconformist places of worship; so also in rural Welsh churches. In meetings, political, religious or literary, Welsh is the language mostly employed. It is also the tongue heard along the streets and roads. English as a rule is restricted to the higher classes. Judging from the census reports, I should think that 70 per cent at least of the north Pembrokeshire folk speak Welsh. Their customs are also similar to other Welsh parts. Local eisteddfodau are pretty numerous whilst "monthly meetings" and "cymanfa ganu" are equally prevalent.'[15] Wrth fwrw trem yn ôl ar ei blentyndod yng nghylch Abergwaun ar drothwy'r ugeinfed ganrif, cofiai Rob Lewis pa mor glapiog oedd yr ychydig Saesneg a siaradai ei fam. Yr oedd ganddi stôr o hwiangerddi ac yn Gymraeg y canai bob amser. Cymraeg oedd iaith pob cartref ymron, ac er bod gan y mwyafrif ddigon o grap ar y Saesneg i'w dibenion eu hunain, nid oeddynt mor rhugl ynddi ag yn eu mamiaith.[16] Ym 1906 cyhoeddodd y Parchedig Arthur W. Wade-Evans, brodor o Abergwaun, ysgrif ar dafodiaith, acen a geirfa ei dref enedigol.[17] Ofnai fod peth gwirionedd yn yr honiad mai 'Cwmrag gwâl' a glywid yn Abergwaun oherwydd dylanwad cynyddol Saesneg llafar, a chyfeiriwyd eisoes mewn cyfrol flaenorol yn y gyfres hon at y duedd i 'fewnforio' geiriau a dywediadau Saesneg i borthladdoedd megis Abergwaun.[18] Ond pleidiai Wade-Evans yn gryf y dafodiaith unigryw ('Cwmrag gatre') a glywid ar aelwydydd Abergwaun:

> It is commonly supposed in Fishguard that the Welsh spoken there is poor stuff – Cwmrag gwâl. If this opinion is held because Fishguard Welsh is full of English words, idioms and grammatical forms, then it is a very true one. Thus: 'Ma 'i'n costi four shillings a wechinog i fynd i Swansea' is horrible – Cwmrag gwâl *iawn*. This of course is an extreme example. If, however, Fishguard Welsh is thought to be poor Welsh because it differs from Bible or Book Welsh, then most certainly it is *not* true. Thus:

12 Brian S. John, 'The Linguistic Significance of the Pembrokeshire Landsker', *PH*, 4 (1972), 7.

13 Gwenllian Awbery, *Cymraeg Sir Benfro* (Llanrwst, 1991), t. 7. Gw. hefyd eadem, *Pembrokeshire Welsh: A Phonological Study* (National Museum of Wales, 1986).

14 Thomas Davies, 'Penfro Gymreig a Seisnig ei Phobl', *Y Beirniad*, IV (1914), 233.

15 *Pembrokeshire Herald*, 6 Tachwedd 1896.

16 Rob Lewis, *Brith yw Brethyn Bywyd* (Llandysul, 1980), tt. 15, 35.

17 A. W. Wade-Evans, 'Fishguard Welsh (Cwmrag Abergwaun)', *Transactions of the Guild of Graduates for the Year 1906* (1907), 21–34.

18 Geraint H. Jenkins (gol.), *Y Gymraeg yn ei Disgleirdeb: Yr Iaith Gymraeg cyn y Chwyldro Diwydiannol* (Caerdydd, 1997), tt. 102–3.

Tabl 1: Iaith a leferid gan boblogaethau Abergwaun, Dosbarth Cofrestru Hwlffordd, Sir Benfro a Chymru

(2 flwydd oed a throsodd)

	Nifer				*Canran*			
	Cymraeg	Y Ddwy	Saesneg	Cyfanswm	*Cymraeg*	*Y Ddwy*	*Saesneg*	*Cyfanswm*
Abergwaun[1]	543	739	121	1403	*38.7*	*52.7*	*8.6*	*100.0*
D.C. Hwlffordd[2]	7086	5982	17643	30711	*23.1*	*19.5*	*57.4*	*100.0*
Sir Benfro[3]	13673	10804	51959	76436	*17.9*	*14.1*	*68.0*	*100.0*
Cymru[4]	508036	402253	759416	1669705	*30.4*	*24.1*	*45.5*	*100.0*

1 Hepgorwyd 17 unigolyn nad oeddynt wedi nodi eu gallu ieithyddol.
2 Hepgorwyd 226 nad oeddynt wedi nodi eu gallu ieithyddol ac 19 a siaradai ieithoedd eraill.
3 Hepgorwyd 1,684 nad oeddynt wedi nodi eu gallu ieithyddol a 43 a siaradai ieithoedd eraill.
4 Hepgorwyd 12,833 nad oeddynt wedi nodi eu gallu ieithyddol a 3,076 a siaradai ieithoedd eraill.

> 'Ma'r wên yn ware ar y porfa' is as real Welsh as 'Mae yr oen yn chwareu ar y glaswellt' – the difference being that the first is a sub-dialect of Dimetian Welsh spoken but never written, whilst the latter, the Welsh of the Bible, is the standard literary Welsh recognised in every part of Wales whatever the local dialect may be.[19]

Fel y dengys y casgliad gwych o dermau lleol Cwm Gwaun yng nghyfrol y Parchedig Meredith Morris, *A Glossary of Demetian Dialect* (1910), ymhyfrydai trigolion Abergwaun a'r cyffiniau yn eu tafodiaith.[20] Honnwyd bod ysbryd Cymreig cynhwynol yn ffynnu ymhlith y trigolion hŷn mor ddiweddar â'r 1930au, ac os oedd yr iaith yn graddol ddiflannu oddi ar wefusau plant erbyn y cyfnod hwnnw, dengys tystiolaeth y cyfrifiad nad oedd y famiaith dan warchae ym 1891.[21]

Dengys Tabl 1 fod cynifer â 1,282 (91.4 y cant) o'r 1,403 a oedd yn 2 flwydd oed neu yn hŷn yn siarad Cymraeg, a bod 543 (38.7 y cant) ohonynt yn Gymry uniaith. Siaredid y Gymraeg gan naw o bob deg o drigolion Abergwaun o'u cymharu â phump o bob deg ledled Cymru a thri o bob deg yn sir Benfro. Ond er mai nifer cymharol fychan o bobl a oedd yn ddi-Gymraeg, y mae'n arwyddocaol fod mwy na hanner y trigolion yn ddwyieithog, cyfran a oedd bron teirgwaith yn uwch na'r un gyfatebol gogyfer â Dosbarth Cofrestru Hwlffordd. Yr oedd hon, felly, yn gymdeithas Gymraeg lle'r oedd dwyieithrwydd yn prysur ennill tir, a chan fod nifer lew o'r brodorion yn ymgyfathrachu yn rheolaidd â masnachwyr o dde-orllewin Lloegr ac Iwerddon, yr oedd y fath ddatblygiad yn anochel.

19 Wade-Evans, 'Fishguard Welsh', 22.
20 Gw. Awbery, *Pembrokeshire Welsh*, passim.
21 *Fishguard and Goodwick: Official Guide* (Cheltenham, 1935), t. 6.

Tabl 2: Iaith a leferid yn ôl oedran
(2 flwydd oed a throsodd)

Oed	Nifer Cymraeg	Y Ddwy	Saesneg	Cyfanswm	*Canran Cymraeg*	*Y Ddwy*	*Saesneg*	*Cyfanswm*
2–5	85	41	13	139	*61.2*	*29.5*	*9.3*	*100.0*
6–14	120	155	25	300	*40.0*	*51.7*	*8.3*	*100.0*
15–24	70	133	19	222	*31.5*	*60.0*	*8.5*	*100.0*
25–44	97	186	31	314	*30.9*	*59.2*	*9.9*	*100.0*
45–64	107	139	27	273	*39.2*	*50.9*	*9.9*	*100.0*
65+	64	85	6	155	*41.3*	*54.8*	*3.9*	*100.0*
Cyfanswm	**543**	**739**	**121**	**1403**	***38.7***	***52.7***	***8.6***	***100.0***

Diau hefyd i'r gyfundrefn addysg hybu lledaeniad dwyieithrwydd ymhlith yr ifanc a hynny, yn ôl pob tebyg, gyda chefnogaeth rhieni a dybiai mai Saesneg oedd iaith cyfle a dyrchafiad. Dengys Tabl 2 fod bron deuparth y plant nad oeddynt eto wedi dechrau mynd i'r ysgol (2–5 oed) yn uniaith Gymraeg, ffaith sy'n tystio i gadernid y famiaith ar yr aelwyd ac i'r parch a roddid iddi yn yr ysgol Sul. Ond os Cymraeg oedd iaith yr ysgolion Sul, Saesneg oedd iaith yr ysgolion dyddiol. Nid oedd yn syndod, felly, fod cynifer â 51.7 y cant o blant rhwng 6 a 14 oed yn medru'r ddwy iaith, o'u cymharu â 29.5 y cant o'r plant iau. Y mae hyn yn cydweddu â'r dystiolaeth a geir ynglŷn â gallu ieithyddol y plant a gofnodwyd yn ddisgyblion ysgol: yr oedd 55 (36.4 y cant) yn Gymry uniaith, 86 (57.0 y cant) yn ddwyieithog, a 10 (6.6 y cant) yn uniaith Saesneg. Parai cyfleoedd economaidd lleol fod y ganran a siaradai'r ddwy iaith yn cyrraedd uchafbwynt yn achos pobl ifainc ac oedolion rhwng 15 a 44 oed, cyn gostwng rhyw gymaint fel yr heneiddiai'r boblogaeth. Nifer cymharol fychan o'r trigolion, boed hen neu ifanc, a siaradai Saesneg yn unig ac, o gofio bod aelodau o deuluoedd rhai ohonynt yn Gymry uniaith, rhaid amau cywirdeb eu datganiadau ieithyddol. Yn Wallis Street, er enghraifft, trigai James Howells, labrwr 58 oed o Martletwy. Saesneg yn unig a siaradai ef, ond yr oedd ei wraig a'i blentyn ieuengaf, a aned yn Abergwaun, wedi eu cofnodi yn uniaith Gymraeg. Cymdeithas oedd hon, felly, lle'r oedd pwysau cynyddol ar y trigolion i fod yn ddwyieithog ond lle'r oedd y famiaith, er hynny, yn tra-arglwyddiaethu. Yn wir, yn achos pob grŵp oedran, yr oedd rhagor na 90 y cant o'r brodorion yn siarad Cymraeg.

Yr oedd dwyieithrwydd ar gynnydd yn y gymdogaeth ac er bod gallu ieithyddol gwrywod a menywod yn debyg iawn i'w gilydd, dengys Tabl 3 ei fod yn amrywio rhyw gymaint yn ôl grŵp oedran. Y mae'r niferoedd yn rhy fychan i warantu casgliadau dibynadwy yn achos y plant lleiaf, ond gwelir bod cyfran uwch o fechgyn rhwng 6 a 14 oed yn ddwyieithog nag o ferched: o'r 74 o fechgyn a gofrestrwyd yn ddisgyblion ysgol yr oedd 46 (62.2 y cant) yn ddwyieithog, o'u

Tabl 3: Iaith a leferid yn ôl oedran a rhyw

(2 flwydd oed a throsodd)

Oed	Rhyw	Nifer Cymraeg	Y Ddwy	Saesneg	Cyfanswm	*Canran Cymraeg*	*Y Ddwy*	*Saesneg*	*Cyfanswm*
2–5	G	44	16	9	69	*63.8*	*23.2*	*13.0*	*100.0*
	B	41	25	4	70	*58.6*	*35.7*	*5.7*	*100.0*
6–14	G	59	76	6	141	*41.8*	*53.9*	*4.3*	*100.0*
	B	61	79	19	159	*38.4*	*49.7*	*11.9*	*100.0*
15–24	G	31	54	8	93	*33.3*	*58.1*	*8.6*	*100.0*
	B	39	79	11	129	*30.2*	*61.2*	*8.5*	*100.0*
25–44	G	36	70	19	125	*28.8*	*56.0*	*15.2*	*100.0*
	B	61	116	12	189	*32.3*	*61.4*	*6.3*	*100.0*
45–64	G	36	62	13	111	*32.4*	*55.9*	*11.7*	*100.0*
	B	71	77	14	162	*43.8*	*47.5*	*8.6*	*100.0*
65+	G	23	45	1	69	*33.3*	*65.2*	*1.4*	*100.0*
	B	41	40	5	86	*47.7*	*46.5*	*5.8*	*100.0*
	G	**229**	**323**	**56**	**608**	***37.7***	***53.1***	***9.2***	***100.0***
Cyfanswm	**B**	**314**	**416**	**65**	**795**	***39.5***	***52.3***	***8.2***	***100.0***

Tabl 4: Iaith a leferid yn ôl man geni

(2 flwydd oed a throsodd)[1]

Man geni	Nifer Cymraeg	Y Ddwy	Saesneg	Cyfanswm	*Canran Cymraeg*	*Y Ddwy*	*Saesneg*	*Cyfanswm*
Sir Benfro	516	668	80	1264	*40.8*	*52.8*	*6.3*	*100.0*
Sir Forgannwg	10	18	3	31	*32.2*	*58.1*	*9.7*	*100.0*
Sir Aberteifi	7	15	1	23	*30.4*	*65.2*	*4.3*	*100.0*
Sir Gaerfyrddin	4	12	2	18	*22.2*	*66.7*	*11.1*	*100.0*
Sir Fynwy	1	6	–	7	*14.3*	*85.7*	–	*100.0*
Sir Frycheiniog	–	4	2	6	–	*66.7*	*33.3*	*100.0*
Sir Ddinbych	–	1	2	3	–	*33.3*	*66.7*	*100.0*
Sir Y Fflint	–	2	–	2	–	*100.0*	–	*100.0*
Sir Drefaldwyn	–	1	–	1	–	*100.0*	–	*100.0*
Lloegr	–	8	21	29	–	*27.6*	*72.4*	*100.0*
Eraill[2]	–	4	8	12	–	*33.3*	*66.7*	*100.0*
Cyfanswm	**538**	**739**	**119**	**1396**	***38.5***	***52.9***	***8.5***	***100.0***

[1] Hepgorwyd 7 nad oeddynt wedi nodi eu man geni.

[2] Man geni: Yr Alban 4, Iwerddon 2, Rwsia 2, Chile 2, Barbados 1, Awstralia 1.

cymharu â 40 (51.9 y cant) o ferched allan o gyfanswm o 77. Y mae'n arwyddocaol hefyd fod cyfran uwch o ddynion nag o ferched yn siarad Saesneg yn y grwpiau oedran dros 24 oed. O gofio bod cysylltiadau ac amgylchiadau cymdeithasol y rhywiau yn dra gwahanol, nid yw hynny yn syndod. Dim ond 195 (29.6 y cant) o'r menywod 10 oed neu hŷn a oedd yn gweithio, ac yr oedd 126 (64.6 y cant) o'r rheini naill ai yn forynion neu yn wniadwragedd yn yr ardal. Cadw tŷ oedd gorchwyl y gweddill, a chan fod eu bywyd yn troi o gwmpas yr aelwyd, y capel a'r gymdogaeth, yr oedd eu rhwydweithiau cymdeithasol yn dra chyfyng a'u hymlyniad wrth y Gymraeg yn gryfach. Yr oedd cynifer â 323 (69.2 y cant) o'r dynion, ar y llaw arall, yn gyflogedig, a chan fod un o bob deg ohonynt yn forwyr a llawer wedi gadael eu cynefin i geisio bywoliaeth, hawdd deall paham yr oedd 60 y cant o'r boblogaeth a oedd rhwng 25 a 64 oed yn ferched. Gan hynny, yr oedd cysylltiadau cymdeithasol a phrofiad gwaith y gwrywod yn fwy amrywiol a'r iaith Saesneg yn fwy cyfarwydd iddynt. Y mae'n arwyddocaol hefyd fod cyfran uwch o ddynion yn uniaith Saesneg nag o ferched yn y grwpiau oedran gwaith (h.y. rhwng 25 a 64 oed). Diau mai eu man geni a oedd yn bennaf cyfrifol am hynny. Hanai 15 (46.9 y cant) o'r dynion o'r tu hwnt i Gymru o'u cymharu â 6 (23.1 y cant) o ferched.

Serch hynny, yr oedd cynifer â 1,264 (90.5 y cant) o drigolion Abergwaun yn frodorion o sir Benfro ac, fel y dengys Tabl 4, yr oedd 1,184 (93.7 y cant) ohonynt yn siarad Cymraeg. Er mai lleiafrif bychan a siaradai Saesneg yn unig, fe dâl inni gofio bod dros hanner y boblogaeth gyfan yn ddwyieithog. Y mae'n werth nodi hefyd fod 862 (68.2 y cant) o'r rheini a oedd â'u gwreiddiau yn y sir wedi eu geni yn Abergwaun, a bod 94.9 y cant ohonynt hwythau yn Gymry Cymraeg. Dim ond 91 (6.5 y cant) o'r boblogaeth a hanai o weddill Cymru – yn bennaf o siroedd Morgannwg, Aberteifi a Chaerfyrddin – ac yr oedd cyfran uwch o'r mewnfudwyr hyn (75.8 y cant) yn meddu gwybodaeth o'r iaith Saesneg. Eto i gyd, o Loegr yr hanai trwch helaeth y trigolion di-Gymraeg. Deuai'r rhan fwyaf o swyddi Caerloyw, Caerhirfryn a Dyfnaint, ac yr oedd yr iaith frodorol y tu hwnt i amgyffred tri o bob pedwar ohonynt. Gan fod pob un o'r newydd-ddyfodiaid di-Gymraeg yn byw mewn cartrefi lle'r oedd pawb yn siarad Saesneg a'u cymdeithas fabwysiedig yn prysur droi yn ddwyieithog, nid oedd nemor ddim pwysau arnynt i gael eu cymathu yn ieithyddol ac yn ddiwylliannol. Y mae'n arwyddocaol hefyd fod tri o'r rheini a fedrai'r iaith frodorol wedi priodi Cymry lleol a bod dau arall o dras Gymreig. Yr oedd deuddeg unigolyn a hanai o wledydd eraill hefyd yn byw yn y gymdogaeth. Deuent o wledydd mor amrywiol â'r Alban, Iwerddon, Rwsia, Barbados, Chile ac Awstralia, ac yr oedd y pedwar a oedd yn ddwyieithog naill ai wedi byw yn y gymdogaeth am o leiaf ddeng mlynedd ar hugain neu wedi dychwelyd at eu teuluoedd yn Abergwaun.

Dengys y cyfrifiad nad oedd y Gymraeg mewn argyfwng ar aelwydydd y gymdogaeth. O'r 398 tylwyth a geid yno, yr oedd 337 (84.7 y cant) yn dylwythau Cymraeg lle'r oedd pawb yn siarad y famiaith ac, yn achos 118 (29.6 y cant)

Tabl 5: Iaith a leferid yn ôl perthynas â'r penteulu

(2 flwydd oed a throsodd)

Perthynas â'r penteulu	Nifer Cymraeg	Y Ddwy	Saesneg	Cyfanswm	*Canran Cymraeg*	*Y Ddwy*	*Saesneg*	*Cyfanswm*
Penteuluoedd	133	221	28	382	*34.8*	*57.9*	*7.3*	*100.0*
Gwragedd	80	96	13	189	*42.3*	*50.8*	*6.9*	*100.0*
Plant[1]	242	289	42	573	*42.2*	*50.4*	*7.3*	*100.0*
Perthnasau	36	44	16	96	*37.5*	*45.8*	*16.7*	*100.0*
Gweision/morynion	32	53	6	91	*35.2*	*58.2*	*6.6*	*100.0*
Byrddwyr/lletywyr	16	31	13	60	*26.7*	*51.7*	*21.7*	*100.0*
Ymwelwyr	4	1	3	8	*50.0*	*12.5*	*37.5*	*100.0*
Eraill[2]	–	4	–	4	–	*100.0*	–	*100.0*
Cyfanswm	**543**	**739**	**121**	**1403**	***38.7***	***52.7***	***8.6***	***100.0***

[1] Gan gynnwys plant maeth a llysblant.
[2] 2 brentis a 2 gynorthwywr.

ohonynt, hi oedd yr unig gyfrwng cyfathrebu. Dim ond mewn 12 (3.0 y cant) o gartrefi y siaredid Saesneg yn unig, ac er bod pob aelod yn medru'r iaith honno mewn 195 (49.0 y cant) o gartrefi, yr oedd 139 ohonynt yn gartrefi dwyieithog lle y siaredid y ddwy iaith gan bawb. A hithau'n gymuned lle'r oedd llewyrch ar y Gymraeg a'i diwylliant, ni ellir llai na chredu mai'r iaith frodorol a ddefnyddid beunydd beunos ar yr aelwydydd dwyieithog hyn. O safbwynt eu maint a'u cyfansoddiad, nid oedd dim yn anarferol am dylwythau'r dref. Yr oedd 237 (59.5 y cant) ohonynt yn cynnwys rhwng tri a saith aelod, ond pedwar a geid ar gyfartaledd ym mhob tŷ. Gan mai dim ond 146 (36.7 y cant) o anheddau'r gymdogaeth a oedd â llai na phum ystafell, nid oedd gordyrru yn rhemp. Yr uned gymdeithasol sylfaenol oedd y teulu cnewyllol, ac yr oedd cynifer â 250 (63.9 y cant) o deuluoedd y gymdogaeth yn cydymffurfio â'r patrwm hwnnw. Yr oedd 210 ohonynt yn barau priod a chanddynt blant a'r gweddill yn ddi-blant. Ceid yn ogystal 69 o bobl a oedd yn byw ar eu pen eu hunain a hefyd 72 o deuluoedd estynedig. At hynny, yr oedd cynifer â 101 (25.4 y cant) o dylwythau yn cynnwys aelodau nad oeddynt yn perthyn i'r penteulu. Fel cyfanswm, yr oeddynt yn ffurfio 11.6 y cant o'r boblogaeth – 6.5 y cant yn weision neu yn forynion, 4.3 y cant yn fyrddwyr neu letywyr, 0.5 y cant yn ymwelwyr, a 0.3 y cant yn brentisiaid ac yn gynorthwywyr.

Y bobl nad oedd ganddynt gysylltiadau teuluol amlwg, oherwydd eu mudoledd a lluosogrwydd eu cysylltiadau, a oedd fwyaf tebygol o ddwyn dylanwadau estron i mewn i'r gymdeithas. Dengys Tabl 5 fod cyfran gymharol uchel (58.2 y cant) o forynion y gymdogaeth yn ddwyieithog, ac o gofio bod pob un ohonynt yn ennill eu bywoliaeth mewn cartrefi dosbarth-canol lle y siaredid y ddwy iaith, nid oedd hynny yn rhyfedd yn y byd. Ystyrier, er enghraifft, Margaret Edwards, morwyn 20 oed o Eglwyswrw yn sir Benfro a oedd yn gweini ar Thomas Bennett, masnachwr gwin a gwirodydd o waelod y sir. Yr oedd ef a'i wraig, a hanai o Abergwaun, yn ddwyieithog ond er bod ei blant wedi eu geni a'u magu yn y dref, fe'u cofnodwyd yn ddi-Gymraeg. Diau, felly, mai Saesneg oedd iaith yr aelwyd, a go brin y gallai Margaret Edwards fod wedi osgoi dysgu geiriau ac ymadroddion yn yr iaith honno. Chwe morwyn yn unig a oedd heb fedru'r Gymraeg (pedair o sir Benfro a dwy o Loegr), a chan fod pedair ohonynt yn gweithio ar aelwydydd dwyieithog, y mae'n bosibl iddynt fod yn fodd i Seisnigo'r aelwydydd hynny.

Yr oedd byrddwyr a lletywyr, hwythau, yn fwy tebygol o fedru siarad Saesneg. Fe'i siaredid gan 44 (73.3 y cant) ohonynt ac yr oedd 31 (70.5 y cant) o'r rheini yn ddwyieithog a 13 (29.5 y cant) yn uniaith Saesneg. Lletyent gan amlaf yng nghartrefi'r mân wŷr busnes ac yr oeddynt yn bresennol ar 43 (10.8 y cant) o aelwydydd y gymdogaeth. Chwech ar hugain oedd eu hoedran ar gyfartaledd, ac er bod 18 (30.0 y cant) ohonynt yn briod neu yn weddwon, yr oedd cynifer â 42 (70.0 y cant) yn ddibriod. Merched oedd 34 (56.7 y cant) ohonynt ac yr oedd cyfran helaeth (33 neu 55.0 y cant) naill ai yn blant neu yn dlodion neu yn bobl a oedd wedi ymddeol. Yr oedd 28.3 y cant arall yn wŷr proffesiynol ac yn gynhyrchwyr ac, o bosibl, wedi ymgyfarwyddo â'r iaith Saesneg yn y gweithle. Er bod cynifer â 37 (61.7 y cant) â'u gwreiddiau yn sir Benfro a 23 (62.2 y cant) o'r rheini yn siarad Saesneg, deuai'r gyfran uchaf o siaradwyr Saesneg o'r tu allan i'r sir. Yn wir, yr oedd deuddeg o'r pedwar ar ddeg a hanai o weddill Cymru, a phob un o'r naw a aned yn Lloegr, Iwerddon a'r Alban, yn siarad Saesneg. Gan fod pob un o'r lletywyr dwyieithog yn byw gyda theuluoedd Cymraeg eu hiaith, go brin y gellir dweud iddynt wanychu Cymreictod y teuluoedd hynny. Efallai, yn wir, iddynt gyfnerthu eu hymrwymiad i'w hiaith a'u hetifeddiaeth ddiwylliannol. Trigai pob un o'r lletywyr uniaith Saesneg mewn cartrefi lle y siaredid y Gymraeg, trefniant a fu'n foddion nid yn unig i newid iaith yr aelwyd, ond hefyd o bosibl i gynefino'r lletywyr â seiniau'r iaith frodorol. Carfan arall a oedd â rhwydweithiau mwy agored oedd yr ymwelwyr. Dim ond wyth a gofrestrwyd yng nghyffiniau Abergwaun ac yr oedd eu hanner yn medru siarad Saesneg. Yn eu plith yr oedd tri o yrwyr cerbydau o Hampshire, Wiltshire a Surrey. Lletyent gyda theulu dwyieithog Gwynne Jones, saer coed a drigai yn Hotipas Street.

Er gwaethaf presenoldeb pobl nad oedd ganddynt gysylltiadau teuluol amlwg, parhâi'r Gymraeg yn gadarn yng nghartrefi Abergwaun. Dengys Tabl 5 fod cynifer â 92.7 y cant o blant y gymdogaeth yn siarad yr iaith, a bod 42.2 y cant ohonynt yn ddi-Saesneg. Nid oedd hyn yn syndod oherwydd yr oedd 114 (90.5 y cant) o'r parau priod a oedd â phlant yn siarad Cymraeg. Ymddengys, felly, na fu'r briodas gymysg yn fodd i danseilio'r famiaith yn y dref hon. Ym 1910 sylwyd mai pur anfynych yr âi llanciau sir Benfro y tu hwnt i'w cynefin i ymorol am wragedd, ac er bod tramorwyr yn ymweld ag Abergwaun yn rheolaidd, dim ond tair ar ddeg o briodasau rhwng cymheiriaid o wahanol allu ieithyddol a gofrestrwyd yn y

Tabl 6: Iaith plant (2 flwydd oed a throsodd) o deuluoedd lle'r oedd rhieni uniaith a dwyieithog

Gallu ieithyddol y rhieni		Gallu ieithyddol y plant Nifer yr aelwydydd					*Gallu ieithyddol y plant Canran*				
Tad	Mam	Cymraeg	Y Ddwy	Saesneg	Cymysg	Cyfanswm	*Cymraeg*	*Y Ddwy*	*Saesneg*	*Cymysg*	*Cyfanswm*
C	C	45	2	–	1	48	*93.8*	*4.2*	–	*2.0*	*100.0*
C	D	1	–	–	–	1	*100.0*	–	–	–	*100.0*
D	C	5	2	–	–	7	*71.4*	*28.6*	–	–	*100.0*
D	D	7	41	4	6	58	*12.1*	*70.7*	*6.9*	*10.3*	*100.0*
D	S	–	1	–	–	1	–	*100.0*	–	–	*100.0*
S	D	–	1	–	2	3	–	*66.7*	–	*33.3*	*100.0*
S	S	–	1	5	1	7	–	*14.3*	*71.4*	*14.3*	*100.0*
S	C	–	–	–	1	1	–	–	–	*100.0*	*100.0*
Cyfanswm		**58**	**49**	**9**	**10**	**126**	***46.0***	***38.9***	***7.1***	***7.9***	***100.0***

C/Cymraeg: uniaith Gymraeg; D/Y Ddwy: dwyieithog; S/Saesneg: uniaith Saesneg; Cymysg: unrhyw gyfuniad o siaradwyr uniaith Gymraeg, siaradwyr dwyieithog a siaradwyr uniaith Saesneg ar yr un aelwyd.

cyfrifiad.[22] Gan hynny, yr oedd patrymau priodi'r gymdogaeth yn cyfnerthu Cymreictod y trigolion: yr oedd 60 (96.8 y cant) o wŷr uniaith Gymraeg wedi priodi gwragedd uniaith Gymraeg ac, yn yr un modd, 81 (84.4 y cant) o wŷr dwyieithog wedi priodi gwragedd dwyieithog. Dengys Tabl 6 na cheid odid ddim llithriad ieithyddol ar aelwydydd lle'r oedd y ddau riant yn Gymry uniaith. Ar gynifer â 45 (93.8 y cant) o'r aelwydydd hynny yr oedd Saesneg yn estroniaith, a dim ond ar dair ohonynt yr oedd y plant, neu o leiaf y rhai hŷn, yn medru siarad Saesneg. Unwaith yr oedd gan un rhiant Cymraeg ei iaith afael ar y Saesneg, yr oedd cyfran uwch o'r plant yn dod yn gyfarwydd â hi, ac felly yr oedd hi ar ddwy o'r wyth aelwyd lle y ceid un rhiant dwyieithog ac un uniaith Gymraeg. Mewn cartrefi lle'r oedd y ddau riant yn ddwyieithog, yr oedd trosglwyddiad y Saesneg yn fwy amlwg eto, gyda phlant yn 51 (87.9 y cant) o'r cartrefi hynny yn ei medru. Ceir hefyd dystiolaeth o newid ieithyddol pendant oherwydd ym mhedwar o'r cyfryw gartrefi, yr oedd y plant yn ddi-Gymraeg. Diau, felly, fod eu rhieni yn ddibris eu hagwedd at yr iaith frodorol ac yn tybio, o bosibl, na fyddai o gymorth iddynt i ennill swyddi ym myd masnach a diwydiant. Y mae'n arwyddocaol hefyd fod y penteuluoedd yn wŷr proffesiynol ac yn fasnachwyr – pobl a oedd, at ei gilydd, yn fwy tebygol o bleidio rhinweddau'r Saesneg. Dim ond ar bum aelwyd y siaredid y Gymraeg gan un rhiant yn unig, ac ar ddwy o'r aelwydydd hynny yr oedd y plant yn ddwyieithog. Mewn dau o gartrefi lle'r oedd y tad yn ddi-Gymraeg a'r plant o allu ieithyddol cymysg, yr oedd y plant ieuengaf yn Gymry uniaith a'r rhai hŷn yn medru'r ddwy iaith – prawf, bid sicr, o ddylanwad y fam ar

[22] T. L. Evans, *The People of Pembrokeshire* (Tenby, 1910), t. 22.

fagwraeth a gallu ieithyddol ei phlant. Gan na cheid nemor ddim mewnfudwyr o Loegr yn yr ardal, prin iawn oedd y cartrefi lle'r oedd y ddau riant yn ddi-Gymraeg. Saith o aelwydydd o'r fath a geid yn y gymdogaeth ac yr oedd y plant ar bump o'r rheini hefyd yn uniaith Saesneg. Gan mai Saesneg oedd iaith yr aelwyd a'r ysgol, dichon nad oedd rheidrwydd arnynt i ddysgu siarad Cymraeg. Eto i gyd, cofnodwyd plant Frederick Pratt o Torquay a phlant Thomas Williams o Hwlffordd (neu'r rhai hynaf yn eu plith o leiaf) yn ddwyieithog.

Dengys Tabl 7 fod 518 (46.0 y cant) o drigolion Abergwaun yn gyflogedig. Gan fod i'r dref nodweddion mordwyol pwysig, nid oedd yn syndod fod bywoliaeth 41 (12.7 y cant) o'r gwrywod yn annatod glwm wrth forwriaeth a'r diwydiannau a oedd yn gysylltiedig â'r môr. Yr oedd chwech yn gapteiniaid, deg ar hugain yn forwyr neu yn stiwardiaid, tri yn bysgotwyr, un yn swyddog tollau ac un arall yn wneuthurwr hwyliau. Cymry Cymraeg oeddynt oll, ac eithrio un. Ganed 40 (97.6 y cant) ohonynt yng Nghymru – 38 yn sir Benfro, un yn sir Fynwy ac un yn sir Aberteifi. Y mae'n werth nodi hefyd i gynifer â 31 gael eu geni yn nhref Abergwaun. Eto i gyd, y mae'n amlwg fod y Saesneg yn angenrheidiol ar gyfer eu gwaith oherwydd yr oedd 28 ohonynt yn ddwyieithog, yn eu plith y gwneuthurwr hwyliau, y swyddog tollau a'r capteiniaid i gyd. Yr oedd deuparth y morwyr cyffredin hefyd yn siarad Saesneg, ond nid oedd hynny'n wir am ddau o'r tri physgotwr a gofnodwyd. Un Sais yn unig a oedd yn eu plith, sef Simon Blank, stiward llong (41 oed) o Ddyfnaint a oedd yn briod â gwraig (29 oed) ddwyieithog o Abergwaun.

Câi anghenion beunyddiol y trigolion eu diwallu gan lu o adeiladwyr, crefftwyr a masnachwyr. Yn achos pob un o'r carfanau hyn yr oedd oddeutu 90 y cant yn siarad Cymraeg a rhagor nag 85 y cant â'u gwreiddiau yn sir Benfro. Ond yr oedd hefyd wahaniaethau rhyngddynt. Dengys y cyfrifiad fod y rhai a weithiai yn y sector adeiladu yn fwy ymrwymedig i'r iaith frodorol na'r sectorau eraill. Er bod 17 (39.5 y cant) ohonynt yn ddwyieithog, yr oedd 25 (58.1 y cant) yn parhau yn uniaith Gymraeg, ac un yn unig, sef Thomas Andrews, saer coed o Fanceinion a letyai yn Hamilton Street, a oedd yn uniaith Saesneg. Gan mai dyma'r cyfnod pryd yr oedd llawer o grefftwyr yn dechrau sefydlu busnesau, yr oedd cyfran uwch o gynhyrchwyr yn gynefin â'r Saesneg. Fe'i siaredid gan 86 (66.1 y cant) ohonynt ac o'r rheini yr oedd 80 yn ddwyieithog a 6 yn ddi-Gymraeg. Oherwydd y cyfathrachu a'r cyd-gyfnewid beunyddiol ym myd masnach, yr oedd cysylltiadau siopwyr a thafarnwyr y gymdogaeth yn fwy lluosog eto. Yr oedd yn naturiol, felly, mai yn eu plith hwy y ceid y gyfran helaethaf o siaradwyr Saesneg. Yn wir, dim ond 14 (17.5 y cant) ohonynt a gofrestrwyd yn uniaith Gymraeg. Ymhlith yr un ar ddeg a siaradai Saesneg yn unig yr oedd gwerthwr papurau newydd a thafarnwraig o Hwlffordd, gwerthwr nwyddau haearn o sir Ddinbych, a gwestywr o swydd Gaerloyw. O gofio bod gwragedd a phlant rhai ohonynt yn ddwyieithog a bod y Gymraeg i'w chlywed yn y gymdeithas o'u cwmpas, y mae'n anodd derbyn bod y famiaith yn gwbl ddieithr iddynt.

Dengys cyfarwyddiaduron masnach y cyfnod fod dau fanc yn y cyffiniau, sef Lloyds Bank, a reolid gan Gwynne Austin Roberts, a'r London and Provincial Bank, dan oruchwyliaeth James William Quilter. Y mae'n rhaid bod y Saesneg yn anhepgor yn y sefydliadau hyn. Er mai dim ond un ariannwr a gofnodwyd yn y cyfrifiad, yr oedd yr ariannwr hwnnw yn frodor dwyieithog o dref Caerfyrddin. Yr oedd y casglwr yswiriant a'r swyddog treth incwm hefyd yn hyddysg yn yr iaith Saesneg, y naill yn frodor dwyieithog o Dremarchog yn sir Benfro, a'r llall yn Sais uniaith o Newark yn swydd Nottingham. Yn y swyddfa bost hefyd, yr oedd yn rhaid wrth y ddwy iaith. Ac eithrio William Johnston, negesydd 15 oed a siaradai'r famiaith yn unig, yr oedd y postfeistr, y postmon a chlerc y post yn frodorion dwyieithog o sir Benfro ac, yn achos dau ohonynt, yr oedd eu teuluoedd yn uniaith Gymraeg – prawf, o bosibl, mai yn y gweithle y dysgasant siarad Saesneg ac mai yno yn unig y'i defnyddient. Yn ôl y disgwyl, nid oedd yr un Cymro uniaith yn gweithio ym maes llywodraeth leol nac yn yr heddlu. Ganed Peter Lewis, y cofrestrydd genedigaethau a marwolaethau, a James Gwynne, y casglwr trethi, yn y cyffiniau, a siaradent y ddwy iaith. Yr oedd yr heddwas, a hanai o Lanfyrnach yn sir Benfro, a'r dirprwy brif gwnstabl, brodor o Landyfaelog yn sir Gaerfyrddin, hefyd yn ddwyieithog, ond Saesneg yn unig a siaradai'r rhingyll, Joseph Phillips. Ganed ef a gweddill ei deulu di-Gymraeg yn Hwlffordd, a chan mai dim ond 2 flwydd oed oedd ei blentyn ieuengaf, gellir tybio nad oedd y teulu wedi byw yn y gymdogaeth yn ddigon hir i fedru cofnodi eu bod yn ddwyieithog.

Yr oedd y rheini a atebai alwadau cyfreithiol, meddygol, addysgol ac ysbrydol y trigolion bron yn ddieithriad yn siaradwyr Saesneg. O'r 32 a drigai yn y gymdogaeth, yr oedd 5 (15.6 y cant) yn ddi-Gymraeg, 26 (81.3 y cant) yn ddwyieithog ac un yn ddi-Saesneg. Y Cymro uniaith oedd Stephen Howell, myfyriwr 21 oed a drigai gyda'i deulu uniaith yn West Street. O gofio mai Saesneg oedd cyfrwng addysg y colegau, a bod ei dad yn cadw siop groser a nwyddau haearn yn y dref, y mae'n annhebygol fod y Saesneg yn estron iddo. Ymhlith y rhai a gyfrifwyd yn ddi-Gymraeg yr oedd cyfreithiwr ifanc o dde sir Benfro, meddyg o Wlad yr Haf a oedd yn briod â menyw uniaith Saesneg o Barbados, a thri athro, gan gynnwys James Drew, prifathro yr ysgol genedlaethol, a hanai o swydd Warwick. Brodor o sir Benfro oedd John Morgan Owen, un o feddygon dwyieithog yr ardal, a gŵr o gryn statws a oedd hefyd yn swyddog meddygol Undeb Hwlffordd. Yr oedd ei wraig, a hanai o sir Gaerfyrddin, hefyd yn ddwyieithog, ond rhaid eu bod yn ystyried y Gymraeg yn iaith israddol oherwydd cofnodwyd eu plant yn uniaith Saesneg.

Glynai ffermwyr y gymdogaeth yn fwy dygn wrth eu mamiaith na'r carfanau eraill. Ganed 15 o'r 17 a gofrestrwyd yn sir Benfro, ac yr oedd cynifer â 13 ohonynt (76.5 y cant) yn Gymry uniaith. Nid oedd yr un ffermwr di-Gymraeg yn eu plith, a dim ond pedwar a fedrai gyfathrebu yn Saesneg. Hwyrach fod cysylltiadau'r pedwar hyn yn fwy niferus nag eiddo'r gweddill. Treuliodd y weddw, Maria Morgan, a drigai yn 'Hotipas House', beth o'i hoes yn Awstralia a ganed ei merch, Emma, a oedd hefyd yn amaethu, yn Castlemaine yn y wlad honno. Y ffermwyr dwyieithog eraill oedd Walter Williams, Cefn-y-dref, a aned yn Chile, a John Lloyd, Plas-y-fron, brodor o Gas-fuwch yn sir Benfro a oedd hefyd wedi byw yn Spital a Nyfer yn y sir honno. Y Gymraeg a deyrnasai yn y sector gwasanaethau cartref hefyd; fe'i siaredid gan 105 (90.5 y cant) o gyflogedigion y sector hwnnw, ond yr oedd 59 (50.9 y cant) ohonynt yn ddwyieithog, 36 o'r rheini yn forynion a oedd yn gweini yng nghartrefi dosbarth-canol y gymdogaeth.

At ei gilydd, felly, nid oedd lle i bryderu ynghylch dyfodol y Gymraeg fel cyfrwng llafar yn Abergwaun. Hi a deyrnasai yn y cartref a'r gweithle, yn y capel ac yn niwylliant poblogaidd yr ardal, ac i naw o bob deg ohonynt, hi oedd iaith eu bywyd beunyddiol. Ond er bod y gymdeithas yn gadarn ei Chymreictod, a bod ymsefydlwyr o Loegr a phriodasau cymysg yn dra phrin, yr oedd rhagor na hanner y Cymry Cymraeg yn medru'r Saesneg yn ogystal, ac yn achos pob grŵp oedran dros 6 oed yr oedd y duedd tuag at ddwyieithrwydd yn ddigamsyniol. Gellid priodoli'r datblygiad hwn yn rhannol i'r gyfundrefn addysg ac i awch rhieni i weld eu plant yn meistroli 'iaith cynnydd', ond diau hefyd fod y cysylltiadau cryf ag Iwerddon a phorthladdoedd gorllewin Lloegr wedi ategu gwerth economaidd yr iaith Saesneg, gan hyrwyddo ei lledaeniad ymhlith y brodorion. Dibynnai bywoliaeth siopwyr a mân wŷr busnes y gymdogaeth ar eu gallu i gyfathrebu yn effeithiol yn y ddwy iaith, a'r tebygrwydd, felly, oedd yr âi'r gymdeithas yn fwyfwy dwyieithog.

Tabl 7: Iaith a leferid yn ôl galwedigaeth

(10 oed a throsodd)

Dosbarth diwydiannol	**Iaith a leferid** Dynion Cymraeg	Y Ddwy	Saesneg	Cyfan.	**Iaith a leferid** Merched Cymraeg	Y Ddwy	Saesneg	Cyfan.
AMAETHYDDIAETH								
Ffermio								
Ffermwyr	3	2	–	5	1	2	–	3
Gweithwyr amaethyddol	6	–	–	6				
Gweision fferm	3	–	–	3				
Pysgota								
Pysgotwyr	2	1	–	3				
Cyfanswm	**14**	**3**	–	**17**	**1**	**2**	–	**3**
%	***82.4***	***17.6***	–	***100.0***	***33.3***	***66.7***	–	***100.0***
MWYNGLODDIO								
Glo								

Dosbarth diwydiannol	Iaith a leferid Dynion Cymraeg	Y Ddwy	Saesneg	Cyfan.	Iaith a leferid Merched Cymraeg	Y Ddwy	Saesneg	Cyfan.
Glowyr	1	–	1	2				
Cyfanswm	**1**	–	**1**	**2**				
%	***50.0***	–	***50.0***	***100.0***				
ADEILADU								
Gweithwyr								
Seiri meini	10	5	–	15				
Seiri coed	11	11	1	23				
Prentisiaid	3	1	–	4				
Labrwr	1	–	–	1				
Cyfanswm	**25**	**17**	**1**	**43**				
%	***58.1***	***39.5***	***2.3***	***100.0***				
CYNHYRCHU								
Peiriannau offer, watsys, ayb								
Crefftwyr	1	2	–	3				
Adeiladu llongau								
Crefftwr	–	1	–	1				
Haearn a dur								
Crefftwyr	2	5	–	7				
Prentis	–	1	–	1				
Tunplat								
Crefftwyr	1	–	1	2				
Prentis	–	–	1	1				
Lledr ayb								
Barcwyr	3	1	–	4				
Pren, dodrefn, ayb								
Cowper, llifiwr	1	1	–	2				
Cerbydau a harneisiau								
Cyfrwywyr	–	7	–	7				
Prentis	1	–	–	1				
Gwlân								
Crefftwyr	2	3	–	5				
Cotwm ayb								
Crefftwyr	–	4	–	4				
Dillad								
Crefftwyr	13	11	–	24	15	30	2	47
Prentisiaid/cynorthwywyr	–	–	–	–	2	5	1	8
Bwyd, diod, tybaco								
Crefftwyr	2	1	1	4	–	4	–	4
Prentisiaid/cynorthwywyr	–	2	–	2	–	2	–	2
Labrwr	1	–	–	1				
Cyfanswm	**27**	**39**	**3**	**69**	**17**	**41**	**3**	**61**
%	***39.1***	***56.6***	***4.3***	***100.0***	***27.9***	***67.2***	***4.9***	***100.0***
CLUDIANT								
Ystordai a dociau								
Swyddog tollau	–	1	–	1				

Dosbarth diwydiannol	Iaith a leferid Dynion Cymraeg	Y Ddwy	Saesneg	Cyfan.	Iaith a leferid Merched Cymraeg	Y Ddwy	Saesneg	Cyfan.
Morwriaeth								
Capteiniaid	–	6	–	6				
Morwyr, stiwardiaid	9	20	1	30				
Ffyrdd								
Cariwr	–	1	–	1				
Gyrwyr cerbydau, gyrwyr bysys	–	3	3	6				
Casglwr tollau	–	1	–	1				
Cyfanswm	**9**	**32**	**4**	**45**				
%	***20.0***	***71.1***	***8.9***	***100.0***				
MASNACH								
Glo								
Gwerthwr glo	–	1	–	1				
Dillad								
Dilledyddion	1	6	–	7				
Cynorthwywyr	–	7	–	7	–	1	–	1
Bwyd								
Cigyddion, gwerthwyr pysgod	1	3	2	6	–	1	–	1
Gwerthwr llaeth	–	1	–	1				
Groseriaid	4	2	–	6	5	5	–	10
Cynorthwywyr	1	2	–	3	–	–	1	1
Tybaco, diod a llety								
Gwerthwyr gwin a gwirodydd	–	2	1	3				
Gwestywyr, tafarnwyr	–	7	1	8	–	2	1	3
Ceidwaid llety	–	–	–	–	–	2	–	2
Cynorthwywyr	–	–	–	–	–	2	–	2
Dodrefn a nwyddau i'r cartref								
Haearnwerthwyr	1	–	2	3				
Fferyllwyr								
Fferyllwyr	–	2	–	2				
Deunydd ysgrifennu a chyhoeddiadau								
Gwerthwr papurau newydd	–	–	1	1				
Masnachwyr cyffredinol								
Siopwr cyffredinol	–	–	–	–	–	1	–	1
Pedleriaid	1	2	–	3	–	1	1	2
Arall ac amhenodol								
Masnachwyr	–	3	1	4				
Arwerthwyr	–	2	–	2				
Cyfanswm	**9**	**40**	**8**	**57**	**5**	**15**	**3**	**23**
%	***15.8***	***70.2***	***14.0***	***100.0***	***21.7***	***65.2***	***13.0***	***100.0***
GWASANAETHAU DIWYDIANNOL								
Bancio, yswiriant, cyfrifon								
Gwasanaeth banc	–	1	–	1				
Gwasanaeth yswiriant	–	1	–	1				
Cyfanswm	–	**2**	–	**2**				
%	–	100.0	–	***100.0***				

	Iaith a leferid				Iaith a leferid			
	Dynion				Merched			
Dosbarth diwydiannol	Cymraeg	Y Ddwy	Saesneg	Cyfan.	Cymraeg	Y Ddwy	Saesneg	Cyfan.
GWASANAETHAU CYHOEDDUS A PHROFFESIYNOL								
Gweinyddiaeth ganolog								
Swyddog gwasanaeth sifil	–	–	1	1				
Swyddogion Swyddfa'r Post	1	4	–	5				
Gweinyddiaeth leol								
Cofrestrydd genedigaethau	–	1	–	1				
Casglwr trethi	–	1	–	1				
Heddlu								
Dirprwy Prif Gwnstabl	–	1	–	1				
Rhingyll	–	–	1	1				
Heddwas	–	1	–	1				
Y gyfraith								
Cyfreithwyr	–	2	1	3				
Clerc	–	1	–	1				
Meddygaeth								
Meddygon	–	1	1	2				
Addysg								
Prifathrawon, athrawon ysgol	–	2	2	4	–	5	1	6
Disgybl-athrawon	–	1	–	1	–	1	–	1
Myfyrwyr	1	1	–	2				
Crefydd								
Clerigwyr	–	3	–	3				
Gweinidogion y MC	–	4	–	4				
Gweinidog yr Annibynwyr	–	1	–	1				
Gweinidogion y Bedyddwyr	–	2	–	2				
Myfyrwyr diwinyddol	–	2	–	2				
Celf, llên								
Ffotograffwyr	–	1	1	2	–	1	–	1
Myfyriwr celf	–	–	1	1				
Cyfanswm	**2**	**29**	**8**	**39**	–	**7**	**1**	**8**
%	***5.1***	***74.4***	***20.5***	***100.0***	–	***87.5***	***12.5***	***100.0***
GWASANAETHAU CARTREF								
Yn y tŷ								
Gweision, morynion	1	2	–	3	31	36	4	71
Nyrsys yn y cartref	–	–	–	–	3	3	–	6
Y tu allan								
Gwastrodion	1	6	–	7				
Garddwyr	1	1	4	6				
Gwasanaeth ychwanegol								
Golchwragedd	–	–	–	–	8	11	1	20
Eraill	–	–	–	–	1	–	2	3
Cyfanswm	**3**	**9**	**4**	**16**	**43**	**50**	**7**	**100**
%	***18.8***	***56.3***	***25.0***	***100.0***	***43.0***	***50.0***	***7.0***	***100.0***
ERAILL								
Labrwyr cyffredinol	18	11	4	33				
Cyfanswm	**18**	**11**	**4**	**33**				
%	***54.5***	***33.3***	***12.1***	***100.0***				

Dosbarth diwydiannol	**Iaith a leferid** Dynion Cymraeg	Y Ddwy	Saesneg	Cyfan.	**Iaith a leferid** Merched Cymraeg	Y Ddwy	Saesneg	Cyfan.
CYFANSWM Y CYFLOGEDIG								
	108	**182**	**33**	**323**	**66**	**115**	**14**	**195**
%	***33.4***	***56.3***	***10.2***	***100.0***	***33.8***	***59.0***	***7.2***	***100.0***
Gweddill y boblogaeth	19	45	6	70	150	206	30	386
%	*27.1*	*64.3*	*8.6*	*100.0*	*38.9*	*53.4*	*7.8*	*100.0*
Disgyblion ysgol	26	46	2	74	29	40	8	77
%	*35.1*	*62.2*	*2.7*	*100.0*	*37.7*	*51.9*	*10.4*	*100.0*
CYFANSWM Y BOBLOGAETH								
10 OED+	**153**	**273**	**41**	**467**	**245**	**361**	**52**	**658**
%	***32.8***	***58.5***	***8.8***	***100.0***	***37.2***	***4.9***	***7.9***	***100.0***

12

Aberystwyth (Sir Aberteifi)

ROBERT SMITH

Ym 1891 Aberystwyth oedd yr ardal drefol fwyaf o bell ffordd yn sir Aberteifi a phrif ganolbwynt bywyd masnachol yr ardal wledig o'i hamgylch. Yn ystod y bedwaredd ganrif ar bymtheg yr oedd poblogaeth y dref wedi tyfu o 1,758 ym 1801 i 5,189 ym 1851 ac erbyn 1891 yr oedd yn 7,021. Yr oedd ymdrechion dinasyddion preifat wedi arwain at greu sefydliadau megis y Sefydliad Llenyddol, Gwyddonol a Mecanyddol, a ffurfiwyd ym 1850, y Neuadd Ddirwest, a godwyd ym 1864, Ysbyty Aberystwyth, a sefydlwyd ym 1821 ac a ehangwyd yn sylweddol ym 1885, a'r Ystafelloedd Ymgynnull a oedd, ar ôl 1875, yn cynnwys llyfrgell gyhoeddus braf.[1] Yr oedd arwyddion eraill o gynnydd yn amlwg yng ngheinder pensaernïol y tai hardd ar North Parade, Laura Place ac ar hyd glan y môr, a'r adeiladau busnes trawiadol yn Great Darkgate Street a Terrace Road.[2] Yr oedd ymdrechion dinesig oes Victoria yn amlwg hefyd yng ngweithgareddau'r awdurdodau trefol. Adeiladwyd neuadd a chloc hardd y dref rhwng 1842 a 1844, ac yr oedd yr adeiladau a godwyd gan Fwrdd Ysgol Aberystwyth ym 1873 yn nodedig am eu hansawdd pensaernïol. Mor gynnar â 1880 yr oedd yn y dref gyflenwad o ddŵr glân a darddai o Lyn Llygad Rheidol ac er 1837 elwai'r trigolion hefyd ar wasanaeth heddlu bwrdeistrefol.[3]

Yr oedd Aberystwyth yn dref fywiog, ac yn enwog am ei hethos radicalaidd, Ymneilltuol. Ymgorfforai ei delwedd ddelfrydau cymdeithas a awchai am addysg ac a oedd yn awyddus i hyrwyddo cynnydd economaidd a chymdeithasol. Adlewyrch-id ei bywiogrwydd mewn marchnadoedd a ffeiriau ac yn y ganolfan fasnachu

[1] W. J. Lewis, *Born on a Perilous Rock* (Aberystwyth, 1980), tt. 11–16, 182–4, 200–12; Gwyn A. Williams, *The Making of a Unitarian: David Ivon Jones 1883–1924* (London, 1995), t. 17.

[2] Harold Carter a Sandra Wheatley, 'Residential Patterns in Mid-Victorian Aberystwyth' yn Ieuan Gwynedd Jones (gol.), *Aberystwyth 1277–1977* (Llandysul, 1977), tt. 46–84; Douglas Hague, 'The Architecture of the Town', ibid., tt. 88–95; H. M. Colvin, 'An Architectural Sideshow – Aberystwyth in the Eighteenth and Nineteenth Centuries', *Wales*, IV, 6 (1945), 68–72. Gw. hefyd y penodau yn Geraint H. Jenkins a Ieuan Gwynedd Jones (goln.), *Cardiganshire County History. Volume 3. Cardiganshire in Modern Times* (Cardiff, 1998).

[3] Lewis, *Born on a Perilous Rock*, tt. 7–16.

ffyniannus a ddarparai ar gyfer anghenion masnachol cefnwlad wledig fawr.[4] Yr oedd yr harbwr yn ganolbwynt i sector arforol ffyniannus a chanddo gysylltiadau â de America ac a fasnachai'n gyson hefyd â phorthladdoedd ledled ynysoedd Prydain. Yn ôl cyfrifiad 1891, yr oedd dros gant o drigolion y dref yn forwyr, gweithwyr harbwr ac adeiladwyr llongau, a chyfrannai pysgota môr yn sylweddol at gryfder yr economi leol.[5] Elwai Aberystwyth hefyd ar ddatblygiad Bae Ceredigion fel cyrchfan wyliau. Deuai miloedd o ymwelwyr i'r dref i fanteisio ar ei hinsawdd fwyn ac i fwynhau harddwch naturiol y wlad o'i hamgylch, yn enwedig rhaeadrau enwog Pontarfynach, neu i ymweld â mannau hynafol megis Ystrad-fflur.[6] Erbyn 1891, yn sgil codi atyniadau fel y pier, y promenâd a gerddi'r castell, daethai Aberystwyth yn dref wyliau boblogaidd a ddenai nifer cynyddol o ymwelwyr bob haf o ganolbarth a de-ddwyrain Lloegr.[7] Caent eu diddanu gan finteiau o ddawnswyr a phartïon cyngerdd a berfformiai'r caneuon Saesneg a'r sgetsys comedi diweddaraf. Ac felly buan yr enillodd y Saesneg ei thir fel iaith adloniant poblogaidd yn Aberystwyth.[8]

Yn yr un modd, Saesneg oedd iaith bywyd gwleidyddol a chyhoeddus y dref, er y medrai mwyafrif ei gwŷr a'i gwragedd amlwg siarad Cymraeg.[9] Pump yn unig o'r 16 cynghorydd a geid yn y dref a gofnodwyd yn siaradwyr uniaith Saesneg ym 1891 ac yr oedd 13 o'r 19 ynad a restrwyd yn Aberystwyth yn ddwyieithog. Serch hynny, prin yw'r dystiolaeth fod y Gymraeg yn cael ei hystyried yn iaith briodol ar gyfer cynnal llywodraeth drefol. Yn sgil 'chwyldro democrataidd' y 1880au, cipiwyd arweinyddiaeth y dref gan unigolion fel Peter Jones, Caleb Williams a D. C. Roberts, hoelion wyth y bywyd Cymraeg ac Ymneilltuol a apeliai'n gyson at yr ymwybod â chenedligrwydd Cymreig ar lwyfannau gwleidyddol ond a dderbyniai'n ddigwestiwn hefyd mai Saesneg oedd priod iaith materion swyddogol.[10] Cofnodid y dadleuon gwleidyddol tanbaid a geid yn Aberystwyth bob amser gan bapurau newydd Saesneg i bob pwrpas. Ni chynhyrchodd Aberystwyth yr un papur Cymraeg mewn cyfnod a gydnabyddir yn oes aur y wasg Gymraeg radicalaidd. Ceid yn y *Cambrian News*, a sefydlwyd fel papur Rhyddfrydol ymgyrchol ym 1869, sawl colofn Gymraeg, ond Saesneg oedd iaith ei golofnau golygyddol a'r rhan fwyaf o'i adroddiadau lleol. Yr oedd llai fyth o ddeunydd Cymraeg yn y papur Ceidwadol, *The Aberystwyth Observer*.

Ar lawer ystyr yr oedd Aberystwyth ym 1891 yn nodweddiadol o'r gymdeithas egnïol, fentrus a bortreedir gan Henry Richard yn *Letters and Essays on Wales*, a

4 Idem, 'The condition of labour in mid-Cardiganshire in the early nineteenth century', *Ceredigion*, IV, rhif 4 (1963), 321–5.

5 William Troughton, 'The Barque *Hope* of Aberystwyth', *Ceredigion*, XII, rhif 3 (1995), 85–101.

6 *Cardigan Bay Visitor*, 30 Mehefin 1896.

7 *Cambrian News*, 20 Mehefin 1893; *Cardigan Bay Visitor*, 19 Mehefin 1897.

8 *Cambrian News*, 11 Awst 1893.

9 Ieuan Gwynedd Jones, 'Cardiganshire Politics in the mid-nineteenth Century', *Ceredigion*, V, rhif 1 (1964), 14–41; K. O. Morgan, 'Cardiganshire Politics: the Liberal Ascendancy 1885–1923', ibid., V, rhif 4 (1967), 311–46.

10 Ibid.

gyhoeddwyd ym 1866.[11] Nodweddion amlycaf tirlun y dref oedd capeli sylweddol fel Seilo, Tabernacl, Bethel a Seion, lle'r amlygai gweinidogion adnabyddus fel Thomas Levi a Job Miles eu meistrolaeth ar y Gymraeg yn eu pregethau o Sul i Sul.[12] Yr oedd eu presenoldeb hwy, ynghyd â diaconiaid y capeli, yn sicrhau bod gan Aberystwyth ddosbarth dethol a oedd yn benderfynol o gynnal safonau moesol llym, Sabathyddiaeth a dirwest.[13] Daliai'r capeli Ymneilltuol Cymraeg rhyngddynt dros 3,500 o addolwyr a darperid amrywiaeth hynod gyfoethog o weithgareddau llenyddol, addysgol a chymdeithasol ar gyfer eu cynulleidfaoedd yn ystod yr wythnos ac yn yr ysgol Sul, lle'r oedd y Gymraeg yn gyfrwng naturiol i'r hyfforddiant. Ond câi tra-arglwyddiaeth y capeli hyn ei herio fwyfwy gan dwf addoli yn y Saesneg. Mor gynnar â'r 1860au cynhelid gwasanaethau Saesneg yn y Neuadd Ddirwest yn ystod tymor yr haf, ac yn sgil llwyddiant y gwasanaethau hynny codwyd capeli Saesneg yn Newfoundland Street, Portland Street, Queen's Road ac Alfred Place.[14] Yn yr un modd, bu Aberystwyth yn dyst i ganlyniadau adfywiad yn yr Eglwys Anglicanaidd. Codwyd dwy eglwys drawiadol, sef Eglwys y Drindod Sanctaidd ym 1886, ac Eglwys Sant Mihangel ym 1890, mewn llecyn dymunol gyferbyn â'r coleg.[15] Saesneg oedd iaith yr addoli yn y ddwy eglwys, a'r unig ddarpariaeth a wnaed gan yr Eglwys Anglicanaidd ar gyfer y rhai a ddymunai addoli yn y Gymraeg oedd capel anwes bychan yn Gray's Inn Road. Un rheswm pwysig dros sefydlu eglwysi a chapeli Saesneg oedd awydd arweinwyr crefyddol i ddarparu ar gyfer anghenion ysbrydol ymwelwyr, ac eto y mae'n amlwg fod poblogaeth Saesneg y dref ei hun yn ddigon sylweddol i gynnal yr addoldai hyn a bod rhai Cymry Cymraeg wedi eu denu i addoli yn Saesneg.

Yr oedd Aberystwyth hefyd yn ganolfan ddysg nodedig a chwaraeodd ran allweddol yn natblygiad addysg yng Nghymru. Gwasanaethid y dref gan ysgol ramadeg waddoledig, enwog am ei llwyddiant academaidd, ac ym 1870 Aberystwyth oedd y fwrdeistref gyntaf yng Nghymru i fabwysiadu bwrdd ysgol i weithredu Deddf Addysg y flwyddyn honno.[16] Uchafbwynt cysylltiad y dref ag ymdrechion academaidd Cymreig oedd agor y coleg ym 1872; erbyn 1891 yr oedd

[11] Henry Richard, *Letters and Essays on Wales* (London, 1866), tt. 185–220.

[12] E. D. Jones, *Trem ar Ganrif yn hanes Eglwys Gynulleidfaol Baker Street, Aberystwyth* (Aberystwyth, 1978), tt. 3–11; Moelwyn I. Williams, *Y Tabernacl Aberystwyth, 1785–1985* (Aberystwyth, 1986), tt. 32–47; F. W. Jones, *Canmlwydd Seilo Aberystwyth* (Aberystwyth, 1963), tt. 15–31; Llewelyn Morgan, *Hanes Wesleyaeth yn Aberystwyth* (Aberystwyth, 1911), tt. 25–43.

[13] *Cambrian News*, 18 Awst 1893; Williams, *The Making of a Unitarian*, tt. 14–20.

[14] W. J. Lewis, *The English Congregational Church Aberystwyth, 1866–1966* (Aberystwyth, 1966).

[15] Ieuan Gwynedd Jones, 'Religion and Politics: the rebuilding of St Michael's Church, Aberystwyth and its political consequences', *Ceredigion*, VII, rhif 2 (1973), 117–30.

[16] Griffith G. Davies, 'Addysg Elfennol yn Sir Aberteifi 1790–1902', *Ceredigion*, IV, rhif 4 (1963), 359; A. L. Trott, 'Aberystwyth School Board and Board School 1870–1902', ibid., II, rhif 1 (1952), 3–17; idem, 'The implementation of the 1870 Forster Education Act in Cardiganshire', ibid., III, rhif 3 (1959), 207–30.

oddeutu 170 o fyfyrwyr yn y dref, a thros gant ohonynt yn Gymry.[17] Er gwaethaf cryfder yr iaith Gymraeg, a gâi ei meithrin mewn dosbarthiadau ysgol Sul pur sylweddol, Saesneg oedd prif iaith dysg yn y dref ar ddiwedd y bedwaredd ganrif ar bymtheg. Yr oedd James Bradbury, meistr yr ysgol fwrdd ym 1891, yn Sais uniaith, ac nid oedd James Griffiths, prifathro'r ysgol genedlaethol, yn gyfarwydd â'r iaith a siaredid gan fwyafrif helaeth plant y dref ychwaith. Yr oedd Ardwyn, yr ysgol ramadeg fawr ei bri a sefydlwyd ym 1874, yn nodedig am ei hawyrgylch Seisnigaidd, ac er i nifer o'i chyn-ddisgyblion gyfrannu at lenyddiaeth Gymraeg, ni fu i'r ysgol feithrin ei hysgolheigion yn yr iaith frodorol.[18] Yr oedd awyrgylch Seisnig tebyg yn amlwg yn y coleg; Saesneg oedd iaith yr ystafell ddosbarth ac iaith gweinyddiaeth y coleg. Ceid ar y staff ysgolheigion Cymraeg o fri, fel Thomas Charles Edwards, Daniel Silvan Evans a J. E. Lloyd, ond ychydig o ymdrech a wnaed i ddatblygu hunaniaeth Gymreig arbennig ac, er i'r Gymdeithas Geltaidd gael ei sefydlu ym 1889, yn Saesneg y cynhelid y mwyafrif o'i chyfarfodydd.[19]

Er bod Aberystwyth yn ymddangos yn gymdeithas flaengar, oleuedig a greai sefydliadau trefol ac a ymfalchïai mewn llwyddiannau ysgolheigaidd, yr oedd bywyd yn llawer llai dymunol yn ei hardaloedd tlotaf. Yn ôl cyfrifiad 1891, trigai 1,638 (23.3 y cant) o boblogaeth y dref mewn tai ac ynddynt lai na phum ystafell. Yr oedd gorboblogi ac amodau afiach yn dra chyffredin. Byddai John Gibson, golygydd diflewyn-ar-dafod papur newydd y dref, yn condemnio'n rheolaidd y tai a geid mewn cowrtiau y tu ôl i'r prif heolydd fel rhai nad oeddynt yn addas i bobl fyw ynddynt.[20] Gwael oedd y presenoldeb cyfartalog yn ysgolion elfennol y dref. Yr oedd oddeutu 15 y cant o'r plant yn yr ysgol fwrdd yn absennol ar unrhyw adeg benodol ac yr oedd y ffigur yn sylweddol uwch na hynny yn yr ysgol genedlaethol.[21] Gydol y bedwaredd ganrif ar bymtheg yr oedd rhannau o Aberystwyth yn nodedig am eu haflendid a'u hafiechydon, a chyhuddid yr awdurdodau cyhoeddus, a oedd yn barod iawn i fuddsoddi mewn cynlluniau i ddatblygu'r dref fel cyrchfan wyliau, o fethu darparu ar gyfer corff sylweddol o bobl ddifreintiedig.[22]

Yn ôl y cyfrifiad yr oedd 6,683 o unigolion dros 2 flwydd oed yn byw mewn 1,558 o gartrefi yn Aberystwyth ym mis Ebrill 1891. Nid oes cofnod o'r iaith a siaredid gan ddeugain o unigolion ac yr oedd pump unigolyn yn siarad ieithoedd tramor. Lletyai dau gerddor uniaith Eidaleg o Rufain mewn tŷ yn Nhrefechan a chofnododd darlithydd mewn ieithoedd yn y coleg fod tri siaradwr uniaith Ffrangeg yn byw ar ei aelwyd. Y mae'r cyfrifiad yn cofnodi 1,751 o siaradwyr uniaith Gymraeg, 3,482 o siaradwyr dwyieithog a 1,402 o siaradwyr uniaith

[17] E. L. Ellis, *The University College of Wales Aberystwyth 1872–1972* (Cardiff, 1972), tt. 40–6; T. I. Ellis, *John Humphreys Davies 1871–1926* (Lerpwl, 1963), t. 37.

[18] Huw Spencer Lloyd, *The History of Aberystwyth County School (Ardwyn)* (Aberystwyth, 1996), tt. 13–105.

[19] Ellis, *John Humphreys Davies*, t. 37.

[20] *Cambrian News*, 31 Gorffennaf 1891.

[21] Adroddiad Blynyddol y Pwyllgor Cyngor ar Addysg, 1891 (PP 1890–1 XXVII).

[22] Dot Jones, 'Pauperism in the Aberystwyth Poor Law Union 1870–1914', *Ceredigion*, IX, rhif 1 (1980), 78–101.

Tabl 1: Iaith a leferid gan boblogaethau Aberystwyth, Dosbarth Cofrestru Aberystwyth, Sir Aberteifi a Chymru

(2 flwydd oed a throsodd)

	Nifer				*Canran*			
	Cymraeg	Y Ddwy	Saesneg	Cyfanswm	*Cymraeg*	*Y Ddwy*	*Saesneg*	*Cyfanswm*
Aberystwyth[1]	1751	3482	1402	6635	*26.4*	*52.5*	*21.1*	*100.0*
D.C. Aberystwyth[2]	11971	6136	2169	20276	*59.0*	*30.3*	*10.7*	*100.0*
Sir Aberteifi[3]	61624	17111	3979	82714	*74.5*	*20.7*	*4.8*	*100.0*
Cymru[4]	508036	402253	759416	1669705	*30.4*	*24.1*	*45.5*	*100.0*

[1] Hepgorwyd 40 unigolyn nad oeddynt wedi nodi eu gallu ieithyddol neu eu hoedran, 3 siaradwr Ffrangeg, a 2 siaradwr Eidaleg.
[2] Hepgorwyd 74 nad oeddynt wedi nodi eu gallu ieithyddol a 7 a siaradai ieithoedd eraill.
[3] Hepgorwyd 255 nad oeddynt wedi nodi eu gallu ieithyddol a 10 a siaradai ieithoedd eraill.
[4] Hepgorwyd 12,833 nad oeddynt wedi nodi eu gallu ieithyddol a 3,076 a siaradai ieithoedd eraill.

Tabl 2: Iaith a leferid yn ôl oedran

(2 flwydd oed a throsodd)

	Nifer				*Canran*			
Oed	Cymraeg	Y Ddwy	Saesneg	Cyfanswm	*Cymraeg*	*Y Ddwy*	*Saesneg*	*Cyfanswm*
2–5	167	167	119	453	*36.8*	*36.9*	*26.3*	*100.0*
6–14	311	638	283	1232	*25.2*	*51.8*	*23.0*	*100.0*
15–24	299	922	326	1547	*19.3*	*59.6*	*21.1*	*100.0*
25–44	400	939	362	1701	*23.5*	*55.2*	*21.1*	*100.0*
45–64	376	627	238	1241	*30.3*	*50.5*	*19.2*	*100.0*
65+	198	189	74	461	*43.0*	*41.0*	*16.0*	*100.0*
Cyfanswm	**1751**	**3482**	**1402**	**6635**	***26.4***	***52.5***	***21.1***	***100.0***

Saesneg. Cofnodwyd y gallai 5,233 (78.9 y cant) o drigolion (2 flwydd oed a throsodd) Aberystwyth siarad Cymraeg ac y gallai bron cynifer, sef 4,884 (73.6 y cant), siarad Saesneg. Yr oedd y ganran a allai siarad Cymraeg gryn dipyn yn is na'r ffigur ar gyfer Dosbarth Cofrestru Aberystwyth, lle y cofnodwyd 89 y cant yn siaradwyr Cymraeg, neu'r ffigur ar gyfer sir Aberteifi yn gyfan, lle y cafwyd bod 95 y cant o'r boblogaeth a oedd dros 2 flwydd oed yn medru'r Gymraeg. At hynny, awgryma'r dystiolaeth mai Aberystwyth oedd yr ardal fwyaf Seisnigedig yn sir Aberteifi o bell ffordd. Ychydig dros chwarter poblogaeth y dref a gofnodwyd yn siaradwyr uniaith Gymraeg o'u cymharu â bron tri chwarter poblogaeth y sir ac yr oedd y ganran o siaradwyr uniaith Saesneg hefyd yn uwch o lawer yn Aberystwyth. Serch hynny, yr oedd y ganran o boblogaeth y dref a fedrai siarad

Cymraeg yn uwch na'r ffigur cyfartalog ar gyfer Cymru gyfan ac, er gwaethaf presenoldeb corff o siaradwyr uniaith Saesneg, medrai mwyafrif helaeth poblogaeth y dref siarad Cymraeg.

O ddadansoddi gallu ieithyddol y boblogaeth yn ôl grwpiau oedran ceir tystiolaeth bellach o ddosbarthiad dwyieithrwydd yn Aberystwyth. Pobl ifainc oedd mwyafrif y boblogaeth ac nid oes fawr ddim tystiolaeth fod y dref wedi dod yn ganolfan ymddeol i niferoedd mawr o siaradwyr Saesneg oedrannus fel y gwnaethai rhai o drefi glan-y-môr gogledd Cymru. Y mae'r cyfrifiad yn cofnodi bod bron hanner y boblogaeth dan 25 oed, a bod 1,547 (23.3 y cant) rhwng 15 a 24 oed. Medrai dros dri chwarter poblogaeth pob grŵp oedran, ac eithrio plant 2 i 5 oed, siarad Cymraeg ac yr oedd y gyfran hon dros 80 y cant ymhlith y grwpiau oedran hŷn. Ymhlith yr oedrannus a'r ifanc iawn yr oedd siaradwyr Cymraeg uniaith yn fwyaf niferus. Serch hynny, er bod 36.8 y cant o blant rhwng 2 a 5 oed yn siaradwyr Cymraeg uniaith, y grŵp oedran hwn hefyd a gynhwysai'r ganran uchaf o siaradwyr uniaith Saesneg, ffaith sy'n adlewyrchu pwysigrwydd iaith y cartref i'r rhai hynny nad oedd ganddynt brofiad o addysg ysgol ffurfiol ac na chawsent lawer o gyfle i gymdeithasu â phlant eraill. Er gwaethaf y ffaith fod dysgu dealltwriaeth sylfaenol o'r Saesneg yn un o brif amcanion y gyfundrefn addysg ddyddiol yng Nghymru oes Victoria, yr oedd bron chwarter y plant o oedran ysgol yn dal yn uniaith Gymraeg. Ymhlith unigolion 15–24 a 25–44 oed y cofnodwyd y canrannau isaf o siaradwyr uniaith Gymraeg, sy'n awgrymu bod natur yr economi leol, ynghyd ag effeithiau'r gyfundrefn addysg, yn hyrwyddo gwybodaeth o'r Saesneg ymhlith oedolion ifainc yn Aberystwyth. Ymhlith unigolion dros 45 oed y cofnodwyd y gyfran uchaf o siaradwyr uniaith Gymraeg, yn enwedig ymhlith y boblogaeth 65 oed a throsodd na chawsent fawr o gyfle i dderbyn addysg ffurfiol.

Fel y dangosir yn Nhabl 3, menywod oedd 3,864 (58.2 y cant) o boblogaeth Aberystwyth. Ychydig o wahaniaeth a geid yn y ganran o wrywod a benywod ymhlith y rhai hynny a oedd dan 15 oed a gellir priodoli'r gwahaniaeth ymhlith pobl dros 65 oed i duedd merched i fyw'n hwy na dynion. Fodd bynnag, yr oedd 59.3 y cant o'r boblogaeth 15–24 oed a 60.6 y cant o'r boblogaeth 25–44 oed yn fenywod. Adlewyrchai hyn i raddau adeiledd yr economi yn Aberystwyth a'r cyfleoedd a fodolai i ferched ifainc gael gwaith fel morynion mewn gwestai neu dai llety ac mewn tai preifat. Gweithiai cyfanswm o 675 o unigolion, 12.1 y cant o'r boblogaeth dros 10 oed, yn y sector gwasanaethau cartref, ac o'r rhain yr oedd 267 (39.6 y cant) yn ferched dibriod rhwng 15 a 24 oed. Dim ond 93 (18.5 y cant) o'r 504 o forynion tŷ a gofnodwyd yn siaradwyr uniaith Gymraeg, ac yr oedd 343 (68.1 y cant) yn ddwyieithog. O'r morynion, hanai 379 o sir Aberteifi yn wreiddiol a deuai nifer sylweddol o'r ardaloedd gwledig cylchynol lle na siaredid fawr ddim Saesneg neu ddim Saesneg o gwbl. Y mae cryfder dwyieithrwydd ymhlith morynion tŷ yn awgrymu i'r profiad o fyw yn Aberystwyth gyfrannu at ledaeniad dwyieithrwydd a bod y rhai dwyieithog a ddeuai o'r ardaloedd gwledig

Tabl 3: Iaith a leferid yn ôl oedran a rhyw

(2 flwydd oed a throsodd)

		Nifer				*Canran*			
Oed	Rhyw	Cymraeg	Y Ddwy	Saesneg	Cyfanswm	*Cymraeg*	*Y Ddwy*	*Saesneg*	*Cyfanswm*
2–5	G	85	80	59	224	*38.0*	*35.7*	*26.3*	*100.0*
	B	82	87	60	229	*35.8*	*38.0*	*26.2*	*100.0*
6–14	G	140	296	126	562	*24.9*	*52.7*	*22.4*	*100.0*
	B	171	342	157	670	*25.5*	*51.0*	*23.5*	*100.0*
15–24	G	125	390	115	630	*19.8*	*61.9*	*18.3*	*100.0*
	B	174	532	211	917	*19.0*	*58.0*	*23.0*	*100.0*
25–44	G	159	370	141	670	*23.7*	*55.2*	*21.1*	*100.0*
	B	241	569	221	1031	*23.4*	*55.2*	*21.4*	*100.0*
45–64	G	137	266	99	502	*27.3*	*53.0*	*19.7*	*100.0*
	B	239	361	139	739	*32.3*	*48.8*	*18.9*	*100.0*
65+	G	72	85	26	183	*39.3*	*46.4*	*14.3*	*100.0*
	B	126	104	48	278	*45.3*	*37.4*	*17.3*	*100.0*
	G	**718**	**1487**	**566**	**2771**	***25.9***	***53.6***	***20.5***	***100.0***
Cyfanswm	**B**	**1033**	**1995**	**836**	**3864**	***26.7***	***51.6***	***21.7***	***100.0***

mewn gwell sefyllfa i gael gwaith yn gweini yn y dref. Ceid llai o gyfleoedd, serch hynny, i ddynion ifainc. Nid oedd Aberystwyth yn ganolfan ddiwydiannol na chynhyrchu fawr ac, er gwaethaf pwysigrwydd mordwyo, ychydig o wrywod a allai obeithio ennill cyflogau cyffelyb i'r rhai a delid yn y diwydiannau trymion mewn ardaloedd megis de Cymru. Er nad yw lefel yr allfudiad ymhlith y dynion yn glir, y mae'n amlwg fod y mewnfudiad ar raddfa lai o lawer nag yn achos y merched. O ganlyniad yr oedd cryn anghydbwysedd rhwng y ddwy ryw yn y dref.[23]

Ychydig o effaith a gâi'r gwahaniaeth rhyw ar yr iaith Gymraeg, fodd bynnag, ac yr oedd dwyieithrwydd yn gynyddol gyffredin ymhlith y rhywiau ym mhob grŵp oedran. Bychan oedd y gwahaniaethau rhwng y ddwy ryw ymhlith plant dan 14 oed, er i ganran ychydig yn is o ferched gael eu cofnodi'n siaradwyr uniaith Gymraeg. Cofnodwyd cyfran ychydig yn uwch o fenywod rhwng 15 a 24 oed yn siaradwyr Saesneg uniaith, ond efallai mai adlewyrchiad oedd hyn o duedd penteuluoedd aelwydydd Saesneg i gofnodi pawb yn uniaith Saesneg, gan gynnwys gweision a morynion a aned yng nghefn gwlad sir Aberteifi. Cofnodwyd canran ychydig yn uwch o fenywod 45 oed a throsodd yn siaradwyr Cymraeg uniaith tra cofnodwyd canran ychydig yn uwch o ddynion o'r un oedran yn

[23] Bob Owen, 'Ymfudo o Sir Aberteifi i Unol Daleithiau America o 1654 hyd 1860', *Ceredigion*, II, rhif 4 (1955), 225–40; Ann Kelly Knowles, *Calvinists Incorporated: Welsh immigrants on Ohio's Industrial Frontier* (Chicago, 1997), tt. 1–90; Gwyneth Francis-Jones, *Cows, Cardis and Cockneys* (Talybont, 1984), tt. 19–32.

Tabl 4: Iaith a leferid yn ôl man geni

(2 flwydd oed a throsodd)[1]

Man geni	Nifer Cymraeg	Y Ddwy	Saesneg	Cyfanswm	*Canran Cymraeg*	*Y Ddwy*	*Saesneg*	*Cyfanswm*
Sir Aberteifi	1602	2848	344	4794	*33.4*	*59.4*	*7.2*	*100.0*
Sir Drefaldwyn	31	112	84	227	*13.7*	*49.3*	*37.0*	*100.0*
Sir Forgannwg	25	94	38	157	*15.9*	*59.9*	*24.2*	*100.0*
Sir Gaerfyrddin	16	64	19	99	*16.2*	*64.6*	*19.2*	*100.0*
Sir Feirionnydd	19	61	8	88	*21.6*	*69.3*	*9.1*	*100.0*
Sir Gaernarfon	19	41	6	66	*28.7*	*62.1*	*9.2*	*100.0*
Sir Benfro	3	27	32	62	*4.9*	*43.5*	*51.6*	*100.0*
Sir Ddinbych	10	27	6	43	*23.3*	*62.8*	*13.9*	*100.0*
Sir Fynwy	1	17	19	37	*2.8*	*45.9*	*51.3*	*100.0*
Sir Frycheiniog	–	15	14	29	–	*51.7*	*48.3*	*100.0*
Sir Faesyfed	1	6	22	29	*3.4*	*20.7*	*75.9*	*100.0*
Sir Fôn	3	11	1	15	*20.0*	*73.3*	*6.7*	*100.0*
Sir Y Fflint	–	10	5	15	–	*66.7*	*33.3*	*100.0*
Lloegr	15	138	722	875	*1.7*	*15.8*	*82.5*	*100.0*
Eraill[2]	–	11	57	68	–	*16.1*	*83.9*	*100.0*
Cyfanswm	**1745**	**3482**	**1377**	**6604**	***26.4***	***52.7***	***20.9***	***100.0***

[1] Hepgorwyd 31 nad oeddynt wedi nodi eu man geni.

[2] Man geni: Iwerddon 30, Yr Alban 16, America 8, Yr Almaen 6, Awstralia 2, Ynysoedd y Sianel 2, India 2, Gibraltar 1, Y Swistir 1.

siaradwyr dwyieithog. Ffactorau cymdeithasol ac economaidd a oedd yn gyfrifol am y gwahaniaethau hyn. O'r benywod 15 i 24 oed, cofnodwyd bod 574 (62.6 y cant) mewn gwaith cyflogedig, y mwyafrif ohonynt yn forynion tŷ. Fodd bynnag, 393 (38.1 y cant) o'r unigolion rhwng 25 a 44 oed a oedd yn fenywod cyflogedig ac o'r unigolion dros 45 oed dim ond 326 (32.1 y cant) a oedd mewn gwaith. Y mae'r dystiolaeth yn awgrymu bod y merched hynny yr oedd eu bywyd yn troi o gwmpas tasgau beunyddiol y cartref a'r gymdogaeth yn fwy tebyg o barhau yn uniaith Gymraeg na'r rhai a gâi waith cyflogedig.

Hanai mwyafrif y boblogaeth yn wreiddiol naill ai o'r dref ei hun neu o'r gefnwlad agosaf. Yr oedd dros hanner y boblogaeth, 3,440 (52.1 y cant), wedi eu geni yn y dref ei hun, gan gynnwys 3,120 (90.7 y cant) a fedrai'r Gymraeg. O'r rhain yr oedd 972 (31.2 y cant) yn Gymry uniaith. Yn y dref hefyd trigai 1,354 a aned mewn rhannau eraill o sir Aberteifi, ac o'r rhain medrai 1,330 (98.2 y cant) siarad yr iaith frodorol. Awgryma'r ffigurau hyn i Aberystwyth weld llif cyson o fewnfudwyr o ardaloedd gwledig sir Aberteifi a gryfhâi'r Gymraeg yn y dref. Ac eto, 646 (47.7 y cant) yn unig o'r rhai a aned yn sir Aberteifi, ond y tu allan i

Aberystwyth, a gofnododd eu bod yn uniaith Gymraeg. Yr oedd dros chwarter poblogaeth y dref yn fewnfudwyr o'r tu allan i sir Aberteifi. Hanai 867 o siroedd eraill Cymru, gan gynnwys 227 o sir gyfagos Trefaldwyn. Yr oedd mwyafrif y mewnfudwyr o Gymru yn siarad Cymraeg, gan gynnwys 143 (63.0 y cant) o sir Drefaldwyn a 339 (82.7 y cant) o siroedd Morgannwg, Caerfyrddin, Meirionnydd a Chaernarfon. Fel yn achos mudwyr o ardaloedd eraill yn sir Aberteifi, yr oedd y ganran o siaradwyr uniaith Gymraeg o siroedd eraill Cymru yn gymharol fychan. Dim ond 31 (13.7 y cant) o'r rhai a aned yn sir Drefaldwyn a nododd na fedrent siarad Saesneg a dim ond yn achos mewnfudwyr o siroedd Meirionnydd a Chaernarfon yr oedd y ganran o siaradwyr uniaith Gymraeg yn fwy na phumed ran o'r cyfanswm. Cofnoda'r cyfrifiad i gynifer ag 875 (13.2 y cant) o drigolion y dref gael eu geni yn Lloegr. Ymhlith y rhain ceid 153 (17.5 y cant) a siaradai Gymraeg – 138 ohonynt yn ddwyieithog a 15 yn uniaith Gymraeg. Deuai mwyafrif y siaradwyr Cymraeg a aned yn Lloegr o Lundain, Lerpwl a gororau swydd Amwythig, ardaloedd a oedd â dwysedd uchel o siaradwyr Cymraeg, ac ychydig o dystiolaeth sydd i awgrymu bod mewnfudwyr o Loegr neu ardaloedd y tu hwnt wedi meistroli'r Gymraeg tra oeddynt yn byw yn Aberystwyth. Y mae enghreifftiau unigol fel yr Albanwr David Naismith, crydd a aned yn Glasgow ac a letyai yn Vaynor Street, yn awgrymu bod rhai newydd-ddyfodiaid wedi cymathu'n llwyddiannus â'r siaradwyr Cymraeg, ond y mae'n amhosibl dod i unrhyw gasgliadau pendant oherwydd diffyg tystiolaeth ynglŷn â'r cysylltiadau teuluol â Chymru. Dim ond 68 o drigolion y dref a aned y tu allan i Gymru a Lloegr, cyfanswm rhyfeddol o fychan o gofio pwysigrwydd y fasnach forol yn Aberystwyth ac amlygrwydd morwyr tramor mewn porthladdoedd eraill yng Nghymru. Deg ar hugain yn unig o drigolion y dref a hanai o Iwerddon a dim ond un ar bymtheg o Albanwyr a gofnodwyd. Siaradai un ar ddeg o'r unigolion a aned y tu allan i Gymru a Lloegr Gymraeg, gan gynnwys tri a aned yn America, cyn i'w rhieni ddychwelyd i'w gwlad enedigol. Cyflogid y mewnfudwyr mewn amryfal alwedigaethau ac nid ymddengys iddynt ddod i'r dref yn sgil cyfleoedd mewn unrhyw fasnach neu broffesiwn arbennig. O ganlyniad, cawsant ddylanwad mewn nifer o wahanol gylchoedd, ac ni ddylid tanbrisio eu rhan yn y proses o Seisnigo'r dref.

Cofnodwyd cyfanswm o 1,558 o dylwythau yn Aberystwyth ym 1891. Ar gyfartaledd, yr oedd 4.3 o unigolion ar bob aelwyd, er i lai na thri o drigolion gael eu cofnodi mewn 358 (23.0 y cant) o dai, a thros saith o bobl mewn 173 (11.1 y cant) o achosion. Dim ond 588 (37.7 y cant) o dylwythau'r dref y gellid eu disgrifio yn deuluoedd cnewyllol, gan fod 223 o dylwythau yn cynnwys teulu estynedig, a bod unigolion heb unrhyw berthynas â'r penteulu wedi eu rhifo mewn 519 o dylwythau. Yr oedd y grŵp olaf hwn yn cynnwys 1,245 o unigolion, 550 (44.2 y cant) ohonynt yn weision a morynion domestig, 391 (31.4 y cant) yn fyrddwyr neu letywyr, a 164 (13.2 y cant) yn ymwelwyr. Gan fod dros 80 y cant o boblogaeth Aberystwyth wedi eu geni yng Nghymru ac yn siarad yr iaith, yr

Tabl 5: Iaith a leferid yn ôl perthynas â'r penteulu

(2 flwydd oed a throsodd)[1]

Perthynas â'r penteulu	Nifer Cymraeg	Y Ddwy	Saesneg	Cyfanswm	*Canran* *Cymraeg*	*Y Ddwy*	*Saesneg*	*Cyfanswm*
Penteuluoedd	475	808	275	1558	*30.5*	*51.9*	*17.6*	*100.0*
Gwragedd	239	400	169	808	*29.6*	*49.5*	*20.9*	*100.0*
Plant[2]	670	1326	488	2484	*27.0*	*53.4*	*19.6*	*100.0*
Perthnasau	126	290	124	540	*25.8*	*54.8*	*19.4*	*100.0*
Gweision/morynion	103	370	77	550	*16.5*	*63.8*	*19.7*	*100.0*
Byrddwyr/lletywyr	78	168	145	391	*19.9*	*43.0*	*37.1*	*100.0*
Ymwelwyr	30	63	71	164	*18.3*	*38.4*	*43.3*	*100.0*
Eraill[3]	29	38	35	102	*28.4*	*37.3*	*34.3*	*100.0*
Cyfanswm	**1750**	**3463**	**1384**	**6597**	***26.5***	***52.5***	***21.0***	***100.0***

[1] Hepgorwyd 38 nad oeddynt wedi nodi eu perthynas â'r penteulu.

[2] Gan gynnwys plant maeth a llysblant.

[3] 28 disgybl ysgol, 5 claf, carcharor yn swyddfa'r heddlu, 67 o breswylwyr y wyrcws ac un unigolyn a ddisgrifiwyd fel dieithryn.

oedd y Gymraeg mewn sefyllfa gref yn y mwyafrif o gartrefi. Fe'i siaredid gan bawb mewn 1,158 (74.3 y cant) o gartrefi ac yn 464 (40.1 y cant) o'r cartrefi hynny yr oedd pob unigolyn yn siaradwr uniaith Gymraeg. Ar 311 (20.0 y cant) o aelwydydd, fodd bynnag, cofnodwyd pob aelod yn uniaith Saesneg. Y mae'n arwyddocaol fod mwyafrif y tylwythau uniaith Gymraeg – 347 (74.8 y cant) – wedi eu lleoli yn yr ardal o gwmpas yr harbwr ac yn Nhrefechan a Phenparcau, cymdogaethau a chanddynt eu hunaniaeth a'u hadeiledd cymdeithasol eu hunain. Y mae'n amlwg fod sefyllfa'r Gymraeg yn gryf yn Aberystwyth, ond yr oedd Saesneg yn ennill tir yn gynyddol. Yr oedd siaradwyr uniaith Saesneg i'w cael mewn 441 (28.3 y cant) o gartrefi, naill ai fel aelodau o'r teulu, fel byrddwyr neu letywyr neu fel ymwelwyr, ac arweiniai hynny yn anorfod at ddefnyddio'r Saesneg ar amryw o aelwydydd lle'r oedd y Gymraeg yn iaith i'r mwyafrif.

Cofnoda'r cyfrifiad fod 391 o fyrddwyr neu letywyr yn aros mewn 234 (15.0 y cant) o gartrefi yn Aberystwyth a bod 80 teulu arall yn cynnig llety i ymwelwyr. Ganed mwyafrif y lletywyr yng Nghymru, a 38.4 y cant o'r rheini yn sir Aberteifi. Deuai'r lletywyr a hanai o'r tu allan i'r sir o nifer o wahanol leoedd, ac ni cheid yn y dref nifer sylweddol o fudwyr o unrhyw un ardal. Yr oedd mwyafrif y lletywyr yn siarad Cymraeg, er mai dim ond 78 (19.9 y cant) a oedd yn siaradwyr uniaith Gymraeg o'u cymharu â 145 (37.1 y cant) o siaradwyr uniaith Saesneg. Medrai bron traean y lletywyr a aned yn Lloegr siarad Cymraeg. Yr oedd mwyafrif helaeth y penteuluoedd, y gwragedd a'r plant yn y tai lle y cedwid lletywyr yn siarad Cymraeg a Chymraeg oedd yr unig iaith a siaredid gan 181 (26.2 y cant) o'r rhai a ddarparai lety i letywyr. Y mae'n debygol fod lletywyr yn cryfhau'r cysylltiadau ieithyddol a diwylliannol yn y cartrefi hynny lle y siaredid y Gymraeg gan bawb. Serch hynny, cofnodwyd lletywyr uniaith Saesneg ar 77 o aelwydydd Cymraeg neu ddwyieithog ac yr oedd hyn yn amlwg yn fodd i'r teuluoedd hynny ymgyfarwyddo â'r Saesneg. Yr un pryd, yr oedd mwyafrif y tai lle y ceid lletywyr yn croesawu ymwelwyr yn rheolaidd yn ystod y tymor gwyliau ac felly byddai eu trigolion yn agored i ddylanwad y Saesneg trwy gyfrwng y llif cyson o ymwelwyr – Saesneg eu hiaith gan mwyaf – a ddeuai i Aberystwyth bob haf. Y mae'n anorfod i'w presenoldeb ddylanwadu ar iaith yr aelwydydd hynny ac yr oedd y fasnach ymwelwyr, ynghyd â dylanwad mwy parhaol lletywyr Saesneg eu hiaith, yn ffactorau pwysig er Seisnigo.

Er gwaethaf y ffaith fod lletywyr ac ymwelwyr Saesneg eu hiaith yn aros yn llawer o gartrefi Aberystwyth, y Gymraeg oedd yr iaith gryfaf yn y mwyafrif ohonynt. Fel y dengys Tabl 6, yr oedd y patrymau priodi o fewn teuluoedd cnewyllol yn cyfnerthu Cymreigrwydd y dref. Yr oedd cynifer â 171 (95.5 y cant) o ddynion uniaith Gymraeg yn briod â gwragedd uniaith Gymraeg, a 242 (80.3 y cant) o ddynion dwyieithog yn briod â gwragedd dwyieithog. Y mae'r ffaith fod y Gymraeg yn cael ei siarad gan rai o'r plant neu'r plant i gyd mewn 425 (97.2 y cant) o achosion lle y'i siaredid gan y ddau bartner yn awgrymu bod y mwyafrif helaeth yn trosglwyddo'r iaith i'w plant. Ar yr aelwydydd hynny lle y ceid cymysgedd o siaradwyr uniaith Gymraeg a rhai dwyieithog, yr oedd y plant iau yn llai tebygol o fedru siarad Saesneg, ac awgryma hyn mai oddi allan i'r cartref, naill ai yn yr ysgol neu ar y stryd, y dysgent yr iaith honno. Cofnodwyd y ddau riant yn ddwyieithog yn 242 (41.2 y cant) o'r 588 o deuluoedd cnewyllol yn Aberystwyth, y ddau riant yn uniaith Gymraeg mewn 171 o gartrefi (29.1 y cant), ac un rhiant yn uniaith Gymraeg mewn 27 o gartrefi. Y mae'n arwyddocaol mai 24 achos yn unig a geid o siaradwr uniaith Gymraeg yn briod â phartner dwyieithog o'u cymharu â 75 o achosion o siaradwr uniaith Saesneg yn briod â phartner dwyieithog. Rhaid bod yn bur ofalus wrth asesu'r dystiolaeth am dri chartref lle'r ymddengys na fedrai'r gŵr a'r wraig siarad â'i gilydd. Yr oedd y rhain yn cynnwys William Thomas, siaradwr uniaith Gymraeg a drigai yn Railway Terrace gyda'i wraig uniaith Saesneg, Emily, ac Evan Davies, pysgotwr uniaith Gymraeg o Prospect Street, y cofnodwyd yn swyddogol na fedrai sgwrsio â'i wraig na'i ferch gan na fedrent hwy siarad Cymraeg!

Awgryma'r dystiolaeth nad oedd y newid rhwng y cenedlaethau o'r Gymraeg i'r Saesneg yn amlwg yn Aberystwyth. Cofnodwyd plant uniaith Gymraeg yn 148 (86.5 y cant) o'r 171 o gartrefi lle y ceid dau riant uniaith Gymraeg. Yr oedd pob plentyn a aned i un rhiant uniaith Gymraeg ac un rhiant dwyieithog hefyd yn siarad Cymraeg. Eto i gyd, er bod mwyafrif y plant a aned i rieni Cymraeg eu hiaith hefyd yn medru'r Gymraeg, yr oedd canran uwch ymhlith y genhedlaeth iau yn siarad Saesneg yn ogystal. O'r 242 o dylwythau lle'r oedd y ddau riant yn ddwyieithog, cofnodwyd mewn 202 (83.5 y cant) o achosion fod hynny'n wir am y plant yn ogystal. Dim ond yn achos 12 (4.9 y cant) o gartrefi dwyieithog y

Tabl 6: Iaith plant (2 flwydd oed a throsodd) ar aelwydydd lle'r oedd rhieni uniaith a dwyieithog

Gallu ieithyddol y rhieni		Gallu ieithyddol y plant Nifer yr aelwydydd					*Gallu ieithyddol y plant Canran*				
Tad	Mam	Cymraeg	Y Ddwy	Saesneg	Cymysg	Cyfanswm	*Cymraeg*	*Y Ddwy*	*Saesneg*	*Cymysg*	*Cyfanswm*
C	C	148	15	–	8	171	*86.5*	*8.8*	–	*4.7*	*100.0*
C	D	1	5	–	–	6	*16.6*	*83.4*	–	–	*100.0*
D	C	1	12	–	5	18	*5.5*	*66.6*	–	*27.9*	*100.0*
D	D	10	202	12	18	242	*4.1*	*83.5*	*4.9*	*7.5*	*100.0*
D	S	–	14	23	4	41	–	*34.1*	*56.0*	*9.9*	*100.0*
S	D	–	18	10	6	34	–	*52.9*	*29.4*	*17.7*	*100.0*
S	S	–	3	69	1	73	–	*4.1*	*94.5*	*1.4*	*100.0*
C	S	–	–	2	–	2	–	–	*100.0*	–	*100.0*
S	C	1	–	–	–	1	*100.0*	–	–	–	*100.0*
Cyfanswm		**161**	**269**	**116**	**42**	**588**	***27.4***	***45.7***	***19.7***	***7.1***	***100.0***

C/Cymraeg: uniaith Gymraeg; D/Y Ddwy: dwyieithog; S/Saesneg: uniaith Saesneg; Cymysg: unrhyw gyfuniad o siaradwyr uniaith Gymraeg, siaradwyr dwyieithog a siaradwyr uniaith Saesneg ar yr un aelwyd.

cofnodwyd bod y plant i gyd yn siaradwyr uniaith Saesneg. Fodd bynnag, gwan iawn oedd sefyllfa'r iaith Gymraeg yng nghartrefi ieithyddol gymysg Aberystwyth. Saesneg oedd unig iaith pob plentyn yn 33 (44.0 y cant) o'r 75 cartref lle'r oedd un rhiant yn ddwyieithog a'r llall yn uniaith Saesneg. Y fam oedd y prif ddylanwad ar iaith y plant mewn cartrefi ieithyddol gymysg o'r fath. Cofnodwyd bod y plant yn siarad y ddwy iaith yn 18 o'r 34 cartref lle'r oedd y fam yn siarad Cymraeg, a'u bod yn uniaith Saesneg yn 23 o'r 41 cartref lle'r oedd y tad yn ddwyieithog a'r fam yn uniaith Saesneg.

Oherwydd bod cynifer o siaradwyr Cymraeg y dref hefyd yn medru'r Saesneg, yr oedd modd i nifer sylweddol o drigolion y gymuned fyw eu bywyd pob dydd yn gyfan gwbl trwy gyfrwng yr iaith Saesneg. Ymddengys, felly, nad oedd unrhyw reidrwydd ar blant o gartrefi uniaith Saesneg i ddysgu'r iaith frodorol. Saesneg oedd yr unig iaith a siaredid gan y plant ar 69 o'r 73 (94.5 y cant) aelwyd lle'r oedd y rhieni yn uniaith Saesneg. Pedair enghraifft yn unig a gafwyd o gofnodi plant i rieni uniaith Saesneg yn siaradwyr dwyieithog. Mewn un achos, y plant hynaf yn unig a fedrai'r iaith Gymraeg. Yr oedd tri phlentyn hynaf tafarn y Plough yn Mill Street, a gedwid gan Samuel Black a'i wraig Emma, yn siaradwyr dwyieithog ond Saesneg yn unig a siaradai'r ddau blentyn ieuengaf.

At ei gilydd, felly, yr oedd mwyafrif plant Aberystwyth yn siarad yr un iaith â'u rhieni. Nifer bychan iawn o blant i rieni uniaith Saesneg a oedd yn medru'r iaith Gymraeg, ac yr oedd mwyafrif helaeth plant siaradwyr Cymraeg hefyd yn medru'r iaith frodorol. Eto i gyd, dengys y dystiolaeth fod nifer y siaradwyr uniaith Gymraeg yn lleihau ymhlith y genhedlaeth iau. Y mae'n amlwg, felly, mai un ffactor yn unig oedd iaith y rhieni wrth benderfynu iaith y plant. Y mae'r ffaith fod plant i rieni uniaith Gymraeg yn medru siarad Saesneg yn ogystal â'u mamiaith yn awgrymu bod llu o ffactorau cymdeithasol a diwylliannol eraill yn yr ysgol a'r gweithle yn gallu dylanwadu arnynt.

Mewn portread bywiog o fywyd yn Aberystwyth ar ddiwedd y bedwaredd ganrif ar bymtheg, nododd Gwyn A. Williams fod y dref yn llawn o weithwyr, er nad oedd 'dosbarth gweithiol' fel y cyfryw i'w gael yno.[24] Y mae ei ddisgrifiad yn cydweddu'n dda â'r ddelwedd o dref a nodweddid gan *petite bourgeoisie* o siopwyr, crefftwyr a cheidwaid llety. Dengys Tabl 7 i gynifer â 3,156 o bobl, sef 55.9 y cant o'r boblogaeth dros 10 oed, gael eu cofnodi yn weithwyr cyflogedig o ryw fath, gan gynnwys cyfran uchel o unigolion hunangyflogedig a nifer sylweddol a enillai eu bywoliaeth yn y diwydiant ymwelwyr yn ystod yr haf ond a chwiliai am waith arall y tu allan i'r tymor gwyliau. Yr oedd 46 (33.8 y cant) o geidwaid llety'r dref yn benteuluoedd benywaidd, ac yn amlwg yn y fasnach hon hefyd yr oedd gwragedd i ddynion a chanddynt waith arall. Byddai eu henillion yn ychwanegiad gwerthfawr at y cyflogau pitw a enillai'r dynion wrth wneud gwaith achlysurol yn yr harbwr neu waith cysylltiedig â'r fasnach ymwelwyr.[25] Tanlinellir pwysigrwydd y diwydiant ymwelwyr gan y nifer o weision a morynion domestig a oedd yn Aberystwyth; hwn oedd y grŵp mwyaf o weithwyr yn y dref. Yr oedd mwyafrif y gweision a'r morynion domestig yn siarad Cymraeg, er mai dim ond 18.8 y cant ohonynt a oedd yn uniaith Gymraeg. Awgryma'r dystiolaeth fod y rhai a oedd yn gweini yn Aberystwyth yn cydnabod yr angen i ddysgu rhywfaint o Saesneg, a hynny er mwyn sgwrsio ag ymwelwyr. Awgryma'r cyfrifiad hefyd fod mwyafrif y rhai a gyflogai weision a morynion domestig yn Aberystwyth yn ffafrio unigolion a siaradai'r ddwy iaith a bod gwybodaeth o'r Saesneg yn ddymunol hyd yn oed ar aelwydydd lle'r oedd pawb yn siarad Cymraeg.

Adlewyrchid swyddogaeth Aberystwyth fel canolfan fasnach yn y ffaith fod cyfanswm o 1,422 o weithwyr yn cael eu cyflogi yn y sector masnach, y gwasanaethau diwydiannol a chynhyrchu. Ceid yn y dref dair ffowndri, tri gwaith llechi enamel mawr, tanerdy, bragdy a dau argraffty, ac yr oedd masnach sylweddol hefyd mewn coed ac offer amaethyddol. Gwasanaethid y dref hefyd gan amrywiol fân-werthwyr a masnachwyr, gan gynnwys nifer o fusnesau preifat sylweddol.[26] O'r bobl a gyflogid yn y sectorau hyn, cofnodwyd 841 (59.1 y cant) o siaradwyr dwyieithog a nifer sylweddol o siaradwyr uniaith Gymraeg ymhlith y cigyddion, groseriaid a gwniadwragedd ac ymhlith yr unigolion a weithiai ar y môr, mewn cludiant ffordd neu fel gweithwyr ffowndri. Cymraeg oedd iaith feunyddiol llawer o'r rhai a enillai fywoliaeth yng nghymuned fusnes brysur a ffyniannus Aberystwyth. Yn anaml, serch hynny, y câi'r Gymraeg ei defnyddio ar

[24] Williams, *The Making of a Unitarian*, t. 14.

[25] *Cambrian News*, 28 Mehefin 1893.

[26] *Kelly's Directory of Monmouthshire, and the Principal Towns and Places of South Wales* (London, 1891), tt. 52–64.

gyfer busnes swyddogol. Saesneg oedd cyfrwng hysbysebu bron yn ddieithriad, a dengys ffotograffau'r cyfnod mai Saesneg oedd yr iaith a welid ar y rhan fwyaf o fusnesau'r dref. Saesneg oedd iaith trafodion swyddogol a bancio yn Aberystwyth, fel mewn mannau eraill, ac er bod mwyafrif y swyddogion cyhoeddus yn ddwyieithog, yn anaml y defnyddient y Gymraeg i gynnal eu busnes, er bod 36 o'r 46 a gyflogid ym myd bancio, yswiriant a chyfrifon yn medru'r Gymraeg yn ôl cofnodion y cyfrifiad, yn ogystal â 60.3 y cant o'r 383 a gyflogid yn y gwasanaethau cyhoeddus neu mewn gwaith proffesiynol arall. Yr oedd hoelion wyth y sefydliad, dynion megis Daniel Rees Davies, meddyg teulu a wasanaethai hefyd fel swyddog iechyd meddygol y fwrdeistref, Arthur Hughes, clerc y dref, Henry Humphreys, y postfeistr, William Jones, pennaeth y tloty, a Howell Evans, prif gwnstabl yr heddlu, i gyd yn hyddysg yn y ddwy iaith. Cofnododd mwyafrif y gwŷr proffesiynol dwyieithog hyn fod eu plant hefyd yn siarad Cymraeg, ond nid oedd hynny'n wir am blant dynion fel George Bonsall, meddyg teulu amlwg, a'r cyfreithwyr Edgar Artwood ac Arthur Hughes. Ceir tystiolaeth ddadlennol hefyd o sylwi ar y swyddogion a gyflogid gan Gyngor Sir Aberteifi. Ffurfiwyd y cyngor sir ym 1889 ac fe'i rheolid gan Ryddfrydwyr Ymneilltuol, Cymraeg eu hiaith a ymfalchïai yn eu hagwedd flaengar at fusnes cyhoeddus.[27] Y mae'n arwyddocaol, fodd bynnag, fod y prif swyddogion a benodwyd ganddynt at ei gilydd yn fwy Seisnig na'r rhai a weithiai i gyrff cyhoeddus eraill yn Aberystwyth. Penodwyd Henry Fryer, brodor uniaith Saesneg o Dorset, yn glerc y sir; ni fedrai trysorydd y sir, Joseph Perrott, siarad Cymraeg ychwaith, na Lloyd Snape, gwyddonydd yn y coleg a gyflogid fel dadansoddwr y sir.[28] Yr oedd y gwŷr hyn yn aelodau amlwg o'r Blaid Ryddfrydol ac yn perthyn i gapeli Ymneilltuol Saesneg y dref ac nid ymddengys i'r ffaith nad oeddynt yn siarad Cymraeg lesteirio eu gyrfa.

Safai'r orsaf reilffordd drawiadol mewn safle amlwg tua chanol y dref, ac yr oedd y rheilffordd ei hun yn hanfodol i fywyd masnachol a masnach ymwelwyr y dref. Cyflogid 41 o weithwyr rheilffordd yn Aberystwyth ym 1891, a gwasanaethai'r mwyafrif ohonynt Gwmni Rheilffordd y Cambrian, a wnaeth ymdrech benodol i recriwtio siaradwyr Saesneg ac i sicrhau mai Saesneg oedd iaith cyfathrebu ar y rheilffordd.[29] Gellir priodoli hyn, yn rhannol o leiaf, i'r awydd i osgoi unrhyw ddryswch ymhlith gweithwyr a theithwyr. Yr oedd dros hanner gweithwyr rheilffordd y dref yn siaradwyr uniaith Saesneg, gan gynnwys y gorsaffeistr, Tom Kilvington o swydd Efrog, dau arolygwr, pum clerc a saith gyrrwr trên. Ceid y mwyafrif o'r siaradwyr dwyieithog ymhlith y dynion signal neu'r

[27] The County Councils Association, *The Jubilee of County Councils, 1889–1939: Fifty Years of Local Government* (London, 1939), argraffiad sir Aberteifi.

[28] *Welsh Gazette*, 1 Rhagfyr 1921; English Congregational Church, Portland Street, Aberystwyth, *Church Report 1899* (Aberystwyth, 1900); Morgan, 'Cardiganshire Politics', 311–46.

[29] Dot Jones, *The Coming of the Railways and Language Change in North Wales, 1850–1900* (Aberystwyth, 1995).

dynion a oedd yn gyfrifol am gynnal y cledrau, a'r unig siaradwyr Cymraeg uniaith a gyflogid oedd porthorion a glanhawyr yr orsaf. Yr oedd y rheilffordd yn brawf gweledol o fanteision dysgu Saesneg gan ei bod yn amlygu'r statws cymdeithasol a fwynhâi uwch-swyddogion a gyrwyr trenau a'r modd y neilltuid siaradwyr uniaith Gymraeg i swyddi gwasaidd ac iselradd. Er mai ychydig o bobl a gyflogid yn uniongyrchol fel gweithwyr rheilffordd, chwaraeai'r orsaf ran hanfodol ym mywyd economaidd Aberystwyth ac yr oedd ei dylanwad yn amlwg yn cadarnhau barn y rhai hynny a ystyriai'r Saesneg yn iaith hunanwellhad a chynnydd cymdeithasol.

Un enghraifft oedd y rheilffordd ymhlith nifer cynyddol o feysydd lle'r oedd siaradwyr uniaith Saesneg yn tra-arglwyddiaethu. Yr oedd cymaint â 90 y cant o'r rhai a drigai yn y barics milwrol ym Mhenglais yn siaradwyr uniaith Saesneg, ac felly hefyd y personél milwrol a letyai mewn tai yn y dref. Yn yr un modd, yr oedd academyddion blaenllaw megis W. J. Johnston, James Brough, C. H. Herford a J. M. Angus yn benteuluoedd ar aelwydydd lle na siaredid yr iaith frodorol gan neb ond gweision a morynion y tŷ. Erbyn 1891 yr oedd y gymuned Saesneg hon eisoes wedi dechrau creu ei sefydliadau cymdeithasol a diwylliannol ei hun. Cymaint oedd dylanwad y gymuned hon nes gorfodi arweinwyr crefyddol i ddarparu cyfleoedd ar gyfer addoli trwy gyfrwng y Saesneg. Heriai eu bodolaeth y syniad o'r capel fel gwarcheidwad y Gymraeg, yn enwedig gan fod eu haelodau yn cynnwys siaradwyr Cymraeg amlwg fel Thomas Charles Edwards, D. M. Lewis a William Williams. At hynny, er bod gweinidogion fel y Parchedig T. A. Penry a'r Parchedig T. Wynne-Jones, a wasanaethai'r cynulleidfaoedd hynny, yn siarad Cymraeg, cofnododd y naill a'r llall ohonynt eu plant yn siaradwyr uniaith Saesneg. Wrth wneud hynny yr oeddynt yn dilyn patrwm a osodwyd gan glerigwyr Anglicanaidd. Siaradai'r Parchedig David Williams, ficer eglwys y Drindod Sanctaidd, a'r Parchedig J. H. Prothero yn Sant Mihangel y ddwy iaith, ond uniaith Saesneg oedd eu plant. Siaradwr uniaith Saesneg oedd y Tad Thomas Carolan, brodor o Derry a wasanaethai fel offeiriad Pabyddol y dref, ac felly hefyd ei forwyn, Gwyddeles 14 oed, hithau yn enedigol o Derry. Yr oedd cartrefi o'r fath yn ynysoedd o Seisnigrwydd a chan fod dwyieithrwydd wedi gwreiddio mor ddwfn yn y dref nid oedd rhaid i unigolion fel y rhain ddod i gysylltiad â siaradwyr uniaith Gymraeg ac ychydig o angen a deimlai eu plant i siarad Cymraeg er mwyn cymathu â'r gymuned ehangach.

Dengys cyfrifiad 1891 natur gymhleth Aberystwyth ar ddiwedd y bedwaredd ganrif ar bymtheg. Ar lawer ystyr amlygai'r dref rai o brif nodweddion Cymru oes Victoria, gyda'i chymuned fusnes ymosodol a'i theocratiaeth o weinidogion a blaenoriaid. Ymhyfrydai'r dref yn ei bri fel cyrchfan wyliau dra arbennig ac fel canolfan ddysg Gymreig. Yr oedd y patrwm cymdeithasol unigryw a amlygai ei hun ar ffurf elitiaeth yn Aberystwyth yn dra gwahanol i nodweddion gwladaidd, dirodres ei chefnwlad wledig. Adlewyrchid y nodweddion hyn yn y patrwm ieithyddol a ddadlennir gan y cyfrifiad. Chwarter yn unig o boblogaeth y dref a gofnodwyd yn siaradwyr Cymraeg uniaith ac yr oeddynt hwy i raddau helaeth yn byw mewn ardaloedd tlawd fel Trefechan a Phenparcau. Yr oedd mwyafrif helaeth pobl y dref yn ddwyieithog a thros bumed ran ohonynt yn uniaith Saesneg. At hynny, deuai'r dref dan ddylanwad amrywiaeth eang o ddylanwadau grymus er Seisnigo. Wedi i Reilffordd y Cambrian gyrraedd yn y 1860au cysylltid y dref â chanolfannau masnachol yn Lloegr ac yr oedd y rheilffordd ei hun yn ddylanwad a hyrwyddai ddefnydd o'r Saesneg. Yn yr un modd cyfrannai'r gyfundrefn addysg yn helaeth at ledaeniad y Saesneg, ac ychydig a wnâi natur Seisnig y coleg i hybu balchder pobl Aberystwyth yn eu hiaith frodorol. Cynhelid busnes swyddogol a thrafodion masnachol ffurfiol trwy gyfrwng y Saesneg ac yr oedd dibyniaeth y dref ar gwstwm ymwelwyr o Loegr yn gymhelliad cryf i'r dinasyddion ddefnyddio'r iaith Saesneg. Er gwaethaf y dylanwadau hyn, fodd bynnag, parhâi'r Gymraeg yn iaith sgwrs feunyddiol yn y dref. I lawer o'r bobl a drigai yn yr ardal wledig o gwmpas Aberystwyth, iaith dramor anghyfarwydd oedd y Saesneg. Edrychent tuag Aberystwyth am nwyddau a gwasanaethau a deuai llawer ohonynt ar daith fisol i'r farchnad, ac o'r herwydd daliai gwŷr busnes, gweision cyhoeddus a thafarnwyr y dref i ddefnyddio'r Gymraeg yn rheolaidd. Ymddengys mai ychydig o bobl a wnaeth benderfyniad ymwybodol i beidio â chyfaddef eu bod yn siarad Cymraeg, a phrin oedd y teuluoedd a amddifadodd eu plant o'r iaith. Lleiafrif bychan yn unig o deuluoedd uniaith Saesneg a ddysgodd Gymraeg, serch hynny, ac yr oedd parodrwydd ymddangosiadol siaradwyr Cymraeg i sgwrsio yn Saesneg yn golygu bod modd i garfan fechan ond pwysig o boblogaeth y dref fyw eu bywyd trwy gyfrwng y Saesneg. Ychydig o wrthwynebu a fu i'r Seisnigo hwn ac nid ymddengys i bryder am y Gymraeg fod yn un o ofidiau amlycaf arweinwyr cyhoeddus y dref. Golygai'r difaterwch hwn, a pharodrwydd ar ran Cymry Cymraeg i fabwysiadu iaith arall, y medrai siaradwyr uniaith Saesneg ddylanwadu'n aruthrol ar iaith bywyd pob dydd a bod yn gyfrwng i erydu safle'r Gymraeg yn Aberystwyth ar ddiwedd y bedwaredd ganrif ar bymtheg.

Tabl 7: Iaith a leferid yn ôl galwedigaeth
(10 oed a throsodd)

Dosbarth diwydiannol	Iaith a leferid Dynion Cymraeg	Y Ddwy	Saesneg	Cyfan.	Iaith a leferid Merched Cymraeg	Y Ddwy	Saesneg	Cyfan.
AMAETHYDDIAETH								
Ffermio								
Ffermwyr	10	6	5	21	1	1	–	2
Gweithwyr amaethyddol	5	2	1	8				
Gweision fferm	10	1	–	11				

Dosbarth diwydiannol	Iaith a leferid Dynion Cymraeg	Y Ddwy	Saesneg	Cyfan.	Iaith a leferid Merched Cymraeg	Y Ddwy	Saesneg	Cyfan.
Magu								
Ffariar	–	–	1	1				
Masnachu								
Gwerthwyr gwartheg	2	10	8	20				
Gwerthwyr dofednod	–	–	–	–	2	–	–	2
Gwerthwr grawn	–	1	–	1				
Cynorthwywyr	–	2	–	2				
Pysgota								
Pysgotwr	1	–	–	1				
Cyfanswm	**28**	**22**	**15**	**65**	**3**	**1**	–	**4**
%	***43.1***	***33.8***	***23.1***	***100.0***	***75.0***	***25.0***	–	***100.0***
MWYNGLODDIO								
Glo								
Asiantwyr glofaol	–	1	–	1				
Glowyr	15	40	1	56				
Plwm								
Asiantwyr gwaith plwm	–	3	1	4				
Clerc	–	–	1	1				
Mwynwr	1	–	–	1				
Eraill	–	1	4	5				
Chwarelwyr eraill								
Perchennog chwarel	–	1	–	1				
Torrwr cerrig	–	1	–	1				
Gwaith dŵr								
Gweithiwr	1	–	–	1				
Cyfanswm	**17**	**47**	**7**	**71**				
%	***23.9***	***66.2***	***9.9***	***100.0***				
ADEILADU								
Rheoli								
Pensaer	–	–	1	1				
Syrfewyr	–	–	2	2				
Adeiladwyr	1	3	–	4				
Cynorthwywr	1	–	–	1				
Gweithwyr								
Seiri meini	28	37	1	66				
Plastrwyr	5	10	1	16				
Seiri coed	26	37	–	63				
Peintwyr	14	25	16	55				
Gosodwyr nwy	–	1	1	2				
Prentisiaid	6	6	–	12				
Ffyrdd, rheilffyrdd								
Gweithiwr ffordd	1	–	–	1				
Gosodwyr cledrau	–	2	–	2				
Cyfanswm	**82**	**121**	**22**	**225**				
%	***36.4***	***53.8***	***9.8***	***100.0***				

Dosbarth diwydiannol	Iaith a leferid Dynion Cymraeg	Y Ddwy	Saesneg	Cyfan.	Iaith a leferid Merched Cymraeg	Y Ddwy	Saesneg	Cyfan.
CYNHYRCHU								
Peiriannau, offer, watsys, ayb								
Crefftwyr	6	20	9	35				
Prentisiaid	–	3	2	5	–	–	1	1
Labrwr	–	1	–	1				
Adeiladu llongau								
Crefftwyr	11	9	–	20				
Haearn a dur								
Rheolwr ffowndri	–	–	1	1				
Crefftwyr	17	31	7	55				
Prentisiaid/cynorthwywyr	1	5	–	6				
Tunplat, sinc, copr, plwm, ayb								
Crefftwyr	–	4	1	5				
Gweithiwr di-grefft	–	–	1	1				
Llestri pridd, glo, nwy, ayb								
Rheolwyr/fformyn	–	3	1	4				
Crefftwyr	3	8	2	13				
Gweithwyr di-grefft/labrwyr	–	3	–	3	–	1	–	1
Lledr, blew, glud, ayb								
Crefftwyr	8	9	1	18	1	1	–	2
Pren, dodrefn, papur, ayb								
Fforman melin goed	1	–	–	1				
Crefftwyr	6	15	5	26				
Gweithiwr di-grefft	–	1	–	1				
Cerbydau a harneisiau								
Crefftwyr	6	14	5	25				
Gwlân								
Gwehydd	1	–	–	1				
Cotwm, llin, les, ayb								
Crefftwyr	2	1	–	3				
Dillad								
Crefftwyr	34	39	3	76	69	142	24	235
Prentisiaid	–	1	–	1	5	12	–	17
Bwyd, diod, tybaco								
Rheolwr	–	1	–	1				
Clercod	–	1	2	3				
Crefftwyr	8	19	9	36	6	9	3	18
Cynorthwywyr	–	2	1	3	–	1	1	2
Labrwr	–	1	–	1				
Argraffu								
Perchennog papur newydd	–	1	–	1				
Rheolwr	–	–	1	1				
Clercod	–	1	–	1	–	–	1	1
Crefftwyr	10	30	5	45	–	–	1	1
Prentisiaid	–	3	1	4				
Arall	–	–	1	1				
Amhenodol								
Gyrwyr injan/tanwyr/ffitwyr	7	18	2	27				

Dosbarth diwydiannol	Iaith a leferid Dynion Cymraeg	Y Ddwy	Saesneg	Cyfan.	Iaith a leferid Merched Cymraeg	Y Ddwy	Saesneg	Cyfan.
Gweithwyr peiriannau	–	–	–	–	–	2	1	3
Prentisiaid	2	7	1	10				
Cyfanswm	**123**	**251**	**61**	**435**	**81**	**168**	**32**	**281**
%	***28.3***	***57.7***	***14.0***	***100.0***	***28.8***	***59.8***	***11.4***	***100.0***
CLUDIANT								
Ystordai a dociau								
Rheolwr ystordy	–	1	–	1				
Negeswyr, porthorion	2	6	1	9				
Morwriaeth								
Capteiniaid, peilotiaid	4	16	–	20				
Morwyr, stiwardiaid a chogyddion	26	41	5	72				
Rheilffyrdd								
Gorsaf-feistri/swyddogion	–	1	5	6				
Clercod/swyddfa docynnau	–	7	5	12				
Gyrwyr trenau/tanwyr/ dynion signal	–	7	7	14				
Porthorion	2	3	4	9				
Ffyrdd								
Perchenogion stablau, cerbydau a bysys	1	4	2	7				
Gyrwyr cab/coetsmyn	2	10	1	13				
Carwyr, cludwyr, ayb	12	11	6	29				
Eraill	–	1	1	2				
Cyfanswm	**49**	**108**	**37**	**194**				
%	***25.2***	***55.7***	***19.1***	***100.0***				
MASNACH								
Glo								
Gwerthwyr glo	3	5	2	10				
Cynorthwywr	1	–	–	1				
Nwyddau crai								
Masnachwyr coed	–	5	1	6				
Gwerthwyr brethyn	–	1	1	2				
Dillad								
Gwerthwyr dillad ayb	–	18	4	22	1	4	3	8
Cynorthwywyr	3	32	–	35	–	4	3	7
Bwyd								
Cigyddion, gwerthwyr pysgod	10	12	11	33	2	5	–	7
Gwerthwyr llaeth	4	3	–	7	11	4	–	15
Gwerthwr ymenyn	–	–	–	–	1	–	–	1
Groseriaid	11	23	1	35	17	17	2	36
Gwerthwyr llysiau a ffrwythau	–	1	1	2	2	–	1	3
Cynorthwywyr	8	35	5	48	–	5	–	5
Tybaco, diod a llety								
Gwerthwyr tybaco	–	1	–	1	–	–	1	1

Dosbarth diwydiannol	Iaith a leferid Dynion Cymraeg	Y Ddwy	Saesneg	Cyfan.	Iaith a leferid Merched Cymraeg	Y Ddwy	Saesneg	Cyfan.
Gwerthwyr gwin a gwirodydd	1	3	–	4				
Gwestywyr, tafarnwyr	3	12	10	25	4	11	9	24
Ceidwaid llety	1	8	2	11	21	87	17	125
Ceidwaid tafarnau coffi/ tai bwyta	1	–	1	2	2	6	–	8
Gweithwyr seler/bar/ cynorthwywyr	1	5	5	11	–	12	14	26
Dodrefn a nwyddau i'r cartref								
Gwerthwyr dodrefn a lluniau	–	1	1	2				
Gwerthwyr llestri a gwydr	–	1	3	4	–	–	1	1
Haearnwerthwyr	–	6	1	7	–	1	–	1
Gemwyr	–	1	–	1	–	1	2	3
Cynorthwywyr	–	2	5	7	–	1	–	1
Fferyllwyr								
Fferyllwyr	–	6	–	6				
Prentisiaid/cynorthwywyr	1	8	–	9				
Deunydd ysgrifennu a chyhoeddiadau								
Gwerthwyr deunydd ysgrifennu, llyfrau a phapurau newydd	2	4	–	6	–	–	3	3
Llyfrgellydd	–	1	–	1				
Glynwr posteri	–	1	–	1				
Cynorthwywyr	–	–	–	–	1	1	1	3
Masnachwyr cyffredinol								
Siopwyr	1	–	1	2	8	4	3	15
Pedleriaid, stondinwyr	2	5	5	12	1	3	1	5
Gwerthwyr carpiau	–	–	–	–	1	1	–	2
Cynorthwywyr	1	–	1	2	1	1	2	4
Arall ac amhenodol								
Masnachwyr, broceriaid, asiantwyr	4	4	3	11	–	1	–	1
Arwerthwyr, priswyr	–	2	–	2				
Gwerthwyr/trafaelwyr masnachol	3	12	9	24	–	1	–	1
Cynorthwywyr	–	2	–	2				
Cyfanswm	**61**	**220**	**73**	**354**	**73**	**170**	**63**	**306**
%	***17.2***	***62.1***	***20.6***	***100.0***	***23.8***	***55.6***	***20.6***	***100.0***
GWASANAETHAU DIWYDIANNOL								
Bancio, yswiriant, cyfrifon								
Gwasanaeth banc	–	10	1	11				
Gwasanaeth yswiriant	3	5	3	11				
Cyfrifyddion	1	10	–	11				
Clercod masnachol	–	6	5	11	–	–	1	1
Cynorthwywr	–	1	–	1				
Cyfanswm	**4**	**32**	**9**	**45**	–	–	**1**	**1**
%	***8.9***	***71.1***	***20.0***	***100.0***	–	–	***100.0***	***100.0***

Dosbarth diwydiannol	Iaith a leferid Dynion Cymraeg	Y Ddwy	Saesneg	Cyfan.	Iaith a leferid Merched Cymraeg	Y Ddwy	Saesneg	Cyfan.
GWASANAETHAU CYHOEDDUS A PHROFFESIYNOL								
Gweinyddiaeth ganolog								
Swyddogion y gwasanaeth sifil	–	–	5	5				
Clerc yn y gwasanaeth sifil	–	1	–	1				
Swyddogion Swyddfa'r Post/ telegraff	–	3	–	3	–	–	1	1
Clercod Swyddfa'r Post/ teleffon	1	16	1	18	–	2	2	4
Gweinyddiaeth leol								
Swyddogion sirol/ bwrdeistrefol	1	2	1	4				
Cofrestrydd genedigaethau	–	–	–	–	–	1	–	1
Swyddogion Deddf y Tlodion	–	2	1	3				
Gweithwyr y tloty	–	1	–	1	–	1	–	1
Swyddogion presenoldeb plant ysgol	–	2	–	2				
Arolygwr glanweithdra	–	1	–	1				
Amddiffyn								
Swyddogion y fyddin	–	1	16	17				
Milwyr	4	11	5	20				
Pensiynwyr y fyddin	–	2	1	3				
Heddlu								
Arolygwyr yr heddlu	–	3	–	3				
Rhingyll	–	1	–	1				
Heddweision	–	6	–	6				
Y gyfraith								
Bargyfreithwyr, cyfreithwyr	–	14	–	14				
Myfyriwr y gyfraith	1	–	–	1				
Clercod y gyfraith	–	21	2	23	–	2	–	2
Meddygaeth								
Llawfeddygon, meddygon	–	7	3	10				
Myfyrwyr meddygol, cynorthwywyr	–	1	6	7				
Deintyddion	–	2	2	4				
Nyrsys	–	–	–	–	–	4	2	6
Addysg								
Darlithwyr	–	1	7	8	–	1	1	2
Prifathrawon, athrawon ysgol	–	7	9	16	1	10	21	32
Disgybl-athrawon	–	2	–	2	2	11	8	21
Athrawon cerdd	–	1	–	1	–	3	–	3
Myfyrwyr	1	22	24	47	–	5	18	23
Crefydd								
Rheithorion/clerigwyr	–	9	–	9				
Offeiriad Pabyddol	–	–	1	1				
Gweinidogion y MC	1	3	–	4				
Gweinidog Methodist	–	1	–	1				

Dosbarth diwydiannol	Iaith a leferid Dynion Cymraeg	Y Ddwy	Saesneg	Cyfan.	Iaith a leferid Merched Cymraeg	Y Ddwy	Saesneg	Cyfan.
Gweinidogion yr Annibynwyr	–	2	–	2				
Gweinidogion y Bedyddwyr	–	2	–	2				
Gweinidogion Ymneilltuol eraill	1	5	–	6				
Myfyrwyr diwinyddol	1	6	1	8				
Efengylwyr, swyddogion Byddin yr Iachawdwriaeth	–	1	–	1	–	1	2	3
Gofalwr mynwent	–	1	–	1				
Gofalwyr capeli	1	–	–	1	–	1	–	1
Adloniant								
Cerddorion	–	2	2	4				
Biliards, gwasanaeth chwaraeon	–	–	1	1				
Celf, llên, gwyddoniaeth								
Arlunwyr, cerflunwyr, engrafwyr	1	2	3	6	–	–	1	1
Ffotograffwyr	2	1	2	5				
Myfyrwyr celf/cynorthwywyr	–	2	1	3				
Newyddiadurwyr	–	1	1	2				
Gohebwyr	–	3	1	4				
Cyfanswm	**15**	**171**	**96**	**282**	**3**	**42**	**56**	**101**
%	***5.3***	***60.6***	***34.0***	***100.0***	***3.0***	***41.6***	***55.4***	***100.0***
GWASANAETHAU CARTREF								
Yn y tŷ								
Gweision/morynion	4	7	–	11	93	343	68	504
Nyrsys yn y cartref	–	–	–	–	4	12	6	22
Gweision sefydliadol	1	–	–	1	–	–	1	1
Y tu allan								
Gwastrodion	4	16	6	26				
Garddwyr	3	6	3	12				
Cipar	–	1	–	1				
Gwasanaeth ychwanegol								
Cogyddion	–	–	–	–	2	2	5	9
Golchwragedd	–	–	–	–	30	35	6	71
Gofalwyr	–	2	1	3	–	2	–	2
Pobl trin gwallt	2	2	3	7	–	–	2	2
Glanhawyr simneiau	–	1	2	3				
Cyfanswm	**14**	**35**	**15**	**64**	**129**	**394**	**88**	**611**
%	***21.9***	***54.7***	***23.4***	***100.0***	***21.1***	***64.5***	***14.4***	***100.0***
ERAILL								
Rheolwyr/goruchwylwyr	–	1	–	1	1	1	–	2
Labrwyr cyffredinol	62	34	14	110	1	–	–	1
Cyfanswm	**62**	**35**	**14**	**111**	**2**	**1**	–	**3**
%	***55.9***	***31.5***	***12.6***	***100.0***	***75.0***	***25.0***	–	***100.0***

Dosbarth diwydiannol	**Iaith a leferid** Dynion Cymraeg	Y Ddwy	Saesneg	Cyfan.	**Iaith a leferid** Merched Cymraeg	Y Ddwy	Saesneg	Cyfan.
CYFANSWM Y CYFLOGEDIG								
	455	**1042**	**349**	**1846**	**291**	**776**	**240**	**1307**
%	***24.6***	***56.4***	***19.0***	***100.0***	***22.3***	***59.4***	***18.3***	***100.0***
Gweddill y boblogaeth	98	48	52	198	501	830	385	1716
%	*49.5*	*24.2*	*26.3*	*100.0*	*29.2*	*48.4*	*22.4*	*100.0*
Disgyblion ysgol	75	124	42	241	81	172	86	339
%	*31.1*	*51.5*	*17.4*	*100.0*	*23.9*	*50.7*	*25.4*	*100.0*
CYFANSWM Y BOBLOGAETH								
10 OED+	**628**	**1214**	**443**	**2285**	**873**	**1778**	**711**	**3362**
%	***27.5***	***53.1***	***19.4***	***100.0***	***26.0***	***52.9***	***21.1***	***100.0***

13

Tregaron (Sir Aberteifi)

GWENFAIR PARRY

Plwyf helaeth ym mherfeddion sir Aberteifi yw Tregaron. Saif mewn dyffryn hirfaith rhwng llethrau Mynydd Bach a mynydd-dir noethlwm Pumlumon i'r dwyrain. Er bod yng ngwastadeddau'r dyffryn leiniau o dir cymharol ffrwythlon lle y tyfid gwenith a cheirch, ardal o weundiroedd corslyd ydoedd ar ddiwedd y bedwaredd ganrif ar bymtheg, ac enillai'r boblogaeth wasgarog fywoliaeth trwy fagu anifeiliaid.[1] Yr unig ganolfan o bwys oedd Tregaron, tref a chanddi boblogaeth o 887 ym 1891 ac y cysylltir ei henw gan amlaf â'r fawnog nodedig Cors Caron[2] (neu'r Gors Goch, fel y'i gelwid yn lleol) lle y swynwyd O. M. Edwards gan brydferthwch plu'r gweunydd,[3] ac â'i mab enwocaf, Henry Richard, y diwygiwr gwleidyddol a'r 'Apostol Heddwch' a fu farw dair blynedd cyn y cyfrifiad.[4] Yr oedd Tregaron hefyd yn nodedig am ei ffeiriau a'i marchnadoedd da byw ac yn un o'r prif fannau ymgynnull ar gyfer porthmyn ar eu taith dros y mynyddoedd i Loegr. Yn hanner cyntaf y ganrif hi oedd canolfan y fasnach wartheg.[5] Y ddwy ffair bwysicaf yn yr ardal oedd Ffair Garon yn Nhregaron ym mis Mawrth a Ffair Dalis yn Llanbedr Pont Steffan ym mis Mai.[6] Magwyd yr hanesydd a'r llenor W. Ambrose Bebb (1894–1955) yng Nghamerfawr, fferm rhwng Tregaron a Phontrhydfendigaid, a sylwodd ef ar y prysurdeb mawr:

> . . . 'prif-ddinas y mawn' yn danfon ambell gennad o gampwr i ladd mawn ar y Gors, gan eu gosod yn wyrthiol union a rhesol ar fin y geulan, ac i'w 'codi' yn eu hiawn hyd

[1] Edward Watson, 'The West Coast Region' yn E. G. Bowen (gol.), *Wales: A Physical, Historical and Regional Geography* (London, 1957), t. 297; Ieuan Gwynedd Jones, 'The Tregaron of Henry Richard', *Ceredigion*, XI, rhif 2 (1990), 148–9; Roy Lewis a Sandra Wheatley, 'The Towns of Cardiganshire, 1800–1995' yn Geraint H. Jenkins a Ieuan Gwynedd Jones (goln.), *Cardiganshire County History. Volume 3. Cardiganshire in Modern Times* (Cardiff, 1998), t. 215.

[2] Evan Jones, *Ar Ymylon Cors Caron* (Aberystwyth, 1967).

[3] Owen Edwards, *Yn y Wlad* (Wrecsam, 1927), tt. 40–8.

[4] Geraint H. Jenkins, 'Henry Richard (1812–1888)' yn D. Ben Rees (gol.), *Oriel o Heddychwyr Mawr y Byd* (Lerpwl, 1983), tt. 18–25.

[5] Emrys Jones, 'Tregaron. The Sociology of a Market Town in Central Cardiganshire' yn Elwyn Davies ac Alwyn D. Rees (goln.), *Welsh Rural Communities* (Cardiff, 1962), tt. 73–4.

[6] Evan Jones, *Cerdded Hen Ffeiriau* (Aberystwyth, 1972), t. 40.

> rhwng bonion y grug, – a'r Bont Rhyd Fendigaid a'r Ffair Rhos, a Swyddffynnon ac Ystrad Meurig yn gyrru eu dynion i lawr heibio bob dydd Mawrth, a'u da a'u gwartheg unwaith yn y mis. Dau begwn y byd hwnnw ydoedd y 'troad' rhyngof a Thregaron, a 'phen-y-rhiw' rhyngof a'r Bont, a thrwyddynt y tramwyai'r bobl i mewn iddo.[7]

Drwy gyfrwng y teithwyr hyn, yn enwedig y porthmyn, lledaenid fel tân gwyllt newyddion am y byd a'r betws ymhlith trigolion cefn gwlad. Yn ôl un rhigymwr:

> Mae Tregaron fach yn mwgi,
> Nid oes fater ta hi'n llosgi,
> Os bydd newydd drwg ar gered,
> Yn Nhregaron cewch ei glywed.[8]

Elfen bwysig arall yn economi'r ardal yn ail hanner y ganrif oedd y diwydiant gwlân. Diwydiant cartref oedd hwn yn ei hanfod, a busnesau bychain ym meddiant teuluoedd oedd trwch helaeth y 'ffatrïoedd' a gofrestrid yn rhestrau'r cyfrifwyr. Mewn ardal fel Tregaron, lle'r oedd adnoddau yn brin, yr oedd y fasnach wlân yn foddion i'r trigolion gael dau ben llinyn ynghyd ac yn y 1850au yr oedd y rhan fwyaf o ddeiliaid y dref yn wehyddion.[9] Diwydiant arall a ffynnai yn y gymdogaeth hyd at 1870 oedd y mwynfeydd plwm. Lleolid y gweithfeydd cyfoethocaf ym mhlwyfi Llanwnnws ac Ysbyty Ystwyth i'r gogledd o Dregaron, ond erbyn y 1880au yr oedd y prif wythiennau wedi eu dihysbyddu yn llwyr a phris plwm wedi gostwng yn sylweddol. Y prif gyflogwr ym 1891 oedd gwaith Lisburne yng nghyffiniau Pont-rhyd-y-groes, ond nid oedd fawr o lewyrch ar bethau. Yng Nghwmystwyth, lle'r oedd y dirwasgiad ar ei fwyaf enbyd, collwyd rhagor na thraean o'r boblogaeth rhwng 1881 a 1891 ac, o ganlyniad i hynny, yr oedd chwarter y tai yn wag.[10]

Dwysawyd yr argyfwng gan ddirwasgiad amaethyddol y 1880au[11] a hefyd gan grebachiad y fasnach wlân. Er bod poblogaeth tref Tregaron wedi parhau i dyfu drwy gydol y bedwaredd ganrif ar bymtheg, yr oedd nifer y trigolion a breswyliai yn y plwyf wedi gostwng o 1,733 ym 1851 i 1,575 ym 1891. Trodd nifer mawr eu golygon tua glofeydd y deheubarth: ym 1851 yr oedd oddeutu 8,000 o frodorion sir Aberteifi yn byw yn ne Cymru yn unig, sef teirgwaith yn fwy na phoblogaeth gyfan Dosbarth Cofrestru Tregaron.[12] Cyfeiriai eraill eu camre tua Llundain ac nid peth anghyffredin oedd gweld porthladdoedd y sir yn heigio â theuluoedd ac unigolion ar eu ffordd i America. Pobl ifainc rhwng 20 a 35 oed a

[7] Robin Chapman, *W. Ambrose Bebb* (Caerdydd, 1997), t. 17.

[8] R. J. Colyer, *The Welsh Cattle Drovers* (Cardiff, 1976), t. 93.

[9] Jones, 'Tregaron', tt. 74–5; J. Geraint Jenkins, *The Welsh Woollen Industry* (Cardiff, 1969), tt. 247–308.

[10] W. J. Lewis, *Lead Mining in Wales* (Cardiff, 1967), tt. 170–201.

[11] John Davies, *Hanes Cymru* (Harmondsworth, 1990), tt. 427–8.

[12] Jones, 'The Tregaron of Henry Richard', 150.

Tabl 1: Iaith a leferid gan boblogaethau Tregaron, Dosbarth Cofrestru Tregaron, Sir Aberteifi a Chymru

(2 flwydd oed a throsodd)

	Nifer Cymraeg	Y Ddwy	Saesneg	Cyfanswm	*Canran Cymraeg*	*Y Ddwy*	*Saesneg*	*Cyfanswm*
Tregaron[1]	2762	504	28	3294	*83.8*	*15.3*	*0.9*	*100.0*
D.C. Tregaron[2]	7268	907	106	8281	*87.8*	*10.9*	*1.3*	*100.0*
Sir Aberteifi[3]	61624	17111	3979	82714	*74.5*	*20.7*	*4.8*	*100.0*
Cymru[4]	508036	402253	759416	1669705	*30.4*	*24.1*	*45.5*	*100.0*

1 Hepgorwyd un a oedd yn fud ac yn fyddar.
2 Hepgorwyd 11 unigolyn nad oeddynt wedi nodi eu gallu ieithyddol.
3 Hepgorwyd 255 nad oeddynt wedi nodi eu gallu ieithyddol a 10 a siaradai ieithoedd eraill.
4 Hepgorwyd 12,833 nad oeddynt wedi nodi eu gallu ieithyddol a 3,076 a siaradai ieithoedd eraill.

fyddai'n mudo o'r ardal fel rheol. Dengys ystadegau swyddogol fod mwy o ddynion nag o ferched wedi gadael Dosbarth Cofrestru Tregaron yn ail hanner y bedwaredd ganrif ar bymtheg, a sylwodd sawl Cofrestrydd Cyffredinol fod yr anghydbwysedd rhwng y rhywiau yn fwy amlwg yn sir Aberteifi nag yn unman arall yng Nghymru a Lloegr.[13]

Ar gyfer yr astudiaeth hon, archwiliwyd pedair ar ddeg o ardaloedd rhifo a oedd yn cwmpasu plwyf Tregaron a hefyd rannau o blwyfi Llanfihangel Lledrod, Llanwnnws ac Ysbyty Ystwyth lle y lleolid y mwyngloddiau plwm. Cyfanswm y boblogaeth a oedd yn 2 flwydd oed neu yn hŷn oedd 3,294 ac, fel y dengys Tabl 1, yr oedd 83.8 y cant ohonynt yn uniaith Gymraeg, 15.3 y cant yn ddwyieithog, a 0.9 y cant yn uniaith Saesneg. Felly, yr oedd gan 99.1 y cant o'r trigolion wybodaeth o'r Gymraeg ac 16.2 y cant wybodaeth o'r Saesneg. Nid oedd hyn yn syndod oherwydd yr oeddynt yn byw yn y Cymreiciaf o holl ddosbarthau cofrestru Cymru. Siaradai 98.7 y cant o'r boblogaeth Gymraeg yn Nosbarth Cofrestru Tregaron ac er bod 12.2 y cant yn medru'r Saesneg, dim ond 1.3 y cant a oedd yn ddi-Gymraeg. O'i gymharu â'r dosbarth cofrestru, y mae'n arwyddocaol fod cyfran uwch o boblogaeth sampl Tregaron yn ddwyieithog, canlyniad i'r ffaith fod 26.9 y cant o'r boblogaeth honno yn byw yn nhref Tregaron. Yr oedd y dref hon yn ganolbwynt prynu a gwerthu, a chan mai Saesneg oedd iaith busnes a masnach, yr oedd yn rhaid i fasnachwyr wrth yr iaith honno yn ogystal â'r Gymraeg. Eto i gyd, glynodd trigolion Tregaron yn fwy dygn wrth eu mamiaith na gweddill trigolion sir Aberteifi, a chan y siaredid mwy o Gymraeg yn y sir honno nag yn unrhyw sir arall yng Nghymru, yr oedd hynny yn ffaith o bwys. Nid gormod yw dweud bod y Gymraeg yn annatod glwm wrth ffordd o fyw y werin-bobl. Fel y canodd Evan Islwyn, un o frodorion yr ardal:

13 Ibid.

Tabl 2: Iaith a leferid yn ôl oedran
(2 flwydd oed a throsodd)

	Nifer				*Canran*			
Oed	Cymraeg	Y Ddwy	Saesneg	Cyfanswm	*Cymraeg*	*Y Ddwy*	*Saesneg*	*Cyfanswm*
2–5	316	13	2	331	*95.5*	*3.9*	*0.6*	*100.0*
6–14	610	112	–	722	*84.5*	*15.5*	–	*100.0*
15–24	438	128	3	569	*77.0*	*22.5*	*0.5*	*100.0*
25–44	590	137	14	741	*79.6*	*18.5*	*1.9*	*100.0*
45–64	525	88	6	619	*84.8*	*14.2*	*1.0*	*100.0*
65+	283	26	3	312	*90.7*	*8.3*	*1.0*	*100.0*
Cyfanswm	**2762**	**504**	**28**	**3294**	***83.8***	***15.3***	***0.9***	***100.0***

Y Gymraeg, digymar yw, – iaith hydrefn
A iaith ddidranc ydyw;
Hon fu, sydd, ac a fydd byw,
Er estron a'i fawr ystryw.[14]

Yn ôl Cassie Davies, byddai 'pobl yr ardal yn cydweithio a chydymdrechu yn galed a dygn, yn un cwlwm cymdeithasol, ac wedi diwrnod gwaith yn casglu yn nhai ei gilydd am sgwrs a chwmni a llawen chwedl gan greu eu diddanwch a'u difyrrwch eu hunain yn unol â thraddodiad eu cenedl'.[15] Gwelir hefyd fod Tregaron yn Gymreiciach o lawer na chrynswth Cymru, lle'r oedd saith o bob deg yn siarad Saesneg ac oddeutu deuparth o'r rheini yn ddi-Gymraeg.

Dengys Tabl 2 mai'r Gymraeg oedd y prif gyfrwng cyfathrebu i ragor na 98 y cant o drigolion Tregaron, waeth beth oedd eu hoedran. Yr oedd canran y siaradwyr uniaith Gymraeg yn dra uchel (90.7 y cant) ymhlith yr oedrannus ond ar ei huchaf yn achos plant rhwng 2 a 5 oed. Yr unig blant a gofnodwyd yn uniaith Saesneg yn y grŵp oedran hwn oedd John Davies, bachgen 4 oed a aned yn Llundain, ac Irene Phillips, merch 2 flwydd oed Thomas Phillips, y rheithor. Gan fod y rheithor a'i wraig yn ddwyieithog, y naill yn hanu o sir Gaerfyrddin a'r llall o sir Benfro, y mae'n rhaid eu bod wedi ymwrthod yn fwriadol â'r Gymraeg ar yr aelwyd, a hynny, y mae'n debyg, am mai'r Saesneg a ystyrid ganddynt yn iaith llwyddiant academaidd a chynnydd economaidd.[16] Y Saesneg, yn ddi-os, a gâi achles yn yr ysgolion dyddiol ac oherwydd hynny yr oedd 15.5 y cant o blant

14 Dan Jones, 'Adgof Hiraeth', *Cymru*, 41 (1911), 165–70; idem, 'Chwe Chymeriad', ibid., 65 (1923), 118–19.

15 Cassie Davies, *Hwb i'r Galon* (Abertawe, 1973), t. 22.

16 D. C. Rees, *Tregaron: Historical and Antiquarian* (Llandyssul, 1936), t. 30. Addysgwyd Thomas Phillips yng Ngholeg Dewi Sant, Llanbedr Pont Steffan, a bu'n ficer Tregaron rhwng 1887 a 1897.

Tabl 3: Iaith a leferid yn ôl oedran a rhyw

(2 flwydd oed a throsodd)

		Nifer				*Canran*			
Oed	Rhyw	Cymraeg	Y Ddwy	Saesneg	Cyfanswm	*Cymraeg*	*Y Ddwy*	*Saesneg*	*Cyfanswm*
2–5	G	175	8	1	184	*95.1*	*4.3*	*0.5*	*100.0*
	B	141	5	1	147	*95.9*	*3.4*	*0.7*	*100.0*
6–14	G	302	53	–	355	*85.1*	*14.9*	–	*100.0*
	B	308	59	–	367	*14.9*	*16.1*	–	*100.0*
15–24	G	180	56	2	238	*75.6*	*23.5*	*0.8*	*100.0*
	B	258	72	1	331	*77.9*	*21.8*	*0.3*	*100.0*
25–44	G	228	60	9	297	*76.8*	*20.2*	*3.0*	*100.0*
	B	362	77	5	444	*81.5*	*17.3*	*1.1*	*100.0*
45–64	G	205	49	5	259	*79.2*	*18.9*	*1.9*	*100.0*
	B	320	39	1	360	*88.9*	*10.8*	*0.3*	*100.0*
65+	G	113	11	–	124	*91.1*	*8.9*	–	*100.0*
	B	170	15	3	188	*90.4*	*8.0*	*1.6*	*100.0*
	G	**1203**	**237**	**17**	**1457**	***82.6***	***16.3***	***1.2***	***100.0***
Cyfanswm	**B**	**1559**	**267**	**11**	**1837**	***84.9***	***14.5***	***0.6***	***100.0***

rhwng 6 a 14 oed yn ddwyieithog. Eto i gyd, ni wiw anghofio mai dim ond 228 o blant yr ardal a gofrestrwyd yn ddisgyblion ysgol, a chan fod 175 (76.8 y cant) ohonynt yn parhau yn Gymry uniaith, y mae'n amlwg nad oedd addysg yn ddylanwad arwyddocaol. Gan fod pobl yn y grwpiau oedran gwaith (15–44 oed) yn fwy symudol a lluosog eu cysylltiadau, yr oedd cyfran uwch ohonynt yn gynefin â'r iaith Saesneg: cyrhaeddodd y ganran a fedrai'r ddwy iaith uchafbwynt yn achos oedolion ifainc rhwng 15 a 24 oed cyn gostwng wrth i'r boblogaeth heneiddio. Nid amrywiai'r ganran bitw o siaradwyr uniaith Saesneg nemor ddim fesul grŵp oedran, ac yr oedd 24 o'r 26 a oedd yn 15 oed neu yn hŷn yn fewnfudwyr o Loegr (20), Iwerddon (3) a'r Alban (1). Cymdeithas oedd hon, felly, a oedd ond megis dechrau troi yn ddwyieithog, ac estroniaid, bron yn ddieithriad, oedd y rhai a gofrestrwyd yn uniaith Saesneg.

Yn Nhabl 3, sy'n dangos medr ieithyddol y boblogaeth yn ôl eu rhyw yn ogystal â'u hoedran, gwelir nad oedd fawr o wahaniaeth rhwng gallu ieithyddol gwrywod a benywod, waeth beth oedd eu hoedran. Yn achos pob grŵp oedran, nid oedd y gwahaniaeth rhwng canran y siaradwyr di-Gymraeg yn fwy nag 1.9 y cant ac, yn yr un modd, nid oedd y ganran a siaradai Gymraeg yn amrywio mwy nag 1.8 y cant. Serch hynny, ceid peth amrywiaeth yng ngallu ieithyddol y boblogaeth Gymraeg rhwng 25 a 64 oed: yr oedd 19.6 y cant o'r gwrywod yn ddwyieithog o'u cymharu â 14.4 y cant o'r benywod, ac 84.4 y cant o'r benywod yn Gymry uniaith o'u cymharu â 77.9 y cant o'r gwrywod. Gan fod canrannau tebyg o'r ddwy ryw yn y grwpiau oedran hyn wedi eu geni yn sir Aberteifi (sef

Tabl 4: Iaith a leferid yn ôl man geni

(2 flwydd oed a throsodd)

	Nifer				*Canran*			
Man geni	Cymraeg	Y Ddwy	Saesneg	Cyfanswm	*Cymraeg*	*Y Ddwy*	*Saesneg*	*Cyfanswm*
Sir Aberteifi	2706	432	1	3139	*86.2*	*13.8*	*0.0*	*100.0*
Sir Gaerfyrddin	10	12	–	22	*45.5*	*54.5*	–	*100.0*
Sir Forgannwg	12	10	–	22	*54.5*	*45.5*	–	*100.0*
Sir Drefaldwyn	13	6	1	20	*65.0*	*30.0*	*5.0*	*100.0*
Sir Frycheiniog	2	5	–	7	*28.6*	*71.4*	–	*100.0*
Sir Faesyfed	3	3	–	6	*50.0*	*50.0*	–	*100.0*
Sir Ddinbych	1	3	–	4	*25.0*	*75.0*	–	*100.0*
Sir Benfro	–	2	1	3	–	*66.7*	*33.3*	*100.0*
Sir Feirionnydd	2	1	–	3	*66.7*	*33.3*	–	*100.0*
Sir Fynwy	3	1	–	4	*75.0*	*25.0*	–	*100.0*
Sir Fôn	1	1	–	2	*50.0*	*50.0*	–	*100.0*
Sir Gaernarfon	1	1	–	2	*50.0*	*50.0*	–	*100.0*
De Cymru	–	2	–	2	–	*100.0*	–	*100.0*
Sir Y Fflint	1	–	–	1	*100.0*	–	–	*100.0*
Lloegr	5	22	21	48	*10.4*	*45.8*	*43.8*	*100.0*
Eraill[1]	1	1	4	6	*16.7*	*16.7*	*66.6*	*100.0*
Cyfanswm	**2761**	**502**	**28**	**3291**	***83.9***	***15.2***	***0.9***	***100.0***

[1] Man geni: Iwerddon 4, Yr Alban 2.

91.7 y cant o'r dynion a 94.0 y cant o'r merched), y mae'n bur debyg mai eu rhwydweithiau yn y gweithle a oedd yn bennaf cyfrifol am y gwahaniaeth yn eu gallu ieithyddol. Yr oedd cynifer â 528 (95.1 y cant) o'r gwrywod yn gyflogedig, o'u cymharu â 260 (32.3 y cant) o ferched o'r un oed.

Dengys Tabl 4 fod cysylltiad annatod rhwng gallu ieithyddol y trigolion a'u man geni. Deuai 3,139 (95.4 y cant) ohonynt o sir Aberteifi ac yr oedd 1,913 (60.9 y cant) o'r rheini yn hanu o Garon-is-clawdd (1,079), Lledrod (410) ac Ysbyty Ystwyth (424). Siaradent Gymraeg yn ddieithriad ac, i ragor nag wyth o bob deg o frodorion y sir, hi oedd unig gyfrwng y cyfathrebu geiriol. Lleiafrif bychan (98 neu 3.0 y cant) a aned yng ngweddill Cymru, yn bennaf yn siroedd Caerfyrddin, Morgannwg a Threfaldwyn, ac er eu bod i gyd ond un yn Gymry Cymraeg yr oedd 47 (48.0 y cant) ohonynt yn ddwyieithog. Y mae'n arwyddocaol hefyd mai dim ond 48 (1.8 y cant) o'r holl drigolion a aned y tu hwnt i Glawdd Offa. Deuai'r rhan fwyaf o swyddi Middlesex (17), Cernyw (8) a Chaerhirfryn (6), ond ceid yn yr ardal yn ogystal frodorion o swyddi Efrog (2), Buckingham (1), Worcester (2), Warwick (2), Amwythig (2), Gwlad yr Haf (1), Caerloyw (1), Caer-grawnt (1), Derby (1), Dyfnaint (1), Durham (1), Essex (1) a Westmorland (1). Yr oedd yn ddadlennol fod 27 (56.3 y cant) o'r mewnfudwyr hyn yn medru'r Gymraeg. Yn eu plith yr oedd pump o Gymry uniaith, pedwar ohonynt wedi eu geni mewn cymdogaeth Gymraeg yn Llundain. O Lundain yr hanai 11 o'r 22 siaradwr dwyieithog hefyd ac y mae eu cyfenwau'n awgrymu bod 10 ohonynt o dras Gymreig. Mewn erthygl a gyhoeddwyd yn y *Welsh Gazette* ym 1929 pwysleisiwyd y ffaith fod nifer sylweddol o bobl ifainc o Dregaron wedi ymgartrefu yn Llundain er y 1880au. Gan fod rhwymau carennydd yn dra phwysig iddynt, yr oedd eu gwreiddiau yn ddwfn yng nghefn gwlad. Cadwent gyswllt agos â'u perthnasau yn Nhregaron a dychwelai llawer i dreulio gweddill eu hoes yno ar ôl ennill eu ffortiwn yn Llundain.[17] Yr oedd i'r cyswllt cyson â'r cefndir gwledig Cymraeg oblygiadau pwysig o ran iaith. Yr oedd yn foddion nid yn unig i faethloni a grymuso'r gymuned Gymraeg yn Llundain ond hefyd i gynefino'r brodorion yng nghylch Tregaron â'r diwylliant Saesneg. Dim ond 21 (45.2 y cant) o'r rheini a aned yn Lloegr a oedd yn parhau yn ddi-Gymraeg. Gan fod pedwar ohonynt yn lletywyr a oedd yn aros yn y gymdogaeth dros dro, pump yn briod â phartneriaid o Gymru a siaradai Saesneg, a dau wedi mudo i'r ardal gyda'u teuluoedd o Loegr, yr oedd hynny i'w ddisgwyl. Yn eu plith hefyd yr oedd labrwr uniaith Saesneg o Lundain a oedd yn briod â Chymraes uniaith o sir Gaernarfon, ac un gweithiwr amaethyddol a dau was fferm di-Gymraeg o Lerpwl. Y mae'r ffaith fod cyflogwyr y rheini yn ddi-Saesneg, yn ôl y cofnod, yn brawf nad yw tystiolaeth y cyfrifiad yn gwbl ddibynadwy a bod yr elfen uniaith Gymraeg, o bosibl, wedi ei gorgyfrif. Nifer bychan iawn o'r brodorion a hanai o'r tu hwnt i Loegr a Chymru. Deuai pedwar o Iwerddon a dau o'r Alban, gan ffurfio cyn lleied â 0.2 y cant o'r boblogaeth. Siaredid y Gymraeg gan ddau ohonynt, sef Bridget Driscol, pedler dwyieithog o Cork, a Lawrence Thomas, bachgen uniaith Gymraeg a aned yn yr Alban ac a oedd yn fab i Jane Thomas, Cymraes uniaith o Ledrod yn sir Aberteifi.

Yn ddi-ddadl, Cymraeg oedd iaith yr aelwyd yn Nhregaron. Yr oedd pob un o'r trigolion ar gynifer â 771 (90.3 y cant) o aelwydydd y fro yn ei llefaru ac ni ddefnyddid unrhyw iaith arall ar 656 (85.1 y cant) o'r aelwydydd hynny. Dim ond un (0.1 y cant) tylwyth a oedd yn ddi-Gymraeg, ac er bod pob un yn siarad Saesneg ar 61 (7.1 y cant) o aelwydydd, yr oedd 50 (82.0 y cant) o'r rheini yn aelwydydd dwyieithog lle y medrid y ddwy iaith gan bawb. Er bod llai na thri o bobl yn byw yn 270 (31.6 y cant) o'r tai, a rhagor na chwech yn yr 128 (15.0 y cant) arall, pedwar, ar gyfartaledd, a oedd yn byw ym mhob tŷ. Yr uned gymdeithasol sylfaenol oedd y teulu cnewyllol, a theuluoedd felly oedd 502 (58.8 y cant) o deuluoedd y gymdogaeth. Parau priod heb blant oedd 61 (12.2 y cant) ohonynt, ond yr oedd y gweddill (441) yn cynnwys plant yn ogystal. Yn fynych, yr oedd y rhieni yn oedrannus a'r 'plant' yn oedolion. Yn fferm Tan-y-graig yn nhrefgordd Blaencaron, er enghraifft, yr oedd John Evans, gŵr gweddw 73 oed, yn byw gyda'i fab 28 oed a'i ferch 34 oed, ac yn ffermdy cyfagos Tregaron yr

[17] *Welsh Gazette*, 11 Gorffennaf 1929.

Tabl 5: Iaith a leferid yn ôl perthynas â'r penteulu
(2 flwydd oed a throsodd)

Perthynas â'r penteulu	Nifer Cymraeg	Y Ddwy	Saesneg	Cyfanswm	*Canran* *Cymraeg*	*Y Ddwy*	*Saesneg*	*Cyfanswm*
Penteuluoedd	691	117	6	814	*84.9*	*14.4*	*0.7*	*100.0*
Gwragedd	378	65	6	449	*84.2*	*14.5*	*1.3*	*100.0*
Plant[1]	1193	220	3	1416	*84.3*	*15.5*	*0.2*	*100.0*
Perthnasau	235	37	2	274	*85.8*	*13.5*	*0.7*	*100.0*
Gweision/morynion	214	36	5	255	*83.9*	*14.1*	*2.0*	*100.0*
Byrddwyr/lletywyr	17	15	6	38	*44.7*	*39.5*	*15.8*	*100.0*
Ymwelwyr	2	6	–	8	*25.0*	*75.0*	–	*100.0*
Eraill[2]	29	8	–	37	*78.4*	*21.6*	–	*100.0*
Cyfanswm	**2759**	**504**	**28**	**3291**	***83.8***	***15.3***	***0.9***	***100.0***

[1] Gan gynnwys plant maeth a llysblant.
[2] 26 o breswylwyr y wyrcws, 7 cynorthwywr a 4 prentis.

oedd merch ddibriod 49 oed yn trigo gyda'i mam a oedd yn 82 oed. Nid peth anghyffredin ychwaith fyddai i blant dibriod fyw gyda'i gilydd hyd henaint wedi i'w rhieni farw. Yr oedd 210 (24.6 y cant) o deuluoedd y cylch hefyd yn cynnwys perthnasau megis wyrion, nithoedd a neiaint, ac yr oedd 132 (15.5 y cant) arall yn cynnwys pobl a oedd yn byw ar eu pennau eu hunain. Dichon fod oddeutu un o bob saith tŷ a dim ond un person yn byw ynddo gan fod cyfran lew o'r trigolion yn sengl. Yr oedd hynny yn adlewyrchiad nid yn unig o'r arfer o briodi yn hŷn ac o'r anghydbwysedd rhwng y rhywiau ond hefyd o'r ffaith fod llawer yn parhau yn ddibriod drwy gydol eu hoes. Yn Nosbarth Cofrestru Tregaron yr oedd yn ddadlennol fod 15.3 y cant o wrywod a 23.4 y cant o fenywod rhwng 55 a 64 oed yn ddibriod ar adeg pan oedd y canrannau cyfatebol yn achos Cymru benbaladr yn 10 y cant a 9.4 y cant. Yn achos sampl Tregaron, dim ond 1,272 (66.4 y cant) o'r boblogaeth dros 20 oed a oedd yn briod neu yn weddwon. Yr oedd 251 (32.0 y cant) o'r dynion a 393 (34.7 y cant) o'r merched yn sengl.

Dengys Tabl 5 fod teuluoedd y gymdogaeth yn drwyadl Gymraeg. Yr oedd rhagor na 98 y cant o benteuluoedd, gwragedd a phlant yn medru'r famiaith a rhagor nag 85 y cant ohonynt yn Gymry uniaith. Y mae'n amlwg, felly, fod yr uned deuluol yn atgynhyrchu cyfran helaeth o siaradwyr Cymraeg a chan fod plant yn ffurfio 43 y cant o'r boblogaeth, yr oedd hyn yn argoeli'n dda i ddyfodol yr iaith. Nid oes lle i amau ychwaith nad oedd perthnasau eraill yr un mor gadarn eu Cymreictod. O'r rheini a oedd yn Gymry Cymraeg, yr oedd 13.6 y cant yn ddwyieithog o'u cymharu â 15.1 y cant yn achos y teulu cnewyllol. Gwelir hefyd fod ymron un o bob deg (312 neu 9.6 y cant) o'r boblogaeth heb gysylltiadau teuluol amlwg. Yr oeddynt yn bresennol ar 178 (24.0 y cant) o aelwydydd y gymdogaeth ac, ar wahân i forynion a oedd gan mwyaf yn Gymry uniaith, yr

Tabl 6: Iaith plant (2 flwydd oed a throsodd) o deuluoedd lle'r oedd rhieni uniaith a dwyieithog

Gallu ieithyddol y rhieni		Gallu ieithyddol y plant Nifer yr aelwydydd					*Gallu ieithyddol y plant Canran*				
Tad	Mam	Cymraeg	Y Ddwy	Saesneg	Cymysg	Cyfanswm	*Cymraeg*	*Y Ddwy*	*Saesneg*	*Cymysg*	*Cyfanswm*
C	C	249	10	–	2	261	*95.4*	*38.3*	–	*0.8*	*100.0*
C	D	2	3	–	4	9	*22.2*	*33.3*	–	*44.4*	*100.0*
D	C	8	4	–	4	16	*50.0*	*25.0*	–	*25.0*	*100.0*
D	D	6	25	2	5	38	*15.8*	*65.8*	*5.3*	*13.1*	*100.0*
D	S	–	3	–	–	3	–	*100.0*	–	–	*100.0*
S	D	–	1	–	–	1	–	*100.0*	–	–	*100.0*
S	S	–	–	–	1	1	–	–	–	*100.0*	*100.0*
Cyfanswm		**265**	**46**	**2**	**16**	**329**	***30.5***	***14.0***	***0.6***	***4.9***	***100.0***

C/Cymraeg: uniaith Gymraeg; D/Y Ddwy: dwyieithog; S/Saesneg: uniaith Saesneg; Cymysg: unrhyw gyfuniad o siaradwyr uniaith Gymraeg, siaradwyr dwyieithog a siaradwyr uniaith Saesneg ar yr un aelwyd.

oedd y garfan hon yn fwy tebygol o fedru cyfathrachu yn Saesneg. Medrid yr iaith honno gan ragor na hanner (21 neu 55.3 y cant) y byrddwyr a'r lletywyr, ac yr oedd 6 (4.0 y cant) yn ddi-Gymraeg. Gan fod 11 (30.6 y cant) ohonynt yn wŷr proffesiynol ac yn fasnachwyr, ac 16 wedi eu geni y tu allan i sir Aberteifi (9 yng ngweddill Cymru, 5 yn Lloegr a 2 yn Iwerddon), nid oedd hynny yn rhyfeddod. Â theuluoedd Cymraeg y preswyliai'r lletywyr dwyieithog yn ddieithriad a'r tebyg yw, felly, iddynt gyfnerthu rhwymau ieithyddol a diwylliannol yn hytrach na'u gwanhau. Yr oedd pump o'r chwe lletywr uniaith Saesneg hefyd yn byw gyda theuluoedd Cymraeg, a dichon i hynny fod yn foddion i gynefino'r cyfryw deuluoedd â seiniau'r iaith Saesneg. Yr oedd cyfran gymharol uchel o ymwelwyr, hwythau, yn meddu gwybodaeth o'r Saesneg. Dim ond un ohonynt a aned y tu hwnt i Glawdd Offa (sef Charlotte Jones, menyw ddwyieithog a oedd yn cadw gwesty ym Mryste), ond ymhlith y gweddill yr oedd gwerthwr defaid, gweinidog gyda'r Methodistiaid Calfinaidd, myfyriwr diwinyddol, gwniadwraig a cheidwad gwesty – pobl a oedd wedi dysgu rhywfaint o Saesneg oherwydd natur eu gwaith a'u hyfforddiant. Fe dâl inni gofio hefyd fod ymwelwyr yn ffurfio cyn lleied â 0.2 y cant o'r boblogaeth ac nad oedd eu dylanwad yn arhosol gan mai taro heibio i'r gymdogaeth yn unig a wnaent.

Diau fod patrymau priodi yn gyfrwng i gyfnerthu ymrwymiad y trigolion i'w mamiaith oherwydd ni cheid ond pedair enghraifft o briodasau rhwng siaradwyr Cymraeg a siaradwyr Saesneg yn unig. Yr oedd 329 (76.5 y cant) o wŷr uniaith Gymraeg wedi priodi gwragedd uniaith Gymraeg ac, yn yr un modd, 49 (55.7 y cant) o wŷr dwyieithog wedi priodi gwragedd dwyieithog. Yr oedd y Gymraeg, felly, yn dra sicr o gael ei throsglwyddo i'r genhedlaeth nesaf. Fel y dengys Tabl 6, fe'i siaredid gan 324 (98.5 y cant) o barau priod a oedd â phlant ac yr oedd cynifer â 261 (80.6 y cant) ohonynt yn Gymry uniaith. Yn achos 249 (95.4 y cant) o'r cartrefi hynny lle'r oedd y ddau riant yn ddi-Saesneg, yr oedd y plant hefyd yn ddi-Saesneg, a dim ond mewn deuddeg cartref yr oedd y plant, neu rai ohonynt, yn ddwyieithog. Ar aelwydydd lle'r oedd un rhiant yn meddu gwybodaeth o'r Saesneg, yr oedd llai o blant yn parhau yn Gymry uniaith. Ar 15 (60.0 y cant) o'r cyfryw aelwydydd yr oedd rhai o'r plant, os nad pob un ohonynt, yn ddwyieithog. Ymddengys yn ogystal fod gan y fam fwy o ddylanwad ar gadwraeth iaith yn y teulu na'r tad. Yr oedd plant yn medru'r ddwy iaith ar 7 o'r 9 aelwyd lle'r oedd y fam yn ddwyieithog, ond dim ond ar 8 o'r 16 aelwyd lle'r oedd y tad yn ddwyieithog. Siaradai'r ddau riant y Gymraeg a'r Saesneg mewn 38 o gartrefi ac, yn achos y rhan fwyaf o'r cartrefi hynny (25 neu 65.8 y cant), yr oedd y plant i gyd yn ddwyieithog. Mewn pum cartref, yr oedd y plant hynaf yn medru'r ddwy iaith a'r plant ieuengaf yn Gymry uniaith – prawf, bid sicr, mai'r Gymraeg oedd iaith yr aelwyd ac mai yn yr ysgol a'r gweithle yr oedd gweddill y teulu wedi ymgynefino â'r iaith Saesneg. Ystyrier, er enghraifft, y dilledydd a'r groser, John Jenkins, a drigai yn Compton House gyda'i wraig, Margaret, ill dau yn Gymry dwyieithog. Yr oedd y plant hynaf yn eu harddegau ac yn cynorthwyo'u rhieni yn y siop lle y deuai'r Saesneg i'w clyw yn feunyddiol. Ond yr oedd y plentyn ieuengaf (8 oed) wedi ei gofnodi yn uniaith Gymraeg. Dim ond ar ddwy aelwyd y collwyd yr iaith gynhenid yn gyfan gwbl. Yn y ddau achos, yr oedd y rhieni yn Gymry dwyieithog a oedd wedi dewis trosglwyddo'r Saesneg yn unig i'w plant. Efallai nad oedd yn gyd-ddigwyddiad fod y ddau benteulu yn wŷr o bwys yn y gymdogaeth. Yr oedd un ohonynt yn rheithor a'r llall yn arolygwr niwsansau. Ni cheid ond pedwar achos lle y medrid y Gymraeg gan un rhiant yn unig ac, ym mhob un o'r cyfryw achosion, siaradai'r plant Saesneg yn ogystal â Chymraeg, ffaith nid syn o gofio mai Saesneg oedd yr iaith a oedd yn gyffredin i'r ddau riant. Y mae'n arwyddocaol hefyd mai dim ond ar un aelwyd yr oedd y rhieni yn ddi-Gymraeg. Ganed hwy a'u plant yng Nghernyw, ac er bod y plant hynaf wedi eu cofrestru yn uniaith Saesneg, yr oedd y mab ieuengaf, disgybl ysgol 17 oed, wedi dysgu rhywfaint o'r iaith frodorol a hynny, y mae'n debyg, trwy gyfeillachu â Chymry Cymraeg.

Yn anad dim, cymuned amaethyddol a geid yng nghylch Tregaron. Dengys Tabl 7 fod bywoliaeth 47.1 y cant o wrywod a 26.5 y cant o fenywod a oedd yn 10 oed neu yn hŷn yn uniongyrchol gysylltiedig â byd amaeth. O gynnwys morynion a wasanaethai yn ffermdai'r gymdogaeth, cyfyd canran y menywod i 61.7 y cant. Afraid dweud bod trwch helaeth cyflogedigion y sector hwn yn drwyadl Gymraeg o ran cefndir ac iaith. Hanai 538 (96.4 y cant) o sir Aberteifi ac yr oedd 553 (99.1 y cant) yn Gymry Cymraeg. Yn wir, Cymraeg oedd yr unig gyfrwng cyfathrebu i 488 (87.5 y cant) ohonynt. Dim ond pump a oedd wedi eu cofnodi yn uniaith Saesneg, yn eu plith un gweithiwr amaethyddol a dau was fferm o Lerpwl ac un gweithiwr arall a oedd o dras Albanaidd. Cyflogid tri ohonynt gan deuluoedd a gofrestrwyd yn uniaith Gymraeg ond a oedd, gellir tybio, yn deall rhywfaint o Saesneg. O gofio bod gan ddau o'r gweision gyfenwau

Cymraeg, y mae'n bosibl hefyd fod ganddynt hwythau ryw grap ar yr iaith frodorol. Ceir yn ogystal dystiolaeth o ledaeniad yr iaith Saesneg ymhlith amaethwyr lleol oherwydd yr oedd 18 (8.5 y cant) o'r gwrywod a oedd yn ffermio yn ddwyieithog. Yn arwyddocaol, yr oedd cyfran uwch (12 neu 19.0 y cant) o'r gwrywod iau a oedd yn eu cynorthwyo yn medru'r ddwy iaith. Yr oedd merched a oedd yn ennill bywoliaeth yn yr un modd yn llai tebygol o fedru'r Saesneg. Yn eu hachos hwy, y canrannau cyfatebol oedd 6.1 y cant a 15 y cant.

Er eu bod oll wedi eu geni yn y cyffiniau, yr oedd chwech o'r naw a oedd yn gwerthu gwartheg neu geffylau yn meddu gwybodaeth o'r Saesneg yn ogystal â'r Gymraeg. Yn achos pedwar ohonynt, yr oedd eu teuluoedd, neu o leiaf eu gwragedd a'u plant hynaf, hefyd yn medru'r Saesneg. Un masnachwr yn unig a oedd yn ddi-Gymraeg, sef Robert Taft, gwerthwr ceffylau 32 oed o Chaddesden yn swydd Derby a letyai yn nhafarn yr Ivy Bush. Ymddengys, felly, fod Saesneg o fudd i fasnachwyr amaethyddol ond nid eto yn anhepgor, cyhyd â bod cylch eu hymwneud yn gyfyngedig i Gymru.

Ffon gynhaliaeth arall i 137 (15.5 y cant) o wrywod y gymdogaeth oedd y diwydiant plwm. Dengys y dystiolaeth fod bwlch ieithyddol a chymdeithasol yn bodoli rhwng rheolwyr a gweinyddwyr y gweithfeydd a'r gweithlu. Ganed a magwyd 115 (98.3 y cant) o'r mwynwyr yn sir Aberteifi ac yr oedd pob un ohonynt yn siarad Cymraeg a 105 (89.7 y cant) ohonynt yn ddi-Saesneg. Dim ond un a aned yn Lloegr, sef Peter Garland, brodor o St Agnes yng Nghernyw a ddysgasai Gymraeg yn ddigon da i fedru cofnodi ei fod yn ddwyieithog. Yn arwyddocaol, cofrestrwyd ei wraig yn uniaith Saesneg. Cymry uniaith oedd y 7 labrwr, y 13 triniwr mwyn (8 ohonynt yn ferched) a hefyd y ferch 20 oed a gynorthwyai yn swyddfa gwaith Lisburne. Eto i gyd, yr oedd yr asiant, Richard Crouch, brodor o Constantine yng Nghernyw, a'r clerc, Frederick Roberts, a hanai o Marytavy yn Nyfnaint, yn Saeson uniaith.

Yn byw yn y gymdogaeth hefyd yr oedd crefftwyr a masnachwyr fyrdd.[18] Yr oedd llawer ohonynt wedi sefydlu busnesau yn Nhregaron lle y cyrchai pobl i geisio nwyddau ac amryfal wasanaethau. Ym 1891 ceid yno fasnachwyr cyffredinol a groseriaid, gan gynnwys tri dilledydd, tri chrydd, dau wneuthurwr hosanau, teiliwr, cigyddion, fferyllwyr, triniwr lledr a gwerthwr tsieni. Yr oedd y naw tafarn, y pedwar gwesty, y feddygfa, swyddfa'r cyfreithiwr a'r London and Provincial Bank yn brofion pellach o bwysigrwydd y dref fel canolfan wasanaeth a ddarparai ar gyfer ardal eang. Dengys y cyfrifiad fod 259 (98.9 y cant) o'r crefftwyr a weithiai yn y sectorau adeiladu a chynhyrchu yn siarad Cymraeg, a bod 216 (82.4 y cant) ohonynt yn ddi-Saesneg. Ceid cyfran uchel o Gymry uniaith ymhlith seiri meini, seiri coed, gofaint, cynhyrchwyr dillad a chyflogedigion y diwydiant gwlân. O'r 220 a enillai eu bara yn y cyfryw fodd, yr oedd 208 (94.5 y

[18] Gw., e.e., J. Geraint Jenkins, 'Rural Industry in Cardiganshire', *Ceredigion*, VI, rhif 1 (1968), 90–126.

cant) yn frodorion o sir Aberteifi a dim ond dau (0.9 y cant) yn hanu o'r tu allan i Gymru. Tri chynhyrchydd yn unig a oedd yn uniaith Saesneg, sef Edward Leslie, cysodydd o Killarney yn Iwerddon a letyai gyda Jane Jones, Pendre House, gweddw 58 oed a gofnodwyd yn uniaith Gymraeg, a dau gyfrwywr, y naill, William Rutter, yn hanu o Bradford yn swydd Efrog ac wedi mudo i'r ardal gyda'i wraig, brodor o swydd Warwick, a'r llall, Frederick Lancaster, wedi ei eni yn swydd Buckingham ac yn lletya gyda David Jones, London House, cyfrwywr a gwerthwr esgidiau a lanwodd bapur cyfrif Cymraeg ac a gofrestrwyd yn Gymro uniaith er gwaethaf ei gysylltiadau busnes. Yr oedd cyfran helaeth (104 neu 88.9 y cant) o'r masnachwyr, hwythau, yn enedigol o sir Aberteifi. Ond er mai dim ond un di-Gymraeg a geid yn eu plith, sef Michael Burke, pedler o Ddulyn yn Iwerddon, yr oedd yn arwyddocaol fod 64 (55.2 y cant) o'r rheini a siaradai Gymraeg yn siarad Saesneg yn ogystal.

Carfan arall a oedd yn fwy tebygol o gyfathrachu â'r di-Gymraeg oedd cyflogedigion y rheilffyrdd. Daeth y trên i Dregaron ym 1867 pryd yr agorwyd cangen o reilffordd y Great Western o Gaerfyrddin i Aberystwyth. Dengys y dystiolaeth fod yr iaith Saesneg yn annatod glwm wrth y ffurf newydd hon ar gludiant. Ganed asiant y rheilffordd a'i deulu yn sir Gaerfyrddin ac yr oeddynt oll yn ddwyieithog. Yr oedd y porthor, brodor o Dregaron, hefyd yn medru'r Saesneg, er bod ei deulu yn Gymry uniaith. Eto i gyd, yr oedd y swyddog tocynnau, a ddeuai i gyswllt rheolaidd â'r cyhoedd, yn ddi-Saesneg. Yn gyffredinol, fodd bynnag, penodid Cymry uniaith i isel swyddi. Yr oedd y pedwar gosodwr cledrau a'u goruchwyliwr yn frodorion uniaith Gymraeg o siroedd Aberteifi, Trefaldwyn a Chaerfyrddin, a diau i hynny, ynghyd â'r bri a fwynheid gan y swyddogion, ategu'r farn mai Saesneg oedd iaith cyfle a dyrchafiad. Yr oedd y Saesneg yr un mor angenrheidiol yn y swyddfa bost. Er bod y ddau bostmon yn Gymry uniaith o'r ardal, yr oedd Thomas Jones, y postfeistr (nad oedd wedi ei rwydo yn y sampl) yn frodor dwyieithog o sir Frycheiniog. Yn ogystal â gofalu am y post, dengys cyfarwyddiaduron masnach y cyfnod ei fod hefyd yn fferyllydd, deintydd a groser.[19] Yr oedd ganddo ddau gynorthwywr, y naill o sir Aberteifi a'r llall o Lundain ac nid oedd y Saesneg yn ddieithr iddynt hwythau ychwaith.

Ym myd y proffesiynau yr oedd cymhwyster yn y ddwy iaith yn beth arferol. Diwellid cyfreidiau meddygol y boblogaeth gan Evan Lloyd, brodor dwyieithog o Lanbadarn Odwyn yn sir Aberteifi a oedd hefyd yn swyddog meddygol Undeb Tregaron. Yr oedd Robert a Rowland Rowlands, dau frawd o Landdewibrefi, a oedd yn fyfyrwyr meddygol, yn medru'r Saesneg yn ogystal. Nid oedd pethau fawr gwahanol ym maes addysg. Addysgid plant y gymdogaeth yn yr ysgol Frutanaidd a sefydlwyd ym 1859 a hefyd yn yr ysgol genedlaethol a agorwyd ym 1872.[20] Er na cheid Sais uniaith na Chymro di-Gymraeg ymhlith yr un athro ar

19 *Kelly's Directory of Monmouthshire, and the Principal Towns and Places of South Wales* (London, 1891), t. 551.

20 Jones, 'Tregaron', t. 100.

ddeg a gofrestrwyd, yr oedd saith ohonynt yn ddwyieithog. Yn yr un modd, yr oedd saith o'r un disgybl-athro ar ddeg a thri o'r pum myfyriwr yn ddwyieithog. Byddent oll yn rhybuddio'r plant na fyddai Cymraeg fawr o werth iddynt 'ar ôl pasio Pont Llanio', dair milltir islaw Tregaron.[21] At ei gilydd, felly, yr oedd 17 (63.0 y cant) o gyflogedigion y sector addysg yn medru'r ddwy iaith, canran a oedd gryn dipyn yn uwch na'r un gyfatebol gogyfer y boblogaeth gyfan (sef 15.3 y cant).

Diau mai un o'r prif ddylanwadau ar fywyd y trigolion oedd y grefydd Ymneilltuol a gynrychiolid gan y capeli. Sefydlodd y Methodistiaid Calfinaidd achos yn Nhregaron ym 1774 a'r Wesleaid eu hachos hwythau ym 1808. Diolch i ymdrechion a phenderfyniad y Parchedig Ebenezer Richard, un o brif drefnwyr y Methodistiaid Calfinaidd yn nechrau'r bedwaredd ganrif ar bymtheg, ceid yn y gymdogaeth yn ogystal gnwd o ysgolion Sul lle y câi'r Gymraeg a'i diwylliant gryn swcwr.[22] Yr oedd y pum gweinidog a breswyliai yng nghylch Tregaron ym 1891 (pedwar ohonynt gyda'r Methodistiaid Calfinaidd ac un gyda'r Wesleaid) yn Gymry Cymraeg o siroedd Aberteifi, Trefaldwyn a Chaernarfon. Ond er mai'r famiaith a siaradent gartref yn ddieithriad, yr oedd pedwar ohonynt yn ddwyieithog. Yn y frwydr i ennill eneidiau'r Cymry yn yr ardal, penodid Cymry Cymraeg yn offeiriaid hefyd. Yr oedd y ddau reithor, brodorion o siroedd Aberteifi a Chaerfyrddin, yn medru'r ddwy iaith ond y mae'r ffaith i blant un ohonynt, sef Thomas Phillips, rheithor Tregaron, gael eu cofnodi yn uniaith Saesneg yn ddadlennol.

Dengys y cyfrifiad fod gweinyddiaeth gyhoeddus yn nwylo Cymry lleol dwyieithog ymron yn ddi-ffael. Yn eu plith yr oedd cofrestrydd arolygol, archwiliwr niwsansau, swyddogion presenoldeb plant ysgol a phedwar o swyddogion Deddf y Tlodion, gan gynnwys meistr a meistres y tloty. Yr oedd y rhingyll a'r tri heddwas a oedd yn gyfrifol am gadw trefn yn yr ardal hefyd yn ddwyieithog. Eto i gyd, yr oedd beili y llys sirol, a hanai o'r Drenewydd yn sir Drefaldwyn, yn uniaith Saesneg. Y mae'n amlwg, felly, fod y Gymraeg yn angenrheidiol ar gyfer cyfathrebu'n feunyddiol â phobl yn y gymuned, ond ar lefel weinyddol uwch ymddengys fod y Saesneg yn hanfodol.

Mewn meysydd allweddol megis gweinyddiaeth, masnach a byd y proffesiynau, felly, yr oedd yr iaith Saesneg yn dra phwysig ac, yn enwedig yn nhref Tregaron, rhoddai'r cyfathrachu a'r cyfnewid beunyddiol ym myd busnes bwysau ar y trigolion i fod yn ddwyieithog. Cyfryngau Seisnigeiddio eraill oedd y rheilffordd, dychweledigion a dreuliodd beth o'u hoes yn Lloegr ac, yn anad dim efallai, y gyfundrefn addysg. Eto i gyd, prin oedd y Cymry Cymraeg a gefnodd ar eu mamiaith yn gyfan gwbl. Ychydig iawn o Saeson dŵad a breswyliai yn y gymdogaeth, a chan fod y Gymraeg o'u cwmpas ym mhobman yr oedd yn

[21] Davies, *Hwb i'r Galon*, t. 49.

[22] Rees, *Tregaron: Historical and Antiquarian*, tt. 45–53; M. E. Morgan, *Cipdrem ar Hanes Tregaron a'r Cylch* (Llanbedr, 1910), tt. 19–29.

anorfod fod y rhan fwyaf ohonynt yn ei dysgu. Yr oedd y Gymraeg yn arglwyddiaethu ar yr aelwyd, yn yr addoldy ac ym meysydd amaeth, y diwydiant plwm a'r crefftau gwledig, a chan fod oddeutu wyth o bob deg o'r boblogaeth yn ddi-Saesneg, go brin fod unrhyw berygl i'r famiaith fel cyfrwng llafar yng nghylch Tregaron ar ddiwedd y bedwaredd ganrif ar bymtheg.

Tabl 7: Iaith a leferid yn ôl galwedigaeth

(10 oed a throsodd)

	Iaith a leferid				**Iaith a leferid**			
	Dynion				Merched			
Dosbarth diwydiannol	Cymraeg	Y Ddwy	Saesneg	Cyfan.	Cymraeg	Y Ddwy	Saesneg	Cyfan.
AMAETHYDDIAETH								
Ffermio								
Hwsmyn	2	–	–	2				
Ffermwyr	195	18	–	213	46	3	–	49
Perthnasau'n cynorthwyo	51	12	–	63	68	12	–	80
Gweithwyr amaethyddol	31	3	2	36	3	–	–	3
Gweision fferm	67	6	2	75	7	1	–	8
Bugeiliaid	7	1	–	8	1	–	–	1
Coedwyr	4	1	–	5				
Masnachu								
Gwerthwyr gwartheg	1	2	–	3				
Gwerthwyr defaid	4	1	–	5				
Gwerthwyr ceffylau	1	4	1	6				
Pysgota								
Pysgotwr	–	1	–	1				
Cyfanswm	**363**	**49**	**5**	**417**	**125**	**16**	–	**141**
%	***87.1***	***11.7***	***1.2***	***100.0***	***88.7***	***11.3***	–	***100.0***
MWYNGLODDIO								
Glo								
Glowyr	4	–	–	4				
Plwm								
Asiant	–	–	1	1				
Clercod	–	–	1	1	1	–	–	1
Mwynwyr	105	12	–	117				
Crefftwyr	2	–	–	2				
Trinwyr mwyn	5	–	–	5	8	–	–	8
Labrwyr	7	–	–	7				
Cyfanswm	**123**	**12**	**2**	**137**	**9**	–	–	**9**
%	***89.8***	***8.7***	***1.5***	***100.0***	***100.0***	–	–	***100.0***
ADEILADU								
Rheoli								
Clercod	–	2	–	2				
Cynorthwywr	–	1	–	1				

Dosbarth diwydiannol	Iaith a leferid Dynion Cymraeg	Y Ddwy	Saesneg	Cyfan.	Iaith a leferid Merched Cymraeg	Y Ddwy	Saesneg	Cyfan.
Gweithwyr								
Seiri meini	14	3	–	17				
Seiri coed	22	4	–	26				
Peintwyr	–	1	–	1	–	1	–	1
Prentis	1	–	–	1				
Ffyrdd, rheilffyrdd								
Gweithwyr ffordd	3	–	–	3				
Gosodwyr cledrau	5	–	–	5				
Cyfanswm	**45**	**11**	–	**56**	–	**1**	–	**1**
%	***80.4***	***19.6***	–	***100.0***	–	***100.0***	–	***100.0***
CYNHYRCHU								
Adeiladu llongau								
Prentisiaid/cynorthwywyr	2	2	–	4				
Haearn a dur								
Crefftwyr	12	2	–	14				
Prentis	1	–	–	1				
Lledr								
Crefftwr	1	–	–	1				
Pren								
Crefftwr	1	–	–	1				
Cerbydau a harneisiau								
Crefftwyr	3	1	2	6				
Gwlân								
Crefftwyr	10	–	–	10	27	–	–	27
Gweithwyr di-grefft	1	–	–	1	3	–	–	3
Cotwm, llin, ayb								
Crefftwr	1	–	–	1				
Prentis	1	–	–	1				
Dillad								
Crefftwyr	42	4	–	46	53	14	–	67
Prentisiaid/cynorthwywyr	2	1	–	3	2	4	–	6
Bwyd, diod, tybaco								
Crefftwyr	2	1	–	3	7	1	–	8
Argraffu								
Crefftwyr	–	1	1	2				
Cyfanswm	**79**	**12**	**3**	**94**	**92**	**19**	–	**111**
%	***84.0***	***12.8***	***3.2***	***100.0***	***82.9***	***17.1***	–	***100.0***
CLUDIANT								
Rheilffyrdd								
Asiant	–	1	–	1				
Swyddog tocynnau	1	–	–	1				
Porthor	–	1	–	1				
Ffyrdd								
Gyrwyr cerbydau	1	2	–	3				
Certmyn, trolwyr	3	–	–	3				
Cyfanswm	**5**	**4**	–	**9**				
%	***55.6***	***44.4***	–	***100.0***				

Dosbarth diwydiannol	**Iaith a leferid** Dynion Cymraeg	Y Ddwy	Saesneg	Cyfan.	**Iaith a leferid** Merched Cymraeg	Y Ddwy	Saesneg	Cyfan.
MASNACH								
Nwyddau crai								
Masnachwr coed	–	1	–	1				
Dillad								
Dilledyddion ayb	5	4	–	9	1	1	–	2
Cynorthwywyr	5	2	–	7	1	4	–	5
Bwyd								
Cigyddion	4	1	–	5	–	1	–	1
Gwerthwr llaeth	–	1	–	1				
Groseriaid	10	7	–	17	5	4	–	9
Cynorthwywyr	3	2	–	5	3	3	–	6
Tybaco, diod a llety								
Tafarnwyr	4	7	–	11	2	5	–	7
Ceidwaid llety	–	–	–	–	3	–	–	3
Perchennog bwyty	–	–	–	–	1	–	–	1
Gweision tafarn	1	1	–	2	–	4	–	4
Dodrefn a nwyddau i'r cartref								
Gwerthwr tsieni	–	–	–	–	1	–	–	1
Cynorthwywr	–	1	–	1				
Fferyllwyr								
Fferyllwyr	–	2	–	2				
Cynorthwywyr	–	2	–	2				
Masnachwyr cyffredinol								
Masnachwr cyffredinol	1	–	–	1				
Pedleriaid	–	2	1	3	2	2	–	4
Arall ac amhenodol								
Masnachwyr	–	1	–	1	–	1	–	1
Arwerthwr	–	1	–	1				
Cyfanswm	**33**	**35**	**1**	**69**	**19**	**25**	–	**44**
%	***47.8***	***50.7***	***1.4***	***100.0***	***43.2***	***56.8***	–	***100.0***
GWASANAETHAU DIWYDIANNOL								
Bancio, yswiriant, cyfrifon								
Gwasanaeth yswiriant	–	1	–	1				
Cyfanswm	–	**1**	–	**1**				
%	–	***100.0***	–	***100.0***				
GWASANAETHAU CYHOEDDUS A PHROFFESIYNOL								
Gweinyddiaeth ganolog								
Swyddogion Swyddfa'r Post	2	–	–	2				
Clerc Swyddfa'r Post	1	–	–	1				
Gweinyddiaeth leol								
Swyddog sirol	–	–	1	1				
Cofrestrwyr genedigaethau, priodasau a marwolaethau	1	1	–	2				
Swyddogion Deddf y Tlodion	–	3	–	3	–	1	–	1
Swyddogion presenoldeb plant ysgol	1	–	–	1	–	1	–	1

Dosbarth diwydiannol	Iaith a leferid Dynion Cymraeg	Y Ddwy	Saesneg	Cyfan.	Iaith a leferid Merched Cymraeg	Y Ddwy	Saesneg	Cyfan.
Swyddog brechu	–	1	–	1				
Swyddog lleol arall	–	1	–	1				
Heddlu								
Rhingyll	–	1	–	1				
Heddweision	–	3	–	3				
Meddygaeth								
Meddyg	–	1	–	1				
Myfyrwyr meddygol	–	2	–	2				
Addysg								
Prifathrawon, athrawon ysgol	2	5	–	7	2	2	–	4
Disgybl-athrawon	2	4	–	6	2	3	–	5
Myfyrwyr	2	3	–	5				
Crefydd								
Clerigwyr	–	2	–	2				
Gweinidogion y MC	1	3	–	4				
Gweinidog y Wesleaid	–	1	–	1				
Myfyrwyr diwinyddol	1	3	–	4				
Morwyn capel	–	–	–	–	1	–	–	1
Adloniant								
Cerddor	–	–	–	–	–	1	–	1
Cyfanswm	**13**	**34**	**1**	**48**	**5**	**8**	–	**13**
%	***27.1***	***70.8***	***2.1***	***100.0***	***38.5***	***61.5***	–	***100.0***
GWASANAETHAU CARTREF								
Yn y tŷ								
Gweision/morynion	23	1	–	24	159	29	–	188
Nyrsys yn y cartref	–	–	–	–	1	1	–	2
Y tu allan								
Gwastrawd	1	–	–	1				
Garddwyr	2	–	–	2	1	–	–	1
Ciperiaid	–	2	1	3				
Gwasanaeth ychwanegol								
Golchwragedd	–	–	–	–	22	1	–	23
Cyfanswm	**26**	**3**	**1**	**30**	**183**	**31**	–	**214**
%	***86.7***	***10.0***	***3.3***	***100.0***	***85.5***	***14.5***	–	***100.0***
ERAILL								
Labrwyr cyffredinol	16	3	3	22				
Amhenodol	2	–	–	2				
Cyfanswm	**18**	**3**	**3**	**24**				
%	***75.0***	***12.5***	***12.5***	***100.0***				
CYFANSWM Y CYFLOGEDIG								
	705	**164**	**16**	**885**	**433**	**100**	–	**533**
%	***79.7***	***18.5***	***1.8***	***100.0***	***81.2***	***18.8***	–	***100.0***
Gweddill y boblogaeth	90	14	–	104	747	122	10	879
%	*86.5*	*13.5*	–	*100.0*	*85.0*	*13.9*	*1.1*	*100.0*

Dosbarth diwydiannol	Iaith a leferid Dynion Cymraeg	Y Ddwy	Saesneg	Cyfan.	Iaith a leferid Merched Cymraeg	Y Ddwy	Saesneg	Cyfan.
Disgyblion ysgol	85	33	–	118	90	20	–	110
%	*72.0*	*28.0*	–	*100.0*	*81.8*	*18.2*	–	*100.0*
CYFANSWM Y BOBLOGAETH								
10 OED+	**880**	**211**	**16**	**1107**	**1270**	**242**	**10**	**1522**
%	***79.5***	***19.1***	***1.4***	***100.0***	***83.4***	***15.9***	***0.7***	***100.0***

14

Llanfair-ym-Muallt (Sir Frycheiniog)

DAVID LLEWELYN JONES

Yng nghyfnod Victoria yr oedd tref Llanfair-ym-Muallt yn sir Frycheiniog yn gyrchfan bwysig i drigolion pentrefi a mân aneddiadau'r fro. Deuai crefftwyr a ffermwyr lleol â'u cynnyrch i'r dref ar ddiwrnod marchnad a denai'r ffeiriau blynyddol gryn weithgarwch a diddordeb. Yn hanesyddol, yr oedd y dref yn enwog am ei rhan honedig yng nghwymp Llywelyn ap Gruffudd, Tywysog Cymru. Yn rhinwedd ei swydd fel ceidwad newydd y castell, gwrthododd John Gifford nodded i'r Tywysog a laddwyd yn ddiweddarach gan Adam de Frankton ar lannau afon Irfon. O ganlyniad, dioddefodd pobl yr ardal lle y lladdwyd Llywelyn yr anfri o gael eu hadnabod fel 'Bradwyr Buallt'.[1] Yn y cyfnod modern cynnar canolfan fechan ar gyfer dosbarthu cynnyrch lleol oedd Llanfair-ym-Muallt, ond yn sgil tân ym 1691 a ddinistriodd yr adeiladau ar Wilcock Street, gan beri difrod o dros £12,000, cafodd ei hadnewyddu a'i moderneiddio,[2] ac erbyn y ddeunawfed ganrif yr oedd wedi tyfu'n dref farchnad brysur a ffyniannus.[3] Yr oedd natur economi sir Frycheiniog yn un ymgynhaliol,[4] a llwyddodd trefi fel Llanfair-ym-Muallt a'r Gelli Gandryll i ddod yn brif ganolfannau gwerthu nwyddau a chynnyrch lleol.[5] Ym 1743 nododd cyfreithiwr o Amwythig a fu ar ymweliad â marchnad Llanfair-ym-Muallt mai trwy gyfrwng y Gymraeg y câi'r holl fusnes ei gynnal, a bod crïwr y dref 'yn dweud "Oyes" dair gwaith, ac yna yn mynd ymlaen â'r busnes yn Gymraeg gan orffen yn Saesneg "God Bless the King and the Lord of the manor"'.[6]

Tyfodd y dref yn ganolfan fasnachol bwysig yn sgil gwella ffyrdd yr ardal. Ym 1779 codwyd pont a gysylltai siroedd Brycheiniog a Maesyfed ac ym 1823 adeiladwyd y ffordd rhwng Y Drenewydd a Llanfair-ym-Muallt ar gost o

[1] Owen R. Ashton, *A Short History of Builth Wells from Medieval to Modern Times* (ail arg., 1974, Builth), tt. 7–8.

[2] Theophilus Jones, *A History of the County of Brecknockshire* (Brecon, 1911), t. 1.

[3] Sam Adams, 'Thomas Jeffrey Llewelyn Pritchard', *Brycheiniog*, XXI (1984–5), 54.

[4] J. Geraint Jenkins, 'Rural industry in Brecknock', ibid., XIV (1970), 1.

[5] Jacqueline Morris, 'Hay-on-Wye – Local Economy in the Nineteenth Century', ibid., XXII (1986–7), 112–19.

[6] Ashton, *A Short History of Builth Wells*, t. 15.

£10,000. Erbyn 1864 yr oedd y rheilffordd wedi cyrraedd ac agorwyd pennod newydd yn natblygiad y dref.[7] Golygai'r cysylltiadau newydd fod yr elfen ymgynhaliol o fewn yr economi yn lleihau, ond ffynnodd y dref oherwydd iddi ddod yn fwy hygyrch i ymwelwyr. Arwydd o'r ffyniant newydd oedd y ddwy neuadd farchnad a godwyd ym 1876–7 a'r ysbyty bach a agorwyd ym 1896–7.[8] Daeth llewyrch hefyd yn sgil poblogrwydd cynyddol y ffynhonnau, er mai datblygu yng nghysgod Llandrindod y gwnaeth Llanfair-ym-Muallt fel cyrchfan i ymdrochwyr. Yr oedd dwy ffynnon fwynol nid nepell o Lanfair-ym-Muallt, sef y Park a'r Glanne, a daeth y rhain yn boblogaidd yn sgil yr adroddiadau rhagorol a dderbyniwyd arnynt gan Dr Daubeney, Athro yn Rhydychen, a gadarnhaodd fod ansawdd y dyfroedd yn rhagori ar ansawdd dyfroedd Llandrindod.[9] Elwodd y trefi ffynhonnau yn y Canolbarth ar yr atyniadau yn eu cyffiniau: 'Truly for Llandrindod Wells, and to a lesser extent Llanwrtyd Wells and Builth Wells along the Wye, Edwardian Wales was a halcyon age of Regency-type splendour and gaiety.'[10] Nid yn unig yr oedd y dyfroedd mwynol yn atyniadol i ymwelwyr, ond yr oedd yr ardal hefyd yn denu pysgotwyr, oherwydd yr oedd afon Gwy yn llawn brithyll, eogiaid a chochiaid.[11] Ym 1903 disgrifiwyd y dref yn ffafriol gan A. G. Bradley, ond ei gyngor i ymwelwyr oedd ei hosgoi yn ystod tymor y gwyliau gan ei bod yn llawn o 'Joes and Jills of the Glamorgan collieries, who flock hither to drink the most potent saline water that the heart of dyspeptic could desire, and to wash it down, when the day's *régime* is over, with generous libations of Cwrw-dda'.[12]

Gan fod Llanfair-ym-Muallt ar y ffin rhwng sir Frycheiniog a sir Faesyfed, a chwta ugain milltir o Loegr, yr oedd yn anorfod y byddai dylanwadau Seisnigol trwm ar batrwm ieithyddol y dref. Yr oedd yr iaith Gymraeg wedi dirywio'n enbyd yn sir Faesyfed erbyn diwedd y ddeunawfed ganrif, ac erbyn 1847, yn ôl y Parchedig Henry Mogridge, ficer Pencraig: 'the English language has quite superseded the Welsh in the county, and the dialect is particularly good, but the river Wye forms a barrier, Welsh being much spoken on the opposite bank of Brecknockshire'.[13] Ond er bod llawer o Gymraeg i'w glywed o hyd mewn rhannau gwledig o sir Frycheiniog, buasai'r Saesneg yn ennill tir yn gyflym o ddiwedd y ddeunawfed ganrif ymlaen:

[7] Peter E. Baughan, *A Regional History of the Railways of Great Britain, North and Mid Wales* (Nairn, 1991), t. 209.

[8] Ashton, *A Short History of Builth Wells*, t. 16; J. B. Sinclair ac R. W. D. Fenn, *Builth Wells* (Stroud, 1993), tt. 26–7.

[9] D. P. Davies, *Builth Wells and its Vicinity* (Builth Wells, 1867), tt. 41–2.

[10] Kenneth O. Morgan, *Rebirth of a Nation: Wales 1880–1980* (Oxford, 1981), t. 129.

[11] *Llandrindod Wells and the Spas of Central Wales* (London, 1899), t. 97.

[12] A. G. Bradley, *Highways and Byways in South Wales* (London, 1903), t. 63.

[13] *Reports of the Commissioners of Inquiry into the State of Education in Wales . . . in three parts. Part II. Brecknock, Cardigan, Radnor, and Monmouth* (London, 1847) (PP 1847 (871) XXVII), t. 107.

> The language of the inhabitants of Breconshire holding small farms, as well of the lower rank of people, is principally the British or Welsh, except upon the borders of the Wye in the hundred of Talgarth, where the vile English jargon, some time back introduced into Radnorshire, has crept into use, of late years indeed, the English language has become more general throughout the county than it was during the former and greater part of the last century . . .[14]

Yn eu hadroddiad ar gyflwr addysg yng Nghymru ym 1847, daeth y Comisiynwyr i'r casgliad fod 42.6 y cant o boblogaeth sir Frycheiniog yn defnyddio'r Saesneg fel 'iaith y pentan' ond bod y ganran yn cynyddu'n drawiadol i 90.7 y cant yn sir Faesyfed. Nododd rhai tystion fel Edward Davies, Athro Diwinyddiaeth yng Ngholeg Aberhonddu, fod mwy o Gymraeg i'w glywed ar strydoedd sir Frycheiniog nag yn ystod y blynyddoedd blaenorol:

> judging from the fact that religious worship is generally conducted in all the Welsh towns in the Welsh language. In the country it is altogether Welsh, except on the borders. Twice as many use the Welsh language now, as did forty years ago.[15]

Fodd bynnag, yr oedd nifer o frodorion sir Frycheiniog yn pleidio defnydd helaethach o'r Saesneg. Nododd y Parchedig David Charles, Prifathro Coleg Trefeca yn Aberhonddu, fod y Saesneg yn ymledu mor gyflym fel mai mater o amser ydoedd cyn iddi ddisodli'r Gymraeg:

> The English language is fast gaining ground in this neighbourhood, so much so that the Welsh will not continue to be the prevailing language in a few years. The admixture of both English and Welsh in the dialect at present spoken renders it highly desirable that the people be correctly taught in the language they will have to use in future.[16]

Yr oedd rhai yn gomedd goroesiad y Gymraeg, ac yn credu y byddai ei dirywiad o fudd i ymddygiad moesol a chymdeithasol y trigolion. Dyma a ddywedodd y Parchedig James Denning, curad Eglwys y Santes Fair yn Aberhonddu, wrth y Comisiynwyr:

> Teach English, and bigotry will be banished . . . I cannot too strongly express my opinion about the necessity of getting rid of the Welsh language . . . banish the Welsh language, and Englishmen would come and reside here, and thus a healthy tone would be given to society . . . give us English schools, and you may, under God, be made the means of conferring on poor Wales a great and lasting blessing.[17]

[14] LlGC, Llsgr. Castell Gorfod, rhif 37.
[15] *Reports into the State of Education in Wales*, II, t. 101.
[16] Ibid., t. 96.
[17] Ibid., t. 99.

Yn ystod ymweliad ag ysgol Sul y Methodistiaid Calfinaidd yn Llanfair-ym-Muallt ym 1846, gwnaeth Jelinger C. Symons y sylw ffafriol hwn ar ansawdd y Saesneg a siaradai'r disgyblion. Nododd y medrai'r plant hŷn gyfathrebu yn y Gymraeg ond bod y plant iau yn sgwrsio trwy gyfrwng y Saesneg, sy'n awgrymu i'r newid yn yr iaith a siaredid gan drigolion Llanfair-ym-Muallt ddigwydd yn ystod hanner cyntaf y bedwaredd ganrif ar bymtheg:

> We were struck with the purity of the English spoken; and this appears singular when it is considered that this parish is on the very verge of the district where Welsh is the language of the people; indeed, in this very school, whilst all the young persons were reading and speaking English correctly the elder ones were assembled by themselves and were reading the Welsh Testament, questioning each other, as is the custom, upon the passages they read.[18]

Y mae'n arwyddocaol mai un o'r rhesymau y ffafriwyd Llanymddyfri yn hytrach na Llanfair-ym-Muallt fel safle i ysgol ramadeg ym 1848 oedd bod Llanfair-ym-Muallt yn dioddef oddi wrth 'ymlediad yr iaith Saesneg' yn yr ardal.[19]

Dengys Tabl 1 fod mwyafrif poblogaeth Llanfair-ym-Muallt erbyn 1891 yn uniaith Saesneg, a bod y ganran o siaradwyr uniaith Saesneg yn llawer uwch na'r hyn a gofnodwyd yn Nosbarth Cofrestru Llanfair-ym-Muallt ac yn sir Frycheiniog. Tref ar y ffin rhwng sir Faesyfed a sir Frycheiniog yw Llanfair-ym-Muallt ac nid yw'n syndod, felly, fod ei phatrwm ieithyddol yn debycach i un sir Faesyfed nag i un sir Frycheiniog. Cofnodwyd 82.9 y cant o boblogaeth Llanfair-ym-Muallt yn siaradwyr uniaith Saesneg, ac 16.8 y cant arall yn siaradwyr dwyieithog. Yr oedd tref Llanfair-ym-Muallt wedi ei rhannu yn ddwy ardal rifo yng nghyfrifiad 1891, ond gan fod gorsaf reilffordd Llanfair-ym-Muallt ym mhlwyf Llanelwedd, cynhwyswyd yr ardal rifo honno yn y sampl yn ogystal.

Y mae Tabl 2, sy'n dangos yr iaith a siaredid gan bobl Llanfair-ym-Muallt yn ôl oedran, yn tanlinellu'r ffaith fod siaradwyr Saesneg yn y mwyafrif o fewn pob grŵp oedran. Y mae'r ffaith fod y ganran uchaf o'r rhai a fedrai'r Gymraeg i'w cael ymhlith pobl 65 oed a throsodd a bod y ganran isaf dan 15 oed yn dangos i'r iaith frodorol gael ei cholli o fewn tair cenhedlaeth.

Y mae'n arwyddocaol fod 139 (92.7 y cant) o'r 150 a gofnodwyd yn 'ddisgyblion ysgol' wedi eu cofnodi yn uniaith Saesneg, a 10 arall (6.7 y cant) yn ddwyieithog. Yr unig ddisgybl uniaith Gymraeg oedd Elizabeth Jones, merch 10 oed o sir Gaerfyrddin a oedd yn aros gyda'i hewythr, David Pugh, yn rhif 1 Warwick House. Nodwyd yn aml i gymeriad Seisnig addysg yng Nghymru yn ail hanner y bedwaredd ganrif ar bymtheg chwarae rhan allweddol yn nhrawsnewidiad iaith plant, a cheir tystiolaeth o newid o'r fath ym mhlwyf Crai,

[18] Ibid., t. 135.

[19] Colin P. F. Hughes, *Builth Wells High School: A Centenary History 1896–1996* (Builth Wells, 1996), t. 3.

Tabl 1: Iaith a leferid gan boblogaethau Llanfair-ym-Muallt, Dosbarth Cofrestru Llanfair-ym-Muallt, Sir Frycheiniog, Sir Faesyfed a Chymru

(2 flwydd oed a throsodd)

	Nifer				*Canran*			
	Cymraeg	Y Ddwy	Saesneg	Cyfanswm	*Cymraeg*	*Y Ddwy*	*Saesneg*	*Cyfanswm*
Llanfair-ym-Muallt[1]	5	271	1336	1612	*0.3*	*16.8*	*82.9*	*100.0*
D.C. Llanfair-ym-Muallt[2]	858	1828	4745	7431	*11.5*	*24.6*	*63.9*	*100.0*
Sir Frycheiniog[3]	5228	13699	31086	50013	*10.4*	*27.4*	*62.2*	*100.0*
Sir Faesyfed[4]	75	924	15270	16269	*0.5*	*5.7*	*93.8*	*100.0*
Cymru[5]	508036	402253	759416	1669705	*30.4*	*24.1*	*45.5*	*100.0*

[1] Hepgorwyd 27 unigolyn nad oeddynt wedi nodi eu gallu ieithyddol.
[2] Hepgorwyd 37 nad oeddynt wedi nodi eu gallu ieithyddol a 4 a siaradai ieithoedd eraill.
[3] Hepgorwyd 307 nad oeddynt wedi nodi eu gallu ieithyddol a 15 a siaradai ieithoedd eraill.
[4] Hepgorwyd 54 nad oeddynt wedi nodi eu gallu ieithyddol a 3 a siaradai ieithoedd eraill.
[5] Hepgorwyd 12,833 nad oeddynt wedi nodi eu gallu ieithyddol a 3,076 a siaradai ieithoedd eraill.

Tabl 2: Iaith a leferid yn ôl oedran

(2 flwydd oed a throsodd)

	Nifer				*Canran*			
Oed	Cymraeg	Y Ddwy	Saesneg	Cyfanswm	*Cymraeg*	*Y Ddwy*	*Saesneg*	*Cyfanswm*
2–5	–	9	101	110	–	*8.2*	*91.8*	*100.0*
6–14	2	19	307	328	*0.6*	*5.8*	*93.6*	*100.0*
15–24	–	41	290	331	–	*12.4*	*87.6*	*100.0*
25–44	–	88	363	451	–	*19.5*	*80.5*	*100.0*
45–64	1	76	209	286	*0.3*	*26.6*	*73.1*	*100.0*
65+	2	38	66	106	*1.9*	*35.8*	*62.3*	*100.0*
Cyfanswm	**5**	**271**	**1336**	**1612**	***0.3***	***16.8***	***82.9***	***100.0***

lle'r ysgrifennodd yr athro, Ebenezer Field, ym 1872 iddo orfod ceryddu ei ddisgyblion am sgwrsio yn Gymraeg yn yr ysgol ac ar yr iard chwarae. Methodd ei olynydd, Nathaniel Evans, yn ei ymdrech i ddarbwyllo'r plant ynglŷn â'r angen i siarad Saesneg.[20] Ond yr oedd y sefyllfa yn wahanol iawn yn Llanfair-ym-Muallt. Er y gellir gweld gwahaniaeth o 2.4 y cant yn y nifer o blant dwyieithog rhwng 2 a 5 oed a'r rhai rhwng 6 a 14 oed, y mae'r ffaith fod mwyafrif helaeth pob grŵp oedran yn siaradwyr uniaith Saesneg yn awgrymu'n gryf mai Saesneg oedd iaith y cartref. Disgyblion a deithiai o'r ardaloedd gwledig i Lanfair-ym-Muallt oedd mwyafrif y disgyblion Cymraeg eu hiaith a fynychai ysgol y dref, ac ni

[20] Glenville Powell, 'Hanes Plwyf Crai, 1851–1951, Rhan II', *Brycheiniog*, X (1964), 51–2.

Tabl 3: Iaith a leferid yn ôl oedran a rhyw

(2 flwydd oed a throsodd)

		Nifer				*Canran*			
Oed	Rhyw	Cymraeg	Y Ddwy	Saesneg	Cyfanswm	*Cymraeg*	*Y Ddwy*	*Saesneg*	*Cyfanswm*
2–5	G	–	4	54	58	–	*6.9*	*93.1*	*100.0*
	B	–	5	47	52	–	*9.6*	*90.4*	*100.0*
6–14	G	–	9	137	146	–	*6.2*	*93.8*	*100.0*
	B	2	10	170	182	*1.1*	*5.5*	*93.4*	*100.0*
15–24	G	–	15	126	141	–	*10.6*	*89.4*	*100.0*
	B	–	26	164	190	–	*13.7*	*86.3*	*100.0*
25–44	G	–	50	156	206	–	*24.3*	*75.7*	*100.0*
	B	–	38	207	245	–	*15.5*	*84.5*	*100.0*
45–64	G	–	37	100	137	–	*27.0*	*73.0*	*100.0*
	B	1	39	109	149	*0.7*	*26.2*	*73.1*	*100.0*
65+	G	1	21	29	51	*1.9*	*41.2*	*56.9*	*100.0*
	B	1	17	37	55	*1.8*	*30.9*	*67.3*	*100.0*
	G	**1**	**136**	**602**	**739**	***0.1***	***18.4***	***81.5***	***100.0***
Cyfanswm	**B**	**4**	**135**	**734**	**873**	***0.5***	***15.5***	***84.0***	***100.0***

chyflwynwyd y Gymraeg yng nghwricwlwm yr ysgol sir (sef. 1896) hyd fis Rhagfyr 1908, yn sgil ymyrraeth Owen M. Edwards, Prif Arolygwr yr Adran Gymraeg.[21] Ychydig o effaith, fodd bynnag, a gafodd hyn ar batrymau ieithyddol yn y dref ei hun, ac ym 1910 honnwyd na fedrai'r plant ddeall iaith eu cyndadau gan fod y genhedlaeth iau wedi mabwysiadu'r iaith Saesneg.[22]

Rhydd Tabl 3 ddarlun o'r iaith a siaredid gan boblogaeth Llanfair-ym-Muallt yn ôl oedran a rhyw. Er mai gwrywod a oedd yn fwyaf tebygol o fudo i Lanfair-ym-Muallt, yr oedd y ganran o wrywod a benywod brodorol yn arwyddocaol. Yr oedd 468 (53.6 y cant) o'r benywod (2 flwydd oed a throsodd) a drigai yn Llanfair-ym-Muallt wedi eu geni yn sir Frycheiniog, a hanai 189 arall (21.6 y cant) o sir Faesyfed. O'r 739 o wrywod yr oedd 362 (49.0 y cant) wedi aros yn eu sir enedigol, sef sir Frycheiniog, a 137 (18.5 y cant) wedi eu geni yn sir Faesyfed. Benywod oedd 55.6 y cant o'r 782 o drigolion rhwng 15 a 44 oed. Yr oedd dros 84 y cant o'r gwrywod dros 10 oed yn gyflogedig, o'u cymharu â 42 y cant o'r benywod. Dengys Tabl 3 y gwrthgyferbyniad yng ngallu ieithyddol y rhywiau yn Llanfair-ym-Muallt, er bod rhaid pwysleisio mai uniaith Saesneg oedd mwyafrif y ddwy ryw, gydag 81.5 y cant o'r holl wrywod yn cofnodi mai Saesneg oedd eu hunig iaith, o'u cymharu ag 84 y cant o'r benywod.

Y mae'r canrannau cyffredinol yn awgrymu bod gwrywod yn fwy tueddol o fod yn ddwyieithog. Serch hynny, amrywiai'r patrwm yn ôl grŵp oedran.

[21] Hughes, *Builth Wells*, t. 30.

[22] 'I godi'r hen iaith yn ei hôl', *Cymru*, XXXVIII, rhif 226 (Mai 1910), 245.

Tabl 4: Iaith a leferid yn ôl man geni

(2 flwydd oed a throsodd)[1]

Man geni	Nifer Cymraeg	Y Ddwy	Saesneg	Cyfanswm	*Canran Cymraeg*	*Y Ddwy*	*Saesneg*	*Cyfanswm*
Sir Frycheiniog	1	160	647	808	*0.1*	*19.8*	*80.1*	*100.0*
Sir Faesyfed	–	20	305	325	–	*6.2*	*93.8*	*100.0*
Sir Forgannwg	–	21	27	48	–	*43.8*	*56.2*	*100.0*
Sir Drefaldwyn	1	11	30	42	*2.4*	*26.2*	*71.4*	*100.0*
Sir Gaerfyrddin	3	24	8	35	*8.6*	*68.6*	*22.8*	*100.0*
Sir Fynwy	–	3	21	24	–	*12.5*	*87.5*	*100.0*
Sir Aberteifi	–	15	1	16	–	*93.8*	*6.2*	*100.0*
Sir Ddinbych	–	3	4	7	–	*42.9*	*57.1*	*100.0*
Sir Feirionnydd	–	3	3	6	–	*50.0*	*50.0*	*100.0*
Sir Benfro	–	1	5	6	–	*16.7*	*83.3*	*100.0*
Sir Y Fflint	–	4	–	4	–	*100.0*	–	*100.0*
Sir Gaernarfon	–	1	–	1	–	*100.0*	–	*100.0*
Cymru[2]	–	–	1	1	–	–	*100.0*	*100.0*
Lloegr	–	5	261	266	–	*1.9*	*98.1*	*100.0*
Eraill[3]	–	–	22	22	–	–	*100.0*	*100.0*
Cyfanswm	**5**	**271**	**1335**	**1611**	***0.3***	***16.8***	***82.9***	***100.0***

[1] Hepgorwyd un nad oedd wedi nodi ei fan geni.
[2] Heb nodi sir.
[3] Man geni: Iwerddon 8, America 5, Yr Alban 4, India 2, Yr Almaen 1, Ynys Manaw 1, India'r Dwyrain 1.

Tabl 5: Iaith a leferid yn ôl perthynas â'r penteulu

(2 flwydd oed a throsodd)[1]

Perthynas â'r penteulu	Nifer Cymraeg	Y Ddwy	Saesneg	Cyfanswm	*Canran Cymraeg*	*Y Ddwy*	*Saesneg*	*Cyfanswm*
Penteuluoedd	–	95	252	347	–	*27.4*	*72.6*	*100.0*
Gwragedd	–	43	161	204	–	*21.1*	*78.9*	*100.0*
Plant[2]	–	42	550	592	–	*7.1*	*92.9*	*100.0*
Perthnasau	3	14	90	107	*2.8*	*13.1*	*84.1*	*100.0*
Gweision/morynion	–	34	135	169	–	*20.1*	*79.9*	*100.0*
Byrddwyr/lletywyr	–	31	96	127	–	*24.4*	*75.6*	*100.0*
Ymwelwyr	–	5	14	19	–	*26.3*	*73.7*	*100.0*
Eraill[3]	2	7	36	45	*4.4*	*15.6*	*80.0*	*100.0*
Cyfanswm	**5**	**271**	**1334**	**1610**	***0.3***	***16.8***	***82.9***	***100.0***

[1] Hepgorwyd 2 nad oeddynt wedi nodi eu perthynas â'r penteulu.
[2] Gan gynnwys plant maeth a llysblant.
[3] Preswylwyr y wyrcws: 42 tlotyn, 2 grwydryn, 1 nyrs.

Benywod oedd mwyafrif yr unigolion dwyieithog yn y grwpiau oedran 2–5 a 15–24, ac eto yr oedd y canrannau yn gwbl wahanol yn y grwpiau oedran eraill. Y mwyaf arwyddocaol o'r rhain oedd yr oedran 65 a throsodd, lle'r oedd 41.2 y cant o'r gwrywod yn ddwyieithog, o'u cymharu â 30.9 y cant o'r benywod. Er bod pedwar o'r pump a oedd yn uniaith Gymraeg yn fenywod, cyfran fechan iawn o'r boblogaeth oeddynt. Yr ystadegyn mwyaf trawiadol yn Nhabl 3 yw'r cynnydd yn y ganran o siaradwyr uniaith Saesneg ar draul siaradwyr dwyieithog: o'r rhai 65 oed a throsodd, yr oedd 41.2 y cant o'r gwrywod a 30.9 o'r benywod yn ddwyieithog, ond disgynnai'r canrannau i 6.9 y cant a 9.6 y cant yn y grŵp 2–5 oed. Y mae'r canrannau'n profi nad oedd y proses o Seisnigo yn seiliedig ar ryw, a'i fod yn dylanwadu ar y naill ryw fel y llall.

Dengys Tabl 4, sy'n rhestru man geni trigolion Llanfair-ym-Muallt, fod mwyafrif helaeth y boblogaeth wedi eu geni a'u magu yng Nghymru: hanai 1,323 (82.1 y cant) o Gymru – ac o'r rhain yr oedd 808 (61.1 y cant) wedi eu geni yn sir Frycheiniog a 325 (24.6 y cant) yn sir Faesyfed – o'u cymharu â 266 (16.5 y cant) a oedd wedi eu geni yn Lloegr. Oedolion rhwng 15 a 44 oed oedd mwyafrif y Saeson, ond gan nad oeddynt ond canran fechan o'r boblogaeth yn y grŵp oedran hwn, y mae'n amlwg nad y proses mewnfudo a oedd yn llwyr gyfrifol am y cynnydd yn y defnydd o'r Saesneg yn Llanfair-ym-Muallt. Yr oedd llawer o'r rhai a oedd yn 2 flwydd oed a hŷn yn frodorion o Lanfair-ym-Muallt: nododd 487 (30.2 y cant) eu bod yn enedigol o'r dref, a 54 arall eu bod yn enedigol o Lanelwedd. O edrych ar fan geni yr 843 o unigolion 25 oed a throsodd gwelir bod 331 (39.3 y cant) yn hanu o sir Frycheiniog a 202 (24.0 y cant) o sir Faesyfed. Felly, yr oedd 63.2 y cant o'r boblogaeth 25 oed a throsodd wedi eu geni yn y cylch, ac o'r rhain yr oedd 74.3 y cant yn uniaith Saesneg.

Er mwyn cael darlun manylach o'r sefyllfa ieithyddol yn Llanfair-ym-Muallt, y mae angen canolbwyntio ar y berthynas rhwng y ddwy iaith o fewn tylwythau unigol. O'r 348 o dylwythau a rifwyd yn y cyfrifiad, yr oedd person priod yn ben ar 226 (64.9 y cant), person sengl yn ben ar 45 (12.9 y cant), a pherson gweddw yn ben ar 77 (22.1 y cant). O'r 843 o unigolion 25 oed a throsodd, yr oedd 473 (56.1 y cant) yn briod, 247 (29.3 y cant) yn ddibriod a 123 (14.6 y cant) yn weddwon. Yn wyneb y ffaith fod 130 yn rhagor o fenywod yn Llanfair-ym-Muallt nag o wrywod, nid rhyfedd fod y nifer o wrywod priod dros 25 oed yn 240 (60.9 y cant), o'u cymharu â 232 (51.7 y cant) o fenywod priod. Plant oedd 36.8 y cant o'r boblogaeth ac yr oeddynt yn bresennol ar 61.5 y cant o'r holl aelwydydd. Fel y dangoswyd mewn tablau cynharach, y mae'n eglur mai nifer bychan o'r genhedlaeth iau a oedd yn medru'r Gymraeg gan fod 550 (92.9 y cant) ohonynt yn siaradwyr uniaith Saesneg. Dengys Tabl 5 nad oedd yr un o'r penteuluoedd na'r gwragedd yn uniaith Gymraeg a bod 252 (72.6 y cant) o'r penteuluoedd yn uniaith Saesneg. Y mae'r ffaith fod 139 (40.1 y cant) o'r holl benteuluoedd yn hanu'n wreiddiol o sir Frycheiniog a 100 arall (28.8 y cant) o sir Faesyfed yn awgrymu nad oedd pobl leol yn rhoi fawr o bwyslais ar gadw'r

Tabl 6: Iaith plant (2 flwydd oed a throsodd) o deuluoedd lle'r oedd rhieni uniaith a dwyieithog

Gallu ieithyddol y rhieni		Gallu ieithyddol y plant Nifer yr aelwydydd					*Gallu ieithyddol y plant Canran*				
Tad	Mam	Cymraeg	Y Ddwy	Saesneg	Cymysg	Cyfanswm	*Cymraeg*	*Y Ddwy*	*Saesneg*	*Cymysg*	*Cyfanswm*
C	C	–	–	–	–	–	–	–	–	–	–
C	D	–	–	–	–	–	–	–	–	–	–
D	C	–	–	–	–	–	–	–	–	–	–
D	D	–	10	7	1	18	–	*55.6*	*38.9*	*5.5*	*100.0*
D	S	–	–	14	–	14	–	–	*100.0*	–	*100.0*
S	D	–	–	10	1	11	–	–	*90.9*	*9.1*	*100.0*
S	S	–	–	105	–	105	–	–	*100.0*	–	*100.0*
C	S	–	–	–	–	–	–	–	–	–	–
S	C	–	–	–	–	–	–	–	–	–	–
Cyfanswm		**–**	**10**	**136**	**2**	**148**	**–**	***6.8***	***91.9***	***1.3***	***100.0***

C/Cymraeg: uniaith Gymraeg; D/Y Ddwy: dwyieithog; S/Saesneg: uniaith Saesneg; Cymysg: unrhyw gyfuniad o siaradwyr uniaith Gymraeg, siaradwyr dwyieithog a siaradwyr uniaith Saesneg ar yr un aelwyd.

Gymraeg. Deuai 41 (11.8 y cant) o'r penteuluoedd o rannau eraill o Gymru, a 62 (17.9 y cant) o Loegr. O'r 95 penteulu a'u disgrifiodd eu hunain yn siaradwyr dwyieithog, hanai 57 (60.0 y cant) o sir Frycheiniog, 9 (9.5 y cant) o sir Faesyfed, a 28 (29.5 y cant) o rannau eraill o Gymru. Gwelir patrwm tebyg ym man geni'r gwragedd: yr oedd 126 (61.8 y cant) yn enedigol naill ai o sir Faesyfed neu sir Frycheiniog, 31 (15.2 y cant) o rannau eraill o Gymru, a 43 (21.1 y cant) o Loegr. O'r 43 o wragedd a gofrestrwyd yn ddwyieithog, yr oedd 29 (67.4 y cant) wedi eu geni naill ai yn sir Frycheiniog neu yn sir Faesyfed, a'r 14 arall (32.6 y cant) yn hanu o siroedd eraill yng Nghymru.

Rhydd Tabl 6 ddarlun manylach o'r iaith a siaredid ar aelwydydd Llanfair-ym-Muallt. Gwelir mai canran fechan o deuluoedd cnewyllol a oedd yn medru'r iaith Gymraeg. Yn achos 105 (70.9 y cant) o dylwythau, Saesneg yn unig a siaradai'r rhieni a'r plant. Un rhiant yn unig a siaradai Gymraeg mewn 25 o gartrefi a Saesneg oedd unig iaith y plant ar 24 o'r aelwydydd ieithyddol gymysg hyn. Ar ddeunaw o aelwydydd yn unig yr oedd y ddau riant yn medru'r Gymraeg. Dim ond ar ddeg o'r cyfryw aelwydydd y cofnodwyd bod y plant hefyd yn medru'r Gymraeg. Hanai pedwar o'r deg penteulu o sir Frycheiniog, dau o sir Gaerfyrddin, ac un o bob un o siroedd Trefaldwyn, Morgannwg, Meirionnydd a Middlesex. Marmaduke Howell, cyfreithiwr 60 oed, oedd y brodor o Middlesex. Fe'i ganed yn Islington, ond hanai ei wraig o Landdewi Fach yn sir Faesyfed, ac yr oedd eu deg plentyn, a oedd rhwng 8 a 30 oed, wedi eu geni yn Llanfair-ym-Muallt. Cyflogent ddwy forwyn, y ddwy yn ferched lleol ac un ohonynt yn siaradwr dwyieithog. Ni nodwyd pa iaith a siaradai'r llall. Yr oedd saith o'r deg teulu lle'r oedd y plant a'u rhieni yn ddwyieithog yn byw yn agos i'w gilydd. Trigai Thomas Richards, fforman o saer, gyda'i wraig a'i dri phlentyn yng Ngwernyfed, nid nepell o'r rhes o dai a elwid y Terrace, lle y trigai Rees Bebb, Thomas Price a David Williams a'u teuluoedd. Yr oedd Owen Williams, gweinidog gyda'r Methodistiaid Calfinaidd, yn byw yn The Strand Groe Villa, gerllaw rhif 1 Strand Terrace, cartref Marmaduke Howell, a rhif 1 Warwick House, trigle David Pugh a'i deulu. Y mae'n debygol fod lleoliad y tai hyn yn golygu bod y saith teulu yn cyfathrebu a chymdeithasu â'i gilydd yn rheolaidd.

Yn un o'r tylwythau lle'r oedd y rhieni'n ddwyieithog cofnodwyd bod y plant o allu ieithyddol cymysg. Ganed David Samuel o Fferm Erwgilfach yn Llanfechan, a'i wraig Mary a'u saith plentyn yn Llanafan Fawr. Yr oedd y pum plentyn hynaf, a oedd rhwng 14 a 32 oed, yn ddwyieithog, ond siaradwyr uniaith Saesneg oedd Vaughan ac Alfred, y naill yn 8 oed a'r llall yn 11 oed. O'r saith tylwyth lle'r oedd y ddau riant yn ddwyieithog, ond nad oeddynt wedi magu eu plant i siarad Cymraeg, yr oedd pum penteulu yn hanu o sir Frycheiniog a dau o sir Gaerfyrddin. O'r 25 tylwyth lle'r oedd un o'r ddau riant yn ddwyieithog, un yn unig a oedd â phlant o allu ieithyddol cymysg; yr oedd y gweddill wedi eu magu yn uniaith Saesneg. Yr oedd Theophilus Boulrer, swyddog cymorth 46 oed a chofrestrydd genedigaethau a marwolaethau, wedi ei eni ym mhlwyf Llandeglau yn sir Faesyfed, ond wedi ymgartrefu gyda'i deulu yn rhif 1, Pendre Villa. Saesneg yn unig a siaradai ef, ond yr oedd ei wraig, Margaret, brodor o'r Rhewl yn sir Ddinbych, yn ddwyieithog. Yr oedd eu pedwar plentyn wedi eu geni yn Llanfair-ym-Muallt, ond un yn unig, sef John, yr hynaf, bachgen ysgol 11 oed, a fedrai gyfathrebu yn y ddwy iaith; yr oedd y tri arall, a oedd rhwng 5 a 10 oed, yn uniaith Saesneg. Cyflogai'r teulu hwn forwyn, merch 24 oed o Aberedw gerllaw, ac yr oedd hithau hefyd yn uniaith Saesneg. Yr oedd dau ymwelydd yn aros hefyd yng nghartref y teulu Boulrer, sef Sarah Ellis, ysgolfeistres 35 oed o Abertawe, ac Evangeline Ellis, merch 4 oed o Bwllheli; yr oedd y ddwy yn ddwyieithog. Er bod plentyn hynaf Thomas Boulrer yn ddwyieithog, y mae'r ffaith mai Saesneg yn unig a siaradai'r plant iau yn awgrymu mai Saesneg oedd prif iaith y teulu a bod y Gymraeg yn graddol golli ei lle ar yr aelwyd.

Er bod Llanfair-ym-Muallt yn enwog am ei ffynhonnau ac felly'n gyrchfan boblogaidd i ymwelwyr, nifer cymharol fychan o fyrddwyr neu letywyr ac ymwelwyr a oedd yn bresennol ar noson y cyfrifiad. Nid oedd hynny'n annisgwyl o ystyried mai yn nhymor y gwanwyn y'i cynhaliwyd. Rhifwyd 127 o letywyr ar 72 (20.7 y cant) o aelwydydd. Gwrywod sengl oedd 76 (59.8 y cant) ohonynt ac er nad oedd yr un siaradwr uniaith Gymraeg yn eu plith, yr oedd 31 (24.4 y cant) yn ddwyieithog, a 96 arall (75.6 y cant) yn uniaith Saesneg. Yr oedd 41 (32.3 y cant) o'r lletywyr wedi eu geni naill ai yn sir Frycheiniog neu yn sir Faesyfed, 34 (26.8 y cant) yn siroedd eraill Cymru, a 50 (39.4 y cant) yn Lloegr. Yng nghartref William Roberts yn Market Street y cafwyd y nifer mwyaf o letywyr – sef deunaw – o dan yr un to. Yr oedd tair ar hugain o ystafelloedd gwely yn y tŷ ac fe'i disgrifid yn swyddogol fel llety cofrestredig. Brodor o Aberhonddu oedd William

Tabl 7: Iaith a man geni byrddwyr a lletywyr
(2 flwydd oed a throsodd)

Man geni	Nifer Cymraeg	Y Ddwy	Saesneg	Cyfanswm	*Canran Cymraeg*	*Y Ddwy*	*Saesneg*	*Cyfanswm*
Sir Frycheiniog	–	14	17	31	–	*45.2*	*54.8*	*100.0*
Sir Faesyfed	–	–	10	10	–	–	*100.0*	*100.0*
Sir Forgannwg	–	3	3	6	–	*50.0*	*50.0*	*100.0*
Sir Drefaldwyn	–	2	5	7	–	*28.6*	*71.4*	*100.0*
Sir Gaerfyrddin	–	3	2	5	–	*60.0*	*40.0*	*100.0*
Sir Fynwy	–	1	4	5	–	*20.0*	*80.0*	*100.0*
Sir Aberteifi	–	5	–	5	–	*100.0*	–	*100.0*
Sir Benfro	–	–	3	3	–	–	*100.0*	*100.0*
Sir Y Fflint	–	2	–	2	–	*100.0*	–	*100.0*
Cymru[1]	–	–	1	1	–	–	*100.0*	*100.0*
Lloegr	–	1	49	50	–	*2.0*	*98.0*	*100.0*
Eraill[2]	–	–	2	2	–	–	*100.0*	*100.0*
Cyfanswm	–	**31**	**96**	**127**	**–**	***24.4***	***75.6***	***100.0***

[1] Heb nodi sir.
[2] Man geni: Iwerddon 2.

Roberts ac fe'i cofrestrwyd yn ddwyieithog, ond Saesnes uniaith oedd ei wraig, a hanai o Henffordd. Cofrestrwyd pedwar o'u lletywyr yn ddwyieithog, dau ohonynt yn enedigol o sir Frycheiniog, a'r ddau arall â'u gwreiddiau yn sir Y Fflint a sir Fynwy. Cafwyd pedwar achos lle'r hanai'r lletywr a'r penteulu o'r un plwyf: er enghraifft, lletyai John Morgan, goruchwyliwr cynorthwyol dwyieithog, yng nghartref y cigydd uniaith Saesneg Abram Davies, yntau fel ei letywr yn hanu o Landdewi'r-cwm yn sir Frycheiniog. O'r pedwar ar bymtheg o ymwelwyr a gofrestrwyd yn Llanfair-ym-Muallt, yr oedd pedwar ar ddeg yn uniaith Saesneg, ac un ar ddeg yn fenywod dibriod. Hanai chwech naill ai o sir Frycheiniog neu o sir Faesyfed, chwech o siroedd eraill yng Nghymru, a chwech o Loegr. Yr unig ymwelydd tramor a gofnodwyd yn Llanfair-ym-Muallt ar ddiwrnod y cyfrifiad oedd Francis Fultin, Almaenes ddibriod 56 oed a oedd yn aros gydag Edward Thomas yn Welfield.

Pan gynhaliwyd y cyfrifiad cyntaf ym 1801, rhifwyd cyfanswm o 677 o unigolion yn Llanfair-ym-Muallt, ac o'r rheini yr oedd 148 (21.9 y cant) yn gweithio yn y sector amaethyddol a 161 (23.8 y cant) ym myd masnach.[23] Yn ei astudiaeth o brif alwedigaethau pobl Llanfair-ym-Muallt yng nghyfrifiadau 1841 ac 1851, nododd Owen Ashton dair prif ffynhonnell waith yn yr ardal: 'farm labourers

[23] LlGC, Llsgr. Castell Gorfod rhif 37.

working on the land roughly from the age of twelve, young women who were in service by fourteen and finally tradesmen with their many shop assistants'.[24] Erbyn 1891 yr oedd 832 o drigolion Llanfair-ym-Muallt yn gyflogedig, ac yn cyfrif am 61.1 y cant o'r boblogaeth 10 oed a throsodd. Fel y dengys Tabl 8, yr oedd canran y dynion cyflogedig (84.1 y cant) ddwywaith yn uwch na chanran y merched cyflogedig (42.0 y cant). Yr oedd y nifer o unigolion a ddibynnai ar amaethyddiaeth am eu bywoliaeth wedi disgyn i 48 (5.8 y cant), ac yr oedd 17 (35.4 y cant) o'r rhain yn ddwyieithog. Er bod amaethyddiaeth yn llai pwysig bellach i'r economi leol, yr oedd nifer y rhai a enillai eu bywoliaeth yn y sectorau cynhyrchu a gwasanaethau cartref wedi cynyddu: yr oedd 162 (19.5 y cant) o'r boblogaeth gyflogedig yn y dosbarth cyntaf, gyda 28 yn eu disgrifio eu hunain fel gwniadwragedd, a naw arall fel prentisiaid neu gynorthwywyr i wniadwragedd. Nid oedd yr un siaradwr uniaith Gymraeg ymhlith y rhai a weithiai yn y sector cynhyrchu, a dim ond 26 (16.0 y cant) a oedd yn ddwyieithog. Nododd 208 (25.0 y cant) eu bod yn gweithio yn y sector gwasanaethau cartref; o'r rhain, cofnodwyd 32 (15.4 y cant) yn ddwyieithog ac un yn unig yn uniaith Gymraeg. Nid yw'n syndod fod cynifer â 169 (54.0 y cant) o'r merched cyflogedig yn gweithio yn y sector gwasanaethau cartref, a bod y mwyafrif helaeth (76.9 y cant) ohonynt yn forynion tŷ. Dengys y ffaith fod y sectorau cynhyrchu a gwasanaethau cartref yn cynnig gwaith i 44.8 y cant o boblogaeth 10 oed a hŷn Llanfair-ym-Muallt fod y diwydiannau gwasanaethu newydd yn chwarae rhan flaenllaw yn strwythur economaidd y dref.

Ym 1891 yr oedd mwyafrif helaeth trigolion Llanfair-ym-Muallt yn uniaith Saesneg: dim ond 16.8 y cant o'r boblogaeth a fedrai siarad y ddwy iaith. Yr oedd dros 90 y cant o'r unigolion dan 15 oed yn uniaith Saesneg, a dengys hyn yn glir na châi'r cenedlaethau iau eu hannog i gadw iaith eu cyndadau a bod dyfodol y Gymraeg yn Llanfair-ym-Muallt yn hynod fregus. Er bod llawer o deuluoedd wedi symud i'r ardal, ni ellir beio mewnfudo yn llwyr am y proses o Seisnigeiddio gan fod dros 60 y cant o'r boblogaeth yn hanu o sir Frycheiniog neu o sir gyfagos Maesyfed, a bod y mwyafrif helaeth ohonynt hwythau yn uniaith Saesneg. Ar dro'r ugeinfed ganrif nododd A. G. Bradley mai Cymraeg a glywid ar y stryd ar ddiwrnod marchnad, er bod y patrwm ieithyddol ledled yr ardal wedi newid yn sylweddol:

> The languages mingle here to some extent, though, as a regular tongue, Welsh has fallen back from the Wye, within the last century, some five to ten miles, and now follows a wavering line from the top of the Epynt range across the Irfon valley into the congenial mountain wilderness to the northward, where it will no doubt defy the aggressor. There is plenty of Welsh however, spoken in Builth town, and on market days there are many visitors who can speak nothing else.[25]

[24] Ashton, *A Short History of Builth Wells*, t. 23.
[25] Bradley, *Highways and Byways in South Wales*, t. 69.

Er gwaethaf optimistiaeth Bradley yr oedd brodorion Llanfair-ym-Muallt, fel brodorion rhannau eraill o'r sir, wedi ildio i'r syniad fod y Saesneg yn gyfystyr â ffyniant a pharchusrwydd. O ganlyniad, erbyn diwedd y bedwaredd ganrif ar bymtheg, iaith ymylol iawn oedd y Gymraeg yn y dref ac yr oedd ei dyfodol mewn perygl enbyd.

Tabl 8: Iaith a leferid yn ôl galwedigaeth

(10 oed a throsodd)

Dosbarth diwydiannol	**Iaith a leferid** Dynion Cymraeg	Y Ddwy	Saesneg	Cyfan.	**Iaith a leferid** Merched Cymraeg	Y Ddwy	Saesneg	Cyfan.
AMAETHYDDIAETH								
Ffermio								
Ffermwyr, porfelwyr	–	6	7	13	–	1	1	2
Perthnasau'n cynorthwyo	–	1	–	1	–	–	1	1
Gweithwyr amaethyddol	–	4	7	11				
Gweision fferm	–	2	7	9	–	–	1	1
Coediwr	–	–	1	1				
Meithrinwyr, gwerthwyr hadau	–	–	2	2				
Gwasanaeth tir								
Draenio tiroedd	–	–	2	2				
Magu								
Ffariar	–	1	–	1				
Masnachu								
Gwerthwyr gwartheg/ porthmyn	–	2	2	4				
Cyfanswm	–	**16**	**28**	**44**	–	**1**	**3**	**4**
%	–	***36.4***	***63.6***	***100.0***	–	***25.0***	***75.0***	***100.0***
ADEILADU								
Rheoli								
Contractwyr/adeiladwyr	–	1	–	1	–	1	–	1
Clerc pensaer	–	–	1	1				
Gweithwyr								
Seiri meini	–	2	9	11				
Briciwr	–	–	1	1				
Plastrwyr	–	2	2	4				
Seiri coed	–	4	21	25				
Plymeriaid/peintwyr/ gwydrwyr	–	–	13	13				
Prentisiaid	–	–	6	6				
Labrwyr	–	–	8	8				
Ffyrdd, rheilffyrdd								
Gweithiwr ffordd	–	–	1	1				
Gweithwyr rheilffordd/								

Dosbarth diwydiannol	Iaith a leferid Dynion Cymraeg	Y Ddwy	Saesneg	Cyfan.	Iaith a leferid Merched Cymraeg	Y Ddwy	Saesneg	Cyfan.
gosodwyr cledrau	–	4	2	6				
Cyfanswm	–	**13**	**64**	**77**	–	**1**	–	**1**
%	–	***16.9***	***83.1***	***100.0***	–	***100.0***	–	***100.0***
CYNHYRCHU								
Peiriannau, offer, watsys, ayb								
Crefftwyr	–	–	9	9				
Prentisiaid/cynorthwywyr	–	–	3	3				
Haearn a dur								
Crefftwyr	–	3	7	10				
Llestri pridd								
Perchenogion	–	–	1	1	–	–	1	1
Cynorthwywr	–	–	1	1				
Lledr								
Crefftwyr	–	–	3	3				
Pren, dodrefn, papur, ayb								
Crefftwyr	–	–	12	12				
Gweithwyr di-grefft	–	–	6	6				
Cerbydau a harneisiau								
Crefftwyr	–	–	6	6				
Gweithiwr di-grefft	–	–	1	1				
Gwlân								
Labrwr	–	–	1	1				
Dillad								
Crefftwyr	–	7	16	23	–	7	26	33
Prentisiaid/cynorthwywyr	–	–	3	3	–	3	6	9
Bwyd, diod, tybaco								
Perchennog	–	1	–	1				
Rheolwr	–	–	1	1				
Crefftwyr	–	3	7	10	–	–	4	4
Prentisiaid/cynorthwywyr	–	–	6	6	–	1	3	4
Gweithwyr di-grefft/labrwyr	–	1	3	4				
Argraffu								
Crefftwr	–	–	1	1				
Prentis	–	–	1	1				
Amhenodol								
Gyrwyr injan/ffitwyr	–	–	5	5				
Prentisiaid/cynorthwywyr	–	–	3	3				
Cyfanswm	–	**15**	**96**	**111**	–	**11**	**40**	**51**
%	–	***13.5***	***86.5***	***100.0***	–	***21.6***	***78.4***	***100.0***
CLUDIANT								
Ystordai								
Negeswyr	–	–	5	5				
Morwriaeth								
Perchennog llong	–	–	1	1				
Rheilffyrdd								
Gorsaf-feistr/swyddogion	–	1	5	6				

Dosbarth diwydiannol	Iaith a leferid Dynion Cymraeg	Y Ddwy	Saesneg	Cyfan.	Iaith a leferid Merched Cymraeg	Y Ddwy	Saesneg	Cyfan.
Clercod/swyddfa docynnau	–	1	5	6				
Gyrwyr trenau/tanwyr/ dynion signal	–	1	8	9				
Porthorion	–	1	7	8				
Ffyrdd								
Gyrwyr cerbydau, coetsmyn	–	–	4	4				
Carwyr, certmyn, trolwyr	–	1	7	8				
Eraill	–	1	–	1				
Cyfanswm	–	**6**	**42**	**48**				
%	–	***12.5***	***87.5***	***100.0***				
MASNACHU								
Glo								
Masnachwyr glo	–	2	1	3				
Nwyddau crai								
Masnachwyr coed	–	1	2	3				
Dillad								
Dilledyddion ayb	–	–	4	4	–	–	1	1
Cynorthwywyr	–	2	5	7	–	1	7	8
Bwyd								
Cigyddion, gwerthwyr pysgod	–	2	9	11				
Groseriaid	–	2	3	5	–	4	7	11
Gwerthwyr llysiau a ffrwythau	–	–	1	1	–	–	1	1
Cynorthwywyr	–	2	12	14	–	–	5	5
Tybaco, diod a llety								
Gwerthwr gwin	–	–	1	1				
Gwestywyr, tafarnwyr	–	4	8	12	–	1	9	10
Ceidwaid llety	–	1	–	1	–	3	10	13
Ceidwad tafarn goffi	–	–	–	–	–	–	1	1
Gweithwyr seler, gweision tafarn	–	–	5	5	–	3	9	12
Dodrefn a nwyddau i'r cartref								
Gwerthwraig dodrefn	–	–	–	–	–	–	1	1
Gwerthwyr llestri	–	–	2	2				
Haearnwerthwyr	–	–	2	2				
Cynorthwywyr	–	–	2	2	–	–	1	1
Fferyllwyr								
Fferyllwyr	–	–	3	3				
Cynorthwywr	–	1	–	1				
Deunydd ysgrifennu a chyhoeddiadau								
Gwerthwyr deunydd ysgrifennu, llyfrau	–	–	–	–	–	–	2	2
Masnachwyr cyffredinol								
Siopwr	–	1	–	1				
Pedleriaid, stondinwyr	–	2	1	3	–	1	1	2
Cynorthwywyr	–	–	1	1	–	1	6	7

Dosbarth diwydiannol	Iaith a leferid Dynion Cymraeg	Y Ddwy	Saesneg	Cyfan.	Iaith a leferid Merched Cymraeg	Y Ddwy	Saesneg	Cyfan.
Arall ac amhenodol								
Masnachwyr, asiantwyr	–	1	5	6				
Arwerthwr a gwerthwr tai	–	–	1	1				
Cynorthwywr	–	–	1	1				
Cyfanswm	–	**21**	**69**	**90**	–	**14**	**61**	**75**
%	–	***23.3***	***76.7***	***100.0***	–	***18.7***	***81.3***	***100.0***
GWASANAETHAU DIWYDIANNOL								
Bancio, yswiriant, cyfrifon								
Gwasanaeth banc	–	6	1	7				
Gwasanaeth yswiriant	–	1	1	2				
Clercod masnachol	–	2	2	4				
Cyfanswm	–	**9**	**4**	**13**				
%	–	***69.2***	***30.8***	***100.0***				
GWASANAETHAU CYHOEDDUS A PHROFFESIYNOL								
Gweinyddiaeth ganolog								
Swyddog y gwasanaeth sifil	–	–	1	1				
Swyddogion Swyddfa'r Post, telegraff	–	2	4	6				
Clercod Swyddfa'r Post, gwasanaeth teleffon	–	–	2	2	–	1	1	2
Gweinyddiaeth leol								
Swyddog sirol	–	–	1	1				
Swyddogion Deddf y Tlodion	–	3	2	5	–	–	1	1
Amddiffyn								
Milwr	–	–	1	1				
Heddlu								
Rhingyll	–	1	–	1				
Heddwas	–	–	1	1				
Y gyfraith								
Cyfreithwyr	–	3	2	5				
Clercod y gyfraith	–	2	4	6				
Meddygaeth								
Llawfeddygon, meddygon	–	1	3	4				
Myfyriwr meddygol	–	1	–	1				
Deintydd	–	–	1	1				
Addysg								
Prifathrawon, athrawon ysgol	–	2	1	3	–	2	2	4
Athro cynorthwyol, disgybl-athro	–	–	1	1	–	–	1	1
Athrawon cerdd	–	1	1	2	–	–	3	3
Crefydd								
Clerigwyr	–	5	2	7				
Gweinidog y MC	–	1	–	1				
Gweinidog yr Annibynwyr	–	1	–	1				
Myfyriwr diwinyddol	–	1	–	1				

Dosbarth diwydiannol	Iaith a leferid Dynion Cymraeg	Y Ddwy	Saesneg	Cyfan.	Iaith a leferid Merched Cymraeg	Y Ddwy	Saesneg	Cyfan.
Adloniant								
Cerddorion	–	1	1	2				
Celf, llên, gwyddoniaeth								
Ffotograffydd	–	–	1	1				
Cyfanswm	–	**25**	**29**	**54**	–	**3**	**8**	**11**
%	–	***46.3***	***53.7***	***100.0***	–	***27.3***	***72.7***	***100.0***
GWASANAETHAU CARTREF								
Yn y tŷ								
Gweision/morynion	–	1	6	7	1	20	109	130
Nyrsys yn y cartref	–	–	–	–	–	2	7	9
Y tu allan								
Coetsmyn a gwastrodion	–	1	6	7				
Garddwyr	–	2	16	18				
Ciperiaid	–	–	2	2				
Gwasanaeth ychwanegol								
Glanhawyr, golchwragedd	–	–	–	–	–	6	23	29
Dynion trin gwallt	–	–	3	3				
Eraill	–	–	2	2	–	–	1	1
Cyfanswm	–	**4**	**35**	**39**	**1**	**28**	**140**	**169**
%	–	***10.3***	***89.7***	***100.0***	***0.6***	***16.6***	***82.8***	***100.0***
ERAILL								
Labrwyr cyffredinol	–	8	35	43	–	2	–	2
Cyfanswm	–	**8**	**35**	**43**	–	**2**	–	**2**
%	–	***18.6***	***81.4***	***100.0***	–	***100.0***	–	***100.0***
CYFANSWM Y CYFLOGEDIG								
	–	**117**	**402**	**519**	**1**	**60**	**252**	**313**
%	–	***22.4***	***77.6***	***100.0***	***0.3***	***19.2***	***80.5***	***100.0***
Gweddill y boblogaeth	1	6	23	30	2	61	281	344
%	*3.3*	*20.0*	*76.7*	*100.0*	*0.6*	*17.7*	*81.7*	*100.0*
Disgyblion ysgol	–	4	64	68	1	6	81	88
%	–	*5.9*	*94.1*	*100.0*	*1.1*	*6.8*	*92.0*	*100.0*
CYFANSWM Y BOBLOGAETH								
10 OED+	**1**	**127**	**489**	**617**	**4**	**127**	**614**	**745**
%	***0.2***	***20.6***	***79.2***	***100.0***	***0.5***	***17.0***	***82.4***	***100.0***

15

Llanidloes (Sir Drefaldwyn)

DAVID LLEWELYN JONES

Tref farchnad yn ne sir Drefaldwyn yw Llanidloes. Fe'i disgrifiwyd gan Thomas Pennant yn y 1770au fel: 'a small town with a great market for yarn, which is manufactured into fine flannels, and sent weekly by waggon-loads to Welshpool'.[1] Ers canol yr unfed ganrif ar bymtheg bu'r diwydiant gwlân yn elfen bwysig yn economi sir Drefaldwyn. Ceid yn y sir gyflawnder o'r adnoddau a allai fod wedi arwain at ffyniant y diwydiant, ond ni wireddwyd yr addewid hwnnw erioed, a hynny'n bennaf oherwydd diffyg trefniadaeth, cyfalaf a gweledigaeth.[2] Serch hynny, parhaodd y diwydiant gwlân yn rhan bwysig o wead economaidd Llanidloes. Er mai ennill eu bywoliaeth ar y tir a wnâi llawer o'r gwehyddion, gan ddefnyddio'r diwydiant gwlân fel cyfrwng i ychwanegu at eu hincwm, yn raddol cafwyd peth mecaneiddio a chanoli o fewn y diwydiant. Serch hynny, câi'r rhan helaethaf o'r gwehyddu ei wneud â llaw mewn tai mawr aml-lawr a 'siopau gwehyddu' a godwyd yn ystod degawdau cynnar y bedwaredd ganrif ar bymtheg, ac amcangyfrifir bod oddeutu 795 o wehyddwyr yn gweithio dros 800 o wyddiau llaw yn Llanidloes erbyn dechrau'r 1830au.[3] O ganlyniad i'r ehangu yn y fasnach wlân, bu cynnydd nodedig ym mhoblogaeth plwyf Llanidloes: yn ystod hanner cyntaf y bedwaredd ganrif ar bymtheg cynyddodd fwy na dwywaith drosodd, gan dyfu o 2,282 ym 1801 i 4,604 erbyn 1851. Esgorodd y cynnydd cyflym hwn ym maint y boblogaeth ar broblemau cymdeithasol ac economaidd newydd, a chaed cryn anfodlonrwydd yn sgil yr amodau byw a gweithio caled a ddioddefai gweithwyr brethyn y dref. Cafodd mudiad y Siartwyr yn niwedd y 1830au lawer o gefnogaeth ymhlith gweithwyr brethyn sir Drefaldwyn ac ym mis Ebrill 1839 cyrhaeddodd protestiadau gweithwyr Llanidloes eu penllanw gyda therfysg a barhaodd hyd nes y cyrhaeddodd y milwyr ymhen rhyw bum diwrnod.[4]

1 John Rhys (gol.), *Tours in Wales, by Thomas Pennant, Esq.* (Caernarfon, 1883), t. 184.
2 J. Geraint Jenkins, *The Welsh Woollen Industry* (Cardiff, 1969), t. 116.
3 *Pigot and Co.'s National Commercial Directory for 1828–29* (Manchester, 1829), t. 1162; LlGC, Llsgrau. ex 1247 (i); Jenkins, *The Welsh Woollen Industry*, t. 150.
4 Gw. T. Islwyn Morris, *One Hundred Years Ago: The Story of the Montgomeryshire Chartists* (Aberystwyth, 1939).

Er i'r diwydiant gwlân ddal i ffynnu hyd ddechrau'r ugeinfed ganrif, a pharhau'n gaffaeliad amhrisiadwy i'r dref a'i phobl, yr oedd yn anorfod y byddai diffyg cyfalaf a chystadleuaeth gref gan wahanol ardaloedd fel swydd Efrog yn arwain at ddirywiad.[5] Yn ystod y 1860au unwyd ffatrïoedd Glyn-hafren a Glan-clywedog i ffurfio'r 'Welsh Flannel, Tweed and Woolstapling Company', ac erbyn 1891 yr oedd diwydiant gwlân Llanidloes bron yn gyfan gwbl yn nwylo tri chwmni mawr sef y Phoenix Flannel Company, y Cambrian Flannel Company, a'r Montgomeryshire Flannel Company Ltd.[6] Yn ogystal â'r diwydiant gwlân, chwaraeodd mwyngloddiau plwm llwyddiannus yr ardaloedd cyfagos ran bwysig yn ffyniant economaidd a chymdeithasol Llanidloes ar ddiwedd y bedwaredd ganrif ar bymtheg, yn enwedig o'r 1840au ymlaen. O'r mwyngloddiau a geid yn yr ardal, y mwyaf sylweddol a chynhyrchiol oedd y mwynglawdd yn Y Fan, ychydig filltiroedd i'r gogledd o Lanidloes. Dan arweiniad gofalus y rheolwr, Capten William Williams, gŵr a chanddo gryn brofiad yn y diwydiant, trawyd ar wythïen gyfoethog yng nghanol y 1860au, a chododd prisiau cyfranddaliadau'r cwmni Llundeinig a oedd yn berchen ar y mwynglawdd o £4.5s ym 1868 i £83 ym 1870.[7] Amcangyfrifir bod 700 o weithwyr yn cael eu cyflogi gan y cwmni ym 1874,[8] a chyrhaeddodd y cynhyrchu ei benllanw ddwy flynedd yn ddiweddarach pan dynnwyd 6,840 tunnell o blwm o'r ddaear.[9] Deuai mwynwyr plwm profiadol o Ystumtuen a Chwmystwyth yn sir Aberteifi yn ogystal â dynion lleol sir Drefaldwyn i chwilio am waith, a chyn hir yr oedd y lle yn fwrlwm o weith-garwch. Bu'r ffyniant hwn yn gymorth i adfywio bywyd cymdeithasol a diwylliannol y gymuned, a daeth corau ac eisteddfodau yn hynod boblogaidd.

Sefydlwyd marchnad wlanen gan wŷr masnach lleol ym 1838, gan gryfhau statws Llanidloes fel tref farchnad a chanolfan fasnachol brysur. Blagurodd busnesau teuluol bychain a daeth Llanidloes yn adnabyddus fel canolfan argraffu bwysig yn sir Drefaldwyn. Ym 1827 penderfynodd Llyfrfa'r Methodistiaid Wesleaidd Cymraeg symud o Lanfair Caereinion i Adeiladau'r Elephant yn Long Bridge Street, Llanidloes, a chyhoeddwyd yno ddau fisolyn enwadol Cymraeg blaenllaw, sef *Yr Eurgrawn Wesleyaidd*, dan olygyddiaeth y Parchedig John Williams, a *Trysor i Blentyn*.[10] Ym 1830 sefydlodd John Jones (Idrisyn) yr Albion-Wasg yn y dref, lle y cyhoeddodd gyfnodolyn newydd i blant o'r enw *Y Winllan*. Cyhoeddodd John Mendus Owen, a fu'n brentis i John Jones, nifer o lyfrau pwysig ar gerddoriaeth gorawl Gymreig gan gynnwys, ym 1838, *Gramadeg*

[5] E. Ronald Morris, *Llanidloes Town and Parish: An Illustrated Account* (Llanidloes, 1993), t. 14.

[6] Jenkins, *The Welsh Woollen Industry*, tt. 161–2; *Sutton's Directory of North Wales for 1889–90* (Manchester, 1890), t. 348.

[7] Edward Hamer, 'A Parochial Account of Llanidloes', *MC*, V (1872), 31; W. J. Lewis, *Lead Mining in Wales* (Cardiff, 1967), tt. 181–2.

[8] LlGC, Llsgrau. ex 1247 (i).

[9] Morris, *Llanidloes Town and Parish*, t. 15.

[10] J. Iorwerth Davies, 'The History of Printing in Montgomeryshire 1789–1960. The Printers of Llanidloes', *MC*, 73 (1985), 38–42.

Cerddoriaeth – y llyfr cyntaf ar elfennau cerddoriaeth i'w gyhoeddi yn Gymraeg. Awdur y llyfr oedd y Parchedig John Mills (Ieuan Glan Alarch) (1812–73), brodor o'r dref.[11] Chwaraeodd aelodau eraill o'r teulu Mills ran flaenllaw ym mywyd cymdeithasol a diwylliannol Llanidloes, ac yr oeddynt ymhlith hoelion wyth y cymdeithasau llenyddol a cherddorol Cymraeg ar ddechrau'r bedwaredd ganrif ar bymtheg. Yn wir, gan fod cymaint o feirdd a cherddorion blaenllaw a dawnus yn byw yn y dref yn y cyfnod hwn, fe'i gelwid weithiau wrth yr enw 'Llanllenorion'. Yn ystod blynyddoedd cynnar yr ugeinfed ganrif ffurfiwyd cymdeithas lenyddol newydd a David Davies AS, Llandinam, yn llywydd arni, ond yn wahanol i'r cymdeithasau a ffynnai yn y dref ddegawdau ynghynt, yn anaml y cynhelid gweithgareddau trwy gyfrwng yr iaith frodorol.[12]

Cyfeiriwyd yn fynych at y dirywiad yn sefyllfa'r Gymraeg yn Llanidloes gan sylwebyddion lleol yn ystod y bedwaredd ganrif ar bymtheg. Ym meysydd addysg a chrefydd nid oes amheuaeth nad enillodd y dylanwadau Seisnigol dir sylweddol, yn enwedig yn ystod ail hanner y ganrif. Yn ôl tystiolaeth y Comisiynwyr Addysg ym 1847, sir Drefaldwyn oedd y sir waethaf yng ngogledd Cymru o ran darparu addysg, a'r trefi a ddioddefodd fwyaf yn sgil y diffyg hwn oedd Y Drenewydd, Llanllwchaearn, Llanfair Caereinion a Llanidloes.[13] Gorfodwyd yr ysgol Frutanaidd a agorwyd yn Llanidloes ym 1844 i gau ymhen chwe mis oherwydd presenoldeb gwael ac, yn ôl Adroddiad Addysg 1847, dim ond 196 o blant a oedd wedi eu cofrestru'n ddisgyblion yn yr ysgol genedlaethol a sefydlwyd yn Smithfield Street ym 1845. Adroddodd Henry Vaughan Johnson, un o'r comisiynwyr, mai Saeson oedd ysgolfeistr ac ysgolfeistres yr ysgol honno ac na ddeallent air o Gymraeg. Yn ogystal â beirniadu'r ddarpariaeth addysgol yn yr ardal, yr oedd y comisiynydd yn llym iawn ei sylwadau ar foesoldeb y trigolion, gan gyfeirio at eu 'flagrant immorality . . . in respect of drunkenness, illegitimacy, and profanity'.[14]

Ychydig o gefnogaeth a gâi'r Gymraeg gan sefydliadau crefyddol y dref yn ystod y cyfnod hwn. Wrth roi tystiolaeth i'r Comisiynwyr ar Gorfforaethau Trefol ym 1833, nododd John Davies, ficer plwyf Llanidloes, fod bron dwywaith cymaint o bobl yn mynychu gwasanaethau Saesneg yr eglwys na'r gwasanaeth boreol a phregeth a gynhelid trwy gyfrwng y Gymraeg bob yn ail Sul. Erbyn 1873 ar brynhawniau Sul yn unig y cynhelid gwasanaethau a phregethau Cymraeg yn eglwys y plwyf. Yng nghapeli Ymneilltuol Llanidloes, parheid i addoli yn gyfan gwbl trwy gyfrwng y Gymraeg, ond yr oedd arwyddion fod rhai eglwysi yn dod dan bwysau cynyddol i ganiatáu Saesneg yn eu gwasanaethau. Yr oedd y Parchedig David Lloyd Jones, a sefydlwyd yn weinidog ar gapel newydd y

[11] Ibid., 44.

[12] 'Llanllenorion', *Cymru*, XXXV (1908), 107–12.

[13] *Reports of the Commissioners of Inquiry into the State of Education in Wales . . . in three parts. Part III. North Wales* (London, 1847) (PP 1847 (872) XXVII), tt. 139–54.

[14] Ibid.

Methodistiaid Calfinaidd yn China Street yn nechrau'r 1870au, yn bleidiol iawn i'r syniad o ddarparu hyfforddiant crefyddol trwy gyfrwng y Saesneg er mwyn diwallu anghenion ysbrydol y genhedlaeth iau. Y mae'n amlwg fod aelodau ei eglwys yn cytuno â'i safbwynt ac ym 1872–3 codwyd capel newydd gan y Methodistaidd Calfinaidd yn Bethel Street ar gyfer y rhai a fynnai addoli yn Saesneg.[15] Fel y sylwodd E. Ronald Morris:

> By the last decade of the 19th century, a process of anglicisation had begun. The causes for it are many, some deliberate and intentional, working through the new day schools, others the result of apathy and lack of awareness of the language's value and the age old literary heritage it contained. The chapels eventually became English language institutions, with the exception of the large China Street (Calvinistic Methodist or Presbyterian) Church.[16]

Cafodd yr holl ffactorau hyn gryn ddylanwad ar sefyllfa ieithyddol Llanidloes ac yr oedd amryw o awduron a ysgrifennai ar y pryd yn ymwybodol iawn o'r hyn a oedd yn digwydd. Mor fuan â 1828, wrth drafod y sefyllfa ieithyddol yn eglwysi'r cylch, nododd Walter Davies (Gwallter Mechain):

> The population of Llangurig and Llanidloes, on the southern side of the Severn, are mostly Welsh, and the Welsh Service predominates in these churches: but whether English be read every third or every fourth Sunday, I cannot say. Down the Severn from Llanidloes, the population becomes gradually more Anglicised.[17]

Ar ddechrau'r 1870au disgrifiodd Edward Hamer bobl Llanidloes fel 'Cymry yn eu hanfod', ond cyfeiriodd at y newidiadau cymdeithasol ac economaidd a oedd wedi peri newid graddol ym mhatrwm ieithyddol y dref yn ystod yr ugain mlynedd blaenorol:

> The development of the flannel-trade, improvement in the prospect of the mines of the locality, and lastly, the construction of the Cambrian and Mid Wales systems of railways, may be mentioned among the chief causes of this alteration.[18]

Amcangyfrifodd Hamer fod oddeutu tri chwarter trigolion Llanidloes ym 1871 yn deall Cymraeg, a bod tua hanner y rheini yn ddwyieithog, a'r chwarter arall yn uniaith Gymraeg. Ym 1879 dadleuodd E. G. Ravenstein fod y dref yn dal yn

[15] Elias Jones, John Williams, T. Charles Williams (goln.), *Cofiant a Phregethau y Diweddar Barchedig David Lloyd Jones, M.A., Llandinam* (ail arg., Wrexham, 1909), t. 34.

[16] Morris, *Llanidloes Town and Parish*, t. 19.

[17] D. Silvan Evans (gol.), *The English Works of the Rev. Walter Davies* (3 cyf., Aberystwyth, 1868), III, tt. 438–9.

[18] Hamer, 'A Parochial Account of Llanidloes', 16.

gymharol Gymreig o ran ei chymeriad ond bod yr iaith Saesneg yn cyflym ymledu yn yr ardal, a'r Gymraeg yn graddol gael ei hanghofio.[19] Dadleua'r hanesydd Kenneth O. Morgan fod trigolion yr ardal o amgylch Llanidloes yn teimlo bod cymysgedd o'r fath rhwng y ddwy iaith yn gwbl naturiol, a bod cytgord rhwng y ddau ddiwylliant a'r ddwy hunaniaeth: 'The *mores* of the people, say between Welsh-speaking Llanidloes and English-speaking Welshpool in Montgomeryshire . . . were long happily adjusted to these worlds of dual cultures and dual identities . . . and caused little friction between the different communities.'[20] Serch hynny, ni waeth pa mor hapus y berthynas rhwng y ddwy iaith, yr oedd yn anorfod y byddai un yn graddol ddisodli'r llall.

Erbyn 1891 yr oedd poblogaeth gyfan tref Llanidloes yn 2,574. O'r 2,453 o unigolion (2 flwydd oed a throsodd) a wnaeth ddatganiad ynglŷn â'u gallu ieithyddol, yr oedd y mwyafrif llethol yn medru'r iaith Saesneg. Fel y dengys Tabl 1, dim ond 190 (7.7 y cant) a gofnodwyd yn siaradwyr uniaith Gymraeg; yr oedd 1,182 (48.2 y cant) yn ddwyieithog a 1,081 (44.1 y cant) yn uniaith Saesneg.

Tabl 1: Iaith a leferid gan boblogaethau Llanidloes, Dosbarth Cofrestru Y Drenewydd, Sir Drefaldwyn a Chymru

(2 flwydd oed a throsodd)

	Nifer				*Canran*			
	Cymraeg	Y Ddwy	Saesneg	Cyfanswm	*Cymraeg*	*Y Ddwy*	*Saesneg*	*Cyfanswm*
Llanidloes[1]	190	1182	1081	2453	*7.7*	*48.2*	*44.1*	*100.0*
D.C. Y Drenewydd[2]	2784	5870	12000	20654	*13.5*	*28.4*	*58.1*	*100.0*
Sir Drefaldwyn[3]	16414	15846	31770	64030	*25.6*	*24.8*	*49.6*	*100.0*
Cymru[4]	508036	402253	759416	1669705	*30.4*	*24.1*	*45.5*	*100.0*

[1] Hepgorwyd 22 unigolyn nad oeddynt wedi nodi eu gallu ieithyddol.
[2] Hepgorwyd 114 nad oeddynt wedi nodi eu gallu ieithyddol.
[3] Hepgorwyd 312 nad oeddynt wedi nodi eu gallu ieithyddol a 17 a siaradai ieithoedd eraill.
[4] Hepgorwyd 12,833 nad oeddynt wedi nodi eu gallu ieithyddol a 3,076 a siaradai ieithoedd eraill.

Dengys Tabl 2, sy'n dangos yr iaith a siaredid gan bobl Llanidloes yn ôl oedran, i'r newidiadau ieithyddol yn y dref ddigwydd o fewn tair cenhedlaeth. Yr oedd bron 20 y cant o'r unigolion 65 oed a throsodd yn uniaith Gymraeg, ond disgynnai'r ganran i 3.3 y cant yn achos plant rhwng 6 a 14 oed. Ar y llaw arall, yr oedd cynnydd o 100 y cant yn y ganran o siaradwyr uniaith Saesneg rhwng y grwpiau oedran 25–44 a 6–14. Cofnodwyd y ganran uchaf o siaradwyr uniaith Saesneg ymhlith plant ifanc 2–5 oed ac, yn amlwg, câi mwyafrif helaeth y genhedlaeth iau eu magu mewn amgylchedd Saesneg. Cadarnheir hyn ymhellach

[19] E. G. Ravenstein, 'On the Celtic Languages in the British Isles, a Statistical Survey', *Journal of the Royal Statistical Society*, XLII (1879), 610.
[20] Kenneth O. Morgan, *Rebirth of a Nation: Wales 1880–1980* (Oxford, 1981), t. 242.

Tabl 2: Iaith a leferid yn ôl oedran

(2 flwydd oed a throsodd)

Oed	Nifer Cymraeg	Y Ddwy	Saesneg	Cyfanswm	*Canran* *Cymraeg*	*Y Ddwy*	*Saesneg*	*Cyfanswm*
2–5	10	36	138	184	*5.4*	*19.6*	*75.0*	*100.0*
6–14	19	152	402	573	*3.3*	*26.5*	*70.2*	*100.0*
15–24	15	198	253	466	*3.2*	*42.5*	*54.3*	*100.0*
25–44	39	311	189	539	*7.2*	*57.7*	*35.1*	*100.0*
45–64	63	335	72	470	*13.4*	*71.3*	*15.3*	*100.0*
65+	44	150	27	221	*19.9*	*67.9*	*12.2*	*100.0*
Cyfanswm	**190**	**1182**	**1081**	**2453**	***7.7***	***48.2***	***44.1***	***100.0***

Tabl 3: Iaith a leferid yn ôl oedran a rhyw

(2 flwydd oed a throsodd)

Oed	Rhyw	Nifer Cymraeg	Y Ddwy	Saesneg	Cyfanswm	*Canran* *Cymraeg*	*Y Ddwy*	*Saesneg*	*Cyfanswm*
2–5	G	6	14	60	80	*7.5*	*17.5*	*75.0*	*100.0*
	B	4	22	78	104	*3.8*	*21.2*	*75.0*	*100.0*
6–14	G	8	85	199	292	*2.7*	*29.1*	*68.2*	*100.0*
	B	11	67	203	281	*3.9*	*23.9*	*72.2*	*100.0*
15–24	G	7	72	85	164	*4.3*	*43.9*	*51.8*	*100.0*
	B	8	126	168	302	*2.7*	*41.7*	*55.6*	*100.0*
25–44	G	10	123	73	206	*4.9*	*59.7*	*35.4*	*100.0*
	B	29	188	116	333	*8.7*	*56.6*	*34.7*	*100.0*
45–64	G	26	148	29	203	*12.8*	*72.9*	*14.3*	*100.0*
	B	37	187	43	267	*13.9*	*70.0*	*16.1*	*100.0*
65+	G	14	70	12	96	*14.6*	*72.9*	*12.5*	*100.0*
	B	30	80	15	125	*24.0*	*64.0*	*12.0*	*100.0*
	G	**71**	**512**	**458**	**1041**	***6.8***	***49.2***	***44.0***	***100.0***
Cyfanswm	**B**	**119**	**670**	**623**	**1412**	***8.4***	***47.5***	***44.1***	***100.0***

gan y ffaith fod 388 (71.3 y cant) o'r 544 o blant a gofnodwyd yn ddisgyblion ysgol yn y cyfrifiad yn uniaith Saesneg. Siaradai 140 (25.7 y cant) Gymraeg a Saesneg, ac 16 (3.0 y cant) yn unig a gofnodwyd yn siaradwyr uniaith Gymraeg.

Dengys Tabl 3, sy'n rhoi dadansoddiad o allu ieithyddol yn ôl rhyw ac oedran, mai ychydig o wahaniaeth a welir yn yr iaith a siaredid gan ddynion a merched Llanidloes: yr oedd 56 y cant o'r gwrywod a 55.9 y cant o'r benywod yn siarad Cymraeg. Serch hynny, cofnodwyd amrywiadau bychain o ran gallu ieithyddol y gwrywod a'r benywod a siaradai Gymraeg. Ym mhob grŵp oedran, cofnodwyd bod cyfran fwy o'r menywod yn uniaith Gymraeg nag o'r gwrywod, gyda gwahaniaeth o bron 10 y cant yn cael ei gofnodi ymhlith y boblogaeth 65 oed a

Tabl 4: Iaith a leferid yn ôl man geni
(2 flwydd oed a throsodd)[1]

Man geni	Nifer Cymraeg	Y Ddwy	Saesneg	Cyfanswm	*Canran Cymraeg*	*Y Ddwy*	*Saesneg*	*Cyfanswm*
Sir Drefaldwyn	168	1056	816	2040	*8.2*	*51.8*	*40.0*	*100.0*
Sir Faesyfed	1	15	32	48	*2.1*	*31.2*	*66.7*	*100.0*
Sir Aberteifi	9	25	2	36	*25.0*	*69.4*	*5.6*	*100.0*
Sir Forgannwg	1	5	28	34	*2.9*	*14.7*	*82.4*	*100.0*
Sir Ddinbych	1	14	7	22	*4.6*	*63.6*	*31.8*	*100.0*
Sir Frycheiniog	–	2	18	20	–	*10.0*	*90.0*	*100.0*
Sir Fynwy	–	4	11	15	–	*26.7*	*73.3*	*100.0*
Sir Y Fflint	2	9	2	13	*15.4*	*69.2*	*15.4*	*100.0*
Sir Feirionnydd	5	7	1	13	*38.5*	*53.8*	*7.7*	*100.0*
Sir Gaernarfon	–	11	1	12	–	*91.7*	*8.3*	*100.0*
Sir Gaerfyrddin	1	5	3	9	*11.1*	*55.6*	*33.3*	*100.0*
Sir Fôn	1	4	–	5	*20.0*	*80.0*	–	*100.0*
Sir Benfro	–	1	2	3	–	*33.3*	*66.7*	*100.0*
Lloegr	–	18	140	158	–	*11.4*	*88.6*	*100.0*
Eraill[2]	–	2	12	14	–	*14.3*	*85.7*	*100.0*
Cyfanswm	**189**	**1178**	**1075**	**2442**	**7.7**	***48.2***	***44.0***	***100.0***

[1] Hepgorwyd 11 nad oeddynt wedi nodi eu man geni.
[2] Man geni: Yr Alban 6, Iwerddon 3, Ynys Manaw 2, America 2, India'r Gorllewin 1.

throsodd. Ni allai mewnfudiad fod yn gwbl gyfrifol am y newid ym mhatrwm ieithyddol y dref gan fod mwyafrif llethol y boblogaeth yn hanu o sir Drefaldwyn. Y mae'n arwyddocaol, fodd bynnag, fod y cynnydd yn y ganran o siaradwyr uniaith Saesneg yn digwydd rhwng y grwpiau oedran 25–44 a 45–64. O'r benywod 45–64 oed, 6 y cant yn unig a oedd wedi eu geni yn Lloegr, o'u cymharu ag 8.7 y cant o'r rhai rhwng 25 a 44 oed. Yn achos y gwrywod, dim ond 6.4 y cant o'r rhai 45–64 oed a aned yn Lloegr, o'u cymharu â 16 y cant o'r rhai rhwng 25 a 44 oed. Awgryma ystadegau o'r fath fod mewnfudo o fewn y grwpiau oedran economaidd-weithgar wedi cyfrannu at ymlediad y Saesneg yn Llanidloes. Y mae'n drawiadol, fodd bynnag, fod mwy o fenywod nag o wrywod yn byw yn Llanidloes ym 1891. Ymhlith oedolion 15–44 oed yr oedd benywod yn 63.2 y cant o'r boblogaeth gyfan o 1,005, ac y mae'n amlwg fod canran sylweddol o'r dynion wedi gadael Llanidloes yn ystod y blynyddoedd blaenorol, yn ôl pob tebyg i chwilio am waith yn y cymunedau diwydiannol a oedd yn prysur ddatblygu yn ne Cymru neu yng nghanolbarth a gogledd-orllewin Lloegr.

Dengys Tabl 4, sy'n cynnig cipolwg ar fan geni trigolion Llanidloes, mai brodorion o sir Drefaldwyn oedd y mwyafrif helaeth ohonynt. Yr oedd cyfanswm o 2,040 o unigolion (83.5 y cant) wedi eu geni yn y sir, ac o'r rhain hanai 1,558

Tabl 5: Iaith a leferid yn ôl perthynas â'r penteulu

(2 flwydd oed a throsodd)[1]

Perthynas â'r penteulu	Nifer Cymraeg	Y Ddwy	Saesneg	Cyfanswm	*Canran Cymraeg*	*Y Ddwy*	*Saesneg*	*Cyfanswm*
Penteuluoedd	78	435	144	657	*11.9*	*66.2*	*21.9*	*100.0*
Gwragedd	38	209	82	329	*11.6*	*63.5*	*24.9*	*100.0*
Plant[2]	46	361	661	1068	*4.3*	*33.8*	*61.9*	*100.0*
Perthnasau	14	77	108	199	*7.0*	*38.7*	*54.3*	*100.0*
Gweision/morynion	2	48	35	85	*2.3*	*56.5*	*41.2*	*100.0*
Byrddwyr/lletywyr	9	43	33	85	*10.6*	*50.6*	*38.8*	*100.0*
Ymwelwyr	3	8	17	28	*10.7*	*28.6*	*60.7*	*100.0*
Cyfanswm	**190**	**1182**	**1081**	**2451**	***7.8***	***48.1***	***44.1***	***100.0***

1 Hepgorwyd 2 nad oeddynt wedi nodi eu perthynas â'r penteulu.

2 Gan gynnwys plant maeth a llysblant.

(76.4 y cant) o Lanidloes ei hun. Hanai 230 (9.4 y cant) arall o rannau eraill o Gymru, yn bennaf o ddwy sir gyfagos Maesyfed ac Aberteifi. Dim ond 158 (6.5 y cant) o bobl a ddaethai o Loegr. Yr oedd y pedwar person ar ddeg a hanai o wledydd eraill yn cynnwys chwech Albanwr, tri Gwyddel, dau Gymro alltud a ddychwelsai o America ac un clerc rheilffordd uniaith Saesneg, 35 oed, a oedd wedi ei eni yn Barbados. Ceir darlun mwy eglur o darddiad oedolion y dref trwy graffu ar fan geni'r 1,230 o unigolion a oedd yn 25 oed a throsodd. Cafwyd bod 977 (79.4 y cant) yn frodorion o sir Drefaldwyn, a bod 79 (6.4 y cant) yn unig yn hanu o Loegr. Awgryma'r ffigurau hyn yn gryf mai ymhlith y boblogaeth frodorol yn hytrach nag o ganlyniad uniongyrchol i ddyfodiad mewnfudwyr y digwyddodd y symud tuag at ddwyieithrwydd a welwyd yn ystod y degawdau blaenorol.

Dengys archwiliad manwl o'r iaith a siaredid o fewn cartrefi unigol Llanidloes gymaint yr oedd y Saesneg wedi ymledu i fywyd y cartref a'r teulu erbyn 1891. Yn 621 (94.1 y cant) o'r 660 o dylwythau a rifwyd yn y dref ym 1891 yr oedd rhai o'r aelodau neu bob un ohonynt yn medru'r iaith Saesneg, a dim ond ar 39 (5.9 y cant) o aelwydydd y cofnodwyd pawb yn siaradwyr uniaith Gymraeg. Yr oedd trigolion 114 (18.4 y cant) o'r 621 o gartrefi yn uniaith Saesneg, ac ar 260 o aelwydydd amrywiai gallu ieithyddol y trigolion, a cheid pobl uniaith Gymraeg ac uniaith Saesneg, ynghyd â phobl ddwyieithog, yn cyd-fyw o dan yr un to. Dim ond yn 247 o'r 621 o dylwythau (39.8 y cant) y cofnodwyd yr holl aelodau yn siaradwyr y ddwy iaith.

Er i'r uned deuluol chwarae rhan flaenllaw yn niwydiant gwlân sir Drefaldwyn yn ystod y bedwaredd ganrif ar bymtheg, erbyn 1891 yr oedd y diboblogi a brofwyd yn sgil crebachu'r diwydiant gwlân wedi cael cryn effaith ar strwythur y teulu yn Llanidloes. Dim ond 50.1 y cant o'r 660 tylwyth a oedd â phâr priod yn

Tabl 6: Iaith plant (2 flwydd oed a throsodd) o deuluoedd lle'r oedd rhieni Cymraeg a di-Gymraeg

Gallu ieithyddol y rhieni		Gallu ieithyddol y plant Nifer yr aelwydydd				*Gallu ieithyddol y plant Canran*			
Tad	Mam	Cymraeg	Saesneg	Cymysg	Cyfanswm	*Cymraeg*	*Saesneg*	*Cymysg*	*Cyfanswm*
Cymraeg	Cymraeg	84	55	17	156	*53.8*	*35.3*	*10.9*	*100.0*
Cymraeg	Saesneg	1	19	1	21	*4.8*	*90.4*	*4.8*	*100.0*
Saesneg	Cymraeg	1	16	2	19	*5.3*	*84.2*	*10.5*	*100.0*
Saesneg	Saesneg	–	38	–	38	–	*100.0*	–	*100.0*
Cyfanswm		**86**	**128**	**20**	**234**	***36.8***	***54.7***	***8.5***	***100.0***

Cymraeg: siaradwyr uniaith Gymraeg a dwyieithog; Saesneg: siaradwyr uniaith Saesneg; Cymysg: cymysgedd o siaradwyr Cymraeg a di-Gymraeg ar yr un aelwyd.

ben arnynt, ac yr oedd gŵr neu wraig weddw yn ben ar 190 o dylwythau (28.8 y cant). Yr oedd y gyfradd briodi yn debyg iawn yn achos y ddwy ryw – yr oedd 30.9 y cant o'r benywod a 31 y cant o'r gwrywod rhwng 20 a 29 oed yn briod. Yr oedd mwyafrif y 657 penteulu yn frodorion o sir Drefaldwyn ac at ei gilydd yn siaradwyr Cymraeg: yr oedd 435 (66.2 y cant) yn ddwyieithog, 78 (11.9 y cant) yn uniaith Gymraeg, a 144 (21.9 y cant) yn uniaith Saesneg. O'r penteuluoedd, 42 (6.4 y cant) yn unig a oedd wedi eu geni yn Lloegr: hanai deg o'r rhain o swydd gyfagos Amwythig ac, ar wahân i ddau unigolyn, yr oeddynt yn siaradwyr uniaith Saesneg. Yn Nhabl 5, sy'n dadansoddi'n fanwl allu ieithyddol gwahanol aelodau o'r uned deuluol, dangosir i ba raddau yr oedd gwybodaeth o'r Gymraeg wedi dirywio o fewn cartrefi a theuluoedd Llanidloes. Er bod mwyafrif y penteuluoedd a'r gwragedd yn ddwyieithog, ni fedrai dros 60 y cant o'r 'plant' – a oedd yn 43.6 y cant o'r boblogaeth gyfan ac yn bresennol ar 428 (64.8 y cant) o aelwydydd – siarad yr iaith frodorol.

Seiliwyd Tabl 6 ar ddadansoddiad o allu ieithyddol y 1,049 o blant a berthynai i'r 234 o deuluoedd cnewyllol. Yr oedd y nifer o deuluoedd lle'r oedd y rhieni'n medru sgwrsio trwy gyfrwng y ddwy iaith yn sylweddol: ceid dau riant Cymraeg eu hiaith ar ddeuparth y 234 o aelwydydd. Serch hynny, dim ond yn 84 (53.8 y cant) o'r 156 o dylwythau lle'r oedd y ddau riant yn siarad Cymraeg y medrai'r holl blant hefyd siarad Cymraeg. Yn y 72 (46.2 y cant) tylwyth arall yr oedd rhai o'r plant neu'r plant i gyd wedi eu magu yn uniaith Saesneg. Ar aelwydydd lle nad oedd ond un rhiant yn siarad Cymraeg, yr oedd yn arferol i'r plant gael eu magu yn ddi-Gymraeg. Yn wir, dim ond ar ddwy o'r deugain aelwyd lle'r oedd ond un rhiant yn siarad Cymraeg y cofnodwyd yr holl blant yn siaradwyr Cymraeg. Yr oedd David Jones – dilledydd dwyieithog o Drefeglwys, ac un o ddim ond 19 penteulu yn Llanidloes a lanwodd ffurflen gyfrifiad Gymraeg – wedi sicrhau bod John, ei fab 7 oed, yn siarad Cymraeg, er mai Saesneg yn unig a siaradai ei wraig

Tabl 7: Iaith plant (2 flwydd oed a throsodd) o deuluoedd lle'r oedd rhieni uniaith a dwyieithog

Gallu ieithyddol y rhieni		Gallu ieithyddol y plant Nifer yr aelwydydd					*Gallu ieithyddol y plant Canran*				
Tad	Mam	Cymraeg	Y Ddwy	Saesneg	Cymysg	Cyfanswm	*Cymraeg*	*Y Ddwy*	*Saesneg*	*Cymysg*	*Cyfanswm*
C	C	9	5	1	1	16	*56.2*	*31.2*	*6.3*	*6.3*	*100.0*
C	D	–	4	–	–	4	–	*100.0*	–	–	*100.0*
D	C	3	2	–	1	6	*50.0*	*33.3*	–	*16.7*	*100.0*
D	D	1	60	54	15	130	*0.8*	*46.2*	*41.5*	*11.5*	*100.0*
D	S	–	1	18	1	20	–	*5.0*	*90.0*	*5.0*	*100.0*
S	D	–	1	15	2	18	–	*5.6*	*83.3*	*11.1*	*100.0*
S	S	–	–	38	–	38	–	–	*100.0*	–	*100.0*
C	S	–	–	1	–	1	–	–	*100.0*	–	*100.0*
S	C	–	–	1	–	1	–	–	*100.0*	–	*100.0*
Cyfanswm		**13**	**73**	**128**	**20**	**234**	***5.6***	***31.2***	***54.7***	***8.5***	***100.0***

C/Cymraeg: uniaith Gymraeg; D/Y Ddwy: dwyieithog; S/Saesneg: uniaith Saesneg; Cymysg: unrhyw gyfuniad o siaradwyr uniaith Gymraeg, siaradwyr dwyieithog a siaradwyr uniaith Saesneg ar yr un aelwyd.

Sarah. Y mae'n arwyddocaol fod dau siaradwr Cymraeg arall yn bresennol yng nghartref David Jones, sef Sarah Pugh, morwyn 21 oed, a John Jones, 35 oed, cynorthwywr i ddilledydd. Yn rhif 2 Woodlands, y fam, sef Ellen Jervis, gwraig ddwyieithog 30 oed a oedd yn enedigol o Langurig, a fu'n allweddol o ran sicrhau trosglwyddo'r Gymraeg i'w phlant. Er bod ei gŵr, David Jervis, lliwiwr gwlân, yn uniaith Saesneg, cofnodwyd y tri phlentyn hynaf, a oedd rhwng 4 a 7 oed, yn siaradwyr dwyieithog. Y mae'n arwyddocaol, fodd bynnag, na throsglwyddwyd y Gymraeg i unrhyw un o'r plant yn y 38 tylwyth lle'r oedd y ddau riant yn uniaith Saesneg. Yr oedd dros hanner y penteuluoedd yn y tylwythau hyn yn hanu o Loegr, ac y mae'n amlwg nad oeddynt hwy na'u plant yn teimlo unrhyw angen i ddysgu'r Gymraeg.

Rhydd Tabl 7 ddarlun manylach o'r proses o drosglwyddo iaith ymhlith y 234 o deuluoedd cnewyllol a nodwyd uchod trwy ddatgelu a oedd y rhieni Cymraeg eu hiaith a'u plant yn uniaith neu'n ddwyieithog. Dim ond yn 16 (10.3 y cant) o'r 156 o dylwythau lle'r oedd y ddau riant yn siarad Cymraeg y cofnodwyd bod y ddau riant hynny yn Gymry uniaith. Y mae'n arwyddocaol mai dim ond ar naw o'r aelwydydd hyn y cofnodwyd y plant, hwythau, yn siaradwyr uniaith Gymraeg. Mewn pum tylwyth yr oedd yr holl blant yn medru'r Gymraeg a'r Saesneg, a chofnodwyd rhai o'r plant neu'r plant i gyd yn siaradwyr uniaith Saesneg yn y ddau gartref arall. Er enghraifft, cofnodwyd dau fab ifanc Evan ac Elizabeth Jones, 12 Lower Green Street, a aned yn Nhrefeglwys, yn siaradwyr uniaith Saesneg, er i'w rhieni honni mai Cymraeg yn unig a siaradent hwy. Anodd credu bod hyn yn adlewyrchu'n gywir allu ieithyddol aelodau'r tylwyth, ond y mae'n amlwg fod dylanwadau y tu allan i'r aelwyd yn chwarae rhan allweddol yn y proses o drwytho plant siaradwyr uniaith Gymraeg yn yr iaith Saesneg.

Cafwyd y nifer mwyaf o enghreifftiau o newid iaith rhwng cenedlaethau yn y tylwythau lle'r oedd y ddau riant yn ddwyieithog, oherwydd yn 69 (53.1 y cant) o'r 130 o dylwythau hynny cofnodwyd y plant i gyd neu rai ohonynt yn siaradwyr uniaith Saesneg. Ymhlith y rhieni Cymraeg eu hiaith y rhifwyd eu plant yn siaradwyr uniaith Saesneg yr oedd y canlynol: John Humphreys, rhingyll gyda'r heddlu; William Davies, clerc y plwyf a chofrestrydd genedigaethau a marwolaethau yn Isddosbarth Cofrestru Llanidloes Uchaf; Pryce Davies, swyddog cyllid y wlad; y Parchedig John Griffiths, gweinidog y Bedyddwyr; a'r Parchedig John Silin Jones, gweinidog ar gapel yr Annibynwyr yn Shortbridge Street. Yr oedd y sefyllfa ieithyddol yng nghartref John Owen, peintiwr 36 oed o Drefeglwys, yn enghraifft dda o'r proses o newid iaith a oedd ar waith yn llawer o deuluoedd Cymraeg Llanidloes. Yr oedd John Owen a'i wraig Jane, ill dau yn frodorion o'r dref, yn ddwyieithog, ond cofnodwyd pob un o'u pedwar plentyn (rhwng 2 ac 11 oed) yn uniaith Saesneg. Ar y llaw arall yr oedd Mary Hughes, mam 80 oed Jane, a drigai gyda'r teulu, yn Gymraes uniaith a hanai o Landinam gerllaw. O fewn y tylwyth hwn, felly, yr oedd gallu ieithyddol aelodau'r teulu wedi newid o fewn tair cenhedlaeth.

Y mae'n amlwg fod nifer sylweddol o rieni Cymraeg Llanidloes naill ai'n teimlo na fyddai'r iaith Gymraeg o fudd i'w plant neu'n teimlo'n ddihyder wrth drosglwyddo'r iaith iddynt. Yn ei hunangofiant, a gyhoeddwyd ym 1944, y mae Syr Percy Watkins (1871–1946) yn dwyn i gof mai ychydig o Gymraeg a siaradai ei fam, a hanai o Lanidloes, 'though she understood it moderately well . . . as a family we seldom spoke Welsh at home, mainly, I suppose, because my mother was more at home in English'.[21] Ychwanegai diffyg hyder o'r fath at batrwm ieithyddol cymhleth y gymuned. Dim ond yn un tylwyth yn Llanidloes y cofnodwyd plant i rieni dwyieithog yn siaradwyr uniaith Gymraeg. Rhifwyd tri phlentyn Hugh Hughes, gweinidog y Wesleaid a brodor o sir Y Fflint, a'i wraig Mary, yn siaradwyr uniaith Gymraeg. Ganed y tri phlentyn ym Machynlleth, tref a oedd yn llawer Cymreiciach na Llanidloes.[22] Y mae'n deg tybio, felly, y byddai'r plant yn siŵr o ymgyfarwyddo â'r iaith Saesneg unwaith y deuent i gysylltiad â dylanwadau allanol, yn enwedig yn yr ysgol.

Mewn rhai tylwythau efallai fod presenoldeb unigolion y tu allan i'r cylch teuluol megis byrddwyr a lletywyr wedi dylanwadu ar y proses o newid iaith. Fel y dengys Tabl 8, rhifwyd 85 o fyrddwyr neu letywyr yn Llanidloes, ac yr oeddynt yn bresennol mewn 71 o dylwythau yn y dref. Yr oedd dros hanner y lletywyr yn

[21] Percy Watkins, *A Welshman Remembers* (Cardiff, 1944), tt. 5–11.

[22] David Llewelyn Jones, 'Yr Iaith Gymraeg yn Sir Drefaldwyn *c.*1800–1914' yn Geraint H. Jenkins (gol.), *Iaith Carreg fy Aelwyd: Iaith a Chymuned yn y Bedwaredd Ganrif ar Bymtheg* (Caerdydd, 1998), tt. 61–95.

Tabl 8: Iaith a man geni byrddwyr a lletywyr
(2 flwydd oed a throsodd)

Man geni	Nifer Cymraeg	Y Ddwy	Saesneg	Cyfanswm	Canran *Cymraeg*	*Y Ddwy*	*Saesneg*	*Cyfanswm*
Sir Drefaldwyn	6	34	14	54	*11.1*	*63.0*	*25.9*	*100.0*
Sir Forgannwg	–	–	3	3	–	–	*100.0*	*100.0*
Sir Fynwy	–	–	1	1	–	–	*100.0*	*100.0*
Sir Aberteifi	1	3	–	4	*25.0*	*75.0*	–	*100.0*
Sir Ddinbych	1	1	–	2	*50.0*	*50.0*	–	*100.0*
Sir Benfro	–	–	1	1	–	–	*100.0*	*100.0*
Sir Y Fflint	–	1	–	1	–	*100.0*	–	*100.0*
Sir Gaernarfon	–	1	1	2	–	*50.0*	*50.0*	*100.0*
Sir Fôn	1	2	–	3	*33.3*	*66.7*	–	*100.0*
Lloegr	–	1	12	13	–	*7.7*	*92.3*	*100.0*
Eraill[1]	–	–	1	1	–	–	*100.0*	*100.0*
Cyfanswm	**9**	**43**	**33**	**85**	***10.6***	***50.6***	***38.8***	***100.0***

[1] Man geni: Yr Alban.

ddwyieithog, 9 (10.6 y cant) yn uniaith Gymraeg a'r 33 arall (38.8 y cant) yn uniaith Saesneg. Gwrywod sengl oedd mwyafrif y lletywyr, a hanai 54 (63.5 y cant) ohonynt o sir Drefaldwyn, gan gynnwys 29 o Lanidloes ei hun, a 9 o Drefeglwys a'r Drenewydd gerllaw. Dim ond 14 (16.5 y cant) ohonynt a oedd wedi eu geni y tu draw i Glawdd Offa, ac un yn unig o'r rheini a fedrai'r Gymraeg. Yr oedd Daniel Jones, clerc banc 19 oed, yn frodor o Groesoswallt yn swydd Amwythig, tref a chanddi hen gysylltiadau â Chymru yn ogystal â chymuned Gymraeg sylweddol. Ymhlith y lletywyr a rifwyd yn Llanidloes ym 1891 yr oedd John Thomas (1838–1905), y ffotograffydd adnabyddus.[23] Brodor dwyieithog o Lanfair Clydogau yn sir Aberteifi oedd Thomas a lletyai yng nghartref Joseph a Sarah Rich, pâr uniaith Saesneg, yn High Street.

O'r 85 o letywyr a drigai yn Llanidloes ym 1891 yr oedd 53 (62.4 y cant) yn aros gyda theuluoedd o'r un gallu ieithyddol â hwy eu hunain. Yr oedd Ann Ashton, gweddw ddwyieithog 63 oed a drigai yn High Street, yn rhoi llety i Robert Griffith, cyfrifydd banc 52 oed o sir Fôn a oedd hefyd yn medru'r Gymraeg a'r Saesneg. Cyflogai Ashton forwyn 21 oed, sef Martha Jones, o Lanidloes, hithau hefyd yn ddwyieithog. Mewn rhai achosion, yng nghwmni'r lletywr yn unig y câi'r penteulu gyfle i ymarfer ei allu neu ei gallu yn y naill iaith

[23] Gw. Hilary Woollen ac Alistair Crawford, *John Thomas 1838–1905, Photographer* (Llandysul, 1977).

neu'r llall. Yr oedd dau ŵr dwyieithog, sef Edward Jones, gwehydd gwlanen 60 oed, a David Lewis, 36 oed, a oedd yn gynorthwywr i ddilledydd, yn fyrddwyr gyda Mary Jones a'i meibion yn 4 Church Street. Er bod Mary Jones yn ddwyieithog, Saesneg yn unig a siaradai ei phlant ac yr oedd presenoldeb y ddau letywr Cymraeg eu hiaith yn rhoi cyfle iddi siarad Cymraeg yn ei chartref ei hun. Ar y llaw arall, y mae'n rhaid bod aelodau o deuluoedd Cymraeg wedi dod yn gyfarwydd â'r Saesneg yn sgil y ffaith fod byrddwyr a lletywyr di-Gymraeg yn aros ar eu haelwydydd.

At ei gilydd, fodd bynnag, yn union fel y tueddai lletywyr i aros gyda theuluoedd o gefndir ieithyddol a diwylliannol tebyg, dangosai teuluoedd Cymraeg a Saesneg Llanidloes duedd debyg i fyw yn agos at bobl a rannai'r un nodweddion ieithyddol, diwylliannol a chymdeithasol â hwy. Trigai'r ganran fwyaf o siaradwyr Cymraeg yn ail ardal rifo Isddosbarth Cofrestru Llanidloes Isaf, ardal a gynhwysai Hafren Street, Dyfnant Terrace, Wellington Terrace a Lower Green Street, lle'r oedd nifer o hen 'siopau' gwehyddu. Yma, yr oedd 14 y cant o'r 444 o drigolion (2 flwydd oed a throsodd) yn uniaith Gymraeg, 43.4 y cant yn ddwyieithog, a 42.6 y cant yn uniaith Saesneg. Er bod mwyafrif trigolion yr ardal hon yn medru'r Saesneg, yr oedd llawer o deuluoedd Cymraeg eu hiaith wedi ymgartrefu ynddi, ac yno y trigai 13 (33.3 y cant) o'r 39 o dylwythau uniaith Gymraeg a gofnodwyd yn Llanidloes. Trigai canran uchel o siaradwyr uniaith Gymraeg yn Lower Green Street, ac yn 7 o'r 37 o dylwythau yr oedd pawb yn uniaith Gymraeg. O'r 141 o drigolion Lower Green Street (2 flwydd oed a throsodd) a nododd eu gallu ieithyddol, yr oedd 28 (19.9 y cant) yn uniaith Gymraeg, 59 (41.8 y cant) yn ddwyieithog, a 54 (38.3 y cant) yn uniaith Saesneg. Hanai naw allan o ddeg o drigolion y stryd o sir Drefaldwyn, ac o'r rhain yr oedd 76 (59.8 y cant) yn medru'r Gymraeg, 54 ohonynt yn ddwyieithog a 22 yn uniaith Gymraeg. Dau yn unig o drigolion Lower Green Street a aned y tu allan i Gymru, sef Sarah Powell, brodor 45 oed o Lerpwl a siaradai Gymraeg a Saesneg, a John Manuel, saer uniaith Saesneg 33 oed a hanai o Fanceinion.

Yr oedd digon o siaradwyr uniaith Gymraeg yn byw yn Lower Green Street iddynt allu cyfathrebu â'i gilydd yn gyson yn eu hiaith frodorol. Yn rhif 2 Lower Green Street trigai pâr priod oedrannus, sef David a Mary Morgan, y naill yn hanu o Langurig a'r llall o Lanidloes. Cymraeg yn unig a siaradent hwy. Bedwar drws i lawr, yn rhif 6 Lower Green Street, trigai pâr uniaith Gymraeg arall, sef David a Sarah Mills o Lanidloes. Yr oedd dau letywr yn aros gyda'r teulu hwn, sef William Owen, gweithiwr amaethyddol uniaith Gymraeg, 56 oed o Lanidloes, a David Rees, bachgen 6 oed o'r dref a gofnodwyd yn siaradwr uniaith Saesneg. Ymhellach i lawr y stryd yn rhif 24, yr oedd teulu uniaith Gymraeg arall yn byw: hanai Jane Wood o Benegoes yng ngorllewin sir Drefaldwyn, ond yr oedd ei gŵr, John, saer maen 47 oed, a'u pedwar plentyn ifanc, i gyd wedi eu geni yn Llanidloes.

Yr oedd y nifer mwyaf o siaradwyr uniaith Saesneg yn byw yn yr ail ardal rifo yn Isddosbarth Cofrestru Llanidloes Uchaf. O'r 362 o drigolion (2 flwydd oed a throsodd) yr oedd 191 (52.8 y cant) yn uniaith Saesneg, 146 (40.3 y cant) yn ddwyieithog, a 25 (6.9 y cant) yn uniaith Gymraeg. Yn Foundry Terrace a Cambrian Place, ger gorsaf y rheilffordd, yr oedd 76 (57.6 y cant) o'r 132 o drigolion yn uniaith Saesneg, 47 (35.6 y cant) yn ddwyieithog, a 9 (6.8 y cant) yn uniaith Gymraeg. Brodorion o sir Drefaldwyn oedd mwyafrif helaeth trigolion Foundry Terrace a Cambrian Place: yr oedd 111 (84.1 y cant) yn enedigol o'r sir, gan gynnwys 89 (80.2 y cant) a oedd wedi eu geni yn Llanidloes. O'r 30 o dylwythau yn y ddwy stryd, trigai siaradwyr uniaith Saesneg yn nhraean y tai, a dim ond yn un tylwyth yr oedd pawb yn siaradwyr uniaith Gymraeg.

Yr oedd siaradwyr uniaith Saesneg hyd yn oed yn fwy amlwg yn Idloes Terrace, rhes o dai ger ffowndri'r rheilffordd, lle'r oedd 25 (64.1 y cant) o'r 39 o drigolion yn uniaith Saesneg. Yr unig siaradwr uniaith Gymraeg a drigai yn Idloes Terrace oedd Edward Hughes, ffermwr 74 oed wedi ymddeol o Lanarmon yn sir Ddinbych, a fyrddai gyda William Hughes, brodor uniaith Saesneg o swydd Amwythig, a weithiai fel peiriannydd cerbydau a rheilffyrdd. O'r 14 o drigolion Idloes Terrace a gofnododd alwedigaeth benodol, nododd eu hanner fod eu gwaith yn gysylltiedig â'r rheilffordd gerllaw. Hanai Vaughan Davies, y gorsaf-feistr, o Fridell yn sir Benfro, ac yr oedd Margaret, ei ferch 25 oed, yn frodor o Peterborough yn swydd Northampton. Siaradwyr uniaith Saesneg oedd y ddau ohonynt, ac felly hefyd Beatrice Astley, brodor 21 oed o Lanwnnog, a weithiai fel barforwyn yn ystafelloedd lluniaeth gorsaf y rheilffordd. Enillai 24 o drigolion Llanidloes eu bywoliaeth o'r rheilffordd, ac fel y dengys Tabl 9, yr oedd 16 ohonynt yn siaradwyr uniaith Saesneg, a dim ond wyth a fedrai'r Gymraeg. Yr unig siaradwr uniaith Gymraeg a gyflogid gan y cwmni rheilffordd oedd Evan Jones, brodor 55 oed o Lanidloes, a weithiai yn warws gorsaf y rheilffordd. Yn ôl Edward Hamer, a ysgrifennai yn y 1870au, yr oedd agor y lein reilffordd newydd o'r Drenewydd i Lanidloes ym 1859 wedi cael effaith niweidiol ar y Gymraeg yn y dref, ac ategir yr honiad hwn o'i eiddo gan dystiolaeth cyfrifiad 1891.[24]

Yn wyneb pwysigrwydd y diwydiant gwlân yn Llanidloes, nid yw'n syndod fod gweithwyr brethyn yn amlwg iawn yn rhestrau'r cyfrifiad. Yr oedd 305 (26.6 y cant) o'r 1,146 o ddynion a merched (10 oed a throsodd) a nododd eu galwedigaeth yn gweithio fel cynhyrchwyr gwlân a gwlanen. Brodorion o sir Drefaldwyn oedd dros 90 y cant o'r gweithlu, a hanai'r mwyafrif llethol o dref Llanidloes ei hun. Yr oedd dros ddeuparth y gweithlu o 125 o ddynion a 175 o ferched a feddai ar grefft yn siarad Cymraeg: Cymry uniaith oedd 37 (12.3 y cant) ohonynt, ac yr oedd 164 (54.7 y cant) yn ddwyieithog. O'r 148 o wehyddion, yr oedd 18 (12.2 y cant) yn uniaith Gymraeg, 37 (25.0 y cant) yn uniaith Saesneg, a'r mwyafrif yn ddwyieithog (62.8 y cant). William Humphreys, siaradwr uniaith Saesneg 35 oed o'r Drenewydd, oedd yr unig berson a weithiai yn swyddfeydd un

[24] Hamer, 'A Parochial Account of Llanidloes', 16.

o gynhyrchwyr gwlân y dref, ac fe'i cyflogid fel ysgrifennydd cwmni Welsh Mills, a arbenigai ar gynhyrchu hosanau.

Erbyn 1891 yr oedd diwydiant mwyngloddio plwm de-orllewin Maldwyn yn wynebu cyfnod caled. Yr oedd y mwynglawdd yn y Fan i'r gogledd o Lanidloes mewn dyled o dros £3,000 ac ym 1892 daeth y gwaith yno i ben am ddwy flynedd.[25] Dim ond 24 o ddynion a weithiai yn y diwydiant mwyngloddio plwm a rifwyd yn Llanidloes ym 1891. Ac eithrio John Kitto, peiriannydd mwyngloddio a hanai o Gernyw, Henry Hancock, clerc i beiriannydd mwyngloddio o sir Faesyfed, a John Jones, mwynwr 15 oed, yr oedd gweddill y 21 o ddynion a weithiai fel mwynwyr plwm yn medru'r Gymraeg. Cymraeg yn unig a siaradai pump o'r dynion, pedwar ohonynt yn frodorion o sir Drefaldwyn a'r llall yn fwynwr oedrannus o sir Y Fflint. Cymraeg oedd y brif iaith yn y sector amaeth yn ogystal. O'r ugain person a weithiai o fewn y diwydiant hwnnw yr oedd pum gweithiwr amaethyddol ac un wraig a ofalai am fferm – pob un yn enedigol o Lanidloes a'r cylch – yn uniaith Gymraeg. Pump yn unig a gofnodwyd yn siaradwyr uniaith Saesneg.

Yr oedd mwyafrif y gwŷr a'r gwragedd a enillai eu bywoliaeth fel gwerthwyr a masnachwyr yn Llanidloes hefyd yn medru'r iaith frodorol, a chofnodwyd dros 70 y cant o'r 110 o ddynion a'r 65 o ferched yn siaradwyr Cymraeg. Siaradai 21 o'r 28 o ddilledyddion a'u cynorthwywyr, ynghyd â 42 o'r 57 o werthwyr bwyd a'u cynorthwywyr, Gymraeg a Saesneg. Yn y 19 o westai a thafarndai yn Llanidloes, dim ond tafarnwyr y Van Vaults, y King's Head a'r Mount Inn a oedd yn methu siarad Cymraeg, ac yr oedd yr 16 arall yn ddwyieithog. Dyrnaid yn unig o'r gwerthwyr Cymraeg eu hiaith a oedd yn methu siarad Saesneg, fodd bynnag, ac y mae'n amlwg fod gwybodaeth o'r iaith Saesneg yn gymhwyster hanfodol i sicrhau llwyddiant masnachol mewn tref lle na fedrai 40 y cant o'r boblogaeth siarad Cymraeg. Yr oedd pob un o'r 22 o ddynion a gyflogid yn y sector gwasanaethau diwydiannol fel gweithwyr banc, cyfrifyddion, asiantwyr yswiriant a chlercod masnachol hefyd yn siarad Saesneg. O'r rhain yr oedd deg yn ddwyieithog, yn eu plith Hugh Jones, brodor 51 oed o sir Fôn a reolai gangen Llanidloes o'r London and Provincial Bank. Siaradwyr uniaith Saesneg oedd y deuddeg gŵr arall. Yr oedd unigolion o'r fath yn gwasanaethu'r mân-werthwyr a'r amryfal ddiwydiannau gweithgynhyrchu yn y dref. Ym 1891 yr oedd Llanidloes yn dal yn ganolfan bwysig i'r diwydiant argraffu. Yn swyddfeydd argraffu John Henry Mills, Cymro Cymraeg a mab y cyfansoddwr Richard Mills (1809–44), y cyhoeddwyd y papur newydd wythnosol, *The Montgomeryshire Echo* – y bu i John Mills ei sefydlu a'i olygu – o 1886 ymlaen.[26]

Y mae'n arwyddocaol fod bron 40 y cant o'r 72 o ddynion a merched a enillai fywoliaeth naill ai fel gweision cyhoeddus neu yn y proffesiynau yn siaradwyr

[25] Lewis, *Lead Mining in Wales*, t. 189.
[26] Davies, 'The History of Printing in Montgomeryshire 1789–1960', 47–8.

uniaith Saesneg. Câi'r Saesneg ei siarad gan 19 o'r 20 o wŷr a gwragedd a weithiai ym meysydd y gyfraith a meddygaeth, er y dylid nodi bod deuddeg ohonynt, gan gynnwys John Humphreys, rhingyll 47 oed o'r Drenewydd, Thomas Morris, llawfeddyg 36 oed o Fachynlleth, a chwech o'r un ar ddeg o gyfreithwyr a chlercod y gyfraith, hefyd yn medru'r Gymraeg. Tri gweithiwr proffesiynol neu was cyhoeddus yn unig a gofnodwyd yn siaradwyr uniaith Gymraeg, sef Elizabeth Evans, nyrs 57 oed a hanai o Langurig, a dau aelod o'r sector addysg a oedd yn frodorion o Lanidloes. Cyfrifwyd rhieni a brodyr a chwiorydd David Jones, ysgolfeistr 23 oed, a Maggie Jones, ysgolfeistres gynorthwyol 26 oed, yn siaradwyr uniaith Gymraeg hefyd, ond o ystyried eu galwedigaeth anodd credu nad oedd ganddynt unrhyw wybodaeth o'r Saesneg. At ei gilydd, fodd bynnag, Saesneg yn unig a siaradai mwyafrif yr un ar bymtheg o athrawon ysgol a rifwyd yn Llanidloes ym 1891 – ffaith sy'n tystio i gymeriad Seisnig ysgolion y dref ar ddiwedd y bedwaredd ganrif ar bymtheg. Siaradwr uniaith Saesneg a hanai o Nuneaton yn swydd Warwick oedd Thomas Williams, prifathro'r ysgol genedlaethol. Nid oedd Jemima Phillips, athrawes y babanod yn yr ysgol, na Theresa Fursey, athrawes babanod Ysgol Fwrdd Glandŵr, yn gyfarwydd â'r iaith frodorol ychwaith. Er mai brodor dwyieithog o Lanidloes oedd Huw Jerman (1836–95), prifathro'r sefydliad preifat, y Severn Grove Academy, nid yw'n debygol fod ei ddisgyblion yn derbyn unrhyw addysg trwy gyfrwng y Gymraeg. Yr oedd tri o bum plentyn Jerman yn ei gynorthwyo yn yr ysgol, y tri ohonynt yn ddi-Gymraeg.

Mewn gwrthgyferbyniad llwyr â'r sefyllfa yn ysgolion Llanidloes, yr oedd pawb a oedd mewn safle o gyfrifoldeb o fewn sefydliadau crefyddol y dref yn siarad Cymraeg. Brodorion dwyieithog o sir Gaernarfon a sir Aberteifi oedd yr offeiriaid, Llywelyn Thomas a William Roberts. Ac eithrio Maurice Griffiths, gweinidog capel Saesneg y Methodistiaid Calfinaidd, a hanai o Fachynlleth, yr oedd pob un o'r pum gweinidog Ymneilltuol arall yn hanu o siroedd yng Nghymru ar wahân i sir Drefaldwyn. Yr unig siaradwyr di-Gymraeg a rifwyd o fewn y sector crefyddol oedd L. Carter ac C. Bellamy, dwy Saesnes a weithiai gyda Byddin yr Iachawdwriaeth, y naill fel is-gapten a'r llall fel capten.

Ym 1910 hysbysodd Llewellyn Phillips, cyfreithiwr o Lanidloes, aelodau'r Comisiwn Brenhinol ar Eglwys Loegr a chyrff crefyddol eraill yng Nghymru a sir Fynwy fod Llanidloes yn un o 'rannau Cymraeg' sir Drefaldwyn.[27] Ond darlun tra gwahanol a geir yng nghyfrifiad 1891. Datgelir yno mai tref ddwyieithog oedd Llanidloes i raddau helaeth iawn ac mai tueddiadau er Seisnigo oedd drechaf. Yn anaml iawn y defnyddid y Gymraeg mewn unrhyw waith swyddogol ac yr oedd yn amlwg fod sefyllfa'r iaith ar yr aelwyd hefyd dan gryn fygythiad, gan fod niferoedd cynyddol o deuluoedd Cymraeg yn methu ei throsglwyddo i'w plant.

[27] Royal Commission on the Church of England and Other Religious Bodies in Wales and Monmouthshire, *Minutes of Evidence. Vol. IV. Book III* (London, 1911), tt. 196–218 (PP 1910 (Cd. 5435) XVII).

Tabl 9: Iaith a leferid yn ôl galwedigaeth

(10 oed a throsodd)

	Iaith a leferid				Iaith a leferid			
	Dynion				Merched			
Dosbarth diwydiannol	Cymraeg	Y Ddwy	Saesneg	Cyfan.	Cymraeg	Y Ddwy	Saesneg	Cyfan.
AMAETHYDDIAETH								
Ffermio								
Ffermwyr	–	1	1	2				
Perthynas yn cynorthwyo	–	–	–	–	–	–	1	1
Gweithwyr amaethyddol	5	6	2	13				
Morwyn fferm	–	–	–	–	1	–	–	1
Coediwr	–	1	–	1				
Pysgota								
Pysgotwyr	–	1	1	2				
Cyfanswm	**5**	**9**	**4**	**18**	**1**	–	**1**	**2**
%	*27.8*	*50.0*	*22.2*	*100.0*	*50.0*	–	*50.0*	*100.0*
MWYNGLODDIO								
Glo								
Glowyr/halwyr	1	2	2	5				
Plwm								
Peiriannydd	–	–	1	1				
Clerc	–	–	1	1				
Mwynwyr	5	16	1	22				
Brics								
Gwneuthurwyr brics	–	1	1	2				
Cyfanswm	**6**	**19**	**6**	**31**				
%	*19.3*	*61.3*	*19.3*	*100.0*				
ADEILADU								
Rheoli								
Peirianwyr sifil/syrfewyr	–	–	2	2				
Adeiladwyr	–	2	1	3				
Gweithwyr								
Seiri meini	5	9	2	16				
Bricwyr	–	–	2	2				
Seiri coed	1	13	6	20				
Plymeriaid/peintwyr/ gwydrwyr	–	2	6	8				
Prentisiaid	1	–	1	2				
Labrwyr	–	2	–	2				
Ffyrdd								
Gweithwyr ffordd	1	1	–	2				
Cyfanswm	**8**	**29**	**20**	**57**				
%	*14.0*	*50.9*	*35.1*	*100.0*				
CYNHYRCHU								
Peiriannau, offer, watsys, ayb								
Crefftwyr	–	2	7	9	1	2	–	3

Dosbarth diwydiannol	Iaith a leferid Dynion Cymraeg	Y Ddwy	Saesneg	Cyfan.	Iaith a leferid Merched Cymraeg	Y Ddwy	Saesneg	Cyfan.
Haearn a dur								
Crefftwyr	1	5	6	12				
Labrwr	–	1	–	1				
Tunplat								
Prentis	–	–	1	1				
Nwy								
Rheolwr	–	–	1	1				
Crefftwr	–	1	–	1				
Lledr								
Crefftwyr	–	5	3	8				
Cynorthwywr	–	–	1	1				
Pren, dodrefn								
Crefftwyr	–	3	2	5				
Prentis	–	–	1	1				
Labrwr	–	1	–	1				
Cerbydau a harneisiau								
Crefftwyr	–	2	1	3				
Prentis	–	–	1	1				
Gwlân								
Clerc	–	–	1	1				
Crefftwyr	17	75	33	125	20	89	66	175
Cynorthwywyr	–	2	–	2				
Gweithwyr di-grefft/labrwyr	–	–	2	2				
Dillad								
Crefftwyr	3	27	12	42	6	48	25	79
Prentisiaid	1	–	2	3	–	1	1	2
Bwyd, diod, tybaco								
Crefftwyr	–	3	4	7	3	7	–	10
Argraffu								
Crefftwyr	–	3	1	4				
Prentisiaid	–	2	–	2				
Amhenodol								
Fformyn	1	1	–	2				
Gyrwyr injan/tanwyr/ dynion tân/ffitwyr	1	7	9	17				
Cyfanswm	**24**	**140**	**88**	**252**	**30**	**147**	**92**	**269**
%	***9.5***	***55.6***	***34.9***	***100.0***	***11.2***	***54.6***	***34.2***	***100.0***
CLUDIANT								
Ystordai								
Gweithwyr ystordai	2	2	–	4				
Rheilffyrdd								
Gorsaf-feistr/swyddogion	–	1	2	3				
Clercod/swyddfa docynnau	–	–	3	3				
Gyrwyr trenau/tanwyr/ dynion signal	–	6	9	15				
Porthorion	1	–	2	3				

Dosbarth diwydiannol	Iaith a leferid Dynion Cymraeg	Y Ddwy	Saesneg	Cyfan.	Iaith a leferid Merched Cymraeg	Y Ddwy	Saesneg	Cyfan.
Ffyrdd								
Coetsmon	–	–	1	1				
Carwyr, certmyn	–	7	1	8				
Cyfanswm	**3**	**16**	**18**	**37**				
%	***8.1***	***43.2***	***48.7***	***100.0***				
MASNACH								
Glo								
Masnachwyr ac asiantwyr glo	–	6	1	7				
Nwyddau crai								
Masnachwyr coed	–	3	–	3				
Gwerthwr olew	–	1	–	1				
Dillad								
Dilledyddion ayb	–	9	2	11	1	1	–	2
Cynorthwywyr	–	11	3	14	–	–	1	1
Bwyd								
Cigyddion	–	6	2	8				
Groseriaid	–	12	2	14	1	17	1	19
Gwerthwr llysiau a ffrwythau	–	1	–	1				
Cynorthwywyr	–	6	5	11	–	–	4	4
Tybaco, diod a llety								
Gwestywyr, tafarnwyr	–	5	3	8	–	11	–	11
Ceidwaid llety	–	–	–	–	1	2	2	5
Ceidwaid tafarnau coffi, tai bwyta	–	–	–	–	–	5	–	5
Gweision tafarn, cynorthwywyr	–	1	–	1	–	1	4	5
Dodrefn a nwyddau i'r cartref								
Gwerthwyr llestri	–	1	–	1	–	–	1	1
Haearnwerthwyr	–	5	–	5				
Cynorthwywyr	–	3	3	6	–	–	1	1
Fferyllwyr								
Fferyllwyr	–	4	–	4	–	1	–	1
Cynorthwywyr	–	1	2	3				
Deunydd ysgrifennu a chyhoeddiadau								
Gwerthwyr deunydd ysgrifennu, llyfrau a phapurau newydd	–	–	2	2				
Masnachwyr cyffredinol								
Siopwyr cyffredinol	–	–	–	–	–	2	–	2
Pedleriaid	2	3	4	9	–	2	2	4
Cynorthwywyr	–	1	–	1	–	2	–	2
Arall ac amhenodol								
Cynorthwywyr	–	–	–	–	–	2	–	2
Cyfanswm	**2**	**79**	**29**	**110**	**3**	**46**	**16**	**65**
%	***1.8***	***71.4***	***26.8***	***100.0***	***4.6***	***70.8***	***24.6***	***100.0***
GWASANAETHAU DIWYDIANNOL								
Bancio, yswiriant, cyfrifon								
Gwasanaeth banc	–	2	3	5				

Dosbarth diwydiannol	Iaith a leferid Dynion Cymraeg	Y Ddwy	Saesneg	Cyfan.	Iaith a leferid Merched Cymraeg	Y Ddwy	Saesneg	Cyfan.
Gwasanaeth yswiriant	–	1	–	1				
Cyfrifyddion	–	1	1	2				
Clercod masnachol	–	6	8	14				
Cyfanswm	–	**10**	**12**	**22**				
%	–	***45.5***	***54.5***	***100.0***				
GWASANAETHAU CYHOEDDUS A PHROFFESIYNOL								
Gweinyddiaeth ganolog								
Swyddog Cyllid y Wlad	–	1	–	1				
Swyddogion Swyddfa'r Post	–	2	1	3				
Gweinyddiaeth leol								
Beili llys sirol	–	1	–	1				
Cofrestrwyr genedigaethau, priodasau a marwolaethau	–	2	–	2				
Swyddogion Deddf y Tlodion	–	1	1	2				
Swyddog presenoldeb plant ysgol	–	1	–	1				
Swyddogion lleol eraill	–	2	–	2				
Heddlu								
Rhingyll	–	1	–	1				
Y gyfraith								
Cyfreithwyr	–	2	1	3				
Clercod y gyfraith	–	4	4	8				
Meddygaeth								
Llawfeddygon, meddygon	–	1	1	2				
Myfyrwyr meddygol, cynorthwywyr	–	2	1	3				
Nyrs	–	–	–	–	1	–	–	1
Bydwragedd	–	–	–	–	–	2	–	2
Addysg								
Prifathrawon, athrawon ysgol	1	2	2	5	–	–	9	9
Athrawon cynorthwyol, disgybl-athrawon	–	1	1	2	1	1	5	7
Crefydd								
Clerigwyr	–	2	–	2				
Gweinidogion y MC	–	2	–	2				
Gweinidog Methodist arall	–	1	–	1				
Gweinidog yr Annibynwyr	–	1	–	1				
Gweinidog y Bedyddwyr	–	1	–	1				
Gweinidog y Wesleaid	–	1	–	1				
Myfyrwyr diwinyddol	–	3	–	3				
Swyddogion Byddin yr Iachawdwriaeth	–	–	–	–	–	–	2	2
Swyddogion eglwysi, capeli	–	1	–	1	–	1	–	1
Adloniant								
Cerddor	–	1	–	1				

Dosbarth diwydiannol	Iaith a leferid Dynion Cymraeg	Y Ddwy	Saesneg	Cyfan.	Iaith a leferid Merched Cymraeg	Y Ddwy	Saesneg	Cyfan.
Celf, llên, gwyddoniaeth								
Ffotograffwyr	–	2	–	2				
Cyfanswm	**1**	**37**	**12**	**50**	**2**	**4**	**16**	**22**
%	***2.0***	***74.0***	***24.0***	***100.0***	***9.1***	***18.2***	***72.7***	***100.0***
GWASANAETHAU CARTREF								
Yn y tŷ								
Gweision/morynion	–	5	3	8	6	62	50	118
Y tu allan								
Coetsmyn a gwastrodion	–	2	2	4				
Garddwyr	–	3	4	7				
Cipar	–	1	–	1				
Dyn dal tyrchod	–	1	–	1				
Gwasanaeth ychwanegol								
Glanhawyr, golchwragedd	–	1	–	1	3	17	7	27
Dynion trin gwallt	–	1	1	2				
Eraill	–	–	1	1				
Cyfanswm	–	**14**	**11**	**25**	**9**	**79**	**57**	**145**
%	–	***56.0***	***44.0***	***100.0***	***6.2***	***54.5***	***39.3***	***100.0***
ERAILL								
Labrwyr cyffredinol	4	26	6	36	–	2	–	2
Swyddi amhenodol	–	3	–	3				
Cyfanswm	**4**	**29**	**6**	**39**	–	**2**	–	**2**
%	***10.2***	***74.4***	***15.4***	***100.0***	–	***100.0***	–	***100.0***
CYFANSWM Y CYFLOGEDIG	**53**	**382**	**206**	**641**	**45**	**278**	**182**	**505**
%	***8.3***	***59.6***	***32.1***	***100.0***	***8.9***	***55.0***	***36.0***	***100.0***
Gweddill y boblogaeth	7	40	35	82	61	313	189	563
%	*8.5*	*48.8*	*42.7*	*100.0*	*10.8*	*55.6*	*33.6*	*100.0*
Disgyblion ysgol	1	34	94	129	4	33	87	124
%	*0.8*	*26.3*	*72.9*	*100.0*	*3.2*	*26.6*	*70.2*	*100.0*
CYFANSWM Y BOBLOGAETH 10 OED+	**61**	**456**	**335**	**852**	**110**	**624**	**458**	**1192**
%	***7.2***	***53.5***	***39.3***	***100.0***	***9.2***	***52.3***	***38.4***	***100.0***

16

Y Rhyl (Sir Y Fflint)

GWENFAIR PARRY

Yn ystod ail hanner y bedwaredd ganrif ar bymtheg yr oedd Y Rhyl yn gyrchfan ymwelwyr ac un o hoff ymdrochfeydd gogledd Cymru, ond cyn hynny prin iawn yw'r cyfeiriadau at y lle. Nis crybwyllwyd o gwbl gan yr enwog Thomas Pennant, a fu'n tramwyo'r ardal tua diwedd y ddeunawfed ganrif, ac Abergele, nid Y Rhyl, yw'r 'dref fechan digon distadl' ar gyrion Morfa Rhuddlan y cyfeiriodd y teithiwr Richard Fenton ati ym 1808.[1] Erbyn y 1830au ceid yn Y Rhyl ddau westy, nifer o dai llety ac amryw o fythynnod a ddefnyddid fel tai haf gan gyfoethogion y gymdogaeth, ond ni ddechreuodd y dref ddatblygu o ddifrif hyd nes yr agorwyd y rheilffordd o Gaer i Gaergybi ym 1848.[2] O hynny ymlaen, aethpwyd ati i baratoi ar gyfer croesawu ymwelwyr; gwastatawyd y twyni tywod a chodwyd ffyrdd a phromenâd, yn ogystal â lletyau a gwestai di-rif. Adeiladwyd baddonau, llyfrgell, neuadd farchnad a phafiliwn, a daeth y dref yn gyrchfan wirioneddol boblogaidd i bobl gyffredin yn ogystal ag i'r cyfoethogion a welid yn rhodianna yn hamddenol ar hyd y rhodfa. Ymhlith y cannoedd a ddylifai yno i dorheulo ac ymdrochi yr oedd rhai o drigolion Lerpwl, Manceinion a chanolfannau poblog canolbarth Lloegr, ac er i Galedfryn yn Eisteddfod Y Rhyl ym 1853 fynegi'r farn na fyddai'r rheilffordd yn adwy i'r iaith Saesneg ymdreiddio i'r gymdogaeth, credai eraill fod hynny yn anochel ac yn beth i'w groesawu.[3] Er enghraifft, dywedodd E. G. Salisbury ar achlysur agor y rheilffordd o Ddinbych i'r Rhyl ar 14 Hydref 1858: 'I, for one, am not ashamed to say – and I say it here boldly – that I shall be delighted to see the Welsh people Anglicised.'[4] Mor niferus oedd yr ymwelwyr ym misoedd yr haf fel y dyblai'r boblogaeth yn ystod y tymor hwnnw. Ond os oedd y cynnydd hwnnw yn destun syndod, nid oedd twf y boblogaeth fymryn yn llai trawiadol.

1 Thomas Pennant, *Tours in Wales* (Caernarvon, 1883); Richard Fenton, *Tours in Wales* (London, 1917), t. 150.
2 Philip Lloyd, 'Tref ar y Tywod' yn H. Desmond Healy (gol.), *Y Rhyl a'r Cyffiniau* (Llandybïe, 1985), t. 125.
3 'Scorpion' [Thomas Roberts] (gol.), *Cofiant Caledfryn* [dim argraffnod], t. 146.
4 T. Gwynn Jones, *Cofiant Thomas Gee* (Dinbych, 1913), t. 144.

Ym 1841 yr oedd yno 974 o drigolion, ond erbyn 1891 yr oedd y boblogaeth wedi lluosogi ymron seithwaith i 6,474.[5]

Ar ddiwedd oes Victoria safai Y Rhyl ar gyrion ardal gyfoethog ei diwylliant. Honnodd G. J. Williams mai 'hwn yw'r rhanbarth pwysicaf yng Nghymru o ddechrau'r bymthegfed ganrif hyd y ddeunawfed ganrif, ac mai'r bywyd llenyddol a fu'n nodweddu'r wlad yma sydd, i raddau helaeth, yn egluro parhad traddodiadau diwylliannol cenedl y Cymry hyd ein dyddiau ni'.[6] Yr oedd yn fan cyfarfod rhwng y llifeiriant o Seisnigrwydd a ddeuai o'r dwyrain a'r ffrwd o Gymreictod a lifai drwy Ddyffryn Clwyd o lethrau Hiraethog.[7] Cynhaliwyd yr Eisteddfod Genedlaethol yn y dref ym 1892 ac y mae'n ddadlennol fod Arglwydd Faer Llundain, Ardalydd Bute a'r Arglwydd Mostyn ymhlith y gwroniaid a wahoddwyd i'r llwyfan, a bod y Pwyllgor Llên wedi derbyn yn afieithus gynnig hael yr Arglwydd Penrhyn o wobr o £10 am draethawd ar 'Fanteision medru siarad Saesneg'.[8] Eto i gyd, honnai gohebydd a'i galwai ei hun yn 'Rhen Wr Llwyd' fod mwy wedi ei wneud dros y Gymraeg yn yr eisteddfod honno 'nag a wnaed mewn Eisteddfod er's blynyddau. Yr oedd y Rhaglen yn ddwyieithawg; ac os elai Seisonaeg ambell un i ymyl bod ar yr hwyaf, gwaeddid ar unwaith am Gymraeg. Y mae hyn mal y dylai fod.'[9] Câi'r famiaith gynhaliaeth sefydliadol cryf gan *Y Gwyliedydd* (1877–1909) a gyhoeddid yn Y Rhyl yn wythnosol.[10] Ym mis y cyfrifiad ym 1891 honnodd ei olygydd:

> Yr ydym mor eiddigus a neb dros barhad y Gymraeg; ac yr ydym yn eiddigus hefyd am i bob Cymro fod yn arddelwr ei genedl, ei wlad, a'i iaith. Mae epil Dic-shion-dafydd yn wrthrychau ein dygasedd. Ond y maent yn bodoli, ac yn fwy lluosocach nag y mae aml un yn ei feddwl.[11]

Câi'r Gymraeg ei phriod le hefyd yn y pum eglwys Ymneilltuol Gymraeg a sefydlwyd yn y dref o'r 1840au ymlaen. Ond er i'r cyfryw eglwysi gryfhau Cymreictod y Cymry a chyfoethogi eu hiaith a'u diwylliant, sefydlwyd pedwar achos Saesneg yn ystod yr un cyfnod, ac y mae hynny yn tanlinellu'r ffaith mai poblogaeth gymysg ei hiaith a oedd yn prysur fwrw gwreiddiau yn y gymdogaeth.[12] Darparai'r Eglwys sefydledig ar gyfer y ddwy garfan ieithyddol yn ogystal: yr oedd dwy eglwys yn gofalu am anghenion ysbrydol y Saeson ac un

[5] Joseph William Jones, *Rhyl: The Town and its People* (Rhyl, 1970), t. 7

[6] G. J. Williams, 'Traddodiad Llenyddol Dyffryn Clwyd a'r Cyffiniau', *TCHSDd*, 1 (1952), 20.

[7] Emyr Roberts, 'Y Rhyl a'r Cyffiniau' yn Healy, *Y Rhyl a'r Cyffiniau*, t. 33.

[8] Ibid., t. 41.

[9] *Y Gwyliedydd*, 14 Medi 1892, t. 1.

[10] Beti Jones, *Newsplan: Report of the Newsplan project in Wales. Adroddiad ar gynllun Newsplan yng Nghymru* (London and Aberystwyth, 1994), t. 131.

[11] *Y Gwyliedydd*, 22 Ebrill 1891, t. 4.

[12] Royal Commission on the Church of England and Other Religious Bodies in Wales and Monmouthshire, *Nonconformist County Statistics. Volume VI*, tt. 146–7 (PP 1911 (Cd. 5437) XVIII).

Tabl 1: Iaith a leferid gan boblogaethau Y Rhyl, Dosbarth Cofrestru Llanelwy, Sir Y Fflint a Chymru

(2 flwydd oed a throsodd)

	Nifer				*Canran*			
	Cymraeg	Y Ddwy	Saesneg	Cyfanswm	*Cymraeg*	*Y Ddwy*	*Saesneg*	*Cyfanswm*
Y Rhyl[1]	489	2910	2360	5759	*8.5*	*50.5*	*41.0*	*100.0*
D.C. Llanelwy[2]	10410	11452	5820	27682	*37.6*	*41.4*	*21.0*	*100.0*
Sir Y Fflint[3]	10484	16879	12862	40225	*26.0*	*42.0*	*32.0*	*100.0*
Cymru[4]	508036	402253	759416	1669705	*30.4*	*24.1*	*45.5*	*100.0*

1 Hepgorwyd 31 unigolyn nad oeddynt wedi nodi eu gallu ieithyddol, 4 a siaradai ieithoedd eraill, a 2 a oedd yn fud ac yn fyddar.
2 Hepgorwyd 152 nad oeddynt wedi nodi eu gallu ieithyddol a 6 a siaradai ieithoedd eraill.
3 Hepgorwyd 298 nad oeddynt wedi nodi eu gallu ieithyddol a 78 a siaradai ieithoedd eraill.
4 Hepgorwyd 12,833 nad oeddynt wedi nodi eu gallu ieithyddol a 3,076 a siaradai ieithoedd eraill.

eglwys yn darparu ar gyfer y Cymry.[13] Nid esgeulusid ychwaith anghenion addysgol y trigolion oherwydd ceid yn y dref sawl ysgol breifat a chyhoeddus lle'r anogid y plant beunydd i gofleidio 'iaith cynnydd'.[14]

Oherwydd bod Y Rhyl yn lle mor boblogaidd gan ymwelwyr ac, i raddau llai, yn fan deniadol i bobl ddosbarth-canol ymddeol iddo, yr oedd y dref wedi profi cryn Seisnigeiddio erbyn 1891. Fel y dengys Tabl 1, yr oedd cynifer â 5,270 (91.5 y cant) o boblogaeth y dref yn siarad Saesneg, o'u cymharu â 3,399 (59.0 y cant) a siaradai Gymraeg. Er bod 9.1 y cant yn rhagor o'r brodorion yn ddwyieithog o'u cymharu â thrigolion Dosbarth Cofrestru Llanelwy, y mae'n arwyddocaol mai 8.5 y cant yn unig a oedd yn Gymry uniaith, a bod 41 y cant yn gwbl ddi-Gymraeg. Preswyliai 20.8 y cant o boblogaeth Dosbarth Cofrestru Llanelwy yn Y Rhyl ac nid dibwys mo'r ffaith fod 40.5 y cant o boblogaeth uniaith Saesneg yr ardal honno hefyd wedi eu crynhoi yn y dref. Ymddengys, felly, fod Y Rhyl yn dref dra Seisnig yn nosbarth Llanelwy, lle'r oedd 79 y cant o'r trigolion yn siaradwyr Cymraeg. Trigai ymron 80 y cant o siaradwyr Cymraeg sir Y Fflint a 99.3 y cant o'i phoblogaeth uniaith Gymraeg yn y dosbarth hwn. Er bod canran y boblogaeth uniaith Saesneg yng Nghymru gyfan yn rhagori ar un Y Rhyl, gwelir bod yr elfen uniaith Gymraeg yn llai amlwg o lawer yn y dref honno nag yn yr ardaloedd eraill.

Ni cheir croywach prawf o erydiad ieithyddol na Thabl 2. Ynddo gwelir bod mwyafrif y boblogaeth yn siaradwyr Saesneg, waeth beth oedd eu hoedran. Amrywiai'r ganran o 77 y cant yn achos y to hŷn (65 oed a throsodd) i 94.8 y cant yn achos y grŵp oedran 15–24 oed. Yr oedd y ganran a siaradai Saesneg yn unig

13 *Sutton's Directory of North Wales* (Manchester, 1889–90), t. 276.
14 Ibid.

Tabl 2: Iaith a leferid yn ôl oedran
(2 flwydd oed a throsodd)

Oed	Nifer Cymraeg	Y Ddwy	Saesneg	Cyfanswm	*Canran Cymraeg*	*Y Ddwy*	*Saesneg*	*Cyfanswm*
2–5	48	188	211	447	*10.7*	*42.1*	*47.2*	*100.0*
6–14	62	601	528	1191	*5.2*	*50.5*	*44.3*	*100.0*
15–24	64	667	489	1220	*5.2*	*54.7*	*40.1*	*100.0*
25–44	114	821	617	1552	*7.3*	*52.9*	*39.8*	*100.0*
45–64	122	488	396	1006	*12.1*	*48.5*	*39.4*	*100.0*
65+	79	145	119	343	*23.0*	*42.3*	*34.7*	*100.0*
Cyfanswm	**489**	**2910**	**2360**	**5759**	***8.5***	***50.5***	***41.0***	***100.0***

ar ei huchaf ymhlith plant rhwng 2 a 5 oed ac yr oedd 171 (81.0 y cant) ohonynt hwy neu eu rhieni wedi eu geni y tu hwnt i Glawdd Offa. Yr oedd 20 (9.5 y cant) arall yn blant i Gymry Cymraeg nad oeddynt yn ystyried y famiaith yn ddigon pwysig i'w throsglwyddo i genedlaethau'r dyfodol. Yn 29 Vale Road, er enghraifft, trigai Owen Rowlands, beili y llys sirol; hanai ef o sir Feirionnydd ac yr oedd ei wraig, Maria, a gadwai siop lysiau a ffrwythau, yn frodor o sir Gaernarfon. Yr oeddynt hwy ill dau yn ddwyieithog ond cofnodwyd eu plant, a aned yn Y Rhyl, yn uniaith Saesneg. Er nad oedd y llithriad yn syfrdanol, yr oedd nifer y siaradwyr Cymraeg ymhlith y genhedlaeth iau yn dechrau edwino: fe'i lleferid gan 54.9 y cant o blant dan 15 oed o gymharu â 61.8 y cant o oedolion dros 45 oed. Ond ymhlith y boblogaeth uniaith Gymraeg y ceid y prawf amlycaf o newid ieithyddol rhwng y cenedlaethau. Yr oedd llai na chwarter y trigolion, boed hen neu ifanc, yn Gymry uniaith, a thra glynai oedolion 65 oed a throsodd yn fwy dygn wrth eu mamiaith na'r carfanau eraill dim ond oddeutu 5 y cant o bersonau rhwng 6 a 24 oed a oedd yn methu siarad Saesneg. Er hynny, câi'r iaith frodorol ymgeledd yn rhai o gartrefi'r gymdogaeth, a chofnodwyd un o bob deg o blant dan 6 oed yn uniaith Gymraeg. Eto i gyd, parai'r gyfundrefn addysg a'r rhwydweithiau ehangach a feithrinid yn y gweithle fod dwyieithrwydd yn cyrraedd ei uchafbwynt yn achos y grwpiau oedran rhwng 6 a 44. Cofrestrwyd 1,121 o blant ysgol yn Y Rhyl ac er bod 40.7 y cant ohonynt yn uniaith Saesneg a 6.5 y cant yn uniaith Gymraeg, yr oedd 52.8 y cant yn medru'r ddwy iaith.

Dengys Tabl 3 na cheid nemor ddim gwahaniaeth yn y ganran o wrywod a menywod uniaith Gymraeg, ond bod gallu ieithyddol y rhywiau yn amrywio cryn dipyn yn achos y bobl a siaradai Saesneg. Cofnodwyd mwy o ferched nag o ddynion yn ddi-Gymraeg ac yr oedd y duedd hon ar ei hamlycaf yn achos y grwpiau oedran 15–44: yr oedd 43.9 y cant o'r 1,713 menyw yn y grwpiau oedran hynny yn ddi-Gymraeg o'u cymharu â 33.4 y cant o'r 1,059 gwryw. Ar y llaw arall, yr oedd cynifer â 59.5 y cant o'r gwrywod yn ddwyieithog o'u cymharu

Tabl 3: Iaith a leferid yn ôl oedran a rhyw
(2 flwydd oed a throsodd)

Oed	Rhyw	Nifer Cymraeg	Y Ddwy	Saesneg	Cyfanswm	*Canran* *Cymraeg*	*Y Ddwy*	*Saesneg*	*Cyfanswm*
2–5	G	25	94	111	230	*10.9*	*40.9*	*48.3*	*100.0*
	B	23	94	100	217	*10.6*	*43.3*	*46.1*	*100.0*
6–14	G	35	298	239	572	*6.1*	*52.1*	*41.8*	*100.0*
	B	27	303	289	619	*4.4*	*48.9*	*46.7*	*100.0*
15–24	G	24	273	151	448	*5.4*	*60.9*	*33.7*	*100.0*
	B	40	394	338	772	*5.2*	*51.0*	*43.8*	*100.0*
25–44	G	51	357	203	611	*8.3*	*58.4*	*33.2*	*100.0*
	B	63	464	414	941	*6.7*	*49.3*	*44.0*	*100.0*
45–64	G	54	217	148	419	*12.9*	*51.8*	*35.3*	*100.0*
	B	68	271	248	587	*11.6*	*46.2*	*42.2*	*100.0*
65+	G	34	53	40	127	*26.8*	*41.7*	*31.5*	*100.0*
	B	45	92	79	216	*20.8*	*42.6*	*36.6*	*100.0*
	G	**223**	**1292**	**892**	**2407**	***9.3***	***53.7***	***37.0***	***100.0***
Cyfanswm	**B**	**266**	**1618**	**1468**	**3352**	***7.9***	***48.3***	***43.8***	***100.0***

â 50.1 y cant o ferched. Dichon mai eu man geni a oedd i gyfrif yn bennaf am hynny. Ganed 46.7 y cant o'r gwrywod yn sir Y Fflint, 24.1 y cant yng ngweddill Cymru a 29.1 y cant yn Lloegr a'r tu hwnt. Yn achos y merched, fodd bynnag, dim ond 38 y cant a aned yn sir Y Fflint ac yr oedd gwreiddiau cynifer â 39.3 y cant ohonynt y tu allan i Gymru. Deuai cynifer â 541 (71.9 y cant) o'r menywod uniaith Saesneg o Loegr, yn bennaf o swyddi Caerhirfryn, Stafford, Caer a Warwick, a 54 (7.2 y cant) arall o Iwerddon, yr Alban a gwledydd tramor eraill. Yr oedd 317 (42.2 y cant) yn gyflogedig ac y mae'n arwyddocaol fod traean o'r rheini yn gweithio fel morynion. Ni ddylid anghofio ychwaith fod merched yn ffurfio 58.2 y cant o boblogaeth Y Rhyl a bod cryn anghydbwysedd rhwng y rhywiau yn achos y grwpiau oedran gwaith: rhagorai nifer y merched ar nifer y dynion o 41.9 y cant yn achos y grŵp oedran 15–24, ac o 35.1 y cant yn achos oedolion rhwng 25 a 44 oed. A hithau'n gyrchfan wyliau dra ffyniannus erbyn y cyfnod hwn, yr oedd yn anochel y byddai'r dref yn darparu digon o waith ar gyfer y rhyw deg. Hyd yn oed yn y 1830au yr oedd 55 y cant o'r boblogaeth yn fenywod o gymharu â 50 y cant yn y plwyfi cylchynol.[15]

Man geni'r trigolion a oedd yn bennaf cyfrifol am Seisnigrwydd Y Rhyl. Hanai llai na hanner (46.5 y cant) y boblogaeth o sir Y Fflint, ac er bod 80.2 y cant o'r rheini yn medru'r Gymraeg, yr oedd 19.8 y cant yn uniaith Saesneg a chynifer â 69.2 y cant yn ddwyieithog. Yr oedd 1,727 (65.1 y cant) wedi eu geni yn Y Rhyl

[15] K. Davies, 'The Growth and Development of Settlement and Population in Flintshire, 1801–1851', *FHSJ*, 25 (1971–2), 89.

Tabl 4: Iaith a leferid yn ôl man geni

(2 flwydd oed a throsodd)[1]

Man geni	Nifer Cymraeg	Nifer Y Ddwy	Nifer Saesneg	Nifer Cyfanswm	*Canran Cymraeg*	*Canran Y Ddwy*	*Canran Saesneg*	*Canran Cyfanswm*
Sir Y Fflint	293	1835	524	2652	*11.0*	*69.2*	*19.8*	*100.0*
Sir Ddinbych	132	533	92	757	*17.4*	*70.4*	*12.2*	*100.0*
Sir Gaernarfon	14	157	19	190	*7.4*	*82.6*	*10.0*	*100.0*
Sir Fôn	6	78	3	87	*6.9*	*89.7*	*3.4*	*100.0*
Sir Feirionnydd	17	62	–	79	*21.5*	*78.5*	–	*100.0*
Sir Forgannwg	1	10	16	27	*3.7*	*37.0*	*59.3*	*100.0*
Sir Fynwy	–	1	5	6	–	*16.7*	*83.3*	*100.0*
Sir Frycheiniog	–	2	2	4	–	*50.0*	*50.0*	*100.0*
Sir Gaerfyrddin	–	6	–	6	–	*100.0*	–	*100.0*
Sir Aberteifi	2	14	1	17	*11.8*	*82.4*	*5.9*	*100.0*
Sir Drefaldwyn	5	23	11	39	*12.8*	*59.0*	*28.2*	*100.0*
Sir Benfro	–	3	3	6	–	*50.0*	*50.0*	*100.0*
Sir Faesyfed	–	1	5	6	–	*16.7*	*83.3*	*100.0*
De Cymru	1	1	–	2	*50.0*	*50.0*	–	*100.0*
Lloegr	11	171	1462	1644	*0.7*	*10.4*	*88.9*	*100.0*
Eraill[2]	2	11	170	183	*1.1*	*6.0*	*92.9*	*100.0*
Cyfanswm	**484**	**2908**	**2313**	**5705**	***8.5***	***51.0***	***40.5***	***100.0***

[1] Hepgorwyd 54 nad oeddynt wedi nodi eu man geni.

[2] Man geni: Iwerddon 73, Yr Alban 50, America 6, Yr India 6, De Affrica 5, Ffrainc 5, Yr Almaen 7, Y Tir Newydd 5, Ynys Manaw 6, Affrica 4, Awstralia 2, Canada 2, India'r Dwyrain 2, Jersey 2, Yr Eidal 2, India'r Gorllewin 1, De America 1, Gwlad Belg 1, Awstria 1, Y Ffindir 1, Hwngari 1.

ac y mae'n ddadlennol fod 24.5 y cant ohonynt hwy yn ddi-Gymraeg o gymharu â 10.9 y cant yn achos gweddill y sir. Hanai 1,113 (19.5 y cant) o siroedd y gogledd, sef Dinbych, Caernarfon, Môn a Meirionnydd, ac o'r parthau hynny y cafwyd y chwistrelliad cryfaf o Gymreictod: yr oedd 89.8 y cant yn Gymry Cymraeg a 15.2 y cant yn ddi-Saesneg. Nifer cymharol fychan (113) a hanai o dde a chanolbarth Cymru ac yr oedd y gyfran a siaradai Gymraeg yn llai: yr oedd 62 y cant o'r cyfryw fewnfudwyr yn siaradwyr Cymraeg a 38 y cant yn uniaith Saesneg. Serch hynny, o Loegr y deuai'r gyfran uchaf o siaradwyr Saesneg. Hanai rhagor na chwarter (28.8 y cant) y trigolion o'r tu hwnt i Glawdd Offa, ac yr oedd 99.3 y cant ohonynt yn rhugl eu Saesneg a chynifer ag 88.9 y cant yn Saeson uniaith. Yn wir, yr oedd 71.1 y cant o boblogaeth ddi-Gymraeg y dref wedi eu geni yn Lloegr. Deuai 465 (28.3 y cant) o'r Saeson dŵad hyn o swydd Gaerhirfryn, ac yr oedd cynifer â 323 yn frodorion o ddinasoedd Lerpwl (240) a Manceinion (83). Hanai 370 (22.5 y cant) arall o swyddi Caer a Stafford, 151 o swydd Warwick, 117 o swydd Amwythig, 98 o Middlesex a 72 o swydd Efrog. Yr oedd seiniau'r iaith Saesneg mor hyglyw yn y gymdogaeth fel nad oedd raid i'r mewnfudwyr hyn ddysgu'r Gymraeg. Dim ond 182 (11.1 y cant) ohonynt a gofnodwyd naill ai yn uniaith Gymraeg (11) neu yn ddwyieithog (171), sef 85 o wrywod a 97 o fenywod.

At ddibenion yr astudiaeth hon, bwriwyd golwg fanylach ar y 118 a oedd yn 18 oed neu yn hŷn. Yr oedd cyfenwau Cymraeg gan 91 o'r rhain, ac o'r 27 a oedd yn weddill yr oedd chwech wedi priodi gwragedd a siaradai Gymraeg, pump naill ai yn lletya neu yn gweini mewn cartrefi Cymraeg, a thri â'u rhieni yn Gymry Cymraeg. Ceid yn ogystal bedwar a oedd yn amlwg wedi ymgyfarwyddo â'r iaith frodorol yn y gweithle gan eu bod yn perthyn i deuluoedd uniaith Saesneg. Un felly oedd Arthur Alger, 9 West Parade, gwerthwr grisial trwm o Ashton-under-Lyne yn swydd Gaerhirfryn. Medrai ef y ddwy iaith, ond y mae'n amlwg na theimlai fod angen i'w wraig a'i blant ddilyn ei esiampl. Dichon, felly, iddo feistroli a defnyddio'r Gymraeg er mwyn hyrwyddo ei fudd economaidd yn unig ac nad ymboenai am ddyfodol yr iaith a'r diwylliant Cymraeg fel y cyfryw. O'r un ar ddeg a gofnodwyd yn uniaith Gymraeg, y mae'n arwyddocaol fod pump yn hanu o Lerpwl a dau arall o Fanceinion, dwy ddinas ac iddynt gymdogaethau Cymraeg tra ffyniannus yn y cyfnod hwn. Ceid yn y gymdogaeth hefyd 183 a aned y tu hwnt i Gymru a Lloegr. Er eu bod yn ffurfio cyn lleied â 3.2 y cant o'r boblogaeth, y mae'n werth nodi bod cynifer â 92.9 y cant yn parhau yn uniaith Saesneg. Gwyddelod oedd 73 y cant ohonynt, ac er nad oeddynt wedi eu crynhoi yn ddaearyddol, diau fod yr Eglwys Babyddol yn Wellington Road yn ganolbwynt i'w gweithgareddau cymunedol ac yn fodd i feithrin ynddynt ymdeimlad o undod diwylliannol. Yr oedd 42 arall yn Albanwyr (dau ohonynt yn siarad Gaeleg), ond yn preswylio yn y dref hefyd yr oedd tramorwyr o wledydd mor amrywiol â'r Almaen, Ffrainc, Awstria, Gwlad Belg, yr Eidal, y Ffindir, America, Canada, Awstralia a'r India. Cofrestrwyd dau yn uniaith Gymraeg, sef William Williams, yr hynaf o blant Elinor Williams, Cymraes uniaith o Lanefydd yn sir Ddinbych a dreuliodd o leiaf bedair blynedd yn Paris Hill yn yr Unol Daleithiau, a Beatrice Evans, geneth ifanc a aned ym Mryniau Cashia yn yr India ac a oedd ar ymweliad â Maria Evans, brodor uniaith Gymraeg o'r Rhyl a oedd â busnes gwneud hetiau yn Market Street.

Gan fod traean y boblogaeth yn hanu o Loegr a'r tu hwnt ac ymron naw o bob deg o'r rheini a aned yng Nghymru yn siarad Saesneg, nid oedd yn syndod mai'r iaith honno a deyrnasai yn y rhan fwyaf o gartrefi'r gymdogaeth. Fe'i siaredid gan bawb ar 2,123 (91.0 y cant) o aelwydydd, ac ar 509 o'r rheini hi oedd yr unig iaith. Er bod pawb yn medru siarad Cymraeg yn 756 (32.4 y cant) o'r cartrefi, dim ond 67 (2.9 y cant) ohonynt a oedd yn gartrefi uniaith Gymraeg ac yr oedd 606 (26.0 y cant) yn ddwyieithog. Yr oedd 607 (26.0 y cant) o deuluoedd y gymdogaeth yn rhai estynedig, gyda morynion a chynorthwywyr yn byw yn llawer o'r lletyau, y gwestai a'r cartrefi dosbarth-canol, ond er hynny pump, ar gyfartaledd, a drigai ym mhob tŷ, a'r teulu cnewyllol a oedd wrth wraidd y strwythur cymdeithasol. Yr oedd 1,208 (51.8 y cant) ohonynt yn cynnwys plant ac, fel y dengys Tabl 5, yr

Tabl 5: Iaith a leferid yn ôl perthynas â'r penteulu

(2 flwydd oed a throsodd)[1]

Perthynas â'r penteulu	Nifer Cymraeg	Y Ddwy	Saesneg	Cyfanswm	*Canran* *Cymraeg*	*Y Ddwy*	*Saesneg*	*Cyfanswm*
Penteuluoedd	167	655	408	1230	*13.6*	*53.3*	*33.2*	*100.0*
Gwragedd	92	419	281	792	*11.6*	*52.9*	*35.5*	*100.0*
Plant[2]	123	1144	873	2140	*5.7*	*53.5*	*40.8*	*100.0*
Perthnasau eraill	32	185	172	389	*8.2*	*47.6*	*44.2*	*100.0*
Gweision/morynion	35	284	176	495	*7.1*	*57.4*	*35.5*	*100.0*
Byrddwyr/lletywyr	17	131	201	349	*4.9*	*37.5*	*57.6*	*100.0*
Ymwelwyr	10	39	149	198	*5.1*	*19.7*	*75.2*	*100.0*
Eraill[3]	7	22	13	42	*16.7*	*52.4*	*30.9*	*100.0*
Cyfanswm	**483**	**2879**	**2273**	**5635**	***8.6***	***51.1***	***40.3***	***100.0***

[1] Hepgorwyd 59 o gleifion, 19 nyrs, 16 disgybl, 3 metron, un carcharor ac un athrawes mewn ysgol breifat.

[2] Gan gynnwys plant maeth a llysblant.

[3] 11 o brentisiaid, 30 o gynorthwywyr ac un partner mewn busnes gwerthu nwyddau.

oedd yr uned deuluol hon fel rheol yn medru'r Saesneg. Yn wir, yr oedd rhagor nag 85 y cant o benteuluoedd, gwragedd a phlant yn medru'r iaith honno a rhagor na'u hanner yn ddwyieithog. Yn arwyddocaol, ymhlith y genhedlaeth iau y ceid y gyfran uchaf o siaradwyr Saesneg, boed hwy yn uniaith neu'n ddwyieithog. Gan mai plant oedd 37.3 y cant o'r boblogaeth a bod plant ar 52.2 y cant o aelwydydd y fro, nid oedd hyn heb ei oblygiadau i ddyfodol y Gymraeg.

Gwelir yn Nhabl 5 hefyd fod ymron un o bob pump o'r boblogaeth heb gysylltiadau teuluol amlwg a bod canran uwch ohonynt naill ai yn ddwyieithog, fel yn achos morynion, neu yn ddi-Gymraeg, fel yn achos byrddwyr a lletywyr ac ymwelwyr. Y mae'n werth nodi bod cynifer â thri chwarter yr ymwelwyr yn uniaith Saesneg, a chan fod 138 (69.7 y cant) ohonynt wedi eu geni y tu allan i Gymru, yr oedd hynny i'w ddisgwyl. O gofio bod 67.7 y cant ohonynt yn ymweld â theuluoedd Saesneg eu hiaith, y mae'n bur debyg mai atgyfnerthu Seisnigrwydd y cyfryw deuluoedd a wnaethant yn hytrach na symbylu unrhyw newid ieithyddol. Felly hefyd yn achos byrddwyr a lletywyr oherwydd yr oedd trwch helaeth y rhai uniaith Saesneg yn byw gyda theuluoedd Saesneg. Rhaid bod sawl teulu eisoes wedi profi llithriad ieithyddol oherwydd, o'u cymharu â'r penteuluoedd a'u gwragedd, yr oedd 17.8 y cant yn llai o blant yn siarad Cymraeg a 35.4 y cant yn rhagor ohonynt yn siarad Saesneg.

Gellir taflu rhagor o oleuni ar y newid hwn trwy archwilio gallu ieithyddol plant ar aelwydydd cymysg a chydryw. Dengys Tabl 6 fod y ddau riant yn siarad Cymraeg yn 348 (62.3 y cant) o'r cartrefi hynny lle y ceid teuluoedd cnewyllol. Eto i gyd, ar gynifer â 78.2 y cant o'r cyfryw aelwydydd, yr oedd y penteulu a'i

Tabl 6: Iaith plant (2 flwydd oed a throsodd) o deuluoedd lle'r oedd rhieni uniaith a dwyieithog

Gallu ieithyddol y rhieni		Gallu ieithyddol y plant Nifer yr aelwydydd					*Gallu ieithyddol y plant Canran*				
Tad	Mam	Cymraeg	Y Ddwy	Saesneg	Cymysg	Cyfanswm	*Cymraeg*	*Y Ddwy*	*Saesneg*	*Cymysg*	*Cyfanswm*
C	C	27	24	1	6	58	*46.6*	*41.4*	*1.7*	*10.3*	*100.0*
C	D	1	12	–	1	14	*7.1*	*85.7*	–	*7.1*	*100.0*
D	C	–	2	–	2	4	–	*50.0*	–	*50.0*	*100.0*
D	D	7	231	27	7	272	*2.6*	*84.9*	*9.9*	*2.6*	*100.0*
D	S	–	8	33	3	44	–	*18.2*	*75.0*	*6.8*	*100.0*
S	D	–	9	15	3	27	–	*33.3*	*55.6*	*11.1*	*100.0*
S	S	–	2	136	1	139	–	*1.4*	*97.8*	*0.7*	*100.0*
S	C	–	–	–	1	1	–	–	–	*100.0*	*100.0*
Cyfanswm		**35**	**288**	**212**	**24**	**559**	***6.3***	***51.5***	***37.9***	***4.3***	***100.0***

C/Cymraeg: uniaith Gymraeg; D/Y Ddwy: dwyieithog; S/Saesneg: uniaith Saesneg; Cymysg: unrhyw gyfuniad o siaradwyr uniaith Gymraeg, siaradwyr dwyieithog a siaradwyr uniaith Saesneg ar yr un aelwyd.

wraig yn ddwyieithog, a dim ond ar 58 (16.7 y cant) ohonynt yr oedd y ddau yn Gymry uniaith. Ar 72 (12.8 y cant) o aelwydydd, siaredid y Gymraeg gan un rhiant yn unig, ac ar 139 (24.9 y cant) arall yr oedd y ddau riant yn ddi-Gymraeg. Yn achos 501 (89.6 y cant) o gartrefi'r gymdogaeth, felly, yr oedd naill ai un rhiant neu'r ddau yn medru'r iaith Saesneg, ac yn 493 (98.4 y cant) o'r cartrefi hynny yr oedd y plant yn ei medru hefyd.

Y mae'n amlwg felly nad oedd cymell taer ar blant rhieni uniaith Saesneg i ddysgu siarad Cymraeg. Dim ond ar 3 (2.2 y cant) o'r 139 aelwyd lle y ceid rhieni di-Gymraeg y medrai'r plant, neu rai ohonynt, siarad yr iaith frodorol. Yr oedd pob un o blant Richard a Bridget McWalter, 2 Greenfield Station, yn ddwyieithog. Hanai Richard, un o heddweision y dref, o Iwerddon, a'i wraig o sir Frycheiniog ond, ac eithrio'r mab hynaf (17 oed) a aned yn swydd Gaer, yr oedd y saith plentyn arall wedi eu geni a'u magu yng Ngwesbyr yn sir Y Fflint. Ceid sefyllfa gyffelyb yn 4 John Street lle'r oedd Fred Malius, saer coed 29 oed ac unig fab Samuel ac Eliza Malius, brodorion o Lundain a Barnstaple, yn hyddysg yn y Gymraeg yn ogystal â'r Saesneg. Yng nghartref William ac Esther Pendelton, brodorion o swydd Gaer, yr oedd y plentyn hynaf, pedler a oedd hefyd wedi ei eni yn y swydd honno, yn ddi-Gymraeg, ond yr oedd gweddill y teulu, a aned yn Y Rhyl, yn medru'r ddwy iaith.

Gan fod nifer cynyddol o blant Cymraeg yn gallu siarad Saesneg, yr oedd llai o debygrwydd y gellid cymathu plant di-Gymraeg. Yr oedd y plant ar gynifer â 297 (85.3 y cant) o'r aelwydydd hynny lle'r oedd y rhieni yn Gymry Cymraeg yn medru'r Saesneg, ac yr oedd yr iaith honno yn fwy tebygol o gael ei throsglwyddo iddynt pan oedd y ddau riant yn ddwyieithog. Hyd yn oed yn 31 (53.4 y cant) o'r cartrefi hynny lle'r oedd y rhieni yn Gymry uniaith yr oedd y plant, neu o leiaf rai ohonynt, yn siarad Saesneg ac, mewn un achos, yn ddi-Gymraeg. Yn 2 Wellington Terrace, er enghraifft, preswyliai Roland Roberts, chwarelwr a aned yn Lerpwl, a'i wraig, Jane, brodor o sir Gaernarfon. Fe'u cofnodwyd hwy yn uniaith Gymraeg, ond yr oedd y bachgen o'r Rhyl a fabwysiadwyd ganddynt yn uniaith Saesneg. O gofio bod y teulu hefyd yn cadw lletywyr di-Gymraeg, y mae'n anodd credu bod y penteulu a'i briod heb fedru unrhyw Saesneg o gwbl. Mewn cartrefi lle y siaredid Cymraeg gan un rhiant yn unig, yr iaith Saesneg a deyrnasai. Fe'i lleferid gan y plant ym mhob un o'r cyfryw gartrefi, a hi oedd yr unig gyfrwng yn achos 48 (66.7 y cant) ohonynt. Y mae'n arwyddocaol hefyd fod y Gymraeg yn fwy tebygol o oroesi ar aelwydydd lle'r oedd y fam yn siarad Cymraeg yn hytrach na'r tad.

Ymdreiddiai'r iaith Saesneg nid yn unig i gartrefi'r gymdogaeth ond hefyd i amryfal feysydd cymdeithasol. Dengys Tabl 7 fod 2,513 (53.2 y cant) o'r boblogaeth a oedd yn 10 oed neu yn hŷn yn gweithio a bod 231 (9.2 y cant) ohonynt yn Gymry uniaith, 1,421 (56.5 y cant) yn ddwyieithog, ac 861 (34.3 y cant) yn uniaith Saesneg. Felly, yr oedd gan 1,652 (65.7 y cant) o'r cyflogedig wybodaeth o'r Gymraeg a 2,282 (90.8 y cant) wybodaeth o'r Saesneg. A hithau'n dref farchnad ffyniannus, nid oedd Y Rhyl yn brin o gyfleoedd economaidd: heigiai ei strydoedd â chrefftwyr, masnachwyr a mân wŷr busnes. Yr oedd arwyddion o'i swyddogaeth fel lle gwyliau hefyd i'w canfod ym mhobman. Yn wir, dengys cyfarwyddiadur Slater am y flwyddyn 1895 fod Abbey Street, Aquarium Street, Bedford Street, Crescent Road, East Parade, Edward Henry Street, Elwy Street, John Street, Queen Street, Water Street a West Parade yn gyforiog o letyau a gwestai.[16] Yn ôl y cyfrifiad yr oedd 149 yn cadw tai llety yn y dref (23 yn wrywod a 126 yn fenywod) a chynifer â 140 (94.0 y cant) ohonynt yn medru'r Saesneg a 78 (52.3 y cant) yn ddi-Gymraeg. Ac eithrio tri achos lle'r oedd lletywyr uniaith Saesneg yn byw mewn lletyau lle y siaredid Cymraeg yn unig, yr oedd y ceidwaid llety yn hyddysg yn iaith eu gwesteion ac yn fynych yn hanu o'r un ardal â hwy. Yr oedd 78 o'r lletyau yn eiddo i Saeson o Loegr. Dim ond yn 22 o'r tai llety hynny y ceid lletywyr ar noson y cyfrifiad ac yr oedd 20 ohonynt wedi eu geni y tu hwnt i Glawdd Offa. Yn y 31 llety a gedwid gan frodorion o sir Y Fflint yr oedd y patrwm yn llai pendant. Ni cheid gwesteion yn ugain o'r rheini ychwaith, ond o'r un ar ddeg a oedd yn weddill yr oedd gan bump westeion a oedd yn Gymry Cymraeg a saith westeion o Loegr. Afraid dweud bod pob un o'r 39 a gadwai westy neu dafarn yn medru'r Saesneg. Yr oedd 22 (56.4 y cant) ohonynt yn uniaith Saesneg, ffaith nid syn o gofio y ceid yn eu plith 18 o Saeson ynghyd ag un Gwyddel ac un Albanwr. Ystyrid yr ardal ger rhodfa'r dwyrain yn lle ffasiynol iawn ac yno y crynhowyd y gwestai crandiaf. Yno hefyd y cyrchai'r Saeson cyfoethocaf ac o ganlyniad yr oedd cynifer â 74.2 y cant o boblogaeth ardal

[16] *Slater's Directory of North and Mid Wales* (Manchester, 1895), tt. 396 et seq.

Ffigur 1. Iaith a leferid gan drigolion ardaloedd rhifo Y Rhyl

rifo 13 yn ddi-Gymraeg (gweler Ffigur 1). Darlun tra gwahanol a geid ym mhegwn deheuol y dref – ardal nad oedd wedi ymgyfoethogi cymaint yn sgil y diwydiant ymwelwyr a lle y trigai'r ganran uchaf o siaradwyr Cymraeg. Teyrnasai'r iaith Saesneg ym myd adloniant hefyd: yr oedd pedwar ar ddeg o'r pymtheg a oedd yn ennill bywoliaeth yn y byd hwnnw yn ei siarad, chwech ohonynt yn Saeson uniaith o Loegr. Gan mai eu prif orchwyl oedd difyrru ymwelwyr a oedd bron yn ddieithriad yn medru'r Saesneg, nid oedd angen iddynt gael eu cymathu yn ieithyddol ac ni theimlai eu teuluoedd ei bod yn ofynnol iddynt wneud hynny ychwaith. Yn perthyn i'r garfan hon yr oedd cantorion, cerddorion a digrifwyr, a hefyd y rheini a oedd yn gweithio ar y pier, yn cynorthwyo ymdrochwyr, ac yn dysgu ymwelwyr i reidio beic.

Lleiafrif bychan iawn o gyflogedigion y sector masnach a oedd heb fedru'r Saesneg. Fe'i siaredid gan gynifer â 576 (93.7 y cant) ohonynt a dim ond 39 (6.3 y cant) a oedd wedi eu cofnodi yn Gymry uniaith. A hwythau yn ymgyfathrachu yn rheolaidd â chwsmeriaid di-Gymraeg, yr oedd yn anorfod fod geiriau a throeon ymadrodd Saesneg yn dod yn fwyfwy hysbys iddynt. Nid oedd yn syndod, felly, fod cynifer â 280 (80.5 y cant) o'r masnachwyr a aned yng Nghymru (188 ohonynt yn sir Y Fflint) yn ddwyieithog. Y mae'n arwyddocaol hefyd fod 251 (40.8 y cant) yn hanu o Loegr, a bod 233 (92.8 y cant) ohonynt yn uniaith Saesneg. Yn wir, yr oedd 84.7 y cant o fasnachwyr di-Gymraeg Y Rhyl â'u gwreiddiau y tu hwnt i Glawdd Offa, a thraean ohonynt yn hanu o ddinasoedd Birmingham (26), Llundain (21), Lerpwl (19) a Manceinion (16). Patrwm cyffelyb a geid yn y sector cynhyrchu lle'r oedd 345 (92.2 y cant) yn meddu gwybodaeth o'r Saesneg (222 yn ddwyieithog a 123 yn ddi-Gymraeg) a 283 (82.0 y cant) yn fewnfudwyr o Loegr. Unwaith yn rhagor, nifer cymharol fychan (16) o'r mewnfudwyr hyn a siaradai'r iaith frodorol ac, a barnu yn ôl eu cyfenwau, yr oedd eu hanner o dras Gymreig. Nid oedd y sector adeiladu wedi denu Saeson i'r un graddau. O'r 256 a weithiai yn y sector hwnnw yr oedd 141 (55.1 y cant) yn frodorion o sir Y Fflint a dim ond 39 (15.2 y cant) a oedd wedi eu geni dros y ffin. Gan hynny, yr oedd 210 (82.0 y cant) yn siarad Cymraeg a chyfran lai o lawer (46 neu 18.0 y cant) yn uniaith Saesneg. Dylid cofio yn ogystal fod eu cysylltiadau yn llai niferus nag eiddo'r masnachwyr a hefyd y cynhyrchwyr a oedd, erbyn y cyfnod hwn, yn prysur sefydlu busnesau.

Rhedai cangen o reilffordd y London and North Western drwy'r Rhyl a bu'r rheilffordd honno yn fodd i hyrwyddo gwybodaeth o'r iaith Saesneg nid yn unig oherwydd ei bod yn cludo i'r gymdogaeth wibdeithwyr o Loegr ond hefyd gan fod y cwmni yn mynnu cyflogi siaradwyr Saesneg.[17] Cyflogid 47 gan y cwmni yn Y Rhyl, ac yr oedd wyth o'r rheini yn osodwyr cledrau a oedd yn gyfrifol am waith cynnal a chadw. Ac eithrio'r gosodwyr cledrau hyn, a oedd, gan mwyaf, yn

[17] Dot Jones, *The Coming of the Railways and Language Change in North Wales 1850–1900* (Aberystwyth, 1995), t. 8.

Gymry dwyieithog o'r cyffiniau, hanai traean o'r gweddill o swyddi Caer, Caerhirfryn a Middlesex, ac yr oedd 19 (48.7 y cant) yn ddi-Gymraeg, gan gynnwys yr arolygwr, y giard a thrwch helaeth y swyddogion tocynnau a'r gyrwyr trenau. Y mae'n amlwg fod cyfle i Gymry rhugl eu Saesneg ymddyrchafu oherwydd yr oedd y ddau orsaf-feistr yn frodorion dwyieithog o sir Y Fflint. Dim ond un a gofnodwyd yn uniaith Gymraeg, sef John Owen, dyn signal o Ddinbych. Gan fod y rhan fwyaf o'i gyd-weithwyr yn siarad Saesneg, a rhai aelodau o'r teulu yr oedd yn lletya gyda hwy yn ddi-Gymraeg, y mae'n bur annhebyg fod y Saesneg yn estroniaith iddo.

Gofelid am anghenion meddygol y trigolion gan bump o feddygon a'u tri chynorthwywr, pedwar deintydd, dwy nyrs a dwy fydwraig; medrai pedwar ar ddeg ohonynt gyfathrebu yn Saesneg a dau yn y Gymraeg yn unig. Y Cymry uniaith cofrestredig oedd Margaret Williams, bydwraig 61 oed o Abergele yn sir Ddinbych, a myfyriwr o'r enw John Howell. Anodd credu na fyddai ganddo ef ryw grap ar y Saesneg o ystyried yr addysg a gawsai. Yr oedd naw yn ddi-Gymraeg, gan gynnwys dau feddyg o swydd Stafford, dyn darllen pennau o swydd Derby, cynorthwywr deintyddol o Lundain a myfyriwr o swydd Gaer. Yr oedd dau o'r tri a aned yng Nghymru ac a gofrestrwyd yn uniaith Saesneg yn blant i fewnfudwyr o Loegr, ond yr oedd y llall yn ddeintydd ifanc a aned yn Y Rhyl yn fab i Henry a Maria Parry, 3 Brighton Road, brodorion dwyieithog o siroedd Caernarfon a Meirionnydd. Fel 'gŵr bonheddig' y cofnodwyd Henry Parry, a dichon nad ystyriai ei famiaith yn ddigon defnyddiol i'w throsglwyddo i'w blant. Câi'r Saesneg gryn achles ym myd addysg hefyd. Yr oedd pob un o'r 71 a weithiai yn y maes hwnnw yn hyddysg ynddi a 59 (83.1 y cant) ohonynt yn ddi-Gymraeg. Nid oedd hynny yn syndod gan fod 47 (66.2 y cant) ohonynt yn enedigol o Loegr, pedwar o Iwerddon, dau o'r Alban ac un o Wlad Belg. Ni cheid Cymro uniaith ymhlith y rhai a ddiwallai anghenion ysbrydol y trigolion ychwaith. Er bod 16 (61.5 y cant) ohonynt yn ddwyieithog ac 19 wedi eu geni yng Nghymru, yr oedd 10 yn ddi-Gymraeg a 9 yn hanu o Loegr a'r tu hwnt. Ymhlith y rhai na siaradent yr iaith gynhenid yr oedd pedwar clerigwr, offeiriad Pabyddol a dau o weinidogion a bregethai yng nghapeli Saesneg y gymdogaeth. Yr oedd y Saesneg wedi ei gorseddu ym myd y gyfraith hefyd. Yr oedd pob un ond dau o'r 31 a oedd yn gyflogedig yn y byd hwnnw yn hyddysg ynddi ac 17 ohonynt heb fedru unrhyw iaith arall. Dim ond dau a gofnodwyd yn uniaith Gymraeg, sef y cyfreithiwr, Thomas Jones, a hanai o Ruddlan, a'r clerc, John Davies, brodor o'r Rhyl.

Nid oedd pethau fawr gwahanol yn y sector gwasanaethau cyhoeddus lle'r oedd y rheini na fedrent siarad Saesneg yn eithriadau prin. Brodor di-Gymraeg o swydd Amwythig oedd Henry Powell, y postfeistr, a di-Gymraeg hefyd oedd pump o'r wyth teligraffydd a oedd yn byw yn y dref. Yr oedd pump o'r chwe phostmon, ar y llaw arall, yn ddwyieithog ac un ohonynt, sef Hugh Edwards o Lanrwst, yn ddi-Saesneg. Ym maes llywodraeth leol dim ond Owen Rowlands, beili y llys sirol, a oedd yn Gymro Cymraeg. Ganed ef yn sir Feirionnydd ond yr oedd y gweddill, gan gynnwys arolygwr gwasanaeth sifil, casglwr treth incwm ac arolygwr niwsansau, yn frodorion uniaith Saesneg o swyddi Caerhirfryn a Stafford. Hanai tri o'r pump a gadwai'r heddwch yn y dref hefyd o'r tu hwnt i Gymru. Yr oedd y rhingyll ac un o'r tri heddwas yn frodorion dwyieithog o Brestatyn a Hwlffordd, ond hanai'r arolygwr a'r ddau heddwas arall o Iwerddon a'r Alban ac yr oeddynt yn ddi-Gymraeg. Yn y sector gwasanaethau diwydiannol, yr oedd 34 (94.4 y cant) yn siarad Saesneg ac 11 yn llefaru'r iaith honno yn unig. Dim ond dau a oedd yn uniaith Gymraeg, sef Joseph Griffiths, casglwr yswiriant o Allt Melyd yn sir Y Fflint, a Hugh Edwards, clerc masnachol o Benmaen-mawr yn sir Gaernarfon a oedd hefyd yn pregethu yng nghapel yr Annibynwyr yn Owen Street.

Câi'r famiaith fwy o ymgeledd ym myd amaeth. Fe'i siaredid gan 37 (78.7 y cant) o unigolion ac yr oedd 13 (27.6 y cant) ohonynt yn Gymry uniaith. Ganed 23 ohonynt yn sir Y Fflint a'r gweddill yn siroedd Dinbych a Môn. Dim ond deg a gofnodwyd yn uniaith Saesneg a hanai wyth o'r rheini o Loegr. Yn eu plith yr oedd ffermwyr o swyddi Amwythig, Buckingham a Hampshire a oedd wedi ymgartrefu yn y gymdogaeth, a gwerthwyr ŷd o swyddi Caer, Stafford a Chaint a oedd yn aros yn y dref am gyfnod byr. Yr oedd 481 (72.1 y cant) o'r rhai a weithiai yn y sector gwasanaethau cartref wedi eu geni yng Nghymru a chynifer â 468 (70.2 y cant) ohonynt yn siarad Cymraeg. Serch hynny, yr oedd 397 (59.5 y cant) yn ddwyieithog a 199 (29.8 y cant) yn uniaith Saesneg. Morynion a oedd yn gweini yng nghartrefi dosbarth-canol y dref oedd 480 (72.0 y cant) ohonynt. Câi 44.9 y cant o ferched cyflogedig y gymdogaeth gynhaliaeth yn y cyfryw fodd, ac er bod 344 (71.7 y cant) yn hanu o Gymru, deuai rhagor na'u chwarter (136 neu 28.3 y cant) o Loegr a'r tu hwnt. Yr oedd 148 (30.8 y cant) yn ddi-Gymraeg ac y mae'n arwyddocaol fod 81.6 y cant o'r rheini yn gweithio ar aelwydydd lle'r oedd un person neu ragor yn uniaith Saesneg ac yn hanu o Loegr. Y mae'n amlwg, felly, na fuont yn gyfrwng i Seisnigo aelwydydd Cymraeg eu hiaith. Ni fu morynion uniaith Gymraeg yn foddion i Gymreigio aelwydydd Saesneg ychwaith gan fod 26 (74.3 y cant) ohonynt yn gweini ar deuluoedd Cymraeg. Eto i gyd, yr oedd mwyafrif llethol y morynion yn ddwyieithog, a chan fod eu cyflogwyr a'u teuluoedd yn aml yn siarad Saesneg yr oedd hynny yn gwbl naturiol.

Nid gormodiaith fyddai dweud bod Cymreictod Y Rhyl dan fygythiad ym 1891. Yn sgil dyfodiad y rheilffordd yn y 1850au, daethai'r dref yn gyrchfan hynod hygyrch ac atyniadol i drigolion gogledd a chanolbarth Lloegr ac yn faes ymrafael rhwng dwy iaith a dau ddiwylliant.[18] Yr oedd rhagor na chwarter y trigolion yn fewnfudwyr uniaith Saesneg, a chan eu bod mor niferus nid oedd rheidrwydd arnynt i ddysgu siarad Cymraeg. Ar y llaw arall, yr oedd pwysau cynyddol ar y Cymry Cymraeg i fod yn ddwyieithog, ac er bod y famiaith yn

[18] W. T. R. Pryce, 'Welsh and English in Wales 1750–1971: A Spatial Analysis based on the Linguistic Affiliation of Parochial Communities', *BBCS*, XXVIII, rhan 1 (1978), 24–30.

parhau yn gryf ar rai aelwydydd ac ym maes crefydd, mawr brisid yr iaith Saesneg yn yr ysgolion, a hi hefyd a deyrnasai ym myd masnach ac yn y sector cyhoeddus a phroffesiynol. Dim ond lleiafrif o blant bychain a phobl oedrannus a oedd yn parhau yn uniaith Gymraeg, a Saesneg oedd iaith bywyd beunyddiol cyfran helaeth o'r boblogaeth.

Tabl 7: Iaith a leferid yn ôl galwedigaeth

(10 oed a throsodd)

	Iaith a leferid Dynion				**Iaith a leferid** Merched			
Dosbarth diwydiannol	Cymraeg	Y Ddwy	Saesneg	Cyfan.	Cymraeg	Y Ddwy	Saesneg	Cyfan.
AMAETHYDDIAETH								
Ffermio								
Ffermwyr	1	3	3	7	1	1	–	2
Gweithwyr amaethyddol	8	6	–	14				
Gweision fferm	1	6	–	7				
Gwasanaeth tir								
Perchennog injan ddyrnu	–	1	–	1				
Masnachu								
Gwerthwyr gwartheg	–	2	1	3				
Gwerthwyr ŷd	–	–	3	3	–	1	–	1
Gwerthwraig gwlân	–	–	–	–	–	–	1	1
Pysgota								
Pysgotwyr	–	4	2	6	2	–	–	2
Cyfanswm	**10**	**22**	**9**	**41**	**3**	**2**	**1**	**6**
%	***24.4***	***53.7***	***21.9***	***100.0***	***50.0***	***33.3***	***16.7***	***100.0***
MWYNGLODDIO								
Plwm								
Mwynwyr	1	1	–	2				
Brics								
Rheolwr	–	1	–	1				
Gwneuthurwyr brics	1	2	–	3				
Cyfanswm	**2**	**4**	–	**6**				
%	***33.3***	***66.7***	–	***100.0***				
ADEILADU								
Rheoli								
Pensaer	–	1	–	1				
Peirianwyr sifil/syrfewyr	–	1	5	6				
Contractwyr	1	10	2	13				
Fforman	–	1	–	1				
Prentis/cynorthwywr	–	–	2	2				
Gweithwyr								
Seiri meini	–	9	1	10				
Bricwyr	7	26	1	34				

Dosbarth diwydiannol	Iaith a leferid Dynion Cymraeg	Y Ddwy	Saesneg	Cyfan.	Iaith a leferid Merched Cymraeg	Y Ddwy	Saesneg	Cyfan.
Plastrwyr	1	19	–	20				
Towyr ayb	1	2	–	3				
Seiri coed	7	62	8	77				
Plymeriaid/peintwyr, ayb	1	39	21	61	–	–	1	1
Prentisiaid	–	9	1	10				
Labrwyr	2	5	2	9				
Rheilffyrdd								
Gosodwyr cledrau	–	6	2	8				
Cyfanswm	**20**	**190**	**45**	**255**	–	–	**1**	**1**
%	***7.8***	***74.5***	***17.6***	***100.0***	–	–	***100.0***	***100.0***
CYNHYRCHU								
Peiriannau, offer, watsys, ayb								
Crefftwyr	–	5	10	15				
Adeiladu llongau								
Crefftwyr	2	7	–	9	–	–	1	1
Labrwr	–	1	–	1				
Haearn a dur								
Rheolwr/fforman	–	–	2	2				
Crefftwyr	3	14	1	18				
Prentis/cynorthwywr	–	1	1	2				
Tunplat ayb								
Crefftwyr	–	3	–	3				
Labrwyr	–	2	–	2				
Llestri pridd ayb								
Rheolwr	–	1	–	1				
Crefftwyr	2	5	5	12				
Lledr ayb								
Crefftwyr	1	1	–	2	–	–	1	1
Pren, dodrefn, ayb								
Rheolwr	–	1	–	1				
Crefftwyr	1	6	5	12				
Prentisiaid	–	2	–	2				
Labrwyr	–	2	–	2				
Cerbydau a harneisiau								
Crefftwyr	4	11	12	27				
Prentisiaid	–	1	1	2				
Cotwm ayb								
Fforman	–	–	1	1				
Dillad								
Rheolwr	–	–	1	1				
Crefftwyr	4	25	12	41	8	59	37	104
Prentisiaid/cynorthwywyr	–	3	1	4	–	9	5	14
Bwyd								
Fforman	–	–	1	1				
Clerc	–	1	–	1				
Crefftwyr	1	17	7	25	1	17	6	24
Prentisiaid/cynorthwywyr	–	3	1	4	–	6	1	7

Dosbarth diwydiannol	Iaith a leferid Dynion Cymraeg	Y Ddwy	Saesneg	Cyfan.	Iaith a leferid Merched Cymraeg	Y Ddwy	Saesneg	Cyfan.
Argraffu								
Rheolwr	–	1	–	1				
Crefftwyr	1	12	2	15				
Prentisiaid/cynorthwywyr	1	2	3	6				
Amhenodol								
Perchennog	–	–	1	1				
Crefftwyr	–	1	3	4				
Prentisiaid/cynorthwywyr	–	3	1	4				
Arall	–	–	1	1				
Cyfanswm	**20**	**131**	**72**	**223**	**9**	**91**	**51**	**151**
%	***9.0***	***58.7***	***32.3***	***100.0***	***6.0***	***60.3***	***33.8***	***100.0***
CLUDIANT								
Ystordai								
Labrwyr, cynorthwywyr	–	4	–	4	–	–	1	1
Morwriaeth								
Capteiniaid	–	2	–	2				
Morwyr	1	9	4	14				
Rheilffyrdd								
Gorsaf-feistri/swyddogion	–	1	2	3	–	1	–	1
Swyddog tocynnau	–	3	5	8				
Gyrwyr trenau, dynion signal, ayb	1	7	7	15				
Porthorion	–	7	5	12				
Ffyrdd								
Perchenogion cerbydau	1	3	2	6				
Gyrwyr cerbydau	1	13	10	24				
Certmyn, trolwyr	9	13	1	23				
Eraill	1	–	2	3	–	1	–	1
Cyfanswm	**14**	**62**	**38**	**114**	–	**2**	**1**	**3**
%	***12.3***	***54.4***	***33.3***	***100.0***	–	***66.7***	***33.3***	***100.0***
MASNACH								
Glo								
Gwerthwyr glo	–	6	2	8				
Labrwyr/cludwyr glo	3	–	–	3				
Nwyddau crai								
Masnachwyr coed	–	7	–	7				
Gwerthwr brethyn	–	1	–	1				
Dillad								
Dilledyddion	3	6	12	21	–	4	6	10
Cynorthwywyr	–	12	6	18	–	8	9	17
Bwyd								
Cigyddion, gwerthwyr pysgod	2	20	8	30	–	–	2	2
Gwerthwyr llaeth	–	7	2	9				
Groseriaid	7	21	3	31	–	7	4	11

Dosbarth diwydiannol	Iaith a leferid Dynion Cymraeg	Y Ddwy	Saesneg	Cyfan.	Iaith a leferid Merched Cymraeg	Y Ddwy	Saesneg	Cyfan.
Gwerthwyr llysiau a ffrwythau	1	3	1	5	1	2	–	3
Cynorthwywyr	9	43	9	61	–	8	1	9
Tybaco, diod a llety								
Gwerthwyr tybaco	–	–	2	2	–	–	2	2
Gwerthwyr gwin a gwirodydd	1	4	4	9				
Gwestywyr, tafarnwyr	–	13	13	26	–	4	9	13
Ceidwaid llety	1	6	16	23	8	56	62	126
Perchenogion bwytai	–	–	–	–	–	1	2	3
Gweision tafarn	–	8	8	16	–	7	26	33
Dodrefn a nwyddau i'r cartref								
Gwerthwyr dodrefn	–	2	4	6				
Gwerthwyr llestri a gwydr	–	–	1	1	–	–	1	1
Haearnwerthwyr	–	3	1	4				
Cynorthwywyr	–	7	–	7				
Fferyllwyr								
Fferyllwyr	–	–	3	3				
Cynorthwywyr	–	2	3	5				
Deunydd ysgrifennu a chyhoeddiadau								
Gwerthwyr llyfrau, papurau	–	4	4	8	–	–	2	2
Cynorthwywyr	–	2	5	7	–	1	1	2
Masnachwyr cyffredinol								
Siopwyr cyffredinol	–	–	5	5	–	1	1	2
Pedleriaid	1	2	3	6	–	1	1	2
Gwerthwyr carpiau	–	–	1	1	–	–	1	1
Cynorthwywyr	–	–	2	2	–	3	6	9
Arall ac amhenodol								
Masnachwyr, broceriaid, ayb	–	4	6	10				
Arwerthwyr ayb	–	6	3	9				
Trafaelwyr	2	9	12	23				
Cyfanswm	**30**	**198**	**139**	**367**	**9**	**103**	**136**	**248**
%	***8.2***	***54.0***	***37.9***	***100.0***	***3.6***	***41.5***	***54.8***	***100.0***
GWASANAETHAU DIWYDIANNOL								
Bancio, yswiriant, cyfrifon								
Gwasanaeth banc	–	6	3	9				
Gwasanaeth yswiriant	1	4	1	6				
Cyfrifyddion	–	5	2	7				
Clercod masnachol	1	8	5	14				
Cyfanswm	**2**	**23**	**11**	**36**				
%	***5.6***	***63.9***	***30.5***	***100.0***				
GWASANAETHAU CYHOEDDUS A PHROFFESIYNOL								
Gweinyddiaeth ganolog								
Swyddogion y gwasanaeth sifil	–	2	2	4				
Swyddogion Swyddfa'r Post, telegraff	1	7	4	12	–	–	4	4

Dosbarth diwydiannol	Iaith a leferid Dynion Cymraeg	Y Ddwy	Saesneg	Cyfan.	Iaith a leferid Merched Cymraeg	Y Ddwy	Saesneg	Cyfan.
Clercod Swyddfa'r Post	1	10	3	14				
Gweinyddiaeth leol								
Swyddogion sirol, bwrdeistrefol	–	1	2	3				
Swyddog Deddf y Tlodion	–	–	1	1				
Swyddog brechu	–	–	1	1				
Swyddogion lleol eraill	–	4	–	4				
Clerc	–	–	1	1				
Amddiffyn								
Swyddogion y fyddin	–	–	3	3				
Milwyr	–	–	3	3				
Pensiynwr y fyddin	–	–	1	1				
Gwylwyr y glannau	–	–	2	2				
Heddlu								
Arolygwr	–	–	1	1				
Rhingyll	–	1	–	1				
Heddweision	–	1	2	2				
Y gyfraith								
Cyfreithwyr	1	7	8	16				
Clercod	1	5	8	14	–	–	1	1
Meddygaeth								
Meddygon	–	2	3	5				
Myfyrwyr, cynorthwywyr	1	1	1	3				
Deintyddion	–	–	4	4				
Nyrsys	–	–	–	–	–	1	1	2
Bydwragedd	–	–	–	–	1	1	–	2
Addysg								
Prifathrawon, athrawon ysgol	–	–	7	7	–	7	26	33
Disgybl-athrawon, cynorthwywyr	–	–	4	4	–	3	11	14
Athrawon cerdd	–	1	3	4	–	1	4	5
Myfyrwyr	–	–	4	4				
Crefydd								
Clerigwyr	–	3	4	7				
Offeiriad Pabyddol	–	–	1	1				
Gweinidogion y MC	–	3	–	3				
Gweinidogion yr Annibynwyr	–	3	–	3				
Gweinidogion y Bedyddwyr	–	1	1	2				
Gweinidogion y Wesleaid	–	3	1	4				
Myfyrwyr diwinyddol	–	1	1	2				
Swyddogion Byddin yr Iachawdwriaeth	–	1	1	2				
Gweision capel	–	1	–	1	–	1	1	2
Adloniant								
Telynorion	–	1	–	1	–	1	–	1
Digrifwyr, rheolwyr y pier	–	1	2	3				
Gemau	1	4	4	9	–	1	–	1

Dosbarth diwydiannol	Iaith a leferid Dynion Cymraeg	Y Ddwy	Saesneg	Cyfan.	Iaith a leferid Merched Cymraeg	Y Ddwy	Saesneg	Cyfan.
Celf, llên								
Arlunwyr	–	–	2	2				
Ffotograffwyr	–	2	6	8	–	–	1	1
Awdur, bardd, newyddiadurwyr	–	2	2	4				
Gohebydd	–	–	1	1				
Cyfanswm	**6**	**68**	**94**	**168**	**1**	**16**	**49**	**66**
%	***3.6***	***40.5***	***55.9***	***100.0***	***1.5***	***24.2***	***74.2***	***100.0***
GWASANAETHAU CARTREF								
Yn y tŷ								
Gweision/morynion	7	11	7	25	35	297	148	480
Nyrsys yn y cartref	–	–	–	–	1	17	7	25
Gweision sefydliadol	–	–	–	–	–	3	5	5
Y tu allan								
Coetsmyn a gwastrodion	–	5	2	7				
Garddwyr	3	17	8	28				
Gwasanaeth ychwanegol								
Glanhawyr a golchwragedd	2	–	–	2	23	40	8	71
Gofalwyr	–	1	1	2	–	2	–	2
Dynion trin gwallt	–	1	11	12				
Glanhawyr simneiau	–	1	1	2				
Eraill	–	2	–	2	–	–	1	1
Cyfanswm	**12**	**38**	**30**	**80**	**59**	**359**	**169**	**587**
%	***15.0***	***47.5***	***37.5***	***100.0***	***10.0***	***61.2***	***28.8***	***100.0***
ERAILL								
Rheolwr	–	–	1	1				
Labrwyr cyffredinol	33	100	11	144	–	2	–	2
Swyddi amhenodol	1	9	1	11	–	1	2	3
Cyfanswm	**34**	**109**	**13**	**156**	–	**3**	**2**	**5**
%	***21.8***	***69.9***	***8.3***	***100.0***	–	***60.0***	***40.0***	***100.0***
CYFANSWM Y CYFLOGEDIG								
	150	**845**	**451**	**1446**	**81**	**576**	**410**	**1067**
%	***10.4***	***58.4***	***31.2***	***100.0***	***7.6***	***54.0***	***38.4***	***100.0***
Gweddill y boblogaeth	16	73	111	200	137	683	705	1525
%	*8.0*	*36.5*	*55.5*	*100.0*	*8.9*	*44.8*	*46.3*	*100.0*
Disgyblion ysgol	11	133	89	233	9	127	116	252
%	*4.7*	*57.1*	*38.2*	*100.0*	*3.6*	*50.4*	*46.0*	*100.0*
CYFANSWM Y BOBLOGAETH								
10 OED+	**177**	**1051**	**651**	**1879**	**227**	**1386**	**1231**	**2844**
%	***9.4***	***56.0***	***34.6***	***100.0***	***8.0***	***48.7***	***43.3***	***100.0***

17

Rhosllannerchrugog (Sir Ddinbych)

GWENFAIR PARRY

Tref weithfaol boblog, nid nepell o Wrecsam, yw Rhosllannerchrugog. Saif ar lain o dir uchel a bryniau Cyrn-y-brain yn gefn iddi ac erwau bras Dyffryn Maelor o'i blaen. Er mai datblygu yn sgil y Chwyldro Diwydiannol a wnaeth, a hynny ergyd carreg o Glawdd Offa, fe'i hystyrid yn dref lle'r oedd yr ysbryd Cymraeg yn ddigon egnïol i fedru ffynnu yn wyneb y dylanwad Seisnig, ac y mae wedi parhau yn Gymraeg ei hiaith, ei harferion a'i hanianawd hyd yn gymharol ddiweddar.[1] Daeth y brodorion yn enwog nid yn unig am eu gweithgaredd diwylliannol ond hefyd am y dafodiaith hynod a lefarent. Yr oedd eu hiaith yn gyforiog o droeon ymadrodd a gwerin-eiriau mor arbennig nes eu bod bron yn annealladwy i bawb ac eithrio hwy eu hunain.[2] Fel y dywedodd Ronald Griffith ym 1944: 'Oes, y mae i "bobl Rhos" iaith, eu hiaith briod eu hunain. Wrth gwrs, yr iaith Gymraeg ydyw, ond Cymraeg Rhosllannerchrugog yn unig.'[3] Crisielir ei natur unigryw yn y dyfyniad canlynol o eiddo'r Parchedig William Phillips, sy'n trafod y berthynas rhwng trigolion y Rhos a thrigolion pentrefi cyfagos Cefn-mawr a Choed-poeth:

> Os bu ysbryd y llwyth yn teyrnasu trwy ardal o gwbl, wel, trwy ardal y Rhos y gwelais i ef yn teyrnasu ar ei gryfaf. Dyna'r pam yr edrychais i a'm cyfoedion, fel y gwnaethai ein teidiau o'n blaenau, yn gilwgus onid hefyd braidd yn ddirmygus ar bobl y Cefn; ac am yr un rheswm y teimlem yn gas tuag at bobl Coedpoeth. Hwntws oedd y naill; pobl 'r ochr draw oedd y lleill. Pobl y Cefn yn methu yngan y llythyren 'h' gan gyfeirio at 'fy nad' yn lle fy nhad; holi wedyn am waith yr 'Afod' ac nid am yr Hafod, a gofyn 'be magat ti gyn?' a ninnau'n fawr gwell am y clawdd yn gofyn 'be sgin ti?' Ar yr ochr arall inni soniai brodorion *Cypoeth* am ryw 'Ffewyth John' ac am 'ffet i' a gollwyd yn y gwynt, a ninnau bob amser yn sôn am 'yng ngewyth Sam' ac am 'yng nghet'.[4]

[1] H. D. Hughes, *Y Chwarel a'i Phobl* (Llandybïe, 1960), t. 11.
[2] Mari C. Jones, *Language Obsolescence and Revitalization: Linguistic Change in Two Sociolinguistically Contrasting Welsh Communities* (Oxford, 1998), tt. 156–7.
[3] Ronald Griffith, 'Iaith Pobl Rhos', *Yr Eurgrawn Wesleaidd*, CXXXVI, rhif 4 (1944), 121.
[4] William Phillips, *'Mor las oedd fy llannerch.' Rhos-llannerch-rugog. Atgofion* (Caernarfon, 1955), t. i.

Tabl 1: Iaith a leferid gan boblogaethau Rhosllannerchrugog, Dosbarth Cofrestru Wrecsam, Sir Ddinbych a Chymru

(2 flwydd oed a throsodd)

	Nifer				*Canran*			
	Cymraeg	Y Ddwy	Saesneg	Cyfanswm	*Cymraeg*	*Y Ddwy*	*Saesneg*	*Cyfanswm*
Rhosllannerchrugog[1]	2605	2200	481	5286	*49.3*	*41.6*	*9.1*	*100.0*
D.C. Wrecsam[2]	10604	16641	30810	58055	*18.3*	*28.7*	*53.0*	*100.0*
Sir Ddinbych[3]	37195	35030	38310	110535	*33.6*	*31.7*	*34.7*	*100.0*
Cymru[4]	508036	402253	759416	1669705	*30.4*	*24.1*	*45.5*	*100.0*

[1] Hepgorwyd 52 unigolyn nad oeddynt wedi nodi eu gallu ieithyddol ynghyd â 4 siaradwr Almaeneg, 2 siaradwr Gwyddeleg ac un a fedrai'r Wyddeleg a'r Saesneg.

[2] Hepgorwyd 355 nad oeddynt wedi nodi eu gallu ieithyddol a 34 a siaradai ieithoedd eraill.

[3] Hepgorwyd 606 nad oeddynt wedi nodi eu gallu ieithyddol a 50 a siaradai ieithoedd eraill.

[4] Hepgorwyd 12,833 nad oeddynt wedi nodi eu gallu ieithyddol a 3,076 a siaradai ieithoedd eraill.

Ym 1891 yr oedd y gymdogaeth yn fwrlwm o Gymreictod ac yn gadarnle i'r diwylliant brodorol mewn ardal lle'r oedd dwy iaith yn brwydro'n barhaus a'r goror diwylliannol rhyngddynt yn araf ymwthio tua'r gorllewin. At ddibenion yr astudiaeth hon, archwiliwyd chwe ardal rifo a oedd yn amgylchynu y rhan fwyaf o'r Rhos ac yn cynnwys 5,286 o unigolion a oedd yn 2 flwydd oed neu yn hŷn. O'r nifer hwnnw, cofrestrwyd 49.3 y cant yn uniaith Gymraeg, 41.6 y cant yn ddwyieithog, a 9.1 y cant yn uniaith Saesneg. Felly, yr oedd gan 90.9 y cant o'r trigolion wybodaeth o'r Gymraeg a 50.7 y cant wybodaeth o'r Saesneg. Fel y dengys Tabl 1, yr oedd y dref gryn dipyn Cymreiciach na chrynswth Dosbarth Cofrestru Wrecsam a chrynswth sir Ddinbych a Chymru hefyd.

Cloddiwyd am lo yng nghymdogaeth y Rhos yn gynnar yn y ddeunawfed ganrif, ond ni fu fawr o lewyrch ar bethau yno nes i lofeydd sir Y Fflint fynd â'u pen iddynt ac i'r diwydiant haearn ddechrau ymegnïo o 1800 ymlaen. Yr oedd i ddyfodiad y gamlas ran allweddol yn y proses hwn, a buan y gwelwyd cynnydd yn nifer y cwmnïau a ddaeth i weithio yn yr ardal.[5] Dihoenodd y diwydiant ar ddiwedd y 1820au, a chymaint oedd anniddigrwydd y glowyr fel y bu'n rhaid darllen y Ddeddf Derfysg ger eu bron a'i chyfieithu yn gyfan gwbl i'r Gymraeg cyn iddynt fedru deall gair ohoni.[6] Daeth adferiad pan sylweddolwyd y gellid defnyddio glo at bwrpasau newydd. Suddwyd sawl pwll er mwyn darparu nwy a glo tân ac, yn ddiweddarach, danwydd ar gyfer trenau ac agerlongau. Ond yr hyn a barodd i'r fasnach fywiocáu drwyddi oedd y ffyniant a ddaeth i ran y

[5] J. Rhosydd Williams, *Hanes Rhosllannerchrugog* (Rhosllannerchrugog, 1945), t. 11; W. T. R. Pryce, 'The Social and Economic Structure of Northeast Wales, 1750–1890' (traethawd PhD anghyhoeddedig Coleg Polytechnig Lanchester, 1971), t. 51.

[6] Emlyn Rogers, 'Notes at random on eighteenth-century Denbighshire', *TCHSDd*, VI (1957), 40, 53–66.

gweithfeydd brics oddi ar 1865.[7] Dywedir bod rhagor nag ugain o byllau glo – gweithfeydd bychain gan mwyaf – yn y gymdogaeth yn ail hanner y ganrif, ond asgwrn cefn y diwydiant oedd gwaith Hafod y Bwlch ger Johnstown lle y gweithiai trwch helaeth y boblogaeth.[8] Yn ôl cyfrifiad 1891 yr oedd 1,358 (72.7 y cant) o ddynion y Rhos yn dibynnu'n uniongyrchol ar y diwydiant glo a'r gweithfeydd brics a terracotta cysylltiedig. Yr oedd yn nodweddiadol o gymuned lofaol hefyd mai nifer bychan o ferched y gymdogaeth a oedd yn gyflogedig o'u cymharu â'r dynion: cynrychiolent 17.5 y cant o'r rheini a oedd yn gweithio, ac afraid dweud mai morynion oedd y mwyafrif llethol ohonynt.

Fel y gellid disgwyl, bu'r datblygiadau diwydiannol yng nghymdogaeth Rhosllannerchrugog yn fodd i gynyddu maint y boblogaeth yn aruthrol. Ym 1811 maint y boblogaeth oedd 1,244 ond erbyn 1891 yr oedd y pentref cymedrol ei faint wedi tyfu'n dref ddiwydiannol flaenllaw a chanddi boblogaeth o oddeutu 7,000. Ymhen llai na chanrif, felly, yr oedd y boblogaeth wedi cynyddu rhagor na phum gwaith. Gwyddys bod twf naturiol yn ffactor pwysig, yn enwedig gydol ail hanner y ganrif, ond ni ellir ychwaith wadu effaith allweddol mewnfudiad pobl.[9] Heigient o'r plwyfi gwledig cyfagos a dechreuwyd codi tai ar eu cyfer, a'r rheini blith draphlith, heb na threfn na chynllun iddynt. Yn wir, disgrifiwyd y Rhos yn Llyfrau Gleision 1847 fel lle gwaeth na Merthyr Tudful; yr oedd llawer o dai un-ystafell yn mesur rhwng naw a deuddeg troedfedd sgwâr, ac amryw ohonynt yn ferw o fudreddi a haint.[10] Nid oedd pethau fymryn gwell ym 1891 pryd yr oedd rhagor nag 80 y cant o'r anheddau a llai na phum ystafell ynddynt.

Yn Nhabl 2, sy'n dangos dosraniad y boblogaeth yn ôl rhyw ac oedran, ceir prawf o allu'r gymuned i'w hadnewyddu ei hun trwy dwf naturiol. Yr hyn sydd fwyaf nodedig yw'r anghydbwysedd rhwng y rhywiau ac ieuengrwydd y gymdogaeth lofaol. Yr oedd 37.7 y cant o'r boblogaeth dan 15 oed, a dim ond 18.4 y cant a oedd yn hŷn na 45 oed. Gwelir hefyd gryn anghydbwysedd rhwng y rhywiau yn y grwpiau oedran gwaith o'u cymharu â'r grwpiau oedran dan 15 oed, yn enwedig yng nghyswllt oedolion iau. Dyna'r oedran pryd yr oedd dynion ieuainc ar eu mwyaf symudol ac, fel y gellid disgwyl, un o ganlyniadau'r diffyg cydbwysedd rhwng y rhywiau oedd cyfradd briodi uchel ymhlith y rhyw deg: yr oedd 281 (65.2 y cant) o'r merched a oedd yn eu hugeiniau yn briod o'u cymharu â 250 (45.5 y cant) o'u cyfoedion gwrywaidd. Yr oedd mwy o ferched na dynion yn ganol oed neu yn hŷn.

Yn gymdeithasol, cymuned ddosbarth-gweithiol, hunangynhaliol a chlòs ei gwead oedd y Rhos. Yn nhyb rhai, gellir priodoli hirhoedledd y Gymraeg yn y

[7] George G. Lerry, 'The Industries of Denbighshire from Tudor Times to the Present Day', *TCHSDd*, VII (1958), 45; A. H. Dodd, *The Industrial Revolution in North Wales* (ail arg., Bristol, 1971), t. 193.

[8] George G. Lerry, *The Collieries of Denbighshire – Past and Present* (Wrexham, 1940), t. 159; Williams, *Hanes Rhosllannerchrugog*, t. 13.

[9] Pryce, 'Social and Economic Structure of Northeast Wales', t. 104.

[10] Williams, *Hanes Rhosllannerchrugog*, t. 12.

Tabl 2: Dosraniad y boblogaeth yn ôl rhyw ac oedran[1]

Oed	Nifer Dynion	Merched	Cyfanswm	*Canran Dynion*	*Merched*	*Cyfanswm*
0–4	391	400	791	*49.4*	*50.6*	*100.0*
5–14	686	651	1337	*51.3*	*48.7*	*100.0*
15–24	608	474	1082	*56.2*	*43.8*	*100.0*
25–44	740	661	1401	*52.8*	*47.2*	*100.0*
45–64	406	415	821	*49.5*	*50.5*	*100.0*
65+	98	122	220	*44.5*	*55.5*	*100.0*
Cyfanswm	**2929**	**2723**	**5652**	***51.8***	***48.2***	***100.0***

[1] Hepgorwyd 4 nad oeddynt wedi nodi eu rhyw na'u hoedran.

gymdogaeth i'r elfen annibynnol a nodweddai'r bobl a oedd wedi ymsefydlu yno.[11] Dadlennodd cymdeithasegwyr iaith fod a wnelo dwysedd rhwydweithiau cymdeithasol â chadwraeth iaith, ac mewn cofiannau ceir cyfeiriadau mynych at y 'brogarwch' a'r 'strydgarwch' a nodweddai'r ardal, ac at 'deimlad llwythol' ac 'ysbryd y llwyth yn teyrnasu'.[12] Maentumiodd un sylwebydd fod y brodorion yn un teulu mawr ac mai anodd fyddai dod o hyd i ddau deulu nad oedd perthynas waed neu briodas rhyngddynt.[13] Ond nid rhwymau carennydd yn unig a oedd i gyfrif am y naws gymdogol. Fel y gwelwyd eisoes, gweithiai'r rhan fwyaf o'r dynion mewn glofeydd lle'r oedd eu profiadau cyffredin o galedi, ansicrwydd a pherygl yn meithrin ynddynt ymdeimlad o frawdoliaeth ac undod. Ffactor pellach a warantai gydlyniad cymdeithasol oedd y capeli Ymneilltuol a oedd yn gymaint canolfannau diwylliannol ag o addoldai. Bu'r dylifiad i'r dref yn hanner cyntaf y ganrif yn fodd i roi cynhaliaeth sefydliadol i'r Gymraeg trwy gynyddu dylanwad Ymneilltuaeth yn sylweddol yno. Er i'r Bedyddwyr a'r Methodistiaid Calfinaidd sefydlu achosion Saesneg, yr oedd yn yr ardal erbyn diwedd y ganrif dri ar ddeg o gapeli yn perthyn i'r enwadau Cymraeg, a chanddynt gyfanswm o 5,792 o aelodau.[14] Yr oedd, felly, gynifer ag 80 y cant o'r trigolion yn aelodau eglwysig.

Eto i gyd, er cadarned y Gymraeg a'i diwylliant yn y gymdogaeth, dylid cofio bod 50 y cant o'r trigolion yn medru siarad Saesneg. Dengys Tabl 3 na cheid nemor ddim llithriad ieithyddol rhwng y cenedlaethau: yr oedd 89 y cant o'r boblogaeth 65 oed a throsodd yn medru'r Gymraeg, a chynifer â 90.8 y cant o blant rhwng 2 a 14 oed yn ei siarad, a chyfran sylweddol o'r rheini (51.4 y cant)

[11] Phillips, '*Mor las oedd fy llannerch*', t. 108.

[12] Ibid., t. i.

[13] T. W. Jones, 'Pobl y Rhos', *Y Genhinen*, XII, rhif 4 (1962), 201.

[14] Royal Commission on the Church of England and Other Religious Bodies in Wales and Monmouthshire, *Appendices to Minutes of Evidence. Church of England. Volume V. Appendix III*, tt. 100–1 (PP 1911 (Cd. 5436) XVIII); ibid., *Nonconformist County Statistics. Volume VI*, tt. 128–9 (PP 1911 (Cd. 5437) XVIII).

Tabl 3: Iaith a leferid yn ôl oedran

(2 flwydd oed a throsodd)[1]

Oed	Nifer Cymraeg	Y Ddwy	Saesneg	Cyfanswm	*Canran Cymraeg*	*Y Ddwy*	*Saesneg*	*Cyfanswm*
2–5	340	211	59	610	*55.7*	*34.6*	*9.7*	*100.0*
6–14	582	495	106	1183	*49.2*	*41.8*	*9.0*	*100.0*
15–24	513	478	84	1075	*47.7*	*44.5*	*7.8*	*100.0*
25–44	642	607	138	1387	*46.3*	*43.8*	*9.9*	*100.0*
45–64	423	320	70	813	*52.0*	*39.4*	*8.6*	*100.0*
65+	104	89	24	217	*48.0*	*41.0*	*11.0*	*100.0*
Cyfanswm	**2604**	**2200**	**481**	**5285**	***49.3***	***41.6***	***9.1***	***100.0***

[1] Hepgorwyd un nad oedd wedi nodi ei oedran.

yn Gymry uniaith. Awgryma hyn mai profiad digon byrhoedlog oedd addysg i lawer o blant y Rhos, a bod yr ysgol Sul, o bosibl, wedi cael mwy o ddylanwad arnynt na'r ysgol ddyddiol. Serch hynny, ni ddylid anghofio bod 34.6 y cant o blant rhwng 2 a 5 oed yn ddwyieithog, ac i'r ganran godi i 41.8 y cant yn achos plant rhwng 6 a 14 oed. Cyfetyb hyn i'r dystiolaeth a geir am allu ieithyddol disgyblion y dref a oedd yn 2 flwydd oed neu yn hŷn: o'r 341 a rwydwyd yn y sampl, yr oedd 48.4 y cant yn medru siarad Saesneg a chynifer â 40 y cant yn ddwyieithog. Arwydd oedd y Seisnigo hwn o awch rhieni i drwytho eu plant yn 'iaith cynnydd', ac nid oes amheuaeth na fu addysg yn gyfrwng pwysig i newid iaith chwarae plant ac iaith yr aelwyd. Eto i gyd, dim ond lleiafrif bychan a gefnodd ar eu mamiaith yn llwyr. O'r 59 rhwng 2 a 5 oed a oedd yn uniaith Saesneg, tri yn unig a oedd yn blant i Gymry Cymraeg, ac y mae'n arwyddocaol mai ysgolfeistr oedd tad un ohonynt a bod tad un o'r lleill yn rheolwr pwll glo. Parodd cysylltiadau byd gwaith fod dwyieithrwydd yn cyrraedd uchafbwynt yn y grŵp oedran 15–24 ac yn parhau yn gymharol uchel cyn disgyn wrth i'r boblogaeth heneiddio. Nid amrywiai'r ganran uniaith Saesneg ryw lawer fesul grŵp oedran, ond yr oedd cyfran uwch o bobl 65 oed a throsodd yn ddi-Gymraeg, ffaith nid annisgwyl o gofio bod 16 (66.7 y cant) ohonynt wedi eu geni yn Lloegr. Dichon iddynt fudo i'r ardal er mwyn ymuno â pherthnasau iau a oedd eisoes wedi ymgartrefu yno.

Dengys Tabl 4 fod y gyfran o wrywod a benywod uniaith Saesneg yn dra thebyg ym mhob grŵp oedran, ond bod mwy o ferched rhwng 15 a 24 oed yn ddwyieithog nag o ddynion. Gellir priodoli hyn i'r ffaith mai gweini – a hynny'n aml mewn cartrefi Seisnig cymharol foethus – oedd yr unig waith ar eu cyfer, ac yr oedd yn arwyddocaol fod deuparth morynion y dref yn eu hugeiniau cynnar, a bod 59 y cant ohonynt yn ddwyieithog. Fel y gwelwyd eisoes, yr oedd mwyafrif helaeth y gwrywod yn gweithio gyda chymdogion a charennydd yn y pyllau glo,

Tabl 4: Iaith a leferid yn ôl oedran a rhyw

(2 flwydd oed a throsodd)[1]

Oed	Rhyw	Nifer Cymraeg	Y Ddwy	Saesneg	Cyfanswm	*Canran Cymraeg*	*Y Ddwy*	*Saesneg*	*Cyfanswm*
2–5	G	164	96	27	287	*57.1*	*33.4*	*9.4*	*100.0*
	B	176	115	32	323	*54.5*	*35.6*	*9.9*	*100.0*
6–14	G	282	274	66	622	*45.3*	*44.1*	*10.6*	*100.0*
	B	299	221	40	560	*53.4*	*39.5*	*7.1*	*100.0*
15–24	G	313	245	51	609	*51.4*	*40.2*	*8.4*	*100.0*
	B	200	233	33	466	*42.9*	*50.0*	*7.1*	*100.0*
25–44	G	344	320	70	734	*46.7*	*43.6*	*9.5*	*100.0*
	B	299	287	68	654	*45.6*	*44.0*	*10.4*	*100.0*
45–64	G	213	150	40	403	*52.9*	*37.2*	*9.9*	*100.0*
	B	210	170	30	410	*51.2*	*41.5*	*7.3*	*100.0*
65+	G	44	42	11	97	*45.4*	*43.3*	*11.3*	*100.0*
	B	60	47	13	120	*50.0*	*39.2*	*10.8*	*100.0*
	G	**1360**	**1127**	**265**	**2752**	***49.4***	***41.0***	***9.6***	***100.0***
Cyfanswm	**B**	**1244**	**1073**	**216**	**2533**	***49.1***	***42.4***	***8.5***	***100.0***

[1] Hepgorwyd un nad oedd wedi nodi ei oedran.

a diau i'w rhwydweithiau amryfal a dwys gyfnerthu eu Cymreictod: yr oedd rhagor o ddynion nag o ferched yn uniaith Gymraeg rhwng 15 a 64 oed. Yn y grŵp oedran 6–14, fodd bynnag, y merched ac nid y bechgyn a oedd yn fwy tebygol o fod yn Gymry uniaith: o'r 182 o ferched a oedd yn ddisgyblion ysgol, yr oedd 58.8 y cant yn Gymry uniaith a dim ond 33.5 y cant yn ddwyieithog; o'r 159 o fechgyn, fodd bynnag, yr oedd 43.4 y cant yn uniaith Gymraeg a chynifer â 47.7 y cant yn ddwyieithog. Gwelir hefyd mai merched oedd y rhan fwyaf o Gymry uniaith yn y grŵp oedran 65 a throsodd.

Yr oedd 1,255 o dylwythau yn Rhosllannerchrugog ym 1891. Teuluoedd cnewyllol oedd 1,017 (81.0 y cant) ohonynt – 852 yn barau priod â phlant a'r 165 a oedd yn weddill heb blant, ond yr oedd 174 (13.9 y cant) yn deuluoedd estynedig a 64 (5.1 y cant) yn cynnwys penteulu yn unig. Yr oedd y pâr priod, felly, wrth wraidd y strwythur cymdeithasol ac yn darparu llety ambell dro i geraint, a thro arall i rai nad oeddynt yn perthyn. Ar gorn hyn, gallai maint teuluoedd amrywio yn ddybryd. Ond er bod 248 (19.8 y cant) o anheddau yn cynnwys dau aelod neu lai, a 35 (2.8 y cant) yn cynnwys deg neu ragor, yr oedd 972 (77.5 y cant) yn cartrefu rhwng tri a naw (pump a geid ar gyfartaledd) ym mhob tŷ. O safbwynt hynt y Gymraeg, y mae'n arwyddocaol mai dim ond ar 160 (12.7 y cant) o aelwydydd y ceid trigolion a oedd heb gysylltiadau teuluol amlwg. Fel cyfanswm, ffurfient 4.4 y cant o'r boblogaeth – 1.4 y cant yn forynion, 2.7 y cant yn fyrddwyr neu letywyr, a 0.3 y cant yn ymwelwyr. Fel y dengys Tabl 5, yr oedd cyfran uwch o'r carfanau llai sefydlog hyn yn medru'r Saesneg: o'u cymharu â'r penteuluoedd a'u perthnasau, yr oedd 21 y cant yn rhagor ohonynt yn hyddysg ynddi. Deuai cynifer â 64 (88.9 y cant) o'r morynion o sir Ddinbych, 57 (89.1 y cant) ohonynt o blwyf Rhiwabon. Serch hynny, yr oedd 62.5 y cant yn medru siarad Saesneg yn ogystal â'u mamiaith. Chwech yn unig a hanai o Loegr, a chan fod un ohonynt yn byw mewn cartref dwyieithog a'r gweddill yn gweini i reidiau teuluoedd Saesneg, nid oedd angen iddynt ddysgu'r Gymraeg na cheisio ymgymathu â'r Cymry Cymraeg. Yr oedd byrddwyr a lletywyr, hwythau, yn fwy tebygol o ddod â dylanwadau estron i'w canlyn. Deuddeg ar hugain oedd eu hoedran cyfartalog, ac yr oedd 124 (86.7 y cant) yn wrywod a 108 (75.5 y cant) yn ddibriod. Medrid y Saesneg gan 67.9 y cant ohonynt ac yr oedd cyfran gymharol uchel (28.0 y cant) yn ddi-Gymraeg. Eu man geni a'u mudoledd a oedd i gyfrif yn bennaf am hynny. Hanai 101 (68.2 y cant) o sir Ddinbych, ond er mai o'u plith hwy y deuai'r gyfran uchaf o siaradwyr Cymraeg (97 neu 96.0 y cant), yr oedd oddeutu eu hanner (52 neu 51.5 y cant) yn rhugl eu Saesneg hefyd. Deg yn unig a oedd wedi eu geni yng ngweddill Cymru – un yn Gymro uniaith, pedwar yn ddwyieithog a phump yn uniaith Saesneg.

Deuai y rhan fwyaf o letywyr di-Gymraeg o Loegr: o'r 37 a aned yno, yr oedd cynifer â 35 (94.6 y cant) heb fedru'r iaith frodorol o gwbl. Nid oedd hyn yn syndod oherwydd, at ei gilydd, tueddai newydd-ddyfodiaid i letya gyda phobl a hanai o'r un ardal – perthnasau a oedd wedi mudo yno o'u blaenau fel rheol. Trigai 94 y cant o'r lletywyr a aned yn sir Ddinbych mewn cartrefi lle'r oedd y penteulu hefyd yn enedigol o'r sir honno. At hynny, yr oedd cynifer â 95 (94.1 y cant) yn byw gyda theuluoedd Cymraeg. Dichon fod llawer ohonynt yn perthyn i'w gwesteiwyr: yn 4 Owen Street, er enghraifft, yr oedd Arthur a Llewelyn Bellis – ill dau yn Gymry uniaith o Riwabon – yn lletya gyda theulu uniaith Gymraeg Enoch Bellis, a hanai o'r un lle. Mewn achosion fel hyn yr oedd lletywyr yn gyfryngau i gyfnerthu rhwymau teuluol a diwylliannol, ac o gael eu derbyn i'r gymdeithas yn y cyfryw fodd, caent gyfle i ffurfio cysylltiadau â'r gymuned Gymraeg. Tueddai lletywyr o Loegr hefyd i aros gyda theuluoedd o'r un cefndir daearyddol: felly yr oedd hi yn achos traean ohonynt. At hynny, yr oedd oddeutu eu hanner yn byw gyda theuluoedd Saesneg, ac er bod y gweddill yn aros gyda theuluoedd Cymraeg, dim ond 6 (15.0 y cant) o'r teuluoedd hynny a siaradai'r heniaith yn unig. Carfan arall a oedd yn debygol o feddu gwybodaeth o'r Saesneg oedd ymwelwyr. Menywod a phlant yn ymweld â pherthnasau oedd y rhain gan mwyaf, ac o'r deunaw a gofnodwyd yr oedd pedwar ar ddeg yn frodorion o sir Ddinbych. Pedwar yn unig a oedd yn uniaith Saesneg, sef John Giller (64 oed), gweithiwr amaethyddol o'r cyffiniau; Berkam White (24 oed), rheolwr gwaith llestri pridd o Fryste; Sarah Dodd (30 oed) o Oakengates, swydd Amwythig; ac Elisabeth Forester (11 oed) o Bolton, swydd Gaerhirfryn.

Gwelir yn Nhabl 5 hefyd mai dim ond lleiafrif bychan (7.5 y cant) o blant a oedd yn ddi-Gymraeg a bod 50.9 y cant ohonynt yn Gymry uniaith. Prawf oedd hyn o gadernid yr amgylchedd Cymreig y'u magwyd ynddo, a chan eu bod yn

Tabl 5: Iaith a leferid yn ôl perthynas â'r penteulu

(2 flwydd oed a throsodd)[1]

Perthynas â'r penteulu	Nifer Cymraeg	Y Ddwy	Saesneg	Cyfanswm	*Canran Cymraeg*	*Y Ddwy*	*Saesneg*	*Cyfanswm*
Penteuluoedd	633	500	104	1237	*51.2*	*40.4*	*8.4*	*100.0*
Gwragedd	473	418	83	974	*48.6*	*42.9*	*8.5*	*100.0*
Plant[2]	1305	1067	191	2563	*50.9*	*41.6*	*7.5*	*100.0*
Perthnasau	118	94	52	264	*44.7*	*35.6*	*19.7*	*100.0*
Gweision/morynion	21	45	6	72	*29.2*	*62.5*	*8.3*	*100.0*
Byrddwyr/lletywyr	46	57	40	143	*32.2*	*39.9*	*28.0*	*100.0*
Ymwelwyr	4	9	5	18	*22.2*	*50.0*	*27.8*	*100.0*
Eraill[3]	1	5	1	7	*14.3*	*71.4*	*14.3*	*100.0*
Cyfanswm	**2601**	**2195**	**482**	**5278**	***49.3***	***41.6***	***9.0***	***100.0***

[1] Hepgorwyd 8 nad oeddynt wedi nodi eu perthynas â'r penteulu.
[2] Gan gynnwys plant maeth a llysblant.
[3] 4 prentis, 2 gynorthwywr ac un nyrs.

ffurfio 48.6 y cant o'r boblogaeth ac yn bresennol ar 67.9 y cant o aelwydydd, ymddangosai dyfodol yr iaith yn olau. Eto i gyd, y mae'n werth nodi bod 49.1 y cant ohonynt yn gyfarwydd â'r Saesneg. O gofio fel y mawrygid yr iaith honno ac y'i cyplysid â chynnydd economaidd a chymdeithasol, y mae'n bosibl fod y ganran o blant a gofnodwyd yn ddwyieithog yn dweud mwy am ymffrost eu rhieni nag am eu cymhwyster ieithyddol hwy. Dichon hefyd mai plant i rieni dwyieithog oedd y rhan fwyaf ohonynt. Ceid yn yr ardal 378 o gartrefi lle'r oedd y ddau riant yn Gymry uniaith a dim ond yn 3.2 y cant o'r cartrefi hynny y medrai'r plant siarad Saesneg. Ar y llaw arall, yr oedd plant ar 12 y cant o'r 42 aelwyd Saesneg wedi ymgyfarwyddo â'r Gymraeg, a hynny, y mae'n debyg, drwy chwarae â phlant a siaradai'r iaith neu drwy fynychu ysgol Sul Gymraeg. Yr oedd y math hwn o gymathu yn gwbl ddisgwyliedig mewn cymdogaeth lle y tra-arglwyddiaethai'r Gymraeg a lle'r oedd cyn lleied â 3.6 y cant o deuluoedd yn uniaith Saesneg.

Gellir dyfnhau ein gwybodaeth o'r prosesau ieithyddol hyn trwy archwilio tystiolaeth y cyfrifiad ynglŷn â throsglwyddiad iaith o fewn teuluoedd. Er bod cynifer â 57.5 y cant o barau priod cnewyllol â phlant yn medru'r Gymraeg a 38.7 y cant ohonynt yn medru'r Saesneg, dim ond 4.4 y cant o briodasau a oedd yn gymysg, h.y. rhwng cymheiriaid lle y medrid y Gymraeg gan un ohonynt yn unig. Dylid nodi nad yw'r fath ryngbriodi o reidrwydd yn golygu priodasau rhwng aelodau o ddwy genedl wahanol, gan fod modd i'r naill gymar fod yn uniaith Saesneg a'r llall yn ddwyieithog, ni waeth pa genedl yr oeddynt yn perthyn iddi. Yn rhyfedd ddigon, ceid yn y sampl enghreifftiau o un cymar yn arddel gwybodaeth o'r Gymraeg yn unig yn hytrach na'r ddwy iaith – arwydd, o bosibl,

Tabl 6: Iaith plant (2 flwydd oed a throsodd) ar aelwydydd Cymraeg a di-Gymraeg

Gallu ieithyddol y rhieni		Gallu ieithyddol y plant Nifer yr aelwydydd				*Gallu ieithyddol y plant Canran*			
Tad	Mam	Cymraeg	Saesneg	Cymysg	Cyfanswm	*Cymraeg*	*Saesneg*	*Cymysg*	*Cyfanswm*
Cymraeg	Cymraeg	662	277	16	955	*69.3*	*29.0*	*1.7*	*100.0*
Cymraeg	Saesneg	6	14	3	23	*26.1*	*60.9*	*13.0*	*100.0*
Saesneg	Cymraeg	14	26	1	41	*34.1*	*63.4*	*2.4*	*100.0*
Saesneg	Saesneg	291	338	14	643	*45.3*	*52.6*	*2.1*	*100.0*
Cyfanswm		**973**	**655**	**34**	**1662**	***58.5***	***39.4***	***2.0***	***100.0***

Cymraeg: siaradwyr uniaith Gymraeg a dwyieithog; Saesneg: siaradwyr uniaith Saesneg; Cymysg: cymysgedd o siaradwyr Cymraeg a di-Gymraeg ar yr un aelwyd.

fod eu datganiadau ynglŷn ag iaith yn gymaint mynegiant o'u cenedligrwydd ag o'u gallu ieithyddol. Os oes coel ar dystiolaeth y cyfrifiad, nid oedd modd yn y byd i Emanuel ac Ann Jones, Stryd y Capel, gyfathrebu â'i gilydd!

Dengys Tabl 6 fedr ieithyddol plant ar aelwydydd cymysg a chydryw; y duedd amlycaf oedd i blant fabwysiadu iaith eu rhieni. Yr oedd hyn yn wir yn achos 69.3 y cant o deuluoedd lle y medrai'r ddau riant y Gymraeg, ond ar gynifer â 45.3 y cant o'r aelwydydd hynny lle y siaredid y Saesneg yr oedd y plant yn gallu siarad Cymraeg. Yn y cartrefi cymysg yr oedd y Saesneg ar ei hennill ac wedi ei throsglwyddo i'r plant mewn 62.5 y cant o achosion – ffaith sy'n cadarnhau'r ddamcaniaeth mai'r iaith uchaf ei statws sydd fel rheol yn goroesi ar aelwydydd o'r fath.[15] Ond gwelir hefyd fod y llithriad ieithyddol o blaid y Saesneg yn fwy ar aelwydydd lle y siaredid Cymraeg gan y tad yn unig nag ar aelwydydd lle y'i siaredid yn unig gan y fam. Felly, er gwaethaf swyddogaeth y tad fel penteulu awdurdodol, diau mai'r fam a gâi'r dylanwad pennaf ar fagwraeth a gallu ieithyddol ei phlant. Dyna, heb os, oedd barn J. E. Southall, yr addysgwr a'r argraffwr o Gasnewydd, a hefyd olygyddion cylchgronau Cymraeg yr oes a bwysleisiai ddyletswydd y fam i drwytho'r genhedlaeth nesaf yn yr iaith.[16] Wrth gwrs, rhaid cydnabod na ellir yn rhwydd ddidoli dylanwad y cartref o'r grymusterau yn y gymdeithas ehangach a oedd yn cynnal neu'n tanseilio'r dylanwad hwnnw. Dylid cofio hefyd fod y patrymau ieithyddol uchod yn

[15] Gw., e.e., H. Giles, R. Y. Bourhis a D. M. Taylor, 'Towards a Theory of Language in Ethnic Group Relations' yn Howard Giles (gol.), *Language, Ethnicity and Intergroup Relations* (London, 1977), t. 314; René Appel a Pieter Muysken, *Language Contact and Bilingualism* (London, 1987), t. 35.

[16] J. E. Southall, *Preserving and Teaching the Welsh Language in English Speaking Districts* (Newport, 1897). Gw., e.e., *Y Gymraes* (1850–1); *Y Frythones* (1879–90).

ganlyniad nid yn unig i'r cyfathrebu rhwng siaradwyr y Gymraeg a'r Saesneg, ond hefyd i agweddau gwahanol tuag at y ddwy iaith.

Gorchwyl anodd arall yw cyfrifo'n fanwl nifer y mewnfudwyr Saesneg a gymathwyd yn y gymdeithas. Y mae'n bosibl, er enghraifft, fod person a aned yn Lloegr wedi mudo i'r gymdogaeth yn nyddiau cynnar plentyndod, a phetai hynny'n wir, byddai'r dadansoddiad yn un tra gwahanol. Rhaid felly ragdybio ein bod yn ymwneud ag unigolion a fudodd i'r ardal ac ymgyfarwyddo â'r Gymraeg pan oeddynt yn oedolion. Dengys rhestrau'r cyfrifwyr mai dim ond 200 o oedolion yn y gymdogaeth a aned y tu hwnt i Glawdd Offa, a honnai 51 o'r rheini (30 yn ddynion a 21 yn ferched) fod ganddynt ryw grap ar y Gymraeg. O gofio na ddywedir dim yn y cyfrifiad am gymhwyster ieithyddol, dichon fod rhagor o Saeson yn medru rhywfaint o'r iaith frodorol ond eu bod heb ddatgan hynny, oherwydd, fel y dywedodd Ieuan Gwynedd Jones, nid cyfres o ddeuoliaethau rhwng y Gymraeg a'r Saesneg a geid, ond yn hytrach gymdeithas ddwyieithog lle y medrai'r Cymry beth Saesneg a'r Saeson beth Cymraeg.[17] Eto i gyd, o graffu ar gyfenwau'r siaradwyr Cymraeg a aned yn Lloegr, gellir honni bod gan 31 (60.0 y cant) ohonynt gyswllt teuluol â'r Rhos. Dychwelsai amryw o ddinasoedd mawrion Lerpwl, Manceinion a Llundain, gan ddwyn gyda hwy ddylanwadau estron ac, wrth gwrs, yr oedd y mynych gysylltu â cheraint y tu hwnt i'r ffin yn rhwym o lastwreiddio'r Gymraeg. Ugain, felly, a gafodd eu cymathu yng ngwir ystyr y gair. Yr oedd naw ohonynt (saith gwryw a dwy fenyw) yn briod â Chymry Cymraeg ac wedi ymroi i ddysgu'r iaith frodorol er mwyn cael eu derbyn gan eu teuluoedd-yng-nghyfraith – er nad dyna sut yr oedd hi yn ddieithriad. Ymgynefinai eraill â'r Gymraeg yn y lle gwaith, gan ei defnyddio er eu lles economaidd yn unig; un felly oedd Albert Wilson, glöwr dwyieithog o swydd Amwythig a oedd yn briod â Saesnes uniaith. Diau hefyd mai yn y glofeydd y dysgodd y llanc, Rowland Hill, siarad Cymraeg, oherwydd yr oedd yn byw gyda theulu o Saeson o swydd Gaer. Ef oedd yr unig letywr o Loegr a fedrai'r heniaith.

Dibynnai cymathiad diwylliannol a chymdeithasol hefyd ar batrymau anheddu, ac yn fynych ceid perthynas rhwng y patrymau hynny a chefndir daearyddol unigolion. Yr hyn sy'n egluro orau Gymreictod y Rhos yw man geni'r trigolion. Fel y dengys Tabl 7, dim ond lleiafrif bychan a aned y tu allan i Gymru. Prin y ffurfiai mewnfudwyr o Loegr 5 y cant o'r boblogaeth, a brodorion o swyddi Amwythig (63), Caerhirfryn (60), Stafford (37) a Chaer (25) oedd 185 (73.1 y cant) ohonynt. Yr oedd ymron tri chwarter y mewnfudwyr hyn yn ddi-Gymraeg, 21.3 y cant yn ddwyieithog a 6.7 y cant yn uniaith Gymraeg. Pymtheg yn unig a ddeuai o wledydd eraill. Albanwyr oedd wyth ohonynt, ond hanai'r gweddill o wledydd mor amrywiol ag America (3), Awstralia (2), Iwerddon (1) a'r Almaen (1). O'u cymharu â'r mewnfudwyr o Loegr, yr oedd gan gyfran uwch o'r rhain

[17] Ieuan Gwynedd Jones, *Communities: Essays in the Social History of Victorian Wales* (Llandysul, 1987), t. 229.

Tabl 7: Iaith a leferid yn ôl man geni

(2 flwydd oed a throsodd)[1]

Man geni	Nifer Cymraeg	Y Ddwy	Saesneg	Cyfanswm	*Canran Cymraeg*	*Y Ddwy*	*Saesneg*	*Cyfanswm*
Sir Ddinbych	2472	1997	246	4715	*52.4*	*42.4*	*5.2*	*100.0*
Sir Y Fflint	32	61	34	127	*25.2*	*48.0*	*26.8*	*100.0*
Sir Feirionnydd	33	25	–	58	*56.9*	*43.1*	–	*100.0*
Sir Drefaldwyn	11	15	2	28	*39.3*	*53.6*	*7.1*	*100.0*
Sir Gaernarfon	5	15	–	20	*25.0*	*75.0*	–	*100.0*
Sir Fôn	7	9	–	16	*43.8*	*56.2*	–	*100.0*
Sir Forgannwg	2	8	1	11	*18.2*	*72.7*	*9.1*	*100.0*
Sir Aberteifi	5	3	–	8	*62.5*	*37.5*	–	*100.0*
Sir Fynwy	–	2	1	3	*66.7*	*33.3*	–	*100.0*
Sir Gaerfyrddin	1	1	–	2	*50.0*	*50.0*	–	*100.0*
Sir Faesyfed	–	–	2	2	–	–	*100.0*	*100.0*
Sir Benfro	–	1	–	1	–	*100.0*	–	*100.0*
De Cymru	–	–	1	1	–	–	*100.0*	*100.0*
Lloegr	17	54	182	253	*6.7*	*21.3*	*71.9*	*100.0*
Eraill[2]	1	6	8	15	*6.7*	*40.0*	*53.3*	*100.0*
Cyfanswm	**2586**	**2197**	**477**	**5260**	***49.1***	***41.8***	***9.1***	***100.0***

[1] Hepgorwyd 26 nad oeddynt wedi nodi eu man geni.
[2] Man geni: Yr Alban 8, America 3, Awstralia 2, Iwerddon 1, Yr Almaen 1.

wybodaeth o'r iaith frodorol (7 neu 46.7 y cant), a chan mai dychweledigion o anheddau Cymraeg yn Awstralia ac America oedd chwech ohonynt, nid oedd hynny yn syndod. Yn 4 Hall Street, er enghraifft, trigai Joseph Bellis, glöwr uniaith Gymraeg a aned yn New South Wales, Awstralia. Yr oedd pump o'r teulu Bellis yn byw gerllaw yn 4 Owen Street – pob un ohonynt yn Gymry uniaith o Riwabon. Ychydig iawn o bobl a hanai o dde Cymru: dim ond 28 a oedd wedi eu geni yno, ac yr oedd 20 ohonynt yn medru'r Saesneg a 5 yn ddi-Gymraeg. Ganed trwch helaeth y trigolion (89.6 y cant) yn sir Ddinbych a 4.4 y cant arall yn siroedd Y Fflint, Meirionnydd, Trefaldwyn a Chaernarfon. Gan nad cymuned ieuanc mo'r Rhos, yr oedd 3,454 wedi eu geni yn y dref, ond gwyddys bod eu cyndadau wedi dylifo yno o gymunedau amaethyddol y gorllewin. Plwyfi cyfagos, felly, oedd prif ffynonellau llafur y glofeydd, ac ymhlith y rhai a grybwyllid fynychaf yr oedd Llandysilio, Llangollen, Llansanffraid Glynceiriog, Llanarmon Dyffryn Ceiriog a Llanrhaeadr-ym-Mochnant. O gofio mai 65.3 y cant o drigolion sir Ddinbych a feddai wybodaeth o'r Gymraeg ym 1891, y mae'n arwyddocaol fod cynifer â 94.8 y cant o frodorion y sir a oedd yn byw yn y Rhos yn siarad Cymraeg, 52.4 y cant ohonynt yn Gymry uniaith. Dichon mai'r hyn a welir yma yw mudo dethol. Gwnaethai'r Cymry Cymraeg benderfyniad cwbl ymwybodol i ymsefydlu yn y gymuned, ac er mai cyflogau cymharol uchel a oedd yn bennaf cyfrifol am eu denu, nid oes amheuaeth nad oedd ganddynt gymhellion diwylliannol yn ogystal. Tystia hyn fod mudo yn broses hanfodol gymdeithasol ac yn un na ellir ei lwyr amgyffred heb ystyried cysylltiadau a rhwydweithiau gwybodaeth mudwyr, a'u hymrwymiad i'w teulu ac i'w bro. Gwyddys i'r trigolion gadw cyswllt clòs â'u perthnasau yng nghefn gwlad ac i'r cyswllt hwnnw atgyfnerthu eu Cymreictod yn barhaus. Diau i'r fath fudo roi sylfaen gadarn i'r Gymraeg yng nghymdogaeth y Rhos, a gellir honni, fel y gwnaeth Brinley Thomas, fod diwydiant wedi ymestyn ei heinioes yn un rhan o faes glo'r gogledd o leiaf.[18]

Ffenomen gyffelyb a barodd fod pentref Johnstown gerllaw yn anheddle i'r Saeson: yno yr oedd 423 (88.7 y cant) yn medru'r Saesneg – 240 (50.3 y cant) yn ddi-Gymraeg a 183 (38.4 y cant) yn ddwyieithog – ac er mai dim ond 103 (21.0 y cant) a hanai o Loegr, awgryma cyfenwau llawer o'r trigolion fod rhagor ohonynt o dras Seisnig. Yn dylwythaidd bron, tyrrent yno o fannau penodol yn swyddi Amwythig, Caer a Chaerhirfryn. Sylwodd y Parchedig Griffith Owen, Wrecsam, ar y gwladychu hwn ym 1914: 'Enw Seisnig . . . sydd i'r lle', meddai, 'a Saesneg i fesur helaeth yw yr iaith. Paham hyn nis gwyddom, tra y mae'r Rhos, aml ei phobl sydd yn ymyl, mor ffyddlon i'r Gymraeg.'[19] Yr oedd tuedd, felly, i'r Cymry a'r Saeson ymrannu yn ddaearyddol ac yn gymdeithasol. Priodolwyd hyn gan A. H. Dodd i'r ddwy ffrwd a gyfarfyddai yn yr ardal – y ffrwd ddwyreiniol yn dwysáu Seisnigrwydd y mannau Seisnig a'r ffrwd orllewinol yn cyfnerthu Cymreictod y parthau Cymreig.[20]

Cafodd y ffrydiau hyn rywfaint o effaith ar saernïaeth cymdeithasol y dref ei hun hefyd. Fel y dengys y map o'r ardaloedd rhifo, y pegynau gorllewinol a gogleddol oedd Gymreiciaf, tra oedd y parth dwyreiniol yn cynnwys cyfran gymharol uchel o Saeson uniaith, a'r canol yn drigfan cymuned fusnes ddwyieithog. Yr oedd y ganran uchaf o Gymry uniaith i'w canfod yn ardal rifo 8 lle'r oedd cynifer â 739 (74.2 y cant) heb fedru'r Saesneg o gwbl. O'r 257 a oedd yn hyddysg ynddi dim ond 45 (4.5 y cant) a oedd yn ddi-Gymraeg. Hanai 226 (9.8 y cant) o'r penteuluoedd o sir Ddinbych a 9 (3.6 y cant) yn unig a aned yn Lloegr. Yn Mount Pleasant Terrace, un o'r strydoedd Cymreiciaf, yr oedd yr iaith Saesneg y tu hwnt i amgyffred 77 (81.0 y cant) o'r trigolion, ond dim ond 4 (4.2

18 Brinley Thomas, 'Wales and the Atlantic Economy', *Scottish Journal of Political Economy*, VI (1959), 181–92.

19 Griffith Owen, *Hanes Methodistiaeth Sir Fflint* (Dolgellau, 1914), t. 147.

20 A. H. Dodd, 'Welsh and English in East Denbighshire: a historical retrospect', *THSC* (1940), 52. Gw. hefyd W. T. R. Pryce, 'Industrialism, Urbanization and the Maintenance of Culture Areas: north-east Wales in the mid-nineteenth century', *CHC*, 7, rhif 3 (1975), 329–30; idem, 'Ardaloedd Iaith yng Ngogledd-Ddwyrain Cymru *c.*1800–1911' yn Geraint H. Jenkins (gol.), *Iaith Carreg fy Aelwyd: Iaith a Chymuned yn y Bedwaredd Ganrif ar Bymtheg* (Caerdydd, 1998), t. 56.

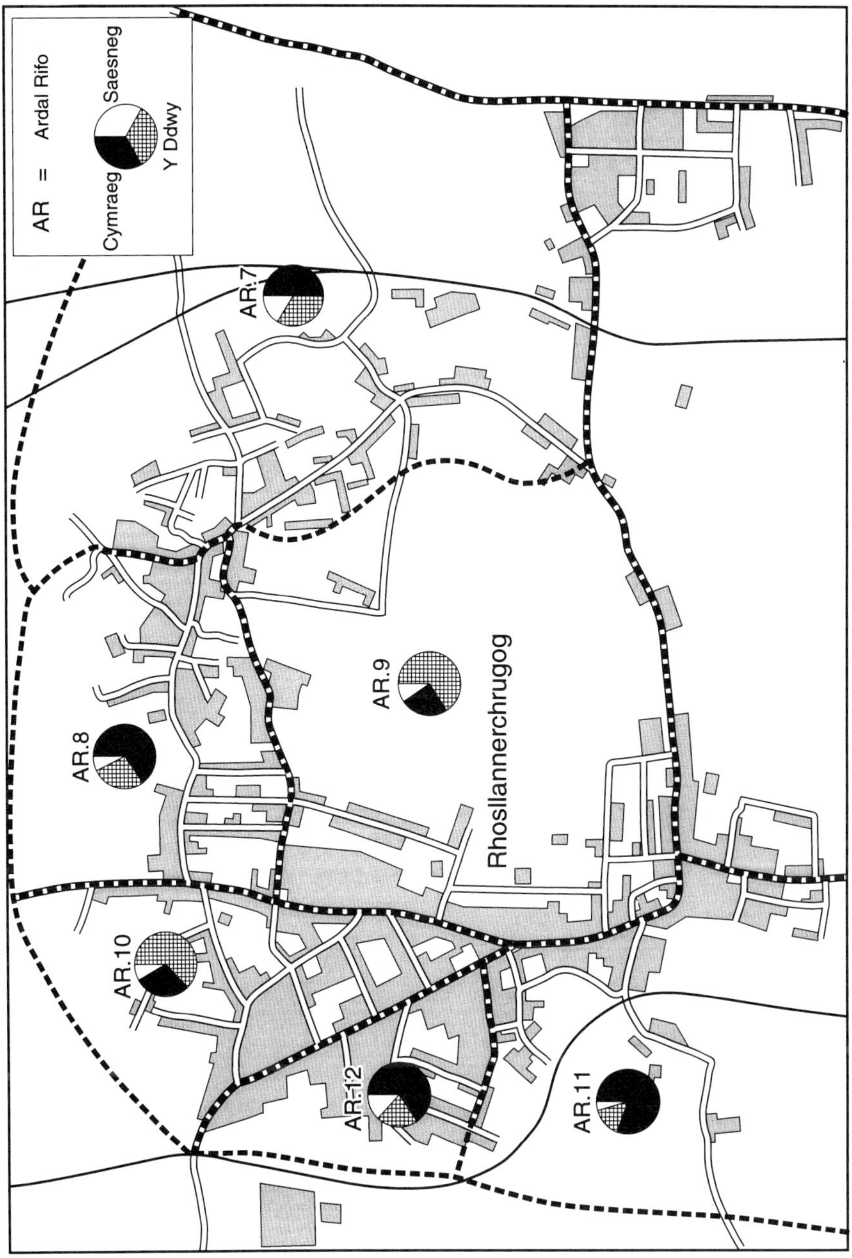

Ffigur 1. Iaith a leferid gan drigolion ardaloedd rhifo Rhosllannerchrugog

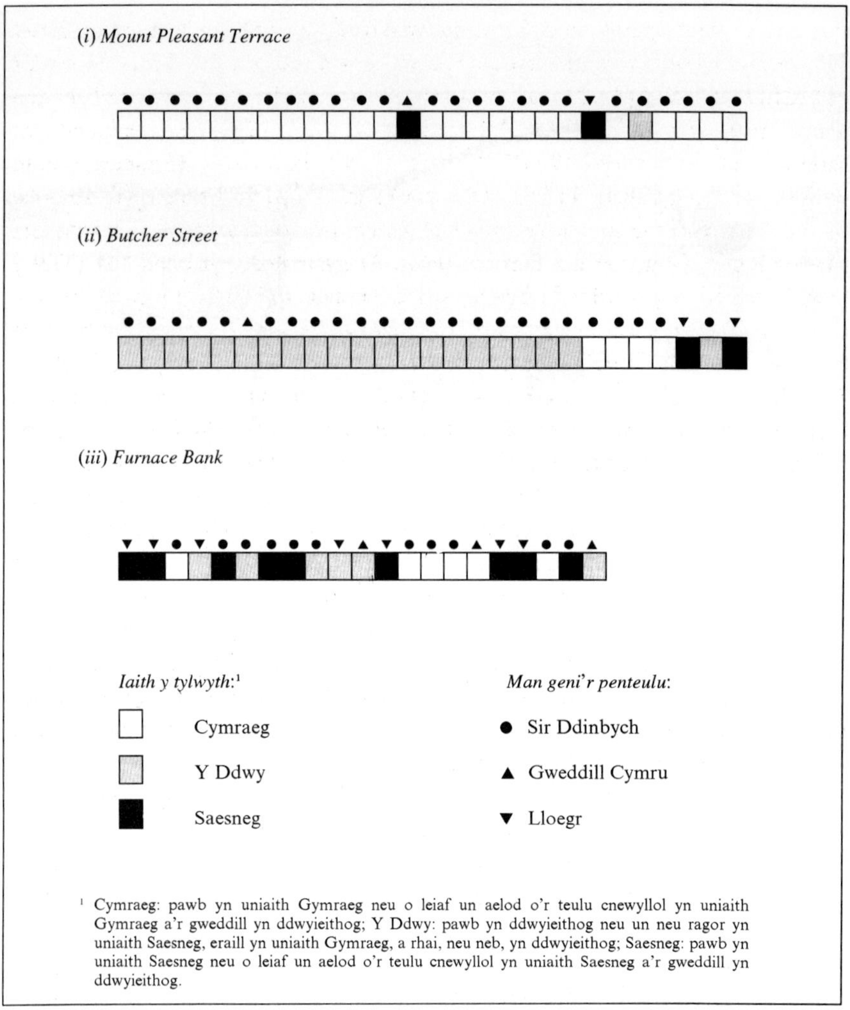

Ffigur 2. Iaith tylwythau mewn tair stryd yn Rhosllannerchrugog

y cant) a oedd yn ddi-Gymraeg. Ac eithrio labrwr uniaith Saesneg o Ben-y-mynydd, sir Y Fflint, a glöwr dwyieithog o Hanley, swydd Stafford, yr oedd pob un o benteuluoedd y stryd hon (27 i gyd) yn frodorion o sir Ddinbych (Ffigur 2). O'r sir honno hefyd y deuai trwch helaeth (161 neu 82.1 y cant) trigolion ardal rifo 9 lle y crynhowyd poblogaeth ddwyieithog y dref. O'r 839 a drigai yno yr oedd cymaint â 617 (73.5 y cant) yn medru'r ddwy iaith, 162 (19.3 y cant) yn Gymry uniaith a 60 (7.2 y cant) yn uniaith Saesneg. Diau mai yn y gweithle y dysgodd preswylwyr yr ardal siarad Saesneg: o'r 361 a oedd yn gyflogedig, yr oedd 112 (31.0 y cant) yn adeiladwyr, crefftwyr, masnachwyr ac yn wŷr proffesiynol. Yn y dref yn gyffredinol, fodd bynnag, dim ond 483 (22.1 y cant) a oedd yn ennill cynhaliaeth yn y cyfryw fodd. Stryd nodweddiadol o'r ardal oedd Butcher Street lle'r oedd 95 (84.7 y cant) o'r trigolion yn ddwyieithog a lle'r hanai 24 o'r 27 penteulu o sir Ddinbych. Darlun gwahanol a geid yn ardal rifo 7 lle'r oedd yr elfen uniaith Saesneg ar ei hamlycaf. Yno yr oedd un o bob deg o'r penteuluoedd yn hanu o Loegr a chynifer â 190 (17.0 y cant) o'r trigolion yn ddi-Gymraeg: canran weddol uchel o gymharu â'r 253 (9.9 y cant) a gyfrifwyd yn y dref i gyd. Yr oedd 84 o'r rhain yn byw mewn tair stryd ar gyrion Johnstown, yn neau'r ardal, sef Maelor Road, Gutter Hill a Furnace Bank. Ar gyfartaledd, yr oedd 164 (85.9 y cant) o drigolion y strydoedd hyn yn siarad Saesneg ac 84 (44.0 y cant) yn ddi-Gymraeg. Dadlenna archwiliad manylach o fannau geni y 21 penteulu yn Furnace Bank fod 7 (33.3 y cant) ohonynt yn hanu o swyddi Caer, Amwythig, Stafford, Warwick a Chernyw, a bod 3 arall (14.3 y cant) yn frodorion o siroedd Meirionnydd a'r Fflint. Tueddai pobl o'r un iaith a chefndir i fyw mewn tai cyfagos – prawf nad oedd eu byd cymdeithasol beunyddiol yn seiliedig ar hap a damwain, ond yn hytrach yn ffrwyth cryn dipyn o drefnu cymdeithasol. Yr oedd prosesau didoli ar waith ar sawl lefel, felly, ac yr oedd i'r clystyru oblygiadau i fywyd newydd-ddyfodiaid ac i'r boblogaeth sefydlog. Yn sicr, yr oedd y ffaith fod y Cymry yn crynhoi yn ddaearyddol yn grymuso'r iaith frodorol trwy hybu datblygiad rhwydweithiau cymdeithasol cryfion. Mewn modd cyffelyb, yr oedd ymgynulliad y Saeson yn Johnstown yn eu hatal hwythau rhag ildio yn ieithyddol oherwydd nid oedd yno ddigon o Gymry i greu hegemoni ieithyddol Gymreig. At hynny, yr oedd llai o bwysau economaidd a diwylliannol allanol arnynt i ddysgu Cymraeg nag a oedd ar y Cymry i ddysgu Saesneg.

Dengys Tabl 8 fedr ieithyddol trigolion Rhosllannerchrugog yn ôl eu galwedigaeth, a chyfyd sawl cwestiwn diddorol ynglŷn â'r iaith a siaredid ym myd diwydiant ac mewn meysydd cymdeithasol ehangach megis gwasanaethau cyhoeddus, gweinyddiaeth, addysg a chrefydd. Nid oes amheuaeth nad y Gymraeg oedd oruchaf yn y glofeydd: fe'i siaredid gan 1,225 (94.8 y cant) o'r rheini a oedd yn gyflogedig yn y diwydiant, ac er bod 458 (35.4 y cant) yn ddwyieithog, dim ond 67 (5.2 y cant) a oedd heb fedru'r iaith frodorol. Yr oedd y glowyr eu hunain yn drwyadl Gymraeg o ran iaith a chefndir. Brodorion o sir Ddinbych oedd 1,134 (93.1 y cant) ohonynt, ac oddi yno yr hanai'r gyfran uchaf o siaradwyr Cymraeg: 710 (62.6 y cant) yn uniaith a 397 (35.0 y cant) yn ddwyieithog. Dim ond 45 a aned yng ngweddill Cymru, ac yr oedd cyfran uwch ohonynt hwy yn medru'r Saesneg, 20 (44.4 y cant) yn ddwyieithog a 3 (6.7 y cant) yn ddi-Gymraeg. Deuai'r gyfran uchaf o lowyr uniaith Saesneg o Loegr: er mai dim ond 39 (3.0 y cant) oedd eu nifer, yr oedd 35 (89.7 y cant) yn siarad Saesneg a 23 (59.0 y cant) yn meddu gwybodaeth o'r iaith honno yn unig. O'u cymharu â'r glowyr, yr oedd cyfran uwch o weithwyr peiriannau, labrwyr a gweithwyr pen pwll yn rhugl eu Saesneg: fe'i siaredid gan 31 (66.0 y cant) ohonynt ac yr oedd 10 (21.3 y cant) heb fedru'r Gymraeg o gwbl. Nid oedd hyn yn syndod oherwydd, er bod 49 (81.7 y cant) yn enedigol o sir Ddinbych, yr oedd un o bob deg wedi eu geni dros y ffin yn swyddi Amwythig, Caer, Caerhirfryn a Northumberland. Y mae'n werth nodi hefyd mai menywod yn llafurio ar wyneb y pwll oedd 13 (21.7 y cant) o'r gweithwyr hyn, ac mai Cymry Cymraeg o Rosllannerchrugog a Wrecsam oeddynt oll.

Os Cymraeg oedd iaith trwch helaeth y gweithwyr, nid felly eu penaethiaid. Ceid yn y gymdogaeth ddau reolwr, dau beiriannydd, un clerc ac un fforman, ac yr oedd pob un ohonynt yn hyddysg yn y Saesneg a phedwar yn ddi-Gymraeg. Yn eu plith yr oedd y rheolwr William Taylor, gŵr priod o swydd Gaerhirfryn a letyai gyda theulu dwyieithog yn y dref, a'r peirianwyr William a Charles Gittens, dau frawd a aned yn sir Ddinbych i deulu a fudodd yno i ennill bywoliaeth yn ffwrneisi'r Bers. Anodd credu, mewn difrif, nad oedd gan y gwŷr hyn ryw grap ar y Gymraeg. Er bod un Cymro uniaith wedi esgyn i swydd fforman, at ei gilydd dim ond y Cymry a fedrai siarad Saesneg a gâi'r cyfle i ymddyrchafu. Wrth fwrw trem yn ôl ar ei blentyndod yn y Rhos ar droad y bedwaredd ganrif ar bymtheg, ymfalchïai William Phillips yn yr 'elfen o hen fonedd' a oedd yn rhan o'i gynhysgaeth etifeddol: llanwodd ei daid a'i ddau ewythr swyddi uchel mewn diwydiant – un yn giaffar yng ngwaith glo Kenyon ar gyrion y dref, un arall yn oruchwyliwr ar ffwrnais haearn yn swydd Stafford, a'r trydydd yn ben-dyn yng ngwaith brics J. C. Edwards. Ond teg dweud mai ar gorn eu haddysg breifat Seisnig y llwyddodd y tri i gyflawni hynny.[21] Dibynnai cyfleoedd bywyd, felly, ar gymhwyster yn yr iaith Saesneg, a'r canlyniad anorfod oedd creu pwysau cymdeithasol o'i phlaid fel y daethpwyd i'w mawrygu fel cyfrwng ac iddi urddas ac awdurdod ym myd masnach. Dichon mai dyna a oedd i gyfrif am benderfyniad Enoch Jones, rheolwr dwyieithog o Abermarddu yn sir Y Fflint a oedd yn briod â Chymraes o Goed-poeth, i fagu ei wyth plentyn yn uniaith Saesneg. Cofiai William Phillips am gymeriad cyffelyb, sef Morys Kyffin, tafarnwr a oedd hefyd yn dipyn o ffeiarman yng nglofa'r Hafod; magodd ef deulu mawr, ond troes pob un ohonynt yn Saeson rhonc.[22] Y mae'n debyg i'r Cymry claear hyn ymwrthod â'u mamiaith gan eu bod yn ei hystyried yn iaith israddol – meddylfryd a oedd yn dra chyffredin mewn sefyllfa lle'r oedd un iaith yn ennill bri cymdeithasol ar draul y llall. At ei gilydd, felly, yr oedd bwlch ieithyddol amlwg rhwng y gweithlu a oedd yn bennaf Gymraeg a'r rheolwyr a'r gweinyddwyr a oedd bron yn ddieithriad yn medru'r Saesneg.

Ym maes gwasanaethau cyhoeddus, yr oedd y Gymraeg yn fwy bregus. Gweinid rheidiau'r boblogaeth leol gan amryw byd o gynhyrchwyr megis gofaint, seiri troliau, teilwriaid, gwniadwragedd a chryddion, ac er bod cynifer â 168 (80.0 y cant) ohonynt yn frodorion o sir Ddinbych a 177 (83.9 y cant) yn siarad Cymraeg, yr oedd 111 (52.6 y cant) yn ddwyieithog. Yn ddi-ddadl, felly, yr oedd pwysau arnynt i ymgydnabod â'r iaith Saesneg. At hynny, yr oedd 34 (16.1 y cant)

[21] Phillips, *'Mor las oedd fy llannerch'*, t. iv.

[22] Ibid., t. 67.

yn siarad Saesneg yn unig – 8 (23.5 y cant) ohonynt yn ennill eu tamaid yng ngweithfeydd brics y gymdogaeth ac yn hanu o swyddi megis Stafford, Nottingham, Caer a Chaerhirfryn. Diau fod ambell fasnachwr yn rhengoedd y gwneuthurwyr hyn oherwydd dyma'r cyfnod pryd y dechreuodd crefftwyr gadw siopau. Yn anochel, ehangodd hynny gylch eu hymwneud, gan luosogi eu cysylltiadau a'u cynefino fwyfwy â'r Saesneg. Nid yw'n rhyfedd yn y byd, felly, fod 82 (61.2 y cant) o fasnachwyr y dref yn hyddysg yn y ddwy iaith. Yr oedd 55 (59.1 y cant) o weithwyr yn y sector adeiladu hefyd yn siarad y ddwy iaith, ond dim ond lleiafrif bychan ohonynt (4 neu 4.3 y cant) a oedd yn ddi-Gymraeg ac wedi eu geni yn Lloegr. Ar y llaw arall, yr oedd pob un o'r pump a oedd naill ai'n gontractwyr neu'n beirianwyr sifil yn siarad Saesneg, a dau ohonynt yn uniaith Saesneg.

Carfan arall a oedd yn fwy tebygol o fedru'r Saesneg oedd cyflogedigion y rheilffordd. O ganol y bedwaredd ganrif ar bymtheg ymlaen, amgylchynid Rhosllannerchrugog gan ganghennau Cwmni Rheilffordd y Great Western, a cheid gorsaf yn Wrecsam a Rhiwabon. Cymry lleol dwyieithog oedd y taniwr, y pwyntiwr a'r gyrrwr trên a gyfrifwyd, ond un iaith a siaradai'r ddau swyddog tocynnau er bod gofyn iddynt gyfathrebu'n rheolaidd â'r cyhoedd. Iestyn Powell o Frymbo, sir Y Fflint, oedd un ohonynt. Er ei fod yn byw gyda'i frawd dwyieithog a'i fam uniaith Gymraeg, fe'i cofnodwyd yn uniaith Saesneg. Efallai iddo ystyried yr iaith honno yn gyfrwng i efelychu dosbarth cymdeithasol uwch ac i ennyn parch ac edmygedd cyfoedion. John Williams o'r Rhos oedd y llall. Y Gymraeg yn unig a siaradai ef, ond cofrestrwyd ei briod yn uniaith Saesneg. Dichon fod hyn eto yn adlewyrchu'r dryswch a achosid gan gwestiwn iaith y cyfrifiad – dryswch rhwng y gallu i siarad iaith a defnydd gwastadol ohoni. Yr oedd yr unig nafi yn Sais uniaith o swydd Gaer, ardal a oedd yn frith gan reilffyrdd.

Ym myd addysg, tybiai llawer o Gymry mai Saesneg oedd cyfrwng pob gwybodaeth ddefnyddiol ac mai trwyddi hi yr oedd esgyn yr ysgol gymdeithasol. Gwnâi rhai hynny trwy fynd i ddysgu, ac yng nghymdogaeth y Rhos y mae'n arwyddocaol mai un athrawes yn unig a oedd yn uniaith Gymraeg. O'r 12 athro a oedd yn weddill, yr oedd 9 (75.0 y cant) yn ddwyieithog a 3 (25.0 y cant) yn uniaith Saesneg: canrannau cryn dipyn yn uwch na'r rhai cyfatebol gogyfer â'r boblogaeth gyfan. O sir Ddinbych y deuai chwech ohonynt, ond hanai pedwar o weddill Cymru, dau o swydd Gaerwrangon ac un o America. Yr oedd saith o'r wyth disgybl-athro hefyd yn hyddysg yn y Saesneg ac yn cynnwys dwy chwaer ddi-Gymraeg, Edith a Mary Graham o'r Bers. Ymddengys, yn ogystal, fod rhai o'r athrawon – Cymry megis Edward Jones a Richard Powell – yn ymwrthod â'u mamiaith ar yr aelwyd. Yr oeddynt ill dau yn athrawon dwyieithog a chanddynt blant na fedrent siarad Cymraeg.

Yr oedd y Saesneg wedi ymdreiddio rhyw gymaint i gylch crefydd hefyd ac mewn cymuned dduwiolfrydig fel hon yr oedd i'r maes ieithyddol hwnnw gryn ddylanwad. Ceid yn y gymdogaeth chwe gweinidog Ymneilltuol, ac er mai o siroedd Cymreig y gorllewin (Dinbych, Meirionnydd, Môn ac Aberteifi) yr hanent, yr oeddynt oll, namyn un, yn medru'r Saesneg yn ogystal â'r Gymraeg. Brodor o Lanrhystud yn sir Aberteifi oedd y rheithor Thomas Jones. Medrai'r ddwy iaith ond gan mai Saesneg yn unig a siaradai ei blant ieuengaf, diau mai honno oedd iaith yr aelwyd. Ar y llaw arall, yr oedd y curad ifanc, John Owen o Landysilio, sir Ddinbych, yn Gymro uniaith ac yn un o'r ychydig a lanwodd bapur cyfrif yn yr iaith frodorol. Mewn ardal lle'r oedd Ymneilltuaeth a'r iaith Gymraeg yn gryf, nid oedd wiw i'r Eglwys benodi offeiriaid uniaith Saesneg.

Yn wahanol i grefydd, a ystyrid yn diriogaeth y Gymraeg, yr oedd gweinyddiaeth yn gysylltiedig â'r iaith Saesneg ers tro byd. Gŵr lleol dwyieithog oedd Arthur Roberts, y swyddog presenoldeb plant ysgol. Yr oedd y rhingyll, yntau, yn medru'r ddwy iaith – cymhwyster angenrheidiol mewn cymuned lle'r oedd hanner y trigolion yn Gymry uniaith ac un o bob deg yn uniaith Saesneg. Ym myd y proffesiynau hefyd, yr oedd Saesneg wedi hen ennill ei phlwyf. Gwyddel uniaith Saesneg oedd y llawfeddyg, ond yr oedd y meddyg lleol yn frodor dwyieithog o'r Rhos, ac er mai o Rostyllen yr hanai'r cyfreithiwr ni fedrai air o'r iaith frodorol.

At ei gilydd, fodd bynnag, parhaodd Cymreictod y dref yn gadarn. Dylifai Cymry Cymraeg yno o blwyfi amaethyddol y gorllewin, a thrwy gadw cysylltiad agos â'u cefndiroedd gwledig, cyfnerthid eu hymrwymiad i'w hiaith a'u diwylliant cysefin. Bu'r glofeydd yn atynfa i Saeson hefyd, ond ymgartrefu mewn mannau eraill a wnaethant hwy, gan sefydlu eu rhwydweithiau a'u sefydliadau eu hunain. Yn ogystal â'r ymrannu ieithyddol hwn, ceid yn y Rhos doreth o ffactorau economaidd a chymdeithasol a fu'n hanfodol i gadwraeth y Gymraeg: yr oedd yn gymuned glòs, hunangynhaliol a chanddi gnewyllyn o bobl ieuainc ac oedrannus a oedd yn gymharol sefydlog. Yn ddiymwad, yr oedd dwyieithrwydd ar gynnydd ymhlith y plant a hefyd ymhlith y sector masnach a'r sector gwasanaethau cyhoeddus a phroffesiynol. Serch hynny, y Gymraeg oedd iaith bywyd beunyddiol y dref, ac ni ellir llai na synio amdani fel ynys o Gymreictod ym mharth dwyieithrwydd neu fro'r *frontier*.

Tabl 8: Iaith a leferid yn ôl galwedigaeth

(10 oed a throsodd)

	Iaith a leferid				**Iaith a leferid**			
	Dynion				Merched			
Dosbarth diwydiannol	Cymraeg	Y Ddwy	Saesneg	Cyfan.	Cymraeg	Y Ddwy	Saesneg	Cyfan.
AMAETHYDDIAETH								
Ffermio								
Hwsmyn	–	3	–	3				
Ffermwyr	4	9	2	15				
Perthynas yn cynorthwyo	1	–	–	1				
Gweithwyr amaethyddol	7	16	8	31				
Gwas fferm	–	–	1	1				
Magu								
Perchennog ceffylau	–	1	–	1				
Cyfanswm	**12**	**29**	**11**	**52**				
%	***23.1***	***55.8***	***21.1***	***100.0***				
MWYNGLODDIO								
Glo								
Rheolwyr	–	1	1	2				
Peirianwyr	–	–	2	2				
Clerc	–	1	–	1				
Fforman	–	–	1	1				
Glowyr	740	429	53	1222				
Gweithwyr peiriannau	4	11	3	18				
Labrwyr	8	5	5	18	3	2	–	5
Gweithwyr pen pwll	4	5	2	11	6	2	–	8
Eraill	2	2	–	4				
Brics								
Rheolwyr	–	1	2	3				
Clercod	–	3	–	3				
Gwneuthurwyr brics	18	26	10	54	1	1	–	2
Labrwyr	3	8	5	16	1	2	–	3
Eraill	1	1	1	3	1	2	–	3
Gwaith dŵr								
Gweithiwr	–	1	–	1				
Cyfanswm	**780**	**494**	**85**	**1359**	**12**	**9**	–	**21**
%	***57.4***	***36.4***	***6.2***	***100.0***	***57.1***	***42.9***	–	***100.0***
ADEILADU								
Rheoli								
Peirianwyr sifil	–	1	1	2				
Contractwyr/adeiladwyr	–	2	1	3				
Gweithwyr								
Seiri meini	4	9	2	15				
Bricwyr	15	20	1	36				
Plastrwyr	2	–	–	2				
Towyr	5	2	–	7				
Seiri coed	4	14	–	18				

Dosbarth diwydiannol	Iaith a leferid Dynion Cymraeg	Y Ddwy	Saesneg	Cyfan.	Iaith a leferid Merched Cymraeg	Y Ddwy	Saesneg	Cyfan.
Plymeriaid, peintwyr, gwydrwyr	2	6	1	9				
Labrwyr	2	4	–	6				
Ffyrdd, rheilffyrdd								
Gweithiwr ffordd	–	–	1	1				
Gosodwr cledrau	–	–	1	1				
Cyfanswm	**34**	**58**	**8**	**100**				
%	***34.0***	***58.0***	***8.0***	***100.0***				
CYNHYRCHU								
Peiriannau, offer, watsys, ayb								
Perchennog	–	–	1	1				
Crefftwr	–	1	–	1				
Prentis	–	–	1	1				
Haearn a dur								
Crefftwyr	6	7	4	17				
Prentis	–	–	1	1				
Tunplat								
Crefftwr	–	1	–	1				
Prentis	–	1	–	1				
Llestri pridd ayb								
Rheolwyr	–	1	1	2				
Crefftwyr	1	3	5	9	1	2	–	3
Prentisiaid/cynorthwywyr	–	–	1	1	4	1	–	5
Labrwr	–	–	1	1				
Lledr ayb								
Crefftwr	–	–	1	1				
Pren, dodrefn, ayb								
Crefftwyr	2	6	5	13	–	–	1	1
Labrwr	–	1	–	1				
Cerbydau a harneisiau								
Rheolwr	–	–	1	1				
Crefftwyr	–	2	–	2				
Prentis	–	1	–	1				
Dillad								
Crefftwyr	19	9	4	32	23	36	4	63
Prentisiaid/cynorthwywyr	–	1	–	1	1	2	–	3
Bwyd, diod								
Crefftwyr	–	2	–	2	3	1	–	4
Prentisiaid/cynorthwywyr	1	1	–	2	–	2	–	2
Argraffu								
Perchennog	–	1	–	1				
Crefftwr	–	1	–	1				
Prentisiaid/cynorthwywyr	–	4	–	4				
Amhenodol								
Gweithwyr peiriannau	4	23	3	30				
Prentisiaid/cynorthwywyr	1	1	–	2				
Cyfanswm	**34**	**67**	**29**	**130**	**32**	**44**	**5**	**81**
%	***26.2***	***51.5***	***22.3***	***100.0***	***39.5***	***54.3***	***6.2***	***100.0***

Dosbarth diwydiannol	Iaith a leferid Dynion Cymraeg	Y Ddwy	Saesneg	Cyfan.	Iaith a leferid Merched Cymraeg	Y Ddwy	Saesneg	Cyfan.
CLUDIANT								
Rheilffyrdd								
Swyddogion tocynnau	1	–	1	2				
Gyrwyr trenau/tanwyr ayb	–	3	–	3				
Ffyrdd								
Perchennog cerbydau	–	–	1	1				
Certmyn, gyrwyr ceir a thramiau	5	4	2	11	–	1	–	1
Cyfanswm	**6**	**7**	**4**	**17**	–	**1**	–	**1**
%	*35.3*	*41.2*	*23.5*	*100.0*	–	*100.0*	–	*100.0*
MASNACH								
Glo								
Gwerthwr glo	–	1	–	1				
Dillad								
Dilledyddion	1	1	–	2				
Cynorthwywyr	–	1	–	1	1	–	–	1
Bwyd								
Cigyddion, gwerthwyr pysgod	3	19	1	23	–	1	–	1
Gwerthwyr llaeth	–	–	1	1	–	1	–	1
Groseriaid	10	20	2	32	7	4	–	11
Cynorthwywyr	3	11	1	15	–	2	–	2
Tybaco, diod a llety								
Tafarnwyr	3	11	3	17	3	4	1	8
Tŷ dirwest	–	–	–	–	–	1	–	1
Barforynion	–	–	–	–	1	–	1	2
Dodrefn a nwyddau i'r cartref								
Gwerthwr dodrefn	–	1	–	1				
Gwerthwraig llestri	–	–	–	–	1	–	–	1
Fferyllwyr								
Cynorthwywr	–	1	–	1				
Deunydd ysgrifennu a chyhoeddiadau								
Llyfrwerthwr	1	–	–	1				
Cynorthwywr	–	1	–	1				
Masnachwyr cyffredinol								
Masnachwyr cyffredinol	1	–	1	2	3	1	–	4
Cynorthwywyr	2	–	–	2	1	–	–	1
Amhenodol								
Cynorthwywr	–	1	–	1				
Cyfanswm	**24**	**68**	**9**	**101**	**17**	**14**	**2**	**33**
%	*23.8*	*67.3*	*8.9*	*100.0*	*51.5*	*42.4*	*6.1*	*100.0*
GWASANAETHAU DIWYDIANNOL								
Bancio, yswiriant, cyfrifon								
Gwasanaeth yswiriant	2	4	–	6				
Cyfanswm	**2**	**4**	–	**6**				
%	*33.3*	*66.7*	–	*100.0*				

Dosbarth diwydiannol	Iaith a leferid Dynion Cymraeg	Y Ddwy	Saesneg	Cyfan.	Iaith a leferid Merched Cymraeg	Y Ddwy	Saesneg	Cyfan.
GWASANAETHAU CYHOEDDUS A PHROFFESIYNOL								
Gweinyddiaeth leol								
Swyddog presenoldeb plant ysgol	–	1	–	1				
Amddiffyn								
Milwr	1	–	–	1				
Heddlu								
Rhingyll	–	1	–	1				
Y gyfraith								
Cyfreithiwr	–	–	1	1				
Meddygaeth								
Llawfeddyg, meddyg	–	1	1	2				
Nyrs	–	–	–	–	–	1	–	1
Bydwraig	–	–	–	–	–	1	–	1
Addysg								
Athrawon	–	3	–	3	1	6	3	10
Disgybl-athrawon	–	1	–	1	1	4	2	7
Crefydd								
Gweinidogion y MC	–	3	–	3				
Gweinidog yr Annibynwyr	–	1	–	1				
Gweinidogion y Bedyddwyr	1	1	–	2				
Swyddogion Byddin yr Iachawdwriaeth	–	1	–	1	–	–	2	2
Adloniant								
Actorion	–	–	1	1	–	–	2	2
Celf, llên								
Awdur	–	1	–	1				
Cyfanswm	**2**	**14**	**3**	**19**	**2**	**12**	**9**	**23**
%	***10.5***	***73.7***	***15.8***	***100.0***	***8.7***	***52.1***	***39.1***	***100.0***
GWASANAETHAU CARTREF								
Yn y tŷ								
Morynion	–	–	–	–	62	78	10	150
Y tu allan								
Gwastrodion	2	–	–	2				
Garddwyr	–	1	3	4				
Gwasanaeth ychwanegol								
Cogyddes	–	–	–	–	–	1	–	1
Golchwragedd	–	–	–	–	6	5	1	12
Dynion trin gwallt	1	1	2	4				
Cyfanswm	**3**	**2**	**5**	**10**	**68**	**84**	**11**	**163**
%	***30.0***	***20.0***	***50.0***	***100.0***	***41.7***	***51.5***	***6.7***	***100.0***
ERAILL								
Labrwyr cyffredinol	25	34	18	77				
Cyfanswm	**25**	**34**	**18**	**77**				
%	***32.5***	***44.2***	***23.4***	***100.0***				

Dosbarth diwydiannol	**Iaith a leferid** Dynion Cymraeg	Y Ddwy	Saesneg	Cyfan.	**Iaith a leferid** Merched Cymraeg	Y Ddwy	Saesneg	Cyfan.
CYFANSWM Y CYFLOGEDIG								
	922	**777**	**172**	**1871**	**131**	**163**	**27**	**321**
%	***49.3***	***41.5***	***9.2***	***100.0***	***40.8***	***50.8***	***8.4***	***100.0***
Gweddill y boblogaeth	44	44	14	102	695	627	129	1451
%	*43.1*	*43.1*	*13.7*	*100.0*	*47.9*	*43.2*	*8.9*	*100.0*
Disgyblion ysgol	69	75	15	159	107	61	14	182
%	*43.4*	*47.2*	*9.4*	*100.0*	*58.8*	*33.5*	*7.7*	*100.0*
CYFANSWM Y BOBLOGAETH 10 OED+	**1035**	**896**	**201**	**2132**	**933**	**851**	**170**	**1954**
%	***48.5***	***42.0***	***9.4***	***100.0***	***47.7***	***43.6***	***8.7***	***100.0***

18

Llanymawddwy (Sir Feirionnydd)

GWENFAIR PARRY

Pentref a phlwyf diarffordd yn unigeddau mynyddig Meirionnydd yw Llanymawddwy. Swatia mewn dyffryn cul a hirfaith lle y cyferfydd afonydd Pumrhyd a Dyfi, oddeutu pum milltir i'r gogledd-orllewin o Ddinas Mawddwy ar y ffordd i'r Bala. Yn ôl Charles Ashton, a ysgrifennai yn ail hanner y bedwaredd ganrif ar bymtheg: 'Y mae y pentref yn un digon distadl yr olwg arno: y mae yr ychydig dai sydd ynddo, gan mwyaf, yn isel a salw yr olwg.'[1] O ran adnoddau naturiol, bach iawn oedd cynhysgaeth yr ardal hon yn y bedwaredd ganrif ar bymtheg. Ymestynnai llechweddau geirwon a gweundiroedd corslyd i bob cyfeiriad, a chan fod yr hin yn wlyb a'r pridd yn anffrwythlon, nid oedd gobaith i'r brodorion am ragor na bywoliaeth fain a digysur drwy fagu a gwerthu defaid. Lleolid yr ychydig dir âr yng ngwastatir y dyffryn lle y rhoddid pwys ar gynhyrchu gwair i borthi anifeiliaid yn ystod y gaeaf. Yr unig rawn y gellid ei dyfu mewn tir mor garegog oedd ceirch, ond tyfid haidd yn ogystal yn y mannau lle'r oedd y pridd yn addas. Nid oes amheuaeth nad oedd bywyd mewn cymuned wledig o'r fath yn galed tu hwnt: gweithiai amaethwyr yn ddi-ball o fore gwyn tan nos trwy gydol y pedwar tymor, ac yr oedd yn rhaid wrth gymorth gwragedd a phlant i gadw newyn o'r drws.[2] Yn ôl cyfrifiad 1891 yr oedd 143 (63.9 y cant) o drigolion cyflogedig Llanymawddwy, sef 110 o ddynion a 39 o ferched, yn rhygnu byw yn y modd hwn. Cyfanswm poblogaeth y plwyf ym 1891 oedd 449, ond ym 1851 yr oedd yn 685. Profasai'r ardal, felly, gryn ddiboblogi wrth i lawer o'i brodorion gefnu ar effeithiau'r dirwasgiad amaethyddol a throi eu golygon tua'r trefi diwydiannol a'r cyfleoedd gwell a gynigid ganddynt.[3]

Cymdeithas glòs a chaeedig a geid yn Llanymawddwy. Gan fod y gymdogaeth yn uned economaidd yn ogystal â chymdeithasol, nid oedd raid i'r trigolion

[1] Charles Ashton, 'Eglwys Llanymmawddwy', *Yr Haul*, IV, rhifyn 42 (1888), 161.

[2] Ieuan Gwynedd Jones, *Explorations and Explanations: Essays in the Social History of Victorian Wales* (Llandysul, 1981), t. 96; E. G. Bowen (gol.), *Wales: A Physical, Historical and Regional Geography* (London, 1957), t. 296.

[3] Ar ddiboblogi yn sir Feirionnydd, gw. V. Challinor Davies, 'Some Geographical Aspects of the Decline in the Rural Population of Wales, with Special Reference to Merioneth', *CCHChSF*, II, rhan 1 (1953), 58–64.

edrych ymhellach na'u milltir sgwâr am eu hanghenion beunyddiol. Yr oedd eu gwreiddiau yn ddwfn yn eu hardal ac arhosai'r rhan fwyaf yno gydol eu hoes. Yr oedd ffactorau daearyddol yn cadarnhau arwahanrwydd y gymuned ynysig hon. Cofiai'r cyn-Archesgob A. G. Edwards ei rieni yn cyrraedd y plwyf anhygyrch hwn ar gefn ceffyl ym 1834, a diau mai digon anodd oedd teithio yno ar ddiwedd y ganrif hefyd.[4] Pan fentrai ambell ddieithryn i'r cylch, croeso claear, onid gelyniaethus, a gâi. Yn ôl William Hutton, a ymwelodd â Dyffryn Mawddwy ar droad y ddeunawfed ganrif, syllai'r brodorion yn syn arno, a'u hwynebau yn gymysgedd o fraw a chwilfrydedd.[5] Yr oedd y gymdeithas, felly, wedi ei chau allan o'r byd, a phur anfynych y deuai dylanwadau estron i darfu arni. Ar droad y bedwaredd ganrif ar bymtheg, sylwodd Abraham Morris fod y trigolion yn llai agored i rymoedd Seisnigeiddio na'u cymdogion yn sir Drefaldwyn.[6] Gweithredai bryniau'r Berwyn fel gwrthglawdd yn erbyn y diwylliant Saesneg, a chan hynny nid ymwadodd y trigolion â thraddodiadau Cymraeg eu cymdeithas gysefin. Fel yn achos trigolion sir Feirionnydd yn gyffredinol, yr oedd eu Cymreictod a'u hymrwymiad i'w treftadaeth ddiwylliannol yn gryfach na'r cyffredin yng Nghymru'r cyfnod hwnnw.[7] Dichon fod a wnelo hyn yn rhannol â natur ddwys ac amrywiol eu rhwydweithiau cymdeithasol. Adwaenai'r brodorion bob enaid byw yn eu hardal, a pherthynai'r mwyafrif llethol ohonynt i'w gilydd naill ai drwy waed neu briodas.

Diau hefyd fod eglwys y plwyf yn annwyl ganddynt, a'u bod wedi eu trwytho yn llwyr yn ei thraddodiadau. Yng ngeiriau Charles Ashton: 'Anaml y ceir cynnulleidfa fwy gwresog yn yr addoliad, ac yn ymuno yn fwy aiddgar yn y gwasanaeth nag a geir yma. A chredwn fod cymmaint o sel dros yr Eglwys i'w ganfod yma, yn ol rhif y boblogaeth, ag a geir yn odid un yng Nghymru.'[8] Ym 1791 canwyd clodydd cynulleidfa Llanymawddwy gan y deon gwlad, David Davies, ficer Penegoes. Hon oedd ei ofalaeth gyntaf ac ni welsai erioed blwyfolion a atebai mor ystyrlon, na neb â Chymraeg mor ddilychwin.[9] Yn hyn o beth, fe dâl inni gofio bod y plwyf wedi ei fendithio ag olyniaeth hir o glerigwyr gwlatgar a gredai'n angerddol yn hynafiaeth y genedl ac a fawrygai ei thraddodiadau a'i llenyddiaeth.[10] Ymhlith yr enwocaf ohonynt yr oedd Henry Thomas Edwards, John Williams (Ab Ithel), a Rowland Jones, tri a fu'n gweini i reidiau ysbrydol y trigolion rhwng 1834 a 1862 ac a weithiodd yn ddiarbed dros y Gymraeg a'i diwylliant mewn cyfnod pan oedd Seisnigrwydd yn ennill ffafr ymhlith Cymry deallus.[11] Tra ceisiai eraill ddangos manteision dysgu Saesneg, sylweddolai'r

[4] Mary Ellis, 'Eglwys y Plwyf, Llanymawddwy', *CCHChSF*, VII, rhan 3 (1975), 242–3.
[5] Thomas Roscoe, *Wanderings and Excursions in North Wales* (London, 1853), t. 325.
[6] Abraham Morris, *Merionethshire* (Cambridge, 1913), t. 65.
[7] Ibid.
[8] Charles Ashton, 'Eglwys Llanymmawddwy', *Yr Haul*, IV, rhifyn 43 (1888), 203.
[9] Ellis, 'Eglwys y Plwyf', 238.
[10] Gw. Alun Hughes, *Eglwys Llanymawddwy* (Talybont, 1998), tt. 18–19.
[11] Ellis, 'Eglwys y Plwyf', 243–7.

Tabl 1: Iaith a leferid gan boblogaethau Llanymawddwy, Dosbarth Cofrestru Dolgellau, Sir Feirionnydd a Chymru
(2 flwydd oed a throsodd)

	Nifer				*Canran*			
	Cymraeg	Y Ddwy	Saesneg	Cyfanswm	*Cymraeg*	*Y Ddwy*	*Saesneg*	*Cyfanswm*
Llanymawddwy[1]	399	27	2	428	*93.2*	*6.3*	*0.5*	*100.0*
D.C. Dolgellau[2]	9995	2810	1016	13821	*72.3*	*20.3*	*7.4*	*100.0*
Sir Feirionnydd[3]	45856	12023	3621	61500	*74.6*	*19.5*	*5.9*	*100.0*
Cymru[4]	508036	402253	759416	1669705	*30.4*	*24.1*	*45.5*	*100.0*

1 Hepgorwyd un unigolyn nad oedd wedi nodi ei allu ieithyddol.
2 Hepgorwyd 75 nad oeddynt wedi nodi eu gallu ieithyddol a 6 a siaradai ieithoedd eraill.
3 Hepgorwyd 368 nad oeddynt wedi nodi eu gallu ieithyddol a 35 a siaradai ieithoedd eraill.
4 Hepgorwyd 12,833 nad oeddynt wedi nodi eu gallu ieithyddol a 3,076 a siaradai ieithoedd eraill.

personiaid hyn pa mor bwysig oedd addysgu'r brodorion trwy gyfrwng y Gymraeg gan mai hi, i bob pwrpas, oedd unig iaith y gymdogaeth. Wrth ateb holiadur yr Esgob William Cleaver ym 1809, sylwodd y curad, David Davies, fod ysgol yn cael ei chynnal yn yr eglwys yn achlysurol i hyfforddi'r plant yn y catecism a'u dysgu i ddarllen ac ysgrifennu Cymraeg. Am eu hyfforddiant arferol yn ystod y Grawys, dywedodd: 'Dr Leicter's lectures are sometimes read to them translated into Welsh by one Jones late vicar of Pennant.'[12] Yn ddiweddarach yn y flwyddyn honno, pwysleisiodd y wardeiniaid mai Cymraeg oedd iaith addysg am mai dyna oedd iaith y wlad. Afraid dweud i hyn ennyn dirmyg Comisiynwyr Addysg 1847: 'The boys were not disorderly, but primitive and uncouth in their manner. They know nothing of the English Language, and only 5 are learning to read English. The master is a labourer and weaver. He understands very little English, and has had very little education. He has never been trained to teach.'[13] Gwyddys bod ysgol genedlaethol yn y gymdogaeth erbyn y 1890au ond, fel y tystia cyfrifiad 1891, parhâi'r trigolion yn gadarn eu Cymreictod: o'r 428 a oedd yn 2 flwydd oed neu yn hŷn, cofrestrwyd 93.2 y cant yn Gymry uniaith, 6.3 y cant yn ddwyieithog, a 0.5 y cant yn uniaith Saesneg.[14] Felly, yr oedd gan 99.5 y cant ohonynt wybodaeth o'r Gymraeg a 6.8 y cant wybodaeth o'r Saesneg. At hynny, yr oedd yn arwyddocaol fod pob teulu ond dau wedi llenwi eu papurau cyfrif yn Gymraeg. Fel y dengys Tabl 1, glynodd y trigolion yn fwy dygn wrth eu mamiaith na phobl sir Feirionnydd a Chymru yn gyffredinol.

Ym mhob grŵp oedran, y Gymraeg a oedd yn teyrnasu ac, fel y datgela Tabl 2, ni cheid unrhyw dystiolaeth o erydiad ieithyddol ymhlith y genhedlaeth iau.

12 Ibid., 240–1.
13 *Reports of the Commissioners of Inquiry into the State of Education in Wales . . . in three parts. Part III. North Wales* (London, 1847) (PP 1847 (872) XXVII), t. 135.
14 *Sutton's Directory of North Wales* (Manchester, 1889–90), t. 326.

Tabl 2: Iaith a leferid yn ôl oedran
(2 flwydd oed a throsodd)

Oed	Nifer Cymraeg	Y Ddwy	Saesneg	Cyfanswm	*Canran Cymraeg*	*Y Ddwy*	*Saesneg*	*Cyfanswm*
2–5	39	–	–	39	*100.0*	–	–	*100.0*
6–14	92	5	–	97	*94.8*	*5.2*	–	*100.0*
15–24	62	5	1	68	*91.2*	*7.4*	*1.5*	*100.0*
25–44	93	9	1	103	*90.3*	*8.7*	*1.0*	*100.0*
45–64	77	5	–	82	*93.9*	*6.1*	–	*100.0*
65+	36	3	–	39	*92.3*	*7.7*	–	*100.0*
Cyfanswm	**399**	**27**	**2**	**428**	***93.2***	***6.3***	***0.5***	***100.0***

Siaredid y Gymraeg gan ragor na 98 y cant o bobl a phlant o bob oedran, a chryfed oedd yr iaith ar yr aelwyd fel nad oedd gan yr un plentyn rhwng 2 a 5 oed unrhyw grap ar y Saesneg. Pump yn unig a'i llefarai yn y grŵp oedran 6–14, a chan mai brodorion o siroedd Môn, Caerfyrddin a Morgannwg oeddynt, dichon mai eu man geni a'u mudoledd a oedd yn gyfrifol am hynny. Gan fod y Gymraeg yn gymaint rhan o'u bywyd beunyddiol, cymharol ddi-rym oedd dylanwad yr addysg Saesneg a gawsant. Ni ddylid anghofio ychwaith mai dim ond 41 o blant y gymdogaeth a gofrestrwyd yn ddisgyblion ysgol – 25 o fechgyn ac 16 o ferched – ac y mae'n arwyddocaol mai dim ond 3 (7.3 y cant) ohonynt a oedd yn ddwyieithog a bod y gweddill (92.7 y cant) yn parhau yn uniaith Gymraeg. Canran fechan a digyfnewid o'r grwpiau oedran dros 14 oed a oedd yn ddwyieithog: cyrhaeddodd uchafswm o 8.7 y cant yn achos pobl rhwng 25 a 44 oed, ac isafswm o 6 y cant yn achos y genhedlaeth rhwng 45 a 64 oed. Diau mai eu cefndiroedd daearyddol a galwedigaethol a oedd i gyfrif am hynny. Hanai 11 (50.0 y cant) o sir Drefaldwyn, sir a wahenid oddi wrth ddiwylliant Cymraeg mwy bywiog y gorllewin gan fynyddoedd Meirionnydd, ac a edrychai tua Lloegr am ei masnach. Hanai tri arall o siroedd Aberteifi, Penfro a Morgannwg. Yr wyth a aned yn sir Feirionnydd oedd ffermwr 30 oed, gwraig oedrannus ar ymweliad â pherthnasau, gweddw a fu'n briod â Sais, morwyn a enillai ei thamaid ar aelwyd ddwyieithog, a phedwar a oedd naill ai yn blant i fewnfudwyr neu wedi treulio peth o'u hoes y tu allan i'r sir. Amaeth oedd ffon gynhaliaeth y rhan fwyaf ohonynt, ond yn eu plith hefyd ceid morynion, chwarelwyr, rheithor ac ysgolfeistr. Dwy yn unig a oedd heb fedru'r iaith frodorol, sef Fanny Griffiths (33 oed) o Lanfechain a oedd yn briod â pherchennog uniaith Gymraeg y Sun Inn, a Jane Hamer (22 oed) o Aber-miwl a oedd yn gweini arnynt. Fel y dengys Tabl 3, nid amrywiai gallu ieithyddol y rhywiau nemor ddim: at ei gilydd, yr oedd pob dyn a 99 y cant o ferched yn siarad Cymraeg, a chanrannau cyffelyb o'r ddwy ryw yn Gymry uniaith. Mewn ardal lle'r oedd y Gymraeg yn annatod glwm wrth y

Tabl 3: Iaith a leferid yn ôl oedran a rhyw

(2 flwydd oed a throsodd)

Oed	Rhyw	Nifer Cymraeg	Y Ddwy	Saesneg	Cyfanswm	*Canran Cymraeg*	*Y Ddwy*	*Saesneg*	*Cyfanswm*
2–5	G	21	–	–	21	*100.0*	–	–	*100.0*
	B	18	–	–	18	*100.0*	–	–	*100.0*
6–14	G	51	3	–	54	*94.4*	*5.6*	–	*100.0*
	B	41	2	–	43	*95.3*	*4.7*	–	*100.0*
15–24	G	39	3	–	42	*92.9*	*7.1*	–	*100.0*
	B	23	2	1	26	*88.5*	*7.7*	*3.8*	*100.0*
25–44	G	42	6	–	48	*87.5*	*12.5*	–	*100.0*
	B	51	3	1	55	*92.7*	*5.5*	*1.8*	*100.0*
45–64	G	40	2	–	42	*95.2*	*4.8*	–	*100.0*
	B	37	3	–	40	*92.5*	*7.5*	–	*100.0*
65+	G	18	1	–	19	*94.7*	*5.3*	–	*100.0*
	B	18	2	–	20	*90.0*	*10.0*	–	*100.0*
	G	**211**	**15**	–	**226**	***93.4***	***6.6***	–	***100.0***
Cyfanswm	**B**	**188**	**12**	**2**	**202**	***93.1***	***5.9***	***1.0***	***100.0***

Tabl 4: Iaith a leferid yn ôl man geni

(2 flwydd oed a throsodd)

Man geni	Nifer Cymraeg	Y Ddwy	Saesneg	Cyfanswm	*Canran Cymraeg*	*Y Ddwy*	*Saesneg*	*Cyfanswm*
Sir Feirionnydd	360	8	–	368	*97.8*	*2.2*	–	*100.0*
Sir Drefaldwyn	30	11	2	43	*69.8*	*25.6*	*4.7*	*100.0*
Sir Aberteifi	5	1	–	6	*83.3*	*16.7*	–	*100.0*
Sir Forgannwg	1	3	–	4	*25.0*	*75.0*	–	*100.0*
Sir Ddinbych	2	–	–	2	*100.0*	–	–	*100.0*
Sir Gaerfyrddin	–	2	–	2	–	*100.0*	–	*100.0*
Sir Gaernarfon	–	1	–	1	–	*100.0*	–	*100.0*
Sir Benfro	–	1	–	1	–	*100.0*	–	*100.0*
Swydd Gaerhirfryn	1	–	–	1	*100.0*	–	–	*100.0*
Cyfanswm	**399**	**27**	**2**	**428**	***93.2***	***6.3***	***0.5***	***100.0***

cartref, yr addoldy a'r gweithle, a lle'r oedd profiadau economaidd a chymdeithasol y rhywiau yn dra thebyg, nid oedd hynny yn syndod. I ddynion a merched fel ei gilydd, ffiniau'r plwyf oedd ffiniau eu byd, ac er bod ganddynt eu priod waith o fewn y gymdeithas yr oedd eu gwreiddiau yn gadarn yn y tir.

Ni cheir dim sy'n tystio'n groywach i gefndir trwyadl Gymraeg y trigolion na Thabl 4, a ddengys mai brodorion o sir Feirionnydd oedd 368 (86.0 y cant) ohonynt a'u bod, yn ddieithriad, yn siarad Cymraeg – yr oedd 360 yn uniaith ac 8 yn ddwyieithog. Deuai 43 (10.0 y cant) o sir Drefaldwyn ac, fel y gellid disgwyl, yr oedd cyfran uwch ohonynt hwy (11 neu 25.6 y cant) yn hyddysg yn y Saesneg, a dau yn ddi-Gymraeg. Dim ond 16 (3.7 y cant) a oedd wedi eu geni yng ngweddill siroedd Cymru, ac yr oedd hanner y rheini yn medru'r Saesneg. Y mae'n arwyddocaol mai un yn unig a hanai o Loegr, sef Katie Davies, wyres uniaith Gymraeg Owen Davies, Maeslenddu. Dichon fod y gymdeithas Gymraeg ym Manceinion, lle y'i ganed, yn ddigon cryf a bywiog i ddiogelu ei Chymraeg. Brodorion o'r ardal, felly, a ffurfiai asgwrn cefn y gymuned wledig hon, ac yr oedd yn ffaith nid dibwys fod cynifer â 257 (sef 59.9 y cant o'r boblogaeth) wedi eu geni o fewn y plwyf, a bod 74 (17.2 y cant) arall yn hanu o Fallwyd a Dinas Mawddwy.

Yr oedd y cartref yn un o gaerau Cymreictod yn Llanymawddwy. Ar gynifer â 97 (99.0 y cant) o aelwydydd fe'i siaredid gan bawb, ac ar 86 (87.8 y cant) ohonynt yr oedd pawb yn Gymry uniaith. Ni cheid yr un teulu di-Gymraeg, a dim ond tri theulu lle'r oedd pawb yn ddwyieithog. Pedwar neu bump a geid ar gyfartaledd ar bob aelwyd ac er mai teuluoedd cnewyllol oedd 62 (63.3 y cant) ohonynt (52 gyda phlant a 10 hebddynt), yr oedd 26 (26.5 y cant) yn deuluoedd estynedig, a 10 (10.2 y cant) yn cynnwys penteulu yn unig. Dichon fod pobl sengl yn byw yn un o bob deg o gartrefi'r fro gan eu bod naill ai yn hŷn yn priodi, neu wedi aros yn ddibriod: yr oedd 92.3 y cant o wrywod a 75 y cant o fenywod rhwng 20 a 29 oed yn ddibriod, o'u cymharu â 31 y cant a 29.4 y cant yn achos y grŵp oedran 30–39. O'r 250 a oedd dros 20 oed dim ond 68 y cant a oedd yn briod neu yn weddw; yr oedd 32.5 y cant o ddynion a 29.8 y cant o ferched yn sengl. Ar 36 (36.7 y cant) o aelwydydd ceid pobl a oedd heb gysylltiadau teuluol amlwg – 31 (31.6 y cant) yn forynion, 4 (4.1 y cant) yn lletywyr, a 2 (2.0 y cant) yn ymwelwyr. Gyda'i gilydd, ffurfient 12.6 y cant o'r boblogaeth, a chan eu bod yn llai sefydlog yr oeddynt yn fwy tebygol o fod â gafael ar y Saesneg. Ategir hyn yn Nhabl 5, ond gan fod y niferoedd mor fychan nid yw'n hawdd dod i gasgliadau pendant. Yr ymwelydd a fedrai'r Saesneg oedd Catherine Williams, gwraig weddw 75 oed a aned yn Llanymawddwy ac a oedd wedi galw heibio i weld teulu uniaith Gymraeg John Jones, Tŷ-nant. Y lletywr a fedrai siarad Saesneg oedd D. O. Morris, glaslanc 14 oed o Gaernarfon a oedd yn byw gyda Thomas Lewis a'i deulu yn Llwyngwilym, hwythau hefyd yn Gymry uniaith. Gan mai Cymry lleol yn gweini ar ffermydd y gymdogaeth oedd trwch helaeth y gweision a'r morynion, nid yw'n syndod fod 42 (89.3 y cant) ohonynt yn Gymry Cymraeg uniaith. Serch hynny, y mae'n werth nodi bod 5 (10.6 y cant) ohonynt yn gyfarwydd â'r Saesneg. Hanai tri o'r pedwar a oedd yn ddwyieithog o sir Drefaldwyn, a chyflogid dau ohonynt gan feistri a oedd yn frodorion o'r un sir. Dawnsio tendans ar deuluoedd dwyieithog Robert Jones, Llannerch, a John

Tabl 5: Iaith a leferid yn ôl perthynas â'r penteulu

(2 flwydd oed a throsodd)

Perthynas â'r penteulu	Nifer Cymraeg	Y Ddwy	Saesneg	Cyfanswm	*Canran Cymraeg*	*Y Ddwy*	*Saesneg*	*Cyfanswm*
Penteuluoedd	91	7	–	98	*92.9*	*7.1*	–	*100.0*
Gwragedd	61	2	1	63	*95.2*	*3.2*	*1.6*	*100.0*
Plant[1]	167	12	–	179	*93.3*	*6.7*	–	*100.0*
Perthnasau eraill	34	–	–	34	*100.0*	–	–	*100.0*
Gweision/morynion	42	4	1	47	*89.3*	*8.5*	*2.1*	*100.0*
Byrddwyr/lletywyr	4	1	–	5	*80.0*	*20.0*	–	*100.0*
Ymwelwyr	1	1	–	2	*50.0*	*50.0*	–	*100.0*
Cyfanswm	**399**	**27**	**2**	**428**	***93.2***	***6.3***	***0.5***	***100.0***

[1] Gan gynnwys plant maeth a llysblant.

Jenkins y curad a wnâi Catherine Morgans ac Elizabeth Jones, ond gweithiai'r lleill ar aelwydydd uniaith Gymraeg. Jane Hamer o Aber-miwl oedd y forwyn a siaradai Saesneg yn unig ac, fel y gwelwyd eisoes, enillai hi ei bara yn y dafarn leol.

Ffaith arall a ddadlennir yn Nhabl 5 yw Cymreictod digamsyniol y plant: siaradent yr iaith frodorol yn ddieithriad, ac yr oedd cynifer â 167 (93.3 y cant) ohonynt yn Gymry uniaith. Gan eu bod yn ffurfio 41.8 y cant o'r boblogaeth ac yn bresennol ar 52 (53.1 y cant) o aelwydydd, nid oedd lle i bryderu am ddyfodol y Gymraeg. Mewn cymdogaeth fel hon, lle'r oedd 50 (98.0 y cant) o'r parau priod a oedd â phlant yn ei llefaru, yr oedd ei throsglwyddiad i'r genhedlaeth iau yn gwbl naturiol. Gan fod trwch helaeth y boblogaeth wedi eu cyfyngu i'w cymdeithas gysefin, yr oedd yn anorfod y byddai patrymau priodi'r gymdogaeth yn cyfnerthu Cymreictod y trigolion: yr oedd 59 (98.3 y cant) o wŷr uniaith Gymraeg wedi priodi gwragedd uniaith Gymraeg ac, yn yr un modd, 57 (96.6 y cant) o wragedd uniaith Gymraeg wedi priodi gwŷr a oedd yn Gymry uniaith. Ceid rhieni di-Saesneg ar 48 (94.1 y cant) o aelwydydd y fro, a Chymry uniaith oedd eu plant yn ddieithriad. Yn 2 Brynbedw, lle'r oedd y tad yn frodor dwyieithog o Feifod a'r fam yn Gymraes uniaith o Garno, siaradai'r plant rywfaint o Saesneg yn ogystal â Chymraeg. Felly hefyd yn Ty'nsimdde, lle'r oedd y ddau riant yn frodorion dwyieithog o siroedd Morgannwg a Phenfro. Ar aelwyd gymysg Tŷ Isaf, yr oedd y tad a'r plant yn Gymry uniaith, a'r fam, hithau, yn uniaith Saesneg. Gan na cheid yn y gymdogaeth unrhyw 'Saeson dŵad', ni fu'r briodas gymysg yn fodd i wanychu'r Gymraeg.

Dengys Tabl 6 fod 147 (80.3 y cant) o wrywod y gymdogaeth yn gyflogedig ac mai amaethwyr oedd 74.8 y cant ohonynt. Yr oedd cynifer ag 86 (52.1 y cant) o'r menywod hefyd yn gweithio, a 95.3 y cant ohonynt hwythau naill ai yn ffermio neu'n gweini. Nid oes amheuaeth nad oedd y byd amaethyddol yn drwyadl

Gymraeg: dyna'r iaith a siaredid gan bawb a oedd yn uniongyrchol gysylltiedig â 'chrefft gyntaf dynolryw', ac yr oedd 143 (96.0 y cant) heb fedru unrhyw iaith arall. Gan fod 88 ohonynt â'u gwreiddiau yn Llanymawddwy, a dim ond 14 yn hanu o'r tu hwnt i sir Feirionnydd (10 o sir Drefaldwyn, 3 o sir Aberteifi ac un o sir Ddinbych), yr oedd hyn i'w ddisgwyl. Ymddengys, er hynny, fod y dynion yn fwy tebygol o gyfathrachu â siaradwyr Saesneg na'r menywod oherwydd cofnodwyd 6 (5.5 y cant) ohonynt hwy yn ddwyieithog. Un ohonynt oedd John Lloyd o Langadfan, hwsmon a phregethwr 24 oed a gynorthwyai Mary Jones a'i merch (ill dwy yn Gymry uniaith o'r gymdogaeth) ar fferm Tyddynwilcock. Y ffermwyr a fedrai'r ddwy iaith oedd Hugh Pugh Jones, Tynyceunant, brodor o Lannerchfydaf a chanddo deulu uniaith Gymraeg, a Robert Jones, Llannerch, gŵr gweddw o Lanymawddwy a chanddo bedwar mab a fedrai'r Saesneg – y ddau hynaf yn fugeiliaid a aned yn Llanwddyn, sir Drefaldwyn. Brodor o Geri yn y sir honno oedd Mathew Tye, gwas fferm dwyieithog a gyflogid gan Jonathan a Mary Davies, Pant-glas. Yr oeddynt hwy ill dau yn hanu o sir Drefaldwyn, ac wedi eu cofrestru yn Gymry Cymraeg uniaith. Yn trigo yn y plwyf hefyd yr oedd deg wagenwr a gludai wair, tail ac amryfal lwythi ar hyd lonydd geirwon y gymdogaeth. Ac eithrio William Evans, Tŷ Uchaf, a hanai o Gomins-coch yn sir Drefaldwyn, brodorion o sir Feirionnydd oeddynt oll ac un yn unig a oedd â gafael ar y Saesneg, sef Morris Jones o Lanymawddwy, mab ieuengaf Robert Jones, Llannerch. Yr oedd trwch helaeth y morynion, hwythau, yn solet eu Cymreictod: ganed cynifer â 37 (86.0 y cant) ohonynt yn sir Feirionnydd, a 6 (14.0 y cant) yn unig a oedd yn siarad Saesneg, un ohonynt yn uniaith a phump yn ddwyieithog.

Er bod mwyafrif y boblogaeth yn ennill eu bywoliaeth ar y tir, yr oedd gan y crefftwyr gwledig ran bwysig i'w chwarae yn ogystal.[15] Ceid yn y gymdogaeth deiliwr, gof, gwehydd, gwniadwraig, melinydd, cryddion, seiri troliau a seiri meini, a'u gorchwyl pennaf oedd diwallu anghenion beunyddiol y trigolion. Gan mai gweithio yn lleol a wnaent, nid oedd yn rhaid iddynt wrth y Saesneg. O'r un ar bymtheg a enillai fywoliaeth yn y sectorau adeiladu a chynhyrchu, yr oedd tri ar ddeg wedi eu geni yn y cyffiniau, a hanai'r tri a oedd yn weddill o sir Drefaldwyn. Un yn unig a fedrai'r Saesneg, sef gwehydd 29 oed o'r Drenewydd. Dichon fod cysylltiadau rhai crefftwyr yn lluosocach na'i gilydd oherwydd gwyddys mai ffin go niwlog a oedd rhwng cynhyrchwyr a masnachwyr yn y cyfnod hwnnw. Dengys cyfarwyddiaduron masnach fod y crydd, Richard Davies, a'r teiliwr, John Jones, yn fân wŷr busnes, ond Cymry uniaith oeddynt, er hynny. Felly hefyd y groseriaid, Margaret Lewis a Sarah Thomas, a'r tafarnwr, Evan Griffiths, a werthai gwrw a phorter yn y Sun Inn. Yr oedd yr is-bostfeistr, yntau, yn ddi-Saesneg, ond nid felly y rhai a weinai i reidiau addysgol ac ysbrydol y brodorion. Un o Dyddewi yn sir Benfro oedd Henry Edmunds, yr ysgolfeistr. Ganed ei briod yn

[15] J. Geraint Jenkins, 'Rural Industry in Merioneth', *CCHChSF*, VIII, rhan 1 (1977), 1–15.

Abertawe a'i blant ym Mhontarddulais a Llangamarch, ac yr oeddynt yn un o'r ychydig deuluoedd lle'r oedd pawb yn ddwyieithog. Brodor o Gilcennin yn sir Aberteifi oedd y rheithor, John Jenkins, a hanai ei wraig o Lanwnnog yn sir Drefaldwyn. Yr oeddynt ill dau yn ddwyieithog, a gwasanaethid arnynt gan ddwy lances leol. Diau ei fod yntau, fel ei ragflaenwyr, yn ymwybod â phwysigrwydd iaith a chenedligrwydd ac yn cyfathrebu'n dda â'i braidd. Diau hefyd mai'r Gymraeg oedd hanfod bywyd ysbrydol yr eglwysi Ymneilltuol a sefydlwyd gan yr Annibynwyr a'r Methodistiaid Wesleaidd. Fel y gwelwyd eisoes, un o'r pregethwyr oedd John Lloyd, hwsmon dwyieithog o Langadfan. Y llall oedd Hugh Evans, Tan-y-foel, ffermwr nad oedd yn medru'r Saesneg. Nid oedd yr iaith honno yn gyfarwydd ychwaith i bump o'r saith a weithiai yn chwareli llechi Dinas Mawddwy. Y ddau a gofrestrwyd yn ddwyieithog oedd Thomas Jones o Feifod yn sir Drefaldwyn, a'i fab, Henry, a aned yn lleol.

Nid gormodiaith fyddai dweud bod Llanymawddwy ym 1891 yn fôr o Gymreictod ac mai'r Gymraeg oedd unig iaith trwch helaeth y trigolion. Oherwydd cyflwr gwael y ffyrdd a'r mynyddoedd anhreiddiadwy a'i cylchynai, câi'r gymdogaeth ei gwarchod rhag dylanwadau a allai ei Seisnigeiddio, ac nid oedd pwysau ar y boblogaeth i fod yn ddwyieithog. Er gwaethaf presenoldeb siaradwyr Saesneg fel yr hwsmon, yr ysgolfeistr, y rheithor, a'r dyrnaid a aned y tu hwnt i sir Feirionnydd, parhaodd y gymuned yn Gymraeg ei hiaith am mai hi oedd iaith bywyd beunyddiol y trigolion. Yn y cartref, yr eglwys a'r capel, y meysydd a'r gweithdy, nid yngenid unrhyw iaith arall; yr oedd y Gymraeg yn hollbresennol.

Tabl 6: Iaith a leferid yn ôl galwedigaeth

(10 oed a throsodd)

	Iaith a leferid Dynion				**Iaith a leferid** Merched			
Dosbarth diwydiannol	Cymraeg	Y Ddwy	Saesneg	Cyfan.	Cymraeg	Y Ddwy	Saesneg	Cyfan.
AMAETHYDDIAETH								
Ffermio								
Hwsmon	–	1	–	1				
Ffermwyr	64	2	–	66				
Perthnasau'n cynorthwyo	–	–	–	–	38	–	–	38
Gweithwyr amaethyddol	12	–	–	12	1	–	–	1
Gweision fferm	16	1	–	17				
Cyfanswm	**104**	**6**	–	**110**	**39**	–	–	**39**
%	***94.5***	***5.5***	–	***100.0***	***100.0***	–	–	***100.0***

Dosbarth diwydiannol	**Iaith a leferid** Dynion Cymraeg	Y Ddwy	Saesneg	Cyfan.	**Iaith a leferid** Merched Cymraeg	Y Ddwy	Saesneg	Cyfan.
MWYNGLODDIO								
Llechi								
Chwarelwyr	4	2	–	6				
Labrwr	1	–	–	1				
Cyfanswm	**5**	**2**	–	**7**				
%	***71.4***	***28.6***	–	***100.0***				
ADEILADU								
Gweithwyr								
Seiri meini	2	–	–	2				
Ffyrdd								
Gweithiwr ffordd	1	–	–	1				
Cyfanswm	**3**	–	–	**3**				
%	***100.0***	–	–	***100.0***				
CYNHYRCHU								
Haearn a dur								
Crefftwr	1	–	–	1				
Pren, dodrefn, ayb								
Labrwyr	2	–	–	2				
Cerbydau a harneisiau								
Crefftwyr	3	–	–	3				
Cotwm, llin, ayb								
Crefftwr	–	1	–	1				
Dillad								
Crefftwyr	3	–	–	3	1	–	–	1
Bwyd, diod, tybaco								
Crefftwr	1	–	–	1				
Amhenodol								
Gyrrwr peiriant	1	–	–	1				
Cyfanswm	**11**	**1**	–	**12**	**1**	–	–	**1**
%	***91.7***	***8.3***	–	***100.0***	***100.0***	–	–	***100.0***
CLUDIANT								
Ffyrdd								
Wagenwyr	9	1	–	10				
Cyfanswm	**9**	**1**	–	**10**				
%	***90.0***	***10.0***	–	***100.0***				
MASNACH								
Bwyd								
Groseriaid	–	–	–	–	2	–	–	2
Tybaco, diod a llety								
Tafarnwr	1	–	–	1				
Cyfanswm	**1**	–	–	**1**	**2**	–	–	**2**
%	***100.0***	–	–	***100.0***	***100.0***	–	–	***100.0***

Dosbarth diwydiannol	Iaith a leferid Dynion Cymraeg	Y Ddwy	Saesneg	Cyfan.	Iaith a leferid Merched Cymraeg	Y Ddwy	Saesneg	Cyfan.
GWASANAETHAU CYHOEDDUS A PHROFFESIYNOL								
Amddiffyn								
Swyddog gyda'r llynges	1	–	–	1				
Addysg								
Ysgolfeistr	–	1	–	1				
Crefydd								
Rheithor	–	1	–	1				
Cyfanswm	**1**	**2**	–	**3**				
%	***33.3***	***66.7***	–	***100.0***				
GWASANAETHAU CARTREF								
Yn y tŷ								
Morynion	–	–	–	–	37	5	1	43
Y tu allan								
Gwas stabl	1	–	–	1				
Gwasanaeth ychwanegol								
Golchwraig	–	–	–	–	1	–	–	1
Cyfanswm	**1**	–	–	**1**	**38**	**5**	1	**44**
%	***100.0***	–	–	***100.0***	***86.4***	***11.4***	***2.3***	***100.0***
CYFANSWM Y CYFLOGEDIG	**135**	**12**	–	**147**	**80**	**5**	**1**	**86**
%	***91.8***	***8.2***	–	***100.0***	***93.0***	***5.8***	***1.2***	***100.0***
Gweddill y boblogaeth	11	–	–	11	57	5	1	63
%	*100.0*	–	–	*100.0*	*90.5*	*7.9*	*1.6*	*100.0*
Disgyblion ysgol	24	1	–	25	14	2	–	16
%	*96.0*	*4.0*	–	*100.0*	*87.5*	*12.5*	–	*100.0*
CYFANSWM Y BOBLOGAETH 10 OED+	**170**	**13**	–	**183**	**151**	**12**	**2**	**165**
%	***92.9***	***7.1***	–	***100.0***	***91.5***	***7.3***	***1.2***	***100.0***

19

Blaenau Ffestiniog (Sir Feirionnydd)

GWENFAIR PARRY

Ar wahân i'w Hymneilltuaeth grefyddol a'u radicaliaeth wleidyddol, un o bennaf nodweddion y cymunedau chwarelyddol oedd eu Cymreictod cadarn. Datganodd un gohebydd yn *Y Tyst* ym 1867 nad oedd wiw i Wyddel ddangos ei wyneb ynddynt ac nad oedd croeso ychwaith i Sais.[1] Erbyn chwarter olaf y bedwaredd ganrif ar bymtheg nid gormodiaith fyddai dweud i'r broydd hyn ddatblygu yn gadarnleoedd yr iaith Gymraeg ac iddynt wneud cyfraniad nid bychan i'w thraddodiad diwylliannol. Yr oedd y chwarelwyr wedi eu trwytho yn eu diwylliant brodorol ac yr oedd eu hymwybod â'u cenedligrwydd yn rhan annatod o'u credoau a'u gweithgareddau. Y Gymraeg oedd cyfrwng eu hymddiddanion beunyddiol yn ddieithriad, ac o'r braidd fod rhagor na dyrnaid ohonynt yn gwbl rugl eu Saesneg. Meddid am drefgordd Bethesda ym 1911: 'Welsh is the language of the home, the street, the quarry, the farm and the sanctuary', a diau mai felly yr oedd hi hefyd ym Mlaenau Ffestiniog ym machlud y bedwaredd ganrif ar bymtheg.[2]

Dichon fod lleoliad y Blaenau yn unigeddau sir Feirionnydd wedi bod yn fodd i ddiogelu'r Gymraeg oherwydd gwyddys mai yn y lleoedd mwyaf anhygyrch y cadwyd ei thraddodiad gryfaf. Ar derfyn y ddeunawfed ganrif ardal ddi-nod a thenau ei phoblogaeth ydoedd, lle'r enillai'r trigolion eu bywoliaeth trwy fagu defaid a gwau hosanau.[3] Ond, diolch i fenter estroniaid, datblygodd y dref yn y ganrif ddilynol yn llwyfan i gyfnewidiadau diwydiannol a chymdeithasol mor sylweddol nes peri ei bod yn rhan annatod o economi Prydain fodern.[4] Bu'r llechfeini a orweddai yn haenau cyfoethog yn nwfn y ddaear yn atynfa i laweroedd, a chwyddodd poblogaeth plwyf Ffestiniog o 732 ym 1801 i 11,234 ym 1881.[5] Tyfodd y dref yn sydyn, ac yn sgil dyfodiad y rheilffyrdd a ffyniant y fasnach dramor cododd y cynnyrch o 45,000 tunnell o lechi ym 1851 i 150,000

[1] *Y Tyst*, 20 Gorffennaf 1867.
[2] Dyfynnwyd yn R. Merfyn Jones, *The North Wales Quarrymen 1874–1922* (Cardiff, 1982), t. 56.
[3] *Y Genedl Gymreig*, 21 Mehefin 1882.
[4] Jones, *The North Wales Quarrymen*, t. 1.
[5] G. J. Williams, *Hanes Plwyf Ffestiniog* (Wrexham, 1880), tt. 134–5.

tunnell ddeng mlynedd ar hugain yn ddiweddarach.[6] Yn negawd olaf y ganrif, fodd bynnag, yr oedd y diwydiant ar drothwy'r dirwasgiad dirdynnol hwnnw a oedd i'w anrheithio hyd ddechrau'r Rhyfel Mawr. Dechreuodd y nychu ym 1878 yn sgil marweidd-dra'r fasnach adeiladu ac erbyn 1891 yr oedd y boblogaeth wedi gostwng i 11,073. Taflwyd rhai gweithwyr ar y clwt wrth i nifer y chwareli ostwng o ddeunaw i bedair ar ddeg ac i nifer y cyflogedigion ddisgyn o 4,022 i 3,784 yn yr un cyfnod.[7] Canolbwynt y prysurdeb ym mlwyddyn y cyfrifiad oedd gweithfeydd mawrion yr Oakeley, Llechwedd, Foty a Maenofferen, a gyflogai rhyngddynt 2,939 neu 77.7 y cant o chwarelwyr y gymdogaeth.[8] Fel cymuned ddosbarth-gweithiol nid arddangosai ei strwythur galwedigaethol odid ddim amrywiaeth. O'r boblogaeth a samplwyd dibynnai 941 neu bron 70 y cant o'r dynion cyflogedig yn uniongyrchol ar y diwydiant llechi am eu cynhaliaeth. Dichon fod y ganran yn uwch na hynny oherwydd y mae'n bur debyg fod bywoliaeth rhai o grefftwyr a labrwyr y gymdogaeth hefyd yn gysylltiedig â'r diwydiant. Yn ôl y disgwyl, prin oedd y cyfleoedd gwaith i'r rhyw deg yn y gymdogaeth: o'r 1,686 o unigolion a oedd yn gyflogedig, dim ond 284 neu 16.8 y cant ohonynt a oedd yn ferched, ac ar wahân i'r ychydig athrawesau neu wniadwragedd, gweini rheidiau'r *petite bourgeoisie* fel morynion a wnâi'r mwyafrif ohonynt.

Afraid dweud i'r cyfnewidiadau mawr yn Ffestiniog effeithio cryn dipyn ar batrwm a chyfansoddiad poblogaeth yr ardal. Dengys cyfrifiad 1841 fod 13.5 y cant yn rhagor o ddynion nag o ferched yn y plwyf ac mai gwŷr ieuainc rhwng 15 a 35 oed oedd 44 y cant o'r trigolion.[9] Gyda threigl amser, fodd bynnag, diflannodd yr anghydbwysedd wrth i'r boblogaeth sefydlogi. Ym 1891, felly, nid oedd ond 5 y cant yn fwy o ddynion nag o ferched ac nid oedd y ganran o ddynion ieuainc ond 17.4 y cant o'r boblogaeth. Dengys tystysgrifau priodas fod nifer o ferched lleol wedi priodi llanciau a oedd wedi symud i'r ardal, ond gan mai Cymry glân gloyw oedd y mewnfudwyr hyn ni wnaeth y cyfryw briodasau ond grymuso Cymreictod eu haelwydydd fel y trosglwyddid y famiaith i'r genhedlaeth nesaf.[10] Gan fod bron 40 y cant o'r trigolion dan 15 oed ym 1891, ni allai hynny lai nag argoeli'n dda i ddiwylliant brodorol y gymdogaeth.

Yr oedd i'r diwydiannu yn Ffestiniog oblygiadau cymdeithasol pellgyrhaeddol, a phan ddaeth gwerinwyr yno i gydweithio a chyd-fyw mewn awyrgylch hollol Gymreig, lluniasant gymdeithas wrengaidd ac iddi rwydweithiau lluosog, cryfion, sef y math o gymdeithas a oedd yn gyndyn i ildio i bwysau cymdeithasol ac

[6] John Davies, *Hanes Cymru* (Harmondsworth, 1990), t. 391.

[7] *List of Mines in the United Kingdom of Great Britain and Ireland, and the Isle of Man, for the Year 1895* (London, 1896), tt. 230–4; J. Gordon Jones, 'The Ffestiniog Slate Industry: The Industrial Pattern, 1831–1913', *CCHChSF*, VI, rhan II (1970), 197, 199.

[8] *List of Mines*, tt. 230–4.

[9] J. Gordon Jones, *Trem ar Hanes Ffestiniog 1800–1914* (Caernarfon, 1990), t. 4.

[10] Ibid.

ieithyddol allanol. Cyfeiriwyd droeon at yr agosrwydd a'r cymwynasgarwch llwythol hwnnw a roddai i'r gymdeithas hon ei harbenigrwydd.[11] At hynny, yr oedd trwch helaeth y trigolion yn Ymneilltuwyr pybyr ac amryw byd ohonynt yn olau iawn yn eu Beibl.[12] Yn wir, yr oedd yn gymdeithas hynod grefyddol: ar ddiwedd y ganrif ceid ym mhlwyf Ffestiniog 41 o gapeli Ymneilltuol ac yr oedd cyfanswm yr eisteddleoedd ynddynt 5,041 yn fwy na chyfanswm y boblogaeth.[13] Codwyd y rhan fwyaf o'r capeli rhwng 1820 a 1880, ac yn enwedig yn ystod y degawdau 1860–80 pryd y cyrhaeddodd y mewnlifiad o gefn gwlad ei benllanw. Er i gapel Saesneg gael ei sefydlu yn y Blaenau ym 1882, y Gymraeg a'r enwadau Cymraeg a arglwyddiaethai, gyda'r tri phrif enwad, y Methodistiaid Calfinaidd, yr Annibynwyr a'r Bedyddwyr, yn profi llwyddiant dihafal yn yr ardal. Yr oedd cryn fynd ar ysgolion Sul, eisteddfodau, cyfarfodydd diwylliadol a'r Gobeithlu, a grymused oedd dylanwad y capel fel y gwelid ei ôl yng ngweithgareddau cabanau'r chwareli.[14] Nid canolfannau i ddiwallu syched eneidiau yn unig mo'r capeli: hyrwyddent ddiwylliant gwerinol a gynhelid yn gyfan gwbl trwy gyfrwng y Gymraeg ac o fewn eu muriau diaddurn y dysgai'r trigolion ddarllen a siarad yr iaith yn ei phurdeb. Yr oedd y capeli, yn ogystal, yn gyfryngau i greu undod ymhlith pobl nad oedd ganddynt draddodiad trefol. Hwy, felly, a feithrinai ymdeimlad o gymuned ac o ddiwylliant cyffredin ymhlith y brodorion, ac ynddynt y gwelid crefydd ac iaith yn ymblethu i gynnal y rhwymau hynny a oedd mor hanfodol i gadwraeth y Gymraeg.

Yr oedd y chwarelwyr hefyd, wrth gwrs, yn ddarllenwyr awchus ac yn selog eu cefnogaeth i'r holl gylchgronau a newyddiaduron a lifai o'r wasg yn y bedwaredd ganrif ar bymtheg. 'Nid oes un dosbarth yn dal cysylltiad mwy uniongyrchol â'r wasg Gymreig, yn enwedig trwy eu darlleniadau', meddai William Jones (Ffestinfab) ym 1879, a chymaint oedd eu diddordeb yng nghynnyrch y wasg honno fel y sylwodd un: 'Pe y collid gafael ar y chwarelwyr y byddai yr anturiaethau sydd mor llwyddiannus fel cyfryngau addysg yn sicr o gyfarfod â dyrnod drom, ac hyd yn nod elfenau darfodedigaeth.'[15] Canfuwyd yn sgil ymchwil a wnaed ar ddiwedd y 1870au fod cynifer ag 8,000 o wahanol gylchgronau a phapurau newydd yn cyrraedd amrywiol gymdogaethau Ffestiniog bob mis.[16] Yr oedd pethau yr un mor llewyrchus ar ddiwedd y ganrif oherwydd ym 1907 datganwyd mai chwarelwyr oedd lliaws mawr y tanysgrifwyr i'r *Geninen*, *Y Dysgedydd*, *Y Drysorfa*, *Y Genedl*, *Yr Herald Cymraeg*, *Gwalia*, *Y Goleuad*, *Y*

11 Gw., e.e., Tecwyn Vaughan Jones, *Pont dros Atgof: Tystiolaeth Lafar o'r Blaenau* (Caernarfon, 1991), t. 33; Gwyn Thomas, *Yn Blentyn yn y Blaenau* (Caernarfon, 1981), t. 4.

12 Thomas, *Yn Blentyn yn y Blaenau*, t. 25; Emrys Evans, *Criw Diddan, Dŵr Oer* (Caernarfon, 1992), t. 24.

13 Royal Commission on the Church of England and Other Religious Bodies in Wales and Monmouthshire, *Nonconformist County Statistics. Volume VI*, tt. 306–9 (PP 1911 (Cd. 5437) XVIII).

14 Jones, *Trem ar Hanes Ffestiniog*, t. 17.

15 William Jones (Ffestinfab), *Hanes Plwyf Ffestiniog a'r Amgylchoedd* (Blaenau Ffestiniog, 1879), t. 84.

16 Ibid.

Tabl 1: Iaith a leferid gan boblogaethau Blaenau Ffestiniog, Dosbarth Cofrestru Ffestiniog, Sir Feirionnydd a Chymru

(2 flwydd oed a throsodd)

	Nifer				*Canran*			
	Cymraeg	Y Ddwy	Saesneg	Cyfanswm	*Cymraeg*	*Y Ddwy*	*Saesneg*	*Cyfanswm*
Blaenau Ffestiniog[1]	3439	706	73	4218	*81.5*	*16.7*	*1.7*	*100.0*
D.C. Ffestiniog[2]	21457	4216	685	26358	*81.4*	*16.0*	*2.6*	*100.0*
Sir Feirionnydd[3]	45856	12023	3621	61500	*74.6*	*19.5*	*5.9*	*100.0*
Cymru[4]	508036	402253	759416	1669705	*30.4*	*24.1*	*45.5*	*100.0*

[1] Hepgorwyd 11 unigolyn nad oeddynt wedi nodi eu gallu ieithyddol.
[2] Hepgorwyd 160 nad oeddynt wedi nodi eu gallu ieithyddol a 26 a siaradai ieithoedd eraill.
[3] Hepgorwyd 368 nad oeddynt wedi nodi eu gallu ieithyddol a 35 a siaradai ieithoedd eraill.
[4] Hepgorwyd 12,833 nad oeddynt wedi nodi eu gallu ieithyddol a 3,076 a siaradai ieithoedd eraill.

Werin, a'r *Eco Cymraeg*.[17] Arwydd o ffyniant y famiaith yn y broydd chwarelyddol oedd yr ymddiddori hwn. Nid oes amheuaeth na chafodd diwylliant Cymraeg y cyfnod ddylanwad annileadwy ar y chwarelwyr a diau iddynt hwythau, yn eu tro, goethi a chyfnerthu'r diwylliant hwnnw.

Ar gyfer yr astudiaeth hon samplwyd yn gyflawn dri o lyfrau'r cyfrifwyr ar gyfer y Blaenau er mwyn cael darlun o gyfansoddiad ieithyddol 4,229 o'i thrigolion. Trigai'r rhain yng nghanolfan fasnachol y dref ac yn y rhesdai unffurf o boptu. Ni cheir gwybodaeth ynglŷn â gallu ieithyddol un ar ddeg ohonynt, ond o'r 4,218 a oedd yn weddill cofnodwyd 81.5 y cant yn Gymry uniaith, 16.7 y cant yn ddwyieithog, ac 1.7 y cant yn uniaith Saesneg. Felly, yr oedd gan 98.2 y cant o'r brodorion wybodaeth o'r Gymraeg ac 18.4 y cant wybodaeth o'r iaith Saesneg. Fel y dengys Tabl 1, o ran cryfder eu Cymreictod yr oedd y dref a'i hamgylchoedd yn rhagori ar sir Feirionnydd ac yn sefyll ben ac ysgwydd uwchlaw Cymru, lle'r oedd y nifer a fedrai'r heniaith yn llai o'r hanner. Nid oes amheuaeth, felly, nad oedd y gymdogaeth ym 1891 yn drwyadl Gymraeg; lleiafrif yn unig a fedrai'r Saesneg ac eithriadau prin iawn oedd y rhai na fedrent siarad yr iaith frodorol.

Dengys Tabl 2 fod rhagor na 95 y cant o bobl a phlant o bob oedran yn ei medru a bod y gyfran o Gymry uniaith ar ei huchaf ymhlith yr oedrannus a'r ifanc: prawf nad oedd perygl yn y byd i'r famiaith golli ei goruchafiaeth ymhlith plant. Serch hynny, y mae'n werth nodi bod 5 y cant yn rhagor o blant rhwng 6 ac 14 oed yn ddwyieithog o'u cymharu â phlant rhwng 2 a 5 oed. Er bod rhaid gochel rhag gorbwysleisio rhan y gyfundrefn addysg yn y proses o golli iaith, y mae'n bur debyg mai dylanwad yr ysgolion dyddiol a oedd i gyfrif yn bennaf am hyn. Yr oedd 432 o ddisgyblion ysgol wedi eu rhwydo yn y sampl, ac er bod 81 y

[17] Tystiolaeth y Parchedig D. H. Williams. Royal Commission on the Church of England and Other Religious Bodies in Wales and Monmouthshire, *Minutes of Evidence. Volume II. Book I* (London, 1910), cwestiynau 7337–47 (PP 1910 (Cd. 5433) XV).

Tabl 2: Iaith a leferid yn ôl oedran
(2 flwydd oed a throsodd)[1]

Oed	Nifer Cymraeg	Y Ddwy	Saesneg	Cyfanswm	*Canran Cymraeg*	*Y Ddwy*	*Saesneg*	*Cyfanswm*
2–5	416	41	5	462	*90.0*	*8.9*	*1.1*	*100.0*
6–14	889	144	6	1039	*85.6*	*13.9*	*0.6*	*100.0*
15–24	528	184	6	718	*73.5*	*25.6*	*0.8*	*100.0*
25–44	959	231	42	1232	*77.8*	*18.8*	*3.4*	*100.0*
45–64	521	97	11	629	*82.8*	*15.4*	*1.7*	*100.0*
65+	120	9	3	132	*90.9*	*6.8*	*2.3*	*100.0*
Cyfanswm	**3433**	**706**	**73**	**4212**	***81.5***	***16.8***	***1.7***	***100.0***

[1] Hepgorwyd 6 nad oeddynt wedi nodi eu hoedran.

cant ohonynt yn Gymry uniaith yr oedd yn ffaith anwadadwy fod 18 y cant yn ddwyieithog. Tystia'r cynnydd mewn dwyieithrwydd rhwng y grwpiau oedran 6–14 a 15–24 fod nifer bychan wedi dysgu Saesneg cyn cyrraedd 15 oed, ac er i'r ganran ostwng fel yr heneiddiai'r boblogaeth parhaodd yn gymharol uchel yn achos y grwpiau oedran gwaith. Yr oedd yn arwyddocaol fod 203 (48.9 y cant) o'r trigolion dwyieithog rhwng 15 a 44 oed wedi eu geni y tu hwnt i sir Feirionnydd (176 mewn rhannau eraill o Gymru, 22 yn Lloegr a 5 mewn gwledydd tramor) ac mai cynhyrchwyr, masnachwyr a gwŷr proffesiynol oedd 156 (54.0 y cant) o'r 289 a oedd yn gyflogedig. Dim ond 57 (19.7 y cant) ohonynt a oedd yn chwarelwyr, ac yr oedd bron hanner y rheini yn hanu o siroedd Caernarfon, Dinbych a Môn. Dengys canrannau bychain a digyfnewid y trigolion di-Gymraeg nad oedd yr heniaith dan warchae ymhlith yr ifanc na'r to hŷn; cymdeithas oedd hon a oedd ond megis dechrau troi yn ddwyieithog, a phlant oedran ysgol a phobl oedran gwaith a oedd yn profi'r newid. Fel y dengys Tabl 3, nid amrywiai gallu ieithyddol y rhywiau ryw lawer ond y mae'n amlwg, er hynny, fod 8 y cant yn rhagor o ferched rhwng 15 a 24 oed yn medru'r Saesneg nag o ddynion, a bod dwyieithrwydd ymhlith y rhyw deg yn cyrraedd uchafbwynt yn y grŵp oedran hwnnw. Tystia hyn i'r ffaith fod gweini yn fodd effeithiol nid yn unig i gynefino merched y wlad â'r bywyd trefol, ond hefyd i drwytho rhai ohonynt yn y Saesneg. Yn hyn o beth, dylid cofio mai llancesau o gwmpas eu hugain oed oedd 64 o'r merched a oedd yn gweini, a bod traean ohonynt yn medru'r Saesneg.

Eto i gyd, nifer cymharol fychan o forynion a geid yn y Blaenau: ni ffurfient ond 3.2 y cant o'r boblogaeth a samplwyd, ac yr oedd y mwyafrif llethol (95.6 y cant) yn siaradwyr Cymraeg a hanai'n bennaf o siroedd Meirionnydd, Caernarfon a Dinbych. Yn wir, yr oedd yn nodweddiadol o'r gymdogaeth mai dim ond lleiafrif o'r trigolion (8.3 y cant) a oedd heb gysylltiadau teuluol amlwg. Yn ôl y disgwyl, yr oedd rhagor na phedwar o bob pump o deuluoedd yr ardal yn

Tabl 3: Iaith a leferid yn ôl oedran a rhyw

(2 flwydd oed a throsodd)[1]

		Nifer				*Canran*			
Oed	Rhyw	Cymraeg	Y Ddwy	Saesneg	Cyfanswm	*Cymraeg*	*Y Ddwy*	*Saesneg*	*Cyfanswm*
2–5	G	192	18	3	213	*90.1*	*8.5*	*1.4*	*100.0*
	B	224	23	2	249	*90.0*	*9.2*	*0.8*	*100.0*
6–14	G	462	72	3	537	*86.0*	*13.4*	*0.6*	*100.0*
	B	427	72	3	502	*85.1*	*14.3*	*0.6*	*100.0*
15–24	G	309	89	2	400	*77.2*	*22.3*	*0.5*	*100.0*
	B	218	95	4	317	*68.8*	*30.0*	*1.2*	*100.0*
25–44	G	499	119	18	636	*78.5*	*18.7*	*2.8*	*100.0*
	B	460	112	24	596	*77.1*	*18.8*	*4.0*	*100.0*
45–64	G	292	44	7	343	*85.1*	*12.8*	*2.0*	*100.0*
	B	238	55	5	298	*79.9*	*18.5*	*1.7*	*100.0*
65+	G	43	3	–	46	*93.5*	*6.5*	–	*100.0*
	B	68	4	2	74	*91.9*	*5.4*	*2.7*	*100.0*
	G	**1797**	**345**	**33**	**2175**	***82.6***	***15.9***	***1.5***	***100.0***
Cyfanswm	**B**	**1635**	**361**	**40**	**2036**	***80.3***	***17.7***	***2.0***	***100.0***

[1] Hepgorwyd 7 nad oeddynt wedi nodi eu hoedran neu eu rhyw.

deuluoedd cnewyllol ac yr oedd plant yn dra niferus. Fe'u ceid ar bron 80 y cant o aelwydydd y gymdogaeth a ffurfient 47.9 y cant o'r boblogaeth. Yr oedd teuluoedd, felly, yn gallu bod yn fawr, ond er bod naw neu ragor o bobl yn byw ar 4.7 y cant o aelwydydd, chwech neu lai a drigai yn y mwyafrif llethol o gartrefi (77.5 y cant), a phump a geid ar gyfartaledd ym mhob tŷ. Heb os, arwydd oedd hyn o'r gwelliant a gafwyd yng nghyflwr tai'r gymdogaeth erbyn y 1890au. Er bod gorlenwi difrifol yn digwydd ym marics y chwareli hyd ddiwedd y ganrif, traean yn unig o gartrefi a oedd â llai na phum ystafell ym 1891.

Dengys Tabl 4 fedr ieithyddol trigolion y Blaenau yn ôl eu perthynas â'r penteulu ac ni cheir croywach prawf o gadernid y Gymraeg yng nghartrefi'r fro. Y mae'n amlwg, er enghraifft, na châi rhwymau teuluol eu breuo gan fyrddwyr a lletywyr estron: fe'u ceid ar 12 y cant yn unig o aelwydydd Ffestiniog ac o'r braidd y cynrychiolent 5 y cant o'r boblogaeth. Gwyddys i letywyr fyrdd aros gyda theuluoedd y Blaenau yn y cyfnod cynnar, ond erbyn y 1890au yr oedd y boblogaeth wedi dechrau sefydlogi. At hynny, yr oedd trwch helaeth y byrddwyr a'r lletywyr a gofrestrwyd yn drwyadl Gymraeg o ran cefndir ac iaith: brodorion o siroedd Meirionnydd, Caernarfon, Dinbych a Môn oedd 161 (83.9 y cant) ohonynt, ac yr oedd 183 (93.3 y cant) yn llefaru'r iaith frodorol. Fe dâl inni gofio hefyd fod 82.1 y cant o'r lletywyr a oedd yn ddwyieithog yn byw gyda theuluoedd lle'r oedd pawb yn siarad Cymraeg ac o'r herwydd nid oeddynt yn gwanychu'r iaith ar yr aelwydydd hynny. Masnachwyr, athrawon a chyflog-edigion y rheilffordd oedd y mwyafrif llethol ohonynt, ac y mae'n arwyddocaol

Tabl 4: Iaith a leferid yn ôl perthynas â'r penteulu
(2 flwydd oed a throsodd)[1]

Perthynas â'r penteulu	Nifer Cymraeg	Y Ddwy	Saesneg	Cyfanswm	*Canran Cymraeg*	*Y Ddwy*	*Saesneg*	*Cyfanswm*
Penteuluoedd	762	147	20	929	*82.0*	*15.8*	*2.2*	*100.0*
Gwragedd	596	126	23	745	*80.0*	*16.9*	*3.1*	*100.0*
Plant[2]	1688	319	10	2017	*83.7*	*15.8*	*0.5*	*100.0*
Perthnasau	125	28	4	157	*79.6*	*17.8*	*2.5*	*100.0*
Gweision/morynion	102	28	6	136	*75.0*	*20.6*	*4.4*	*100.0*
Byrddwyr/lletywyr	143	40	9	192	*74.5*	*20.8*	*4.7*	*100.0*
Ymwelwyr	13	7	–	20	*65.0*	*35.0*	–	*100.0*
Eraill[3]	6	10	1	17	*35.3*	*58.8*	*5.9*	*100.0*
Cyfanswm	**3435**	**705**	**73**	**4213**	***81.5***	***16.7***	***1.7***	***100.0***

[1] Hepgorwyd 5 nad oeddynt wedi nodi eu perthynas â'r penteulu.
[2] Gan gynnwys plant maeth a llysblant.
[3] 7 prentis, 8 cynorthwywr, un porthor ac un myfyriwr meddygol.

mai 7 (18.0 y cant) o chwarelwyr yn unig a geid yn eu plith. O Loegr, Iwerddon ac America y deuai'r naw a oedd yn uniaith Saesneg, a lletyai saith ohonynt hwythau gyda theuluoedd Cymraeg eu hiaith, trefniant a fu'n gyfrwng nid yn unig i'w cymathu yn ieithyddol ond hefyd i gynefino eu gwesteiwyr â'r iaith Saesneg. Gwelir, yn ogystal, fod cyfran uwch o'r ymwelwyr yn ddwyieithog. Yr oedd y mwyafrif ohonynt yn ymweld â pherthnasau neu gydnabod, a'r gweddill, o bosibl, wedi mentro i'r fro i dafoli'r sefyllfa economaidd cyn ymgartrefu yno. Eto i gyd, nid oedd yn bosibl iddynt Seisnigo iaith a diwylliant y fro gan fod cyn lleied ohonynt.

Ffaith arall a ddadlennir yn Nhabl 4 yw Cymreictod anwadadwy'r plant: yr oedd cynifer â 1,688 neu 83.7 y cant ohonynt yn uniaith Gymraeg. Prawf digamsyniol oedd hyn o rymuster y famiaith ar yr aelwyd ac o ddylanwad difesur yr ysgol Sul – 'y peth agosaf a gawsom erioed at gyfundrefn addysg genedlaethol Gymraeg', chwedl R. Tudur Jones.[18] Dengys hefyd na chawsai addysg elfennol a gwirfoddol y cyfnod ddylanwad mor andwyol ag mewn parthau eraill. Gwyddys mai anghyflawn, ar y gorau, oedd profiad addysgol plant y Blaenau, a chan mai pennaf ddeisyfiad rhieni oedd ychwanegu at eu henillion trwy anfon eu meibion i'r chwarel, dichon nad oeddynt yn orchwannog i'w gwaddoli â'r addysg Saesneg orau.[19]

O ganlyniad, yr oedd y Blaenau yn un o gadarnleoedd y Gymraeg. Cymry uniaith a drigai yng nghynifer â 698 (74.3 y cant) o gartrefi'r fro, ac er bod pawb yn medru'r Saesneg ar 88 (9.4 y cant) o aelwydydd, dim ond 5 (0.3 y cant) o

[18] R. Tudur Jones, 'Yr Eglwysi a'r Iaith yn Oes Victoria', *LlC*, 19 (1996), 148.
[19] Ernest Jones, *Stiniog* (Caernarfon, 1988), t. 59.

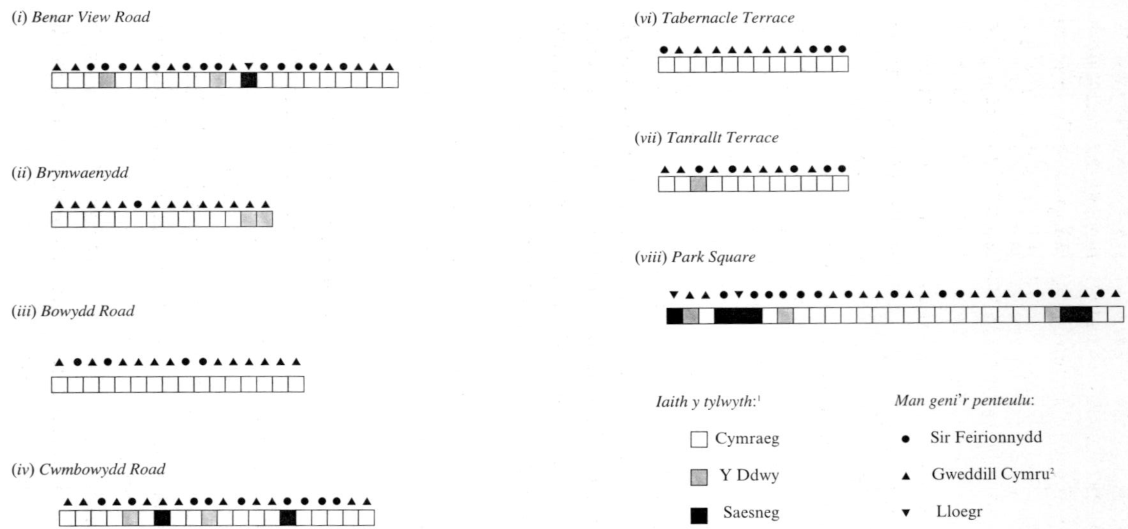

[1] Cymraeg: pawb yn uniaith Gymraeg neu o leiaf un aelod o'r teulu cnewyllol yn uniaith Gymraeg a'r gweddill yn ddwyieithog; Y Ddwy: pawb yn ddwyieithog neu un neu ragor yn uniaith Saesneg, eraill yn uniaith Gymraeg, a rhai, neu neb, yn ddwyieithog; Saesneg: pawb yn uniaith Saesneg neu o leiaf un aelod o'r teulu cnewyllol yn uniaith Saesneg a'r gweddill yn ddwyieithog.

[2] Siroedd Caernarfon, Dinbych a Môn yn bennaf.

Ffigur 1. Iaith tylwythau yn rhai o strydoedd Blaenau Ffestiniog

deuluoedd a oedd yn gwbl ddi-Gymraeg. Adlewyrchir hyn yn Ffigur 1 lle y gwelir bod 70 y cant neu ragor o'r penteuluoedd mewn detholiad o strydoedd yn Gymry uniaith, a hynny er gwaethaf y ffaith fod rhai ohonynt yn fasnachwyr neu yn gweithio yn y sector gwasanaethau cyhoeddus a phroffesiynol. Peth anghyffredin hefyd oedd priodasau rhwng cymheiriaid o wahanol allu ieithyddol. Yr oedd 92.6 y cant o'r gwŷr uniaith Gymraeg yn briod â gwragedd uniaith Gymraeg; yr un modd, yr oedd 74.4 y cant o'r gwŷr dwyieithog wedi priodi gwragedd dwyieithog. Arddangosai patrymau priodi'r gymdogaeth, felly, gyfradd uchel o ddetholusrwydd ieithyddol a oedd yn cryfhau'r iaith a'i diwylliant cysefin. At hynny, medrai cynifer â 361 (95.3 y cant) o barau priod siarad Cymraeg. Gellid disgwyl, o ganlyniad, y byddent yn trosglwyddo'r iaith honno i'r genhedlaeth nesaf. Fel y dengys Tabl 5, ni cheid un enghraifft o blant di-Gymraeg ar aelwydydd lle'r oedd y ddau riant yn Gymry Cymraeg. Ar 69.1 y cant o'r aelwydydd trigai rhieni uniaith Gymraeg a ymserchai yn eu mamiaith ac a'i diogelai trwy ei throsglwyddo i'w plant. Yn wir, dim ond ar 6 (2.3 y cant) o'r aelwydydd hyn y cofnodwyd bod y plant yn siarad Saesneg. Ar aelwydydd lle'r oedd un rhiant yn gynefin â'r Saesneg, cafwyd peth newid ieithyddol: ar 9 (23.7 y cant) o'r aelwydydd hynny yr oedd y plant yn siarad Saesneg yn ogystal, ac mewn cartrefi lle'r oedd y ddau riant yn ddwyieithog yr oedd yr un peth yn wir am y plant ar 36 (59.0 y cant) o aelwydydd. Ar dair aelwyd yn unig y ceid rhieni di-Gymraeg, a Saesneg, yn ddieithriad, a siaredid gan eu plant. Gwyddys bod dau o'r teuluoedd hyn yn gysylltiedig â'r sector cludiant ac yn newydd-ddyfodiaid i'r dref, a chan fod y trydydd teulu wedi bwrw gwreiddiau yn y gymdogaeth ers rhai blynyddoedd ac yn cyflogi morwyn uniaith Gymraeg diau fod rhywfaint o afael ar yr iaith frodorol ganddynt.

Gwelir, yn ogystal, mai dim ond 15 (2.6 y cant) o briodasau cymysg (lle y medrid y Gymraeg gan un cymar yn unig) a geid yn y gymdogaeth. Fel y gellid disgwyl, yr oedd y Gymraeg yn fwy bregus ar yr aelwydydd hynny. O'u cymharu â'r aelwydydd ieithyddol gydryw, lle'r oedd y plant ar gynifer ag 84.2 y cant ohonynt yn uniaith Gymraeg, yr oedd y ganran gyfatebol ar aelwydydd cymysg cyn lleied â 40 y cant. Dengys hyn fod parau priod cymysg eu hiaith yn parhau i drosglwyddo'r Gymraeg i'w plant, ond bod cyfran weddol o'r plant hynny'n ddwyieithog. Er gwaethaf y gred fod plant fel rheol yn mabwysiadu iaith eu mam, ni chafwyd unrhyw dystiolaeth i'r perwyl hwnnw yng nghyswllt Blaenau Ffestiniog, ac nid yw'r canfyddiadau ychwaith yn cadarnhau'r ddamcaniaeth mai'r iaith uchaf ei statws a ddefnyddid yn y cyfryw gartrefi. Er bod plant ar 9 (60.0 y cant) o'r aelwydydd hyn yn medru'r Saesneg, yr oeddynt yn siarad Cymraeg ar 13 (86.7 y cant) ohonynt. Ac mewn cymdeithas lle'r oedd Cymreictod yn teyrnasu, nid oedd hynny'n syndod.

Cael eu cymathu hefyd oedd hanes yr oedolion a aned y tu allan i Gymru ac yr oedd hynny'n anochel er eu lles economaidd a chymdeithasol, o gofio nad oedd ond 79 ohonynt (1.8 y cant o'r boblogaeth a samplwyd). Ni wyddys am ba hyd y

Tabl 5: Iaith plant o deuluoedd lle'r oedd rhieni uniaith a dwyieithog

(2 flwydd oed a throsodd)

Gallu ieithyddol y rhieni		Gallu ieithyddol y plant Nifer yr aelwydydd					*Gallu ieithyddol y plant Canran*				
Tad	Mam	Cymraeg	Y Ddwy	Saesneg	Cymysg	Cyfanswm	*Cymraeg*	*Y Ddwy*	*Saesneg*	*Cymysg*	*Cyfanswm*
C	C	254	6	–	2	262	*96.9*	*2.3*	–	*0.8*	*100.0*
C	D	12	6	–	3	21	*57.1*	*28.6*	–	*14.3*	*100.0*
D	C	7	3	–	7	17	*41.2*	*17.6*	–	*41.2*	*100.0*
D	D	10	36	–	15	61	*16.4*	*59.0*	–	*24.6*	*100.0*
D	S	1	2	1	–	4	*25.0*	*50.0*	*25.0*	–	*100.0*
S	D	1	5	–	–	6	*16.7*	*83.3*	–	–	*100.0*
S	S	–	–	3	–	3	–	–	*100.0*	–	*100.0*
C	S	3	–	–	–	3	*100.0*	–	–	–	*100.0*
S	C	1	–	1	–	2	*50.0*	–	*50.0*	–	*100.0*
Cyfanswm		**289**	**58**	**5**	**27**	**379**	***76.3***	***15.3***	***1.3***	***7.1***	***100.0***

C/Cymraeg: uniaith Gymraeg; D/Y Ddwy: dwyieithog; S/Saesneg: uniaith Saesneg; Cymysg: unrhyw gyfuniad o siaradwyr uniaith Gymraeg, siaradwyr dwyieithog a siaradwyr uniaith Saesneg ar yr un aelwyd.

bu'r mewnfudwyr hyn yn byw yn y Blaenau, ond yr oedd 36 ohonynt, sef oddeutu eu hanner, yn medru'r Gymraeg, 7 yn Gymry uniaith a 29 yn ddwyieithog. Anodd yw dod i gasgliadau pendant ynglŷn â'r mewnfudwyr hyn, ond gwyddys bod 27 ohonynt yn briod â siaradwyr Cymraeg a bod pedwar arall yn lletya gyda theuluoedd Cymraeg. A barnu wrth eu cyfenwau, gellid yn rhwydd dybio bod gan lawer ohonynt gysylltiadau teuluol yn y gymdogaeth. Gwyddys mai ateb parod chwarelwyr a gawsai gam neu a fethai gael deupen y llinyn ynghyd oedd ymfudo, ac yn ei ddyddiau cynnar o leiaf rhoes Undeb Chwarelwyr Gogledd Cymru sêl ei fendith ar hynny.[20] Er i atyniadau'r byd newydd brofi'n anhraethol felysach i'r mwyafrif, dichon i lwch yr henfro lynu'n dynn wrth draed rhai ohonynt, a chan gryfed oedd yr ysbryd Cymreig yn eu cynefin newydd ni chollodd pob un ohonynt eu heniaith. Un felly oedd William Jones, chwarelwr uniaith Gymraeg a aned ym Mhennsylvania ond a ymgartrefodd yn ddiweddarach yn y Blaenau. Yn flaenaf ymhlith y mewnfudwyr eraill a chanddynt enwau Cymraeg ac a lefarai'r iaith frodorol oedd rhai o'r llu mawr o ogleddwyr a sefydlodd ynysoedd o Gymreictod yn ninasoedd Lerpwl, Manceinion a Llundain. O'r 41 nas cymathwyd, yr oedd perthnasau agos 23 ohonynt yn medru'r Gymraeg ac, mewn 9 achos, yn Gymry uniaith! Y mae'n sicr hefyd iddynt gyfathrachu â phobl leol yn y gweithle a'r capeli ac i hynny eu cynefino â'r Gymraeg a'r golud diwylliannol a ddeuai yn ei sgil. Diau, felly, fod rhai mewnfudwyr nad oeddynt yn arddel y Gymraeg yn medru rhywfaint ohoni, a bod cyfran uwch ohonynt yn ei

[20] Ibid., t. 36.

Tabl 6: Iaith a leferid yn ôl man geni
(2 flwydd oed a throsodd)[1]

Man geni	Nifer Cymraeg	Y Ddwy	Saesneg	Cyfanswm	*Canran Cymraeg*	*Y Ddwy*	*Saesneg*	*Cyfanswm*
Sir Feirionnydd	2202	376	8	2596	*84.8*	*14.5*	*0.3*	*100.0*
Sir Gaernarfon	645	129	1	775	*83.2*	*16.6*	*0.1*	*100.0*
Sir Ddinbych	270	59	1	330	*81.8*	*17.9*	*0.3*	*100.0*
Sir Fôn	153	19	–	172	*89.0*	*11.0*	–	*100.0*
Sir Drefaldwyn	44	21	1	66	*66.7*	*31.8*	*1.5*	*100.0*
Sir Y Fflint	25	21	–	46	*54.3*	*45.7*	–	*100.0*
Sir Aberteifi	13	7	1	21	*61.9*	*33.3*	*4.8*	*100.0*
Sir Forgannwg	10	9	–	19	*52.6*	*47.4*	–	*100.0*
Sir Benfro	6	1	–	7	*85.7*	*14.3*	–	*100.0*
Sir Gaerfyrddin	–	3	–	3	–	*100.0*	–	*100.0*
Sir Faesyfed	–	–	1	1	–	–	*100.0*	*100.0*
Sir Fynwy	2	–	–	2	*100.0*	–	–	*100.0*
Cymru[2]	–	1	–	1	–	*100.0*	–	*100.0*
Lloegr	14	32	52	98	*14.3*	*32.6*	*53.1*	*100.0*
Eraill[3]	4	7	7	18	*22.2*	*38.9*	*38.9*	*100.0*
Cyfanswm	**3388**	**685**	**72**	**4145**	***81.7***	***16.5***	***1.7***	***100.0***

[1] Hepgorwyd 73 nad oeddynt wedi nodi eu man geni.
[2] Heb nodi sir.
[3] Man geni: Iwerddon 7, Yr Alban 3, America 5, Periw 2, Chile 1.

deall oherwydd, fel y gwyddys yn dda, ni ddywedai'r cyfrifiad ddim am gymhwyster ieithyddol.

Diau mai'r hyn a oedd i gyfrif yn bennaf am Gymreictod Blaenau Ffestiniog oedd man geni'r trigolion. Fel y dengys Tabl 6, denai'r diwydiant llechi ei weithlu ymron yn gyfan gwbl o siroedd Cymraeg y gogledd: hanai cynifer â 62.6 y cant o'r boblogaeth o sir Feirionnydd, 18.7 y cant o sir Gaernarfon, 8 y cant o sir Ddinbych a 4.1 y cant o sir Fôn. Gan fod 99.8 y cant o'r mewnfudwyr hyn yn medru'r Gymraeg ac 84.7 y cant ohonynt yn Gymry uniaith, rhoesant drallwysiad cryf o Gymreictod i'w cymdogaeth fabwysiedig. Ar lefel y plwyf, yr oedd natur leol y mudo yn fwy trawiadol eto: o'r 2,596 a aned ym Meirionnydd, yr oedd 78.8 y cant yn frodorion o blwyf Ffestiniog a deuai 9.9 y cant o blwyfi cyfagos Llanfrothen, Maentwrog, Penmachno, Trawsfynydd a Dolwyddelan. Ymhlith y plwyfi neu'r mannau eraill a grybwyllir yn y cyfrifiad yr oedd Llanrwst, Penrhyndeudraeth, Porthmadog, Pwllheli, Bethesda ac Amlwch – y cyfan naill ai yn drefi marchnad, yn borthladdoedd a oedd ar eu goriwaered neu yn lleoedd a chanddynt draddodiad diwydiannol. Ond, heb os, o gefndir gwledig yr hanai'r mwyafrif llethol, a cheir cyfeiriadau mynych yng nghyfrifiad 1881 at weision fferm yn cyfeirio eu camre tua Blaenau Ffestiniog er mwyn dianc rhag effeithiau'r dirwasgiad amaethyddol.[21] At ei gilydd, felly, gwelir bod patrymau mudo'r cylch yn cydweddu â chasgliad Arthur Redford 'that all the rising centres of industry and commerce were attracting workers by a process of short-distance migration from the surrounding country . . . there was a fairly uniform lessening in the intensity of migration as the distance from the absorbing centre increased'.[22]

Nid oedd economi Blaenau Ffestiniog yn ddigon grymus nac yn ddigon canolog ei leoliad i ddenu lluoedd cymysgryw, fel y digwyddodd yng nghymoedd de Cymru. Ni cheid, felly, gynulliadau sylweddol o bobl o wledydd eraill a fyddai wedi bygwth goruchafiaeth y Gymraeg. Dim ond 85 o bobl o gyff Gwyddelig a drigai yn sir Feirionnydd ym 1891, un o'r cyfrannau isaf ymhlith holl siroedd Cymru. Yn y Blaenau, bychan iawn oedd nifer y mewnfudwyr o wledydd tramor (0.4 y cant), o dde Cymru (0.8 y cant) ac o Loegr (2.4 y cant). Golygai hyn fod y brodorion yn ddiwylliannol gydryw ac nad oedd unrhyw bwysau arnynt i ymgydnabod â'r Saesneg. Diau hefyd i lawer o draddodiadau gwledig y gorffennol oroesi yn y gymdeithas ddiwydiannol newydd ac i'r gweithlu gadw cyswllt clòs â'r byd amaeth trwy rentu ac amaethu lleiniau o dir neu gadw da byw. Gerbron y Comisiwn Brenhinol ar Lafur ym 1892, er enghraifft, tystiodd un o reolwyr ceudyllau Ffestiniog fod rhai o'r gweithwyr yn dyddynwyr a deithiai o hirbell i'w gwaith.[23] Nid oes amheuaeth na fu'r cyswllt hwn o fudd anghymesur i'r trigolion oherwydd trwyddo y cedwid eu Cymreictod yn iraidd ac y cadarnheid eu hymrwymiad i'w hiaith a'u diwylliant cynhenid.

Parhaodd y diwydiant llechi, felly, yn Gymreig ei naws. 'Cymraeg oedd iaith y gweithwyr', meddai D. Lloyd Hughes, 'a phan ddaeth tyfiant y gweithfeydd â hwy i weithio a byw yn fwy clòs at ei gilydd yr oedd y ffordd yn glir i'w hathrylith Gymreig ddangos ei gwerth.'[24] Gan i chwareli gogledd Cymru fwrw chwareli Lloegr i'r cysgod o ran swmp eu cynnyrch, daethai'r diwydiant i'w ystyried ei hun yn drwyadl Gymreig ac yr oedd yn gwbl naturiol mai yn yr iaith frodorol y cedwid cofnodion a chyfrifon Undeb Chwarelwyr Gogledd Cymru o'r cychwyn.[25] Yn wir, ni fedrai trwch helaeth y chwarelwyr ymddiddan yn yr iaith Saesneg o gwbl: 'The quarrymen of Ffestiniog', meddai E. G. Ravenstein ym 1879, 'are stated to speak Welsh only.'[26] Fel y dengys Tabl 7, yr oedd eu hanwybodaeth o'r Saesneg yr un mor amlwg ym 1891, pryd y cofnodwyd cynifer â 790 (91.5 y cant) ohonynt yn Gymry uniaith. Pump yn unig a oedd heb afael ar yr iaith frodorol, sef dau Wyddel, Sais o Fryste a dau Gymro a oedd wedi priodi

[21] Jones, *Trem ar Hanes Ffestiniog*, t. 4.

[22] Arthur Redford, *Labour Migration in England, 1800–1815* (Manchester, 1965), tt. 183–5.

[23] Tystiolaeth William Arthur-Darbishire. Royal Commission on Labour, 1891–4, *Minutes of Evidence, Group A, Volume II*, cwestiwn 9410.

[24] H. D. Hughes, *Y Chwarel a'i Phobl* (Llandybïe, 1960), t. 11.

[25] Jones, *The North Wales Quarrymen*, t. 59.

[26] E. G. Ravenstein, 'On the Celtic Languages in the British Isles, a Statistical Survey', *Journal of the Royal Statistical Society*, XLII (1879), 619.

merched o Loegr. Ond o gofio Cymreictod y chwareli a pha mor hanfodol oedd y gallu i gyfathrebu mewn diwydiant mor beryglus, nid yn ddiamod y gellir derbyn eu gosodiadau. Gwelir, yn ogystal, mai Cymry Cymraeg oedd y dyrnaid o labrwyr a geid yn y sampl – dynion a ddaethai o gymdogaethau amaethyddol yn siroedd Meirionnydd, Dinbych a Chaernarfon er mwyn manteisio ar yr oriau llai a gŵyl y prynhawn Sadwrn a Sul.[27]

Nid oedd yn syndod, felly, mai Cymraeg oedd holl ieithwedd y grefft o drin llechi a bod iaith feunyddiol y chwarelwyr yn rhywiog ac urddasol. Ar sail hyn, aeth rhai cyn belled â honni bod y Cymry wedi eu bendithio â dawn gynhenid i drafod llechi, eu bod yn chwarelwyr wrth reddf, megis, ac nad oedd gobaith i'r Sais feistroli'r gwaith. Ym 1942, wrth ddwyn i gof flynyddoedd euraid y diwydiant, adroddodd John Williams stori o eiddo'i dad am reolwr o Sais yn gweld chwarelwr yn eistedd ac yn smocio'n segur. 'A ydych yn caniatáu peth fel hyn?' gofynnodd i'r stiward. Atebodd yntau nad oedd y gŵr yn llaesu dwylo ond ei fod, yn hytrach, yn astudio natur y graig ac yn cynllunio'r modd i'w thynnu a chael y cynnyrch gorau ohoni. Barn ddigymrodedd Williams oedd fod hyn yn brawf mai Cymry yn unig a allai dorri'r garreg. Wedi'r cyfan, un o ddiarhebion y chwarel oedd: 'Ni ellir gweithio chwarel yn Saesneg.'[28] Gan mlynedd ynghynt, yn y 1840au, canodd un baledwr fel hyn:

Os bydd eisiau cael swyddogion,
Danfon ffwrdd a wneir yn union,
Un ai Gwyddel, Sais neu Scotsman,
Sydd mewn swyddau braidd ymhobman.

Mewn gweithfeydd sydd yma'n Nghymru
Gwelir Saeson yn busnesu;
Rhaid cael Cymry i dorri'r garreg,
Nid yw'r graig yn deall Saesneg.[29]

I Sais, felly, yr oedd pob agwedd ar fywyd cymdeithasol y chwarel yn hollol estron. Cymry, bron yn ddieithriad, a ofalai am ran ymarferol y gwaith. Cafwyd yn sampl y Blaenau ddau oruchwyliwr a phedwar isreolwr a aned yn lleol ac a oedd yn ddieithriad yn Gymry Cymraeg. Gan fod tri ohonynt yn Gymry uniaith, ymddengys nad oedd y Saesneg yn anhepgor i'w gorchwylion beunyddiol. I glercod, ar y llaw arall, yr oedd cymhwyster yn Saesneg yn angenrheidiol. Ond er bod pob un ohonynt yn ddwyieithog, brodorion o'r Blaenau oeddynt hwythau hefyd ac uniaith Gymraeg oedd eu teuluoedd. Ni cheid yn y parth hwn, felly, fwlch ieithyddol a chymdeithasol rhwng goruchwylwyr a staff ysgrifenyddol y gweithfeydd a'r gweithlu.

27 John Williams, 'Atgofion Chwarelwr', *Y Llenor*, XXI, rhif 4 (1942), 133.
28 Ibid., 129–35.
29 Dyfynnwyd yn Jones, *The North Wales Quarrymen*, t. 78.

Eto i gyd, yn nwylo Saeson yr oedd goruchwyliaeth y chwareli mawrion. Yr unig reolwr i ymddangos yn y sampl oedd Walter Andrews, gŵr sengl o Bulmer yn Essex na fedrai air o Gymraeg ac na cheisiodd ddysgu dim am ddiwylliant y chwarelwr. Nid eithriad mohono oherwydd gwyddys, er enghraifft, fod pob un o gyfarwyddwyr chwarel Cwmorthin ym 1889 hefyd yn Saeson.[30] Nid oedd hyn yn rhyngu bodd y chwarelwyr a bu beirniadu hallt ar yr arfer o benodi uwch-reolwyr Saesneg na ddeallent odid ddim am gloddio llechi. Yng nghynhadledd Undeb Chwarelwyr Gogledd Cymru ym 1881, er enghraifft, yr oeddid yn unfryd fod yr elfen Seisnig yn llesteirio'r diwydiant a bod y Saeson mewn awdurdod yn rhwystro'r goruchwylwyr ymarferol rhag cyflawni eu hamcanion yn y gwaith.[31] Ar ben hyn, Saeson oedd piau'r prif gloddfeydd, ac enwau megis Holland, Greaves a Casson a oedd gan ben-ceiliogod y diwydiant. Gan hynny, nid yw'n syndod fod y berthynas fregus rhwng gweithiwr a meistr yn deillio yn rhannol o'r gwrthdaro rhwng dau ddiwylliant.

Yn anad dim, felly, cymuned ddiwydiannol a geid yn y Blaenau ac yr oedd trwch helaeth y trigolion yn rhan annatod o rwydweithiau'r gymuned honno. Eto i gyd, nid oedd mor werinol fel nad oedd lle i bobl mwy breintiedig. Rhaid oedd bwydo, dilladu a chartrefu poblogaeth sylweddol y gymdogaeth, ac ymelwai masnachwyr a chrefftwyr ar y cyflogau uwch a delid i chwarelwyr. Hyd yn oed mewn cymdeithas mor wrengaidd â hon, daethai cynnydd â pheth proffesiynoldeb ac arbenigedd i'w ganlyn. O'r 1,686 a oedd yn gyflogedig, perthynai 199 (11.8 y cant) i'r sector cynhyrchu a gynhwysai ofaint, teilwriaid, gwniadwragedd, pobwyr a gwneuthurwyr peiriannau. Hanai 91 (45.7 y cant) ohonynt o Feirionnydd a 78 (39.2 y cant) o siroedd Caernarfon, Dinbych a Môn. Nid yw'n syndod, felly, fod 190 (95.5 y cant) o'r cynhyrchwyr hyn yn medru'r Gymraeg, 70 y cant ohonynt yn Gymry uniaith, a'r gweddill yn ddwyieithog. Patrwm cyffelyb a geid yn y sector adeiladu lle'r hanai 36 (80.0 y cant) o siroedd Meirionnydd, Caernarfon a Dinbych a lle'r oedd 44 (97.8 y cant) o'r gweithwyr yn siaradwyr Cymraeg. Nid oedd gan y mwyafrif llethol (70.7 y cant) wybodaeth o'r Saesneg, a dim ond un Sais a geid yn eu plith. Gosodwr cledrau o Lundain oedd hwnnw, ac er i'w fab 14 oed gael ei eni yn Colchester, swydd Essex, honnai ei wraig, brodor o Lanfairfechan, ei bod yn uniaith Gymraeg – prawf pellach na ellir ymddiried yn llwyr yn nhystiolaeth y cyfrifiad.

Os oedd mwyafrif y crefftwyr yn Gymry uniaith, nid felly'r masnachwyr. Er bod rhagor nag 80 y cant o siopwyr a thafarnwyr y sampl hefyd yn hanu o siroedd y gogledd (Meirionnydd, Caernarfon, Dinbych a Môn) a bod 93.6 y cant ohonynt yn medru'r Gymraeg, datganodd 45.4 y cant eu bod yn gyfarwydd â'r Saesneg yn ogystal. Diau fod meistroli'r Saesneg yn anhepgor i'w llwyddiant ym myd busnes. Rhai felly oedd Thomas Ellis, gwerthwr melysfwydydd o Lanarmon, sir

[30] Jones, *Trem ar Hanes Ffestiniog*, t. 2.
[31] *Y Genedl Gymreig*, 24 Mai 1882.

Ddinbych, a William Griffiths, cynrychiolwr peiriannau gwnïo o Dal-y-llyn: yr oedd y ddau hyn yn hyddysg yn y Saesneg er bod eu plant, neu'r ieuengaf ohonynt o leiaf, yn uniaith Gymraeg. Ymhlith y 'bobl ddŵad' uniaith Saesneg yr oedd dau drafaeliwr o swydd Gaerhirfryn a phedler o swydd Efrog, gwerthwr helgig a physgod o swydd Gaerwrangon, gwraig o Lerpwl a oedd yn cadw siop groser, gwerthwr esgidiau a'i wraig o swydd Stafford, ac, yn olaf, reolwraig y London and North Western Hotel a hanai o swydd Gaerwrangon ac na welai'n dda i gyflogi Cymry lleol gan fod ei staff yn siaradwyr Saesneg o Lundain, swydd Gaerhirfryn, swydd Buckingham, Iwerddon a sir Gaernarfon.

Yr oedd y Saesneg wedi treiddio i fyd arian a chyfrifon yn ogystal, ac er bod 94.4 y cant o gyflogedigion y sector gwasanaethau diwydiannol yn siarad Cymraeg, yr oedd 72.2 y cant ohonynt yn ddwyieithog. Ar ddiwedd y bedwaredd ganrif ar bymtheg ceid yn y Blaenau ddau ariandy ysblennydd. Y naill oedd sefydliad y North and South, fel y'i gelwid, a dengys *Slater's Directory* gogyfer â 1889–90 mai Sais uniaith, W. G. Casson, a'i rheolai. Yr oedd y llall yn eiddo Messrs. Pugh, Jones & Co. a than reolaeth brodor dwyieithog o Ruthun.[32] Dwyieithog hefyd oedd y ddau glerc banc yn y sampl, y naill yn frodor o Landdeiniolen a letyai yn y dref a'r llall yn ymwelydd o'r Bala. Yn wir, dim ond pedwar Cymro uniaith a geid yn y sector hwn, sef casglwr yswiriant o Lanwenllwyfo ym Môn a thri chlerc masnachol o siroedd Meirionnydd a Chaernarfon.

Patrwm cyffelyb a geid yn y gwasanaethau cyhoeddus cymharol newydd, megis y post a'r rheilffyrdd. Brodor o Ffestiniog oedd Robert H. Hughes, y postfeistr, ac er bod ei wraig, a hanai o Waunysgor yn sir Ddinbych, ac yntau yn medru siarad Saesneg nid oedd hynny'n wir am ei blant. Yr oedd yr is-bostfeistres a ddeuai o Gaergybi a'r postmyn, William a Thomas Jones, brodyr ieuainc o'r Blaenau, hefyd yn ddwyieithog, a'r mwyafrif o ddigon o staff y rheilffordd yn medru'r Saesneg. Yn rhinwedd ffyniant y fasnach lechi, daethai tair prif reilffordd i fygwth Cymreictod y gymuned, sef y London and North Western o gyfeiriad Llandudno, y Great Western o'r Bala, a'r Cambrian trwy lein fach Ffestiniog o Borthmadog. Gwyddys mai'r lein olaf hon oedd yr unig un yng ngogledd Cymru i gyflogi nifer glew o Gymry uniaith ym 1891.[33] Yn wir, bedair blynedd yn ddiweddarach honnwyd bod cwmni rheilffordd y London and North Western wedi diswyddo gweithwyr o Flaenau Ffestiniog yn ddisymwth ar gyfrif eu hunieithrwydd. Cododd hyn wrychyn Cyngor Dinesig Ffestiniog a beirniadwyd y weithred yn llym yn eu cofnodion, yn enwedig yn wyneb y ffaith fod y cwmni hefyd yn mynnu penodi Saeson uniaith yn glercod mewn ardaloedd mor Gymreig â'r

[32] *Sutton's Directory of North Wales* (Manchester, 1889–90), tt. 302–7.

[33] Dot Jones, *The Coming of the Railways and Language Change in North Wales 1850–1900* (Aberystwyth, 1995), t. 16.

Blaenau.[34] Dengys y cyfrifiad mai brodor dwyieithog o Lyn Ceiriog yn sir Ddinbych oedd R. W. Davies, y gorsaf-feistr a rwydwyd yn y sampl – prawf nad gorchwyl amhosibl oedd i Gymro dwyieithog gipio swydd o'r fath. Eto i gyd, Sais o Henffordd oedd y clerc, Thomas Tidmass. Dau arall a oedd o dras Seisnig a heb wybodaeth o'r Gymraeg oedd James Pufton, fforman nwyddau trên o sir Faesyfed a oedd yn briod â Saesnes uniaith o swydd Stafford, a James Morris, dyn signal o Amwythig. Er bod ei wraig ef yn hanu o sir Ddinbych a bod y teulu'n byw yn y Blaenau ers pedair blynedd o leiaf, yr oedd ei blant yn uniaith Saesneg. Dichon y gellir priodoli amharodrwydd cyflogedigion y rheilffyrdd i ddysgu'r Gymraeg i'r ffaith eu bod mor symudol, ond hefyd oherwydd eu bod yn tybio bod i'r Saesneg statws cymdeithasol uwch. Eto i gyd, dysgodd y giard, Thomas Webb o Northumbria, Gymraeg. Afraid dweud mai iselswyddi a ddeuai i ran y Cymry uniaith fel rheol. Ac eithrio un dyn signal, porthor oedd yr unig Gymro na fedrai'r Saesneg, a gogleddwyr uniaith Gymraeg oedd y gosodwyr cledrau i gyd ond un.

Ym myd y proffesiynau yr oedd y Gymraeg yn anhepgor. Ond er na cheid Sais uniaith ymhlith meddygon a chyfreithwyr y gymdogaeth, yr oedd 5 (83.3 y cant) ohonynt yn siarad Saesneg yn ogystal â Chymraeg. Brodorion o siroedd Meirionnydd, Caernarfon a Dinbych oeddynt gan mwyaf, a chan fod eu teuluoedd, yn ddieithriad, yn siarad Cymraeg, diau na ddarfu iddynt aberthu eu Cymreictod er mwyn ymddangos yn fonheddig. Ym maes addysg, un athrawes yn unig a oedd yn ddi-Gymraeg. Fe'i ganed ym Manceinion a lletyai gydag un o deuluoedd dwyieithog y gymdogaeth. Serch hynny, yr oedd 13 (76.5 y cant) o athrawon, 11 (73.3 y cant) o ddisgybl-athrawon a 4 (66.7 y cant) o fyfyrwyr yn hyddysg yn y Saesneg yn ogystal â'r Gymraeg, ac ar sawl aelwyd hwy yn unig a siaradai'r iaith honno. Ar y llaw arall, y mae'n ddadlennol fod cynifer ag 80.6 y cant o ddisgyblion ysgol a oedd yn 10 oed neu'n hŷn yn parhau'n Gymry uniaith, er gwaethaf cyfundrefn addysg na roddai nemor ddim ymgeledd i'w mamiaith.

Ymhlith arweinwyr crefyddol y fro yr oedd unieithrwydd Cymraeg yn prysur ildio ei le i ddwyieithrwydd, gyda phob un o'r gweinidogion Ymneilltuol, ac eithrio dau bregethwr gyda'r Wesleaid, yn meddu gwybodaeth o'r Saesneg. O gofio'r dwyfoli a fu arni yn y colegau enwadol a'r hunanladdiad diwylliannol hwnnw a anogid gan bwysigion crefyddol yr oes nid oedd hyn yn syndod.[35] Gan fod teuluoedd y gweinidogion dwyieithog hyn hefyd yn hyddysg yn y Saesneg, ni ellir llai na chredu bod rhai ohonynt yn ei defnyddio ar yr aelwyd. Wedi'r cyfan, dywedir bod hynny'n beth cyffredin ymhlith gweinidogion Ymneilltuol yn oes Victoria.[36] Gwyddys bod yr ymrwymiad i'r Gymraeg yn llai fyth mewn cylchoedd eglwysig, ond gan fod y Blaenau yn un o bencadlysoedd Ymneilltuaeth ni allai'r Eglwys Wladol fforddio penodi bugail o Sais. Gan hynny, yr oedd y rheithor,

[34] Ernest Jones, *Senedd Stiniog: Hanes Cyngor Dinesig Ffestiniog, 1895–1974* (Blaenau Ffestiniog, 1975), tt. 21–2.

[35] Jones, 'Yr Eglwysi a'r Iaith', 163.

[36] Ibid.

Richard Davies, yn Gymro o Dregaron, a chan mai Cymraes uniaith o Ffestiniog a wasanaethai arno, diau mai'r Gymraeg a siaredid ar ei aelwyd.

Nid oedd y Saesneg wedi ei gorseddu ym maes llywodraeth leol ychwaith. Yr oedd y goruchwyliwr cynorthwyol a'r swyddog presenoldeb plant ysgol ill dau yn Gymry uniaith o'r cyffiniau, ac y mae'r dystiolaeth a geir yng nghyfarwyddiaduron masnach y cyfnod yn awgrymu mai Cymry oedd amryfal gyflogedigion y Bwrdd Gwarcheidwaid a'r Bwrdd Lleol, a barnu wrth eu henwau o leiaf. Er mwyn gweinyddu'r gyfraith, fodd bynnag, y mae'n amlwg fod y gallu i siarad Saesneg yn ddymunol. Ganed yr heddwas, Thomas Theodore, yn Llanfair Caereinion yn sir Drefaldwyn a'r rhingyll, Griffith Griffiths, yn Llanfor ger Y Bala, ac yr oedd y ddau, ynghyd â'u teuluoedd, yn ddwyieithog. Er na ddaeth unrhyw ynad heddwch i'r golwg yn y sampl, gwyddys bod yr ynad John Parry Jones, rheolwr banc wrth ei alwedigaeth, yn ddwyieithog. Eto i gyd, Cymro uniaith o Niwbwrch yn sir Fôn oedd William Parry, beili y llys sirol.

Er bod dwyieithrwydd ar droed yn y sector masnach a'r gwasanaethau cyhoeddus a phroffesiynol, y Gymraeg, yn bendifaddau, oedd prif iaith y gymuned hon. Fe'i clywid yn y cartref a'r capel, y caban a'r ceudyllau, ac i drwch helaeth y boblogaeth hi oedd unig gyfrwng y cyfathrebu geiriol. Fel cymuned a oedd â'i hwyneb tua'r gorllewin a'r mynyddoedd yn gefn gwarchodol iddi, nid oedd y Blaenau mor agored i ddylanwadau Seisnig â glofeydd de Cymru, ac oherwydd hynny nid oedd pwysau ar y trigolion i ddysgu Saesneg. Fe dâl inni gofio hefyd mai gwladwyr o ardaloedd cyfagos oedd y chwarelwyr yn ddieithriad ac iddynt gadw dolenni cyswllt cryfion â'u cefndir gwledig. Yr oedd holl elfennau Cymreictod y cyfnod ymhleth yn eu cymdeithas a'u ffordd o fyw, a thrwy eu gweithgaredd diwylliannol diarhebol daeth y Blaenau yn un o gadarnleoedd yr iaith Gymraeg.

Tabl 7: Iaith a leferid yn ôl galwedigaeth

(10 oed a throsodd)

Dosbarth diwydiannol	**Iaith a leferid** Dynion Cymraeg	Y Ddwy	Saesneg	Cyfan.	**Iaith a leferid** Merched Cymraeg	Y Ddwy	Saesneg	Cyfan.
AMAETHYDDIAETH								
Ffermio								
Ffermwyr	3	–	–	3	1	1	–	2
Gweision fferm	2	–	–	2				
Bugeiliaid	2	–	–	2				
Masnachu								
Gwerthwr blawd	1	–	–	1				
Cyfanswm	**8**	–	–	**8**	**1**	**1**	–	**2**
%	***100.0***	–	–	***100.0***	***50.0***	***50.0***	–	***100.0***

Dosbarth diwydiannol	Iaith a leferid Dynion Cymraeg	Y Ddwy	Saesneg	Cyfan.	Iaith a leferid Merched Cymraeg	Y Ddwy	Saesneg	Cyfan.
MWYNGLODDIO								
Llechi								
Rheolwyr/goruchwylwyr	3	3	1	7				
Clercod	–	3	–	3				
Chwarelwyr	790	68	5	863				
Torwyr llechi/naddwyr	19	8	–	27				
Labrwyr	10	5	–	15				
Eraill	22	3	–	25				
Copr								
Mwynwr	1	–	–	1				
Cyfanswm	**845**	**90**	**6**	**941**				
%	***89.8***	***9.6***	***0.6***	***100.0***				
ADEILADU								
Rheoli								
Peirianwyr sifil	1	1	–	2				
Contractwyr/adeiladwyr	2	–	–	2				
Gweithwyr								
Seiri meini	7	1	–	8				
Towyr	2	1	–	3				
Seiri coed	10	–	–	10				
Peintwyr	5	4	–	9				
Gosodwr nwy	–	1	–	1				
Prentis	–	1	–	1				
Rheilffyrdd								
Gosodwyr cledrau	8	–	1	9				
Cyfanswm	**35**	**9**	**1**	**45**				
%	***77.8***	***20.0***	***2.2***	***100.0***				
CYNHYRCHU								
Peiriannau, offer, watsys, ayb								
Crefftwyr	11	1	1	13				
Haearn a dur								
Crefftwyr	8	2	–	10				
Cynorthwywr	–	1	–	1				
Llestri pridd ayb								
Rheolwr	1	–	–	1				
Crefftwyr	2	1	–	3				
Pren, dodrefn, papur								
Crefftwr	1	–	–	1				
Prentis	1	–	–	1				
Gwlân								
Crefftwyr	2	–	–	2	1	–	–	1
Prentis	1	–	–	1				
Dillad								
Perchennog	1	–	–	1				
Crefftwyr	33	5	2	40	43	26	–	69
Prentisiaid	2	–	–	2	5	3	–	8

Dosbarth diwydiannol	Iaith a leferid Dynion Cymraeg	Y Ddwy	Saesneg	Cyfan.	Iaith a leferid Merched Cymraeg	Y Ddwy	Saesneg	Cyfan.
Bwyd, diod, tybaco								
Crefftwyr	1	1	1	3				
Argraffu								
Crefftwyr	2	2	1	5				
Prentis	1	–	–	1				
Amhenodol								
Fforman mewn warws	–	1	–	1				
Gweithwyr peiriannau ayb	21	9	3	33				
Prentis	–	1	–	1				
Cyfanswm	**88**	**24**	**8**	**121**	**49**	**29**	–	**78**
%	***72.7***	***19.8***	***6.6***	***100.0***	***62.8***	***37.2***	–	***100.0***
CLUDIANT								
Morwriaeth								
Morwyr	1	1	–	2				
Rheilffyrdd								
Gorsaf-feistr, giard	–	2	–	2				
Clerc	–	–	1	1				
Tanwyr, dynion signal, fforman nwyddau, pwyntiwr	1	5	2	8				
Porthorion	1	2	–	3				
Ffyrdd								
Perchennog cerbydau	1	–	–	1				
Gyrrwr bysys	–	–	1	1				
Certmyn a chludwyr	10	1	–	11				
Cyfanswm	**14**	**11**	**4**	**29**				
%	***48.3***	***37.9***	***13.8***	***100.0***				
MASNACH								
Glo								
Gwerthwyr glo	4	1	–	5				
Dillad								
Dilledyddion ayb	3	7	1	11	–	2	–	2
Cynorthwywyr	4	5	–	9	1	1	–	2
Bwyd								
Cigyddion, gwerthwyr pysgod	4	3	1	8				
Gwerthwyr llaeth	3	–	–	3				
Groseriaid	10	6	–	16	7	3	1	11
Gwerthwraig llysiau a ffrwythau	–	–	–	–	–	1	–	1
Cynorthwywyr	2	6	–	8	–	1	–	1
Tybaco, diod a llety								
Gwerthwr tybaco	1	–	–	1				
Gwestywyr, tafarnwyr	2	3	–	5	1	3	1	5
Ceidwaid llety	–	–	–	–	3	1	–	4
Cynorthwywyr	1	2	1	4	3	2	1	6

Dosbarth diwydiannol	**Iaith a leferid** Dynion Cymraeg	Y Ddwy	Saesneg	Cyfan.	**Iaith a leferid** Merched Cymraeg	Y Ddwy	Saesneg	Cyfan.
Dodrefn a nwyddau i'r cartref								
Gwerthwr llestri a gwydr	1	–	–	1				
Cynorthwywr	–	1	–	1				
Fferyllwyr								
Fferyllydd	–	2	–	2				
Deunydd ysgrifennu a chyhoeddiadau								
Llyfrwerthwyr	2	2	–	4				
Masnachwyr cyffredinol								
Siopwyr cyffredinol	3	3	–	6	2	2	–	4
Pedleriaid	–	2	1	3	–	1	–	1
Cynorthwywyr	5	–	–	5				
Arall ac amhenodol								
Masnachwyr, broceriaid, ayb	5	1	–	6				
Trafaelwyr	–	3	2	5				
Cynorthwywr	1	–	–	1				
Cyfanswm	**51**	**47**	**6**	**104**	**17**	**17**	**3**	**37**
%	***49.0***	***45.2***	***5.8***	***100.0***	***45.9***	***45.9***	***8.1***	***100.0***
GWASANAETHAU DIWYDIANNOL								
Bancio, yswiriant, cyfrifon								
Gwasanaeth banc	–	3	–	3				
Gwasanaeth yswiriant	1	1	–	2				
Cyfrifydd	–	1	–	1				
Clercod masnachol	3	8	–	11	–	–	1	1
Cyfanswm	**4**	**13**	–	**17**	–	–	**1**	**1**
%	***23.5***	***76.5***	–	***100.0***	–	–	***100.0***	***100.0***
GWASANAETHAU CYHOEDDUS A PHROFFESIYNOL								
Gweinyddiaeth ganolog								
Swyddogion a bechgyn y post	–	3	–	3	–	1	–	1
Gweinyddiaeth leol								
Swyddog sir	1	–	–	1				
Swyddog Deddf y Tlodion	1	–	–	1				
Swyddog presenoldeb plant ysgol	1	–	–	1				
Heddlu								
Rhingyll	–	1	–	1				
Heddwas	–	1	–	1				
Y gyfraith								
Cyfreithwyr	1	2	–	3				
Clerc	1	–	–	1				
Meddygaeth								
Meddygon	–	3	–	3				
Myfyrwyr, cynorthwywyr	–	4	–	4				
Nyrsys	–	–	–	–	–	2	–	2

Dosbarth diwydiannol	Iaith a leferid Dynion Cymraeg	Y Ddwy	Saesneg	Cyfan.	Iaith a leferid Merched Cymraeg	Y Ddwy	Saesneg	Cyfan.
Addysg								
Prifathrawon, athrawon ysgol	1	8	–	9	2	5	1	8
Disgybl-athrawon	3	5	–	8	1	6	-	7
Myfyrwyr	2	4	–	6				
Crefydd								
Clerigwr	–	1	–	1				
Gweinidogion y MC	–	3	–	3				
Gweinidogion yr Annibynwyr	–	2	–	2				
Gweinidog y Bedyddwyr	–	1	–	1				
Gweinidogion y Wesleaid	2	–	–	2				
Myfyriwr diwinyddol	–	1	–	1				
Adloniant								
Cerddor	–	–	–	–	1	–	–	1
Perfformwraig	–	–	–	–	–	1	–	1
Biliards	–	1	–	1				
Celf, llên, gwyddoniaeth								
Ffotograffwyr	–	2	–	2				
Gohebwyr	–	2	–	2				
Cyfanswm	**13**	**44**	–	**57**	**4**	**15**	**1**	**20**
%	***22.8***	***77.2***	–	***100.0***	***20.0***	***75.0***	***5.0***	***100.0***
GWASANAETHAU CARTREF								
Yn y tŷ								
Gweision/morynion	2	–	–	2	104	27	4	135
Nyrsys yn y cartref	–	–	–	–	4	2	–	6
Y tu allan								
Garddwyr	2	2	–	4				
Gwasanaeth ychwanegol								
Glanhawyr, golchwragedd	–	–	–	–	6	–	–	6
Dynion trin gwallt	1	–	1	2				
Glanhawr simneiau	–	1	–	1				
Cyfanswm	**5**	**3**	**1**	**9**	**114**	**29**	**4**	**147**
%	***55.6***	***33.3***	***11.1***	***100.0***	***77.6***	***19.7***	***2.7***	***100.0***
ERAILL								
Labrwyr cyffredinol	66	5	–	71				
Amhenodol	1	–	–	1				
Cyfanswm	**67**	**5**	–	**72**				
%	***93.1***	***6.9***	–	***100.0***				
CYFANSWM Y CYFLOGEDIG								
	1130	**245**	**26**	**1401**	**185**	**91**	**9**	**285**
%	***80.6***	***17.5***	***1.9***	***100.0***	***65.0***	***31.9***	***3.1***	***100.0***
Gweddill y boblogaeth	76	8	–	84	847	180	27	1054
%	*90.5*	*9.5*	–	*100.0*	*80.4*	*17.0*	*2.6*	*100.0*

	Iaith a leferid Dynion				**Iaith a leferid** Merched			
Dosbarth diwydiannol	Cymraeg	Y Ddwy	Saesneg	Cyfan.	Cymraeg	Y Ddwy	Saesneg	Cyfan.
Disgyblion ysgol	183	41	2	226	165	40	1	206
%	*81.0*	*18.1*	*0.9*	*100.0*	*80.1*	*19.4*	*0.5*	*100.0*
CYFANSWM Y BOBLOGAETH								
10 OED+	**1389**	**294**	**29**	**1712**	**1197**	**311**	**36**	**1544**
%	***81.1***	***17.2***	***1.7***	***100.0***	***77.5***	***20.1***	***2.3***	***100.0***

20

Porthmadog (Sir Gaernarfon)

GWENFAIR PARRY

Tref farchnad a phorthladd yn ystlys ddwyreiniol Eifionydd yw Porthmadog. Ar drothwy'r bedwaredd ganrif ar bymtheg nid oedd y llecyn lle y safai'r dref namyn anial tywodlyd, ond ym 1824, diolch i weledigaeth a menter W. A. Madocks, codwyd harbwr lle y deuai llongau i gyrchu llechi Ffestiniog a'u cludo drachefn i bedwar ban y byd. Bu agor y lein fach ym 1836 yn fodd i hwyluso cludiant y llechi o'r ceudyllau i'r ceiau ac yn gychwyn cyfnod hynod lewyrchus yn hanes Porthmadog. Tyfodd a bywiogodd y dref drwyddi draw a buan y daeth morwyr a masnachwyr fyrdd i lenwi ei strydoedd. Hi oedd pencadlys allforio llechi Ffestiniog tan 1867, ac yn sgil y difrod a achoswyd gan dân yn ninas Hamburg ym 1842 meithrinwyd cyswllt masnachol clòs â'r Almaen – dolen a fu'n dra phroffidiol hyd yn oed yng nghyfnod hysb y 1870au. Ymhlith y porthladdoedd Ellmynaidd yr ymwelid â hwy yn fynych yr oedd Harburg, Bremen, Papenburg, Stettin, Kiel a Dantzig, ond gwyddys yn ogystal fod llongau yn teithio'n rheolaidd rhwng Porthmadog a gwledydd Llychlyn ac nad oedd y cerrig gleision a gludid ganddynt yn ddieithr i ddinasoedd pellennig Warsaw, Cape Town, Buenos Aires a Perth.[1] Ni ellir ychwaith orbwysleisio y cysylltiad masnachol â Lerpwl. Ym 1843 dywedwyd bod y *Miss Maddocks*, y *New Dove* a'r *Albert* yn tramwyo i lannau Mersi yn gyson a llongau eraill yn galw yno yn achlysurol, weithiau ar derfyn taith dramor, dro arall i ymofyn glo neu gyflenwi dinasoedd gogledd Lloegr â llechi.[2] Buan hefyd yr enillodd Porthmadog fri ar gyfrif y llongau ysblennydd a gâi eu hadeiladu yno, a daeth y gwaith hwn yn rhan bwysig o fasnach y dref ac yn elfen amlwg yn ei chynnydd a'i llwyddiant. Adeiladwyd y llong gyntaf, y *Two Brothers*, gan Henry Jones ym 1824 ac erbyn 1860 yr oedd ef a'i fab wedi adeiladu oddeutu trigain o longau, gan gynnwys slwpiau, sgwneriaid, barciau a brigiau.[3] Trwy

[1] J. Gordon Jones, 'The Ffestiniog Slate Industry: The Industrial Pattern, 1831–1913', *CCHChSF*, VI, rhan 2 (1970), 210; W. M. Richards, 'Some Aspects of the Industrial Revolution in South Caernarvonshire', *TCHSG*, 5 (1944), 75.

[2] Aled Eames, *Pobol Môr y Port* (Caernarfon, 1993), t. 11.

[3] Ibid., t. 5; Edward Davies, *Hanes Porthmadog, ei Chrefydd a'i Henwogion* (Caernarfon, 1913), t. 24.

gymorth Samuel Holland crëwyd ym 1841 sefydliad masnachol allweddol, sef y Mutual Ship Insurance Society. Yr oedd bodolaeth y gymdeithas hon yn brawf digamsyniol o werth a phwysigrwydd llongau'r gymdogaeth, a bu o fudd anhraethol i'r fasnach longau hyd 1917.[4]

Cyfnod euraid y diwydiant adeiladu llongau oedd y degawdau rhwng 1850 a 1870 pryd y cyflogid rhagor na chant o weithwyr a phryd yr oedd gwerth y llongau a gâi eu hadeiladu yn flynyddol rhwng £20,000 a £25,000.[5] Diau fod yr ierdydd ger yr harbwr yn ferw o brysurdeb yn y cyfnod hwnnw; gwelid crefftwyr morwrol o bob math, gan gynnwys gwneuthurwyr rhaffau a hwyliau, yn llafurio i guriad rheolaidd y gyrdd pren a ddefnyddid i ddiddosi cychod, ac nid anghyffredin oedd gweld dwy neu dair o longau newydd yn codi hwyliau mewn diwrnod.[6] Dim ond un llong, sef y *Richard Greaves*, a adeiladwyd rhwng 1879 a 1891, ond yn sgil adfywiad y fasnach lechi yn y nawdegau dechreuodd y diwydiant adeiladu llongau ffynnu unwaith yn rhagor. Dyma ddechrau cyfnod y 'Western Ocean Yachts' a ddeuai o ierdydd David Jones a David Williams rhwng 1891 a 1913. Oherwydd y fasnach gyda'r Almaen a'r galw am longau addas i ymweld â phorthladdoedd y Tir Newydd a Labrador, glynodd Porthmadog wrth y sgwneriaid coed gosgeiddig hyn ar adeg pan oedd gwledydd eraill yn prysur adeiladu agerlongau trymion. Erbyn 1892 allforid mwy o dunelli o lechi o Borthmadog nag erioed o'r blaen.[7]

Yn sgil y datblygiadau hyn cynyddodd poblogaeth Porthmadog yn sylweddol. Anodd cael hyd i ffigurau am y dref yn unig, ond gan fod poblogaeth ei chwmpasoedd wedi parhau yn lled sefydlog drwy'r ganrif y mae'n werth ystyried cyfanswm poblogaeth plwyf Ynyscynhaearn. Ym 1801 dim ond 525 a drigai yn y plwyf hwnnw, ond erbyn 1851 yr oedd ei boblogaeth wedi cynyddu i 2,347 ac ymhen deng mlynedd ar hugain arall yr oedd wedi cyrraedd uchafbwynt o 5,506.[8] Ymhen llai na chanrif, felly, yr oedd nifer y trigolion wedi lluosogi rhagor na dengwaith. I lawer o lanciau a oedd am ddianc rhag galwadau'r tir, yr oedd y cyfle i groesi'r moroedd yn atynfa na ellid mo'i gwrthsefyll, a heidient i'r ceiau i fachu eu cyfle. Gwyddys mai gwladwyr o'r ardaloedd cyfagos oedd mwyafrif llethol y mudwyr i Borthmadog ond, fel y gwelir yn y man, deuai rhai o'r tu allan i Gymru ac nid oedd yn anarferol i dramorwyr briodi merched lleol a bwrw gwreiddiau yn y gymdogaeth. Yn sgil dyfodiad y rheilffordd a chrebachiad y farchnad dramor, dirywiodd gweithgaredd morwrol y dref, ac erbyn 1891 yr oedd y boblogaeth wedi gostwng i 5,097. Serch hynny, yr oedd y môr yn dal i roi bywoliaeth i 301 neu 29.9 y cant o ddynion cyflogedig y gymdogaeth, 66 ohonynt yn ymwneud ag

[4] Davies, *Hanes Porthmadog*, t. 26.

[5] Ibid., t. 25.

[6] Myfanwy Morris, *Porthmadog* (Caernarfon, 1985), t. [2].

[7] Eames, *Pobol Môr*, tt. 19, 23–4. Gw. hefyd Emrys Hughes ac Aled Eames, *Porthmadog Ships* (Caernarfon, 1975).

[8] Davies, *Hanes Porthmadog*, t. 24.

adeiladu llongau, 38 yn gweithio ar y lanfa, a 197 naill ai yn berchenogion llongau, yn gapteiniaid neu'n forwyr cyffredin.

Gan fod tramorwyr yn cyrchu yno'n gyson, afraid dweud bod Porthmadog yn dref fyrlymus ac iddi naws gosmopolitaidd. Eto i gyd, nid oedd y Saesneg wedi ei derbyn yn brif iaith y gymdogaeth. Yn ôl sylwebyddion yr oes, yr oedd criwiau'r llongau a'u capteiniaid yn Gymry glân ac er nad oedd yr iaith Saesneg uwchlaw amgyffred mwyafrif y trigolion, Cymraeg a glywid o ddydd i ddydd yn y farchnad a'r siopau.[9] Ymhlith y sefydliadau a roddai achles iddi yr oedd yr eglwysi Ymneilltuol: rhwng 1827 a 1879 sefydlwyd wyth capel Cymraeg yn y dref gan y pedwar prif enwad, sef yr Annibynwyr, y Bedyddwyr, y Wesleaid a'r Methodistiaid Calfinaidd.[10] Nid esgeulusid, felly, anghenion ysbrydol a diwylliannol y trigolion ac er na wyddys pa mor rheolaidd y mynychent foddion gras, yr oedd rhagor na 3,000 ohonynt yn aelodau o'r achosion hynny ar droad y bedwaredd ganrif ar bymtheg. Gwnaed ymdrech daer i sefydlu achos crefyddol Saesneg hefyd, ond gan fod y trigolion yn Gymry o ran iaith ac anianawd, ychydig o gefnogaeth a gafwyd i hynny. Dywedir bod yr achos yn Nhremadog yn wantan oherwydd mai yn Saesneg y cynhelid y gwasanaethau ac nid oedd fawr o lewyrch ychwaith ar yr oedfaon Saesneg a sefydlwyd gan yr Annibynwyr a'r Wesleaid yn y 1870au.[11] Heb nemor gyfiawnhad, felly, y dechreuodd y Methodistiaid achos Saesneg ym 1893, ac o gofio'r gefnogaeth frwd a roes blaeniaid crefyddol yr oes i'r 'Inglis Côs' mewn lleoedd megis Betws-y-coed a'r Bala yn ogystal â'r ardaloedd diwydiannol nid oedd hynny yn syndod.[12] Yr oedd y dyrnaid Saeson a gymunai yn eglwys Tremadog yn bur ddirmygus o'r gwasanaeth Cymraeg, a'r canlyniad fu i'r Cymry gael eu gyrru oddi yno a'u hamddifadu o fanteision crefyddol yn eu hiaith eu hunain hyd nes i R. Isaac Jones (Alltud Eifion) gychwyn oedfaon Cymraeg yn Ysgol Genedlaethol Porthmadog ym 1859. Fe'u cynhelid fore a hwyr, gydag un gwasanaeth Saesneg yn y prynhawn, ac oherwydd i'r achos ffynnu codwyd Eglwys Sant Ioan ar gyfer y ddiadell Gymraeg ym 1873.[13] Buan hefyd yr aed ati i ddiwallu anghenion addysgol y trigolion, a barn ymffrostgar un sylwebydd oedd na cheid yng Nghymru un dref a chanddi amgenach darpariaeth i'r perwyl hwnnw.[14] Cyn sefydlu'r Bwrdd Addysg lleol ym 1877 ceid yn y gymdogaeth yr ysgol Frutanaidd a godwyd gyntaf ym 1838, yr ysgol genedlaethol a agorwyd ym 1857, ynghyd ag amryw o ysgolion bonedd tra ffyniannus. Hwyluswyd Seisnigo gan y sefydliadau hyn. Ni châi'r Gymraeg swcwr, er enghraifft, yn yr ysgol breswyl a gedwid gan Anne a Mary Rees ac yn yr iaith Saesneg bob gafael y

9 H. D. Hughes, *Y Chwarel a'i Phobl* (Llandybïe, 1960), t. 13.

10 Royal Commission on the Church of England and Other Religious Bodies in Wales and Monmouthshire, *Nonconformist County Statistics. Volume VI*, t. 110 (PP 1911 (Cd. 5437) XVIII).

11 Davies, *Hanes Porthmadog*, t. 86.

12 Ibid.; A. H. Williams, *Cymru Oes Victoria* (Caerdydd, 1973), t. 32.

13 Davies, *Hanes Porthmadog*, tt. 88–9; I. Morgan Jones, *A Brief History of the Churches of Portmadoc* (Gloucester, 1962), t. 7.

14 Davies, *Hanes Porthmadog*, t. 92.

Tabl 1: Iaith a leferid gan boblogaethau Porthmadog, Dosbarth Cofrestru Ffestiniog, Sir Gaernarfon a Chymru

(2 flwydd oed a throsodd)

	Nifer				*Canran*			
	Cymraeg	Y Ddwy	Saesneg	Cyfanswm	*Cymraeg*	*Y Ddwy*	*Saesneg*	*Cyfanswm*
Porthmadog[1]	1843	1366	155	3364	*54.8*	*40.6*	*4.6*	*100.0*
D.C. Ffestiniog[2]	21457	4216	685	26358	*81.4*	*16.0*	*2.6*	*100.0*
Sir Gaernarfon[3]	78780	28330	12604	119714	*65.8*	*23.7*	*10.5*	*100.0*
Cymru[4]	508036	402253	759416	1669705	*30.4*	*24.1*	*45.5*	*100.0*

[1] Hepgorwyd 2 unigolyn nad oeddynt wedi nodi eu gallu ieithyddol a 25 a siaradai ieithoedd eraill.
[2] Hepgorwyd 160 nad oeddynt wedi nodi eu gallu ieithyddol a 26 a siaradai ieithoedd eraill.
[3] Hepgorwyd 545 nad oeddynt wedi nodi eu gallu ieithyddol a 55 a siaradai ieithoedd eraill.
[4] Hepgorwyd 12,833 nad oeddynt wedi nodi eu gallu ieithyddol a 3,076 a siaradai ieithoedd eraill.

llythyrai eu tad, Gwilym Hiraethog, â hwy ac y cyfansoddai iddynt weddïau i'w defnyddio yn eu gwasanaethau.[15] Yr oedd yr un peth yn wir yn achos yr ysgol ganolradd, fel y tystiai W. R. Hughes, un o fechgyn y dref: 'Saesneg oedd iaith yr ysgol wrth gwrs, ac ni chlywais i air o Gymraeg tra bûm yno, er mai Cymraeg oedd unig iaith yr iard a'r cae chwarae. Pan euthum yno i ddechrau, tybiwn mai Saeson oedd yr athrawon a'r athrawesau, ond buan y sylweddolais mai dim ond dau Sais oedd yno i gyd.'[16]

Fel y dengys Tabl 1, tystia cyfrifiad 1891 mai'r Gymraeg oedd y brif iaith ym Mhorthmadog. Gorweddai'r dref o fewn terfynau dau ddosbarth cofrestru lle y trigai 746 o dylwythau ac, ynghyd â chriwiau'r llongau hynny a oedd wedi angori yn y porthladd ar y pryd, yr oedd cyfanswm y boblogaeth a oedd yn 2 flwydd oed neu yn hŷn yn 3,391. O'r rhain, methodd dau â rhoi gwybodaeth ynglŷn â'u gallu ieithyddol a datganodd pump ar hugain arall eu bod yn siarad Daneg (18), Swedeg (2), Rwsieg (2), Iseldireg (1), Gwyddeleg (1) a Ffrangeg (1). Morwyr ar fyrddau'r llongau oedd y mwyafrif llethol ohonynt a chan bwysiced oedd cyfathrebu i forwriaeth go brin mai trwy gyfrwng eu mamiaith yn unig y cyfathrebent â'i gilydd. Y mae'n amheus, er enghraifft, sut y byddai criw David Jenkins o Aberystwyth wedi medru dygymod, a hwythau'n frodorion uniaith a hanai o wledydd mor amrywiol â'r Alban, Sweden, Y Ffindir, Yr Iseldiroedd, Trefedigaeth y Penrhyn a Mawrisiws. Nid yn ddihalen ychwaith y gellir llyncu gosodiad y Sioni winwns a oedd wedi ymgartrefu yn y dref ei fod yn Ffrancwr uniaith, o gofio nad oedd ei ferch 13 oed yn siarad dim ond Cymraeg! Sut bynnag, o'r 3,364 a oedd yn weddill, cofnodwyd 1,843 (54.8 y cant) yn uniaith Gymraeg, 1,366 (40.6 y cant) yn ddwyieithog, a 155 (4.6 y cant) yn uniaith

[15] Thomas Roberts a David Roberts, *Cofiant y Parch. W. Rees, D.D. (Gwilym Hiraethog)* (Dolgellau, 1893), tt. 385–90.

[16] W. R. Hughes, *Melys Gofio* (Caernarfon, 1981), t. 20.

Tabl 2: Iaith a leferid yn ôl oedran
(2 flwydd oed a throsodd)[1]

Oed	Nifer Cymraeg	Nifer Y Ddwy	Nifer Saesneg	Nifer Cyfanswm	*Canran Cymraeg*	*Canran Y Ddwy*	*Canran Saesneg*	*Canran Cyfanswm*
2–5	253	36	18	307	*82.4*	*11.7*	*5.9*	*100.0*
6–14	501	281	9	791	*63.3*	*35.5*	*1.1*	*100.0*
15–24	300	342	40	682	*44.0*	*50.1*	*5.9*	*100.0*
25–44	377	401	49	827	*45.6*	*48.5*	*5.9*	*100.0*
45–64	301	241	30	572	*52.6*	*42.1*	*5.2*	*100.0*
65+	111	64	9	184	*60.3*	*34.8*	*4.9*	*100.0*
Cyfanswm	**1343**	**1365**	**155**	**3363**	***54.3***	***40.6***	***4.6***	***100.0***

[1] Hepgorwyd un nad oedd wedi nodi ei oedran.

Saesneg. Gan hynny, yr oedd gan 3,209 (95.4 y cant) o'r trigolion wybodaeth o'r Gymraeg a 1,521 (45.2 y cant) wybodaeth o'r Saesneg. Yr oedd y ganran a siaradai'r iaith frodorol, felly, bron â bod cymaint â'r ganran gyfatebol ar gyfer Dosbarth Cofrestru Ffestiniog (97.4 y cant), yn rhagori mymryn ar un sir Gaernarfon (89.5 y cant), ac yn bwrw canran Cymru gyfan i'r cysgod (54.5 y cant). Eto i gyd, y mae'n bwysig nodi bod cyfran uchel (40.6 y cant) o drigolion Porthmadog yn ddwyieithog, datblygiad anorfod yn sgil y cysylltiadau busnes a'r fasnach arforol ffyniannus a oedd yn gymaint rhan o fywyd beunyddiol y dref.

Gellir amgyffred natur y newid hwn yn well trwy archwilio gallu ieithyddol y trigolion fesul grŵp oedran. Dengys Tabl 2 fod rhagor na 90 y cant o bobl a phlant yn medru'r Gymraeg ym mhob grŵp oedran a bod y gyfran o Gymry uniaith yn uchel ymhlith yr oedrannus a'r ifainc, yn enwedig yn achos plant dan 6 oed. Dylid sylwi, fodd bynnag, fod 35.5 y cant o blant rhwng 6 a 14 oed yn siarad Saesneg yn ogystal â Chymraeg. Dichon i rai o'r plant hyn ymgyfarwyddo â'r iaith Saesneg wrth chwarae â chyfeillion di-Gymraeg neu oherwydd i'w rhieni wneud ymgais fwriadol i'w trwytho ynddi yn y dyb y byddai'n gwarantu iddynt amgenach dyfodol. Y mae'n llawer mwy tebygol, fodd bynnag, mai yn yr ysgol y dysgodd y mwyafrif ohonynt Saesneg. Rhydd y cyfrifiad wybodaeth am fedr ieithyddol 792 o ddisgyblion a oedd yn byw ym Mhorthmadog, ac er bod 537 (67.8 y cant) ohonynt yn Gymry uniaith a dim ond 14 (1.8 y cant) yn uniaith Saesneg, cofnodwyd 241 (30.4 y cant) yn ddwyieithog. Diau, felly, i'r gyfundrefn addysg fod yn fodd i wanhau safle'r Gymraeg ac awgryma'r cynnydd mewn dwyieithrwydd yn y grwpiau oedran 6–14 a 15–24 fod nifer helaeth a siaradai eu mamiaith yn unig yn nyddiau mebyd wedi dysgu Saesneg cyn cyrraedd 15 oed. Sicrhaodd cyfathrach a chysylltiadau byd gwaith fod y ganran a siaradai'r ddwy iaith yn parhau'n gymharol uchel yn y grŵp oedran 25–44, ond yn gostwng fel yr heneiddiai'r boblogaeth. Yn anad dim, felly, twf dwyieithrwydd a ddatgelir gan

Tabl 3: Iaith a leferid yn ôl oedran a rhyw

(2 flwydd oed a throsodd)[1]

		Nifer				*Canran*			
Oed	Rhyw	Cymraeg	Y Ddwy	Saesneg	Cyfanswm	*Cymraeg*	*Y Ddwy*	*Saesneg*	*Cyfanswm*
2–5	G	132	16	8	156	*84.6*	*10.3*	*5.1*	*100.0*
	B	121	20	10	151	*80.1*	*13.2*	*6.6*	*100.0*
6–14	G	261	142	4	407	*64.1*	*34.9*	*1.0*	*100.0*
	B	240	139	5	384	*62.5*	*36.2*	*1.3*	*100.0*
15–24	G	134	158	23	315	*42.5*	*50.2*	*7.3*	*100.0*
	B	166	184	17	367	*45.4*	*50.0*	*4.6*	*100.0*
25–44	G	144	181	29	354	*40.7*	*51.1*	*8.2*	*100.0*
	B	233	220	20	473	*49.3*	*46.5*	*4.2*	*100.0*
45–64	G	132	129	16	277	*47.7*	*46.6*	*5.8*	*100.0*
	B	169	112	14	295	*57.3*	*38.0*	*4.7*	*100.0*
65+	G	43	39	4	86	*50.0*	*45.3*	*4.7*	*100.0*
	B	68	25	5	98	*69.4*	*25.5*	*5.1*	*100.0*
	G	**846**	**665**	**84**	**1595**	***53.0***	***41.7***	***5.3***	***100.0***
Cyfanswm	**B**	**997**	**700**	**71**	**1768**	***56.4***	***39.6***	***4.0***	***100.0***

[1] Hepgorwyd un nad oedd wedi nodi ei oedran.

Dabl 2, ac yr oedd plant oedran ysgol a phobl oedran gwaith yn rhan annatod o'r proses hwnnw. Prawf canrannau digyfnewid y trigolion di-Gymraeg nad oedd unieithrwydd Saesneg ar gerdded y pryd hwnnw.

Ychydig iawn o wahaniaeth a geid rhwng y rhywiau yn y grwpiau oedran dan 15 (Tabl 3). Serch hynny, yr oedd y ganran o ferched a siaradai'r ddwy iaith drwch blewyn yn uwch nag eiddo'r bechgyn – prawf, o bosibl, fod cyfran uwch o ferched y gymdogaeth wedi cael addysg. Gwelir hefyd fod rhagor o ddynion nag o ferched yn ddwyieithog yn y grwpiau oedran dros 24 oed, yn enwedig ymhlith y to hŷn. Gellir priodoli hyn i hirhoedledd merched o'u cymharu â dynion ac, yn bwysicach efallai, i'w gwahanol brofiadau economaidd a chymdeithasol. Yr oedd cynifer â 1,009 (91.4 y cant) o wrywod Porthmadog a oedd yn 10 oed neu yn hŷn (gan hepgor disgyblion) yn gyflogedig, ac fel y gwelwyd eisoes, yr oedd bywoliaeth 29.8 y cant ohonynt yn annatod glwm wrth forwriaeth a'r diwydiannau a oedd yn gysylltiedig â'r môr. A chymaint yn hwylio'r nawmor, nid oedd yn rhyfeddod fod merched yn ffurfio ymron deuparth y boblogaeth rhwng 25 a 44 oed. Trwy dramwyo yn ôl ac ymlaen fel hyn, ffurfiai dynion amryfal gysylltiadau cymdeithasol ac, o ganlyniad, deuent yn fwyfwy cyfarwydd â'r iaith Saesneg. Yr oedd amgylchiadau cymdeithasol y merched, ar y llaw arall, yn dra gwahanol. Parodd prinder cyfleoedd mai dim ond 410 (32.3 y cant) o'r rhai a oedd yn 10 oed neu yn hŷn a oedd yn gyflogedig, a gweini oedd ffon gynhaliaeth oddeutu hanner ohonynt (217 neu 52.9 y cant). At ei gilydd, felly, tueddai'r boblogaeth fenywaidd i fod yn gymharol ddisymud a digyfnewid. Yr oedd bywyd

Tabl 4: Iaith a leferid yn ôl man geni
(2 flwydd oed a throsodd)[1]

Man geni	Nifer Cymraeg	Y Ddwy	Saesneg	Cyfanswm	*Canran Cymraeg*	*Y Ddwy*	*Saesneg*	*Cyfanswm*
Sir Gaernarfon	1516	925	33	2474	*61.3*	*37.4*	*1.3*	*100.0*
Sir Feirionnydd	211	193	–	404	*52.2*	*47.8*	–	*100.0*
Sir Fôn	34	42	2	78	*43.6*	*53.8*	*2.6*	*100.0*
Sir Aberteifi	15	46	–	61	*24.6*	*75.4*	–	*100.0*
Sir Ddinbych	15	35	–	50	*30.0*	*70.0*	–	*100.0*
Sir Drefaldwyn	17	25	5	47	*36.2*	*53.2*	*10.6*	*100.0*
Sir Y Fflint	8	14	3	25	*32.0*	*56.0*	*12.0*	*100.0*
Sir Benfro	6	6	2	14	*42.9*	*42.9*	*14.3*	*100.0*
Sir Gaerfyrddin	3	7	–	10	*30.0*	*70.0*	–	*100.0*
Sir Forgannwg	1	8	–	9	*11.1*	*88.9*	–	*100.0*
Sir Frycheiniog	–	1	2	3	–	*33.3*	*66.7*	*100.0*
De Cymru	1	–	–	1	–	–	*100.0*	*100.0*
Lloegr	12	56	79	147	*8.2*	*38.1*	*53.7*	*100.0*
Eraill[2]	4	7	29	40	*10.0*	*17.5*	*72.5*	*100.0*
Cyfanswm	**1843**	**1365**	**155**	**3363**	***54.8***	***40.6***	***4.6***	***100.0***

1 Hepgorwyd un nad oedd wedi nodi ei fan geni.
2 Man geni: Iwerddon 16, Yr Alban 7, Guernsey 3, America 3, Ffrainc 2, Awstralia 1, Bafaria 1, Denmarc 1, Yr Almaen 1, Yr Iseldiroedd 1, Ynys Manaw 1, Jersey 1, Mawrisiws 1, De Affrica 1.

y merched yn cylchdroi o amgylch y cartref, y stryd a'r capel ac yn y meysydd llai ffurfiol hyn y meithrinent gysylltiadau ag eraill. O ganlyniad, yr oedd eu rhwydweithiau yn fwy dwys nag eiddo'r dynion a'r Gymraeg yn gryfach yn eu plith. Y mae'n werth nodi, fodd bynnag, fod y ganran o ferched dwyieithog a dynion dwyieithog yn gyfartal yn y grŵp oedran 15–24 ac i ddwyieithrwydd ymhlith merched gyrraedd ei binacl yn yr oedran hwnnw. Yn y cyswllt hwn, dylid cofio bod 141 neu 65.9 y cant o'r merched a oedd yn gweini rhwng 15 a 24 oed, a bod 68 ohonynt, sef oddeutu eu hanner, yn medru'r ddwy iaith. Gwelir hefyd fod rhagor o ddynion nag o ferched yn uniaith Saesneg yn y grwpiau oedran gwaith (rhwng 15 a 44). Ganed 41 (78.8 y cant) o'r gwŷr hyn y tu allan i Gymru, 26 (50.0 y cant) ohonynt yn Lloegr a 15 (28.8 y cant) mewn gwledydd eraill. Ond er bod 19 (51.3 y cant) o ferched o'r un oedran hefyd yn hanu o Loegr, dim ond 6 (16.2 y cant) a oedd yn dramorwyr.

Dengys Tabl 4 mai o fannau cyfagos yr hanai trwch helaeth poblogaeth Porthmadog. Yr oedd 2,956 (87.9 y cant) o'r trigolion wedi eu geni yn siroedd Caernarfon, Meirionnydd a Môn, a 2,921 (98.8 y cant) ohonynt yn medru'r Gymraeg. Eto i gyd, cofnodwyd bod gan 1,160 (39.7 y cant) o'r mewnfudwyr hyn wybodaeth o'r Saesneg – a hynny gan fod llawer ohonynt yn forwyr a masnachwyr a fudodd yno o borthladdoedd hŷn yn Llŷn ac Ardudwy. Yr oedd yn ffaith ddiymwad hefyd fod cynifer â 1,601 neu 47.6 y cant o'r trigolion â'u gwreiddiau ym mhlwyf Ynyscynhaearn a bod y dref yn frith o bobl o Bwllheli, Y Bermo, Caernarfon, Penrhyndeudraeth, Beddgelert a Blaenau Ffestiniog. Cymharol bitw oedd cyfraniad gweddill siroedd Cymru: nid oedd canran y trigolion a aned y tu hwnt i dair sir y gogledd namyn 6.5 y cant, ac yr oedd y nifer a hanai o'r deheubarth (sef siroedd Morgannwg, Brycheiniog, Penfro a Chaerfyrddin) yn llai hyd yn oed na hynny, sef 1.1 y cant. Gan y ceid mwy o gyfaddawd â'r traddodiad Seisnig y tu allan i siroedd y gogledd, nid oedd yn syndod fod 154 (70.0 y cant) o'r brodorion hyn a drigai ym Mhorthmadog yn hyddysg yn y Saesneg – yr oedd 142 (64.5 y cant) ohonynt yn ddwyieithog a 12 (5.5 y cant) yn uniaith Saesneg. Gwelir, yn ogystal, mai dim ond 147 (4.4 y cant) o'r trigolion a oedd wedi eu geni y tu hwnt i Glawdd Offa, er bod y dref eisoes wedi dechrau denu ymwelwyr. O swydd Gaerhirfryn y deuai'r gyfran fwyaf (27.2 y cant) ond hanai traean o swyddi Amwythig, Caer a Middlesex, a 10 y cant o Ddyfnaint a Chernyw. Gan mor hyglyw oedd y Gymraeg ym Mhorthmadog, yr oedd 38 y cant o'r Saeson dŵad hyn wedi llwyddo i'w meistroli. Arddelai 8 y cant arall wybodaeth o'r Gymraeg yn unig, a chan mai dychweledigion o gymdogaethau Cymreig yn Lerpwl oedd y rhan fwyaf ohonynt, nid oedd hynny'n rhyfedd yn y byd. Fel llawer porthladd arall, ceid ymhlith y trigolion dramorwyr a oedd, trwy eu hamryfal gysylltiadau, yn rhwym o ddod â dylanwadau estron yn eu sgil. Yr oedd cynifer â 41 y cant ohonynt o dras Wyddelig a 7.9 y cant yn Albanwyr, ond tarddai'r gweddill o wledydd mor amrywiol ag Ynys Manaw, Jersey, Ffrainc, Yr Almaen, Bafaria, Denmarc, Yr Iseldiroedd, Mawrisiws ac Awstralia. Er y gwyddys bod amryw o ferched y gymdogaeth wedi priodi morwyr o wledydd eraill a bod y rheini wedyn wedi ymsefydlu yn y fro a dysgu Cymraeg, dengys Tabl 4 fod y ganran a gymathwyd (17.5 y cant) yn llai na'r un gyfatebol yn achos Saeson.[17] Ceid hefyd dramorwyr a fedrai'r Gymraeg yn unig, sef Ffrances 13 oed a ymfudodd i Borthmadog gyda'i theulu yn nyddiau cynnar plentyndod, Gwyddeles 5 oed a fabwysiadwyd gan bostfeistr o Gymro, a dau a dreuliodd fore oes yn un o anheddau Cymraeg America.

Yr oedd 746 o dylwythau ym Mhorthmadog ym 1891. Amrywient yn ddybryd o ran maint, gydag 19.8 y cant ohonynt yn cynnwys llai na thri aelod ac 11.9 y cant yn cynnwys rhagor na saith. Serch hynny, pump a geid ar bob aelwyd ar gyfartaledd, a chan mai dim ond 150 (20.1 y cant) o dai a oedd â llai na phum ystafell, yr oedd gordyrru ymhell o fod yn rhemp. O ran eu cyfansoddiad, nid oedd dim yn anghyffredin am y tylwythau hyn: yr oedd 70 y cant ohonynt yn deuluoedd cnewyllol (60 y cant yn barau priod gyda phlant a'r gweddill heb blant), 20 y cant yn deuluoedd estynedig a 10 y cant yn cynnwys penteulu yn unig. At hynny, yr oedd 30 y cant o'r tylwythau yn cynnwys pobl nad oeddynt yn

[17] A. E. James, *Atgofion am Borthmadog a'r Cylch* (Dinbych, 1982), t. 9.

Tabl 5: Iaith a leferid yn ôl perthynas â'r penteulu

(2 flwydd oed a throsodd)[1]

Perthynas â'r penteulu	Nifer Cymraeg	Y Ddwy	Saesneg	Cyfanswm	*Canran Cymraeg*	*Y Ddwy*	*Saesneg*	*Cyfanswm*
Penteuluoedd	379	325	33	737	*51.4*	*44.1*	*4.5*	*100.0*
Gwragedd	243	164	29	436	*55.7*	*37.6*	*6.7*	*100.0*
Plant[2]	935	548	33	1516	*61.7*	*36.1*	*2.2*	*100.0*
Perthnasau	111	87	11	209	*53.1*	*41.6*	*5.3*	*100.0*
Gweision/morynion	101	100	4	205	*49.3*	*48.8*	*1.9*	*100.0*
Byrddwyr/lletywyr	44	59	14	117	*37.6*	*50.4*	*12.0*	*100.0*
Ymwelwyr	13	15	3	31	*41.9*	*48.4*	*9.7*	*100.0*
Eraill[3]	16	66	25	107	*1.9*	*61.7*	*23.4*	*100.0*
Cyfanswm	**1842**	**1364**	**152**	**3358**	***54.9***	***40.6***	***4.5***	***100.0***

[1] Hepgorwyd 6 nad oeddynt wedi nodi eu perthynas â'r penteulu.
[2] Gan gynnwys plant maeth a llysblant.
[3] Criwiau llongau a chapteiniaid a'u gwragedd (105), un prentis ac un cynorthwywr.

perthyn i'r teulu ac yr oedd y rheini a oedd heb gysylltiadau teuluol amlwg yn ffurfio degfed ran y boblogaeth – yr oedd 6.3 y cant yn forynion, 3.6 y cant yn fyrddwyr neu letywyr ac 1 y cant yn ymwelwyr. Afraid dweud bod cyfran uwch o'r carfanau mwy mudol hyn yn medru'r Saesneg (Tabl 5). Mewn tref farchnad fel Porthmadog câi'r merched lleol ddigon o gyfle i wasanaethu'r dosbarthiadau canol is, gan ymgynefino â'r Saesneg yr un pryd. Er bod hanner y merched hyn yn parhau'n uniaith Gymraeg a bod cynifer ag 89.7 y cant ohonynt yn hanu o siroedd Caernarfon a Meirionnydd, yr oedd y gweddill wedi dysgu Saesneg yn ddigon da i fedru cofnodi eu bod yn ddwyieithog. Yn achos byrddwyr a lletywyr, yr oedd y gallu i siarad Saesneg yn fwy amlwg eto, gyda 50.4 y cant yn ddwyieithog a 12 y cant yn gwbl ddi-Gymraeg. Ganed 98 (83.8 y cant) ohonynt yng Nghymru, ac o'r rheini deuai 73 (74.5 y cant) o siroedd Caernarfon a Meirionnydd. Er bod cynifer â 37 (50.7 y cant) o'r lletywyr a ddeuai o'r siroedd hyn yn ddwyieithog, yr oedd cyfran uwch o'r rhai a aned yng ngweddill Cymru yn medru Saesneg. O'r rheini, yr oedd 16 (64.0 y cant) yn ddwyieithog a 2 (8.0 y cant) yn uniaith Saesneg. Hanai 18 (15.4 y cant) o'r byrddwyr a'r lletywyr o Loegr a gwledydd eraill ac, fel y gellid disgwyl, oddi yno y deuai'r ganran uchaf o siaradwyr Saesneg – 11 (61.1 y cant) yn uniaith a 6 (33.3 y cant) yn ddwyieithog. Gellid priodoli'r ffaith fod llawer o letywyr yn gyfarwydd â'r Saesneg i'w man geni a'u mudoledd, yn ogystal ag i'w profiadau economaidd a chymdeithasol. Yr oedd bywoliaeth 74 (63.2 y cant) ohonynt wedi ei gysylltu'n uniongyrchol naill ai â chynhyrchu a chludiant lle'r oedd y ganran a fedrai'r Saesneg yn eu plith yn 57.1 y cant, neu â'r sector masnach a'r gwasanaethau cyhoeddus a'r proffesiynau lle'r oedd y ganran a'i siaradai yn 75 y cant. Go brin y gellid honni bod y lletywyr hyn wedi gwanhau Cymreictod cartrefi Porthmadog oherwydd yn ddieithriad yr oedd y garfan ddwyieithog hon yn byw gyda theuluoedd a fedrai'r Gymraeg. Y tebyg, felly, yw iddynt gyfnerthu rhwymau ieithyddol a diwylliannol yn hytrach na'u gwanychu. Yr oedd deg o'r lletywyr uniaith Saesneg hefyd yn byw gyda theuluoedd Cymraeg, a dichon y byddai hynny nid yn unig wedi cynefino'r teuluoedd hynny â'r iaith Saesneg ond hefyd wedi bod yn gymorth i gymathu'n ieithyddol y mewnfudwyr o Loegr. Yr oedd ymwelwyr hwythau – llawer ohonynt (22 neu 70.9 y cant) yn frodorion o siroedd Meirionnydd a Chaernarfon ac yn perthyn i'r penteulu trwy waed neu briodas – yn fwy tebygol o gyflwyno dylanwadau estron i'r gymdeithas. Gwelir, yn ogystal, mai ymhlith plant y ceid y gyfran uchaf o Gymry uniaith (61.7 y cant), a chan eu bod yn ffurfio 46.6 y cant o'r boblogaeth ac yn bresennol ar 535 (71.7 y cant) o aelwydydd, nid oedd hynny heb ei oblygiadau o ran diogelu'r Gymraeg. Eto i gyd, cofnodwyd bod gan ragor na thraean ohonynt ryw grap ar yr iaith Saesneg.

Nid oes amheuaeth nad y Gymraeg a siaredid yn y rhan fwyaf o gartrefi Porthmadog. Ar gynifer â 675 (90.5 y cant) o aelwydydd fe'i medrid gan bawb, ac ar 299 (44.3 y cant) o'r aelwydydd hynny, Cymry uniaith oeddynt oll. Dim ond naw teulu a siaradai Saesneg yn unig. Er bod 376 (50.4 y cant) o aelwydydd lle'r oedd o leiaf rai o'r trigolion yn ddwyieithog, y mae'n annhebygol, mewn cymdogaeth fel hon lle'r oedd y Gymraeg yn hollbresennol, mai'r Saesneg oedd y prif gyfrwng cyfathrebu. Cryfheid Cymreictod y dref gan batrymau priodi'r trigolion. Yr oedd 209 (55.0 y cant) o wŷr uniaith Gymraeg wedi priodi gwragedd uniaith Gymraeg ac, yn yr un modd, 79 y cant o wŷr dwyieithog wedi priodi gwragedd dwyieithog. Dengys Tabl 6 fod cynifer â 307 (93.9 y cant) o barau priod a oedd â phlant yn medru'r heniaith ac iddi gael ei throsglwyddo i'w plant yn ddi-ffael. Yn achos plant o allu ieithyddol cymysg byddai'r rhai ieuengaf, fel rheol, yn uniaith Gymraeg a'r rhai hynaf yn ddwyieithog. Nid ar yr aelwyd, felly, y deuai'r Saesneg i'w clyw ond yn hytrach yn yr ysgol ac, yn fwy fyth efallai, yn y gweithle. Er enghraifft, yn 156 High Street trigai'r gwerthwr glo, Owen Hughes, a'i wraig Mary, y ddau yn enedigol o sir Gaernarfon ac yn Gymry uniaith. Yr oedd ganddynt chwech o blant rhwng 10 a 26 oed, pob un wedi ei eni ym Mhorthmadog. Siaradai'r pedwar ieuengaf (tri disgybl ac un gwneuthurwr hetiau) y Gymraeg yn unig, ond yr oedd y rhai hynaf – myfyriwr diwinyddol (19 oed) ac ysgolfeistr (26 oed) – yn ddwyieithog. Ni chafwyd fawr ddim llithriad ieithyddol mewn cartrefi lle'r oedd y ddau riant yn uniaith Gymraeg. Mewn cynifer â 151 (89.9 y cant) o'r cartrefi hynny parhâi'r Saesneg yn estroniaith, a dim ond yn 17 (10.1 y cant) ohonynt yr oedd y plant, neu o leiaf y rhai hŷn, yn ddwyieithog. Nid oedd dim yn arbennig am y teuluoedd a brofodd y newid hwn, ac eithrio'r ffaith fod y 'plant', bron yn ddieithriad, yn eu hugeiniau ac wedi ymgyfarwyddo â'r iaith Saesneg trwy gyfeillachu â'r di-Gymraeg fel llwythwyr llongau, gofaint, seiri coed, gweinidogion a masnachwyr. Unwaith yr oedd gan un rhiant afael ar y Saesneg, yr oedd cyfran uwch o'r plant yn ei dysgu, ac felly yr

Tabl 6: Iaith plant o deuluoedd lle'r oedd rhieni uniaith a dwyieithog

(2 flwydd oed a throsodd)

Gallu ieithyddol y rhieni		Gallu ieithyddol y plant Nifer yr aelwydydd					*Gallu ieithyddol y plant Canran*				
Tad	Mam	Cymraeg	Y Ddwy	Saesneg	Cymysg	Cyfanswm	*Cymraeg*	*Y Ddwy*	*Saesneg*	*Cymysg*	*Cyfanswm*
C	C	151	10	–	7	168	*89.9*	*6.0*	–	*4.2*	*100.0*
C	D	3	–	–	4	7	*42.9*	–	–	*57.1*	*100.0*
D	C	13	9	–	4	26	*50.0*	*34.6*	–	*15.4*	*100.0*
D	D	20	62	–	24	106	*18.9*	*58.5*	–	*22.6*	*100.0*
D	S	–	5	1	1	7	–	*71.4*	*14.3*	*14.3*	*100.0*
S	D	–	–	–	2	2	–	–	–	*100.0*	*100.0*
S	S	–	4	4	3	11	–	*36.4*	*36.4*	*27.3*	*100.0*
Cyfanswm		**187**	**90**	**5**	**45**	**327**	***57.2***	***27.5***	***1.5***	***13.8***	***100.0***

C/Cymraeg: uniaith Gymraeg; D/Y Ddwy: dwyieithog; S/Saesneg: uniaith Saesneg; Cymysg: unrhyw gyfuniad o siaradwyr uniaith Gymraeg, siaradwyr dwyieithog a siaradwyr uniaith Saesneg ar yr un aelwyd.

oedd hi yn 17 (51.5 y cant) o'r cyfryw gartrefi. Mewn cartrefi lle'r oedd y ddau riant yn ddwyieithog yr oedd trosglwyddiad yr iaith Saesneg yn fwy amlwg eto, gyda phlant ar gynifer ag 86 (81.1 y cant) o'r aelwydydd hynny yn hyddysg ynddi. Ni chafwyd, fodd bynnag, unrhyw dystiolaeth o newid ieithyddol pendant oherwydd ni chofnodwyd yr un plentyn yn uniaith Saesneg. Y mae nifer yr aelwydydd cymysg lle y medrid y Gymraeg gan un rhiant yn unig yn rhy fychan i'n galluogi i ddod i unrhyw gasgliad pendant, ond dim ond ar un o'r cyfryw aelwydydd yr oedd y plant yn ddi-Gymraeg. Archwiliwr trenau dwyieithog o Bwllheli oedd eu tad, ond gan fod eu mam yn Saesnes uniaith o Amwythig a hwythau heb eto gyrraedd oedran ysgol, nid oedd yn syndod mai Saesneg a siaradent. Dim ond mewn 11 o gartrefi y ceid rhieni uniaith Saesneg ac yn 7 (63.6 y cant) ohonynt yr oedd gan y plant afael ar yr iaith frodorol. Diau, felly, fod ysbryd Cymraeg y gymdogaeth yn ddigon egnïol i gymathu siaradwyr Saesneg. O Loegr yr hanai pymtheg o'r rhieni, ond deuai tri o Gymru, tri arall o'r Alban ac un o Iwerddon. Ganed trwch helaeth y plant ym Mhorthmadog ac y mae'n ddadlennol mai o deuluoedd dosbarth-canol y deuai'r rheini a gofnodwyd yn uniaith Saesneg – cyfreithiwr, rheolwr chwarel a swyddog trethi oedd tri o'r penteuluoedd yn y cartrefi di-Gymraeg.

Ym 1891 ceid ym Mhorthmadog 120 o oedolion a oedd wedi eu geni y tu allan i Gymru (57 gwryw a 63 benyw), a phrin y ffurfient 4 y cant o'r boblogaeth dros 2 flwydd oed. Ni ellir ond bwrw amcan ynglŷn â faint ohonynt a gymathwyd oherwydd ni wyddys am ba hyd y buont yn byw yn y dref ond, a barnu wrth eu cyfenwau, y mae'n bur debyg fod cyndadau 32 (26.4 y cant) ohonynt yn hanu o'r ardal. Sut bynnag, dengys y cyfrifiad fod traean (41 neu 34.2 y cant) o'r cyfryw fewnfudwyr yn medru'r Gymraeg, 34 yn ddwyieithog a 7 yn uniaith Gymraeg. O Loegr y deuai 99 (81.8 y cant) ohonynt, ond hanai saith o Iwerddon, pedwar o'r Alban, tri o Guernsey ac un o Ynys Manaw, Jersey, Bafaria, Yr Iseldiroedd, Denmarc, Awstralia ac America. Yr oedd cyfran uwch (17 neu 77.3 y cant) o'r rheini a aned y tu allan i Gymru a Lloegr yn parhau'n uniaith Saesneg, ac y mae'n arwyddocaol fod naw ohonynt yn lletywyr neu'n forwyr, a phump yn briod â Saeson, tramorwyr neu Gymry di-Gymraeg. Ar y llaw arall, o'r pedwar a fedrai'r iaith frodorol yr oedd dau yn lletya gyda theuluoedd Cymraeg a dau yn briod â merched lleol. Deg ar hugain o'r Saeson a gofnododd eu bod yn siarad Cymraeg, ac yr oedd un ar ddeg ohonynt (chwe gwryw a phum menyw) yn briod â Chymry lleol, a phedwar (tri lletywr ac un forwyn) yn byw gyda Chymry. Y mae'n arwyddocaol hefyd fod deg o'r siaradwyr Cymraeg wedi eu geni yn Lerpwl a bod tri ohonynt yn Gymry uniaith, prawf digamsyniol o gryfder a bywiogrwydd y gymdeithas Gymraeg ar lannau Mersi yn y cyfnod hwnnw.

Yn anad dim, *entrepôt* llewyrchus oedd Porthmadog ym machlud y bedwaredd ganrif ar bymtheg ac, fel y nodwyd eisoes, âi masnach a mordwyaeth â bryd y rhan fwyaf o'i thrigolion. Cyfeiriwyd droeon at Gymreictod morwyr y gymdogaeth ond, fel y dengys Tabl 7, nid oes amheuaeth na fu cyfathrach yn gyfrwng effeithiol i'w trwytho yn yr iaith Saesneg. Er mai brodorion o siroedd Meirionnydd ac Aberteifi oedd y pedwar perchennog llong a drigai yn y dref, yr oedd tri ohonynt yn ddwyieithog. Yn yr un modd, yr oedd trwch helaeth y capteiniaid, hwythau, yn hyddysg yn y Saesneg yn ogystal â'r Gymraeg. Medrid y Saesneg gan 72 y cant o'r morwyr cyffredin ond, yn wahanol i'r rhai yr oeddynt yn gweithio danynt, yr oedd un o bob pump ohonynt yn ddi-Gymraeg, ffaith nid annisgwyl o gofio bod 10.7 y cant yn hanu o swyddi megis Dyfnaint a Chernyw, a 10.2 y cant yn Wyddelod, Albanwyr a thramorwyr. Serch hynny, gan y deuai'r gweddill o Gymru, a chymaint â 43.5 y cant o sir Gaernarfon, siaredid yr iaith frodorol gan 79.1 y cant ohonynt.

Nid oes unrhyw amheuaeth nad y Gymraeg a ddefnyddid gan y crefftwyr morwrol, boed hwy'n ofaint, seiri, rhaffwyr neu wneuthurwyr hwyliau, blociau a setiau. Ond er na chofnodwyd yr un ohonynt yn uniaith Saesneg, yr oedd eu hanner yn gyfarwydd â'r iaith honno. Deuai 52 (86.7 y cant) o'r crefftwyr o sir Gaernarfon a 6 (10.0 y cant) o siroedd Meirionnydd, Môn ac Aberteifi. Yn eu plith yn ogystal yr oedd dau dramorwr. Gwneuthurwr hwyliau o Ynys Manaw, a oedd yn briod â Chymraes uniaith o Bwllheli, oedd un ohonynt, ac fe'i cofnodwyd ef yn ddwyieithog. Llanc uniaith Gymraeg a aned yn America yn fab i rieni a hanai o Landdeiniolen a Ffestiniog oedd y llall. Cymry uniaith o ardaloedd cyfagos oedd y ddau a oedd yn bwrw eu prentisiaeth fel adeiladwyr llongau, a Chymry lleol hefyd oedd y ddau weithiwr a enillai fywoliaeth ar y lanfa (y naill yn uniaith Gymraeg a'r llall yn ddwyieithog). At hynny, yr oedd cynifer â 47 (84.0 y cant) o labrwyr cyffredinol y gymdogaeth heb fedru'r Saesneg o gwbl ac ni cheid un person di-Gymraeg ymhlith y 56 ohonynt.

I'r rheini a oedd mewn amgenach swyddi neu a oedd yn gwerthu llongau ac offer morwrol, yr oedd y gallu i siarad Saesneg yn ddymunol. Fe'i medrid gan y ddau archwiliwr llongau a rwydwyd yn y sampl ac yr oedd un ohonynt yn frodor uniaith Saesneg o sir Benfro. Yr oedd cyflenwyr nwyddau llongau a broceriaid, oherwydd natur eu gwaith, hefyd yn fwy tebygol o fedru siarad Saesneg. Er mai gwŷr o Borthmadog, Beddgelert ac Aberdyfi oedd y pump a gofrestrwyd yn y cyfrifiad, yr oedd tri ohonynt yn ddwyieithog. Yn lletya yn y dref hefyd yr oedd Charles Benson, asiant llongau o Birmingham. Yr oedd casglwyr yswiriant llongau'r gymdogaeth yn Gymry Cymraeg o Borthmadog a Dolgellau, ac er bod un ohonynt yn gynefin â'r Saesneg, y mae'n amlwg nad oedd raid iddynt wrth yr iaith honno i gyflawni gwaith o'r fath y pryd hwnnw.

Carfan arall a oedd yn debygol o fedru cyfathrachu â'r di-Gymraeg oedd staff y rheilffyrdd. Ym Mhorthmadog yr oedd terfynell Lein Fach Ffestiniog, y lein fach gyntaf o'i bath. Wrth i'r trên ddod yn gyfrwng cludiant mwyfwy poblogaidd yn y 1860au fe'i gwnaed yn rheilffordd gyhoeddus ac, oddeutu'r un adeg, estynnwyd Rheilffordd y Cambrian o'r Bermo i Bwllheli a'i hagor ym 1867 – datblygiad a fu'n gaffaeliad mawr i deithwyr. Er mai â siaradwyr Saesneg ac â Seisnigrwydd y cysylltir y ffyrdd haearn, yr oedd Rheilffordd Ffestiniog yn nodedig am nifer y Cymry Cymraeg a gyflogai, a gwyddys yn ogystal fod lein y Cambrian yn Gymreiciach na'r rheilffyrdd mawrion eraill, sef y Great Western a'r London & North Western, er mai yng Nghroesoswallt yr oedd ei phencadlys. Yr oedd y tri gorsaf-feistr a'r ddau giard a drigai ym Mhorthmadog yn medru'r Gymraeg a'r Saesneg. Hanai pedwar ohonynt o sir Gaernarfon, ac un o Loegr, sef Thomas Jones, brodor o swydd Amwythig a oedd yn lletya gyda gwerthwr pysgod o Ddyfnaint a'i deulu dwyieithog. Dichon mai dod yno i lenwi bwlch a wnaeth. Yr oedd pob swyddog tocynnau yn ddwyieithog, dau ohonynt o Lŷn a'r ddau arall yn frodyr o swydd Nottingham a fudodd i'r ardal pan oeddynt yn blant. Yr oedd y chwe siaradwr uniaith Saesneg i'w canfod ymhlith y gyrwyr trenau, y tanwyr a'r pwyntwyr. Hanai pump o Loegr ac un o sir Drefaldwyn, ac yr oedd gan bedwar ohonynt blant a oedd wedi dysgu Cymraeg. Yn eu plith hefyd yr oedd pump o Gymry uniaith, ffaith sy'n profi na roddid blaenoriaeth i siaradwyr Saesneg bob tro. Yr oedd y porthorion i gyd yn siarad Cymraeg, er bod tri ohonynt yn ddwyieithog. Ar y llaw arall, ganed pedwar o'r pum gosodwr cledrau yn Lloegr ac yr oedd tri ohonynt yn Saeson uniaith.

Yn ogystal â bod yn ganolfan gludiant ac iddi nodweddion masnachol ac allforol pwysig, yr oedd Porthmadog hefyd yn dref farchnad lewyrchus. Heidiai ffermwyr a masnachwyr y cylch i'w ffeiriau a'i marchnadoedd, a thystiai ei hamryfal sefydliadau i'w ffyniant a'i bri. Yn wir, ar derfyn y bedwaredd ganrif ar bymtheg ceid yno weithfeydd haearn a chalch, melindai blawd a choed, llythyrdy, dau ariandy, tri gwesty, dwy dafarn, capeli ac ysgolion lawer, ynghyd â neuadd farchnad. Diwellid anghenion beunyddiol y trigolion gan lu o adeiladwyr, gwneuthurwyr a masnachwyr, a siaredid y Gymraeg gan ragor na 95 y cant ohonynt. Yn wir, yn achos pob un o'r carfanau hyn, yr oedd oddeutu 70 y cant yn frodorion o sir Gaernarfon a rhagor na 90 y cant wedi eu geni yng Nghymru. Serch hynny, yr oedd gwahaniaethau rhyngddynt. Er bod cyfran uwch o oruchwylwyr yn ddwyieithog o'u cymharu â gweithwyr cyffredin, yr oedd y sector adeiladu, at ei gilydd, yn fwy ymrwymedig i'r iaith frodorol na'r sectorau eraill. Ac eithrio'r rhai a gyflogid ar y rheilffyrdd, yr oedd 51.4 y cant yn Gymry uniaith ac nid oedd cymaint ag un di-Gymraeg yn eu plith. Ffin annelwig, a dweud y lleiaf, a oedd rhwng cynhyrchwyr a masnachwyr yn y cyfnod hwnnw, ond y mae'n arwyddocaol fod nifer y siaradwyr Saesneg ymron 10 y cant yn uwch yn achos masnachwyr, ffaith nid syn o gofio bod eu cysylltiadau yn fwy lluosog. Saith yn unig a oedd yn uniaith Saesneg, sef rheolwraig ac un o forynion gwesty'r Queen's, siopwr o swydd Bradford, tafarnwr o Lundain, asiant llongau o Birmingham, masnachwr gwin a gwirodydd o swydd Gaerloyw, a chrydd ifanc yr oedd ei rieni yn hanu o Iwerddon. O gofio bod rhai o'r bobl ddŵad hyn wedi preswylio yn y gymdogaeth ers deng mlynedd a mwy a bod amryw ohonynt yn cyfathrachu'n rheolaidd â'r brodorion, y mae'n anodd derbyn bod y Gymraeg yn gwbl estron iddynt.

I'r rheini a enillai fywoliaeth ym myd bancio, yswiriant a chyfrifon, yr oedd y gallu i ymgomio yn Saesneg yn bwysig. Er mai dim ond 2 o'r 35 a oedd yn ddi-Gymraeg, yr oedd cynifer â 21 (61.8 y cant) yn ddwyieithog. Felly hefyd yn achos y garfan gymharol freintiedig ac addysgedig honno a berthynai i'r sector gwasanaethau cyhoeddus a phroffesiynol ac a atebai alwadau meddygol, addysgol ac ysbrydol y brodorion. Cant yn unig a gâi gynhaliaeth yn y cyfryw fodd, ond yr oedd eu pwysigrwydd ymhell uwchlaw eu rhifedi a chanran uwch ohonynt (83 y cant) yn rhugl eu Saesneg o'u cymharu â'r carfanau eraill. Er bod 17 wedi eu cofnodi yn Gymry uniaith, yr oedd 83 yn medru'r Saesneg a chymaint â 74 neu 70.1 y cant yn ddwyieithog. Ymhlith y rhai na fedrent Gymraeg yr oedd telegraffydd ifanc o Gaerlwytgoed yn swydd Stafford, swyddog treth incwm o Lundain, gweinidog gyda'r Wesleaid o Lerpwl, a dau gyfreithiwr – y naill o swydd Amwythig a'r llall yn frodor o Borthmadog ac yn fab i Edward Breese, Morfa Lodge, cyfreithiwr a hynafiaethydd o gryn statws yn y gymdogaeth. Y mae'n werth nodi hefyd fod pump o'r rhai nad oeddynt yn siarad Saesneg yn ddisgybl-athrawon, a hynny er gwaethaf y ffaith fod i'r iaith honno le pwysig iawn yn y gyfundrefn addysg.

Yr oedd y Gymraeg ar ei grymusaf ym myd amaeth lle'r oedd pawb yn ei medru a thri o bob pedwar yn Gymry uniaith. Ac eithrio Albert Bromwich, rheolwr uniaith Saesneg o Lundain, yr oedd y rhai a gyflogid yn y diwydiant llechi hefyd yn Gymry Cymraeg a chymaint â 69 y cant ohonynt yn Gymry uniaith. Er bod 243 o'r rhai a weithiai yn y gwasanaethau cartref yn Gymry Cymraeg, yr oedd 112 ohonynt yn ddwyieithog, a 103 o'r rheini'n forynion. Ceid yn ogystal chwech na fedrent y Gymraeg, sef barbwr o Lundain, garddwr o Amwythig a phedair morwyn o swyddi Amwythig, Caer, Caerhirfryn a Chaerloyw. Yr oedd tair o'r morynion hyn yn gweini rheidiau masnachwyr o Lanystumdwy, Llangynyw a Bryste a'r bedwaredd yn ennill ei bara yng nghartref Llywelyn Hughes, rheithor plwyf Ynyscynhaearn, gŵr a aned yng Nghorris ond a oedd, er hynny, yn ffafrio'r Saesneg ar ei aelwyd ei hun.

At ei gilydd, felly, yr oedd y Gymraeg yn gryf ym Mhorthmadog ac yn hanfodol i fywyd beunyddiol ei thrigolion. Ond er bod rhagor na 95 y cant ohonynt yn hyddysg ynddi, y mae'n arwyddocaol fod pedwar o bob deg yn ddwyieithog. Gellid priodoli hynny, yn ôl pob tebyg, i'r gyfundrefn addysg Seisnig a phwysigrwydd y fasnach arforol. Yr oedd bywoliaeth traean o wrywod y gymdogaeth ynghlwm wrth weithgaredd morwrol ac yr oedd bron yn anorfod y byddai'r morwyr yn eu plith yn meistroli'r Saesneg wrth dramwyo moroedd y byd ac ymweld â phorthladdoedd tramor. Oherwydd eu bod mor symudol, yr oedd y masnachwyr, hwythau, yn fwy tebygol o feddu gwybodaeth o'r Saesneg, ac er gwaethaf ymrwymiad y brodorion i'w mamiaith yr oedd yn anochel y byddai'r cysylltiadau masnachol hyn, ymhen amser, yn esgor ar leihad sylweddol yn nifer y Cymry uniaith.

Tabl 7: Iaith a leferid yn ôl galwedigaeth

(10 oed a throsodd)

Dosbarth diwydiannol	**Iaith a leferid** Dynion Cymraeg	Y Ddwy	Saesneg	Cyfan.	**Iaith a leferid** Merched Cymraeg	Y Ddwy	Saesneg	Cyfan.
AMAETHYDDIAETH								
Ffermio								
Ffermwyr	6	2	–	8	–	1	–	1
Gweithwyr amaethyddol	5	3	–	8				
Gweision fferm	9	–	–	9				
Masnachu								
Gwerthwyr ŷd, blawd	2	1	–	3				
Cyfanswm	**22**	**6**	–	**28**	–	**1**	–	**1**
%	***78.6***	***21.4***	–	***100.0***	–	***100.0***	–	***100.0***
MWYNGLODDIO								
Llechi								
Rheolwyr/goruchwylwyr	2	3	1	6				
Clercod	1	4	–	5				
Chwarelwyr	20	2	–	22				
Naddwr llechi	–	1	–	1				
Labrwyr	5	2	–	7				
Arall	1	–	–	1				
Gwaith dŵr								
Gweithiwr	–	1	–	1				
Cyfanswm	**29**	**13**	**1**	**43**				
%	***67.4***	***30.2***	***2.3***	***100.0***				

	Iaith a leferid				Iaith a leferid			
	Dynion				Merched			
Dosbarth diwydiannol	Cymraeg	Y Ddwy	Saesneg	Cyfan.	Cymraeg	Y Ddwy	Saesneg	Cyfan.
ADEILADU								
Rheoli								
Penseiri	–	2	–	2				
Peirianwyr sifil	–	4	–	4				
Adeiladwyr	1	1	–	2				
Cynorthwywyr	2	–	–	2				
Gweithwyr								
Seiri meini	5	3	–	8				
Briciwr	1	–	–	1				
Plastrwyr	1	1	–	2				
Seiri coed	16	12	–	28				
Plymeriaid/peintwyr/ gwydrwyr	9	11	–	20				
Prentisiaid	3	2	–	5				
Ffyrdd, rheilffyrdd								
Gweithiwr ffordd	–	1	–	1				
Gosodwyr cledrau	1	1	3	5				
Cyfanswm	**39**	**38**	**3**	**80**				
%	***48.8***	***47.5***	***3.7***	***100.0***				
CYNHYRCHU								
Peiriannau, offer, watsys, ayb								
Crefftwyr	3	12	–	15				
Prentis	–	1	–	1				
Adeiladu llongau								
Archwilwyr llongau	–	1	1	2				
Crefftwyr	30	30	–	60				
Prentisiaid	2	–	–	2				
Labrwyr	1	1	–	2				
Haearn a dur								
Crefftwyr	23	14	–	37				
Prentisiaid	–	2	–	2				
Labrwr	1	–	–	1				
Tunplat, pres								
Crefftwyr	2	1	–	3				
Labrwr	–	1	–	1				
Nwy								
Rheolwr gwaith nwy	–	1	–	1				
Taniwr	–	1	–	1				
Lledr ayb								
Crefftwyr	2	1	–	3				
Pren, dodrefn, ayb								
Crefftwyr	4	6	1	11	–	1	–	1
Prentis/cynorthwywr	–	2	–	2				
Labrwyr	–	2	–	2				
Cerbydau a harneisiau								
Crefftwyr	4	6	1	11				
Prentisiaid	1	1	–	2				

Dosbarth diwydiannol	Iaith a leferid Dynion Cymraeg	Y Ddwy	Saesneg	Cyfan.	Iaith a leferid Merched Cymraeg	Y Ddwy	Saesneg	Cyfan.
Cotwm, llin, ayb								
Rheolwr	1	–	–	1				
Dillad								
Perchennog	–	1	–	1				
Crefftwyr	17	23	2	42	37	30	1	68
Prentisiaid/cynorthwywyr	2	5	–	7	2	2	–	4
Bwyd, diod, tybaco								
Rheolwr/fforman	1	–	1	2				
Crefftwyr	5	7	–	12	–	2	2	4
Prentisiaid/cynorthwywyr	1	–	–	1	–	2	–	2
Argraffu								
Crefftwyr	–	2	–	2				
Amhenodol								
Gweithwyr peiriannau ayb	15	3	–	18				
Prentisiaid/cynorthwywyr	3	3	–	6				
Cyfanswm	**118**	**127**	**6**	**251**	**39**	**37**	**3**	**79**
%	***47.0***	***50.6***	***2.4***	***100.0***	***49.4***	***46.8***	***3.8***	***100.0***
CLUDIANT								
Ystordai a dociau								
Rheolwyr/goruchwylwyr	–	3	1	4				
Llwythwyr	13	8	–	21				
Porthorion a labrwyr	9	4	–	13				
Morwriaeth								
Perchenogion llongau	1	3	–	4				
Capteiniaid	5	13	–	18				
Morwyr, stiwardiaid a chogyddion	49	91	35	175				
Rheilffyrdd								
Gorsaf-feistri/giards	–	5	–	5				
Swyddogion tocynnau	–	4	–	4				
Gyrwyr trenau, tanwyr, pwyntwyr	5	8	6	19				
Porthorion	1	3	–	4				
Ffyrdd								
Gyrwyr cerbydau	2	–	–	2				
Certmyn, cludwyr a gyrwyr	12	3	–	15	1	–	–	1
Cyfanswm	**97**	**145**	**42**	**284**	**1**	–	–	**1**
%	***34.2***	***51.1***	***14.8***	***100.0***	***100.0***	–	–	***100.0***
MASNACH								
Glo								
Gwerthwyr glo	2	–	–	2				
Nwyddau crai								
Masnachwyr coed/llechi	–	8	–	8	1	–	–	1
Dillad								
Dilledyddion, gwerthwyr esgidiau	7	6	1	14	3	2	–	5
Cynorthwywyr	8	9	–	17	–	6	–	6

Dosbarth diwydiannol	Iaith a leferid Dynion Cymraeg	Y Ddwy	Saesneg	Cyfan.	Iaith a leferid Merched Cymraeg	Y Ddwy	Saesneg	Cyfan.
Bwyd								
Cigyddion, gwerthwyr pysgod	7	12	–	19	3	–	–	3
Gwerthwr llaeth	1	–	–	1				
Groseriaid	12	6	–	18	7	3	–	10
Gwerthwyr llysiau a ffrwythau	–	–	–	–	2	–	–	2
Cynorthwywyr	5	8	–	13	1	1	–	2
Tybaco, diod a llety								
Gwerthwyr gwin a gwirodydd	–	1	1	2				
Gwestywyr, tafarnwyr	1	5	1	7	4	2	–	6
Gwerthwr cwrw	1	–	–	1				
Ceidwaid llety	–	–	–	–	4	7	–	11
Cynorthwywyr	2	2	–	4	–	6	2	8
Dodrefn a nwyddau i'r cartref								
Gwerthwyr llestri a gwydr	–	2	–	2	1	–	–	1
Haearnwerthwyr	1	1	–	2	1	–	–	1
Cynorthwywyr	2	2	–	4	–	1	–	1
Cyflenwyr nwyddau llong								
Siandlerwyr	1	2	–	3				
Fferyllwyr								
Fferyllwyr	–	4	–	4	–	1	–	1
Cynorthwywyr	–	2	–	2				
Deunydd ysgrifennu a chyhoeddiadau								
Gwerthwyr llyfrau, papurau, ayb	–	4	–	4	–	1	–	1
Masnachwyr cyffredinol								
Masnachwyr cyffredinol	–	1	1	2	2	–	–	2
Pedleriaid	1	1	–	2	–	1	–	1
Cynorthwywyr	–	–	–	–	1	2	–	3
Arall ac amhenodol								
Masnachwyr, broceriaid, asiantwyr	3	7	1	11				
Arwerthwr	1	–	–	1				
Trafaeliwr	–	1	–	1				
Cyfanswm	**55**	**84**	**5**	**144**	**30**	**33**	**2**	**65**
%	***38.2***	***58.3***	***3.5***	***100.0***	***46.2***	***50.8***	***3.0***	***100.0***
GWASANAETHAU DIWYDIANNOL								
Bancio, yswiriant, cyfrifon								
Gwasanaeth banc	–	9	–	9				
Gwasanaeth yswiriant	2	2	–	4				
Cyfrifyddion	–	3	–	3				
Clercod masnachol	10	7	1	18	–	–	1	1
Cyfanswm	**12**	**21**	**1**	**34**	–	–	**1**	**1**
%	***35.3***	***61.8***	***2.9***	***100.0***	–	–	***100.0***	***100.0***

Dosbarth diwydiannol	**Iaith a leferid** Dynion Cymraeg	Y Ddwy	Saesneg	Cyfan.	**Iaith a leferid** Merched Cymraeg	Y Ddwy	Saesneg	Cyfan.
GWASANAETHAU CYHOEDDUS A PHROFFESIYNOL								
Gweinyddiaeth ganolog								
Swyddog treth incwm	–	–	1	1				
Swyddogion Swyddfa'r Post, telegraff	2	2	1	5	–	1	1	2
Clercod Swyddfa'r Post, negeswyr	1	4	–	5				
Gweinyddiaeth leol								
Swyddog sir	–	1	–	1				
Swyddog Deddf y Tlodion	–	1	–	1				
Swyddogion lleol eraill	2	–	–	2				
Staff ysgrifenyddol	–	1	–	1				
Amddiffyn								
Swyddog y fyddin	–	–	1	1				
Heddlu								
Arolygwr	–	1	–	1				
Rhingyll	–	1	–	1				
Heddwas	–	1	–	1				
Y gyfraith								
Bargyfreithwyr, cyfreithwyr	1	8	2	11				
Clercod y gyfraith	1	6	1	7				
Meddygaeth								
Meddygon	–	4	–	4				
Myfyrwyr, cynorthwywyr	–	4	–	4				
Deintyddion	1	2	–	3				
Addysg								
Prifathrawon, athrawon ysgol	–	4	–	4	–	4	1	5
Disgybl-athrawon, cynorthwywyr	3	4	–	7	2	11	–	13
Crefydd								
Clerigwyr	–	2	–	2				
Gweinidogion y MC	1	3	–	4				
Gweinidogion yr Annibynwyr	–	2	–	2				
Gweinidog y Bedyddwyr	1	–	–	1				
Gweinidog y Wesleaid	–	–	1	1				
Myfyriwr diwinyddol	–	1	–	1				
Swyddogion Byddin yr Iachawdwriaeth	–	3	–	3	–	1	–	1
Morwyn capel	–	–	–	–	–	1	–	1
Adloniant								
Biliards	–	–	1	1				
Celf, llên, ayb								
Ffotograffydd	–	1	–	1				
Awduron, newyddiadurwyr	2	–	–	2				
Cyfanswm	**15**	**56**	**7**	**78**	**2**	**18**	**2**	**22**
%	***19.2***	***71.8***	***9.0***	***100.0***	***9.1***	***81.8***	***9.1***	***100.0***

	Iaith a leferid Dynion				Iaith a leferid Merched			
Dosbarth diwydiannol	Cymraeg	Y Ddwy	Saesneg	Cyfan.	Cymraeg	Y Ddwy	Saesneg	Cyfan.
GWASANAETHAU CARTREF								
Yn y tŷ								
Gweision, morynion	1	–	–	1	110	103	4	217
Nyrsys yn y cartref	–	–	–	–	5	4	–	9
Y tu allan								
Gwastrodion	1	1	–	2				
Garddwyr	1	–	1	2				
Gwasanaeth ychwanegol								
Cogyddes	–	–	–	–	1	–	–	1
Golchwragedd	–	–	–	–	10	3	–	13
Glanhawraig swyddfeydd	–	–	–	–	1	–	–	1
Dynion trin gwallt	1	1	1	3				
Cyfanswm	**4**	**2**	**2**	**8**	**127**	**110**	**4**	**241**
%	***50.0***	***25.0***	***25.0***	***100.0***	***52.7***	***45.6***	***1.67***	***100.0***
ERAILL								
Labrwyr cyffredinol	47	9	–	56				
Amhenodol	1	1	1	3				
Cyfanswm	**48**	**10**	**1**	**59**				
%	***81.4***	***16.9***	***1.7***	***100.0***				
CYFANSWM Y CYFLOGEDIG								
	439	**502**	**68**	**1009**	**199**	**199**	**12**	**410**
%	***43.5***	***49.8***	***6.7***	***100.0***	***48.5***	***48.5***	***2.9***	***100.0***
Gweddill y boblogaeth	51	40	4	95	464	351	43	859
%	*53.7*	*42.1*	*4.2*	*100.0*	*54.0*	*40.9*	*5.0*	*100.0*
Disgyblion ysgol	93	59	1	153	108	79	1	188
%	*60.8*	*38.6*	*0.6*	*100.0*	*57.4*	*42.0*	*0.5*	*100.0*
CYFANSWM Y BOBLOGAETH								
10 OED+	**583**	**601**	**73**	**1257**	**771**	**630**	**56**	**1457**
%	***46.3***	***47.9***	***5.8***	***100.0***	***52.9***	***43.2***	***3.8***	***100.0***

21
Trefdraeth (Sir Fôn)

GWENFAIR PARRY

Plwyf gwledig yn cwmpasu oddeutu 3,241 o erwau yng nghwmwd Malltraeth, tua phum milltir i'r de-orllewin o Langefni a dwy filltir i'r dwyrain o orsaf Bodorgan yw Trefdraeth.[1] Ar wahân i bentrefi bychain Bethel ac Iard Malltraeth, ni cheid yno ym 1891 ond mân ffermydd a thyddynnod gwasgaredig yn dwyn enwau cyfareddol megis Rhos-y-bol, Sarnmalwod, Gallt-y-balch a Thyddyn-crythor. Pennaf fodd cynhaliaeth y trigolion oedd amaethyddiaeth, a hwsmyn, crefftwyr a gweithwyr amaethyddol a ffurfiai asgwrn cefn y gymdeithas. Er y ceid twyni tywod a thyllau cwningod fyrdd ger y glannau, yr oedd yr ardal at ei gilydd yn glytwaith o weundiroedd a dolydd ffrwythlon, a chan fod yr hin yn dyner a'r ddaear yn wastad, tyfid cnydau megis ŷd, gwenith, haidd a cheirch, ac yr oedd cyflawnder o datws, rwdins, maip, ffa a phys yn cyfoethogi meysydd pob amaethwr. Megid hefyd wartheg, defaid a moch i ddiwallu marchnadoedd Lerpwl ac ardaloedd diwydiannol sir Gaernarfon â chig ac ymenyn.[2]

Yn ystod degawdau olaf y bedwaredd ganrif ar bymtheg, fodd bynnag, yr oedd amgylchiadau economaidd amaethwyr Trefdraeth yn dirywio'n gyflym a phynciau'r Tir a'r Degwm yn faterion llosg yn eu plith.[3] Gostyngodd y boblogaeth o 894 ym 1881 i 804 ym 1891, ond yr oedd y mudo i'r trefi wedi dechrau ers canol y ganrif pan oedd cyfanswm y boblogaeth yn 994. Diau mai'r rhesymau pennaf am hyn oedd fod amaethwyr yn tyfu llai o gnydau ac yn dod i ddibynnu fwyfwy ar beiriannau i ladd gwair ac ŷd. Fel y dengys Tabl 1, cafodd hyn gryn effaith ar gyfansoddiad y boblogaeth. Gan fod cynifer o bobl ieuainc wedi codi gwreiddiau, ceid yn yr ardal gyfartaledd cymharol uchel o oedolion rhwng 45 a 64 oed. Gwelir, yn ogystal, fod llai o ddynion nag o ferched yn y plwyf – ffaith sy'n tystio bod y dynion yn fwy symudol. Yr oedd y gymuned, felly, yn llai abl i'w hatgynhyrchu ei hun trwy dwf naturiol ac y mae'n arwyddocaol mai dim ond 10.5 y cant o'r boblogaeth a oedd dan 5 oed.

[1] R. T. Williams (Trebor Môn), *Enwau Lleoedd yn Mon a'u Tarddiad* (Bala, 1908), t. 177. Gw. hefyd Melville Richards (gol.), *Atlas Môn* (Llangefni, 1972).

[2] Williams, *Enwau Lleoedd yn Mon*, t. 23.

[3] E. A. Williams, *Hanes Môn yn y bedwaredd ganrif ar bymtheg* (Llangefni, 1927), t. 136.

Tabl 1: Dosraniad y boblogaeth yn ôl rhyw ac oedran

Oed	Nifer Dynion	Merched	Cyfanswm	*Canran Dynion*	*Merched*	*Cyfanswm*
0–4	43	41	84	*51.2*	*48.8*	*100.0*
5–14	94	94	188	*50.0*	*50.0*	*100.0*
15–24	65	70	135	*48.1*	*51.9*	*100.0*
25–44	79	94	173	*45.7*	*54.3*	*100.0*
45–64	70	72	142	*49.3*	*50.7*	*100.0*
65+	29	48	77	*37.7*	*62.3*	*100.0*
Cyfanswm	**380**	**419**	**799**	***47.6***	***52.4***	***100.0***

Diau nad anghofiodd y rheini a symudodd o'r ardal y graig y naddwyd hwy ohoni oherwydd yr oedd rhwymau carennydd yn dra phwysig i bobl Trefdraeth. Trigent mewn cymdeithas glòs lle'r oedd ymwybyddiaeth o berthynas yn beth byw iawn, a'r cyswllt rhyngddynt a natur yn dynn i'w ryfeddu. Gan mai pobl eu milltir sgwâr oedd y mwyafrif llethol ohonynt, ffynnai brogarwch i raddau nas gwelid yn y trefi, a phan ddeuai dieithriaid i'w cymdogaeth yr oeddynt yn destun cryn lygadrythu a holi. Yr oedd i'r Eglwys sefydledig hefyd le arbennig yn eu serchiadau, yn enwedig felly yn y ddeunawfed ganrif. Yno y bedyddid hwy, ac yno y cydaddolent ac y cymunent yn dyrfaoedd. Yno hefyd y priodid ac y cleddid hwy. Nid oedd yn syndod felly iddynt gael eu cyffroi i ddicter cyfiawn pan benodwyd Thomas Bowles – Sais di-Gymraeg – yn offeiriad plwyf Trefdraeth a Llangwyfan ym 1766. Y pryd hwnnw, yr oedd pob un ond pump o drigolion y ddau blwyf yn Gymry uniaith. A hwythau yn ymwybod â phwysigrwydd iaith ac wedi eu gwreiddio yn ddwfn yn nhraddodiadau Cymraeg yr eglwys a'r fro, pryderent yn ddirfawr y byddai'r rheithor newydd yn tanseilio eu mamiaith ac yn sigo'r Eglwys.[4] Dyna hefyd oedd cwyn y Parchedig William Jones, offeiriad plwyf cyfagos Llanbeulan, ym 1840:

> Mawr i'w ddymuno ydyw i weinidogion yr Eglwys fod yn fwy hyddysg â'r iaith Gymraeg! . . . Yn gyffredinol y maent hwy yn perthyn i rai o'r dosbarthau uchaf o'r bobl, ac addysgir hwynt o'u maboed yn yr iaith Saesneg . . . Y mae y diffyg o hyn (h.y. gwybodaeth o'r Gymraeg) wedi cael effaith lled fawr, o natur niweidiol i lwyddiant yr Eglwys.[5]

Erbyn y 1890au yr oedd llawer o blith y dosbarth canol wedi cefnu ar yr Eglwys ac yn derbyn ymborth ysbrydol yn y capeli Ymneilltuol lle y derbyniai'r Gymraeg

[4] O. Hughes (Tyswyn), *Hanes Plwyf Trefdraeth* (Bangor, [*c*.1903]), tt. 30–1; Geraint H. Jenkins, *Cadw Tŷ Mewn Cwmwl Tystion* (Llandysul, 1990), t. 205.

[5] Williams, *Hanes Môn*, t. 201.

a delfrydau'r Cymro sylw a pharch dyladwy. Rhwng 1812 a 1816 sefydlwyd tair eglwys Ymneilltuol Gymraeg yn y plwyf gan ddau brif enwad, sef y Methodistiaid Calfinaidd a'r Methodistiaid Wesleaidd, ac ar droad y bedwaredd ganrif ar bymtheg yr oedd cyfanswm eu haelodau yn 423.[6] Nid esgeuluswyd anghenion addysgol y trigolion ychwaith. Ar gorn ymdrechion a thaer ymbil Robert Williams, a benodwyd yn rheithor y plwyf ym 1826, codwyd ysgol genedlaethol ym mhentref Bethel ym 1828, y gyntaf o'i bath yn yr holl blwyfi cylchynol.[7] Ond ni châi'r Gymraeg fawr o ymgeledd yno. Yn ôl y Parchedig Daniel Rowlands, a ddaeth yn ddiweddarach yn Brifathro Coleg Normal Gogledd Cymru, yr oedd dau beth yn ei boeni ynglŷn â'r addysg a gafodd yn yr ysgol a gynhelid 'yn llofft yr *Hall*' yn Llangefni:

> Yn un peth, yr oedd yr holl addysg yn Saesneg, a minnau, fel yn wir yr oll o'r plant, heb wybod dim ond Cymraeg . . . Yr wyf yn cofio dweyd wrth fy nhad fod y Deon Cotton o Fangor yn yr ysgol un diwrnod, a'i fod yn fy nghanmol am ddarllen; ond fy mod yn poeni am nad oeddwn yn deall ond ychydig iawn o'r hyn a ddarllennwn am eu bod yn Saesneg . . . Y blinder arall a deimlwn yn 'Ysgol yr *Hall*' oedd, fy mod, gyda'r plant ereill, oeddent bron i gyd yn blant Ymneillduwyr, yn gorfod myned yn orymdaith ar y Sul i'r Eglwys, ac yn gorfod dysgu ac adrodd y Catecism yn barhaus.[8]

Yn wir, honnwyd mai'r cyfan a wnâi'r lluniaeth addysgol hon oedd disgyblu plant i foesymgrymu i'r offeiriad a'i deulu, i'r 'gwŷr mawr', sef perchenogion tiroedd ac arian, ac i bob ymwelydd o Sais.

Erbyn diwedd y bedwaredd ganrif ar bymtheg, yr oedd seiniau'r iaith Saesneg yn dod yn fwyfwy cyfarwydd i'r Monwyson. Ffynnai cysylltiadau masnachol â Dulyn a Lerpwl yn sgil dyfodiad y rheilffordd a'r agerlongau, a deuai nifer cynyddol o Saeson i ymweld â'r ynys ac i fwrw gwreiddiau yno. Daeth yn haws i fechgyn tlawd y sir fentro i Lerpwl a Manceinion i ennill eu ffortiwn fel crefftwyr a masnachwyr. Diau i hyn agor y drws i ddylanwadau ac arferion newydd, a buan y mabwysiadwyd y dull Seisnig o wisgo a bwyta:

> Erbyn 1880 peth tra anghyffredin ydoedd gweled merch ym Môn yn gwisgo hêt silc, pais o stwff cartref, bêcwn a siôl. Yr oedd y 'crinoline', y boneti bychain Ffrengig, ac yn ddiweddarach, y 'bustle' yn cael cymaint o groeso gan ferched Môn ac a gawsant gan ferched Lloegr. Ac yr oedd yr hen fwydydd, a'u prif ddefnydd yn geirch, yn colli eu blâs gan genhedlaeth pobl y bara gwyn, wedi i flawd gwenith ddyfod mor rhad. Mae hyd yn oed eu henwau'n ddieithr erbyn heddyw – llymru, picws mali, a brwas.[9]

[6] Royal Commission on the Church of England and Other Religious Bodies in Wales and Monmouthshire, *Nonconformist County Statistics. Volume VI*, tt. 12–13 (PP 1911 (Cd. 5437) XVIII).

[7] Hughes, *Hanes Plwyf Trefdraeth*, t. 51.

[8] Daniel Rowlands, 'Damwain a dygwydd y dyddiau gynt', *Y Geninen*, XXVI, rhif 3 (1908), 203; Williams, *Hanes Môn*, t. 253.

[9] Williams, *Hanes Môn*, t. 321.

Tabl 2: Iaith a leferid gan boblogaethau Trefdraeth, Dosbarth Cofrestru Bangor, Sir Fôn a Chymru
(2 flwydd oed a throsodd)

	Nifer				*Canran*			
	Cymraeg	Y Ddwy	Saesneg	Cyfanswm	*Cymraeg*	*Y Ddwy*	*Saesneg*	*Cyfanswm*
Trefdraeth	646	101	16	763	*84.7*	*13.2*	*2.1*	*100.0*
D.C. Bangor[1]	22137	10640	3504	36281	*61.0*	*29.3*	*9.7*	*100.0*
Sir Fôn[2]	23200	7201	2059	32460	*71.5*	*22.2*	*6.3*	*100.0*
Cymru[3]	508036	402253	759416	1669705	*30.4*	*24.1*	*45.5*	*100.0*

[1] Hepgorwyd 180 unigolyn nad oeddynt wedi nodi eu gallu ieithyddol a 15 a siaradai ieithoedd eraill.
[2] Hepgorwyd 365 nad oeddynt wedi nodi eu gallu ieithyddol ac 11 a siaradai ieithoedd eraill.
[3] Hepgorwyd 12,833 nad oeddynt wedi nodi eu gallu ieithyddol a 3,076 a siaradai ieithoedd eraill.

Serch hynny, yr oedd Cymreictod sir Fôn yn parhau yn gadarn. Mor ddiweddar â 1902, honnodd un ymwelydd na cheid yn y rhan fwyaf o'i phentrefi odid ddim Cymry rhugl eu Saesneg, ac yr oedd yr ychydig Saesneg a siaradent yn fratiog ac annealladwy.[10] I drwch helaeth trigolion Trefdraeth, y Gymraeg oedd unig gyfrwng y cyfathrebu geiriol: o'r 763 a oedd yn 2 flwydd oed neu yn hŷn, cofnodwyd 84.7 y cant yn Gymry uniaith, 13.2 y cant yn ddwyieithog, a 2.1 y cant yn uniaith Saesneg. Felly, yr oedd gan 97.9 y cant o'r trigolion wybodaeth o'r Gymraeg a 15.3 y cant wybodaeth o'r Saesneg. Fel y dengys Tabl 2, yr oedd y plwyfolion yn llai parod i ildio i ddylanwadau ieithyddol allanol na'u cymheiriaid yn sir Fôn a Chymru benbaladr.

Gan fod y Gymraeg yn gymaint rhan o fywyd beunyddiol pobl Trefdraeth, yr oedd yn anorfod fod yr hen a'r ieuainc fel ei gilydd yn ei choleddu. Dengys Tabl 3 nad oedd y famiaith yn brin o swcwr ymhlith y genhedlaeth iau a bod cyfran sylweddol iawn o'r plant yn Gymry uniaith. Dim ond 20 (8.5 y cant) o blant dan 15 oed a fedrai siarad Saesneg, a chan fod un ar ddeg ohonynt wedi eu magu mewn cartrefi dwyieithog a phump arall yn hanu o Loegr, o'r braidd y gellir dweud iddynt ddysgu Saesneg yn yr ysgol. Dylid cofio hefyd nad oedd 89.4 y cant o'r 179 plentyn ysgol a gofrestrwyd yn medru'r Saesneg, prawf fod diwylliant bro, capel a chartref yn drech nag ethos y gyfundrefn addysg mewn cymdogaeth mor Gymreig â hon. At hynny, y mae'n bur debyg mai bylchog oedd addysg llawer o blant y gymdogaeth. Pan ymwelodd dirprwywyr â Môn ym 1868 i ymchwilio i gyflwr amaeth, lleisiwyd y gŵyn nad oedd plant y gweithwyr amaethyddol yn mynychu'r ysgol gan eu bod byth a beunydd yn hel rwdins.[11] Ni thâl anghofio ychwaith fod a wnelo agwedd pobl â newid ieithyddol. Yng Nghefn-gwynt trigai Margaret Griffiths, gwniadwraig weddw o Gaernarfon a gofnodwyd yn uniaith

[10] Charles G. Harper, *The Holyhead Road* (2 gyf., London, 1902), II, t. 320.
[11] Ibid., t. 134.

Tabl 3: Iaith a leferid yn ôl oedran

(2 flwydd oed a throsodd)[1]

Oed	Nifer Cymraeg	Y Ddwy	Saesneg	Cyfanswm	*Canran Cymraeg*	*Y Ddwy*	*Saesneg*	*Cyfanswm*
2–5	62	–	3	65	*95.4*	–	*4.6*	*100.0*
6–14	153	12	5	170	*90.0*	*7.1*	*2.9*	*100.0*
15–24	105	28	2	135	*77.8*	*20.7*	*1.5*	*100.0*
25–44	142	26	5	173	*82.1*	*15.0*	*2.9*	*100.0*
45–64	114	27	1	142	*80.3*	*19.0*	*0.7*	*100.0*
65+	69	8	–	77	*89.6*	*10.4*	–	*100.0*
Cyfanswm	**645**	**101**	**16**	**762**	***346***	***13.3***	***2.1***	***100.0***

[1] Hepgorwyd un nad oedd wedi nodi ei oedran.

Saesneg. Ganed ei merched, Laura (11 oed), Fanny (9 oed) a Lizzie (5 oed), ym mhlwyf Trefdraeth, ond fe'u cofnodwyd hwythau hefyd yn ddi-Gymraeg. Dichon fod hyn yn ymwneud yn uniongyrchol â grym economaidd a diwylliannol yr iaith Saesneg, a bod Margaret o'r un farn â'r forwyn a fu'n gweini ar George Borrow mewn tafarn ym Mhentraeth rai degawdau ynghynt: 'English', meddai, 'is the most useful language.'[12]

Yn y gymdogaeth hon, felly, nid oedd y gyfundrefn addysg yn adwy i'r Saesneg ymdreiddio. Yr oedd y trigolion yn llawer mwy tebygol o gynefino â'r iaith honno yn y gweithle neu drwy gyfathrachu â mewnfudwyr a oedd wedi ymgartrefu yn eu plith. Siaredid y ddwy iaith gan 81 (18.0 y cant) o oedolion rhwng 15 a 64 oed, ac amrywiai'r ganran o 15 y cant yn achos y grŵp oedran 25–44 i 20.7 y cant yn achos pobl ieuainc rhwng 15 a 24 oed. Diau mai eu cefndir daearyddol a galwedigaethol a roes iddynt eu gwybodaeth o'r Saesneg. Ganed 24 (29.6 y cant) ohonynt y tu hwnt i Fôn – 21 yn siroedd Caernarfon, Meirionnydd, Dinbych a Threfaldwyn, a thri dros Glawdd Offa. Amaethwyr oedd 23 (39.7 y cant) o'r 58 a oedd yn gyflogedig, ond yr oedd 35 (60.3 y cant) arall yn gynhyrchwyr, yn fasnachwyr ac yn wŷr proffesiynol. Tystia nifer bychan y trigolion di-Gymraeg nad oedd y famiaith dan fygythiad ac ni chafwyd unrhyw wrthdaro amlwg rhwng dwy iaith a dau ddiwylliant; yn achos pob grŵp oedran, yr iaith frodorol oedd yr iaith oruchaf. Fel y dengys Tabl 4, nid oedd un rhyw yn fwy agored i ddylanwadau Saesneg na'r llall. Yn achos dynion a merched fel ei gilydd, yr oedd rhagor na 97 y cant yn medru'r Gymraeg ac oddeutu 85 y cant yn Gymry uniaith. Gan fod eu profiadau economaidd yn dra thebyg a'u rhwydweithiau cymdeithasol wedi eu gwreiddio yn gadarn yn y gymuned, nid oedd hynny yn syndod.

[12] George Borrow, *Wild Wales* (2 gyf., London, 1862), I, t. 382.

Tabl 4: Iaith a leferid yn ôl oedran a rhyw

(2 flwydd oed a throsodd)[1]

		Nifer				*Canran*			
Oed	Rhyw	Cymraeg	Y Ddwy	Saesneg	Cyfanswm	*Cymraeg*	*Y Ddwy*	*Saesneg*	*Cyfanswm*
2–5	G	29	–	2	31	*93.5*	–	*6.5*	*100.0*
	B	33	–	1	34	*97.1*	–	*2.9*	*100.0*
6–14	G	80	4	1	85	*94.1*	*4.7*	*1.2*	*100.0*
	B	73	8	4	85	*85.9*	*9.4*	*4.7*	*100.0*
15–24	G	51	14	–	65	*78.5*	*21.5*	–	*100.0*
	B	54	14	2	70	*77.1*	*20.0*	*2.9*	*100.0*
25–44	G	66	11	2	79	*83.5*	*13.9*	*2.5*	*100.0*
	B	76	15	3	94	*80.9*	*15.9*	*3.2*	*100.0*
45–64	G	57	13	–	70	*81.4*	*18.6*	–	*100.0*
	B	57	14	1	72	*79.2*	*19.4*	*1.4*	*100.0*
65+	G	26	3	–	29	*89.7*	*10.3*	–	*100.0*
	B	43	5	–	48	*89.6*	*10.4*	–	*100.0*
	G	**309**	**45**	**5**	**359**	***86.1***	***12.5***	***1.3***	***100.0***
Cyfanswm	**B**	**336**	**56**	**11**	**403**	***83.4***	***13.9***	***2.7***	***100.0***

[1] Hepgorwyd un nad oedd wedi nodi ei oedran.

Nid oes amheuaeth nad man geni'r trigolion a oedd i gyfrif yn bennaf am eu Cymreictod. Dengys Tabl 5 fod 690 (90.6 y cant) ohonynt yn enedigol o Fôn a bod cynifer ag 89.1 y cant yn ddi-Saesneg. Pobl o'r cyffiniau, yn ddiau, a ffurfiai gnewyllyn y gymdeithas: ganed a magwyd 343 (45.0 y cant) ohonynt yn Nhrefdraeth ac yr oedd 340 (99.1 y cant) ohonynt yn siarad Cymraeg (304 yn Gymry uniaith a 36 yn ddwyieithog). Dim ond 52 (6.8 y cant) o'r boblogaeth a hanai o weddill siroedd Cymru: 37 o sir Gaernarfon, 9 o sir Feirionnydd, 4 o sir Ddinbych ac un yr un o siroedd Y Fflint a Threfaldwyn. Yr oedd cyfran uwch o'r mewnfudwyr hyn (44.2 y cant ar gyfartaledd) yn ddwyieithog, yn enwedig yn achos y rheini a oedd â'u gwreiddiau yn sir Feirionnydd. Y mae'n bur debyg mai yn y gweithle y daethant hwy i gyswllt â'r iaith Saesneg. Yn eu plith yr oedd ynad heddwch, offeiriad ac ysgolfeistr o Ddolgellau, masnachwr o Gorris, a morwyn o Ffestiniog. Ugain yn unig a aned y tu hwnt i Glawdd Offa (deunaw yn Lloegr a dau yn yr Alban), ac yr oedd yn ffaith nid dibwys fod deg o'r rhain yn siarad Cymraeg. O fwrw golwg ar eu cyfenwau, ymddengys fod gan wyth ohonynt deulu neu berthnasau yn y gymdogaeth. Y mae'n arwyddocaol hefyd fod yn eu plith bedair merch a oedd wedi priodi gwŷr lleol, tri dyn a oedd wedi priodi merched lleol, a phedwar person a oedd wedi dychwelyd o gymdogaethau Cymraeg yn ninasoedd Lerpwl a Manceinion, a bod yr unig un y gellir dweud yn bendant nad oedd ganddo gysylltiadau Cymraeg yn byw ar ei ben ei hun. Ymhlith y trigolion di-Gymraeg a aned yn Lloegr yr oedd plant David Evans, brethynnwr dwyieithog o Gorris a oedd yn briod â gwraig ddwyieithog o Langadwaladr.

Tabl 5: Iaith a leferid yn ôl man geni

(2 flwydd oed a throsodd)[1]

Man geni	Nifer Cymraeg	Y Ddwy	Saesneg	Cyfanswm	*Canran Cymraeg*	*Y Ddwy*	*Saesneg*	*Cyfanswm*
Sir Fôn	615	72	3	690	*89.1*	*10.4*	*0.4*	*100.0*
Sir Gaernarfon	21	13	3	37	*56.8*	*35.1*	*8.1*	*100.0*
Sir Feirionnydd	2	7	–	9	*22.2*	*77.8*	–	*100.0*
Sir Ddinbych	2	2	–	4	*50.0*	*50.0*	–	*100.0*
Sir Y Fflint	1	–	–	1	*100.0*	–	–	*100.0*
Sir Drefaldwyn	–	1	–	1	–	*100.0*	–	*100.0*
Lloegr	5	5	8	18	*27.8*	*27.8*	*44.4*	*100.0*
Eraill[2]	–	–	2	2	–	–	*100.0*	*100.0*
Cyfanswm	**646**	**100**	**16**	**762**	***84.8***	***13.1***	***2.1***	***100.0***

[1] Hepgorwyd un nad oedd wedi nodi ei fan geni.
[2] Man geni: Yr Alban 2.

Ymddengys fod y teulu newydd ddychwelyd o Lundain, gan fod y mab ieuengaf (nad oedd eto yn flwydd oed) wedi ei eni yn Camberwell. Dau arall a gofnodwyd yn ddi-Gymraeg oedd gwraig weddw o'r enw Margaret Williams a bachgen ifanc o'r enw Richard Hughes, y ddau yn hanu o Lerpwl. Gan fod y famiaith o'u cwmpas ym mhobman a bod Richard yn byw gyda'i fodryb uniaith Gymraeg, y mae'n anodd credu bod yr iaith frodorol yn estron iddynt.

Prin iawn oedd y grymusterau a filwriai yn erbyn y Gymraeg ar yr aelwyd. Siaredid Cymraeg ar 189 (97.4 y cant) o'r 194 o gartrefi yn y plwyf, ac yr oedd cynifer â 147 (75.8 y cant) yn gartrefi uniaith Gymraeg. Ar naw aelwyd yn unig y medrid y Saesneg gan bawb, a dim ond ar bedair o'r aelwydydd hynny yr oedd pob aelod yn ddi-Gymraeg. Nid oedd dim yn anghyffredin ynglŷn â maint a chyfansoddiad teuluoedd y gymdogaeth. Yr oedd 125 (64.4 y cant) ohonynt yn cynnwys rhwng 3 a 7 aelod, ac er bod 48 teulu yn deuluoedd estynedig a 21 yn cynnwys penteulu yn unig, y teulu cnewyllol a oedd wrth wraidd y strwythur cymdeithasol (103 ohonynt yn barau priod gyda phlant a 48 heb blant). Ceid pobl nad oeddynt yn perthyn i'r penteulu ar 44 (22.7 y cant) o aelwydydd. Ffurfiai'r rhai nad oedd ganddynt gysylltiadau teuluol amlwg 11 y cant o'r boblogaeth – 9.4 y cant yn forynion, 0.5 y cant yn fyrddwyr a lletywyr, 0.8 y cant yn ymwelwyr a 0.3 y cant yn brentisiaid. Oherwydd eu mudoledd yr oedd y carfanau hyn yn fwy tebygol o gyflwyno dylanwadau estron i'r gymdogaeth ac, er lleied eu niferoedd, awgryma Tabl 6 fod cyfran uwch o letywyr, ymwelwyr a phrentisiaid yn hyddysg yn y Saesneg. Gwelir, yn ogystal, fod perthnasau yn gallu gwanychu Cymreictod aelwydydd oherwydd, ar wahân i ddarparu cyfundrefn o gysylltiadau mewnol, yr oedd carennydd hefyd yn darparu dolennau cyswllt â'r byd y tu allan.

Tabl 6: Iaith a leferid yn ôl perthynas â'r penteulu

(2 flwydd oed a throsodd)[1]

Perthynas â'r penteulu	Nifer Cymraeg	Y Ddwy	Saesneg	Cyfanswm	*Canran Cymraeg*	*Y Ddwy*	*Saesneg*	*Cyfanswm*
Penteuluoedd	155	25	4	184	*84.2*	*13.6*	*2.2*	*100.0*
Gwragedd	103	18	1	122	*84.4*	*14.8*	*0.8*	*100.0*
Plant[2]	271	33	9	313	*86.6*	*10.5*	*2.9*	*100.0*
Perthnasau	46	11	2	59	*78.0*	*18.6*	*3.4*	*100.0*
Gweision/morynion	62	10	–	72	*86.1*	*13.9*	–	*100.0*
Byrddwyr/lletywyr	3	1	–	4	*75.0*	*25.0*	–	*100.0*
Ymwelwyr	4	2	–	6	*66.7*	*33.3*	–	*100.0*
Eraill[3]	1	1	–	2	*50.0*	*50.0*	–	*100.0*
Cyfanswm	**645**	**101**	**16**	**762**	***84.6***	***13.3***	***2.1***	***100.0***

[1] Hepgorwyd un nad oedd wedi nodi ei berthynas â'r penteulu.

[2] Gan gynnwys plant maeth a llysblant.

[3] 2 brentis.

Ffaith arall a ddadlennir yn Nhabl 6 yw Cymreictod anwadadwy'r plant. Siaredid y Gymraeg gan 304 (97.1 y cant) ohonynt ac yr oedd cynifer â 271 (86.6 y cant) yn Gymry uniaith. O gofio eu bod yn ffurfio 41.1 y cant o'r boblogaeth a bod plant yn bresennol ar fwy na hanner aelwydydd y fro, yr oedd dyfodol y Gymraeg yn gadarn iawn. Yn wir, gan fod pob pâr priod a oedd â phlant yn siarad Cymraeg, yr oedd ei throsglwyddiad i'r genhedlaeth nesaf yn gwbl naturiol (Tabl 7). Ceid rhieni uniaith Gymraeg ar 75 aelwyd, a dim ond ar dair o'r rheini yr oedd y plant, neu o leiaf y rhai hŷn, yn ddwyieithog. Nid oedd unrhyw nodweddion arbennig yn perthyn i'r teuluoedd hyn. Hanent yn ddieithriad o Fôn ac, yn achos dau ohonynt, yr oedd y 'plant' yn oedolion ieuainc a gynorthwyai eu rhieni ar y fferm. Dim ond yn achos teulu Carreg-ceiliog-bach y gellir dweud i'r Saesneg ymdreiddio i'r cartref drwy'r gyfundrefn addysg. Ceid yno chwech o blant rhwng 11 a 24 oed, y tri hynaf yn amaethwyr uniaith Gymraeg, a'r tri ieuengaf yn ddisgyblion ysgol a fedrai siarad Saesneg yn ogystal. Yr oedd un rhiant yn medru'r Saesneg yn wyth o gartrefi'r fro, ac er bod y plant yn parhau yn Gymry uniaith yn saith o'r cartrefi hynny, yr oedd y plant a drigai ar fferm Dewisdyddyn yn ddwyieithog. Fe'u ganed yn Nhrefdraeth, ac y mae'n werth crybwyll mai'r fam (brodor o'r cyffiniau) a oedd â gafael ar y Saesneg ac nid y tad. Yr oedd y plant yn llawer mwy tebygol o fedru siarad Saesneg pan fyddai gan y ddau riant ryw grap ar yr iaith. Ar chwe aelwyd yn unig y ceid rhieni dwyieithog ac, ar wahân i un aelwyd lle'r oedd y plant ieuengaf yn Gymry uniaith, siaradai'r plant Gymraeg a Saesneg yn ddi-ffael. Y mae'n arwyddocaol na cheid yn y plwyf unrhyw briodasau cymysg. Gan fod trwch helaeth y trigolion wedi eu cyfyngu i'w cymdeithas gysefin, yr oedd yn anorfod fod patrymau priodi'r gymdogaeth yn cyfnerthu eu

Tabl 7: Iaith plant o deuluoedd lle'r oedd rhieni uniaith a dwyieithog
(2 flwydd oed a throsodd)

Gallu ieithyddol y rhieni		Gallu ieithyddol y plant Nifer yr aelwydydd					*Gallu ieithyddol y plant Canran*				
Tad	Mam	Cymraeg	Y Ddwy	Saesneg	Cymysg	Cyfanswm	*Cymraeg*	*Y Ddwy*	*Saesneg*	*Cymysg*	*Cyfanswm*
C	C	72	2	–	1	75	*96.0*	*2.7*	–	*1.3*	*100.0*
C	D	3	1	–	–	4	*75.0*	*2.5*	–	–	*100.0*
D	C	4	–	–	–	4	*100.0*	–	–	–	*100.0*
D	D	–	4	1	1	6	–	*66.7*	*16.7*	*16.7*	*100.0*
D	S	–	–	–	–	–	–	–	–	–	*100.0*
S	D	–	–	–	–	–	–	–	–	–	*100.0*
S	S	–	–	–	–	–	–	–	–	–	*100.0*
Cyfanswm		**79**	**7**	**1**	**2**	**89**	***88.8***	***7.9***	***1.1***	***2.2***	***100.0***

C/Cymraeg: uniaith Gymraeg; D/Y Ddwy: dwyieithog; S/Saesneg: uniaith Saesneg; Cymysg: unrhyw gyfuniad o siaradwyr uniaith Gymraeg, siaradwyr dwyieithog a siaradwyr uniaith Saesneg ar yr un aelwyd.

Cymreictod. Yr oedd 87 (94.6 y cant) o wŷr uniaith Gymraeg yr ardal, er enghraifft, yn briod â gwragedd uniaith Gymraeg ac, yn yr un modd, 86 (94.5 y cant) o wragedd uniaith Gymraeg yn briod â Chymry uniaith.

Dengys Tabl 8 fod 245 (81.7 y cant) o wrywod Trefdraeth yn gyflogedig a bod 141 (57.6 y cant) ohonynt yn gweithio yn y sector amaethyddol. Yr oedd 106 (32.1 y cant) o fenywod y plwyf hefyd yn gweithio, a 36 (34.0 y cant) ohonynt hwythau yn ffermio. Heb os, y Gymraeg oedd yr iaith oruchaf yn y byd amaeth. Fe'i siaredid gan 174 (98.3 y cant) o gyflogedigion y sector hwnnw ac yr oedd cynifer â 149 (84.2 y cant) ohonynt yn Gymry uniaith. O gofio bod 169 (95.5 y cant) ohonynt yn Gymry Cymraeg o sir Fôn a bod 88 (49.7 y cant) yn hanu o Drefdraeth, yr oedd hynny i'w ddisgwyl. Dau yn unig a oedd yn ddi-Gymraeg, sef Robert a Barbara Young, brawd a chwaer o'r Alban. Serch hynny, yr oedd 10 (16.9 y cant) o ffermwyr y gymdogaeth yn medru'r Saesneg yn ogystal â'r Gymraeg. Ymhlith y perthnasau iau a'u cynorthwyai (yn feibion ac yn ferched), yr oedd y ganran a oedd yn ddwyieithog yn uwch eto (25.0 y cant). Ceid tri masnachwr amaethyddol yn yr ardal; yr oedd un yn ddwyieithog, sef y gwerthwr gwartheg a aned yn Llanfair-yn-neubwll ac a oedd yn byw ar aelwyd uniaith Gymraeg Treddafydd-fawr. Brodor uniaith Saesneg o Holmrook yn swydd Cumberland oedd y gwerthwr dofednod a gwraig weddw uniaith Gymraeg o Drefdraeth oedd y werthwraig ymenyn. Y Gymraeg oedd unig gyfrwng cyfathrebu trwch helaeth y morynion a wasanaethai ar ffermydd y gymdogaeth. Hanai tair ohonynt o siroedd Caernarfon a Meirionnydd, ond llancesau o Fôn oedd y gweddill. Eto i gyd, yr oedd gan 9 (16.4 y cant) ohonynt wybodaeth o'r Saesneg, ac y mae'n arwyddocaol fod pedair o'r rheini yn gwasanaethu pwysigion dwyieithog y fro, megis yr offeiriad, John Pryce, a'r ynad heddwch, Griffith Williams.

Mewn cymdeithas amaethyddol fel hon, yr oedd yn rhaid wrth grefftwyr ac artisaniaid, a chan mai diwallu anghenion lleol a wnaent nid oedd odid ddim pwysau arnynt i ddysgu Saesneg. Ac eithrio John Jones, brodor dwyieithog o Crewe a oedd yn oruchwyliwr ar fintai o osodwyr cledrau lleol, yr oedd pob un a gyflogid yn y sector adeiladu yn Gymry uniaith o Drefdraeth a phlwyfi cyfagos, ac o'r deunaw a gyflogid yn y sector cynhyrchu, pedwar yn unig a fedrai siarad Saesneg. Yr oedd tri ohonynt, ynghyd â'u teuluoedd, yn ddwyieithog, sef y crydd, William Parry, a hanai o Lanfechell, y teiliwr, William Jones, a aned yn Nhrefdraeth, a'r brethynnwr, David Evans, brodor o sir Feirionnydd a dreuliasai o leiaf ddeuddeng mlynedd yn Llundain. Gwniadwraig o Gaernarfon oedd yr unig un ddi-Gymraeg yn eu plith ond, o gofio mai yn Nhrefdraeth y magwyd ei phlant, y mae'n anodd credu nad oedd ganddi hithau ryw grap ar yr iaith. Ceid yn yr ardal hefyd ddeunaw o fasnachwyr ac er bod 13 (72.2 y cant) ohonynt hwythau yn uniaith Gymraeg, yr oedd pump yn ddwyieithog, yn eu plith William Lloyd, groser o Langwm yn sir Ddinbych, Elizabeth Hughes, brodor o swydd Amwythig a werthai gwrw yn nhafarn y Joiner's Arms, ac Anne Leech, gwerthwraig helgig o Drefdraeth a oedd yn byw gyda'i chwaer ddwyieithog, postfeistres y plwyf.

Os Cymry uniaith oedd mwyafrif helaeth y crefftwyr a'r masnachwyr, nid felly gyflogedigion y sector cyhoeddus a phroffesiynol; o'r deunaw a weithiai yn y sector hwnnw yr oedd 15 (88.9 y cant) yn ddwyieithog ac un yn ddi-Gymraeg. Ganed Ellen Leech, y bostfeistres, yn Nhrefdraeth, ac yr oedd yn rhugl yn y Gymraeg a'r Saesneg. Yr oedd un o'r ddau bostmon lleol yn ddwyieithog yn ogystal, sef Robert Thomas, brodor o Edern yn sir Gaernarfon. Cymro uniaith o Aberffraw oedd Edward Thomas, y postmon arall. Yr oedd yr heddwas, yntau, yn ddwyieithog, a diau mai er mwyn cyflawni gofynion ei swydd y dysgodd siarad Saesneg oherwydd yr oedd ei briod a'i blant yn uniaith Gymraeg. Nid oedd yn syndod ychwaith fod yr ynad heddwch, Griffith Williams, Trefeilir, yn ddwyieithog. Brodor o sir Feirionnydd oedd ef, ac yr oedd ei deulu a'r gweision a gyflogai yn siarad y ddwy iaith yn ogystal. Yr un modd yn achos y meddyg, John Rowlands, brodor o Langoed a drigai ym Mharc-glas. Yr oedd pob un o athrawon y plwyf hefyd yn medru'r Saesneg, ac un ohonynt, sef Elizabeth Russell o Calne yn Wiltshire, yn ddi-Gymraeg. Brodor o Ddolgellau oedd David Thomas (Dewi Meirion), prifathro'r ysgol genedlaethol, ond o Lanrhaeadr-ym-Mochnant, yn ŵr canol-oed, y daethai i'r gymdogaeth hon. Dywedir ei fod yn fardd clodwiw a bod rhai o'i blant yn gantorion rhagorol; yn sicr, yr oedd coffa da amdano yn y cylch.[13] Un arall o Feirion a goleddai'r iaith Saesneg oedd yr offeiriad, John Pryce. Addysgwyd ef yng Ngholeg Iesu, Rhydychen, a bu am ysbaid yn gurad yn Nolgellau ac yn brifathro yr ysgol ramadeg yno. Ym 1887 fe'i penodwyd yn Archddiacon Môn a Bangor, ac yn ystod ei weinidogaeth cyhoeddodd amryw o lyfrau safonol ar hanes yr Eglwys Foreol.[14] Yr oedd ganddo dri o blant, a chan fod

[13] Hughes, *Hanes Plwyf Trefdraeth*, t. 57.

[14] Ibid., tt. 37–8. Ymhlith ei gyhoeddiadau ceir *The Ancient British Church* (London, 1878), *Notes on the History of the Early Church* (London, 1892) a *Yr Eglwys Foreuol* (Bangor, 1893).

dau ohonynt yn ddi-Gymraeg dichon nad oedd yn fawr ei sêl dros yr iaith gysefin a'i diwylliant. Dim ond dau weinidog Ymneilltuol a gofrestrwyd yn y cyfrifiad, sef Owen Williams, Cefn Trefeilir, Cymro uniaith a aned yn Nhrefdraeth, a John Roberts, gweinidog dwyieithog gyda'r Methodistiaid. Yr oedd ef yn byw ym Mangor ond ar ymweliad â'r weddw, Anne Williams, ar noson y cyfrifiad.

Er bod dwyieithrwydd ar gynnydd ymhlith yr haenau canol, yr oedd y Gymraeg yn annatod glwm wrth wead y gymdeithas yn Nhrefdraeth ac yn rhan hanfodol o gyfrodedd ei bywyd diwylliannol a chymdeithasol. Hi a ddefnyddid yn y cartref, y gweithle a'r eglwys, ac yr oedd trwch helaeth y trigolion heb fedru unrhyw iaith arall. Diau i'r rheilffordd a'r gyfathrach ddyddiol ym myd masnach gynefino rhai ohonynt â'r iaith Saesneg, ond gan mai'r Gymraeg a leferid beunydd beunos yn y gymdogaeth, nid oedd dyfodol y famiaith yn y fantol ym 1891.

Tabl 8: Iaith a leferid yn ôl galwedigaeth

(10 oed a throsodd)

	Iaith a leferid Dynion				**Iaith a leferid** Merched			
Dosbarth diwydiannol	Cymraeg	Y Ddwy	Saesneg	Cyfan.	Cymraeg	Y Ddwy	Saesneg	Cyfan.
AMAETHYDDIAETH								
Ffermio								
Ffermwyr	38	6	1	45	10	4	–	14
Perthnasau'n cynorthwyo	18	6	–	24	16	3	1	20
Gweithwyr amaethyddol	43	3	–	46	1	–	–	1
Gweision fferm	19	1	–	20				
Gwasanaeth tir								
Gyrrwr injan ddyrnu	1	–	–	1				
Magu								
Hyfforddwyr ceffylau	2	1	–	3				
Masnachu								
Gwerthwr gwartheg	–	1	–	1				
Gwerthwraig ymenyn	–	–	–	–	1	–	–	1
Gwerthwr dofednod	–	–	1	1				
Cyfanswm	**121**	**18**	**2**	**141**	**28**	**7**	**1**	**36**
%	***85.8***	***12.8***	***1.4***	***100.0***	***77.8***	***19.4***	***2.8***	***100.0***
MWYNGLODDIO								
Llechi								
Chwarelwyr	2	–	–	2				
Cyfanswm	**2**	–	–	**2**				
%	***100.0***	–	–	***100.0***				

Dosbarth diwydiannol	Iaith a leferid Dynion Cymraeg	Y Ddwy	Saesneg	Cyfan.	Iaith a leferid Merched Cymraeg	Y Ddwy	Saesneg	Cyfan.
ADEILADU								
Gweithwyr								
Seiri meini	7	–	–	7				
Seiri coed	4	–	–	4				
Peintiwr	1	–	–	1				
Prentis	1	–	–	1				
Rheilffyrdd								
Gosodwyr cledrau	12	1	–	13				
Cyfanswm	**25**	**1**	–	**26**				
%	*96.2*	*3.8*	–	*100.0*				
CYNHYRCHU								
Haearn a dur								
Gof	1	–	–	1				
Pren								
Cowperiaid	2	–	–	2				
Cerbydau a harneisiau								
Crefftwyr	2	–	–	2				
Dillad								
Crefftwyr	4	3	–	7	–	–	1	1
Prentisiaid/cynorthwywyr	2	–	–	2	1	–	–	1
Bwyd								
Melinydd, pobwraig	1	–	–	1	1	–	–	1
Cyfanswm	**12**	**3**	–	**15**	**2**	–	**1**	**3**
%	*80.0*	*20.0*	–	*100.0*	*66.7*	–	*33.3*	*100.0*
CLUDIANT								
Morwriaeth								
Llongwyr	3	1	–	4				
Ffyrdd								
Coetsmon	1	–	–	1				
Carwyr, certmyn	5	–	–	5				
Cyfanswm	**9**	**1**	–	**10**				
%	*90.0*	*10.0*	–	*100.0*				
MASNACH								
Glo								
Gwerthwr glo	–	1	–	1				
Dillad								
Dilledydd	1	–	–	1				
Bwyd								
Cigyddion, gwerthwraig helgig	2	–	–	2	–	1	–	1
Groseriaid	3	1	–	4				
Cynorthwywr	1	–	–	1				
Tybaco, diod a llety								
Tafarnwraig	–	–	–	–	–	1	–	1

Dosbarth diwydiannol	Iaith a leferid Dynion Cymraeg	Y Ddwy	Saesneg	Cyfan.	Iaith a leferid Merched Cymraeg	Y Ddwy	Saesneg	Cyfan.
Cynorthwywr	1	–	–	1				
Dodrefn a nwyddau i'r cartref								
Haearnwerthwr	1	–	–	1				
Masnachwyr cyffredinol								
Siopwraig	–	–	–	–	1	–	–	1
Pedleriaid	2	–	–	2				
Cynorthwywyr	1	–	–	1	–	1	–	1
Cyfanswm	**12**	**2**	–	**14**	**1**	**3**	–	**4**
%	***85.7***	***14.3***	–	***100.0***	***25.0***	***75.0***	–	***100.0***
GWASANAETHAU CYHOEDDUS A PHROFFESIYNOL								
Gweinyddiaeth ganolog								
Swyddogion Swyddfa'r Post	1	1	–	2	–	1	–	1
Gweinyddiaeth leol								
Swyddog sir	–	1	–	1				
Heddlu								
Heddwas	–	1	–	1				
Y gyfraith								
Cyfreithiwr	–	1	–	1				
Meddygaeth								
Meddyg	–	1	–	1				
Prentis meddygol	–	1	–	1				
Addysg								
Prifathrawon, athrawon ysgol	–	2	–	2	–	2	1	3
Athrawon cynorthwyol	–	–	–	–	–	2	–	2
Crefydd								
Clerigwr	–	1	–	1				
Gweinidog y MC	–	1	–	1				
Gweinidog Ymneilltuol arall	1	–	–	1				
Cyfanswm	**2**	**10**	–	**12**	–	**5**	**1**	**6**
%	***16.7***	***83.3***	–	***100.0***	–	***83.3***	***16.7***	***100.0***
GWASANAETHAU CARTREF								
Yn y tŷ								
Morynion	–	–	–	–	46	9	–	55
Y tu allan								
Gwastrodion	1	1	–	2				
Garddwyr	1	1	–	2				
Ciperiaid	1	–	1	2				
Gwasanaeth ychwanegol								
Golchwraig	–	–	–	–	–	1	–	1
Cyfanswm	**3**	**2**	**1**	**6**	**46**	**10**	–	**56**
%	***50.0***	***33.3***	***16.7***	***100.0***	***82.1***	***17.9***	–	***100.0***

Dosbarth diwydiannol	**Iaith a leferid** Dynion Cymraeg	Y Ddwy	Saesneg	Cyfan.	**Iaith a leferid** Merched Cymraeg	Y Ddwy	Saesneg	Cyfan.
ERAILL								
Labrwyr cyffredinol	17	2	–	19				
Amhenodol	–	–	–	–	1	–	–	1
Cyfanswm	**17**	**2**	**–**	**19**	**1**	**–**	**–**	**1**
%	***89.5***	***10.5***	**–**	***100.0***	***100.0***	**–**	**–**	***100.0***
CYFANSWM Y CYFLOGEDIG								
	203	**39**	**3**	**245**	**78**	**25**	**3**	**106**
%	***82.9***	***15.9***	***1.2***	***100.0***	***73.6***	***23.6***	***2.8***	***100.0***
Gweddill y boblogaeth	11	2	–	13	163	22	3	188
%	*84.6*	*15.4*	–	*100.0*	*86.7*	*11.7*	*1.6*	*100.0*
Disgyblion ysgol	39	3	–	42	26	7	3	36
%	*92.9*	*7.1*	–	*100.0*	*72.2*	*19.4*	*8.3*	*100.0*
CYFANSWM Y BOBLOGAETH								
10 OED+	**253**	**44**	**3**	**300**	**267**	**54**	**9**	**330**
%	***84.3***	***14.7***	***1.0***	***100.0***	***80.9***	***16.4***	***2.7***	***100.0***

22

'Y mae mwy yn ei siarad nag a fu erioed'

GERAINT H. JENKINS, GWENFAIR PARRY
a MARI A. WILLIAMS

Ar ddechrau'r 1890au honnodd yr addysgydd J. E. Southall mai ychydig, at ei gilydd, a wyddai hyd yn oed bobl hyddysg am gyflwr ieithyddol Cymru.[1] Felly yn wir y parhaodd pethau hyd 1893, pan gyhoeddwyd Adroddiad Cyffredinol Cyfrifiad Lloegr a Chymru, 1891, a gynhwysai ddau dudalen yn unig ar 'Ieithoedd yng Nghymru a sir Fynwy', ac a roes y cipolwg swyddogol cyntaf ar broffiliau ieithyddol a seiliwyd ar siroedd a dosbarthau cofrestru unigol.[2] Datgelodd yr Adroddiad fod ymron miliwn o bobl yn siarad Cymraeg, ond bod siaradwyr dwyieithog a siaradwyr uniaith Saesneg yn y mwyafrif yn yr ardaloedd diwydiannol a threfol dwys eu poblogaeth yn ne Cymru ac yn ardaloedd y gororau. Seiliwyd yr ystadegau a ganlyn ar siroedd cofrestru:

Tabl 1: Iaith a leferid gan boblogaethau siroedd Cymru ym 1891
(2 flwydd oed a throsodd)[1]

	Nifer				*Canran*			
Sir	Cymraeg	Y Ddwy	Saesneg	Cyfanswm	*Cymraeg*	*Y Ddwy*	*Saesneg*	*Cyfanswm*
Sir Fynwy	9816	29743	217664	257223	*3.8*	*11.6*	*84.6*	*100.0*
Sir Forgannwg	142346	177726	326481	646553	*22.0*	*27.5*	*50.5*	*100.0*
Sir Gaerfyrddin	63345	36937	11751	112033	*56.5*	*33.0*	*10.5*	*100.0*
Sir Benfro	13673	10804	51959	76436	*17.9*	*14.1*	*68.0*	*100.0*
Sir Aberteifi	61624	17111	3979	82714	*74.5*	*20.7*	*4.8*	*100.0*
Sir Frycheiniog	5228	13699	31086	50013	*10.4*	*27.4*	*62.2*	*100.0*
Sir Faesyfed	75	924	15270	16269	*0.5*	*5.7*	*93.8*	*100.0*
Sir Drefaldwyn	16414	15846	31770	64030	*25.6*	*24.8*	*49.6*	*100.0*
Sir Y Fflint	10484	16879	12862	40225	*26.0*	*42.0*	*32.0*	*100.0*
Sir Ddinbych	37195	35030	38310	110535	*33.6*	*31.7*	*34.7*	*100.0*
Sir Feirionnydd	45856	12023	3621	61500	*74.6*	*19.5*	*5.9*	*100.0*
Sir Gaernarfon	78780	28330	12604	119714	*65.8*	*23.7*	*10.5*	*100.0*
Sir Fôn	23200	7201	2059	32460	*71.5*	*22.2*	*6.3*	*100.0*
Cymru	508036	402253	759416	1669705	*30.4*	*24.1*	*45.5*	*100.0*

[1] Hepgorwyd y rheini nad oeddynt wedi nodi eu gallu ieithyddol a'r rheini a siaradai ieithoedd eraill.

[1] J. E. Southall, *Wales and her Language* (Newport, 1892), t. iii.
[2] Census of England and Wales, 1891, Vol. IV. *General Report with Summary Tables and Appendices* (London, 1893), tt. 81–3.

Ym 1978, ar sail yr ystadegau hyn, ceisiodd Glyn Lewis fesur statws demograffig yr iaith Gymraeg ar lefel sirol trwy lunio indecs arddwysedd (*identity index*), sef cyfanswm y siaradwyr Cymraeg wedi ei fynegi fel canran o boblogaeth gyfan pob sir, ac indecs dosbarthiad (*distribution index*), sef cyfanswm siaradwyr Cymraeg y sir wedi ei fynegi fel canran o gyfanswm cenedlaethol y siaradwyr Cymraeg.[3] Ymddangosodd tri grŵp amlwg. Yr oedd y cyntaf, a chanddo indecs arddwysedd cymedrig o fwy na 90 y cant, yn cynnwys siroedd Aberteifi (95), Meirionnydd (95), Môn (94), Caerfyrddin (90) a Chaernarfon (90). Yn yr ail grŵp, a chanddo indecs arddwysedd o rhwng 51 a 68 y cant, yr oedd siroedd Y Fflint (68), Dinbych (66), Trefaldwyn (52) a Morgannwg (51). Yn y trydydd grŵp, a chanddo indecs arddwysedd o rhwng 10 a 50 y cant, yr oedd siroedd Brycheiniog (40), Penfro (37), Mynwy (20) a Maesyfed (10). Cynhwysai'r grŵp cyntaf, a oedd ag indecs arddwysedd cymedrig o 93 y cant, gymunedau amaethyddol yng ngogledd a gorllewin Cymru. Cynhwysai'r ail grŵp, a oedd â chymedr o 59 y cant, siroedd diwydiannol neu led-ddiwydiannol, a chynhwysai'r trydydd grŵp, a oedd â chymedr o 27 y cant, naill ai Saesonaethau traddodiadol neu gymunedau ar y gororau. Ar sail tystiolaeth yr indecs dosbarthiad, fodd bynnag, yr oedd gan y siroedd â'r indecs arddwysedd uchaf indecs dosbarthiad gweddol isel, sef 42 y cant. I'r gwrthwyneb, yr oedd gan y siroedd diwydiannol a lled-ddiwydiannol a chanddynt indecs arddwysedd cymedrol, indecs dosbarthiad gweddol uchel o 50 y cant. Ni wnaeth y trydydd grŵp, a gafodd sgôr isel yn yr indecs arddwysedd, fawr gwell yn yr indecs dosbarthiad.

Ar lefel y dosbarthau cofrestru, dangosai Adroddiad Cyffredinol 1893 amrywiadau rhanbarthol trawiadol. Yr oedd y 52 dosbarth cofrestru wedi eu tablu fel yn Nhabl 2. Tanlinellai'r ffigurau hyn y gwahaniaethau sylweddol a oedd wedi ymddangos rhwng niferoedd y siaradwyr Cymraeg mewn siroedd gwledig a diwydiannol yn ogystal â'r graddau yr oedd Maes Glo De Cymru wedi dod yn bair economaidd-ddiwylliannol lle'r oedd pobl o wahanol gefndiroedd daearyddol, ieithyddol a diwylliannol yn byw ac yn gweithio gyda'i gilydd. Ym mhob un o'r chwe dosbarth cofrestru yn sir Aberteifi, er enghraifft, gallai mwy na 95 y cant o'r boblogaeth siarad Cymraeg, ac yn sir gyfagos Meirionnydd nid oedd y niferoedd yn unrhyw un o'r pedwar dosbarth cofrestru yn is nag 89 y cant. Mewn cymhariaeth, yr oedd canran y siaradwyr Cymraeg yn yr wyth dosbarth cofrestru ym Morgannwg yn amrywio o 14 y cant yng Nghaerdydd i 92.2 y cant ym Mhontardawe, ac ym mhedwar dosbarth cofrestru sir Ddinbych amrywiai'r canrannau o 47 y cant yn Wrecsam i 94.9 y cant yn Llanrwst.[4] Felly, hyd yn oed

[3] Glyn Lewis, 'Migration and the Decline of the Welsh Language' yn Joshua A. Fishman (gol.), *Advances in the Study of Societal Multilingualism* (The Hague, 1978), tt. 263–351.

[4] Y cyflwyniad mwyaf cynhwysfawr i ddemograffeg Cymru yw Dot Jones, *Statistical Evidence relating to the Welsh Language 1801–1911 / Tystiolaeth Ystadegol yn ymwneud â'r Iaith Gymraeg 1801–1911* (Caerdydd, 1998). Am oblygiadau cymdeithasol y newid demograffig, gw. pennod Michael Anderson yn F. M. L. Thompson (gol.), *The Cambridge Social History of Britain 1750–1950. Volume 2. People and their Environment* (Cambridge, 1990), tt. 1–70.

Tabl 2: Iaith a leferid gan boblogaethau dosbarthau cofrestru Cymru ym 1891

(2 flwydd oed a throsodd)[1]

Dosbarth	Nifer				*Canran*			
Cofrestru	Cymraeg	Y Ddwy	Saesneg	Cyfanswm	*Cymraeg*	*Y Ddwy*	*Saesneg*	*Cyfanswm*
SIR FYNWY								
Cas-gwent	30	249	18042	18321	*0.2*	*1.3*	*98.5*	*100.0*
Trefynwy	29	306	26098	26433	*0.1*	*1.2*	*98.7*	*100.0*
Y Fenni	361	2420	21985	24766	*1.4*	*9.8*	*88.8*	*100.0*
Bedwellte	6805	15105	38833	60743	*11.2*	*24.9*	*63.9*	*100.0*
Pontypŵl	351	3499	33426	37276	*0.9*	*9.4*	*89.7*	*100.0*
Casnewydd	2240	8164	79280	89684	*2.5*	*9.1*	*88.4*	*100.0*
SIR FORGANNWG								
Caerdydd	3120	19395	138276	160791	*1.9*	*12.1*	*86.0*	*100.0*
Pontypridd	40507	46487	50005	136999	*29.6*	*33.9*	*36.5*	*100.0*
Merthyr Tudful	35244	39812	34651	109707	*32.1*	*36.3*	*31.6*	*100.0*
Pen-y-bont ar Ogwr	11806	17329	19243	48378	*24.4*	*35.8*	*39.8*	*100.0*
Castell-nedd	14740	20493	17793	53026	*27.8*	*38.6*	*33.6*	*100.0*
Pontardawe	13655	5132	1590	20377	*67.0*	*25.2*	*7.8*	*100.0*
Abertawe	22417	27229	57099	106745	*21.0*	*25.5*	*53.5*	*100.0*
Gŵyr	857	1849	7824	10530	*8.1*	*17.6*	*74.3*	*100.0*
SIR GAERFYRDDIN								
Llanelli	25366	17630	6161	49157	*51.6*	*35.9*	*12.5*	*100.0*
Llanymddyfri	6804	3570	688	11062	*61.5*	*32.3*	*6.2*	*100.0*
Llandeilo Fawr	13327	5151	926	19404	*68.7*	*26.5*	*4.8*	*100.0*
Caerfyrddin	17848	10586	3976	32410	*55.0*	*32.7*	*12.3*	*100.0*
SIR BENFRO								
Arberth	6520	3392	7445	17357	*37.6*	*19.5*	*42.9*	*100.0*
Penfro	67	1430	26871	28368	*0.2*	*5.0*	*94.7*	*100.0*
Hwlffordd	7086	5982	17643	30711	*23.1*	*19.5*	*57.4*	*100.0*
SIR ABERTEIFI								
Aberteifi	10285	4575	679	15539	*66.2*	*29.4*	*4.4*	*100.0*
Castellnewydd Emlyn	15501	2231	549	18281	*84.8*	*12.2*	*3.0*	*100.0*
Llanbedr Pont Steffan	7230	1713	328	9271	*78.0*	*18.5*	*3.5*	*100.0*
Aberaeron	9369	1549	148	11066	*84.7*	*14.0*	*1.3*	*100.0*
Aberystwyth	11971	6136	2169	20276	*59.0*	*30.3*	*10.7*	*100.0*
Tregaron	7268	907	106	8281	*87.8*	*10.9*	*1.3*	*100.0*
SIR FRYCHEINIOG								
Llanfair-ym-Muallt	858	1828	4745	7431	*11.5*	*24.6*	*63.9*	*100.0*
Aberhonddu	2767	5347	7095	15209	*18.2*	*35.2*	*46.6*	*100.0*
Crucywel	1585	5781	10921	18287	*8.7*	*31.6*	*59.7*	*100.0*
Y Gelli	18	743	8325	9086	*0.2*	*8.2*	*91.6*	*100.0*

Dosbarth Cofrestru	Nifer Cymraeg	Y Ddwy	Saesneg	Cyfanswm	*Canran Cymraeg*	*Y Ddwy*	*Saesneg*	*Cyfanswm*
SIR FAESYFED								
Trefyclo	1	102	10048	10151	*0.0*	*1.0*	*99.0*	*100.0*
Rhaeadr Gwy	74	822	5222	6118	*1.2*	*13.4*	*85.4*	*100.0*
SIR DREFALDWYN								
Machynlleth	6548	3144	645	10337	*63.3*	*30.4*	*6.2*	*100.0*
Y Drenewydd	2784	5870	12000	20654	*13.5*	*28.4*	*58.1*	*100.0*
Ffordun	91	1254	14172	15517	*0.6*	*8.1*	*91.3*	*100.0*
Llanfyllin	6991	5578	4953	17522	*39.9*	*31.8*	*28.3*	*100.0*
SIR Y FFLINT								
Treffynnon	10484	16879	12862	40225	*26.0*	*42.0*	*32.0*	*100.0*
SIR DDINBYCH								
Wrecsam	10604	16641	30810	58055	*18.3*	*28.7*	*53.0*	*100.0*
Rhuthun	7283	4037	1053	12373	*58.9*	*32.6*	*8.5*	*100.0*
Llanelwy	10410	11452	5820	27682	*37.6*	*41.4*	*21.0*	*100.0*
Llanrwst	8898	2900	627	12425	*71.6*	*23.3*	*5.1*	*100.0*
SIR FEIRIONNYDD								
Corwen	9642	4179	1645	15466	*62.3*	*27.0*	*10.6*	*100.0*
Y Bala	4762	818	275	5855	*81.3*	*14.0*	*4.7*	*100.0*
Dolgellau	9995	2810	1016	13821	*72.3*	*20.3*	*7.4*	*100.0*
Ffestiniog	21457	4216	685	26358	*81.4*	*16.0*	*2.6*	*100.0*
SIR GAERNARFON								
Pwllheli	17568	2783	860	21211	*82.8*	*13.1*	*4.1*	*100.0*
Caernarfon	30767	6633	1500	38900	*79.1*	*17.0*	*3.9*	*100.0*
Bangor	22137	10640	3504	36281	*61.0*	*29.3*	*9.7*	*100.0*
Conwy	8308	8274	6740	23322	*35.6*	*35.5*	*28.9*	*100.0*
SIR FÔN								
Môn	11589	2077	327	13993	*82.8*	*14.8*	*2.3*	*100.0*
Caergybi	11611	5124	1732	18467	*62.9*	*27.7*	*9.4*	*100.0*

Ffynhonnell: Census of England and Wales, 1891, *Volume III. Ages, Condition as to Marriage, Occupations and Birth-places of the Population*, Division IX: Monmouthshire and Wales (London, 1893), Tabl 24, tt. 561–2.

[1] Hepgorwyd y rheini nad oeddynt wedi nodi eu gallu ieithyddol a'r rheini a siaradai ieithoedd eraill.

ar y lefel hon, ceid amrywiadau sylweddol, a hawdd deall paham y credai J. E. Southall fod canlyniadau'r cyfrifiad yn dangos bod yr iaith Gymraeg, ar lefel genedlaethol a rhanbarthol, ar groesffordd fregus a thyngedfennol.[5]

Er hynny, nid yw'r darlun demograffig eang o gyflwr yr iaith fel y'i cyflwynir yn Adroddiad Cyffredinol cyfrifiad 1891 yn gwneud cyfiawnder â'r proffiliau

[5] Southall, *Wales and her Language*, t. 362.

cynnil a chymhleth a fodolai ar lefel leol; yn sicr, nid yw cystal â'r data cyfoethog a geir yn llyfrau'r cyfrifwyr sy'n sail i'r astudiaeth fanwl hon. Yn llawer o'r cymunedau a astudiwyd gwelid caleidosgop ieithyddol cyfoethog a amlygai amwyseddau, tensiynau a pharadocsau'r sefyllfa. Ar sail y dystiolaeth a gasglwyd, gellir gosod yr ugain astudiaeth mewn pedwar grŵp: cymunedau gwledig uniaith Gymraeg (3); trefi marchnad neu borthladdoedd gwledig (4); cyrchfannau ymwelwyr (2); aneddiadau diwydiannol neu drefol (11). Ymdrinnir yn awr â phob un o'r grwpiau hyn yn ei dro.

Y mae'n rhaid fod pleidwyr y famiaith wedi eu calonogi o ddarganfod y ceid mwy na hanner miliwn o Gymry uniaith ym 1891. Yr oedd tair o'r cymunedau dan sylw, sef Tregaron, Llanymawddwy a Threfdraeth, wedi eu lleoli yn yr hyn a alwodd E. G. Bowen yn 'Gymru Fewnol',[6] ac yr oeddynt yn dangos y graddau yr oedd patrwm daearyddol Cymru yn amddiffyn adeiledd cadarnleoedd y Gymraeg. Yr hyn a wnâi Gymreigrwydd trwyadl yr ardaloedd hyn yn bosibl oedd yr amddiffynfa a roddid gan aruthredd y craidd mynyddig. Y plwyf mwyaf trwyadl Gymraeg oedd Llanymawddwy, yng nghanol cadernid cefn gwlad sir Feirionnydd. Yr oedd dulliau cyfathrebu yn druenus yn y parthau hyn ac yr oedd y mynydd-dir a amgylchynai'r gymuned yn rhwystr effeithiol rhag cysylltiadau a dylanwadau o'r tu allan, ac yn fodd i ynysu'r 428 o drigolion (2 flwydd oed a throsodd) – 399 ohonynt yn Gymry uniaith a dau heb unrhyw wybodaeth o'r Gymraeg – rhag dylanwadau Seisnig. Hanai'r mwyafrif llethol o Feirionnydd a dim ond un o'r trigolion (brodor o swydd Gaerhirfryn) a aned y tu allan i Gymru. Eithriadau oedd plwyfolion dwyieithog a phrin iawn oedd y cyfleoedd i ddysgu hyd yn oed hanfodion y Saesneg. Cwbl Gymraeg oedd y rhwydweithiau economaidd-gymdeithasol, yr oedd yr Eglwys ac Ymneilltuaeth fel ei gilydd yn amddiffynwyr cadarn i'r Gymraeg, a byddai penteuluoedd a'u gwragedd yn ddieithriad yn trosglwyddo eu mamiaith i'w plant.

I bob diben ymarferol, yr oedd plwyf gwledig Trefdraeth yn ne-orllewin Ynys Môn hefyd yn gymuned uniaith Gymraeg. Ychydig iawn o ddylanwad a gawsai agosrwydd y 'ffordd bost' i Iwerddon a Rheilffordd y London and North Western (a âi trwy Fodorgan gerllaw) ar y gymuned amaethyddol weddol ymylol a hunangynhaliol hon. Ym 1773 amcangyfrifwyd mai pump yn unig o blith 500 o bobl a oedd ag unrhyw grap ar y Saesneg.[7] Erbyn 1891 gallai 117 o'r 763 o bobl yn y sampl siarad Saesneg, ond llawer mwy arwyddocaol yw'r ffaith fod 646 o drigolion (sef 84.7 y cant), bron y cyfan ohonynt wedi eu geni yn sir Fôn, yn Gymry uniaith. Fel yn achos Llanymawddwy, yr oedd yr aelwyd (lle'r oedd pob pâr priod â phlant yn medru'r Gymraeg) a'r pulpud yn llawer cryfach eu dylanwad

[6] E. G. Bowen, 'The Geography of Wales as a Background to its History' yn Ian Hume a W. T. R. Pryce (goln.), *The Welsh and their Country* (Llandysul, 1986), tt. 64–87.

[7] *The Depositions, Arguments and Judgment in the Cause of the Church-Wardens of Trefdraeth, in the County of Anglesea, against Dr Bowles* (London, 1773), tt. 11–13, 17, 19, 22–4, 27–8, 31–2, 35–6.

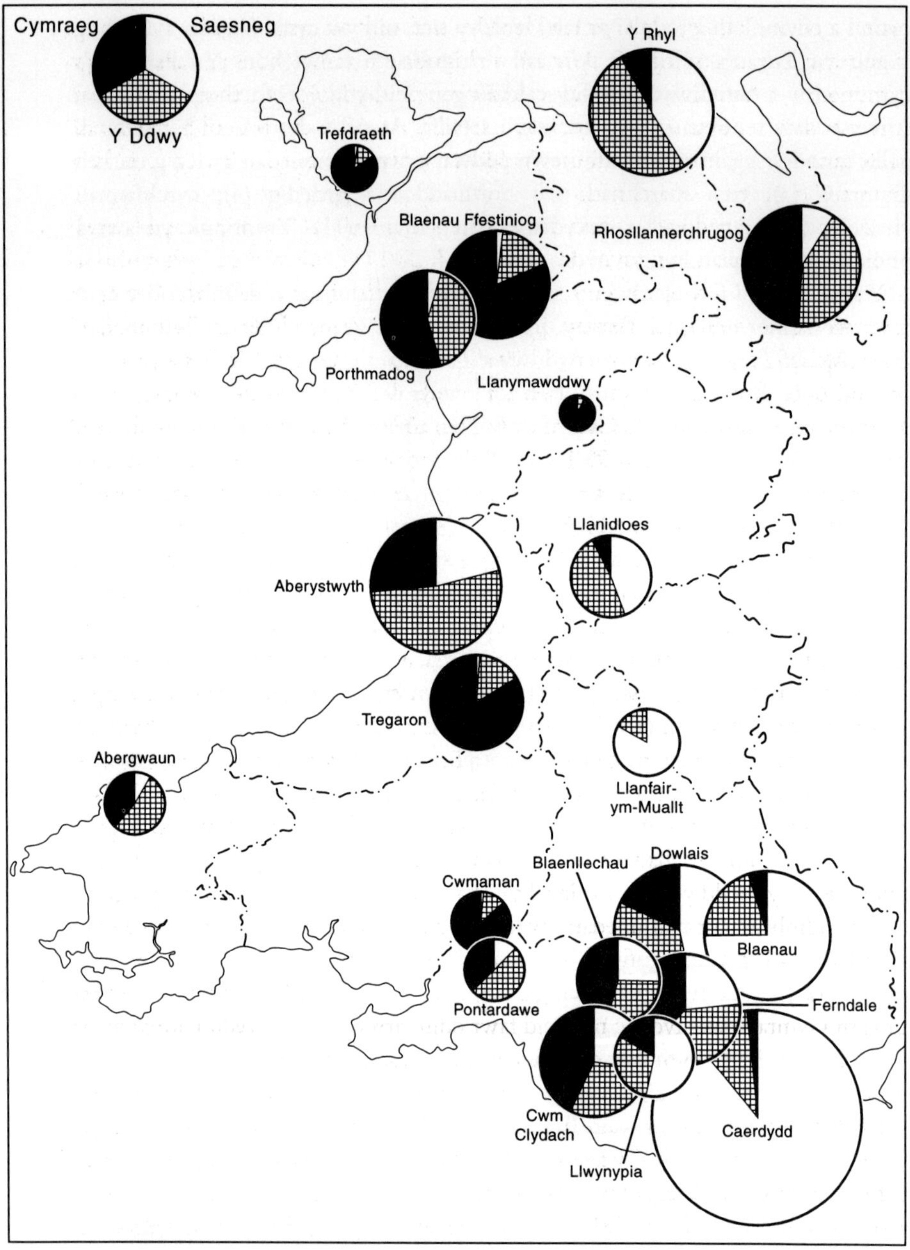

Ffigur 1. Iaith a leferid gan drigolion yr ugain ardal a astudiwyd

na'r ysgolion Seisnig, a'r Gymraeg oedd y brif iaith ym mhob grŵp oedran yn ddiwahân. Yr oedd deg o'r deunaw o drigolion a aned yn Lloegr wedi dysgu Cymraeg a gellir tybio y gallai'r gweddill gyfathrebu'n weddol er iddynt gael eu cofnodi yn siaradwyr Saesneg yn unig. Er bod nifer bychan o bobl broffesiynol, ddosbarth-canol yn ddwyieithog, byddent yn trin a thrafod â'r trigolion lleol trwy'r Gymraeg yn ddieithriad.

Y drydedd gymuned a oedd yn ei hanfod yn uniaith Gymraeg oedd plwyf ucheldirol Tregaron, ym mynydd-dir a rhostir gweddol ddiarffordd cefn gwlad sir Aberteifi. Yr oedd yr ardal hon yn enwog am ei chors eang, sef Cors Caron, ei chynefinoedd defaid, ei ffeiriau gwartheg, ei heogiaid a'i brithyllod braf, ei ffermydd bychain a'i thai unnos.[8] Yma yr oedd y mwyafrif o'r boblogaeth yn gorfod byw mor gynnil fel bod nifer sylweddol o fechgyn ieuainc wedi gadael y bryniau am El Dorado'r de Cymru diwydiannol neu wedi mynd i gyrchu bywyd gwell yn America. Yr oedd 99.1 y cant o'r boblogaeth yn siarad Cymraeg, a llai nag un rhan o bump a oedd ag unrhyw wybodaeth o'r Saesneg. Yn wir, o'r holl ddosbarthau cofrestru yng Nghymru, Tregaron oedd yr un â'r boblogaeth ddwysaf o siaradwyr Cymraeg. Prin y deellid y syniad o ddwyieithrwydd ac nid oedd y lleiafrif bychan o Saeson uniaith a oedd wedi ymsefydlu yn y plwyf mewn sefyllfa i ddylanwadu mewn modd niweidiol ar yr iaith. I'r gwrthwyneb, caent eu cymathu'n gyflym. Ymhlith amaethwyr, crefftwyr a mwynwyr plwm yr oedd y gyfran o siaradwyr Cymraeg yn fwy na 98 y cant, a'r mwyafrif llethol ohonynt wedi eu geni yn sir Aberteifi. Fel yr ysgrifennodd J. E. Southall ym 1895: 'In Tregaron, the Welsh language has avenged itself on Monmouth and Chepstow by only allowing 1¼ per cent. of the population to remain in ignorance of it.'[9] Er y byddai porthmyn, hosanwyr a Merched y Gerddi, sef y rhai a ymlwybrai yn ôl a blaen o Lundain, yn hau geiriau ac ymadroddion Saesneg yma ac acw yn y gymuned,[10] yr oedd yr iaith frodorol yn rhan annatod o wead y bywyd gwledig.

Ym mhob un o'r cymunedau gweddol hunangynhaliol hyn câi'r Gymraeg ei siarad gan ddigon o fwyafrif i beri mai hi oedd oruchaf fel iaith cyfathrebu o ddydd i ddydd. Yr oedd rhwymau gwaed, teulu a chymuned yn clymu'r trigolion uniaith Gymraeg ynghyd, ac ni cheid fawr ddim arwyddion o erydu ieithyddol ar yr aelwyd, yn y gweithle nac mewn mannau addoli. Drwgdybid dieithriaid, a chan fod unieithrwydd Cymraeg wedi ymwreiddio mor ddwfn, yr oedd cymathu mewnfudwyr Saesneg eu hiaith yn hollol bosibl. Er nad yw'r astudiaeth hon yn ymwneud ag ansawdd Cymraeg llafar (pwnc, yn rhyfedd iawn, na soniai cyfoeswyr fawr amdano), dylid pwysleisio bod y Gymraeg, mewn cymunedau mor uniaith, yn iaith gyfoethog ei mynegiant ac yn gyfrwng i drosglwyddo

[8] D. C. Rees, *Tregaron: Historical and Antiquarian* (Llandyssul, 1936).

[9] J. E. Southall, *The Welsh Language Census of 1891* (Newport, 1895), t. 16.

[10] John Williams-Davies, ' "Merched y Gerddi" – mudwyr tymhorol o Geredigion', *Ceredigion*, VIII, rhif 3 (1978), 291–303.

traddodiadau cymdeithasol, etifeddiaeth ddiwylliannol a llên-gwerin o'r naill genhedlaeth i'r llall. Mewn cymunedau o'r fath hefyd yr oedd y trigolion yn fwy ymwybodol na llawer mai'r iaith a'r diwylliant oedd conglfeini cenedligrwydd Cymru. Yn Llanymawddwy yr oedd y bobl yn dal i drysori'r cof am Wylliaid Cochion Mawddwy ac yn gwau straeon am y criw hynod o ladron a anfonwyd i'r crocbren am herio cyfiawnder a threfn yn oes y Tuduriaid.[11] Ymhyfrydai pobl Trefdraeth, hefyd, yn y modd y llwyddodd eu cyndadau yn y ddeunawfed ganrif i gael gwared â Dr Thomas Bowles – 'Y Sais Brith' – Sais tew, uniaith, yn ei saithdegau y bu i'w elyniaeth at y Gymraeg fygwth tanseilio gwerthoedd y gymuned.[12] Ac nid oedd pobl Tregaron ychwaith yn anfoddog i ddathlu gyrfa eu mab enwocaf, Henry Richard, un o amddiffynwyr mwyaf brwd iaith a chenedligrwydd Cymru yn oes Victoria, ac un y dadorchuddiwyd cofeb iddo yn sgwâr Tregaron ddwy flynedd ar ôl cyfrifiad 1891. Yr oedd Richard yn argyhoeddedig fod pob Sais yn credu yn ei galon nad oedd modd i bobl fod yn wirioneddol wareiddiedig oni fedrent siarad Saesneg.[13] Y gwir yw, fodd bynnag, fod siaradwyr uniaith Gymraeg yn gallu dygymod yn rhwydd â bywyd trwy eu mamiaith a bod eu hawch am ddeunydd darllen o sylwedd a hen drysorau llenyddol yn golygu eu bod ymhell o fod yn 'anwaraidd'.[14]

O ran iaith, felly, yr oedd craidd ffisegol Cymru yn llawer cadarnach nag yr oedd ei chyrion. Eto i gyd, erbyn adeg cyfrifiad 1891 yr oedd 'Y Gymru Allanol' yn ennill tir ac yn treiddio i graidd ieithyddol 'Y Gymru Fewnol'. Achos pryder mawr i J. E. Southall oedd fod y Saesneg yn 'stealthily and surely eating its way into the heart of Wales'.[15] Yr oedd y parth dwyieithog ar hyd ardaloedd y gororau yn nwyrain Cymru yn ymlwybro fwyfwy tua'r gorllewin i gadarnleoedd y Gymraeg ac yn sefydlu troedleoedd ym mha le bynnag y cydnabyddid ac y rhoddid bri ar werth masnachol y Saesneg. Yr oedd dyffrynnoedd isel, ffrwythlon yn fynedfeydd hwylus i'r iaith Saesneg, ac yn llawer o gymunedau lle y bu'r Gymraeg a'r Saesneg yn cyd-fyw, er yn anesmwyth braidd weithiau, yr oedd yn amlwg fod pethau'n gogwyddo tuag at y Saesneg. Yn sir Faesyfed golygai hen ddylanwadau Seisnig fod y Gymraeg wedi diflannu oddi ar wefusau pob un ond mil o'i thrigolion, ac yr oedd rhannau o sir Frycheiniog yn bygwth dilyn yr un llwybr. Yn ôl Southall, yr oedd dyfodol y Gymraeg yn y fantol yn sir Drefaldwyn hefyd.[16] Cyflymwyd cynnydd tiriogaethol y parth dwyieithog gan welliant mewn

[11] Thomas Pennant, *Tours in Wales* (3 cyf., London, 1810), II, tt. 232–4.

[12] Geraint H. Jenkins, '"Horrid Unintelligible Jargon": The Case of Dr Thomas Bowles', *CHC*, 15, rhif 4 (1991), 494–523.

[13] Henry Richard, *Letters on the Social and Political Condition of the Principality of Wales* (London, d.d.), t. 1.

[14] Ibid., tt. 35, 39; yn ôl Bedwyr Lewis Jones (*Iaith Sir Fôn* [1983], t. 9), 'Yn y gymdeithas leol, ddwfn ei gwreiddiau . . . mae iaith wedi cronni cynaeafau profiad a sylwgarwch a dychymyg ac ymwybyddiaeth dros genedlaethau lawer.'

[15] Southall, *Wales and her Language*, t. 352.

[16] Idem, *Welsh Language Census*, t. 19.

dulliau cyfathrebu, yn enwedig dyfodiad y rheilffyrdd. O'r dwyrain i'r gorllewin yr âi'r prif ffyrdd a rheilffyrdd, gan atgyfnerthu felly y cysylltiadau economaidd a diwylliannol â threfi megis Amwythig, Croesoswallt a'r Trallwng.

Yr oedd cysylltiad agos iawn rhwng hynt a helynt yr iaith Gymraeg o fewn y parth dwyieithog a swyddogaethau economaidd trefi marchnad mawr a bach. Darparai canolfannau masnachol ddewis pur helaeth o wasanaethau gwerthu a chrefftau, a gwasanaethau proffesiynol a chyfreithiol er budd y trigolion a phobl y cyrion gwledig.[17] At ei gilydd, rhoddai grwpiau masnachu bwys uchel ar y Saesneg a byddai cyfathrach gymdeithasol ac economaidd gyson â threfi'r ffin yn peri bod trigolion cefn gwlad yn agored i ddylanwadau Seisnig. Er mai dylanwad economaidd-gymdeithasol lleol a chyfyngedig ydoedd, yr oedd tref farchnad ddi-nod Llanfair-ym-Muallt yn nodweddiadol o drefi Seisnigedig iawn ardal y ffin yng nghanolbarth Cymru. Yr oedd prynu a gwerthu cynnyrch amaethyddol yn rhan bwysig iawn o'r economi leol, ond yn sgil newidiadau yn strwythur masnachol y dref daeth niferoedd cynyddol o dwristiaid yno i yfed o'r ffynhonnau adnabyddus. Yn Llanfair-ym-Muallt yr oedd y Gymraeg yn iaith ymylol iawn. Ac eithrio pan ddeuai poblogaeth cefn gwlad i'r dref ar ddiwrnod ffair neu farchnad, ni siaredid fawr ddim Cymraeg yno. Câi'r pum siaradwr uniaith Gymraeg a'r 271 siaradwr dwyieithog a ffurfiai 17.1 y cant o'r boblogaeth gyfan eu bwrw i'r cysgod gan y 1,336 (82.9 y cant) o siaradwyr uniaith Saesneg a dra-arglwyddiaethai ym mhob grŵp oedran. Deilliai'r anghyfartaledd amlwg rhwng nifer y siaradwyr Cymraeg yn y gymuned hon a'r rhai yn Nosbarth Cofrestru Llanfair-ym-Muallt ac yn wir yn sir Frycheiniog o agosrwydd y dref at sir Faesyfed, sir fwyaf Seisnigedig Cymru. Ychydig o gydymdeimlad at dynged yr iaith frodorol a amlygid gan bobl ddosbarth-canol ffyniannus y dref ac y mae'n amlwg fod prosesau Seisnigo yn nyffryn Gwy wedi cryfhau'n sylweddol wrth i'r bedwaredd ganrif ar bymtheg fynd rhagddi. Ni chofrestrwyd unrhyw benteulu na'i wraig yn siaradwr uniaith Gymraeg, a chan mai Saesneg oedd iaith yr ysgolion ac iaith sgwrs feunyddiol yn y dref, nid yw'n syndod mai dim ond un plentyn o bob deg dan 15 oed a fedrai siarad Cymraeg. Yn siroedd y gororau câi'r Saesneg ei harfer yn llawer mwy cyffredin yn y dyffrynnoedd isel, ffrwythlon ac ym mha le bynnag y ffynnai cyfnewidiadau masnachol yn y trefi. Y mae tystiolaeth y cyfrifiad yn awgrymu bod y patrymau ieithyddol a geid yn Llanfair-ym-Muallt yn nodweddiadol hefyd o drefi megis Crucywel, Aberhonddu a Llandrindod, lle'r oedd nifer bychan o siaradwyr Cymraeg. Yr oedd y ffin ddwyieithog, a ddwyseid gan rym y Saesneg yn nhrefi'r gororau, yn symud ymhellach fyth tua'r gorllewin.[18]

Yn sir Drefaldwyn, hefyd, rhoddai trefi marchnad megis Y Trallwng a'r Drenewydd gyfryngau neu droedleoedd i'r Saesneg allu ennill tir yn sylweddol

[17] Gw. Harold Carter, *The Towns of Wales* (Cardiff, 1965) a Harold Carter a C. Roy Lewis, *An Urban Geography of England and Wales in the Nineteenth Century* (London, 1990).

[18] W. T. R. Pryce, 'Welsh and English in Wales, 1750–1971: A Spatial Analysis based on Linguistic Affiliation of Parochial Communities', *BBCS*, XXVIII, rhan 1 (1978), 15, 20.

yng nghraidd y Gymru Fewnol.[19] O ganol oes Victoria ymlaen yr oedd y rheilffyrdd yn treiddio'n ddwfn i gefn gwlad, gan wthio'r parth dwyieithog tuag at fynyddoedd Pumlumon a chryfhau statws y Saesneg o fewn cymunedau ar hyd dyffryn Hafren. Yn Llanidloes, tref ar siâp croes ac iddi bedair prif stryd a ddeuai ynghyd ger hen Neuadd y Farchnad, câi'r diwylliant Cymraeg a gynhelid gan weisg argraffu gweithgar a chapeli Ymneilltuol ei danseilio fwyfwy gan y dwyieithrwydd a ddaeth yn sgil datblygiad y diwydiant gwlân, y diwydiant plwm, ac adeiladu Rheilffordd y Cambrian.[20] Erbyn 1891 yr oedd llai na 200 o drigolion y dref yn siaradwyr uniaith Gymraeg, a gallai 92.3 y cant o'r boblogaeth siarad Saesneg. Byddai'r rhan fwyaf o rieni, yn enwedig mewn cartrefi dwyieithog, yn codi eu plant yn siaradwyr uniaith Saesneg, a châi rhuglder yn y Gymraeg ei gyfyngu fwyfwy i bobl ganol-oed a hŷn. Yn nhrefi sir Drefaldwyn, y Saesneg oedd iaith masnach.

Yr oedd trefi marchnad a weithredai hefyd fel porthladdoedd ar arfordir y gorllewin yn sianelau y gallai'r Saesneg dreiddio drwyddynt i'r cyrion gwledig. A hithau wedi ei lleoli ar benrhyn hir sir Benfro ac i'r gogledd o'r *Landsker* enwog, dibynnai tref farchnad fechan a phorthladd Abergwaun yn drwm ar ei masnach arfordirol leol â phorthladdoedd de-orllewin Lloegr, yn enwedig Bryste, ac â phorthladdoedd Iwerddon. Mewnforid llwythi o goed, glo, glo mân, brics a chalchfaen, a'r prif allforion oedd haidd, ceirch, ymenyn a chaws. Ond ni wireddwyd potensial economaidd sylweddol Abergwaun tan droad y bedwaredd ganrif ar bymtheg wedi i Gwmni Rheilffordd y Great Western benderfynu trosglwyddo ei drafnidiaeth yn ôl a blaen i Iwerddon o Neyland i harbwr Abergwaun.[21] Er ei bod o fewn Dosbarth Cofrestru Hwlffordd, lle y ceid niferoedd sylweddol o siaradwyr uniaith Saesneg (57.4 y cant), Cymraeg oedd y brif iaith yn nhref Abergwaun. Eto i gyd, yr oedd dwyieithrwydd yn prysur ennill tir. Er y gallai 91.4 y cant o'r trigolion siarad Cymraeg, yr oedd 57.6 y cant o'r rheini yn siarad Saesneg yn ogystal, ac yr oedd dwyieithrwydd yn duedd gref ym mhob grŵp oedran o 6 oed i fyny. Sicrhaodd patrymau priodi tylwythgar a'r ffaith fod trwch poblogaeth y dref wedi eu geni yn lleol mai'r Gymraeg oedd prif iaith yr aelwyd a'r gweithle, ond cryfhawyd gwerth economaidd y Saesneg ac ehangwyd gorwelion pobl yn sgil y cysylltiad cryf â phorthladdoedd dwyrain Iwerddon a de-orllewin Lloegr. Yr oedd y niferoedd cynyddol o adeiladwyr, gwneuthurwyr, a masnachwyr yn llai tueddol na'u cyndadau i wfftio at 'new

[19] Gw. David Llewelyn Jones, 'Yr Iaith Gymraeg yn Sir Drefaldwyn *c.*1800–1914' yn Geraint H. Jenkins (gol.), *Iaith Carreg fy Aelwyd: Iaith a Chymuned yn y Bedwaredd Ganrif ar Bymtheg* (Caerdydd, 1998), tt. 61–95.

[20] Edward Hamer, 'A Parochial Account of Llanidloes', *MC*, V (1872), 16. Yn ôl A. J. Ellis, yr oedd Llanidloes yn dref ddwyieithog 'with more or less strong admixture of Welsh'. A. J. Ellis, 'On the Delimitation of the English and Welsh Languages', *Y Cymmrodor*, V (1882), 201.

[21] Roy Lewis, 'The Towns of Pembrokeshire, 1815–1974' yn David W. Howell (gol.), *Pembrokeshire County History, Volume IV. Modern Pembrokeshire 1815–1974* (Haverfordwest, 1993), t. 70.

modes and strange faces',[22] oherwydd bod eu bywoliaeth yn dibynnu ar eu gallu i ddefnyddio dwy iaith. Yn y pen draw, byddai'r cysylltiadau masnachol hyn yn niweidiol i'r Gymraeg.

Ceid traddodiad cryfach fyth o fordeithio yn nhref farchnad a phorthladd bywiog Porthmadog yn sir Gaernarfon. Er bod blynyddoedd ffyniannus y saithdegau wedi mynd heibio, erbyn 1891 yr oedd Porthmadog ar fin cychwyn ar gyfnod newydd o weithgarwch sylweddol o ran allforio ac adeiladu llongau. Yn y flwyddyn hon y lansiwyd y gyntaf o 'Longau Moroedd y Gorllewin' – y *Blodwen* a'r *Dorothy*. Byddai'r masnachlongau cefnforol urddasol a chwim hyn yn allforio llechi a llwythi amrywiol i borthladdoedd cyn belled i ffwrdd â'r Tir Newydd, Cadiz, Gibraltar a Rouen.[23] Ym 1892 allforiwyd 98,959 tunnell o lechi o Borthmadog ar y môr a 54,878 tunnell ar y rheilffyrdd.[24] Ceid yno, felly, gymuned hynod brofiadol a medrus o seiri llongau, capteiniaid a morwyr. Yr oedd enwau mannau rhamantus megis Bombay, Rangoon, Guadeloupe a Rio de Janeiro yr un mor gyfarwydd i deuluoedd morwrol ag yr oedd enwau pentrefi a chymunedau Eifionydd, ac adroddai'r hen forwyr hanesion arswydus am eu teithiau rownd yr Horn. Dengys enwau rhai o'r llongau gorau a adeiladwyd ym Mhorthmadog – *Mary Claasen*, *Frau Minna Petersen* ac *Olga Elken* – natur gosmopolitaidd porthladdoedd a wynebai'r gorllewin.[25] Er bod mwy na 95 y cant o'r trigolion yn medru'r Gymraeg, y mae'n arwyddocaol fod 42.6 y cant o'r rheini yn ddwyieithog, canran lawer yn uwch na'r canrannau cyfatebol ar gyfer Dosbarth Cofrestru Ffestiniog, sir Gaernarfon a Chymru. Y mae'n wir mai'r Gymraeg oedd y cyfrwng beunyddiol ym mhob maes cymdeithasol bron ac y câi ei throsglwyddo i blant yn ddieithriad, ond yr oedd masnach fordwyol ddwys a pholisïau addysg yn amlwg yn meithrin dwyieithrwydd. Yr oedd gwaith traean y dynion yn y gymuned yn gysylltiedig â'r môr, a byddai'r rhai hynny a groesai foroedd pell, gan ymweld â phorthladdoedd tramor, nid yn unig yn meithrin llawer o fedrau mordwyol ond hefyd yn dysgu Saesneg. Ddeng mlynedd cyn y cyfrifiad yr oedd Robert Jackson, Cofrestrydd Cyffredinol y Morwyr, wedi tanlinellu pa mor bwysig yr oedd hi, yng ngolwg y Morlys, yn ogystal â llyngesau masnachol eraill, fod morwyr yn gyfarwydd â'r Saesneg:

> The Majority of the Men are employed in the Foreign Trade & they invariably speak & understand English, the Men in the Coasting Trade are not so well up in English, as

[22] David W. Howell, 'Society, 1660–1793' yn B. E. Howells (gol.), *Pembrokeshire County History. Volume III. Early Modern Pembrokeshire 1536–1815* (Haverfordwest, 1987), t. 294. B. H. Malkin biau'r cymal hwn.

[23] Basil Greenhill, *The Merchant Schooners* (arg. newydd diwygiedig, National Maritime Museum, 1978), tt. 56–8; Aled Eames, *Machlud Hwyliau'r Cymry: The Twilight of Welsh Sail* (Cardiff, 1984), t. 101.

[24] Aled Eames, *Pobl Môr y Port* (Caernarfon, 1993), t. 19.

[25] Ibid., t. 17.

> they always speak Welsh at home – As a rule in North Wales young men speak English and understand it, but the English of Men over 30 is generally indifferent.[26]

Y grwpiau mwyaf symudol – y morwyr a'r masnachwyr – oedd y rhai mwyaf rhugl eu Saesneg. Eto i gyd, yr oedd yr iaith frodorol yn ddigon cryf i gynnal ei goruchafiaeth yn y rhan fwyaf o feysydd cymdeithasol er bod y tueddiadau hirdymor yn awgrymu mai gostwng yn sylweddol a wnâi niferoedd y siaradwyr uniaith Gymraeg.

Erbyn diwedd y bedwaredd ganrif ar bymtheg daethai Cymru hefyd yn wlad o gyrchfannau twristaidd poblogaidd. Yr oedd gwyliau glan môr wedi dod yn rhan amlwg o'r diwylliant trefol poblogaidd,[27] ac yr oedd mannau megis Penarth, Y Barri, y Mwmbwls, Dinbych-y-pysgod, Aberystwyth a'r Rhyl oll yn hawdd eu cyrraedd yn sgil gwelliannau mawr mewn dulliau teithio. Er i gyfrifiad 1891 gael ei gynnal ym mis Ebrill, cyn y tymor gwyliau, y mae'r dystiolaeth ar gyfer hen fwrdeistref Aberystwyth yng nghanol sir Aberteifi, a thref glan môr weddol newydd Y Rhyl yn sir Y Fflint, yn cynnig cyferbyniadau a chymariaethau diddorol ynghylch dylanwad twristiaeth ar yr iaith Gymraeg. Erbyn diwedd oes Victoria, yr oedd y trefi hyn yn darparu cyfleusterau adloniadol a diwylliannol ar gyfer ymwelwyr a gwelwyd ehangu mawr ar ddalgylch y ddwy gyrchfan wyliau wrth i'r rheilffyrdd ddechrau cynnig dull cyflymach a rhatach o deithio.[28]

Er ei bod wedi ei hamgylchynu gan fynyddoedd, yr oedd Aberystwyth wedi ei chysylltu â'r byd y tu allan nid yn unig trwy ei masnach fordwyol ond hefyd, o ganol y 1860au, trwy Reilffordd y Cambrian. Y dref dwristaidd a masnachol lewyrchus hon, a chanddi boblogaeth o oddeutu 7,000, oedd y man cadarnaf ei ddwyieithrwydd yn sir Aberteifi. Trigai'r Cymry uniaith – nad oeddynt ond tua thraean o'r ganran o siaradwyr uniaith Gymraeg yn y dosbarth cofrestru – yng nghyrion tlawd y fwrdeistref. Yr oedd mwy na hanner poblogaeth y dref yn ddwyieithog (52.5 y cant), ac un rhan o bump yn siaradwyr uniaith Saesneg. O gofio y câi ei hysbysebu fel 'Brighton Cymru' a 'Biarritz Cymru', nid yw'n syndod na fyddai neb wedi cyffroi rhyw lawer o weld Tywysog Prwsia yn ei drywsus pen-glin yn reidio beic ar hyd y Prom![29] Ceid yno lawer o atyniadau i ymwelwyr, a'r rhain yn ddieithriad yn hybu dwyieithrwydd. Aberystwyth oedd tref brifysgol hynaf Cymru, ond er ei bod yn ymfalchïo yn y disgrifiad 'Prifysgol y Werin', sefydlodd ei staff a'u teuluoedd Saesonaethau academaidd yn y dref a hyrwyddo cynyrchiadau ardderchog o ddramâu Saesneg yn Neuadd Arholiadau'r

[26] Idem, *Ventures in Sail* (Gwynedd Archives and Museum Service, 1987), t. 52.

[27] H. Cunningham, 'Leisure and Culture' yn Thompson (gol.), *The Cambridge Social History of Britain 1750–1950, Volume 2*, t. 313.

[28] J. K. Walton, 'The Seaside Resorts of England and Wales, 1900–1950: growth, diffusion and the emergence of new forms of coastal tourism' yn Gareth Shaw ac Allan Williams (goln.), *The Rise and Fall of British Coastal Resorts* (London, 1997), tt. 21–3.

[29] Baruch Hirson a Gwyn A. Williams, *The Delegate for Africa: David Ivon Jones, 1883–1924* (London, 1995), t. 14.

Coleg. Yr oedd hyd yn oed y Prifathro, Thomas Charles Edwards, yn annog myfyrwyr i ymwrthod â'u mamiaith a throi at elitiaeth ddosbarth-canol. 'Ewch i'r capel *Saesneg*', oedd ei gyngor i'r R. T. Jenkins ifanc,[30] er bod y capeli Ymneilltuol Cymraeg, a gâi gynulleidfaoedd niferus, yn cael eu hystyried yn 'hynod sydêt', sef dull oes Victoria o ddweud eu bod yn ddwyieithog.[31] Yr oedd hufen cymdeithasol y dref, sef pobl broffesiynol megis masnachwyr, siopwyr, crefftwyr a chapteiniaid llongau – hoelion wyth Rhyddfrydiaeth Ymneilltuol – yn ddylanwad Saesneg grymus, a hyrwyddid y duedd honno gan John Gibson, golygydd y *Cambrian News*. Yn ystod hanner cyntaf y bedwaredd ganrif ar bymtheg, boneddigion a phobl ddosbarth-canol parchus a chefnog oedd mwyafrif yr ymwelwyr a ddeuai i Aberystwyth, ond gyda dyfodiad Rheilffordd y Cambrian – ffactor allweddol o ran democrateiddio byd hamdden – gwelwyd nifer sylweddol o bobl o gytrefi diwydiannol yr Ardal Ddu yng nghanolbarth Lloegr yn heidio i'r ardal. Denai'r rhaeadrau enwog ym Mhontarfynach yr ymwelwyr yn eu lluoedd, ac yn eu disgwyl yn y dref yr oedd dewis eang o adeiladau deniadol a gweithgareddau adloniadol, gan gynnwys adfeilion castell canoloesol, promenâd eang, cyfleusterau da i ymdrochi, pier, ystafelloedd cynnull hardd, gwestai ffasiynol megis y Queen's a'r Belle Vue, yn ogystal â llu o westai llai, lletyau a thai preifat. Yr oedd yr adloniant a ddarperid yn ystod tymor yr haf yn cynnwys comedïau ysgafn, operâu comig, dramâu, partïon cyngerdd a chantorion croenddu, y cwbl ohonynt yn cael eu cynnal yn Saesneg.[32] Dylanwadodd hyn yn drwm ar broffil ieithyddol y dref. Dwyieithrwydd oedd y norm bellach, a byddai gofyn i'r merched ifainc a dyrrai i'r dref o blwyfi uniaith Gymraeg cyfagos i weithio fel morynion mewn gwestai a lletyau ddysgu Saesneg yn gyflym. Yr oedd 68 y cant o'r merched rhwng 15 a 24 oed a oedd yn weithwyr domestig yn y dref yn ddwyieithog. Y mae'n deg tybio, hefyd, fod y niferoedd cynyddol o ymwelwyr, byrddwyr a lletywyr Saesneg eu hiaith a ddeuai i'r dref yn ystod yr haf yn cryfhau dylanwad Saesneg yr 875 o drigolion a oedd wedi eu geni yn Lloegr. Yr oedd 82.5 y cant o'r rhain wedi llwyddo i osgoi cael eu cymathu, a glynent yn gadarn wrth eu hunieithrwydd Saesneg. Er bod mwy na thri chwarter poblogaeth y dref yn gallu siarad Cymraeg, hon oedd y gymuned fwyaf Seisnigedig yn sir Aberteifi.

Eto i gyd, ar lawer ystyr yr oedd gan y Gymraeg well gobaith o oroesi mewn sir lle'r oedd trwch llethol y boblogaeth yn siaradwyr Cymraeg nag yng nghyrchfan glan môr newydd Y Rhyl yn sir ddwyieithog Y Fflint. O ran ei helfen ddwyieithog (50.5 y cant) yr oedd tref Y Rhyl yn debyg i Aberystwyth, ond yr

30 R. T. Jenkins, *Edrych yn Ôl* (London, 1968), t. 131.

31 Hirson a Williams, *Delegate for Africa*, t. 19; Geraint H. Jenkins, 'Bro Eisteddfod Genedlaethol Cymru Ceredigion, Aberystwyth', *Eisteddfod Genedlaethol Frenhinol Cymru. Rhestr Testunau* (Aberystwyth [1991]), tt. 17–22.

32 R. F. Walker, 'Tourism in Cardiganshire, 1774–1974' yn Geraint H. Jenkins a Ieuan Gwynedd Jones (goln.), *Cardiganshire County History. Volume 3. Cardiganshire in Modern Times* (Cardiff, 1998), tt. 299–322.

oedd ei phroffil ieithyddol yn wahanol iawn o ran y nifer bychan o siaradwyr uniaith Gymraeg (8.5 y cant) a'r nifer sylweddol o siaradwyr uniaith Saesneg (41.0 y cant) a geid yno. Y Rhyl oedd y dref glan môr gyflymaf ei thwf yng ngogledd Cymru. Dibynnai ei ffyniant economaidd yn drwm ar ei gallu i gynnig llety a chyfleusterau hamdden i bobl ddosbarth-canol yn ogystal ag i ddosbarth gweithiol gogledd-orllewin Lloegr. Yr oedd yn prysur ddatblygu'n faes chwarae i ardal ddiwydiannol swydd Gaerhirfryn.[33] Gan eu bod yn ennill gwell cyflogau gallai niferoedd cynyddol o bobl ddosbarth-gweithiol fforddio ychydig mwy na gwibdaith diwrnod neu benwythnos hir, a manteisient ar y cyfle i ddianc yn y trên o fwg a budreddi'r trefi diwydiannol. Yr oedd y ffaith fod Y Rhyl o fewn cyrraedd hwylus i drefi gwehyddu swydd Gaerhirfryn (ac yn enwedig i'r Cymry a drigai yn Lerpwl) yn ei gwneud yn arbennig o ddeniadol. Cenid clodydd ei golygfeydd godidog, ei hawyr iach a'i thraeth eang,[34] ei phier 800 llath, ei phafiliwn mawr a'i chystadlaethau nofio a phlymio, ac anghofiwyd mai pentref pysgota di-nod ydoedd ddwy genhedlaeth ynghynt. Y mae'r holl dystiolaeth yn awgrymu bod bri ar yr iaith Saesneg yn y dref. Yr oedd yn rhan amlwg o'r hyn a ddisgrifiodd W. T. R. Pryce fel 'y parth Saesneg', hynny yw, ardal a oedd yn gyson Saesneg o ran ei hiaith ond a amgylchynid gan barth a oedd, i raddau helaeth iawn, yn ddwyieithog.[35] Gallai mwy na naw o bob deg siarad Saesneg. Ym mhob grŵp oedran yr oedd y rhai a oedd yn enedigol o sir Y Fflint a sir Ddinbych yn gadarn ddwyieithog, ac o'r herwydd yr oedd mewnfudwyr Saesneg eu hiaith o'r tu hwnt i Glawdd Offa mewn safle cryf i ddylanwadu ar yr iaith a siaredid ar yr aelwyd ac yn y gweithle. Yr oedd masnachwyr, crefftwyr, gweithwyr rheilffordd, gwestywyr, merched a gadwai letyau a morynion yn rhugl eu Saesneg, ac, at ei gilydd, yn ddi-hid ynghylch tynged y Gymraeg. Erbyn diwedd y bedwaredd ganrif ar bymtheg yr oedd yr iaith Saesneg wedi treiddio'n ddwfn ar hyd glannau gogledd Cymru ac yn tra-arglwyddiaethu ym mhob un o'r prif drefi glan môr cyn belled ag afon Menai.[36]

Trown yn olaf at y pedwerydd a'r mwyaf o'r grwpiau, sef y cymunedau diwydiannol. Trawsnewidiwyd patrymau demograffig a chymdeithasol Cymru gan y twf mewn gweithgarwch economaidd yn y bedwaredd ganrif ar bymtheg, sef plwm, copr a haearn i ddechrau, ac yn ddiweddarach ffyniant y diwydiant llechi ac, yn bennaf oll, glo. Denwyd niferoedd enfawr o weithwyr anfedrus neu weddol fedrus, llawer ohonynt yn fechgyn ifainc cydnerth, o'r ardaloedd gwledig i'r cymunedau diwydiannol a threfol newydd, yn enwedig ym Maes Glo De Cymru. Fel y 'collai' y broydd amaethyddol eu pobl yn raddol, câi'r llafurlu mudol ei sugno'n awchus gan y siroedd diwydiannol. Yr oedd datblygu'r

[33] J. A. R. Pimlott, *The Englishman's Holiday: A Social History* (arg. newydd, Harvester, 1976), t. 174.

[34] *The Rhyl Cicerone: or The Visitor's Hand-book to Rhyl* (Rhyl, 1862), t. 6.

[35] W. T. R. Pryce, 'Wales as a Culture Region: Patterns of Change 1750–1971', *THSC* (1978), 250.

[36] John Aitchison a Harold Carter, *A Geography of the Welsh Language 1961–1991* (Cardiff, 1994), tt. 37–9.

meysydd glo, fel y dadleuodd Brinley Thomas yn ddeheuig mewn erthygl arloesol a gyhoeddwyd ym 1959,[37] yn cynnig cyfle i'r Cymry Cymraeg i wladychu rhan gwbl wahanol o'u gwlad eu hunain, a thrwy hynny ddiogelu'r iaith a'r diwylliant a oedd mor annwyl ganddynt. Yr oedd gan Thomas ddawn arbennig i ddadansoddi'n eglur ac i lunio ambell frawddeg rethregol gofiadwy megis: 'The unrighteous Mammon in opening up the coalfields at such a pace unwittingly gave the Welsh language a new lease of life and Welsh Nonconformity a glorious high noon.'[38] Er na lwyddodd i argyhoeddi pawb o ddilysrwydd ei ddadl, glynodd yn dynn wrthi a'i hailddatgan yn frwd mewn nifer o gyhoeddiadau diweddarach.[39] Ar lawer ystyr, y mae'r astudiaeth hon o dystiolaeth cyfrifiad 1891 yn rhoi prawf ar honiad Thomas fod diwydiannu ar raddfa eang wedi bod yn achubiaeth i'r iaith Gymraeg. Trwy gyfrwng microcosm o gymunedau unigol, gellir astudio'n fanylach raddfa, natur, amseriad a threfn y mudo a'r berthynas rhyngddo naill ai a gwarchod y Gymraeg neu a chynnydd tiriogaethol y Saesneg. Fel y gwelwn, yr oedd y proses hwn yn cynnwys amrywiadau lleol afrifed, oherwydd, fel y pwysleisiodd Philip N. Jones, yr hyn a geid mewn cymunedau diwydiannol oedd 'a fine-grained kaleidoscope of immigrants'.[40]

Ymhlith yr un ar ddeg o gymunedau diwydiannol a astudiwyd, gellir nodi tri phrif gategori. Yn y cyntaf, a gynhwysai Flaenau Ffestiniog (llechi), Rhosllannerchrugog (glo), Cwmaman (tunplat a glo), a Phontardawe (tunplat), ceid niferoedd syfrdanol o uchel o siaradwyr uniaith Gymraeg. Yr oedd yr ail gategori, a gynhwysai'r Blaenau (haearn a glo) a Dowlais (haearn a glo), yn datblygu'n ardaloedd Seisnigedig cryf. Yr oedd y trydydd, a gynhwysai Flaenllechau, Ferndale, Cwm Clydach, Llwynypia, a Chaerdydd, yn cynrychioli'r pair ethnig a diwylliannol hwnnw, sef Maes De Glo Cymru a'i sianelau allforio. Yr oedd twf cyflym y mathau newydd hyn o gymunedau trefol a diwydiannol, yn enwedig y trefi glofaol, yn peri dychryn i'r rhai a gredai mai'r broydd gwledig, lle y teyrnasai'r iaith Gymraeg ac Ymneilltuaeth, a gynrychiolai wir Gymreictod. Ymddangosai cymunedau glofaol de Cymru yn gytrefi anniben o hofelau truenus lle y trigai poblach ddiwreiddiau, ddiafael ac anfoesol. Diflannodd syniadau o'r fath, fodd bynnag, pan ddaeth yn gwbl amlwg fod lles economaidd a diwylliannol

[37] Brinley Thomas, 'Wales and the Atlantic Economy', *Scottish Journal of Political Economy*, VI, rhif 3 (1959), 169–92.

[38] Ibid., 192.

[39] Brinley Thomas (gol.), *The Welsh Economy: Studies in Expansion* (Cardiff, 1962), tt. 1–29; idem, *Migration and Urban Development: A Reappraisal of British and American Long Cycles* (London, 1972), tt. 170–97; idem, 'The Industrial Revolution and the Welsh Language' yn Colin Baber ac L. J. Williams (goln.), *Modern South Wales: Essays in Economic History* (Cardiff, 1986), tt. 6–21; idem, 'A Cauldron of Rebirth: Population and the Welsh Language in the Nineteenth Century', *CHC*, 13, rhif 4 (1987), 418–37.

[40] Philip N. Jones, 'Population Migration into Glamorgan 1861–1911: A Reassessment' yn Prys Morgan (gol.), *Glamorgan County History: Volume VI. Glamorgan Society 1780–1980* (Cardiff, 1988), t. 199.

Cymru yn dibynnu ar ffyniant ei chanolfannau trefol a diwydiannol.[41] Canfuwyd bod patrymau ieithyddol yn annatod glwm wrth newid demograffig a diwydiannol. Yr oedd yn haws bellach ymglywed â churiad calon Cymru a'i hieithoedd yn Llwynypia nag yn Llangeitho.

Yng nghymunedau Blaenau Ffestiniog, Rhosllannerchrugog, Cwmaman, ac i raddau llai Pontardawe, lle y teyrnasai'r Gymraeg yn ddiamheuol, yr adlewyrchir orau ddadl Brinley Thomas fod diwydiannu wedi bod yn fodd i ddiogelu a chyfoethogi'r diwylliant Cymraeg. Daeth cloddio llechi a'i ddiwydiannau cysylltiedig yn anadl einioes i economi Blaenau Ffestiniog, tref gymharol newydd yr oedd ei phoblogaeth yn 11,073 ym 1891. Yn ardaloedd chwarelyddol Meirionnydd ac Arfon yr oedd cyfran uchel eithriadol o'r boblogaeth yn Gymry uniaith. Gallai pawb ac eithrio 1.7 y cant o'r sampl o boblogaeth Blaenau Ffestiniog siarad Cymraeg, ac yr oedd pedwar o bob pump o'r trigolion yn Gymry uniaith. Yr oedd cyfran y siaradwyr Cymraeg yn llawer uwch na'r gyfran gyfatebol ar gyfer Dosbarth Cofrestru Ffestiniog ac ar gyfer Cymru gyfan. Yn wir, yr oedd Cymreictod y chwarelwyr yn fwy amlwg na Chymreictod unrhyw gorff arall o weithwyr ym mhrif ddiwydiannau Cymru. Gan fod y rhan fwyaf o lechi Prydain Fawr yn cael eu cynhyrchu yng ngogledd-orllewin Cymru, ymfalchïai'r diwydiant yn y ffaith ei fod yn neilltuol Gymreig a Chymraeg. Cymraeg oedd iaith y geiriau technegol a'r termau a ddefnyddid o ddydd i ddydd a châi newydd-ddyfodiaid anghyfiaith eu rhybuddio ar eu hunion 'nad yw'r graig yn deall Saesneg'.[42] Nid siarad gwag oedd hyn, oherwydd tybid mai'r iaith frodorol oedd nod angen y gwir grefftwr, ac fe'i gwisgai, fel ei ddillad gwaith, yn gwbl naturiol.[43] Yn wir, ym mhob agwedd ar fywyd ym Mlaenau Ffestiniog yr oedd y Gymraeg yn anhepgor. Ychydig iawn o fewnfudwyr o'r tu allan i ogledd-orllewin Cymru a oedd yn byw yno ac yr oedd y mwyafrif llethol o'r rhai a gyflogid yn chwareli prysur a chynhyrchiol yr Oakeley, Llechwedd, y Foty a Maenofferen naill ai'n frodorion neu'n bobl a oedd wedi symud o fannau cyfagos.[44] Yn yr un modd ag y cryfhawyd y diwylliant Cymraeg ei iaith yng nghymoedd gogleddol a gorllewinol Maes Glo De Cymru gan y rhai a drodd eu cefnau ar ardaloedd amaethyddol gorllewin a chanolbarth Cymru, felly hefyd yr atgyfnerthwyd yr iaith frodorol a'i diwylliant yn nhrefi'r llechi gan fudwyr gwledig o sir Gaernarfon a sir Feirionnydd. Er bod dwyieithrwydd yn nodwedd o'r grŵp oedran 15–24, yr oedd pwysau cymdeithasol ar drigolion Blaenau Ffestiniog i ddefnyddio'r

[41] Gw. yr ysgrifau yn Ieuan Gwynedd Jones, *Communities: Essays in the Social History of Victorian Wales* (Llandysul, 1987).

[42] R. Merfyn Jones, 'Y Chwarelwr a'i Gymdeithas yn y Bedwaredd Ganrif ar Bymtheg' yn Geraint H. Jenkins (gol.), *Cof Cenedl: Ysgrifau ar Hanes Cymru* (Llandysul, 1986), tt. 125–45; Emyr Jones, *Canrif y Chwarelwr* (Dinbych, d.d.).

[43] R. Merfyn Jones, *The North Wales Quarrymen 1874–1922* (Cardiff, 1981), t. 56.

[44] Peter Ellis Jones, 'Migration and the Slate Belt of Caernarfonshire in the Nineteenth Century', *CHC*, 14, rhif 4 (1989), 610–29.

Gymraeg yn feunyddiol. Ym mwyafrif llethol y cartrefi, y Gymraeg oedd yr unig gyfrwng cyfathrebu rhwng penteuluoedd, gwragedd, plant, perthnasau, byrddwyr a lletywyr. Yr oedd priodasau cymysg o ran iaith yn brin eithriadol, a throsglwyddid yr iaith o genhedlaeth i genhedlaeth yn gwbl naturiol. A hithau â'i gwreiddiau'n ddwfn yng nghadarnle'r Gymraeg, heb ei chyffwrdd gan y llifeiriant o fewnfudwyr Saesneg, ac yn cael ei chynnal gan rwydweithiau cymdeithasol-ddiwylliannol cryfion, yn enwedig ym meysydd crefydd a gwleidyddiaeth, ymfalchïai'r gymuned hon ei bod yn pleidio achos yr iaith frodorol. Hyd yn oed mewn cylchoedd masnachol a phroffesiynol, yr oedd yr amgylchiadau'n gryf o blaid y Gymraeg. Yr oedd y chwarelwyr yn argyhoeddedig fod eu hiaith frodorol yn gweddu'n berffaith i'r holl dasgau yr oedd gofyn iddynt eu cyflawni, ac mewn cyfnod o streic a chloi drysau bu'n arf gwerthfawr iddynt yn eu hymgyrchoedd yn erbyn perchenogion gormesol a rheolwyr trahaus.

Mewn cyferbyniad â Blaenau Ffestiniog, ceid yng nghymunedau diwydiannol gogledd-ddwyrain Cymru gryn gymysgedd ieithyddol oherwydd eu bod mor agos i Loegr, yn enwedig swyddi Caer a Chaerhirfryn. Yr oedd ymdreiddiad y parth dwyieithog tua'r gorllewin yn nodwedd amlwg o'r ardaloedd hyn ac erbyn diwedd y bedwaredd ganrif ar bymtheg deuai mwyafrif y mewnfudwyr o Loegr. Er bod Maes Glo De Cymru ymhell ar y blaen i'r diwydiant cyfatebol yng ngogledd Cymru o ran maint y gweithlu a'r marchnadoedd allforio, a hefyd y gallu i gynhyrchu, cynigiai'r 38 o lofeydd a oedd ar waith yn sir Ddinbych gyfleoedd deniadol am swyddi i fudwyr.[45] Yn anesboniadwy bron, o gofio ei bod yn beryglus o agos i'r ffin â Lloegr, yr oedd cyfran uchel ryfeddol o siaradwyr Cymraeg yn byw yn nhref lofaol boblog Rhosllannerchrugog yn nwyrain sir Ddinbych. Fe'i siaredid gan naw o bob deg o'r trigolion a gynhwyswyd yn y sampl. Yr oedd hanner y boblogaeth gyfan yn Gymry uniaith, 41.6 y cant yn ddwyieithog (cyfran llawer mwy nag ym Mlaenau Ffestiniog), a llai na 10 y cant yn uniaith Saesneg. Yng nghyswllt proffil ieithyddol sir Ddinbych, ac yn fwy trawiadol fyth yng nghyswllt Dosbarth Cofrestru Wrecsam, yr oedd nifer y siaradwyr Cymraeg, boed yn uniaith neu'n ddwyieithog, yn anarferol o uchel. Dibynnai'r Rhos yn drwm ar y diwydiant glo a'r ierdydd brics a oedd yn gysylltiedig ag ef, ac yr oedd ei phoblogaeth wedi cynyddu bron chwe gwaith ei maint rhwng 1811 a 1891. Er hynny, yr oedd y gymdeithas yn dal i fod yn rhyfeddol o glòs, ac wedi ei seilio ar glymau teuluol, cymdogaeth dda ac ymlyniad cryf wrth Ymneilltuaeth, pob un yn elfennau a oedd o fantais i'r iaith Gymraeg. Trosglwyddid yr iaith frodorol o'r naill genhedlaeth i'r llall yn weddol ddi-rwystr a chan amlaf deuai pobl i gysylltiad â'r Saesneg yn y gweithle a'r ysgol, yn hytrach nag o fewn yr uned deuluol. Prin y câi byrddwyr a lletywyr di-Gymraeg o Loegr unrhyw argraff ar hunaniaeth y gymdeithas Gymraeg ei hiaith, ac ni fu llithriad ieithyddol o blaid y Saesneg heblaw mewn ambell gartref lle y ceid priodas

[45] George G. Lerry, 'The Industries of Denbighshire', *TCHSDd*, 7 (1958), 47.

gymysg o ran iaith. Y mae'n amlwg mai'r allwedd i'r llwyddiant mawr hwn o ran cynnal yr iaith Gymraeg yn y Rhos oedd fod yno niferoedd mawr o fudwyr lleol a rhai a aned yn sir Ddinbych. Tueddai mudwyr gwledig o rostiroedd yr ucheldir i symud i lawr dyffryn Dyfrdwy i gyfeiriad Llangollen ac yna tua'r dwyrain i'r trefi a oedd yn datblygu ym maes glo Wrecsam. Wrth ymsefydlu yn y Rhos, deuent yn rhan o gymuned o siaradwyr Cymraeg, lle'r oedd yr iaith frodorol yn brif gyfrwng cyfathrebu.[46] Yn wir, ynghyd â'r delfrydau o gymdogaeth dda a chyfeillgarwch, un o'r clymau a unai bobl y Rhos ac a oedd yn gymorth i greu cymuned ystyrlon lle y ffynnai'r iaith Gymraeg oedd y dafodiaith unigryw a siaradent. Yr oedd y dafodiaith gyfoethog hon yn gyfrwng nid yn unig i fynegi doethineb, ffraethineb a llên-gwerin ar yr aelwyd, ond hefyd ar y ffas lo, fel y profir gan eiriau ac ymadroddion lliwgar megis *llygad y pwll*, *malc* (ffawt), *ma'i di galw* (sef galwad y corn) a *Sadwrn pwt* (Sadwrn heb gyflog).[47] Gwir fod arwyddion o chwalu ieithyddol yn digwydd yn y sector masnach ac ymhlith y to ifanc, ond at ei gilydd yr oedd y Rhos yn wahanol iawn i'r pentref nesaf ato, sef Johnstown, a oedd yn hynod Seisnigaidd. Trwy dderbyn yn rhan o'r dreflan y boblogaeth Gymraeg ei hiaith a adawsai'r ardaloedd gwledig, y mae'n cyfateb yn daclus i fodel Brinley Thomas. Y mae'r ffaith nad oedd siaradwyr uniaith Saesneg yn ddim ond 9.1 y cant o boblogaeth Rhosllannerchrugog, a hynny mor ddiweddar â 1891, yn profi bod yr iaith Gymraeg yn rhan hanfodol o arferion cymdeithasol-ddiwylliannol y gymuned.

Er mai cymuned amaethyddol yn bennaf oedd sir Gaerfyrddin drwy gydol y bedwaredd ganrif ar bymtheg, daeth hefyd yn fwyfwy dibynnol ar dunplat, dur a glo. Yr hwb pennaf i'r diwydiant tunplat oedd dyfeisiadau Siemens-Martin a Bessemer, ac erbyn 1891 ceid ugain o weithfeydd tunplat (119 o felinau) yn y sir.[48] O'r 1880au, hefyd, dechreuodd y diwydiant glo carreg, y defnyddid ei gynnyrch cyn hynny yn bennaf i fragu, sychu hopys a llosgi calch, gyfrannu'n sylweddol at economi'r sir, gan esgor ar gymunedau glofaol megis Pontyberem, Y Tymbl, Brynaman a Gwaencaegurwen. Oherwydd eu tomennydd glo, gelwid ardal y glo caled yn 'Wlad y Piramidiau'.[49] Fel y nododd J. E. Southall ym 1895, ym mhob dosbarth cofrestru yn y sir hon yr oedd mwy o bobl uniaith nag o bobl ddwyieithog,[50] ac yn yr aneddiadau diwydiannol newydd y Gymraeg oedd iaith y ffas lo, y gweithfeydd tunplat, yr aelwyd, y capel a'r dafarn. Yn y cymunedau hyn

46 W. T. R. Pryce (gol.), *From Family History to Community History* (Cambridge, 1994), t. 118.

47 J. Rhosydd Williams, *Hanes Rhosllannerchrugog* (Rhosllannerchrugog, 1945), t. 36. Gw. hefyd 'Cân y Coliar' yn y dafodiaith leol, tt. 43–7.

48 J. E. Lloyd (gol.), *A History of Carmarthenshire. Volume II. From the Act of Union (1536) to 1900* (Cardiff, 1939), tt. 377–8; Russell Davies, *Secret Sins: Sex, Violence and Society in Carmarthenshire 1870–1920* (Cardiff, 1996), tt. 14–19.

49 Aneirin Talfan Davies, *Crwydro Sir Gâr* (ail arg., Llandybïe, 1970), t. 276. Gw. hefyd Ioan A. Matthews, 'The World of the Anthracite Miner' (traethawd PhD anghyhoeddedig Prifysgol Cymru, 1995).

50 Southall, *Welsh Language Census of 1891*, t. 14.

ni ddadwreiddiwyd y glowyr a'r gweithwyr tunplat o'u cefndir gwledig ac yr oedd llawer ohonynt yr un mor gyfarwydd â dyrnu â ffustiwr ag yr oeddynt â thorri glo a gweithrediadau'r 'gwithe tun'. Hanai mwyafrif y gweithlu o'r sir ei hun, ac er na feddai'r gweithwyr amaethyddol y medrau a'r cymwysterau arbenigol a oedd yn ofynnol i'r gwaith, dysgent yn gyflym, gan ymgysuro yr un pryd nad oedd angen iddynt adael eu mamwlad er mwyn gwella eu byd. Yn achos Cwmaman, yr oedd trwch y boblogaeth o 1,353 wedi eu geni yn sir Gaerfyrddin a deuai'r gweithlu diwydiannol bron yn gyfan gwbl o blwyfi'r Betws a Llandeilo Fawr. Am y rheswm hwn, yr oedd datblygiad economaidd yn gweithio o blaid yr iaith Gymraeg. Yr oedd cynifer â 1,168 (86.3 y cant) o'r bobl yn Gymry uniaith, siaredid Cymraeg ar bron pob aelwyd yn y gymuned, ac ni cheid arwyddion o fewn teuluoedd o lithriad ieithyddol rhwng cenedlaethau. Y mae'r ffaith fod y Gymraeg yn flaenllaw iawn yn y glofeydd glo caled a'r gweithfeydd tunplat a bod yr elfen ddosbarth-canol ym myd masnach a diwydiant yng Nghwmaman hefyd yn uniaith Gymraeg hyd yn oed yn fwy arwyddocaol. Yr oedd dylanwad crefydd yn y gymuned yn amlwg yn gymorth i gynnal rhwydweithiau Cymraeg eu hiaith ac, oherwydd bod yr ardal yn gyfoethog o ran ei thraddodiadau hanesyddol a diwylliannol, rhoddai'r bobl fri mawr ar waith beirdd lleol megis Gwydderig a Watcyn Wyn. Credent fod 'barddoniaeth a rhyddiaith dda yn wledd wastadol'[51] i'w mwynhau. Yng nghymunedau diwydiannol sir Gaerfyrddin, felly, cryfhawyd gwead y bywyd cymunedol Cymraeg ei iaith yn sgil symudiadau pellter-byr gan siaradwyr Cymraeg brodorol yn ogystal â chan y diwylliant Ymneilltuol grymus. Bu clystyru'r Cymry brodorol hyn yn hwb enfawr i'r famiaith ac y mae'n atgyfnerthu'r ddadl fod twf demograffig a mudo mewnol wedi bod yn fendith i'r iaith Gymraeg.

I raddau llai, ond arwyddocaol er hynny, yr oedd yr un peth yn wir am dref dunplat Pontardawe yng ngorllewin Morgannwg, lle'r oedd y rhan fwyaf o'r trigolion naill ai wedi eu geni ym mhlwyf Llan-giwg neu yn hanu o ardaloedd hawdd eu cyrraedd yn siroedd Morgannwg neu Gaerfyrddin. Yr entrepreneuriaid mwyaf grymus ym Mhontardawe oedd y teulu Gilbertson, yn enwedig Arthur Gilbertson, enghraifft glasurol o unben Fictoraidd a reolai'r gweithwyr yn ei weithfeydd tunplat â llaw haearn.[52] Yr oedd ei graffter a'i allu i weld ei gyfle yn golygu bod Pontardawe, fel Llanelli, Treforys, Llansawel a Chastell-nedd, ymhlith prif ganolfannau'r diwydiant tunplat yn ne Cymru. Bu'r blynyddoedd cyn mabwysiadu toll drychinebus McKinley yng Ngorffennaf 1891 yn rhai llewyrchus iawn i'r diwydiant. Dyblodd cynhyrchu tunplat yn ne Cymru ym mhob degawd rhwng 1830 a 1890, ac erbyn 1891 yr oedd 51 o weithfeydd tunplat (277 o

51 D. J. Williams, *Hen Dŷ Ffarm* (3ydd arg., Aberystwyth, 1963), t. 100.
52 John H. Davies, *History of Pontardawe and District* (Llandybïe, 1967), t. 59.

felinau) ym Morgannwg yn unig.[53] Er na fu'r niferoedd a gyflogid mewn gweithfeydd o'r fath erioed yn uchel, y mae'n arwyddocaol mai pobl leol oedd y rhan fwyaf o'r llafurlu. Yr oedd y bobl ddosbarth-gweithiol a oedd wedi ymsefydlu ym Mhontardawe at ei gilydd yn fudwyr pellter-byr o blwyfi gwledig Llan-giwg, Llangyfelach a Chilybebyll. Ar gyfartaledd, deuent o ardaloedd a oedd o fewn cylch o ugain milltir i blwyf Llan-giwg.[54] Yr oedd llai na 6 y cant o drigolion Pontardawe yn hanu o Loegr. Bu'r patrwm o fudo pellter-byr ymhlith Cymry Cymraeg yn fodd i gryfhau cydrywiaeth y gymuned ac i fagu ymwybyddiaeth o berthyn ymhlith y trigolion. Siaredid y Gymraeg gan 87.7 y cant ohonynt ac, er bod rhai amrywiadau tafodieithol i'w cael,[55] yr oedd yn gymuned gydlynol ei diwylliant ac unffurf ei chrefydd. Er hynny, dwyieithrwydd oedd piau'r dyfodol. Yr oedd mwy na hanner y boblogaeth yn gyfarwydd â'r Saesneg a chynyddai nifer y siaradwyr dwyieithog yn gyflym o fewn y grŵp 6–24 oed. Eto i gyd, y Gymraeg oedd y cyfrwng cyfathrebu beunyddiol yn ddiamau, a phrin yr oedd gwerthoedd diwylliannol y gymuned wedi eu cyffwrdd gan ddylanwadau estron. Yn wir, yr oedd sawl rhan o faes glo gorllewinol Morgannwg a maes glo caled sir Gaerfyrddin yn parhau yn 'bair dadeni'[56] ar gyfer yr iaith Gymraeg.

Fodd bynnag, y mae'r ail is-grŵp o gymunedau diwydiannol, sef Blaenau a Dowlais, yn cynnig golwg gwbl wahanol ar ddamcaniaeth Brinley Thomas fod diwydiannu nid yn unig wedi galluogi'r Cymry i gadw eu hiaith frodorol ond ei fod hefyd wedi bod yn gyfrwng i'w hadfywio. O'r pwys mwyaf yma oedd amseriad a threfn y newid economaidd a'r patrwm mudo. Yn ystod hanner cyntaf y bedwaredd ganrif ar bymtheg cynyddai poblogaeth sir Fynwy yn gyflymach na phoblogaeth unrhyw sir arall yng Nghymru a Lloegr. Ymsefydlai miloedd o fudwyr o ardaloedd cefn gwlad y siroedd Cymraeg cyfagos yn y treflannau o amgylch ffwrneisi haearn a phyllau glo 'y Diriogaeth Ddu', gan sicrhau, am y tro o leiaf, fod yr iaith Gymraeg mewn sefyllfa gref o safbwynt niferoedd ei siaradwyr. Ond yn sgil y cwymp mewn cynhyrchu haearn yn y 1860au, a datblygiad mentrau cynhyrchu glo wedi hynny, symudodd llu enfawr o weithwyr a oedd wedi eu geni yng Nghymru o'r ardal i lofeydd Morgannwg a daeth llafurlu Seisnig o dde-orllewin Lloegr i gymryd eu lle.[57] Digwyddodd y trawsnewidiad mor gyflym nes

53 W. E. Minchinton (gol.), *Industrial South Wales 1750–1914: Essays in Welsh Economic History* (London, 1969), t. xxiv; Trevor Boyns, Dennis Thomas a Colin Baber, 'The Iron, Steel and Tinplate Industries, 1750–1914' yn A. H. John a Glanmor Williams (goln.), *Glamorgan County History. Volume V. Industrial Glamorgan from 1700 to 1970* (Cardiff, 1980), t. 142.

54 J. D. H. Thomas, 'Social and Economic Developments in the Upper Swansea Valley, with particular reference to the parish of Llangiwg, *c.*1770 to *c.*1880' (traethawd MA anghyhoeddedig Prifysgol Cymru, 1974), t. 94.

55 Robert Owen Jones, 'Tafodiaith Cwm Tawe' yn Hywel Teifi Edwards (gol.), *Cwm Tawe* (Llandysul, 1993), t. 148.

56 Thomas, 'A Cauldron of Rebirth', passim.

57 Sian Rhiannon Williams, 'Welsh in the Valleys of Gwent', *Planet*, 51 (1985), 112–18; W. T. R. Pryce, 'Language Shift in Gwent, c. 1770–1981' yn Nikolas Coupland (gol.), *English in Wales: Diversity, Conflict and Change* (Clevedon, 1990), tt. 48–83.

yr ofnid fod y diwylliant Saesneg ei iaith yn goresgyn y tir fel llifeiriant anorchfygol.[58] Ym 1879 nododd Ravenstein nad oedd y mwyafrif o blant yn dysgu'r Gymraeg a bod hynny yn awgrymu y gwelid tranc yr iaith o fewn cyfnod cymharol fyr.[59] Gresynai Ezeciel Davies (Gwentwyson), yntau, ym 1885 fod 'llanw'r estroniaith yn chwyddo yn gryf'.[60] O'r 1860au ymlaen, felly, yr oedd y glorian ieithyddol yn sir Fynwy yn gogwyddo fwyfwy o blaid y Saesneg.

Yr oedd Blaenau, un o'r hen drefi haearn yng ngogledd-orllewin sir Fynwy, yn ddrych i'r newidiadau economaidd ac ieithyddol sylfaenol hyn. Yn sgil tranc y Blaina Ironworks yn niwedd y 1860au, gorfodwyd llu o deuluoedd Cymraeg eu hiaith i fudo naill ai i ardaloedd y glo ager a oedd yn prysur ddatblygu ym Morgannwg neu i gymunedau diwydiannol mewn gwledydd tramor. Ni ddaeth mudwyr o gefn gwlad Cymru i lenwi'r bwlch, fodd bynnag; yn hytrach, cyrhaeddai mewnfudwyr o Wlad yr Haf a swyddi Henffordd a Chaerloyw ac, erbyn 1891, yr oedd y rhain yn ffurfio chwarter y boblogaeth gyfan o 6,096. Dangosodd sampl y cyfrifiad fod bron tri chwarter poblogaeth y dref yn siaradwyr uniaith Saesneg. Yr oedd nifer y Cymry uniaith wedi gostwng i 306, a'r rhan fwyaf ohonynt yn y grŵp 45 oed a hŷn. Dim ond nifer pitw o siaradwyr Cymraeg dan 24 oed a geid, ac y mae'n amlwg fod mewnfudo, addysg trwy gyfrwng y Saesneg ac ymdeimlad cyffredinol nad oedd bri i'r Gymraeg wedi tanseilio Cymreigrwydd traddodiadol y gymuned. Y mae'n arwyddocaol mai dim ond 47 (3.3 y cant) o'r 1,428 o drigolion a aned yn Lloegr a oedd ag unrhyw wybodaeth o'r Gymraeg. Yr oedd y Seisnigeiddio wedi digwydd mor gyflym nes i'r siaradwyr Cymraeg gael eu cymathu gan y mwyafrif Saesneg eu hiaith. Yn y cartrefi, y Saesneg oedd y brif iaith ym mhob grŵp oedran ac yr oedd rhieni Cymraeg eu hiaith naill ai'n analluog neu'n anfodlon trosglwyddo eu gwybodaeth o'r iaith frodorol i'w plant, yn enwedig os oedd byrddwyr neu letywyr uniaith Saesneg yn aros yn eu tai. Crynhowyd goblygiadau hirdymor y llif diwrthdro o fewnfudwyr i obeithion yr iaith Gymraeg yn sir Fynwy yn swta gan J. E. Southall yn sgil cyhoeddi canlyniadau cyfrifiad 1901: 'A painful array of figures! Poor, miserable percentages, most of them!'[61] Yn y pen draw, felly, y mae cynnydd llethol y grymoedd Seisnigo yn dirymu damcaniaeth Brinley Thomas.

Er ei bod yn anos cloriannu'r dystiolaeth yn achos hen dref haearn Dowlais yn sir Forgannwg, y mae'n anodd osgoi'r casgliad fod grymoedd deublyg y newid economaidd a'r mewnfudo wedi cyflymu dirywiad yr iaith. Yn ystod y rhan helaethaf o'r bedwaredd ganrif ar bymtheg, Merthyr Tudful oedd prif ganolfan ddiwydiannol Cymru. Seiliwyd y disgrifiad ohoni fel 'metropolis y meistri haearn'

[58] Thomas Rees, *Miscellaneous Papers on subjects relating to Wales* (London, 1867), t. 86.

[59] E. G. Ravenstein, 'On the Celtic Languages in the British Isles, a Statistical Survey', *Journal of the Royal Statistical Society*, XLII (1879), 614.

[60] Sian Rhiannon Williams, *Oes y Byd i'r Iaith Gymraeg: Y Gymraeg yn ardal ddiwydiannol Sir Fynwy yn y bedwaredd ganrif ar bymtheg* (Cardiff, 1992), t. 112.

[61] J. E. Southall, *The Welsh Language Census of 1901* (Newport, 1901), t. 36.

a 'chrud yr ymwybyddiaeth ddosbarth-gweithiol' ar hanes ei phedwar prif waith haearn a'i gallu i ddenu miloedd o weithwyr medrus ac anfedrus.[62] Gan mai mewnfudwyr Cymraeg oedd y mwyaf lluosog eu nifer, daeth y dref yn enwog am ei Chymreigrwydd yn ystod hanner cyntaf y bedwaredd ganrif ar bymtheg. Hyd yn oed mor ddiweddar â 1891 yr oedd 68.4 y cant o drigolion Dosbarth Cofrestru Merthyr Tudful yn medru'r Gymraeg. Fodd bynnag, yr oedd proffil ieithyddol Dowlais, i'r gogledd-ddwyrain o'r dref, gryn dipyn yn wahanol oherwydd amrywiaeth o resymau cymdeithasol ac economaidd. Yn sgil newidiadau mewn technoleg, gorfodwyd Cwmni Haearn Dowlais i ymgymryd â chynhyrchu dur ac i ddatblygu cynlluniau glofaol. O ganlyniad, daeth llif sylweddol o fewnfudwyr ifainc di-Gymraeg, llawer ohonynt yn Wyddelod, i'r ardal, gan gymryd lle'r trigolion Cymraeg eu hiaith a aethai i gyrchu gwell cyfleoedd gwaith yng nghymoedd glo ager y Rhondda.

Datgelwyd trwy'r sampl o 6,454 o drigolion fod y gyfran o Gymry uniaith Gymraeg yn Nowlais yn sylweddol is na'r ganran gyfatebol ar gyfer Dosbarth Cofrestru Merthyr Tudful, a bod nifer y siaradwyr uniaith Saesneg bron yn hanner y boblogaeth gyfan. Wedi eu gwasgu yn y canol yr oedd 2,270 (35.2 y cant) o siaradwyr dwyieithog. Y mae'n amlwg fod y boblogaeth a aned yng Nghymru wedi ei gwanhau gan y llif o wŷr ifainc, llawer ohonynt wedi dod o Iwerddon. Er bod y merched a aned yn lleol yn dal i siarad Cymraeg, Saesneg a siaradai'r dynion a ddaethai o Iwerddon yn ogystal â'r rhai a hanai o rannau eraill o Forgannwg. Yn wir, ymfalchïai'r Gwyddelod a drigai yn Nowlais yn y ffaith eu bod yn siarad Saesneg a dewisent ymwahanu yn gorfforol ac yn ieithyddol oddi wrth eu cymdogion Cymraeg neu ddwyieithog. Yn rhannol, fe'u gorfodid i wneud hyn gan gyni economaidd. Tueddai newydd-ddyfodiaid o Iwerddon i ymsefydlu mewn tai tlawd, gorlawn ac afiach a oedd, i bobl o'r tu allan beth bynnag, yn adlewyrchu 'Dowlais Ddiflas' ar ei gwaethaf. Sefydlai'r mewnfudwyr Cymraeg eu hiaith o dde-orllewin Cymru eu cymunedau eu hunain lle y gallent roi lle blaenllaw i'r famiaith. Ond ni allent hwythau, hyd yn oed, wrthsefyll dylanwad ymwthiol yr iaith Saesneg. Dengys y ffaith fod y plant ar bron 70 y cant o aelwydydd Cymraeg Dowlais yn gallu siarad Saesneg yn ogystal â'r famiaith fod y Gymraeg yn edwino. Yr argraff gyffredinol a geir, felly, yw bod gan Ferthyr ei hun, yng ngeiriau Southall, 'still a good reserve of Welsh left',[63] ond bod dirywiad y diwydiant haearn a chynnydd tiriogaethol mewnfudwyr Saesneg eu hiaith wedi peryglu'n ddifrifol ddyfodol y Gymraeg yn Nowlais. Yn wir, ym mhob un o'r hen drefi haearn yn siroedd Morgannwg a Mynwy deuai'n fwy amlwg bob blwyddyn fod trwch y trigolion yn troi oddi wrth ddwyieithrwydd at unieithrwydd Saesneg.

[62] Chris Evans, *'The Labyrinth of Flames': Work and Social Conflict in early industrial Merthyr Tydfil* (Cardiff, 1993); Harold Carter a Sandra Wheatley, *Merthyr Tydfil in 1851: A Study of the Spatial Structure of a Welsh Industrial Town* (Cardiff, 1982).

[63] Southall, *Welsh Language Census of 1891*, t. 12.

Y mae'r is-grŵp olaf yn cynnwys pedair cymuned yng 'Nghlondeic du anferth'[64] cymoedd y Rhondda, yn ogystal â Chaerdydd, tref fwyaf Cymru neu 'fetropolis Cymru', fel y'i hadwaenid yn gyffredinol. Yn ystod ail hanner y bedwaredd ganrif ar bymtheg, dirywiodd y diwydiant copr a haearn yn sgil cyfres o 'ruthrau gwyllt' am lo a fu'n fodd i drawsnewid proffil demograffig sir Forgannwg, yn enwedig cymoedd y Rhondda. I ateb y galw anniwall am lo ager gan y Llynges a chan wledydd a oedd yn datblygu'n ddiwydiannol, dechreuwyd cloddio ar raddfa anferth mewn gwythiennau cyfoethog o lo. Bu'r gwelliannau yn y rheilffyrdd a'r porthladdoedd a'r defnydd dwysach o rym mecanyddol yn allweddol yn natblygiad y diwydiant a thyfodd y cwmnïau glofaol yn gyflogwyr mawr a grymus. Gweddnewidiwyd plwyfi tawel, bugeiliol Ystradyfodwg, Llantrisant a Llanwynno yn aneddiadau diwydiannol poblog. Tan y 1870au yr oedd y mwyafrif llethol o'r mewnfudwyr a ymsefydlai ym meysydd glo Morgannwg yn hanu o siroedd Cymraeg eu hiaith. Yn wahanol i Iwerddon, ni chollodd Cymru niferoedd mor drychinebus o fawr o'i phobl. At hynny, fel y pwysleisiodd Brinley Thomas, hybid twf y boblogaeth Gymraeg ei hiaith ym Morgannwg gan gyfraddau priodasau a genedigaethau eithriadol o uchel.[65] Ar y llaw arall, o 1871 ymlaen dengys cyfrifiad ar ôl cyfrifiad fod cynnydd sylweddol yn nifer y mewnfudwyr a ddeuai o Loegr, Iwerddon a'r Alban ac a ymsefydlai yn ardaloedd y glo ager. Yn sir Forgannwg ym 1881 yr oedd 70,711 o'r boblogaeth gyfan o 518,383 wedi eu geni yn Lloegr (o gymharu â 19,777 ym 1851).[66] Yr oedd y don o fewnfudwyr di-Gymraeg a lifai hyd yn oed yn gyflymach ar ôl 1881 yn bygwth niweidio'r diwylliant Cymraeg ei iaith a gâi ei ddiogelu cyn hynny gan fudwyr a aned yng Nghymru. Yn y gweithle ac yn eu cartrefi yn y rhesi o dai cyfyng y prysurwyd i'w hadeiladu ar hyd cymoedd llethrog cul y treflannau diwydiannol, bu raid i'r boblogaeth frodorol Gymraeg ymwneud fwyfwy â mewnfudwyr Saesneg eu hiaith o rannau eraill o Gymru a'r tu hwnt. Gan mai Saesneg oedd iaith y rhan fwyaf o'r llafurlu a gyrhaeddai, yn enwedig yn ystod dau ddegawd olaf y bedwaredd ganrif ar bymtheg, daeth yn amlwg, yn rhai cymunedau beth bynnag, nad oedd digon o fudwyr Cymraeg eu hiaith i wrthbwyso'r duedd gynyddol. Yn y tymor hir, sef rhwng 1861 a 1891, dangoswyd na lwyddodd y diwydiannu i ddiogelu'r iaith a'r diwylliant Cymraeg ym Morgannwg,[67] ond, fel y dangosodd yr astudiaethau hyn, amrywiai cyfraddau'r twf demograffig a'r cyfraddau mewnfudo yn sylweddol yn y gwahanol isddosbarthau, ac nid oedd pob cymuned o bell ffordd wedi ildio i'r Seisnigo graddol hwn. Ym 1891 yr oedd Cymreictod Morgannwg yn dal yn rhyfeddol: yno y ceid y crynodiad uchaf o siaradwyr Cymraeg (320,072) yng Nghymru gyfan. Yr oedd mwy nag un rhan o

[64] Fel hyn yr ysgrifennodd E. D. Lewis yn K. S. Hopkins (gol.), *Rhondda Past and Future* (Rhondda Borough Council, d.d.), t. 23. Gw. hefyd idem, *The Rhondda Valleys* (London, 1959).

[65] Thomas, 'A Cauldron of Rebirth', 430.

[66] Jones, *Statistical Evidence relating to the Welsh Language*, t. 148.

[67] Jones, 'Population Migration into Glamorgan', t. 199.

bump o'i thrigolion yn Gymry uniaith, a 49.5 y cant o'r boblogaeth gyfan yn medru'r Gymraeg. Bum mlynedd yn ddiweddarach nododd Adroddiad y Comisiwn Brenhinol ar Dir yng Nghymru wrth sôn am gymoedd y Rhondda: 'the habitual use of the Welsh language, and the prevalence of a Welsh type of character, are as marked as in the rural districts of Wales'.[68] Ar y llaw arall, fel y sylwodd E. G. Ravenstein ym 1879, siaredid mwy o Saesneg ym Morgannwg nag yn unrhyw sir arall yng Nghymru.[69] Erbyn 1891 yr oedd hanner poblogaeth y sir yn siaradwyr uniaith Saesneg ac, fel y nododd gohebydd yn y *Pontypridd Chronicle* ym 1884, yr oedd yr iaith Saesneg yn ymledu'n dawel, yn ddirgel ac yn anweladwy.[70] At ei gilydd, felly, yr oedd aneddiadau diwydiannol Morgannwg yn frithwaith o grwpiau ieithyddol amrywiol a oedd, ar y naill law, yn ei chael hi'n fwyfwy anodd i wrthsefyll dylanwadau Saesneg ac, ar y llaw arall, yn fwy agored i'w derbyn.

Gellid dadlau mai amrywiaeth eang y sefyllfa ieithyddol yn nhreflannau diwydiannol gwasgarog, gorboblog y Rhondda Fawr a'r Rhondda Fach yw nodwedd fwyaf diddorol cyfrifiad 1891. Yr oedd Blaenllechau yn y Rhondda Fach, treflan lle y trigai 2,737 o bobl ym 1891, yn enghraifft berffaith o gymuned lofaol ifanc, a Chymraeg ei hiaith yn bennaf, a ddatblygwyd ar frys gwyllt ar hyd llethrau'r cwm. Yr oedd bron 75 y cant o'i phobl yn siarad Cymraeg a mwy na 45 y cant yn Gymry uniaith, canrannau a oedd yn sylweddol uwch na'r canrannau cyfatebol ar gyfer Dosbarth Cofrestru Pontypridd a sir Forgannwg. Y Gymraeg oedd y brif iaith ym mhob un o'r grwpiau oedran, nodwedd yr oedd perthynas agos rhyngddi a phatrymau mudo o fewn sir Forgannwg ei hun. Yr oedd trwch y boblogaeth yn frodorion Cymraeg eu hiaith o'r sir, a chynhwysai'r genhedlaeth gyntaf o fewnfudwyr gyn-weithwyr yn y gweithiau haearn a glowyr a oedd wedi cefnu ar ddiwydiannau dirwasgedig a mentro i'r aneddiadau a dyfasai dros nos yn y Rhondda, gan ddod o hyd i waith yn nhri phrif bwll yr ardal. Mewn cartrefi dosbarth-gweithiol, felly, ceid cnewyllyn cryf, Cymraeg ei iaith, a atgyfnerthid ymhellach gan lif llai, ond arwyddocaol, o fyrddwyr a lletywyr rhugl eu Cymraeg o siroedd de-orllewin Cymru. Câi'r proses o drosglwyddo'r iaith rhwng y cenedlaethau ei amddiffyn, felly, ac fe'i cryfheid ymhellach gan glymau teuluol, cymdogaeth dda a gwerthoedd diwylliannol a chrefyddol cyffredin.

Er bod anheddiad glofaol a masnachol llewyrchus Ferndale, ar ochr orllewinol y Rhondda Fach, gymaint ddwywaith â Blaenllechau ym 1891, yr oedd hon hefyd yn gymuned Gymraeg ei hiaith yn bennaf. Yr oedd mwy na 75 y cant o'r sampl o 4,466 o bobl yn siarad Cymraeg, a bron eu hanner yn siaradwyr uniaith Gymraeg, cyfran llawer yn uwch na'r hyn a gofnodwyd ar gyfer Dosbarth

[68] Hopkins, *Rhondda Past and Future*, t. 121.

[69] Ravenstein, 'On the Celtic Languages', 615.

[70] T. I. Williams, 'Patriots and Citizens. Language, Identity and Education in a Liberal State; the Anglicisation of Pontypridd 1818–1920' (traethawd PhD anghyhoeddedig Prifysgol Cymru, 1989), t. 754.

Cofrestru Pontypridd a sir Forgannwg. Yma hefyd, yr oedd trwch y trigolion yn fudwyr pellter-byr o Forgannwg ac yn fewnfudwyr pellter-hwy o siroedd Aberteifi a Chaerfyrddin (ynghyd â niferoedd cynyddol o Saeson uniaith o swydd Gaerloyw). Cymraeg oedd iaith bywyd y teulu a'r gymuned, a byddai siaradwyr Cymraeg yn dysgu Saesneg yn yr ysgol neu yn y gweithle yn bennaf, neu wrth ddod i gysylltiad â lletywyr uniaith Saesneg, y gorfodid llawer ohonynt i letya gyda theuluoedd Cymraeg oherwydd prinder llety arall. Ym mhob un ond dau o'r pymtheg o resi tai yn y sampl, yr oedd mwy na 70 y cant o'r trigolion yn siarad Cymraeg, ac yn y tri phwll glo yr oedd bron tri chwarter y gweithlu cyfan o 1,642 yn siarad Cymraeg. Yr oedd gwerthwyr, masnachwyr, siopwyr, cynhyrchwyr a swyddogion y pyllau glo yn medru'r Gymraeg, a'r iaith frodorol hefyd oedd prif gyfrwng y capeli a'r tafarnau fel ei gilydd.

Gwelir patrwm tebyg ym mhatrwm ieithyddol Cwm Clydach, canolfan cloddio glo ager yn un o'r cymoedd culion i'r gorllewin o'r Rhondda Fawr. Yno, y Gymraeg oedd yr iaith flaenaf mewn ystod o feysydd cymdeithasol, gan gynnwys y cartref, y gweithle, y capel a gweithgareddau hamdden, ffaith a oedd yn amlwg yn adlewyrchu dylanwad pendant mewnfudwyr a aned yng Nghymru. Yr oedd cyfran y Cymry uniaith (43.0 y cant) yn sylweddol uwch na'r ffigur cyfatebol ar gyfer Dosbarth Cofrestru Pontypridd (29.6 y cant), sir Forgannwg (22.0 y cant) a Chymru (30.4 y cant). Gallai 73.1 y cant o'r sampl gyfan o 4,434 o bobl siarad Cymraeg. Yr oedd oddeutu 90 y cant o'r trigolion wedi eu geni yng Nghymru, a chryn nifer ohonynt yn wrywod ifainc a hanai o ardaloedd Cymraeg siroedd Aberteifi, Caerfyrddin a Phenfro. Bu'r rhain yn gyfrifol, trwy brosesau mudo cadwyn, am gryfhau Cymreictod y gymuned trwy annog perthnasau a chymdogion o'u plwyfi genedigol i ymuno â hwy. O ganlyniad i hynny, yr oedd y rhan fwyaf o benteuluoedd a'u gwragedd yn siaradwyr Cymraeg, ac er mai yn Saesneg yr addysgid eu plant, y Gymraeg oedd iaith yr aelwyd. Cymry Cymraeg oedd mwyafrif llethol y byrddwyr a'r lletywyr ac, at ei gilydd, trigent gyda phobl yr oedd ganddynt gysylltiad teuluol neu gymdeithasol â hwy. Yr oedd y lleiafrif a aned yn Lloegr, brodorion o Wlad yr Haf yn bennaf, yn gweithio gan fwyaf am gyflogau isel, fel labrwyr mewn glofeydd a gweithfeydd golosg, a thrigai cyfran sylweddol ohonynt yn y rhesi tai bychain, gorboblog a adwaenid fel y Bush Houses. Gan fod y siaradwyr Cymraeg yn llawer mwy niferus na hwy, sefydlasant gilfachau Saesneg eu hiaith a wrthsafai brosesau cymathu. Bu'r llif o fewnfudwyr o gefn gwlad Cymru yn fodd i adnewyddu niferoedd y siaradwyr Cymraeg ac yn gymorth i greu rhwydweithiau teuluol a chymdeithasol cryf lle'r oedd yr iaith frodorol yn tra-arglwyddiaethu.[71] At hynny, gan mai'r Gymraeg oedd iaith gyntaf y mwyafrif o'r gweithwyr medrus ac anfedrus yn y diwydiant glo, yr oedd disgwyl i reolwyr, peirianwyr, goruchwylwyr, ffeiarmyn a syrfewyr allu siarad Cymraeg

[71] Am gymhariaeth werthfawr, gw. Philip N. Jones, *Mines, Migrants and Residence in the South Wales Steamcoal Valleys: The Ogmore and Garw Valleys in 1881* (Hull, 1987).

yn ogystal â Saesneg. Gan fod i'r Gymraeg y fath ddylanwad cymdeithasol-economaidd grymus yn y gymuned, nid oedd modd i siopwyr, masnachwyr a gwerthwyr lwyddo oni allent siarad y ddwy iaith.

Y gogwydd cyffredinol, felly, oedd i fewnfudwyr Cymraeg eu hiaith anelu am gymunedau cydryw lle'r oedd yr iaith Gymraeg wedi ymwreiddio'n gadarn, cymunedau a oedd yn adnabyddus am adael eu hôl ar newydd-ddyfodiaid Saesneg. Er hynny, ni dderbyniodd pob ardal yng nghymoedd y Rhondda don ar ôl ton o fewnfudwyr Cymraeg eu hiaith. Hyd yn oed mor gynnar â'r 1860au yr oedd y don o fewnfudwyr Saesneg wedi dechrau llifo o ddifrif i mewn i rai cymunedau, a chyflymodd hynny o'r 1880au ymlaen.[72] Ymhlith yr aneddiadau a ystyrid yn gymunedau Seisnigedig iawn yr oedd Llwynypia yn y Rhondda Fawr. Tua deng mlynedd ar hugain cyn cyfrifiad 1891 darganfuwyd gwythiennau glo ager cyfoethog a chynhyrchiol gan Archibald Hood, y peiriannydd mwyngloddio a'r *entrepreneur* o'r Alban. Darparodd ei gwmni, y Glamorgan Coal Company Ltd, resi o dai, a gâi eu hadnabod fel y 'Scotch Houses' ac a ddenai fewnfudwyr Saesneg (gan gynnwys rheolwyr, asiantwyr a fformyn) o gymunedau diwydiannol eraill yn sir Forgannwg, sir Fynwy, de-orllewin Lloegr a'r Alban. Er y gallai bron hanner y trigolion yn y sampl siarad Cymraeg, yr oedd mwy nag 80 y cant o'r pentrefwyr yn gyfarwydd â'r Saesneg. Yn arwyddocaol hefyd, golygai'r ffaith fod mwy na 50 y cant o'r boblogaeth gyfan yn siaradwyr uniaith Saesneg, a llawer o'r rheini yn y categori oedran 2–24, y gallai'r rhan fwyaf o'r bobl wrthsefyll prosesau cymathu. Saesneg oedd y brif iaith ymhlith gwrywod a benywod o bob oed, o fewn y teulu yn ogystal ag yn y gweithle. At hynny, ceid arwyddion diamheuol o lithriad ieithyddol dwfn rhwng cenedlaethau yng nghartrefi'r siaradwyr Cymraeg, tuedd a gyflymid gan y niferoedd sylweddol o oedolion gwrywaidd uniaith Saesneg o swyddi Caerloyw a Gwlad yr Haf a ddeuai i letya yng nghartrefi teuluoedd yr ardal ac a fyddai'n annog eu cyfeillion a'u perthnasau i ymuno â hwy. Yr oedd clystyru yn amlwg yn Llwynypia wrth i fewnfudwyr o Loegr a mannau eraill gefnu ar y boblogaeth frodorol Gymraeg neu ddwyieithog. Mewn sawl rhes o dai yr oedd cyfran y bobl ddi-Gymraeg yn aml yn uwch na 60 y cant, a chan fod llai nag 20 y cant o'r gweithwyr yng nglofeydd y Glamorgan Coal Company yn Gymry uniaith yr oedd yn anorfod mai'r Saesneg a gâi'r lle blaenaf ar y ffas lo. Yn wahanol i'r tair cymuned arall yn y Rhondda, ni châi'r Gymraeg ei hystyried yn fantais gymdeithasol-economaidd yn Llwynypia, a chan y cydnabyddid gan bawb mai'r Saesneg oedd iaith creu cyfoeth, nid oedd cymhelliad i fewnfudwyr Saesneg eu hiaith ddysgu Cymraeg na mabwysiadu'r diwylliant

[72] Yr oedd glowyr Cymru yn dueddol i wawdio mewnfudwyr gwledig o dde-orllewin Lloegr mewn tribannau:

Dylifa bechgyn ffolion
I'r cwm o hyd yn gyson
O Wlad yr Haf hwy ddont yn scryd,
Fel ynfyd haid o ladron.

Lewis, *Rhondda Valleys*, t. 237.

Cymraeg. Ar lawer ystyr, yr oedd Llwynypia yn symbol o dueddiadau'r dyfodol. Yr oedd cymunedau dwyieithog bellach yn norm mewn rhannau helaeth o'r maes glo, a'r duedd wedi 1891 fyddai iddynt droi yn rhai uniaith Saesneg.

Gan i'r bennod hon ddechrau gyda dadansoddiad o broffil ieithyddol Llanymawddwy, un o'r plwyfi uniaith Gymraeg cryfaf yng Nghymru, y mae'n briodol ei chloi trwy roi sylw i'r cyferbyniad enfawr rhyngddo a Chaerdydd, y dref fwyaf yng Nghymru ac un a fyddai cyn hir (ym 1905) yn cael ei dyrchafu'n ddinas. Erbyn 1891 yr oedd Caerdydd wedi datblygu'n brif ganolfan fasnachu, allforio a gwasanaethu i hanner dwyreiniol Maes Glo De Cymru, sef y rhan fwyaf grymus a blaenllaw o ddigon. I bob pwrpas, hi oedd prifddinas Cymru, er na chydnabuwyd hynny'n swyddogol. Yr oedd ei datblygiad demograffig ac economaidd syfrdanol o'r 1840au ymlaen yn un o nodweddion mwyaf trawiadol Cymru. Seiliwyd ffyniant economaidd a bri rhyngwladol 'metropolis Cymru' ar y cronfeydd enfawr o lo ager o ansawdd da yng nghymoedd y Rhondda ac ar ei swyddogaeth fel prif borthladd allforio glo de Cymru. Tref o gyferbyniadau oedd Caerdydd: yr oedd yr *élite* trefol, yn eu plith entrepreneuriaid a gwŷr busnes cefnog, yn manteisio'n sylweddol ar y cynnydd sydyn yn y farchnad, ond ar y llaw arall trigai'r gweithlu tlawd, yn enwedig y Gwyddelod, mewn tai afiach yn yr ardaloedd mwyaf truenus. Ym mhob agwedd ar fywyd bron, Saesneg oedd iaith cyfathrebu o ddydd i ddydd, iaith trafodaethau masnachol, ac iaith cynnydd personol a thorfol. Yma, yn anad unman, yr oedd y Cymro uniaith yn ddieithryn, bron, yn ei wlad ei hun.[73]

Dros gyfnod o ddwy genhedlaeth yr oedd craidd Cymraeg y dref wedi ei lethu gan lif diwrthdro o siaradwyr Saesneg. O ran gallu ieithyddol, yr oedd y sampl a ddefnyddiwyd yn yr astudiaeth hon yn cyfateb yn agos i'r ffigurau a gyhoeddwyd ar gyfer y fwrdeistref gyfan. Dangosodd mai oddeutu 11 y cant yn unig a oedd yn siarad Cymraeg, y rhan fwyaf ohonynt yn y grwpiau oedran dros 45 oed. Saesneg oedd y brif iaith, o bell ffordd, ymhlith gwrywod a benywod o bob oed. Y cyfrwng Seisnigo mwyaf grymus oedd mewnfudwyr o Loegr, yn enwedig swyddi Caerloyw a Dyfnaint (98.0 y cant ohonynt yn siaradwyr uniaith Saesneg). Nifer pitw o'r rhain a oedd yn gallu siarad Cymraeg neu a oedd wedi ei dysgu, ac y mae'n debygol y byddai ymwelydd â Chaerdydd wedi clywed mwy o Wyddeleg, Eidaleg ac Almaeneg nag o Gymraeg ar y stryd. Ond er eu bod yn falch o natur gosmopolitaidd eu tref, Saesneg oedd prif iaith trigolion Caerdydd. Tybiai'r mwyaf cefnog yn eu plith fod y Gymraeg yn rhwystr i ffyniant economaidd a chydnabyddiaeth gymdeithasol, a defnyddid cyn lleied ar yr iaith yn gyhoeddus fel y gallent yn hawdd ei hanwybyddu. Yr oedd yr iaith Saesneg wedi treiddio i bob cartref bron, ac nid oedd arlliw o Gymraeg gan 94.1 y cant o'r plant. Ac eithrio'r morwyr Cymraeg eu hiaith o orllewin Cymru a weithiai ar longau Radcliffe a Mathias yng Nghaerdydd ac a arhosai mewn lletyau 'Cymraeg' cydnabyddedig yn

73 'Cardiff shows up badly' oedd sylw Southall ym 1895 (*Welsh Language Census of 1891*, t. 12), ac yn ôl y *Western Mail* (14 Ebrill 1891) yr oedd Caerdydd yn dref 'where the monoglot Welshman is practically unknown'.

Butetown, siaradwyr Saesneg oedd y rhan fwyaf o fyrddwyr a lletywyr gwrywaidd. Mewn tafarnau, clybiau a thai coffi, yn ogystal ag yn ardaloedd masnachol a gweinyddol y dref, yr oedd yr iaith Gymraeg yn amlwg absennol. Yr oedd y bri a arferai berthyn i'r Gymraeg wedi diflannu i bob diben, a dim ond y capeli Ymneilltuol a oedd ar ôl i ddiwallu anghenion ieithyddol yn ogystal ag anghenion ysbrydol eu haelodau. Yr oedd cyflymdra rhyfeddol y newid demograffig ac economaidd yn argoeli'n ddrwg i'r iaith Gymraeg, ac erbyn cyfnos oes Victoria yr oedd Caerdydd yn bendant yn dref Saesneg ei hiaith.

Cyfrifiad 1891 oedd y cyfrifiad cyntaf a'r olaf i ddangos yr iaith Gymraeg mewn sefyllfa o fwyafrif. 'Y mae mwy yn ei siarad nag a fu erioed',[74] meddai John Morris Jones, darlithydd yn y Gymraeg ym Mangor, ond er bod niferoedd absoliwt y siaradwyr Cymraeg wedi cynyddu'n sylweddol yn ystod y ganrif yr oedd dirywiad cymesurol sydyn wedi digwydd yn ogystal. Fel y nododd J. E. Southall, wrth i'r degawdau fynd rhagddynt yr oedd y bedwaredd ganrif ar bymtheg yn hogi ei chyllyll ac yn ymgryfhau'n raddol er mwyn rhwystro cynnydd pellach.[75] Er nad oedd diflaniad y Cymro uniaith ar y gorwel, y duedd gyffredinol oedd i Gymry uniaith ddod yn ddwyieithog ac i siaradwyr uniaith Saesneg wrthsefyll prosesau cymathu. Ar lefel fwy manwl, fodd bynnag, yr oedd y newidiadau ieithyddol yn rhai hynod gynnil a chymhleth, yn enwedig mewn cymunedau tra diwydiannol, ac yr oedd llawer o gymunedau ar fin cychwyn ar gyfnod o newidiadau sylweddol. Ar lawer ystyr, yr oedd yr her bennaf i'r iaith Gymraeg yn dal o'i blaen.

[74] *Y Gwyddoniadur Cymreig* (ail arg., Denbigh, 1891), III, t. 79.
[75] Southall, *Welsh Language Census of 1891*, t. 35.

Mynegai